D0886315

STÉPHANE VS OUELLET
est le deux cent vingt-cinquième livre
publié par Les éditions JCL inc.

Données de cata

Pothier, Jacques, 1966-

Stéphane vs Ouellet

ISBN 2-89431-225-3

1. Ouellet, Stéphane, 1971-   2. Boxeurs - Québec (Province)
Biographies.
I. Titre.

GV1132.O93P67 2004   796.83'092   C2004-940512-8

© **Les éditions JCL inc., 2004**
Édition originale : avril 2004

STÉPHANE VS OUELLET

Collection
*CULTURE
SPORTIVE*

© **Les éditions JCL inc., 2004**
930, rue Jacques-Cartier Est, CHICOUTIMI (Québec) G7H 7K9
Tél. : (418) 696-0536 – Téléc. : (418) 696-3132 – www.jcl.qc.ca
ISBN 2-89431-225-3

JACQUES POTHIER

STÉPHANE
VS
OUELLET

LES ÉDITIONS JCL

REMERCIEMENTS

Octobre 1999, à partir du moment où Ouellet,
le plus généreux d'entre tous, a accepté que s'écrive cette histoire,
c'est comme s'il avait donné le ton : tous ceux qui ont ensuite été mis à
contribution pour ce livre se sont aussi montrés d'une grande générosité.
Il sera beaucoup question d'entraînement dans les pages suivantes;
accordons au moins à Ouellet le mérite de ne pas avoir raté celui-là,
je veux dire cet effet d'entraînement là… J'ai perdu le compte de mes
rencontres, de mes entretiens, je me rappelle seulement que,
du Saguenay à Montréal, en passant par Québec,
vous avez été tellement nombreux à consentir à collaborer.
Tous, du premier au dernier, vous devez savoir que votre apport à ce
livre a été inestimable. J'insiste : inestimable.
À votre égard, ma reconnaissance est totale.

Un merci particulier à tous les entraîneurs, tous ces gens de gymnase,
qui ont accepté ma présence dans leur entourage.
Le Loup a changé de meute souvent, mais j'ai eu l'impression partout
d'être accueilli à bras ouverts et ce fut chaque fois
un plaisir de m'immiscer dans votre quotidien.
Sur vous aussi j'ai essayé d'être honnête.

Merci aux membres du petit comité de lecture que j'avais constitué,
à tous les autres qui ont pris de leur temps pour lire le manuscrit :
c'est vous qui avez été honnêtes à mon égard.
Merci, Rémi, mon chum Rémi, tu réunissais toutes
les qualités qu'un biographe de boxeur pouvait espérer :
vaste culture générale, journaliste émérite,
passionné et connaisseur de la boxe.
Sauf pour ta prédiction d'un combat Ouellet-Lucas.

Merci, enfin, on n'est quand même pas dans un gala, à tous ceux,
pas très loin d'être aussi nombreux que les autres,
qui ont travaillé d'arrache-pied sur ce livre.
Toute l'équipe de JCL, Jean-Claude, Christian et les autres,
Benoît (Lavoie) pour son travail de correction,
souffrant pour l'auteur mais utile.

Reste toi, le Loup.
Tu pourras facilement te passer de mes remerciements.
J'ai l'intime conviction que, demain, ce sera tout le monde
qui te remerciera de t'être livré autant et comme aucun autre athlète
ne l'a fait avant toi, avec tant d'émotion, d'authenticité, d'honnêteté.
Comme sur le ring.

À ma famille, mes parents surtout, entraînés bien malgré eux
dans ce combat extraordinaire mais un peu infernal.
Moi aussi, j'ai dû faire 12 rounds en étant entraîné pour 6.
Vous avez été mes seconds, j'ai eu besoin d'eau souvent, de soins;
si j'ai pu me rendre à la fin, c'est grâce à vous.
Les juges ne vous voleront pas.

À ma blonde, celle que je n'ai pas; celle que la boxe m'a volée
parce que la boxe vole toujours tout à tout le monde;
celle qui viendra, je le souhaite.

Au Loup. Pour avoir dit oui.
Pour m'avoir laissé entrer dans ta tanière.
Pour ne pas avoir été aussi sauvage.
Pour ne pas avoir essayé d'être quelque chose d'autre qu'un loup.
Pour m'avoir laissé la liberté d'écrire que tu étais un loup.

À toutes les personnes à la fois extrêmement fortes et extrêmement fragiles.
La vie n'est pas facile, mais ceci est une preuve
qu'il y a au moins deux trucs qui ne seront jamais au-dessus de vos forces:
boxer comme un champion et écrire des livres.

Jacques Pothier

Nous reconnaissons l'aide financière du gouvernement du Canada par l'entremise du Programme d'aide au développement de l'industrie de l'édition (PADIÉ) pour nos activités d'édition. Nous bénéficions également du soutien de la SODEC et, enfin, nous tenons à remercier le Conseil des Arts du Canada pour l'aide accordée à notre programme de publication.

Gouvernement du Québec – Programme de crédit d'impôt pour l'édition de livres – Gestion SODEC

Table des matières

1991 - Stéphane Ouellet : « l'espoir blanc ».

Prologue

Vers onze heures, le 9 juin 2000, lorsqu'il quitta les bureaux d'InterBox situés dans l'ouest de la ville, le soleil scintillait toujours, aussi jaune que la fièvre, aussi jaune que la culotte d'un aspirant mondial gisant tragiquement au sol devant Dave Hilton, sur des photos qui ont fait le tour des journaux et des revues spécialisées. Sauf que, maintenant, il dardait des rayons de plus en plus puissants, et Ouellet regretta presque, au petit matin, d'avoir enfilé le complet noir suffocant avec lequel il avait l'habitude de travailler lors de funérailles. En partant de son appartement, rue Sainte-Hélène à Longueuil, il s'était arrêté chez son nettoyeur ramasser veston et cravate noirs qu'il allait marier à sa chemise blanche. Être mal vêtu, peu fier de sa personne et peu concerné par son image étaient des reproches qu'Yvon Michel lui avait souvent faits et, inconsciemment, il voulut montrer que, si ses intérieurs s'embellissaient, il était dorénavant capable de les mettre en harmonie avec ses extérieurs. Incapable d'en faire le nœud, il renonça cependant à porter la cravate et laissa donc sa chemise ouverte aux deux boutons du haut. Cette fois, il ne s'était pas rasé la poitrine, comme il lui arrivait de le faire avant ses combats, et quelques poils fous s'offraient à sa vue. Accoutumé aux miroirs des salles de boxe, Ouellet avait développé la manie de se regarder dans les glaces des voitures et, en se voyant, il se demanda tout à coup la raison pour laquelle il s'était, ce matin, habillé tout de noir comme s'il allait à un enterrement...

Il retira son veston, qui l'étouffait de chaleur. Cela seul suffit alors à changer son portrait. En chemise blanche, il avait perdu son apparence d'enterrement et il ressemblait davantage à ce qu'il était depuis la sortie du bureau de son gérant : un boxeur ressuscité. D'ailleurs, la preuve de cette renaissance, une banale petite feuille rouge arrachée à une tablette, était maintenant en sa possession, et il l'avait glissée dans la poche intérieure de son veston. Ce n'était pas un contrat authentique, mais plutôt une sorte d'entente monétaire avec InterBox, couvrant cette longue préparation de cinq mois qui allait culminer avec son combat de Championnat mondial des super-moyens contre l'Anglais Glenn Catley, en novembre. Dans son bureau, Yvon Michel, qui souvent n'avait pas su parler adéquatement à son boxeur, avait cette fois trouvé les mots justes : « Cinq mois de ta vie, Stéphane, tout ce que je te demande maintenant, c'est cinq mois de ta vie... » Le sacrifice, ainsi placé en perspective, le fit réfléchir et il apposa finalement sa signature au milieu des chiffres et des dates griffonnés sur la feuille. C'était son plus beau paraphe, celui avec le symbole de l'anarchie qu'il traçait dans le O de Ouellet, et assurément l'un de ses plus importants sur un document de boxe. Puis il sortit, son entente à la main, non sans avoir remarqué, au mur, l'affiche promotionnelle le montrant aux côtés de Davey Hilton. Il n'y pensa pas sur le moment, mais cette scène était néanmoins évocatrice : Stéphane Ouellet laissait enfin ses fantômes et son passé pugilistique dans le bureau de son gérant, puis en ressortait avec une entente qui lui donnait les clés de son présent; et de son avenir, peut-être...

En temps normal, aussi fou du volant que fou au volant, il aurait voulu conduire jusqu'à Longueuil en torturant la mécanique d'une petite Nissan qu'il n'hésitait pas, au besoin, à faire rouler sur les voies d'accotement. Mais il préféra cette fois se carrer dans le siège du passager et s'abandonner à ses réflexions. En dépit de cette merveilleuse nouvelle d'un combat pour le titre mondial, c'était à la mort qu'il songeait. Non pas la sienne, ce temps-là s'éloignait, mais à la mort de tous les hommes, qui met fin au cycle de la vie sur terre. C'est cette mort-là qui l'obsédait, le fascinait, et c'était donc justice qu'il puisse aujourd'hui en vivre en travaillant dans le domaine des funérailles et de la récupération de cadavres. La veille, par exemple, il avait été dépêché sur un cas de suicide qui l'avait laissé abasourdi. Le pauvre type s'était tiré une balle de .12 dans la bouche et le résultat était ce que Ouellet avait vu de plus dramatique jusqu'ici. Entre ses mains, il n'avait tenu qu'une moitié de tête, il n'y avait plus rien à l'intérieur du crâne, plus de trace de visage non plus, et seule la langue avait été épargnée. D'autres que lui seraient restés sans voix à la vue de ce spectacle, mais sa langue à lui se déliait alors et il racontait cela passionnément.

Il s'aperçut d'ailleurs à peine que la voiture, retenue par un bouchon sur l'autoroute Métropolitaine, s'était maintenant presque arrêtée. Cela le priva d'un bon vent, mais lui offrit aussi plus de temps. Alors il put repenser à ce suicidé à la tête éclatée, et à tous les autres qu'il était appelé à côtoyer dans l'exercice de ses fonctions. À l'occasion, il lui arrivait de leur parler et de leur demander, après avoir vu leur prénom sur des pièces d'identité : « Hé, man, pourquoi t'as fait ça?... Y avait sûrement encore de l'espoir... Il y en a toujours... »

Mais au fond, il les comprenait et savait tout de ces souffrances qu'il ne cachait pas avoir déjà été siennes. « Je suis convaincu, disait-il, que personne ne se suiciderait si nous pouvions nous projeter dans l'avenir et voir tout ce qui nous attend de merveilleux. Par exemple, imaginons que je me sois suicidé après mes échecs contre Dave Hilton. Peut-on alors deviner à quel point je le regretterais en voyant d'en haut le bonheur qui m'attendait ensuite et dont je me serais privé? Peut-on aussi deviner à quel point je regretterais d'avoir gâché la vie de mes proches? »

Pour plusieurs, pourtant, certains qu'il ne s'en remettrait pas, le suicide était là le seul sort qui l'attendait. Dans la litanie de rumeurs qui coururent d'ailleurs sur son compte à l'été 1999, on l'avait même cru mort et un temps porté disparu! Quant aux autres qui lui prêtaient toujours vie, ils le voyaient se perdre dans les drogues et finir ses jours telle une loque humaine, sur un banc de parc en face de la Rivière-aux-Sables qui coule à deux pas de la maison familiale à Jonquière. Même Hilton avait annoncé que Ouellet égrènerait sa vie en ratissant les parcs de son quartier. Soit, en le battant deux fois de suite, Dave Hilton avait anéanti la plupart des espérances du Jonquiérois. Mais le jour où il fit cette déclaration, la méchanceté de Hilton, sans le savoir, devint un levier pour la volonté de Ouellet à se construire un avenir durable hors des cordes.

Quand la voiture, roulant toujours vers Longueuil, s'expulsa du tunnel Louis-Hippolyte-Lafontaine, Ouellet fut lui-même à son tour sorti de ses introspections par la splendeur d'un décor naturellement beau et ce jour-là baigné de soleil. Cette vue du Saint-Laurent lui forçait souvent le compliment lorsqu'il revenait de l'entraînement par la route 132. Il avait quitté Jonquière depuis plus de 10 ans, s'était ensuite logé partout et n'importe où, mais jamais l'idée de s'installer sur la Rive-Sud ne l'avait auparavant effleuré. Déraciné à l'adolescence de sa région natale, son coin de pays était resté longtemps le seul qui trouvât grâce à ses yeux. Or, aujourd'hui, s'il n'avait rien perdu de son admiration envers la beauté de son patelin, ses goûts bucoliques de Montréal et de ses environs s'étaient développés et il s'enthousiasmait fréquemment pour les paysages urbains. Il était évident qu'un ciel ensoleillé comptait désormais parmi ses joies et influait sur son humeur. Ce matin, la pluie n'eût certes pas gâché la fête d'un combat de Championnat mondial, mais Ouellet pouvait quand même remercier le soleil d'être complice de ces moments réjouissants. Il n'avait pas attendu la boxe pour être heureux et, peut-être pour la première fois de sa vie, une nouvelle de la boxe venait ajouter à son bonheur, et non pas en être la source unique. Il avait 29 ans et venait enfin, avec son travail, d'atteindre à un peu d'indépendance, lui qui regrettait que le milieu de la boxe se cherche surtout des hommes afin de mieux les manipuler. Il avait 29 ans et parvenait enfin à se desserrer de l'étau de la boxe, qui ne serait plus comme il l'avait trop ressenti lors de ses deux premiers matches contre Dave Hilton. Côtoyant désormais pendus, noyés, accidentés de la route et autres trépassés, il avait appris ce qu'était la vie, il avait appris ce qu'était la mort, et surtout il avait appris que la boxe avait moins d'importance que l'une et l'autre...

À bonne vitesse, il y avait maintenant une brise dans le véhicule qui s'apprêtait à entrer dans Longueuil. Le soleil plombait toujours, toujours aussi jaune que la culotte que Ouellet arborait au soir du 28 mai 1999 et qui lui faisait se demander encore comment il avait bien pu la préférer à la noire, portée lors du premier match, qui restait sa préférée. Devant son téléviseur, quand il lui arrivait de tomber sur des images du combat maudit et de se voir affalé sur le ring, c'était toujours la culotte jaune qui attirait son attention, et, chaque fois, elle provoquait chez lui le même dégoût. Paraît-il qu'elle trône aujourd'hui dans un bar-restaurant et Ouellet espère seulement qu'elle ne fasse pas le même effet aux clients!

Une fois chez lui, il se demanda encore pourquoi il s'était habillé tout en noir, comme s'il allait à des funérailles. Peut-être était-ce seulement parce que la boxe et le travail n'allaient plus l'un sans l'autre, qu'il s'agissait d'un seul et même bonheur, représenté, et donc aussi d'un seul et même uniforme?

***

Photo : Herby Whyne Sportzframe

Pour Stéphane Ouellet, affronter un membre du clan Hilton
n'a jamais été une mince affaire.
On le voit ici contre Alex qu'il a battu à deux reprises.

Dave Hilton, le « meilleur ennemi » de Stéphane Ouellet.

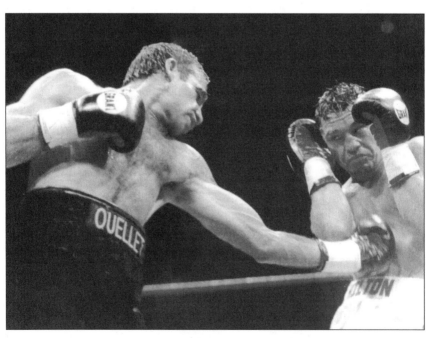

Chapitre 1

Intimidation

Jonquière. Le restaurant d'un motel assez modeste. Lui, entraîneur. Moi, boxeur amateur. Il me dit : « Toi, Stéphane, tu vas faire l'Histoire. Tu vas te battre contre Alex Hilton et lui donner une volée; puis tu vas ensuite rencontrer son frère Dave et lui faire subir le même sort. » Vous avez dit pression? C'est vrai, mais je l'accepte. À un moment donné, c'est bon de se faire mettre en face de ses possibilités. Et ça, Yvon n'y manque jamais. Il a dit aussi que je serai le Guy Lafleur ou le Mario Lemieux de la boxe. Yvon, il fait plein de trucs pour moi, il m'aide beaucoup, mais des fois je me dis qu'il aimerait que je sois autre. C'est déjà difficile de s'accepter soi-même, s'il faut en plus que mon entraîneur veuille me changer, on n'est pas au bout de nos peines. Lafleur? Lemieux? Qui d'autres encore? Sugar Ray Leonard? Muhammad Ali? Bon sang, j'ai déjà tant de mal à être Stéphane Ouellet... Avant de partir, j'examine de nouveau les lieux. Le motel s'appelle Princesse. *Il est vrai que c'est modeste. Mais c'est drôle, quelque chose me dit aujourd'hui que la modestie, surtout dans les espoirs, n'est pas toujours une mauvaise chose...*

***

La balancelle avait légèrement bougé quand son parrain et lui s'étaient assis, chacun sur son banc. Mais maintenant qu'ils se parlaient tous les deux, face à face et les yeux dans les yeux, elle était fixe comme leur certitude, figée comme ces moments qu'ils évoquaient ensemble. Dans les alentours, c'était aussi le calme plat et cela avait de quoi surprendre. La route de Desbiens à Chambord se trouvant assez près des chalets, on se serait attendu à ce que la rumeur des voitures, nombreuses en été, atteigne les lieux et contrevienne au silence. Ou à ce que la voie ferrée, qu'il fallait traverser sur le chemin de gravier, soit envahie chaque jour par tous les trains de la terre désireux de venir siffler la beauté des lieux. Mais non. Ici, le calme était roi comme la cohue était reine de la ville.

En fait, les rares fois où la quiétude des deux chalets était perturbée, c'était lorsque Stéphane enfourchait sa moto de sentier, qu'il partait vers Desbiens, tête et torse nus, les cheveux de son tatouage de Jim Morrison presque au vent, sans permis moto, son véhicule sans plaque d'immatriculation ni clignotants. Chaque fois, la même scène se répétait : la vieille chienne de son parrain Gérald ramassait ses forces, se lançait derrière la moto, la rattrapait, et jappait ensuite jusqu'à ce qu'elle ait quitté les limites du grand terrain. Quand la chienne folle s'approchait trop en donnant l'impression de vouloir lui mordre les chevilles, Stéphane faisait mine de préparer un coup de pied pour la repousser et sacrait : « Crisse ton camp! » Une fois sortie du nuage de poussière soulevé par l'engin, la chienne repartait se chercher un coin d'ombre.

Autrement, quand Stéphane avait pour lui tout seul le chalet de ses parents, c'était paisible comme aujourd'hui. Pour proches voisins, les Ouellet avaient depuis longtemps Gérald et Rachel Ménard qui passaient tous les étés sur le lot de terre appartenant encore à M. Ouellet, dans une roulotte habilement transformée en chalet. Entre tous, l'entente était parfaite, mais cela n'empêchait pas que Stéphane pouvait passer toute une semaine au chalet sans qu'ils se voient. La plupart du temps, il arrivait là avec juste assez d'herbe folle pour se construire un monde intérieur, de sorte que tout le reste lui était alors superflu. S'asseoir avec son parrain et discuter profondément comme ils le faisaient maintenant avait donc quelque chose d'exceptionnel.

Si Gérald avait beaucoup suivi la carrière de son neveu, c'était principalement par l'entremise des médias. Car, comme d'autres, assister au combat de Stéphane le préoccupait trop et il préférait éviter les salles de boxe. Mais à toujours parler avec les parents de Stéphane, il était au parfum de plusieurs choses et pouvait, à l'occasion, se permettre une opinion. Par exemple, quand il entendait Angémil Ouellet dire de son fils qu'il serait champion du monde « parce qu'Yvon Michel en était assuré », il croyait être de son devoir de tempérer le propos : « Attends un peu, Angémil, si Yvon Michel a été un excellent entraîneur chez les amateurs, il ne connaît pas encore assez la boxe professionnelle. Les champions du monde, Angémil, ce sont souvent des Noirs issus des ghettos, ayant longtemps manqué des plus élémentaires nécessités et souffert de la faim. Penses-tu vraiment que ton fils corresponde à ce profil? » En fait, c'était avec sa sœur Olivette et son mari Angémil que Gérald pouvait discuter le plus, car, avec le principal intéressé, les conversations concernant la boxe n'étaient jamais longuettes.

— Comment ça va, la boxe, Stéphane?

— Ça va bien.

Les discussions finissaient généralement là. Voici une quinzaine d'années que Stéphane accumulait les succès pugilistiques, mais il répugnait toujours autant à en parler, sans doute parce qu'il n'en retirait pas une très grande fierté. Aujourd'hui, c'était cependant particulier. Au milieu de l'été, son moral montrait peut-être enfin les premiers signes d'embellie et, devant les siens à tout le moins, il était moins honteux de cet échec douloureux subi à la fin mai, aux mains de Dave Hilton. Et là, assis dans la balancelle, Gérald vit que Stéphane serait encore plus enclin à parler de ses revers que de ses réussites. Il reconnut là le jeune garçon qui avait toujours douté de lui et qui luttait depuis l'âge tendre contre un manque de confiance qui allait à la traverse de toutes ses règles strictes.

Ils étaient assis vraiment près l'un de l'autre, suffisamment pour s'observer, et quand il avait beaucoup fumé, c'était une chose qui inquiétait toujours Stéphane : allait-on remarquer que ses yeux avaient viré au rouge? Mais ce n'était généralement pas si apparent et, de toute façon, Gérald portait des verres pour corriger une vue déclinante.

— Ce combat-là, Stéphane, ce n'est pas à l'entraînement que tu l'as perdu, ni dans le vestiaire avant le match, ni sur le ring, surtout pas pendant les trois rounds que ça a duré. Non. Ce combat, tu l'as définitivement perdu à la conférence de presse quand tu t'es laissé narguer par Hilton sans réagir pour la peine. C'est ce jour-là, et uniquement ce jour-là, que tu as perdu cette revanche...

Bien sûr, depuis sa seconde défaite, Stéphane avait beaucoup pensé à cette spectaculaire conférence de presse du mercredi 24 février 1999. En fait, peut-être y avait-il pensé autant APRÈS le match qu'AVANT, ce qui était bien peu dire... Il ne l'oublierait probablement jamais, sachant au fond de lui qu'elle avait révélé à la face du monde sa vraie nature d'athlète, celle contre laquelle il se battait avant même de monter sur les rings contre des adversaires de chair : « Moé, confiait-il plus tard, j'sais que j'suis un boxeur fort du cœur, mais j'suis aussi un hostie de faible de la tête... » Il le regrettait, le déplorait, se détestait pour ce défaut de cuirasse dont avait habilement profité Dave Hilton.

Comment Hilton avait-il pu s'adonner à cette joute verbale et surtout psychologique avec autant de succès? Comment était-il arrivé à choisir aussi bien son terrain pour commencer la guerre? Comment, enfin, avait-il pu radiographier l'esprit de Ouellet avec autant de précision? Il y a à cela deux explications. D'abord, il faut reconnaître un don certain à Hilton : celui de sentir parfaitement les hommes, de cerner parfaitement ses adversaires, de connaître exactement leur limite psychologique. Ainsi, en analysant son comportement face à Mario Cusson (1983 et 1984) et Alain Bonnamie (1990, 1996 et 1997), les deux autres boxeurs locaux qu'il avait trouvés à un moment donné sur son chemin pour des confrontations majeures, en prenant aussi connaissance de ses agissements dans la préparation du combat avorté contre Éric Lucas (été 2000), on peut certainement dégager une propension, chez Hilton, à vouloir toujours *livrer le combat avant le combat*. Dans certains cas, cette tactique fut de son fait. D'autres fois, en revanche, elle vint de membres de son clan. Contre Ouellet, la stratégie fut appliquée à la fois par le boxeur et par ses seconds.

L'autre explication à la réussite de ce que le chroniqueur de *La Presse*, Réjean Tremblay, appela, le lendemain de la conférence de presse, « l'entreprise de destruction de Hilton », tient au fait qu'ayant boxé 12 rounds avec Ouellet dans le premier match, Hilton avait pu certes y étoffer davantage sa connaissance de son adversaire. Car, entre les cordes, les hommes ne peuvent tricher; ils ne sont jamais plus transparents que lorsqu'ils jouent leur peau, presque nus pendant une heure devant leur semblable... Un mois après le violent combat du 27 novembre 1998, Ouellet avait d'ailleurs confié sa perception de Dave Hilton au journaliste : « *Quand on se bat pendant 12 rounds contre un homme, on finit qu'on voit son âme dans ses yeux. Moi, à un moment donné, j'ai eu le sentiment de voir l'âme de Dave Hilton. Je veux pas juger personne, mais ce que j'ai vu, j'ai pas aimé ça.* » Puis, au début février, dans les mêmes colonnes et alors que le deuxième combat tardait à se concrétiser, il poursuivait son portrait de Davey Hilton : « *Peut-être que Dave Hilton n'est pas une méchante personne. Il a des enfants, de la famille. Mais j'ai passé 12 rounds dans le ring avec lui à le regarder dans les yeux. Je sais qu'il ne respecte pas un adversaire. Je sais qu'il est un sépulcre blanchi comme c'est écrit. Je ne dis pas qu'il est méchant, je dis que je n'aime pas le genre d'homme qu'il est. Nous ne sommes pas compatibles.* » Enfin, deux semaines avant la revanche, Ouellet, toujours dans *La Presse*, terminait son analyse au bénéfice des lecteurs de Michel Blanchard : « *Hilton [...], avec son grand manque d'intelligence, me fait pitié. Ce gars-là n'est pas sain. Il n'a pas une once de bonté en lui. [...] Il incarne dans la vie tout ce que je déteste chez un individu. Je n'ai jamais été aussi motivé pour un combat. Mais ma grande motivation provient d'un sentiment négatif et je n'aime pas ça.* »

Bref, ces deux hommes, l'espace de 60 minutes, ne s'étaient jamais quittés des yeux et chacun avait retenu de l'autre ce qui lui paraissait essentiel. Pour à peu près tout le monde, le soir du 27 novembre 1998, tolérance à la douleur et courage résumaient parfaitement Ouellet. Pour Hilton, cependant, l'analyse eût été incomplète si elle s'était arrêtée là. En conséquence, il décela aussi, et surtout, une vulnérabilité manifeste chez son opposant, autour de laquelle il allait vouloir articuler la guerre mentale du deuxième combat.

Or, quelques semaines après la conférence de presse, un événement vint mettre à mal ses intentions de continuer sa campagne de déstabilisation : le dépôt contre lui d'accusations d'agressions sexuelles sur des mineures ainsi que d'assaut sur sa femme, Anna-Maria Gatti, sœur du boxeur Arturo Gatti. Ces accusations firent en sorte de donner un nouveau visage à Hilton. Rangeant son arrogance, il perdit, par la suite beaucoup de son grinçant, comme le montrent ses propos livrés à Réjean Tremblay, une semaine avant le combat, alors que son agressivité aurait pourtant dû être à son comble : « *Stéphane Ouellet, l'homme, je le connais pas. Dans la préparation d'un combat, il se dit bien des choses. Mais je respecte le boxeur. Il a des mains très rapides, il se déplace bien, il est rapide. Et il a du courage...* » S'il est vrai que Hilton ne connaissait pas Ouellet, cela n'exclut pas qu'il ait été parfaitement capable de le *sentir*. Enfin, il ne faudra jamais oublier à quel point Hilton doit s'estimer chanceux d'avoir pu faire le gros de son travail de destruction mentale AVANT que la justice ne l'interpelle. Car une fois les accusations criminelles portées contre lui, il s'humanisa davantage et la bête féroce rentra les crocs sortis à cette sensationnelle conférence de presse.

***

Il est 16 heures quand sonne la cloche. On pense à une bagarre. Deux paires de gants traînent sur la table d'honneur. Ça sent le soufre. Le restaurant l'Ovation du Centre Molson a fait le plein. Trois cents personnes. Tous les journalistes. Les caméras tournent. Le Réseau des Sports en direct. Il est 16 heures quand sonne la cloche, on pense tout de suite au second combat, mais c'est plutôt la cloche du début des classes. Hilton est un professeur. Sa matière est la boxe. La boxe est sa matière, grise. Sa seule. Elle est toute sa vie. Hilton est un professeur et il sait l'essence de son enseignement : la répétition. Le clou enfoncé à coups de marteau.

Hier, dans *La Presse*, un message : « *Je veux qu'on sache une chose au sujet de Ouellet. Ce gars-là ne pourra jamais me battre. Psychologiquement, il est à terre. Jamais il ne se remettra de la dégelée que je lui ai infligée...* » Aujourd'hui, un autre message. Le même. Il s'approche du micro. Sa cravate rouge se déplace un peu. Le professeur est bien habillé. Le professeur montre de beaux dehors, mais son âme est corrompue. Le professeur est un sépulcre blanchi. C'est l'élève qui l'a dit.

— Stéphane, tu sais que je t'ai battu une première fois et que je vais encore te battre le 28 mai. Tu sais que je t'ai cassé le nez une première fois et que je vais te le casser encore une deuxième fois le 28 mai. Tu sais que je t'ai passé le K.-O. lors du premier combat et que je vais encore t'arrêter lors de la revanche.

Le professeur a bientôt fini. Juste un dernier clou. « *Le dommage est fait. Pis le dommage, c'est dans la tête de Stéphane.* » Le professeur se place deux doigts sur la tempe. Pour bien montrer à quel endroit se situe le « dommage ». Son message est terminé. Il dit merci. Le professeur est toujours poli quand il a trois cents personnes devant lui. Certaines d'entre elles applaudissent ses paroles. À la gauche du professeur, l'organisateur Yvon Michel n'y manque pas. Le professeur recule sur sa chaise, sourire aux lèvres. Il est heureux. Il aime beaucoup enseigner. Répéter. Être méchant. Le professeur est triplement heureux.

L'élève à qui s'adresse la leçon porte un veston, une chemise, mais pas de cravate. Déboutonnée, la chemise. Pour qu'on puisse voir la chaîne à son cou et la pilosité de son torse. L'élève est un peu macho. Il s'est laissé pousser cheveux et barbiche. L'élève est rebelle. Mais il sait être attentif. Il a bien écouté. L'élève est intelligent, très intelligent. C'est pour ça qu'il retiendra le message. Qu'il ne pourra échapper à la stratégie psychologique du professeur. Ses doutes sont le signe d'une intelligence vive. Mais ils le couleront, le professeur ne le sait que trop. L'élève doute un peu des autres et continuellement de lui. Et pourtant, il pourrait laisser boxer son corps, laisser s'exprimer cette mécanique athlétique sans que sa tête vienne chaque fois tout gâcher. Il pourrait ainsi arrêter de se demander ce qu'il fait là avec son moral de chiffon. Il pourrait cesser de se demander comment il a pu connaître tous ces succès, en s'imaginant chaque fois que le pire lui serait destiné.

L'élève a tout écouté. Tout retenu. Il n'oubliera pas. Paraît-il que c'est explicable par « la force de l'habitude ». En fait, aujourd'hui, pour planter les clous de son cercueil, il n'aurait même pas eu besoin du professeur. Il n'aurait eu qu'à regarder les photos qui l'entourent, celles de la première leçon, subie six mois plus tôt. Son visage y est horriblement gonflé. Il n'aurait eu qu'à écouter Yvon Michel, son gérant, mais aussi l'organisateur. Lui aussi a donné des coups de marteau dans le micro : « Stéphane n'est probablement pas motivé… il manque encore de maturité… il a déjà raté deux entraînements sur quatre… » L'élève a entendu tout le monde, a écouté tout le monde. A-t-il quelque chose à dire?

— J'sais pas si j'suis capable de m'rappeler… mais j'ai jamais raté mon coup deux fois… Fait que, pour c'te fois-là, j'vas bien m'entraîner, ça va bien aller… Chus content, le 28 mai ça va être un rendez-vous, ça va être une bonne bagarre, pis j'vas aller reconquérir mon titre canadien. Merci.

Il s'est adressé à la foule en promenant ses yeux dans tous les sens. En se passant nerveusement la main gauche au visage. En se tâtant le coin de l'œil. Et la joue. Et la bouche. Comme pour éprouver de nouveau la sensation d'un visage désenflé. Justement, les journalistes l'interrogent : « Est-ce vrai, Stéphane, que le dommage est fait, que ta confiance est affectée par le premier combat?

— C'est vrai qu'il aimerait sûrement m'avoir fait des dommages, mais le seul dommage qu'il m'a fait, c'est à mon orgueil, c'est sûr, c'est normal. Écoute, n'importe qui, que ce soit dans n'importe quelle situation, tu veux gagner, tu travailles pour gagner, pis ça arrive pas, t'es déçu. En plus d'la façon que ça a fini, j'avais dit que j'arrêtais. Moé, après le combat, j'ai dit voyons donc, j'peux pas arrêter d'même, faut que j'aille r'chercher ça, cette ceinture-là, c't'à moé. Fait que, c'est ça, le seul dommage qu'y a été fait comme j'ai dit, c'est à mon orgueil. À part de t'ça, écoutez… »

Le professeur interrompt l'élève une première fois : « Stéphane… Stéphane…? » Le professeur est un peu remonté. Il n'aime pas ce qu'il entend. L'élève est censé dire que les dommages sont irréversibles. Le professeur connaît l'essence de son enseignement : la répétition. La suite du dialogue entre les deux boxeurs est acerbe. Ils sont assis de chaque côté d'Yvon Michel qui, de sa position, ne peut manquer de remarquer que Hilton sent beaucoup l'alcool.

OUELLET (voulant conclure son idée après avoir été interrompu) : La vie c'est…

HILTON (coupant encore Ouellet) : Stéphane… Stéphane…?

OUELLET (exaspéré et partiellement déconcentré) : Attends un p'tit peu, O.K., s'il vous plaît… La vie c'est autre chose…

HILTON (*se plaçant un doigt sur le côté de l'œil droit*): Stéphane, regarde-moi dans les yeux... regarde-moi dans les yeux quand tu parles.

OUELLET (*confus et regardant ses auditeurs*): La vie c'est autre chose que la boxe...

HILTON (*pointant encore son œil du doigt et dévisageant Ouellet*): Regarde-moi dans les yeux quand tu parles.

OUELLET (*se tournant de dépit vers Hilton*): Hein?... Comment?

HILTON (*alors que Ouellet s'adresse aux journalistes*): Regarde-moi dans les yeux quand tu parles, Stéphane.

OUELLET (*regardant Hilton et se sentant de plus en plus mal à l'aise*): Comment t'as dit ça? Quand tu parles, ça m'intéresse pas de te r'garder... j'te r'garde, là...

UNE JOURNALISTE: Prends le micro, Stéphane...

OUELLET (*décontenancé et incapable de retrouver le fil de son idée*): Pis c'est ça...

HILTON (*fier de lui et regardant la foule en riant*): Le dommage est fait...

OUELLET (*essayant nerveusement de porter un verre de cola à sa bouche et oubliant la paille qu'il s'introduit presque dans l'œil*): Tu penses, ouais?

HILTON (*de plus en plus jouissif*): Le dommage est fait...

OUELLET (*s'apprêtant encore à prendre une gorgée sans se soucier de la paille*): Ah oui?

LE MAÎTRE DE CÉRÉMONIE: Est-ce qu'il y a d'autres questions?

UNE JOURNALISTE: En combien de rounds, Stéphane?

OUELLET (*déposant son verre et essayant de reprendre ses esprits*): Je vais faire la job que j'ai à faire... La première fois, j'me suis amusé à faire des déclarations... Ça va sûrement arriver qu'il ne fera pas la limite, sauf que je dirai pas à quel round, mon entraînement va être en fonction de ça.

HILTON (*occupé à faire le clown et confondant les mots entraînement et entraîneur*): Toujours mon entraîneur... mon entraîneur fait ça, mon entraîneur fait ci... mais c'est pas ton entraîneur qui boxe, Stéphane... c'est pas Yvon qui boxe, c'est toi...

OUELLET (*tourné vers Hilton et psychologiquement vidé*): Ah oui?

HILTON (*le ton faussement amical*): Juste moi pis toi, Stéphane...

OUELLET (*déridant la foule*): Ah ben, j'savais pas!

HILTON (*regardant tantôt la foule, tantôt Ouellet, et continuant à fanfaronner*): Il n'est pas capable de regarder dans les yeux, hein? Regarde-moi dans les yeux, Stéphane...

***

Ici, au chalet de Chambord, ce n'est jamais le silence qui disparaît, mais toujours le bruit qui apparaît. Et ici, sur le bord du lac Saint-Jean, le bruit qui peut troubler cette messe basse à marée basse, c'est davantage celui des vagues que celui d'un flot de paroles inutiles. Dans la grande famille des Ouellet et des Ménard, tout le monde a bien sûr sa propre opinion quant aux causes de la défaite et, chaque fois qu'il en est question, plutôt que de perdre ses énergies à se défendre, Stéphane préfère ravaler, donner raison à chacun, et vite dévier la conversation. Mais cette fois, il est partiellement d'accord avec son oncle Gérald : quoique cet échec ait dépendu aussi de bien d'autres facteurs, une partie de son sort s'était effectivement jouée à cette conférence de presse.

Chose certaine, Hilton y avait consolidé son ascendant psychologique obtenu par sa folle victoire dans le premier match; mais, mieux, à partir de ce moment, il avait contraint Stéphane à faire ce qu'un boxeur ne doit jamais faire : *penser avant*. Cette guerre psychologique, courante entre les grands champions mais ici singulière parce que jouée par un seul des deux boxeurs, réussit si bien qu'après cela, jamais plus Stéphane ne fut capable de se concentrer totalement sur le combat qui aurait lieu trois mois plus tard. Il se fixa dès lors sur son adversaire, mais non sur le combat contre cet adversaire. Une année et demie plus tard, à l'aube du troisième affrontement et alors qu'il procédera à l'analyse des deux premières rencontres, il conclura d'ailleurs que chaque résultat avait été affaire de bonne ou de mauvaise concentration. Elle avait été bonne, très bonne même, dans la première rencontre et avait contribué à effacer le plus longtemps possible les effets d'une préparation calamiteuse. Puis, elle avait été mauvaise lors du second match et avait ainsi annihilé une préparation plus soignée. Au cours de sa réflexion, il se souviendra qu'au vestiaire, il avait d'abord été capable de bloquer toutes les pensées dérangeantes pour un boxeur. Mais à la sortie, durant sa marche vers le ring, sa tête s'était remise à fabriquer des angoisses, des doutes, des réminiscences, des incertitudes, à quoi était aussi revenu se mêler l'irrépressible sentiment de haine envers Dave Hilton, qu'il voulait abattre coûte que coûte.

Or, la haine est un plat qui, dans l'histoire pugilistique, n'a nourri que des boxeurs véritablement méchants comme Rocky Graziano, Sonny Liston, Carlos Monzon ou, de plus fraîche date, Mike Tyson. Le reste du temps, loin d'être nourriture, la haine est poison et prisonnière du corps. Elle dessert tous les boxeurs *sportifs* qui, comme Stéphane, ont besoin de sang-froid et de détente pour bien exécuter leur art. On comprendra par ailleurs toute la difficulté et la complexité de sa carrière de boxeur quand on remarque que, si Stéphane fut cette fois-là desservi par sa haine, il n'était curieusement pas mieux servi par sa bonté naturelle. Des parieurs racontèrent d'ailleurs avoir d'abord misé sur lui pour le premier match, puis changé d'idée et misé la même somme sur Hilton quand ils avaient pressenti que Stéphane ne saurait pas être suffisamment méchant pour dominer un boxeur à l'instinct de fauve comme Hilton. Ces affirmations sur la haine qui diminuerait le rendement des boxeurs sont par ailleurs avérées par tous les historiens de la boxe. Et il est certain qu'elles n'ont pu échapper à un homme comme Davey Hilton, féru du noble art, qui avait étudié tous ses classiques et s'était même trouvé un maître en la personne de Muhammad Ali.

Et à l'identique d'Ali, qui fut certes le premier à transformer les conférences de presse en spectacle, Hilton comprit que, dans le *boxing-business*, il avait tout à gagner en s'engageant le plus souvent possible dans un conflit verbal avec son opposant. D'abord il savait qu'en exacerbant les passions par la chicane, il influait sur le jeu des paris et contribuait du même coup à mousser la vente des billets, donc à accroître les bourses des boxeurs. Hilton, quoi que la conduite de sa vie laisse supposer, n'est pas dénué d'intelligence et, étudiant Ali, il réalisa tôt qu'on aime toujours détester un vantard et le voir ravaler ses paroles; et que plus il attiserait le feu en conférence de presse, plus on viendrait nombreux aux matches. Ensuite les enseignements du maître lui avaient aussi appris l'art de la *démoralisation de l'adversaire*. Dans certains cas, cette stratégie pouvait faire merveille et, surtout, faire économiser de grandes énergies au boxeur qui, bien souvent le soir du combat, n'avait plus qu'à terminer en deux ou trois rounds le travail de destruction entrepris avant l'affrontement. Bien sûr, ces attitudes et ces comportements auraient pu être vains s'ils avaient rencontré l'hostilité du père Hilton, mais, en sa qualité d'entraîneur, il faisait davantage que les accepter, il les encourageait. « À mon avis, un boxeur doit prendre tous les moyens pour gagner. Et si ces moyens passent par une guerre psychologique, il faut accepter de les utiliser. Oui, à la conférence de presse, c'est bel et bien à de l'intimidation psychologique que s'est livré Davey. Mais c'était sa façon à lui de démontrer qu'il était prêt à combattre et que, le soir du combat, il allait être le dominant et non le dominé. Moi, je crois véritablement qu'il s'agit de la seule attitude à adopter. De toute façon, il faut aussi comprendre que c'est dans sa nature d'agir ainsi. Mon fils, c'est vrai, il me fait penser à Ali. Il a une grande gueule, du charme, de la répartie, il nargue ses adversaires, il est arrogant. Et comme dans le cas d'Ali, certains l'aiment et veulent le voir gagner, alors que d'autres le détestent et veulent le voir souffrir. Mais il ne laisse pas les gens indifférents. »

Il n'empêche que, ivresse ou non, Hilton avait ce jour-là réussi à fissurer un peu plus la confiance déjà défaillante de Stéphane. C'était délibéré, et la dernière chose qu'il faudrait croire est qu'agissant ainsi, Hilton frappait à l'aveugle. Selon lui, il avait cerné Stéphane Ouellet et ne se gêna d'ailleurs pas pour l'exprimer à Yvon Michel quand, en privé, ils se retrouvèrent autour d'une table pour négocier le troisième Hilton-Ouellet : « Stéphane, c'est un bon boxeur, mais il n'a pas le moral fort. C'est pour ça que je n'en reviens pas que tu viennes me l'offrir à nouveau. Je vais vraiment commencer à croire que tu le détestes et que tu veux t'en débarrasser. Tu tiens tant que ça à ce que je l'envoie à l'hôpital? »

C'est donc à la suite de cette conférence de presse que la décision fut prise de placer Stéphane dans une sorte de bulle où il pourrait prendre congé de Dave Hilton, au moins jusqu'aux derniers moments avant le match revanche du 28 mai. Les conseillers de Stéphane optèrent alors pour un camp d'entraînement à l'étranger, idée d'autant plus séduisante qu'elle permettait de tenir Stéphane à distance des tentations qui avaient gâché la préparation de la première rencontre. Il fut d'abord question des États-Unis, puis du Mexique, mais c'est finalement l'île de Porto Rico qui fut retenue. L'entraîneur Stéphan Larouche et le préparateur physique Andre Kulesza se souvenaient d'un site en montagnes, entièrement dévolu à l'entraînement des boxeurs, et qui constituait d'ailleurs le domicile de l'équipe nationale portoricaine de boxe amateur. Là-bas, Larouche et Kulesza étaient sûrs de deux choses : que la boxe étant l'unique activité de l'endroit, elle allait s'avérer la seule préoccupation de Stéphane. (Ils avaient tort. Pour Stéphane, il y eut deux activités : la boxe... et l'ennui.) Et qu'à Porto Rico, au moins, Dave Hilton allait être loin. (Ils avaient tort aussi. Depuis le 24 février, Stéphane Ouellet transportait Dave Hilton dans sa tête, dans son être, au point qu'il soit permis de se demander comment les douaniers ont pu le laisser quitter avec un tel corps étranger dans l'organisme.)

***

La seule chose qu'ils étaient certains de ne pas trouver à San Juan, et encore moins à Salinas, plus au sud, c'est précisément ce qu'ils étaient venus chercher : de l'ombre! Car, pour le protéger, les seconds de Ouellet avaient convenu de le mettre à l'ombre, comprenez de le tenir à l'écart de la rumeur du combat le plus longtemps possible. Or, si cette idée était en elle-même louable, choisir de préparer Ouellet à Porto Rico dans les Antilles revenait à le faire littéralement jouer avec le feu. Celui du soleil. Rien n'est en effet plus contraire à la discipline d'un boxeur que la chaleur, la plage et la mer, redoutables ennemis qui font croire aux vacances et tuent le goût de la besogne.

À la mi-mai, une semaine avant de rentrer à Montréal et d'être enfin plongés dans la fièvre de la ville, Ouellet et son clan quittèrent le petit village de Salinas qui les accueillait depuis le début du mois, et gagnèrent San Juan où ils passeraient les derniers jours. Cette matinée-là, le programme d'entraînement de Ouellet, concocté de longue date par Kulesza, indiquait ceci : JOGGING – 30 MINUTES, ENTRE 7 H 00 AM ET 8 H 30 AM. En tout et partout, en six semaines Ouellet n'avait fait défaut à sa routine qu'à trois ou quatre reprises. Ce n'était donc ni catastrophique ni révélateur d'une condition physique négligée car, répétons-le, cette revanche il la prépara non pas avec zèle – cela eût été au-dessus de ses forces – mais avec sérieux. N'empêche, trois ou quatre journées d'école buissonnière, c'était quand même trois ou quatre de plus que Dave Hilton qui, à Montréal, sous l'autorité de son père, poursuivait un entraînement militaire. Lorsqu'on veut analyser le résultat du combat entre les deux boxeurs, il est une raison qu'il faut déposer dans la balance : l'intransigeance quant à la supervision de l'entraînement. Chez Hilton, elle fut totale. Si le fils avait oublié une course, même une seule, il serait probablement survenu ce qui survint toutes les fois où la chose arriva : le père aurait abandonné sur-le-champ la supervision de l'entraînement. D'autre part, dans le clan de Ouellet, l'intransigeance était plus cosmétique que réelle, et les entraîneurs passaient assez facilement l'éponge sur ses manquements. Et quand il n'y en avait pas, ils étaient ouverts aux négociations de Stéphane : « Pourquoi 12 rounds de *sparring* aujourd'hui? Je viens d'en faire huit, c'est pas assez? » « Non, Ouel, c'est pas assez. Ton programme en exige 12. Allez, rends-toi au moins à 10... » Bref, toutes ces années de collaboration les avaient ou bien habitués, ou bien résignés à accepter que Stéphane ne s'entraînerait jamais parfaitement. À Salinas, quand le petit jour se montrait et que Stéphane persistait à rester scotché à son lit, c'était

Stéphan Larouche qui avait la désagréable tâche d'aller frapper à sa porte. « Ouel, qu'est-ce que tu fais de ta course? T'as paressé durant toute la préparation du premier combat, et t'as pas l'air de te rendre compte que, là, tu n'as plus de marge de manœuvre... Hilton, tu peux être sûr qu'il veut assez te crisser une volée pour ne pas prendre une seule journée de congé... » À sa décharge, pour l'une des premières fois de sa carrière, il arriva très souvent à Stéphane de mal dormir à Porto Rico, où il périssait. « Alors, redemandait le coach, tu te lèves ou non? » Il répondait par un grognement suffisamment audible pour que Larouche comprenne que ça ne voulait pas dire oui... « Ouel, va faire ta course, 30 minutes et on n'en parle plus. T'es ici pour ça... » insistait-il, le nez contre la porte.

— J'suis icitte parce que vous m'avez pas demandé mon avis... J'ai encore mal dormi pis j'fais pas de course à matin, ne viens plus m'écœurer avec ça. Crisse-moé patience un bout de temps...

Bien sûr, dans ces occasions-là ils avaient beau fermer les yeux, il arrivait quand même à Larouche et aux autres membres d'InterBox de se dire que Stéphane manquait d'esprit de sacrifice. De l'angle où ils regardaient les choses, il était facile de les comprendre. En revanche, la situation de Stéphane était navrante, car ses patrons ne semblaient pas réaliser que, dans son cas, le sacrifice était carrément d'être un boxeur, et que, des sacrifices, il en faisait d'énormes chaque jour, peut-être davantage que tous les autres. Pensez à un homme qui, toute sa vie, aurait éprouvé une peur maladive de s'exprimer en public et qui parviendrait de peine et de misère, de temps en temps, à faire un discours devant un parterre de 20 000 personnes, charmées et émues. Oserait-on avoir l'indélicatesse de relever une carence dans la préparation de son texte? La boxe n'avait jamais totalement contenté Stéphane et il avait toujours été obsédé par l'idée de faire autre chose. La boxe réclamait une vie ascétique et la sienne avait longtemps été dissolue. La boxe le forçait à détester des hommes, et ce n'était pas dans sa nature. La boxe était un vivier d'hommes jaloux, et cela l'attristait. La boxe était le cirque du commérage, du cancan, du racontar, de la dénonciation, de la médisance; et lui, d'accord, peut-être était-il le roi du mensonge et de l'excuse, comme Yvon Michel l'avait surnommé, mais ses menteries à lui ne visaient jamais à dire du mal des autres. La boxe représentait un sacerdoce et lui était d'esprit bohème. La boxe exigeait tous les jours de l'ambition et lui n'avait qu'occasionnellement de l'inspiration. La boxe nécessitait de l'assurance et lui était trop humble pour en démontrer. La boxe exécrait les doutes, il en était rempli.

Voilà l'univers dans lequel il surnageait depuis maintenant 16 longues années. Ce n'était donc pas une vie de renoncement, de don de soi, de sacrifices quotidiens, ça? Ce ne l'était peut-être pas pour les autres boxeurs, mais avait-il le droit d'être différent? Là était le véritable problème et rien ne le démontrait mieux que la question de la marijuana. Ainsi, à la suite du premier combat contre Hilton, où ses poumons refusèrent de l'aider au-delà du sixième round, il avait décidé de renoncer aux cigarettes odorantes pour toute la durée de sa seconde préparation, c'est-à-dire trois mois. Il savait que, de tous les efforts qu'il aurait à consentir, celui-là serait de loin le plus exigeant. Mais il estimait qu'une victoire, lors du combat de revanche, représenterait une juste récompense. En conséquence, jamais il ne céda à la tentation, si grande fût-elle.

Vers 11 heures, Ouellet regarda son programme d'entraînement : JOGGING – 30 MINUTES, ENTRE 7 H 00 AM ET 8 H 30 AM. Il se rendit bien compte qu'ayant dépassé la période tolérable pour son organisme, il devrait jogger au moment où les rayons de l'astre du jour sont le plus assassins. Il ne déjeuna pas, n'avala même pas un jus de fruits. Peu semblait lui importer d'aller solliciter son corps le ventre vide. Sur l'importance du footing dans l'entraînement d'un boxeur, il existe bien une partie de folklore, mais il est indéniable que l'exercice est essentiel à l'acquisition de l'endurance générale – l'endurance spécifique s'acquérant, elle, avec le sac ou les mitaines. Et puis, à l'approche d'un stress, la course offre au boxeur une occasion de rentrer en soi-même et de s'accorder un temps de réflexion, un moment de solitude nécessaire au bon fonctionnement de sa mécanique intellectuelle. Alors qu'au Québec, quand il courait, les coups de klaxon et les cris d'encouragement lui renvoyaient une image qui le cantonnait dans le monde irréel de la boxe, il avait ici l'impression de renouer avec la réalité des choses. San Juan ne lui apparaissait ni très pauvre ni très riche, mais ses habitants avaient l'air serein. À voir toutes ces mines apparemment comblées par un rien d'azur, il ne lui fallait pas beaucoup d'efforts pour se demander ce qui l'empêchait, lui, d'être plus heureux et de mieux apprécier les moments exceptionnels dont il serait bientôt, au Centre Molson, l'artisan.

Après tant d'années de boxe, il avait plus que sa dose des camps d'entraînement à l'étranger, d'autant plus qu'il était pantouflard et n'aimait rien tant que le désordre apaisant de son domicile. Il ne voulait donc rien savoir de Porto Rico l'ensoleillé, surtout qu'à cette heure, il s'exposait à des risques sérieux. Malgré tout, quand

Stéphane termina sa demi-heure de jogging, un peu après 11 h 30, il n'avait pas l'air d'être sur le point de défaillir. Il marchait normalement aux côtés de Larouche et de l'adjoint de ce dernier, le Portoricain Felix Pintor, quand, soudain, des picotements envahirent tout son corps. Par orgueil il n'en souffla mot, pariant qu'il ne s'agissait que d'un signal de son estomac vide. Puis il se sentit tout étourdi. Lentement mais sûrement, pensa-t-il, le soleil de midi s'acharnait sur lui. Il eut une seconde vraiment peur d'y rester, quand, ses jambes se dérobant, il quitta finalement le monde des conscients. Il eut cependant la bonne fortune d'atterrir dans les bras de Pintor, qui reçut le preste coup de main de Larouche. Le temps pour les deux hommes de beaucoup s'affoler, Stéphane reprit conscience, mais il peinait à garder les yeux ouverts.

Pintor, qui entraînait des boxeurs depuis une vingtaine d'années, connaissait Stéphane d'assez longue date. En 1994, un de ses protégés, Daniel Garcia, avait en effet subi une telle correction du Jonquiérois, qu'après le combat, il n'avait pu que prédire que Ouellet serait assurément, un jour ou l'autre, champion du monde. Mais depuis, l'entraîneur portoricain avait déchanté; il ne le croyait plus suffisamment passionné pour y arriver. Rompu à cette boxe sauvage des arènes portoricaines où le désir était tout et qui exprimait le machisme latino autant qu'elle constituait une école de vie impitoyable, Pintor regrettait que Ouellet laisse dormir ses remarquables qualités, qu'il jugeait même supérieures à celles de l'enfant du pays, le célèbre champion mondial Felix Trinidad. Surtout, il déplorait que la forme de Stéphane laisse souvent à désirer. Mais il savait que, cette fois, elle n'était pas en cause. Le boxeur avait simplement été victime de la chaleur.

Pintor et Larouche voulurent immédiatement diriger Stéphane vers l'hôpital. Mais comme toujours, quand il était question d'hôpital, le boxeur fut catégorique : « Non, crisse, oubliez ça, j'vas être correct... »

— Steff, dit Larouche avec l'air inquiet de ceux qui ont à rendre des comptes, tu sais comment ça se passe, Yvon ne sera vraiment pas content si tu ne vas pas à l'hôpital.

— Laisse faire Yvon, veux-tu? C'est pas lui qui est icitte, c'est nous autres...

De toute façon, Pintor et Larouche n'avaient nul besoin d'une confirmation médicale pour conclure que Stéphane venait d'être victime de déshydratation. À quelques jours du retour à Montréal, c'était donc comme si le soleil tenait coûte que coûte à faire comprendre qu'un boxeur québécois ne trouvera jamais d'ombre à

Porto Rico, sauf celle d'une prison, bien sûr. C'était bien le plus ridicule : depuis que le ministère public avait déposé des accusations contre Dave Hilton, ce dernier avait beau être tenu de ne pas quitter le Québec, il était plus libre que Ouellet, qui, à l'autre bout du monde, se voyait prisonnier d'un camp d'entraînement mortifère.

Stéphane avait été informé de l'arrestation de Hilton. Mais comme Hilton était un sujet tabou dans son entourage, c'est en appelant sa copine, Monia Tremblay, qu'il pouvait espérer avoir des détails. Trois ou quatre fois par jour, donc, le téléphone sonnait dans la résidence du lac Saint-Ambroise, à vingt minutes de Jonquière. Entendre la voix de Monia lui faisait du bien, comme si elle se faisait l'écho de tous les bruits des alentours. Les glaces du lac qui finissaient de se briser dans un doux crépitement. Le vent qui bruissait dans l'arbre de la cour, si grand et si opaque qu'il permettrait bientôt à Monia de se faire bronzer nue sur la galerie. Bolide, le gros chien noir que Stéphane avait reçu en cadeau après le premier combat, qui jappait en se colletant avec tout ce que les bois recelaient d'adversaires : « Tu aurais dû voir ton chien se battre avec une marmotte ! Si tu te bats avec la même rage, l'hostie de pourri de Hilton n'a aucune chance... » En vivant respectivement à Montréal et Saint-Ambroise, Stéphane et Monia étaient bien sûr habitués aux amours à distance, mais cette fois Stéphane avait l'impression d'être le gars en dedans qui appelle sa blonde pour avoir des nouvelles de l'extérieur, ou pour se faire parler de ce qui lui manque le plus dans sa cellule.

— Je n'ai toujours pas manqué à ma promesse de ne pas fumer. Le 28 mai, ça va faire trois mois. Comme je l'avais dit. Penses-tu que je vais être récompensé le soir du combat ?

— Je n'en doute même pas.

— Monia ? Je suis sûr que tu es en train de fumer un joint... Me semble que je sens l'odeur...

— Tu délires, ça va vraiment urger de te préparer une clope après le combat...

— Ça va être mon cadeau ?

— D'accord. Mon cadeau d'après victoire...

— Sérieux, c'est quand, la dernière fois que t'as fumé ?

— Tu veux vraiment le savoir ?

— Non, non ! On change de sujet. Je vais avoir besoin d'un autre cadeau, mais pour celui-là je ne pourrai pas attendre après le combat.

— Tu te bats pour 200 000 dollars. Qui, penses-tu, devrait faire des cadeaux à l'autre...?

— Ça ne te coûtera pas un sou. Juste de l'énergie...

— Si je pense à la même chose que toi, ce sera autant mon cadeau que le tien. Crisse, pourquoi t'ont-ils amené si loin? Si t'étais resté à Montréal comme l'autre zouf, je pourrais aller te retrouver dans ton lit.

— Ce serait plaisant que tu sois là à mon retour, pour passer la semaine avant le combat avec moi. Ce serait cool... Je vais avoir une furieuse envie de te faire l'amour. Tu ne croiras même pas à ça...

— C'est une autre de tes promesses...?

— Oui. Mais celle-là va être crissement plus facile à tenir.

Quand Stéphane demandait à Monia si on parlait déjà beaucoup du combat à la télévision, à la radio ou dans les journaux, il arrivait qu'elle lui cache des choses, pour ne pas le perturber. Mais pas cette fois-là. Elle lui raconta donc ce que tout le monde savait au Québec: Hilton était accusé d'agressions sexuelles et il fallait chercher ses victimes dans sa propre famille. Il avait deux filles et deux garçons.

Tout ce que Stéphane apprenait de Monia à propos des faits et gestes de son adversaire, il aimait le partager, au petit matin, avec Larouche et les deux *sparring-partners* qui travaillèrent avec lui dans le dernier droit de son entraînement, Dale Brown et Fathi Missaoui. C'était d'ailleurs le moment de la journée où un peu tout le monde rendait compte de ses nouvelles ou de ses lectures, le plus volubile étant Larouche qui passionna son auditoire lorsqu'il se mit en tête de résumer la biographie de Mike Tyson, qu'il était en train de lire. Tyson et Dave Hilton, c'était connu, étaient amis depuis l'époque où le Montréalais, alors au début de sa prometteuse carrière, s'était rendu dans l'État de New York pour travailler avec l'entraîneur de Tyson, le légendaire Constantine D'Amato. Tyson et Hilton n'étaient pas des intimes, mais il leur arrivait de se téléphoner et de partager, dans des effusions de rires, leurs aventures carcérales, qui servaient de ciment à leur amitié. Dans l'histoire de Tyson, on retenait bien entendu le viol de Desiree Washington, crime dont il s'était rendu coupable en 1991 et pour lequel on l'avait condamné à six ans de prison. Mais dans sa lecture, Larouche avait aussi été frappé par un autre forfait de « Iron » Mike, et il y trouvait de troublantes similitudes avec ce dont on accusait maintenant Dave Hilton...

« L'enfant avait 12 ans, elle était la belle-sœur du coach Teddy Atlas qui faisait équipe avec Cus D'Amato dans l'entraînement des boxeurs. Tyson n'avait pas encore 20 ans, il œuvrait toujours chez les amateurs. Il était lui aussi un enfant, peut-être même avait-il 12 ans, peut-être même a-

t-il encore 12 ans aujourd'hui? *La petite fille pleurait devant sa grande sœur et son beau-frère, échappant quelquefois des mots entre ses sanglots... « Ce salaud... il m'a caressée... il a voulu me forcer... » Elle ne put guère en dire plus, mais c'était suffisant pour que Teddy Atlas sache de quoi il était question, et surtout de qui il était question. Il alla rencontrer Tyson, un flingue à la main : « Écoute-moi bien, petite ordure! Elle a 12 ans, espèce d'animal... 12 ans, tu te rends compte? La prochaine fois que tu fais un truc pareil, je te fais éclater la cervelle avec ce que tu vois dans ma main. Si t'as envie de tirer ton coup, si tu n'es plus capable de contrôler tes couilles à pression, tu vas chez les putes, tu baises qui tu veux, où tu veux, quand tu veux, mais tu ne la touches plus... sinon! Bang... je te fais sauter la cervelle et les couilles... Est-ce clair? »*

À Porto Rico, Larouche avait la double mission de reconstruire le corps et la tête de Ouellet. En prenant en considération que, cette fois, Stéphane ne fumait pas, ne baisait pas et qu'il s'entraînait somme toute assez bien, on pouvait conclure que, pour le corps, c'était à peu près réussi. Mais côté tête, c'était carrément catastrophique et, pour Larouche, ce n'était jamais plus évident que lorsqu'il voyait Stéphane, après une conversation téléphonique avec sa blonde, venir lui répéter les nouvelles de Montréal. À son avis, si le corps de Stéphane était bel et bien à Porto Rico, sa tête avait raté le vol et était restée à Montréal. Les deux camps d'entraînement en sol portoricain, qui durèrent respectivement 17 et 18 jours, Larouche aurait souhaité que Stéphane les utilise pour se refaire une confiance, à l'abri de tous les bruits de la petite planète Boxe. Or, il ne se passa pas une journée sans que Stéphane regrette d'être tenu loin de l'effervescence pugilistique dont il présumait la ville enveloppée.

S'il avait été un sportif comme les autres, si la victoire avait été son seul moteur, il aurait pu apprécier de se préparer loin de toute excitation. Mais plus sensible aux êtres qu'aux honneurs, que lui valait d'être impliqué dans un événement qui allait faire l'histoire si c'était pour ne pas le voir sur place grandir et se nourrir de tous les rebondissements dont la boxe locale était porteuse? Certes, il fallait tenter de se soustraire au fantôme de Dave Hilton. Mais les fantômes ne respectent pas les frontières. Et Hilton venait d'atteindre, au plus creux de sa chair, le Stéphane Ouellet papa de Jim et William...

À Porto Rico, quand il ne s'entraînait pas, quand il ne parlait pas au téléphone, quand il ne lisait pas, quand il ne regrettait pas son sevrage de tendresse, de sexe et d'herbe, Stéphane envisageait son avenir. Et à court terme, l'avenir c'était exclusivement ce combat de Championnat canadien des poids moyens qu'il allait livrer à Dave Hilton, le 28 mai 1999 au Centre Molson de Montréal. En trois mois de préparation, s'il fut une chose à laquelle Stéphane eut spécifiquement le temps de réfléchir, c'est bien à cette confiance d'arriver à venger sa défaite. La vérité? Il ne fut jamais capable d'y croire, d'avoir suffisamment foi en lui pour se rire des finasseries psychologiques de Hilton, bref, de visualiser une victoire. Il y pensait durant son jogging? Il se voyait perdre et imaginait même la joie de ses dénigreurs. Il y pensait durant une lecture? Il se voyait balayé comme un fétu de paille par Hilton, en un round ou deux, et imaginait des rimes dans le journal du lendemain, comme « défaite » et « retraite ». Il y pensait le soir? La nuit? Le matin? Il se voyait totalement dominé, incontestablement vaincu, et songeait à sa sortie de la boxe. Par la petite porte.

La boxe est un référendum. Voilà pourquoi il importe tant de réunir toutes les conditions gagnantes. Mais sa retentissante déroute du 28 mai, Stéphane l'avait déjà votée par anticipation à Porto Rico. Son obsession de l'échec avait cependant échappé à son coach, qui crut jusqu'à la fin que son boxeur allait être prêt, qu'il serait même en mesure, par un effort soutenu, d'arrêter Hilton vers la mi-combat. En fait, il est fascinant de constater à quel point Larouche se trompa sur la condition mentale des deux boxeurs. Peut-être parce qu'à l'époque il manquait encore d'expérience? Toujours est-il qu'en dépit du fait que tout le groupe InterBox jugeait imparfait l'entraînement de Stéphane, Larouche évaluait quand même son poulain à un bon niveau. Il croyait d'autant plus à la victoire qu'ensemble, ils avaient failli gagner le premier match en étant nettement moins préparés. Durant toute la préparation de ce second duel, s'il n'avait pas vu du grand Ouellet, il avait au moins vu du bon Ouellet, et cela devait suffire à flanquer une dérouillée à Hilton. Car, sur ce dernier, Larouche avait une opinion bien arrêtée : ce boxeur n'était pas servi par un cœur de champion. S'il avait refusé de tomber lors du premier combat, ce n'était pas en raison de son courage, mais parce qu'il affrontait un adversaire qu'il détestait souverainement. Et puis Larouche était persuadé qu'une fois encaissé son argent, Hilton deviendrait une victime facile et consentante, qui capitulerait aux premières douleurs. À la réflexion, Larouche eut effectivement raison de penser qu'un des deux boxeurs, repu d'argent, allait être prompt à abandonner. Mais il faisait erreur sur la personne.

Évidemment, Hilton avait bel et bien besoin de se refaire aussi les poches, à plus forte raison pour affronter ses ennuis juridiques, mais, sur le plan sportif, sa motivation était bien réelle. Largement distancé aux points à l'arrêt du premier affrontement, sa victoire par knock-out technique avait été acquise in extremis et il tenait fermement à profiter de la revanche pour lever tous les doutes sur sa supériorité.

Ce sentiment que c'était plutôt Stéphane qui fit ce combat pour le fric fut aussi partagé par Yvon Michel. Depuis que la compagnie InterBox était née, Michel croulait sous le poids de nombreuses tâches et ne s'occupait plus de l'entraînement du Jonquiérois. Compétent, il agissait encore à titre d'homme de coin lors des combats de son pupille. Mais dans les faits, il ne se posait plus qu'en conseiller et gérant de Ouellet. Le 27 novembre 1998, dans la nuit qui suivit le premier échec contre Hilton, c'est lui qui reçut le coup de fil de Stéphane. La voix qui le priait d'organiser un combat-revanche était celle d'un homme presque soûl. À jeun, elle eût été la même : Stéphane était défiguré, avec des points de suture un peu partout et des tiges dans le nez, de sorte que parler lui était une épreuve. « *Yvon... je sais que t'es déçu de moé... j'me suis mal entraîné... Yvon, j'veux pas prendre ma retraite là-dessus... j'veux que tu m'organises une revanche. Là, j'sais que je t'ai déçu... mais tu vas voir... la prochaine fois j'vas m'entraîner en tabarnak... y croiront même pas à ça. J'te le jure, j'vas me reprendre... mais faut que tu m'organises absolument ça... tu ne le regretteras pas...* » Yvon considéra cet appel avec une certaine réserve, mais il ne fut pas insensible à cette volonté, cette motivation de laver rapidement l'échec. Il y vit un signe suffisamment rassurant pour travailler à la revanche, qu'il officialisa beaucoup plus tard, au terme de longues et acrimonieuses négociations, comme toujours, avec le clan Hilton.

Le premier camp d'entraînement à Porto Rico dura 17 jours. Stéphane quitta Montréal le jeudi 25 mars, en compagnie de son préparateur physique, Andre Kulesza. Il avait été décidé qu'une fois la préparation de Stéphane correctement lancée, Kulesz allait revenir à Montréal et céder sa place auprès de Ouellet à Yvon Michel. Mais, pris par d'autres affaires, Michel dut plutôt dépêcher Larouche. Le 2 avril, Larouche atterrit à l'aéroport de San Juan en début d'après-midi, sauta dans une voiture et descendit tout au sud de l'île, en direction du petit village de Salinas. Deux heures plus tard, il retrouvait Stéphane Ouellet. L'un comme l'autre allaient beaucoup se demander ce qu'ils faisaient là...

***

Au plus fort des tempêtes qui soufflèrent un temps sur le monde d'InterBox, Yvon Michel et Stéphan Larouche furent régulièrement taxés d'inexpérience. Pourtant, ils avaient tous deux suffisamment bourlingué dans ce milieu pour tout connaître des lois tacites qui font le catéchisme des coaches. Ainsi, l'une de ces lois veut qu'en boxe, il ne faille jamais, mais jamais, impliquer immédiatement un boxeur victime d'un K.-O. dans un rematch avec le même adversaire. Si les circonstances d'un match appellent une revanche, il faut obligatoirement que le boxeur mis hors de combat puisse, avant de retrouver son bourreau, se refaire un moral grâce à une ou deux rencontres faciles. A priori donc, après le premier Hilton-Ouellet, Yvon Michel et Stéphan Larouche s'entendaient sur la même approche : Ouellet devait disputer au moins un combat de rentrée contre un toquard qui serait abattu si décisivement que, du coup, tous les stigmates de la défaite de Stéphane allaient quitter son esprit.

Mais le plus difficile, quand vous étiez entraîneurs de Ouellet, ce n'était pas de faire des plans, c'était de les faire appliquer! À l'idée d'un combat préparatoire, Stéphane eut donc tôt fait de faire connaître sa position, à peine deux jours plus tard, aux principaux concernés comme aux lecteurs de *La Presse* : « *Si les gens veulent un combat revanche contre Davey Hilton, je vais le faire. Je pourrais me motiver pour une revanche. Mais je ne veux pas de combats préparatoires. Non. On n'est pas des enfants. Je connais mon métier.* » Par expérience, Yvon Michel savait trop bien que, s'il imposait ce combat à Ouellet, ce dernier réagirait comme il le faisait toujours dans ces circonstances, c'est-à-dire en ne s'entraînant pas. Ou en se blessant volontairement. Car oui, Michel pense encore aujourd'hui que certains ajournements furent le fait de blessures volontaires. Mais ce n'est pas tout à fait exact. La vérité, c'est que, chaque fois qu'il y eut blessures, elles ne furent jamais – cela est sûr – provoquées. Il est arrivé, certes, dans les années glauques de Stéphane, qu'il se mutile en se brûlant et en se lacérant les doigts pour voir couler son sang; ou encore en se tranchant presque complètement l'auriculaire de la main gauche, recousu à ce moment-là en toute urgence. Mais ces mutilations qui étaient le fait d'un type n'arrivant pas à se sortir d'un long tunnel, ainsi que toutes les blessures qu'il reçut lors de ses interminables virées – comme cette longue entaille au front subie en 1994 dans un accident de voiture, et qui repoussa son combat contre James Stokes – étaient bien réelles. Les traces sur sa peau n'autorisent pas à croire à l'invention.

Par contre, il faut donner raison à Michel sur au moins un

point : au mitan de sa carrière, Stéphane s'inventa quelquefois des blessures pour s'éviter un entraînement ou un combat. Mais Michel et les bonnes âmes seront heureux d'apprendre qu'il fut chaque fois puni de ses tromperies, cela comptant d'ailleurs parmi les anecdotes les plus savoureuses de sa carrière. Prétendait-il être souffrant de la cheville? Couic! il se luxait vraiment la cheville, par-dessus le marché à l'approche d'un combat, quand il souhaitait vraiment qu'il ne lui arrive rien... Déplorait-il une vive – que dis-je, docteur –, une très vive douleur aux côtes? Vlan! Paul Dubé, son partenaire d'entraînement, lui en brisait quelques-unes dans une séance de gants... Ressentait-il le matin – ah oui, docteur, c'est à sept heures pile, ce n'est pas du tout endurable – des étourdissements? Pouf! éprouvant des problèmes de poids à la pesée, il venait près de perdre connaissance parmi la foule de curieux.

Le pire, c'est que cette malédiction le poursuivait aussi pour les autres excuses bidon. Par exemple, s'il téléphonait à Yvon Michel pour lui annoncer que des « problèmes de batterie » de voiture l'empêchaient d'être à l'entraînement du lundi, il pouvait être certain qu'il allait rester en panne quelque part, au moment où, cette fois, il ne voulait vraiment pas que ça arrive. Toujours pour se justifier d'une absence à l'entraînement, et en rupture de stock côté mensonges, Stéphane raconta à Michel avoir été arrêté par des policiers et emmené au poste pour des contraventions non payées. Compatissez à son désarroi quand, un peu plus tard, de vrais policiers l'interceptèrent en effet et s'aperçurent qu'il était l'objet d'un mandat d'arrêt... pour un chapelet d'amendes non acquittées! Bref, dans l'univers de Ouellet, la réalité dépassait presque toujours la fiction.

Longtemps, Michel crut que la seule manière de forcer Stéphane à s'entraîner correctement pour des combats mineurs, c'était justement de lui éviter... les combats mineurs et les boules de suif qui venaient parfois avec, quoiqu'on ne puisse pas dire, en toute honnêteté, que son palmarès soit rempli de ce genre d'adversaires. Règle générale, donc, Michel s'avisait de dénicher des opposants aguerris et assez menaçants. Mais cela restait sans effet, car Stéphane ne se préparait pas davantage. De toute manière, on avait beau lui faire affronter les plus dangereux boxeurs, quand il était question d'entraînement, il était toujours, et de très loin, son pire ennemi.

Yvon Michel, parce que, d'une part il était persuadé que seul un deuxième match avec Hilton pourrait motiver Stéphane, et que, d'autre part, la compagnie InterBox voulait tenir la revanche avant de voir s'émousser l'intérêt du public, consentit à organiser le match en outrepassant la vieille règle du boxeur knockouté. Larouche considérait que c'était là une faute grave. À ses yeux, si on estimait son boxeur insuffisamment remis des séquelles d'un knock-out, ce dernier avait beau vouloir laver son honneur tout de suite, il fallait que les managers réfléchissent à sa place. Là reposait la raison d'être du manager. De toute façon, Larouche et Michel, qui s'avéraient d'une exemplaire complémentarité lorsque venait le temps de travailler dans le coin, s'opposaient souvent en dehors du ring, à tout le moins quant à leur caractère.

Dans la conduite des carrières de ses boxeurs, Yvon Michel était plutôt reconnu pour son goût du risque, attitude qu'il développa – il n'est pas insensé de le penser – en travaillant avec Ouellet, qui joua lui-même beaucoup à la roulette russe avec sa carrière comme avec sa vie. Après toutes ces années à diriger Ouellet et Éric Lucas, Michel avait appris considérablement, et retenu surtout un truc : en boxe, les occasions d'un combat majeur étaient rares, aussi valait-il mieux les saisir lorsqu'elles se présentaient. C'est ce raisonnement-là qui l'avait guidé dans son accord aux deux premiers Championnats du monde disputés par Éric Lucas, contre Fabrice Tiozzo et Roy Jones, à l'issue desquels Lucas s'était d'ailleurs chaque fois révélé. Puis, travaillant plus tard avec le Canadien Dale Brown, Michel ne changea pas de recette et sauta sur l'occasion de mettre face à face Brown et le champion du monde Vassily Jirov, au moment où Larouche, qui entraînait Brown au gymnase, ne l'estimait pas tout à fait prêt. Larouche maintenait ses réserves; selon lui, Brown se trouvait encore à un ou deux combats d'une forme de champion. Mais surtout, il croyait nécessaire de laisser Jirov disputer deux autres éprouvantes défenses de titre. Finalement, Dale Brown affronta bel et bien Vassily Jirov, à Las Vegas, en combat d'encadrement du duel titanesque entre Felix Trinidad et Oscar De La Hoya. Pendant 10 rounds, Brown fit presque jeu égal avec le champion. Il fut battu – knock-out à la dixième reprise –, mais on peut avancer que le pari d'Yvon Michel fut payant. Car, en dépit de sa défaite, Brown avait dessillé les yeux des observateurs de la boxe mondiale.

Larouche était-il trop timoré? Peut-être pas. Mais on peut croire que sa jeune trentaine ne lui donnait certainement pas la confiance suffisante en ses propres moyens comme en ceux de ses boxeurs. Pour comprendre sa volonté d'éviter les risques, qu'il suffise ici de rappeler que la valeur d'un entraîneur se juge uniquement aux résultats de ses pugilistes. Nettement plus jeune qu'Yvon Michel, critiqué par une fraction de la vieille garde qui lui enviait, qui son succès, qui son poste, Larouche était par conséquent à la recherche d'un palmarès, qu'il voulait brillant, on ne s'en étonnera pas. D'autre part, devenu par la force des choses entraîneur-chef lorsque Michel, trop occupé, lui remit les guides, il était aussi plus en vue et donc plus exposé aux critiques, situation qui expliquerait son peu d'intérêt pour les coups de dés où ses boxeurs pouvaient mal paraître.

Il est aussi vrai que, dans son travail d'homme de coin, Michel put à l'occasion reprocher à Larouche sa réserve quand il fallait exiger de son boxeur plus de risques et d'abandon, et moins de temporisation et de calcul; en particulier quand l'adversaire montrait les premiers signes de capitulation. Cela était arrivé, justement, avec Dale Brown, dans son combat contre Mike Peak, en août 2000. Brown avait dominé, mais il ne s'était jamais suffisamment imposé pour enregistrer un knock-out. Être moins conservateur entre les cordes, s'investir davantage, se montrer plus offensif, bref accepter de recevoir des coups pour en donner davantage, c'était justement un truc que Michel avait su apprendre au Éric Lucas des jeunes années, lui expliquant que son compte en banque serait le premier à en bénéficier, car il plairait davantage au public. Le meilleur exemple, rappelait Michel à Lucas, c'était bien sûr Stéphane Ouellet.

Larouche ne faisait pas montre de conservatisme seulement dans le coin des boxeurs. De nature calme, il était de ceux que le fait d'avoir travaillé avec Ouellet avait rendus très incertains. Mille fois il avait voulu retirer Stéphane des programmes parce qu'il le jugeait mal entraîné. Quelques jours avant le combat du 10 décembre 1999, le come-back de Stéphane après ses deux échecs contre Hilton, il était justement dans cet état d'esprit : « On s'est encore fait remplir de belles menteries. Quand Stéphane est venu nous rencontrer en octobre pour nous annoncer qu'il voulait revenir à la boxe, il disait être un homme changé et avait promis de faire de l'entraînement sa priorité. On a embarqué. Comme d'habitude, ses promesses n'ont pas duré. Aujourd'hui, le Stéphane Ouellet d'avant Dave Hilton est de retour. Si c'était juste de moi, et si ce n'était pas qu'on l'avait déjà annoncé sur la carte, je le retirerais du show... »

Larouche craignait continuellement la défaite qui serait fatale à l'équilibre de Stéphane.

Larouche était toujours inquiet pour Stéphane.

Larouche n'était pas d'accord avec le premier match contre Hilton : classé aspirant numéro un mondial, Stéphane avait tout à perdre à rencontrer un boxeur dangereux comme lui.

Larouche n'était pas d'accord avec le deuxième match contre Hilton : on l'avait organisé trop rapidement, en contrevenant à une règle élémentaire de la boxe.

Larouche n'était pas d'accord avec le troisième match contre Hilton : Stéphane n'avait pas encore assez changé pour espérer battre Hilton; et il acceptait une bourse dérisoire, contribuant par le fait même à emplir les poches de Hilton.

Toutes ces craintes à l'égard de Stéphane l'honoraient : elles faisaient la preuve, après tant d'années passées ensemble depuis l'époque de la boxe amateur et malgré tant de désillusions, que Stéphan Larouche aimait toujours Stéphane Ouellet, et que son sort lui tenait à cœur. Pourtant, quand Stéphane allait mal, qu'il s'enfermait dans une spirale de paranoïa, il doutait de Larouche et se mettait à fabuler : « *Dans le fond, depuis mes deux défaites contre Hilton, je suis seulement un boulet au pied de ce monde-là. Ils doivent tellement se dire que j'ai manqué mon coup quand c'était le temps et que mon histoire, c'est juste de l'hostie de passé. J'imagine à quel point ils doivent avoir hâte que je débarrasse le plancher...* »

Loin d'avoir hâte, Stéphan Larouche et Yvon Michel s'appliquaient plutôt à sauver le dernier bout d'une carrière qui menaçait de s'achever tristement. S'ils avaient véritablement souhaité la disparition de Stéphane Ouellet, sa carrière se serait terminée sans gloire le 6 mai 2000, à Maniwaki, contre l'Américain Lee Fortune. En avril de cette année-là, des promoteurs de Maniwaki avaient effectivement présenté à Stéphane une offre de 10 000 dollars pour une finale en 8 rounds. Ce n'était pas le Pérou, mais dans les circonstances, l'offre était presque généreuse pour un boxeur battu deux fois par Dave Hilton, et qui restait depuis sur trois laborieuses victoires acquises au milieu des sifflets. Sportivement, le combat ne disait pas grand-chose à Stéphane, plus que jamais en délicatesse avec la boxe. Aux doutes nés de ses deux échecs contre Hilton, il venait en effet d'ajouter ceux de ses trois récentes victoires, où il ne s'était convaincu de rien, sinon qu'il était peut-être bel et bien prêt pour le grenier. Mais, financièrement, c'était une tout autre affaire, et la bourse allait pouvoir servir à régler quelques dettes.

Son seul problème à ce moment-là était qu'il cachait une blessure. Le 7 mars 2000, à son précédent combat, il s'était fracturé un os de la main droite dans le cinquième round. Le docteur Marc

Bissonnette ne l'avait vu qu'en avril et avait confirmé la fracture, s'étonnant que Stéphane ait pu boxer quelques rounds avec une telle douleur. Le diagnostic n'avait pas surpris Stéphane : ayant déjà subi toutes les fractures possibles aux mains et ayant soumis, par la boxe et les excès, son corps à toutes les tortures, il avait presque acquis une connaissance médicale. Il lui avait suffi de quelques tâtonnements pour s'autodiagnostiquer une fracture. Il avait ensuite vite repoussé l'idée d'une opération qui l'aurait éloigné de son travail dans l'industrie funéraire, où ses deux mains lui étaient nécessaires.

Mais au gymnase aussi, il avait besoin de ses deux mains. Peu motivé d'avance, mais en plus découragé par la fracture qui l'empêchait de s'entraîner sérieusement, Stéphane voyait le combat approcher en ne se concédant qu'un ou deux entraînements par semaine. Il avait mis Larouche au courant, mais pour être sûr qu'on n'ajourne pas le combat – sa grande peur était de perdre sa bourse –, il avait juré qu'il serait capable d'utiliser sa main quand ce serait le temps. Larouche était catastrophé : « En raison de tout ce qui lui est arrivé ces dernières années, il partait déjà, dans ce combat à Maniwaki, avec deux prises contre lui. Mais là, avec deux entraînements par semaine et une main inutilisable, il exagère. Ça sera vraiment l'enfer. Le pire, c'est que je sais trop bien qu'il va s'en vouloir à mort... » Pour s'en vouloir, il n'allait pas attendre le 6 mai. Quelques jours plus tard, sensible à la situation de Larouche, à qui il savait faire grand tort en le traînant par défaut dans ce cirque, il lui dit que, dans les circonstances, il comprendrait qu'il veuille ne pas être dans son coin et se dissocier de lui.

C'était justement le temps où, dans les médias, une déferlante de critiques menaçait de noyer Larouche. Le message était toujours le même : pas assez d'expérience en boxe professionnelle, des gars entraînés comme des amateurs et boxant le corps trop droit, trop de technique et pas assez de puissance... Les messagers aussi étaient toujours les mêmes, pour Larouche il n'y avait aucun doute qu'ils faisaient tous partie de la frange de fossiles de la boxe locale, et qu'en la personne du journaliste André Rousseau – par le truchement de sa rubrique « Toasts et Café » du *Journal de Montréal* –, ils s'étaient trouvé un important porte-voix. Un dimanche de la fin février, en lisant le même journal, Larouche avala justement toasts et café de travers en apprenant l'embauche d'Hector Rocha, un entraîneur de réputation internationale engagé par Yvon Michel pour le seconder. Rocha étant l'entraîneur d'Arturo Gatti, Michel avait profité de son voyage à New York, où Gatti affrontait

Joey Gamache, pour conclure l'entente. Il n'avait pas cru utile d'aviser Larouche avant la sortie des nouvelles, car il était aussi écrit qu'un autre boxeur de Larouche, Leonard Dorin, se mesurerait bientôt à Angel Manfredy. Cela aussi, il l'ignorait. Alors il lâcha le journal, se tourna vers sa conjointe et dit : « C'est vraiment la fin de ma carrière avec InterBox. Jamais, en mon âme et conscience, je ne pourrai sanctionner un affrontement entre Dorin et Manfredy. Voyons donc! Mon boxeur n'est pas encore prêt pour ça! Je vais donner ma démission, je n'ai pas d'autre choix. »

Mais, au téléphone, Michel expliqua que la nouvelle concernant Dorin était « une erreur, une rumeur ». Sauf que, pour l'embauche du nouvel entraîneur, c'était bel et bien la vérité...

— Imagines-tu, Yvon, la fin de semaine que j'ai passée en apprenant ça dans le journal? J'ai pas autre chose à te dire que je suis déçu. Très déçu...

— Écoute, Stéphan, moi je suis déçu que tu sois déçu... Rien dans le texte du journal ne te remettait en cause.

— Ah! non? Tu engages un nouvel entraîneur au moment où je n'ai jamais fait l'objet d'autant de critiques. Quelle conclusion penses-tu que les gens vont retenir? C'est simple, avec ce geste, tu donnes raison à tous mes détracteurs...

— Je vois pas ça comme ça. Au contraire, j'ai vraiment l'impression que le texte te déculpabilisait définitivement... De toute manière, Stéphan, je n'avais pas beaucoup le choix d'annoncer quelque chose...

— Qu'est-ce que tu veux dire?

— J'ai parlé à Daniel Cloutier...

Daniel Cloutier, journaliste au *Journal de Montréal*, entretenait d'excellentes relations avec Yvon Michel, qui le percevait, avec raison, comme le journaliste québécois le plus érudit en boxe. Au point que, dans le milieu, on reprochait justement à Michel de nourrir un peu trop ce journaliste. Lui répliquait que Cloutier était le seul à communiquer aussi souvent avec lui...

— Qu'est-ce que Cloutier vient faire dans le portrait? Il n'était même pas à New York. Ce n'est même pas lui qui a signé l'article...

— Je sais. Mais nous nous sommes parlé dernièrement. C'est cette conversation qui m'a obligé à bouger. Il m'a prévenu que Réjean Tremblay s'apprêtait à écrire une chronique sur ton compte. À cause de la réputation de Tremblay, je suis sûr, Stéphan, que ça nous aurait contraints à te couper la tête...

— Ce que tu as fait, est-ce vraiment mieux? Dans le fond, en choisissant ce moment-là pour annoncer la nouvelle, tu ne lui donnes certainement pas tort de l'écrire quand même.

En offrant à Larouche de ne pas le seconder pour ce combat, Ouellet voulait donc lui donner la possibilité d'éviter une autre défaite pour laquelle la presse l'aurait encore accusé. Sa carrière à lui allait peut-être s'éteindre à Maniwaki, mais il tenait réellement à ce que celle de Larouche, naissante, ne périsse pas en même temps. « Ne pas être dans ton coin? » Larouche força un petit sourire, comme s'il était touché de ce sursaut de lucidité de la part de son boxeur. « Ne pas être dans ton coin? Non... Ça va être dur, mais on va être là. » Il n'empêche que Larouche était bel et bien préoccupé par une situation qui se répétait. Deux mois et demi plus tôt, à une semaine de l'affrontement du 15 février 2000 contre Wayne Harris, Ouellet, qui ne l'avait pas su, avait bien failli perdre son entraîneur. Ce jour-là, on venait de porter à l'attention de Larouche que l'adversaire de Ouellet avait tenu sept rounds contre Wayne Braithwaite, le type qui avait infligé la seconde défaite par K.-O. à Dale Brown. Larouche avait alors appelé Yvon Michel, de qui il relevait : « Yvon, je renonce à être dans le coin de Stéphane pour ce combat contre Wayne Harris. Il n'est vraiment pas en état de faire face. Et avec tout ce qui se trame ces temps-ci, tout ce qui se raconte à mon égard, je ne tiens pas à mettre en jeu ma crédibilité avec Stéphane. »

Malaisé, pour Michel, de ne pas se sentir interpellé par la réaction de Larouche. Car c'était là une menace qu'il avait lui-même brandie, dans des conditions analogues, au temps où il s'occupait de Ouellet.

— O.K., Stéphan, tu as le choix et tu es le seul responsable : ou tu protèges ta réputation et tu renonces à seconder Stéphane, et, du coup, tu acceptes qu'il t'en veuille à vie; ou bien tu contribues, en sauvant les meubles, à lui fournir quand même une chance de gagner. Parce que tu sais autant que moi à quel point Stéphane a besoin de se sentir en confiance avec ses hommes de coin. Mais la décision t'appartient...

Pour toutes sortes de considérations, ni Michel ni Larouche ne furent jamais capables du courage qu'une telle décision aurait nécessité, et cela montre bien de quel bois très particulier était fait le père Hilton qui, lui, démissionna quelques fois au cours de l'entraînement de ses fils. Quand il avait à s'expliquer sur la question, Michel aimait cependant à dire qu'il ne s'empêcherait pas d'agir ainsi s'il était « convaincu que cette prise de position aiderait Stéphane » et qu'il gardait « toujours espoir ». À la mi-avril, à trois semaines du combat à Maniwaki, une seule personne pouvait toutefois persister à nourrir de l'espoir, et c'était Stéphane Ouellet. Il connaissait sa condition, mais il croyait sincèrement être de nouveau capable de trouver, au jour J, les ressources nécessaires à un bon combat et à un bon spectacle. Il l'avait fait tant de fois! Rien ne lui interdisait de penser qu'il n'arriverait pas, cette fois encore, à surmonter sa douleur à la main et son manque de forme. En fait, il aimait voir la grandeur des choses qu'il pouvait accomplir juste avec ses tripes, sans une once de préparation, comme les primitifs qui affrontaient les dangers de la nature, en hommes, sans s'être préparés des mois de temps. Il était même prêt à prendre une raclée, à y laisser sa santé, à mourir au bout de son sang pour assurer malgré tout le spectacle. Oui, il avait besoin des 10 000 dollars, mais il n'était pas question de flouer les organisateurs ni la foule. Il pensait que trépasser sur le ring suffirait à prouver sa volonté de ne pas les voler.

Si Larouche et Michel ne pouvaient se résoudre à laisser tomber Stéphane, ils pouvaient peut-être être sauvés s'ils parvenaient à annuler le combat. Et ils s'y employaient fermement en coulisses. À la dernière minute, peut-être même auraient-ils consenti à faire avorter la rencontre en communiquant directement avec les organisateurs. Mais pour l'heure, il devait y avoir encore place à une dernière séance de négociations. Comme c'était Michel qui avait fait part de l'offre de 10 000 dollars à Stéphane, beaucoup trop vite au goût de Larouche, ce serait Michel qui procéderait à la dernière tentative. Le 11 avril, il appela donc Stéphane. Il laissa traîner la conversation quelques minutes, en profitant pour le féliciter de sa participation à l'émission *Le Bonheur est dans la télé*, au réseau TVA. Puis il commença à évoquer sa grande inquiétude face à cette blessure à la main. Stéphane se montrait réceptif. C'était presque un monologue.

— Depuis ton retour, Stéphane, ça n'a pas toujours été glorieux, mais malgré tout, tu as travaillé trop fort à gagner tes trois combats pour, maintenant, aller bêtement t'incliner là-bas, à cause d'une blessure. Parce que, faut pas se raconter d'histoires, Stéphane, Lee Fortune est un bon boxeur, et aussi peu entraîné que ça, ce pourrait être dangereux pour ta santé. Tu sais, les gens de Maniwaki sont en amour avec toi, ils méritent mieux que de te voir offrir un spectacle déplorable.

Michel comprenait le pressant besoin d'argent de Stéphane, mais il sut lui faire réaliser qu'il récupérerait cette somme tôt ou tard. Étonnamment, Michel n'eut même pas l'impression d'une négociation tant Stéphane sembla se rallier d'emblée à sa sage suggestion. De toute évidence, il affichait le soulagement d'un homme à qui on viendrait d'apprendre le report de son exécution. Depuis quelques semaines, c'était en effet comme s'il avait planifié son suicide professionnel. C'était décidé : il allait mourir à Maniwaki.

— Et puis, Stéphane, termina Michel, tu te souviens de la promesse que tu m'avais faite, aux premiers jours de notre association? Rappelle-toi, on avait parlé de la fin de ta carrière... C'est vrai que tu as fait beaucoup de vaines promesses dans ta vie, mais si tu devais en tenir une seule, j'aimerais que ce soit celle-là : tu m'avais juré que jamais, au grand jamais, tu n'accepterais de terminer ta carrière dans le triste rôle d'un journalier écumant les rings à la recherche d'un peu d'argent.

De toute manière, entre 1998 et 2000, Ouellet, Brown et Lucas connurent tous la défaite, cela montrant que les réserves de Larouche étaient fondées et que trop de risques, c'est comme pas assez. Les doubles échecs de Brown et de Ouellet, particulièrement, présentaient aux yeux de Larouche beaucoup de similitudes, la première étant certainement qu'il aurait suffi d'un rien de la part des managers pour les éviter. Larouche n'arrivait pas à comprendre comment, par exemple, on avait pu placer Dale Brown dans une aussi mauvaise situation, après sa défaite face à Jirov. « Malgré son revers, Brown détenait toujours le titre nord-américain des lourds-légers et devait procéder à une défense optionnelle. Nous avions donc le choix de l'adversaire dans la liste des dix premiers aspirants et avions choisi le dixième, Wayne Braithwaite. Mais absolument personne de notre écurie ne connaissait alors ce boxeur, et ça contrevenait à une autre loi non écrite de la boxe : ne jamais défendre son titre contre un boxeur que tu ne connais pas, surtout quand tu n'y es pas obligé! Les titres sont si difficiles à conquérir que, lorsque tu es champion et que tu as le choix de l'aspirant, tu prends celui qui te permettra de gagner... Ça prenait vraiment juste notre compagnie pour commettre une pareille erreur... »

Ces gaffes de *matchmaking* mises à part, le combat contre Wayne Braithwaite mit en lumière un autre fait : cinq mois après son K.-O. contre Jirov, Dale Brown n'avait toujours pas totalement récupéré et il fut tenu, ce soir-là, de livrer bataille malgré des séquelles psychologiques bien évidentes. Dans la nuit, faisant le trajet de retour Connecticut-Montréal en voiture, Larouche, anéanti par l'échec de Brown, s'accusait. Il regrettait surtout son manque d'expérience dans une situation où un boxeur revient après un K.-O. en Championnat du monde. Quand il avait cherché à comprendre auprès d'entraîneurs de renom, il s'était fait dire que les traces d'un knock-out pouvaient durer jusqu'à deux ans dans la tête du boxeur. Durant la préparation de Brown, il s'était pourtant appliqué à en percevoir les signes, mais les événements lui montraient maintenant que c'était presque inutile, que tout se jouait dans le secret des âmes. Alors, si Brown pouvait passer deux années à guérir de son K.-O. encaissé sur un coup au corps, que fallait-il penser du chemin de croix qui attendait Ouellet, victime, dans le premier match contre Hilton, d'un K.-O. à la tête?

Un peu avant son troisième combat avec Hilton, Stéphane donna d'ailleurs raison à ses seconds et admit, avec le recul, qu'il avait commis un regrettable péché d'orgueil en exigeant la revanche trop rapidement. « Plutôt que de prendre mon temps et d'affronter Hilton après une victoire, dans de bonnes dispositions, j'ai réagi comme je le fais lorsque je suis sonné sur le ring, c'est-à-dire en voulant riposter tout de suite, me venger instantanément, alors que je n'en ai plus les capacités. »

En toute franchise, la hâte de revoir Hilton s'expliquait aussi par celle de toucher quelque 50 000 dollars, montant qu'il resta à Stéphane sur cette bourse annoncée de 200 000 dollars, amputée de 50 % d'impôt et de 40 % de redevances à InterBox.

***

Ils entendent des voix, mais ils ne sont pas fous. Un peu cinglés, oui, mais s'ils ne l'étaient pas, ils arriveraient mal à se supporter pendant toutes ces semaines d'entraînement. Ils entendent des voix et ils ne sont pas les seuls : ici, tout le monde en entend. À toute heure du jour et de la nuit, les haut-parleurs installés à l'extérieur de l'Aulbergue Olympico éructent des ordres et des appels en espagnol. Habituellement, quand Larouche entend de l'espagnol, il cherche à comprendre tout ce qui se dit. Mais là, il sera bientôt minuit et l'espagnol dans les colonnes de son n'amuse plus personne. Cela les empêche de dormir, ce qui est grave, parce que Ouellet sera bougon à l'entraînement du matin, et encore plus parce qu'à Salinas, Porto Rico, le seul temps qui passe rapidement, c'est celui où l'on peut dormir!

Avant que Larouche relève Andre Kulesza et arrive à l'auberge, le 2 avril 1999, Ouellet croyait avoir réglé le problème une fois pour toutes. À bout de nerfs, il s'était saisi du couteau à trancher le melon d'eau – c'était presque une épée – et il avait sectionné tous les fils des haut-parleurs. C'était une journée où il avait, disons, la mèche assez courte. Bien sûr, ce silence décrété par Stéphane faisait aussi l'affaire de Kulesza, comme de tous les autres.

La voix dérangeante des réceptionnistes, c'était bien le seul irritant sonore d'un coin par ailleurs très calme. L'Aulbergue Olympico nichait au bas d'une colline et, lorsqu'on la regardait de face, il était impossible de ne pas s'enthousiasmer au spectacle des montagnes qui dominaient le site. Les objections de Stéphane n'avaient d'ailleurs jamais été que l'endroit était laid, mais seulement qu'il était triste, dans la mesure où c'était exclusivement un endroit pour ceux qui mangeaient de la boxe, ce qui n'était évidemment pas son plat. Côté entraînement et facilités, c'est vrai, il n'avait à se plaindre de rien. Il suffisait de sortir à l'extérieur, et on trouvait, vers la gauche, des bâtiments abritant un ring, une salle de musculation et des aires de récréation.

De l'auberge, il fallait compter à peine quelques minutes en voiture pour se rendre à Salinas. C'était un village typique, passablement démuni et sans particularité aucune, sinon pour un truc qui fascinait Stéphane : il y avait un restaurant – encore que le mot soit fort – Burger King! Adorateur du régime hamburger, poutine et cola, il en était heureux, mais sa fascination provenait surtout de ce qu'il n'arrivait pas à comprendre comment un Burger King avait bien pu pousser là! Non seulement le restaurant détonnait ici, mais il n'était pas le seul à le penser, puisqu'il était toujours vide quand il y allait avec Larouche.

Stéphane passa en tout cinq semaines dans ce village : du 25 mars au 10 avril avec Kulesza d'abord puis avec Larouche. Seulement pour de la préparation physique. Il y revint une seconde fois, le 1er mai, seul avec Larouche jusqu'à ce que son partenaire d'entraînement, Fathi Missaoui, vienne les rejoindre la deuxième semaine. Au programme, préparation technique et tactique. Enfin, au bout des cinq semaines, ils partirent tous les trois pour une dernière semaine portoricaine à San Juan, où Dale Brown les rejoignit pour travailler avec Stéphane.

Cela parut mal, si mal que ses entraîneurs se crurent obligés de raconter aux journalistes « qu'à Porto Rico, Stéphane aurait l'occasion de mettre les gants avec des boxeurs portoricains figurant dans les classements mondiaux... » Un temps, on laissa même entendre qu'il fréquenterait la salle où s'entraînait Felix Trinidad, et que des séances de gants étaient certainement possibles entre les deux. Or, non seulement Stéphane ne fut jamais près de voir

Trinidad en face de lui, mais au bout de six longues semaines d'immersion dans la boxe portoricaine, le nombre des partenaires sud-américains qu'il put affronter s'éleva... à deux!

Mais tout était question de plans. Ainsi, au moment où Larouche arrivait à Porto Rico pour la première session d'entraînement, l'équipe portoricaine de boxe amateur était en stage à l'Aulbergue Olympico. Stéphane l'avait vue s'entraîner, mais, peu impressionné, il ne s'était pas attardé. C'était une boxe qui lui rappelait des souvenirs, mais qu'il avait quittée depuis trop longtemps pour y trouver encore un intérêt. Quant à Larouche, pour qui une expérience de boxe n'est jamais une mauvaise expérience, il considérait que ce ne serait pas mauvais pour Stéphane d'engranger des rounds d'exercice avant que la pression du combat ne soit trop forte.

— Ouel, il y a une couple de gars là-dedans avec qui ce serait bon que tu mettes les gants.

— Non. Parce que y est pas question de mettre les gants avec des boxeurs amateurs, pas meilleurs qu'il faut, en plus. C'est pas de la boxe amateur que je vais faire, c'est de la boxe professionnelle, sans moumounerie, 12 rounds de temps où il faut que tu souffres, contre un adversaire qui veut t'arracher la tête des épaules. Non pour ça. Et non aussi parce que c'est pas dans le plan.

— Quel plan?

— Pour quelle raison on est à Porto Rico? Regarde, vous l'avez marquée sur mon programme...

— Pour une préparation physique, c'est vrai, Ouel, mais l'une n'empêche pas l'autre.

— Dans ma tête, oui. Je suis à Porto Rico pour me préparer physiquement, alors je vais me préparer physiquement, un point c'est tout.

Il y a un peu plus d'un an que Larouche a été engagé par InterBox. Depuis ce temps, il découvre la boxe professionnelle et il apprend, au fil des jours, que vivre de la boxe, vivre *dans* la boxe, veut dire obligatoirement vivre dans le mensonge. Dans ce milieu, à part ce qui se joue entre les cordes, rien n'est véridique. Dans la bouche des organisateurs, le vrai devient le faux, le faux devient le vrai, on raconte n'importe quoi aux journalistes, qui n'ont pas le choix d'écrire n'importe quoi. Bien sûr, Larouche fait désormais partie de la combine et, certaines fois, à entendre les mensonges qui se racontent, il éprouve littéralement une sorte de vertige. Il en est rendu au point de ne plus croire en rien, entendant, derrière chaque nouvelle ou chaque publicité, la machine qui ourdit les mensonges, toujours dans l'ombre. C'est toujours le plus gros combat, le plus important, toujours la meilleure préparation, toujours le plus dangereux adversaire, le « Poing final », « *The Ultime Verdict* ». Encore que complice, il est las de tout ça.

On peut pourtant faire pire – ou mieux, selon l'angle – et raconter encore plus de mensonges. Il suffit de travailler avec Stéphane. Travestir la vérité en gonflant les chiffres et en gommant les incartades est presque devenu, pour Larouche, une description de tâche! Au retour de Porto Rico, dans les jours précédant le combat du 28 mai et alors que tout le monde fait face au blitz médiatique, Larouche doit s'exprimer sur la réussite de l'entraînement de Ouellet. Par rapport à la première rencontre, il parle « d'une préparation améliorée de 300 % », vérité si on considère l'avis de « préparation améliorée », fausseté si on ajoute « de 300 % »... Puis il donne lui-même le vertige aux chiffres en indiquant que, là-bas, Stéphane s'est payé 150 rounds d'entraînement!

Pour une finale en 12 reprises comme l'exigeait le combat de Championnat canadien entre Ouellet et Hilton, une préparation soignée aurait décuplé la norme : 120 rounds de boxe! À quoi il faut ajouter celle d'effectuer, au moins quelques fois, 12 assauts au cours de la même séance – comme si on disputait un vrai combat –, mais jamais à l'intérieur des deux dernières semaines, où le boxeur entre alors en phase de récupération en vue d'atteindre le sommet de sa forme au soir du combat. Les vrais chiffres de Porto Rico, soumis au détecteur de mensonges? Selon Larouche, un maximum de 70 rounds de sparring, deux fois moins qu'annoncé, mais quand même plus que pour le premier match, où Stéphane se présenta dans le ring avec à peine 43 rounds sous la cravate, autant dire pas de préparation du tout. Ajoutons aussi, pour finir de brosser ce tableau, que pas une fois, à Porto Rico, il ne compléta ses 12 rounds dans le même entraînement, sa limite se fixant à 10. Cela dit, en dépit du fait que Stéphane n'ait pas rencontré les standards établis dans son programme, il restera que cette préparation fut, pour lui, sérieuse; et, pour son coach, satisfaisante.

La plupart du temps donc, les mensonges étaient sciemment planifiés et répondaient à un impératif. Mais à d'autres moments, Larouche en commettait inconsciemment, comme s'il n'arrivait plus à décanter le vrai du faux. Cela s'était produit à deux jours de la troisième confrontation avec Hilton. Dans la journée, Larouche avait accordé un long entretien au chroniqueur du *Journal de Montréal*, Bertrand Raymond. Il l'avait fait avec la réticence de celui qui craint d'être mal interprété, à un moment décisif où son boxeur devrait être tenu loin de toute perturbation. Mais Larouche s'était inquiété inutilement, l'article (« Pour mettre fin au cauchemar... ») étant celui qui résumait le mieux l'enjeu de ce troisième combat. Un seul mot du texte lui donnait cependant des regrets : franchise. Énumérant les qualités de Stéphane, il avait évoqué son honnêteté, sa loyauté, son authenticité... et sa franchise! « J'ai parlé de franchise et je n'aurais pas dû, cela traduit mal le genre de franchise dont je parlais. En fait, je voulais dire que Stéphane se montre trop franc avec les gens, en révélant à gauche et à droite des trucs sur sa vie privée que les gens n'ont pas besoin de savoir, comme ses envies de retour à l'école ou ses histoires avec ses blondes. Mais c'est vrai que ça renvoie à une autre de ses qualités, l'authenticité, et celle-là je ne pouvais pas me tromper en la mentionnant... »

De tous les employés d'InterBox susceptibles d'accompagner Stéphane à Porto Rico, Larouche était celui avec qui Stéphane risquait le moins de s'emmerder. Non pas que les autres n'étaient pas intéressants, bien au contraire! Mais s'il fallait pendant six interminables semaines se côtoyer, s'endurer, s'ennuyer, s'engueuler, se réconcilier, s'éclater, se taquiner... et s'entraîner, alors Larouche était le seul dont la présence s'imposait aux côtés de Ouellet. Même si leur relation pouvait être tendue à certains moments, ils étaient toujours destinés, du fait de leur complicité d'âge et de caractère, à ne pas rester fâchés très longtemps.

L'entraîneur avait 32 ans, l'athlète, 27, et tous les deux étaient encore friands des mêmes gamineries, des mêmes folies, avec la différence que, si le plus jeune pouvait toujours se les permettre, le plus vieux devait se contenter d'en rire... en secret, car un entraîneur-chef ne rit jamais des frasques de son boxeur. Il doit refouler un fou rire et prendre un air sévère quand son pupille, en route vers Montréal, met en émoi le service de sécurité de l'aéroport de Pittsburgh en empruntant une voiturette pour handicapés; puis en demandant assistance pour qu'on lui fournisse un fauteuil roulant – il mime un handicap –, avec lequel il dévale les couloirs de l'aéroport comme s'il se prenait pour Chantal Petitclerc dans une course de 800 mètres. L'entraîneur doit rester froid quand l'agent de sécurité traite son boxeur de « délinquant comme tous les autres ».

— Mais non, il n'est pas délinquant. Il tenait juste à faire son drôle. Laisse-le en paix. Tu le regarderas le 28 mai au réseau ESPN, tu verras, il n'a rien d'un délinquant.

L'entraîneur ne doit pas rire non plus devant les très sérieux membres du club de golf de Jonquière quand son boxeur, invité à un tournage avec Guy Lafleur, se pousse avec la voiturette de ce dernier; d'abord dans les allées et sur les verts pour se livrer à de spectaculaires cascades, arrêtant au passage une balle, roulant sur une autre, apeurant des canards, zigzaguant dans les bois; ensuite hors du terrain, sur le boulevard Saguenay, pour un petit tour à travers la circulation d'une route à deux voies! L'entraîneur doit feindre la colère... mais en vérité il se marre.

Certes, en compagnie de Larouche, Stéphane devait malgré tout se retenir de faire trop de folies. Mais il avait quand même la rassurante impression de pouvoir être un peu lui-même, presque déraisonnable, différent et unique, bref de pouvoir lâcher son fou, en ne craignant pas trop de passer pour un illuminé. À Salinas, un jour où ils se promenaient en voiture pour tuer le temps, ils passèrent devant un cimetière. Stéphane demanda à Larouche de s'y arrêter. Il trouva une fosse fraîchement creusée, en attente de son cercueil. Un enfant apercevant un cirque n'eût pas été plus heureux! Il descendit au fond du trou, fit quelques folies, et demanda à Larouche de le prendre en photo, en plongée. À une autre occasion, ils célébrèrent une messe avec la communauté de Salinas. Selon les rites de l'endroit, tous formaient une chaîne humaine en se tenant les mains et en dansant, au son d'une musique antillaise. À la fin, le prêtre accepta de bénir le combat de Stéphane contre Dave Hilton.

Un soir, Larouche et Ouellet rencontrèrent deux filles venues visiter leur frère, boxeur de l'équipe portoricaine en stage à l'Aulbergue Olympico. Ils en étaient à leur sixième semaine de camp d'entraînement au même endroit. Tous les quatre n'avaient aucune affinité, sauf qu'ils étaient en mal de tendresse, et elles, en mal d'exotisme. Et à Salinas, quoi de plus exotique que cette paire de Bleuets de Jonquière!

Larouche était tombé sur la pire des deux sœurs. Au bout d'une longue discussion avec elle, il glissa à l'oreille de Ouellet : « Crisse qu'elle est folle! » Tout ce temps, la fille ne lui avait en effet parlé que... de Dieu! Comme elle l'avait aimé, comme elle l'aimait encore, comme elle ne l'oublierait jamais. Le seul facteur qui rendait la situation tolérable pour Larouche, c'est qu'elle lui permettait de parler espagnol. Quant à l'autre couple, il discutait aussi, mais d'une autre manière. Fidèle à sa romantique habitude pour communiquer avec les filles, Stéphane écrivit un poème à sa compagne, dans la langue de Shakespeare. Et sur la lancée de cet échange de langues, le cadeau fut scellé par une démonstration de french kiss nord-américain exigée par la Portoricaine.

Si, dans ces rares moments de plaisir, Larouche parvenait à vaincre son propre ennui, il était surtout heureux que Ouellet puisse oublier Hilton pendant quelques heures. De toute manière, dans leur cas, le bonheur de l'un était directement lié à celui de l'autre. Au cours de l'un des nombreux repas qu'ils partagèrent, Larouche avait d'ailleurs clairement abordé la question. Ils avaient évoqué divers scénarios, parlé de la première défaite, revu les causes et les conséquences, prévu le déroulement de la revanche et réfléchi à ses suites. Larouche avait gardé une dernière vérité pour la fin. En levant les yeux vers lui, il avait dit : « Il faut, Stéphane, que tu réalises une chose en rapport avec le combat du 28 mai : si tu te plantes, tu ne le fais pas seul. Je me plante également, et aussi douloureusement que toi... »

En voulant responsabiliser Ouellet, Larouche était rempli de bonnes intentions. Mais la pression énorme et néfaste que Stéphane ressentait à l'approche de la rencontre s'expliquait justement par toutes ces attentes qu'on plaçait en lui. En théorie, un athlète de son envergure devrait pouvoir affronter psychologiquement ces réalités de la boxe. Stéphane en était conscient, et lors de ses matches contre Alex Hilton et Alain Bonnamie, il avait été capable de bien réagir. Mais pour ce combat-ci, il lui semblait que plus il affinait sa forme, moins il se sentait fort.

Il se savait responsable à la fois du sort de ses entraîneurs et de toute la compagnie InterBox, mais également de celui de tous ces partisans qui lui avaient réclamé mille fois le scalp de Hilton, au nom d'une justice dont les gens doutaient qu'elle puisse se faire correctement hors des rings : « Cette fois-là, Stéphane, tu vas planter Hilton. C'est sûr et certain. Tu ne peux pas perdre cette bataille! » Voilà pourquoi les premiers mots du justicier des rings, quelques secondes à peine après la faillite de sa mission contre Hilton, seraient des excuses à l'égard de ses entraîneurs. Tous lui avaient fait sentir que sa défaite ne serait pas seulement la sienne, si bien que quelques secondes après le knock-out, il se sentait comme un traître ou un vaurien. Il avait le choix...

Mais le plus pénible était peut-être pour Stéphane de faire face aux mêmes espérances de la part de ses familiers. Un véritable cercle vicieux : plus ses proches – qui voulaient bien faire en lui témoignant leur confiance – ne parlaient que de victoire assurée, plus ils renforçaient son obligation de gagner. Dans l'esprit de tous, il ne lui restait qu'à se pencher pour cueillir cette « victoire assurée ». Mais pour cette revanche, il était dit que les erreurs de jugement n'épargneraient personne – ni les entraîneurs, ni les proches, ni

Stéphane. Peut-être parce qu'autour de cet événement rôdait le spectre de la haine.

Autant cette étouffante pression marqua Stéphane, autant elle servit cependant à poser les pierres de son succès, lors du troisième match avec Dave Hilton. Cette fois, il avait dès le départ décidé de s'épargner la pression en se présentant sous son vrai jour : un homme lucide, trop réaliste pour être exagérément confiant, faillible plutôt qu'infaillible, nerveux, angoissé, et surtout remarquablement volontaire et courageux. C'était cela, le vrai Ouellet. Pas celui qui, en vue du deuxième affrontement, joua la comédie en claironnant qu'il n'était ni nerveux ni inquiet. À l'annonce du troisième combat contre Hilton, Stéphane donna le ton à ce changement d'attitude en communiquant avec son père Angémil, à Jonquière.

— J'ai une grosse nouvelle à t'apprendre... mon rêve vient de se réaliser : je vais me battre une troisième fois avec Hilton, le 8 septembre. Il a finalement accepté le combat.

— Ah! Je suis content pour toi!

— Je sais que maman et toi n'êtes peut-être pas d'accord avec ce combat... Alors je vous invite, mais si vous ne voulez pas venir, je vais comprendre.

— Tu ne veux pas qu'on y aille?

— C'est pas ça. Je dis que vous êtes tous les deux invités, mais que, si par exemple maman ne veut pas venir, je vais comprendre.

— Si tu souhaites qu'on soit là, on va y aller. Cette fois-là, tu vas faire un combat sportif et tu vas le battre, Hilton. Je suis sûr que tu vas gagner.

— C'est pas sûr, p'pa. Recommence pas à me dire ça, il n'y a rien de certain. Ça va être dur, je vais tout faire pour gagner, mais j'ai déjà perdu deux fois et Hilton, c'est un bon boxeur. Alors il n'y a rien d'assuré. Je ne voudrais pas que tu sois encore déçu, p'pa.

Entre la deuxième et la troisième rencontre avec Hilton, 16 longs mois s'écouleront et Stéphane en utilisera chaque instant pour se payer un long voyage intérieur. Dans l'exercice, il détestera des parties de lui, il en aimera d'autres, mais, indéniablement, il se connaîtra davantage. Il ne sera plus le même homme. Le voyage lui apprendra entre autres qu'au moment du deuxième affrontement, il se cherchait encore trop pour démontrer de l'assurance ou de la confiance; aussi s'était-il attaché à tout feindre. Il n'était alors pas en paix avec ses faiblesses, de sorte qu'il utilisait chaque micro pour clamer à cor et à cri qu'il n'était pas celui que les gens pensaient. Seize mois plus tard, il aura suffisamment apprivoisé ses failles pour cette fois se préparer à affronter Hilton en se révélant sous sa vraie nature.

À Porto Rico, retiré dans sa chambre, Stéphane songeait donc à une défaite qui se dessinait à grands traits, à grands coups de spatule comme sur les toiles peintes par son père. « Si tu te plantes... » lui avait dit Larouche, mais Dieu sait que Stéphane n'avait besoin de personne pour mettre des si en travers de toute pensée positive.

Si je me plante? Il passait justement ses longues journées, ses longues soirées et ses courtes nuits à se poser la question. Ayant perdu le premier match contre Hilton, ne doutant pas de perdre aussi le deuxième, il réfléchit conséquemment pendant six semaines à son avenir à long terme.

Depuis les tout premiers débuts de sa carrière professionnelle, la boxe ne lui suffisait pas. Elle servait d'exutoire à ses pulsions primitives, mais elle ne parvenait jamais à le satisfaire totalement. Les victoires le réjouissaient un court moment, après quoi il était envahi d'un récurrent sentiment d'inassouvissement.

Toutes ces années, il avait vainement cherché un palliatif à ce mal professionnel, jusqu'à croire que ce pouvait être la poésie. Mais de la même façon qu'il ne croyait pas que frapper un sac de sable suffise à se déclarer boxeur, il comprit rapidement qu'il y avait un monde entre taquiner la muse et se prétendre de la confrérie des Rimbaud, Baudelaire, Péloquin, Miron, et autres Kerouac. Qu'à cela ne tienne, sa prose avait été l'expression d'un cri du cœur visant à faire entendre un message d'espoir, celui de ne pas être réduit à un simple rôle de boxeur.

Des années plus tard, au seuil de l'an 2000, dans une chambre de Porto Rico, il se disait que sa situation avait évolué, mais malheureusement pour le pire : non seulement il se cherchait encore une voie, une passion, un métier, mais voilà qu'il était menacé de devoir divorcer d'avec les rings.

Il était terriblement inquiet pour la suite de sa vie. Il l'avait consacrée à la boxe – assez mal selon plusieurs – et il déplorait aujourd'hui sa pauvre scolarité, une quatrième secondaire qui allait lui fermer bien plus de portes que lui en ouvrir. Et il couchait ses regrets sur le papier. « *... les voyages que me commandait mon statut de champion canadien junior ont vite fait, au début du cinquième secondaire, d'anéantir mon désir de conquérir un bout de papier attestant de mon degré de scolarité. Dix ans après, je regrette cette insouciance scolaire, j'aurais été fier d'être propriétaire d'au moins un cinquième secondaire.* »

Peut-être ce diplôme aurait-il au moins contribué à alléger ce sentiment d'insécurité qui l'habitait sans arrêt. Au cours de sa carrière, il avait parlé trop de fois de son envie de retourner sur les bancs d'école pour qu'on ignore son obsession d'acquérir un savoir qui favoriserait son indépendance face aux cordes. Son diplôme d'études secondaires lui manquait, mais il y avait plus, on le sentait aux questions qu'il posait à d'anciens étudiants de cégep ou d'université. Il aurait aimé fréquenter ces établissements pour y vivre les mêmes expériences de jeunesse que les autres. Sans doute qu'à cette époque, perdu dans ses rêveries, il n'aurait pas été un étudiant modèle, mais il aurait pu au moins rencontrer un tas de filles, et qui sait se dégeler plus rapidement avec elles.

À 27 ans, Stéphane n'avait évidemment rien à voir avec ces types qui se prolongent tristement sur les rings, d'autant plus qu'une victoire n'allait pas signifier automatiquement la poursuite de sa carrière. Six jours avant le combat, il le dira d'ailleurs au journaliste de *La Presse*, Michel Blanchard : « *Il s'agit peut-être de ma dernière présence sur un ring.* » Bien sûr, il était permis d'en douter, mais victoire ou défaite, la question de l'avenir se poserait tout de même après le combat.

De toute façon, Stéphane se posait toujours des questions. Larouche était même capable d'évaluer le nombre de questions que Stéphane se posait... *pendant* les rounds! Pas une, ni 10, mais entre 20 et 25 questions par round! « De quoi ai-je l'air? », « Suis-je trop droit? », « Mon menton est-il trop haut? », « Ai-je l'air essoufflé? », « Remarque-t-on mes haut-le-cœur? », « Est-ce que j'ai encore l'air rapide? », « Les gens s'ennuient-ils? » Ça n'arrêtait jamais dans la tête de Stéphane.

Pour toutes ces questions, pour toutes ces raisons, vivre avec Stéphane Ouellet pouvait être exténuant pour Stéphan Larouche.

Pour toutes ces questions, pour toutes ces raisons, vivre avec Stéphane Ouellet était épouvantablement exténuant pour Stéphane Ouellet. Son insécurité le suivait continuellement, petite sœur siamoise qui ne lui offrait jamais de répit, même quand il s'éloignait de la boxe.

Sa vie était toujours pleine de carrefours, mais à Porto Rico il avait l'impression de se trouver devant des carrefours sans issues! Ou d'être à l'heure des choix... sans choix. Il regrettait son peu d'instruction, mais à Salinas, il voyait quotidiennement le bonheur simple de gens qui en avaient tous moins que lui. Les diplômes n'étaient donc pas nécessaires au bonheur. S'il perdait contre Dave Hilton, un endroit comme celui-ci, où la nature, la tranquillité et la frugalité dominaient, pourrait même constituer un superbe refuge. Oui, Porto Rico pouvait être une excellente idée.

Après une défaite.

Au gymnase, fascinés par cet oiseau rare, Larouche et les autres ont fini par s'entendre sur le sobriquet qui décrit Ouellet avec le plus de justesse : *The Bird*. À certains moments, *The Bird* est complètement libre et ils sont des semaines sans apercevoir l'ombre de la queue de sa trace. Ils imaginent alors sa vie pareille à celle des habitants du ciel, sans contrainte, légère, intuitive, impulsive, planante, éthérée. À d'autres moments, par contre, *The Bird* est retenu captif par la boxe et ils le voient malheureux comme un oiseau en cage.

La boxe coupe souvent les ailes à *The Bird*.

Une chance, car, avec des ailes, il voudrait s'envoler encore plus souvent des camps d'entraînement. Ainsi, quand il était allé croiser les gants avec Roy Jones, en Floride, il avait passé son temps à chercher des moyens de revenir plus tôt à Montréal. Porto Rico avait été choisi pour ça aussi : c'était suffisamment loin de Montréal pour lui enlever toute idée d'évasion. Dans les circonstances, rien n'était plus justifié à ses yeux que de parler de prison. D'un Alcatraz au milieu de nulle part.

Stéphane *The Bird* Ouellet fut libéré de sa geôle portoricaine le 18 mai, 10 jours avant le plus important rendez-vous de sa carrière. Ce jour-là, quand le clan Ouellet atterrit à Montréal, Larouche resta stupéfait de la popularité de son poulain. À l'aéroport, les voyageurs voulaient lui parler et le toucher. Situation absolument ironique : d'un côté des amateurs déjà enfiévrés par l'atmosphère du combat, et de l'autre les principaux acteurs, arrivant comme d'une autre planète, en panne d'inspiration. On pressentait déjà la flambée de passion qui culminerait au soir du 28 mai, au point que certains journalistes écriraient que l'événement valait un match décisif de coupe Stanley, et d'autres, qu'il s'agissait de l'affrontement le plus attendu de toute l'histoire de la boxe professionnelle québécoise.

C'était en effet tout cela, et bien plus encore. Comme dans toutes les grandes rencontres de boxe mettant aux prises des individus contrastés, celle entre Hilton et Ouellet se parait naturellement des enjeux idéologiques, politiques et linguistiques souvent propres aux affrontements québécois. Mais il ne semblait pas suffire que les choses se fassent d'elles-mêmes et sans aide promotionnelle, car Régis Lévesque, publiciste de l'événement, voulut porter le combat sur le terrain de la langue. Son idée? S'attacher les services du très connu Reggie Chartrand – ancien boxeur, observateur de la boxe et surtout militant indépendantiste de longue date – pour qu'il carillonne partout qu'une victoire de Ouellet servirait la langue de Molière. Les deux pugilistes étant par ailleurs souvent moqués pour la façon dont ils s'exprimaient, on peut se demander avec quel succès cette idée-là aurait été reçue. Quoi qu'il en soit, Chartrand refusa de se prêter au jeu. Ce qui n'empêchera pas le réseau de télévision américain ESPN et le journal français *L'Équipe* de décrire le public de Montréal comme friand des combats entre francophone et anglophone.

Fait certain, le match allait faire recette. Depuis les années 1920, les grandes rencontres de boxe se succédaient à Montréal, et si la ville avait connu quelques époques creuses, elle restait fidèle à ce qu'on écrivait en 1931 dans *La Presse*, au lendemain de la visite du champion du monde des coqs, Panama Al Brown, qui avait attiré 13 000 personnes au Forum; « *toutes proportions gardées, la boxe suscite plus d'intérêt à Montréal que dans n'importe quelle ville du continent* ».

Cela n'avait pas changé, mais pour déchaîner les passions, encore fallait-il qu'un affrontement dépasse le simple cadre du sport. Selon les observateurs, on n'avait aucun souci à se faire avec ce Hilton-Ouellet II.

C'était un match du siècle pour les Québécois, un phénomène sociologique autant qu'une rencontre sportive, qui n'allait pas manquer de captiver un cinéaste comme Pierre Falardeau, reconnu pour rendre compte des réalités de son milieu. À ce jour, Falardeau avait filmé le quotidien et les travers de ses contemporains. Il avait décrit la souffrance et la solitude d'un boxeur âgé comme Gaétan Hart, dans le documentaire *Le Steak*. Il savait mieux que quiconque que la boxe n'était pas du cinéma. « Hilton contre Ouellet, dit-il aujourd'hui, c'était tellement plus qu'un important combat de boxe. C'était le bon contre le méchant. J'étais cette fois-là du côté du bon, mais ça n'a pas toujours été comme ça. Je me rappelle le premier combat de boxe que j'ai vu à la télévision, entre Yvon Durelle et Archie Moore. Je ne sais pas pourquoi, mais je n'ai pas encouragé Durelle; j'ai pris pour le méchant, j'ai pris pour le Nègre. »

Autant Falardeau n'avait rien éprouvé à voir combattre des Fernand Marcotte ou des Donato Paduano, autant il était interpellé par la beauté singulière de la boxe de Hart et de Ouellet. Quand il avait tourné *Le Steak* avec le boxeur de Buckingham, c'était au moment où Hart tentait un retour qui coïncidait providentiellement avec un de ses projets de fiction. Falardeau et sa blonde, Manon

Leriche, voulaient en effet porter à l'écran une nouvelle de Jack London, *A Piece of Steak*. Or, l'histoire ressemblant beaucoup à celle de Hart, on décida plutôt d'un documentaire dont le boxeur serait la vedette. Plus tard, alors que Ouellet était premier aspirant mondial au titre des poids moyens de la WBC, Falardeau eut l'idée d'un autre documentaire, sur l'ascension d'un boxeur vers un titre de champion du monde. Mais peu de temps après, Ouellet s'inclina pour la première fois devant Hilton. Plutôt qu'une ascension, il entreprit une descente et l'idée de Falardeau prit la même direction.

Mais cette histoire qui allait à contresens de celle de tous les autres boxeurs continuait de le fasciner. « Par sa façon de boxer, raconte-t-il, j'ai toujours considéré que Ouellet redonnait de la classe à la boxe. D'abord, il ne provenait pas d'une famille de durs, et son milieu familial, plutôt aisé, détonnait. Son père était artiste peintre, c'était pas banal! Il y avait aussi le fait qu'il écrivait de la poésie, ce qui m'intéressait beaucoup. À peu près tout le monde, pourtant, se moquait de lui sur ce point. Moi, je me disais, crisse, qu'est-ce qu'il y a de con à écrire de la poésie? Faudrait-il qu'il se batte partout et passe son temps en prison comme tant d'autres? Le premier poème que j'avais lu de Ouellet était paru dans *L'Itinérant,* je pense que ça s'appelait « La Taverne », ça parlait de bière, de fumée, d'alcool, et franchement j'avais été épaté. Je trouvais que sa poésie avait de la profondeur; d'autres auraient pu ne pas aimer, la poésie c'est affaire de goût... Moi, j'aime les poètes engagés, politisés comme Gaston Miron. Il a écrit, à propos de l'indépendance du Québec, une phrase, une seule, qui m'a jeté complètement à terre : « Cela ne pourra pas, toujours, ne pas arriver. » La force de cette phrase-là, c'est absolument dément! J'aime moins la poésie chantée, un peu rock and roll de Jim Morrison, que Stéphane aime tant. Mais chantée ou non, la poésie, ce n'est rien d'évident. Surtout pour un boxeur. L'Irlandais Barry McGuigan l'a dit : « Pourquoi je suis boxeur? Je peux pas être poète, je sais pas raconter. »

Comme si ce match du siècle entre Hilton et Ouellet était un film, Falardeau connaissait les personnages. Il avait, comme tout le monde, dévolu le rôle du bon à Ouellet et celui du méchant à Hilton. « Moi, je ne trouve rien de plus ignoble qu'un boxeur qui se sert de ses poings à l'extérieur du ring. C'est pour cette raison que je déteste Dave Hilton et toute sa famille de *tramps*, qui se mettent à trois pour dévaliser un Dunkin' Donuts. Faut être rendu bas en crisse pour se taper un commerce de beignes. »

Falardeau percevait vraiment ce combat comme une représentation de la lutte entre les Anglais et les Français. Dans son esprit, il fallait absolument parler d'un événement à dimension sociale. De tout ce que la boxe avait à offrir, c'était cela qui le passionnait le plus. « La splendeur de la boxe a toujours résidé dans les espérances que les pugilistes portent en eux. Je pense, par exemple, au combat Ali-Foreman, disputé au Zaïre en 1974. C'était tellement plus qu'un match de boxe : c'était Ali qui retournait voir ses frères africains, sur les lieux des premiers esclavages, comme pour les libérer. Je pense aussi à la rencontre entre l'Espagnol José Ferrer et le Français Marcel Cerdan, en 1942, dans un Paris qui subissait les horreurs de l'Occupation allemande. Ferrer apparaissait comme le représentant de l'ordre nouveau, drapé dans les couleurs de l'Allemagne nazie, tandis que Cerdan incarnait le champion des opprimés. Ce soir-là, Cerdan portait sur ses épaules un poids immense, il était, pour les Français, non plus le champion de France, mais le champion de LA France, qui devait terrasser le représentant de l'ordre nouveau... Dans des occasions comme celles-là, c'est fou comme la boxe est grande. »

Bien sûr, Falardeau savait aussi apprécier une boxe sans cérémonie et sans clinquant. D'ailleurs, la boxe qu'il avait su filmer dans *Le Steak* en était une où on ne célébrait rien, sinon la tragique fête de la violence, indispensable aux pulsions bestiales des hommes.

Si seuls quelques amateurs souhaitaient une victoire de Hilton, ils étaient en revanche nettement plus nombreux, 40 % selon les journaux, à la prédire, et Hilton voyait grimper sa cote dans l'esprit des parieurs. De 5 pour 1 avant la première rencontre, elle était maintenant établie à 1 pour 1. À 5 000 dollars la gageure, les parieurs préféraient suivre leur raison plutôt que leur cœur et admettre que Ouellet n'était sans doute pas suffisamment remis du premier combat pour enlever la revanche.

Les derniers jours qui séparaient Stéphane du combat de sa vie ne lui profitèrent pas psychologiquement. À son arrivée à Montréal, il était déjà un homme vidé, seule sa haine envers Dave Hilton lui restant dans le corps, comme un virus rapporté de voyage. Et au fil des jours, dont l'essentiel se passerait à livrer sa mauvaise humeur aux journalistes, cette haine irait crescendo, même si tout serait fait pour que les deux pugilistes ne se croisent pas dans les activités promotionnelles. Stéphane refuserait par exemple toute photo l'obligeant à se placer aux côtés de cet individu qui ne le quittait plus depuis trop de mois.

Physiquement, Stéphane n'était pas au mieux non plus. Il avait des problèmes de surpoids. Pourtant, il s'était nourri plutôt correctement à Porto Rico, où abondaient les fruits et les légumes. Sa condition n'était pas alarmante, mais il serait forcé de réduire son poids radicalement, perdant ainsi des forces.

De toute manière, en attendant le combat, son activité la plus goûtée était de s'affaiblir, de s'amollir et de s'attendrir enfin à deux. Bien sûr, à Porto Rico, réfugié dans sa chambre sous prétexte de lire, il n'avait pas manqué à ses besoins, s'exécutant toujours avec la même juvénile frénésie, souvent jusqu'à six fois par jour. Mais a-t-on déjà dit que le plaisir en solitaire, ce n'est pas le même plaisir? Puisqu'il parlait à Monia plusieurs fois par jour, il lui arrivait aussi, évidemment, de penser à elle les yeux fermés. Stéphane pouvait sans peine évoquer sa silhouette, mais il était peiné de ne pas l'avoir à ses côtés quand le virus du sexe se manifestait.

Entre Monia Tremblay et Stéphane Ouellet, l'entente sexuelle était parfaite. Ils avaient tous les deux les mêmes goûts, les mêmes attentes, s'entendaient sur les procédés et, très important quand on partageait la vie de Stéphane, ils s'accordaient aussi sur la fréquence des rapports, c'est-à-dire tous les jours, et souvent bien plus qu'une fois par jour. Ils étaient la preuve très vivante de l'importance du sexe dans une vie de couple. Et s'ils ne manquaient pas de se disputer, c'était presque toujours sous les draps qu'ils se réconciliaient.

Pour accompagner Stéphane dans ses derniers moments avant le match, Monia prit congé de son travail au Saguenay. Elle passa toute la semaine avec une bête, un éjaculateur féroce pour qui il n'était certainement plus question de se priver de sexe en plus de « cigarettes ». De toute façon, c'était surtout de ses poumons dont Stéphane allait avoir besoin contre Hilton. Le reste, tout le reste, Monia pouvait en faire ce qu'elle désirait.

On peut se demander comment le mythe du chaste boxeur a pu être accrédité si longtemps. Peut-être a-t-il contribué à faire une bonne histoire au cinéma, mais qui peut croire que ce genre d'homme puisse se priver de chair pendant des semaines, des mois? La vérité serait même tout autre. Dans l'ensemble, les boxeurs ont toujours été reconnus pour leur insatiable appétit sexuel. Des entraîneurs ont même avoué, autrefois, administrer des substances anaphrodisiaques à certains de leurs poulains afin de les calmer. C'était au temps des Sonny Liston, l'un des pires, paraît-il, des Henry Armstrong, dont on se demandait comment il avait pu décrocher trois titres mondiaux en s'envoyant autant de femmes, ou des Joe Louis qui, ne sachant pas se contrôler, déclina plus rapidement que prévu. Aujourd'hui, ces bêtes de sexe ont pour nom Tyson, que la boulimie sexuelle a mené en prison; Holyfield, qui s'avoue une seule faiblesse, « les femmes », et à qui on prête neuf enfants, dont cinq hors mariage; De La Hoya, dont on a déjà estimé à plus de cinq cents la collection de partenaires sexuelles.

Ouellet? Pour le rassasier, il fallait se lever de bonne heure et se coucher tard. Il admettait volontiers que baiser était la chose qu'il « aimait le plus faire ». En cela, il ressemblait donc aux autres? En fait, il en était différent par sa franchise à en parler ouvertement.

La seule règle que le boxeur de Jonquière essayait tant bien que mal d'observer, c'était celle de ne pas s'envoyer en l'air la journée d'un combat. Et encore se gardait-il en réserve la possibilité de le faire « mais en dépensant peu de forces! » disait-il, mimant les mouvements du bassin qu'il devrait alors éviter.

Pendant les 72 dernières heures avant le match, Monia et Stéphane se cloîtrèrent donc dans l'appartement du pugiliste à Montréal, au 6227, rue des Écores. Si, bien entendu, l'œuvre de chair était au menu, le moment était tout autant au repli, au voyage intérieur, à la paix de l'esprit que Stéphane retrouvait dans son antre. Soixante-douze heures, c'est ce qu'il lui restait pour infléchir le tragique destin auquel ses pensées le préparaient depuis des semaines. Car même s'il se sentait désespérément faible à l'approche du plus grand défi de sa carrière, il voulait croire au miracle. Dans sa tête, pas beaucoup d'autres choses qu'un miracle pouvaient lui permettre de venger son premier échec. Il n'était pas confiant, mais il « essayait » d'être confiant. Nuance.

Il dut évidemment sacrifier à quelques obligations, mais pour le reste, il chercha à se couper du monde extérieur. Ses parents firent comme à l'accoutumée et le laissèrent tranquille. Ils passèrent la semaine à Joliette, cuvant leur angoisse chez leur fille Lisa. Il y avait de cela 15 ans, c'était à cause de ces trois-là que l'aventure avait commencé. La sœur de Stéphane avait un œil sur Robert Gagnon, un boxeur du club de Jonquière. Stéphane avait accepté de l'accompagner au club. La piqûre qu'il avait ressentie! Ses parents avaient finalement consenti à ce qu'il s'essaie à la boxe olympique.

Rue des Écores, Ouellet ne vivait plus seul. Depuis quelques mois, il hébergeait l'un de ses amis, originaire de Jonquière. Mais un beau jour, ce dernier se fit demander d'aller momentanément séjourner ailleurs : « Trouve-toi une autre place où coucher, parce que je m'enferme ici, avec Monia. » Est-ce de cet incident que naquirent deux des plus folles rumeurs qui coururent sur le compte de Ouellet, le blessant d'autant plus qu'elles furent lancées par des gens de sa région? Le bruit courut que Ouellet et sa blonde avaient passé ces 72 dernières heures à se soûler comme des pochards, vidant caisse de bière sur caisse de bière, enfermés à double tour. On raconta aussi que Ouellet était resté dans un bar, la veille du combat, jusqu'à ce qu'Yvon Michel doive aller le ramasser, affalé par terre et bestialement ivre! Voilà comment certains ont « expliqué » la défaite de Ouellet.

Des histoires comme celles-là, il en entendait depuis aussi loin que l'époque de la boxe amateur. Pendant une bonne partie de sa carrière professionnelle, il avait naïvement pris sa région pour une cachette où il pourrait se laisser aller à toutes ses frasques, sans que ses entraîneurs de Montréal l'apprennent. Il s'était aperçu que, non seulement des concitoyens bavassaient à Montréal, mais qu'ils en rajoutaient. (Dieu sait pourtant qu'on n'avait pas besoin d'en rajouter!) Cela laissait Stéphane très amer et l'incitait à croire que les amateurs du Saguenay le détestaient ou le jalousaient. On l'entendait souvent dire : « Les gens de Jonquière sont très méchants, à mon égard comme à l'égard de mes parents... »

Évidemment, Ouellet avait sa part de responsabilité dans cette réputation de viveur incurable, mais il s'étonnait tout de même : « Fêtard ou pas fêtard, il faudrait être imbécile pour se saouler la veille d'un combat de cette importance. On a beau raconter toutes sortes de choses sur moi, je ne me suis jamais enivré la veille d'une bataille. Je me demande même si j'ai seulement déjà pris quelques bières la journée d'avant... Oui, peut-être bien la veille de ma défaite contre Darren Morris, un *six-pack*, mais, mon Dieu, dans ce temps-là j'étais tellement pas fier de moi. »

Mise en cause dans ces inventions, Monia Tremblay s'en indigna aussi, elle qui ne réfutait pourtant pas son étiquette de noceuse. « Quand on m'a rapporté ces rumeurs, j'ai soudain réalisé que c'était inutile d'en discuter, tellement il ne fallait pas avoir de cervelle pour réfléchir comme ça... Qui a pu penser que Stéphane était assez stupide pour faire ça? Et surtout qui a pu penser que j'aurais été capable de le laisser se soûler à mort, en ma présence? Nous étions peut-être fous, mais pas tant que ça. »

En vérité, la contribution de Monia fut au contraire positive. Plutôt qu'à boire, elle incita Stéphane à bien manger toute la semaine, lui préparant des plats minceur de poulet et de légumes au four. Lui qui avait cédé à de violentes rages de sucreries à Porto

Rico, il devrait résister jusqu'à la pesée, la veille du combat. Si fumer le meilleur joint du monde serait sa première activité après le match, il avait aussi prévu de s'empiffrer de chocolat tout de suite après la pesée. D'ici là, il faisait vraiment pitié à Monia qui n'en pouvait plus de le voir ainsi à la diète.

Répétons-le, la surcharge pondérale de Ouellet n'était que moyennement inquiétante. En 15 années de carrière, il en avait beaucoup appris sur son corps. Pour faire fondre les livres, il connaissait tous les moyens : la course à pied avec plusieurs chandails sur le dos, la corde à sauter dans une pièce surchauffée, les massages, et les bains de vapeur, cependant dangereux et affaiblissants. Mais il reste que ses problèmes indiquaient qu'il n'atteindrait pas son poids idéal au jour idéal. Qu'il arriverait à son poids de forme à l'aveuglette, sans s'être bâti un moral en même temps, et surtout en y parvenant dans la mauvaise humeur plutôt que dans l'aisance psychologique. C'était cela le plus grave.

En raison de ces ennuis, Yvon Michel annonça avant le match que Ouellet en aurait bientôt fini avec les poids moyens. À l'avenir, il combattrait à 168 livres, chez les super-moyens, décision approuvée par son préparateur physique. Andre Kulesza considérait en effet que la morphologie de Stéphane était celle d'un vrai 168 livres, et que la catégorie des poids moyens avait été choisie à cause de sa faiblesse momentanée au niveau mondial. Mais pour l'instant, Stéphane livrerait encore bataille dans l'une des plus intéressantes divisions de la boxe.

Vingt-quatre heures avant la revanche avec Dave Hilton, Stéphane se présenta donc pour la pesée, dans un studio du réseau TVA. L'événement était à ce point attendu qu'on le diffuserait au *Point J*, l'émission de Julie Snyder.

Il avait quelque chose de différent, qui faisait dire à certains témoins qu'il « n'était pas comme d'habitude ». Une chose était cependant certaine : physiquement, il avait bel et bien changé. En fait, il apparut moins beau. À Porto Rico, il avait préparé un nouveau look, comme si, pour sa revanche, il voulait se montrer sous un autre jour. Il s'était laissé pousser un bouc, ce qui lui allait assez bien. Et ses cheveux, qui descendaient jusqu'au bas du cou, où ils frisottaient, se tenaient tout droit sur sa tête, grâce à du gel coiffant, ce qui lui étirait les traits et lui donnait un air vaguement anémié.

La chose n'échappa pas à l'attention du père Hilton. Il se dit que Ouellet ressemblait à un boxeur qui avait dû s'obliger à un *dry-out*, et il suspecta tout de suite des problèmes de poids. Une telle mine émaciée lui suggérait aussi un adversaire déjà épuisé. À cet instant précis, il sut que le travail de destruction mentale auquel son fils s'était livré avait porté ses fruits. Alors, à vingt-quatre heures du match, il n'était pas question de changer d'approche! Croisant Ouellet peut-être pour la dernière fois avant le match, Hilton répéta son message : il le mettrait K.-O. le lendemain soir, et Stéphane devait s'attendre « à ne pas veiller tard, que ça allait arriver rapidement... » Cette attitude relevait par ailleurs d'un travail d'équipe. Tous les seconds de Hilton étaient en phase avec leur boxeur. Ainsi, à un autre moment, un proche du clan Hilton vint se poster à côté de Stéphane, bras croisés, le regard menaçant.

Ouellet avait-il peur? Ce qui est sûr, c'est qu'il aurait dû avoir peur. Il fut beaucoup question de crainte lors de ce match, mais on en parla rarement avec intelligence. On la présenta continuellement comme une faiblesse. Or, la peur est présente chez tous les hommes, donc chez tous les pugilistes, même s'ils arrivent à la surmonter. Rien ne sert de la nier. Mieux vaut savoir l'utiliser. Car la peur n'est pas faiblesse, en réalité, elle est force. Cus D'Amato, qui travailla un peu avec les Hilton en début de carrière, mais qui entraîna surtout Patterson et Tyson, racontait à ses boxeurs les plus belles histoires de peur. Dans un passage du livre de David Remnick (*King of the World*), on peut y lire ceci : « Avoir peur, disait-il, c'est naturel, c'est normal. La peur est une amie. Votre amie. Quand un cerf marche en forêt, il a peur. Mais cette loi de la nature l'aide et le garde alerte, car un tigre peut surgir des bois à toute occasion. Sans peur, un cerf ne pourrait pas survivre. Sans peur, nous ne pourrions pas survivre. Sans peur, un boxeur ne peut pas survivre. »

Lorsqu'il avait quitté son domicile au début de l'après-midi pour aller vérifier son poids au centre sportif Claude-Robillard avant la pesée officielle, Ouellet était nerveux. Il savait que l'événement se déroulerait sous une tension extrême, puisqu'il y croiserait celui qu'il percevait comme un tas de merde, qu'on épierait chacun de ses mouvements, chacun de ses regards pour y déceler la crainte. Il était nerveux, mais il choisit de le cacher à tout le monde. Il allait pendant très longtemps se reprocher sa façon d'agir ce jour-là. « Oui, j'étais nerveux et angoissé à la pesée, c'est le contraire qui aurait été inquiétant... Dans les circonstances, j'aurais dû le dire, l'avouer sans gêne et sans orgueil, au lieu de raconter des sornettes comme je l'ai fait. Avoir été en paix avec moi-même, j'aurais dit oui, je suis nerveux, c'est un grand moment, oui, je ressens la pression, oui, ça va être un très dur combat, oui, Dave Hilton est bon. Cela m'aurait permis de mieux prendre conscience de l'événement et, surtout, de mieux me concentrer sur le match. »

Sous les crépitements des appareils photo, Stéphane Ouellet était le premier à interroger la bascule : 159,9 livres! Il aurait même pu faire un peu moins s'il avait retiré ses chaussettes blanches et le beau slip à carreaux bleu et blanc qu'il avait décidé de porter pour la grande occasion, avec le soin d'une mariée qui se choisit une robe.

Davey Hilton monta à son tour sur la bascule. Son corps s'était affûté. Sans révéler une tonne de muscles, sa charpente témoignait du travail qui avait su la consolider et la raffermir. L'officiel annonça : 157 livres. Le poids de Hilton était parfait. Le boxeur serait très à l'aise dans le ring, le lendemain.

Après la pesée, Stéphane s'était retiré dans un coin et avait aussitôt remis sa montre à son poignet. Son heure approchait et il avait terriblement hâte.

Hâte que tout ça finisse, bien entendu.

***

Puisque la télévision américaine les voulait sur le ring à 22 h 30, rien ne justifiait Stéphane de se présenter tôt au Centre Molson. À 18 h, il laissa donc ses parents partir avec Monia et put ainsi s'offrir quelques moments de solitude. Il resta donc avec son gros chien Bolide, un croisement de rottweiler et de labrador dont il disait « qu'il était en train de devenir fou à vivre dans un appartement de ville ». Des deux, on pouvait quand même penser que le plus heureux, c'était le chien. Chose certaine, c'était de loin le plus insouciant. Stéphane se disait qu'il aurait bien changé de peau avec lui! Comme, la veille, au restaurant, après la pesée, quand il s'était surpris à observer les clients autour de lui, qui mangeaient avec appétit dans de grands éclats de rire et de joie, alors que lui, malgré des semaines de privation, avait l'estomac noué par le stress, il avait regretté de ne pas être un anonyme, un simple quidam qui mènerait une vie paisible avec femme et enfants, un modeste amateur de boxe, peut-être, qui trouverait son bonheur en allant assister au spectacle de deux gars assez cinglés pour se battre devant 20 000 personnes.

Vers 19 h 30 il quitta la rue des Écores en direction du Centre Molson. La plupart du temps, il aimait à ce qu'un proche l'accompagne, mais cette fois il avait décidé de s'y rendre seul : pour lui cela signifiait que personne ne le poussait vers son rendez-vous « avec le destin ». Si, pour son entrée sur le ring, il serait tout à l'heure transporté par les premières notes de sa musique mythique,

Conquest of Paradise, il avait envie à cet instant d'autre chose et il écoutait dans sa voiture les ballades qu'il avait mises exprès sur une cassette. Il conduisit bien plus calmement qu'à l'habitude.

En atteignant le Centre Molson, il se vit, aux côtés de Dave Hilton, sur la gigantesque affiche en façade, et fut confronté à sa propre perception de ce grand événement. Cette image de lui-même lui fit prendre conscience que toute cette mise en scène, organisée depuis des mois et qui atteignait ce soir son apogée, était réalisée pour lui, pour « son » combat.

Il ressentit un soupçon de fierté.

Arrivant si tard, il eut ridiculement du mal à se trouver une place de stationnement. Il dut marcher un peu. La soirée était douce, l'air était léger. Lui aussi, malgré tout. En dépit de tout ce qui avait miné sa préparation, il n'avait pas l'impression d'être à plat. Mais une pensée dominait malheureusement toutes les autres, et c'était que, malchanceux comme il l'était, quelque chose de triste allait lui arriver.

Beaucoup prévoyaient pourtant le contraire. Dans l'après-midi, Yvon Michel avait téléphoné aux parents de Stéphane et s'était fait rassurant. « Votre fils est prêt, c'est dangereux de voir ça, et cette fois-là Hilton va en manger une tabarnak. » Malgré cet appel, Angémil Ouellet restait perplexe. Depuis une semaine, même s'il n'avait pas beaucoup côtoyé son fils, il avait vu que Stéphane ne semblait pas vraiment résolu à prendre sa revanche. Il ne le trouvait pas suffisamment nerveux, il était trop détaché. C'est le même sentiment qu'éprouvera Monia quand elle le verra au vestiaire, pour la dernière bise avant la rencontre.

C'est vrai, Stéphane donnait l'impression, à mesure que le match approchait, de ne pas être atteint par la fièvre du combat. Mais c'était volontaire. Cette attitude représentait un palliatif à la pression assassinante de l'affrontement. « Dans des moments comme ceux-là, avouera Stéphane, la pression devient si intolérable, tu es si près d'exploser que tu dois chercher des moyens de survie. Survivre, c'est vraiment de cela dont il s'agit. Alors tu fais comme si tu n'étais pas nerveux, tu essaies de prendre tes distances avec l'événement, tu adoptes une attitude détachée. En vérité, tu brûles à petit feu. »

Il était près de 20 h 30 lorsque Monia pénétra dans le vestiaire dénué d'intimité, déjà dévoilé aux amateurs par des images télévisées sur l'écran géant du Centre Molson. Elle trouva Stéphane assis sur une chaise, au fond de la pièce, les bras croisés sur son torse dénudé. Il semblait calme. De temps à autre, il jetait un œil neutre sur l'écran du téléviseur où serait retransmis le match. Ils se dirent deux ou trois mots, Monia fit une blague, et elle le vit rire aux éclats. Elle parut surprise d'une telle détente et s'en étonna. « Voyons, Monia, je ris pour évacuer un peu de stress, si je ne ris pas, qu'est-ce que je vais faire ? Ça ne diminuera sûrement pas tout seul. » Elle n'était venue que pour quelques minutes et fut prête à repartir. Mais elle imaginait déjà quelle superbe soirée ils passeraient s'il gagnait. Ils fumeraient le gros pétard de la victoire, comme d'autres fument le cigare pour célébrer un truc important. Et ils feraient l'amour, mais sans doute différemment. Stéphane allait être épuisé, peut-être même blessé, de sorte qu'elle envisageait de s'offrir à lui avec douceur, de ne rien demander, et de tout concéder.

Elle l'embrassa et lui dit simplement de « remettre l'hostie de chien sale à sa place ». Elle détestait Hilton pour les mêmes raisons que tout le monde, et pour quelques-unes de plus depuis qu'il s'était moqué d'elle dans un studio de radio : « Tiens, la petite fille qui reste dans un trou. » À la pesée du premier combat, Hilton était également venu se poster exprès à ses côtés, enfilant ses vêtements en lui décochant des regards torves.

Comme Monia partait, Stéphane lui dit : « Attends-moi un peu, ça ne sera pas long. » Cette phrase qu'il gardait précisément pour cette occasion, c'était du Gilles Villeneuve dans le texte. Avant chaque course, en effet, le pilote automobile embrassait son épouse Joan et la quittait toujours sur ces mots. Stéphane avait appris cela à Porto Rico, en lisant la biographie du pilote de formule 1, et cela l'avait marqué comme le marquaient toutes les formes de rites, de rituels et de symboles. Au fil du livre prêté par Larouche – comme tous les autres qu'il lut là-bas –, Stéphane avait découvert un être extrémiste ayant vécu, comme lui, pédale au plancher ; et s'en était presque épris.

Dans le vestiaire adverse, malgré ce que suggérait la présence de tous ses hommes de coin, Dave Hilton était incroyablement seul, ne pouvant espérer le genre de visite réconfortante que recevait l'aspirant. Depuis le dépôt des accusations de voies de fait et d'agressions sexuelles contre lui, il était assujetti à certaines conditions de probation, dont celle de ne pas entrer en contact avec sa femme et ses quatre enfants. Il devait également éviter l'intoxication, observer un couvre-feu, et résider au domicile de ses parents qui s'étaient portés garants de sa bonne conduite auprès de la cour. À elles seules, ces trois dernières conditions préfiguraient d'un Dave Hilton montant dans l'arène dans la meilleure forme de ses 10 dernières années de carrière. La présence de son père en tant qu'entraîneur l'assurait.

L'influence de Dave Hilton senior dans la carrière et l'entraînement de son fils n'était pas mince : il était le seul capable de le tenir en laisse. Oubliez Henri Spitzer – promoteur de Hilton – et les autres marionnettes, le seul qui disposait d'une poigne assez ferme pour empêcher Davey de dérailler, c'était Hilton père. En matière d'entraînement, on ne disait d'ailleurs pas de lui qu'il était intransigeant, mais qu'il était maniaque. La boxe était toute sa vie et il avait voulu qu'elle soit aussi toute la vie de ses fils.

Mises à part les journées de congé décrétées par lui-même, son fils n'avait eu droit à aucun répit. Mais si, en dormant systématiquement chaque nuit sous le toit familial, Hilton fils renouait avec l'autorité paternelle, il retrouvait aussi les câlineries maternelles. Depuis que circulaient les histoires à propos de l'aîné de ses fils, Jeanny Hilton était bien sûr éplorée, mais elle s'appliquait à se montrer forte et solidaire, demandant que l'on attende au moins que son fils ait subi son procès avant de le juger. Elle lui fit la cuisine au cours des trois mois qui précédèrent le match; Davey put donc compter sur une nutrition de première qualité. Le permis de conduire de son fils étant révoqué, elle joua aussi les chauffeurs de taxi afin qu'il puisse honorer tous ses engagements. Elle alla même jusqu'à veiller aux joggings de son garçon, qu'elle suivait en voiture.

Selon l'heure de l'entraînement en salle, le père Hilton exigeait des courses soit en matinée, soit en soirée, la plupart du temps vers 20 h, après quoi Davey revenait regarder la télé une heure ou deux. Il se mettait immanquablement au lit vers 23 h tous les soirs.

Le père Hilton pouvait donc s'enorgueillir de la parfaite préparation physique de son fils. Hélas, et il le savait, son influence était nettement plus limitée quant à sa préparation mentale. En général, Dave Hilton senior jugea son fils bien concentré, mais il fut certaines fois où il lui parut clairement atteint par les tourments de ces accusations épouvantables dont la justesse restait à démontrer. Dans ces moments-là, il nourrissait les plus vives inquiétudes quant aux conséquences que ces perturbations pourraient avoir lors du match. Mais jamais il ne craignit autant de le voir perdre que dans les minutes qui précédèrent la rencontre. Le père et le fils étaient assis l'un en face de l'autre dans le vestiaire, lorsque Dave junior perdit le contrôle de ses émotions.

— Dad, comment se fait-il que les filles n'aient pas appelé pour me souhaiter bonne chance? Je ne comprends pas qu'elles n'aient pas appelé pour souhaiter bonne chance à leur père...

À cette minute, Hilton senior connut le véritable état psychologique de son fils. Il lui fallait trouver les mots pour le réconforter.

— Davey, ça fait une semaine que nous logeons à l'hôtel Maritime. Les filles, elles ont probablement appelé à la maison et laissé un message sur le répondeur. Je suis certain que ce soir, en rentrant à la maison, tu ne seras pas déçu et que tu l'auras, ton message!

À environ une heure de l'affrontement Hilton-Ouellet, il y avait donc une situation absolument ironique : Dave Hilton croyait gagner alors que son clan s'inquiétait d'une défaite, et Stéphane Ouellet anticipait de perdre quand son clan s'attendait à une victoire!

Deux choses, au cours de la journée, avaient beaucoup perturbé Stéphane. D'abord, désobéissant à sa propre règle de ne pas lire de journaux durant cette folle semaine, il s'était procuré le magazine *7 jours*. Comme il avait été déçu! D'abord, l'entrevue qu'il avait accordée lui prêtait, au sujet de Lydie Larouche, la mère de ses deux fils avec laquelle il ne vivait plus depuis longtemps, des propos qu'il n'avait jamais tenus, il était formel. C'est donc en rogne qu'il avait appelé Lydie pour se défendre d'avoir entre autres affirmé « que leur mère n'aimait pas que ses deux fils le voient à la télévision ». Habituée à ces histoires, Lydie comprenait le jeu de la presse et n'en avait pas fait de cas. Ensuite, le texte faisait sérieusement dire à Stéphane « qu'il n'était heureux qu'avec une bière dans une main et un joint dans l'autre ». Cela, il l'avait dit, mais il imaginait le journaliste assez intelligent pour déduire qu'il s'agissait d'une blague, au même titre que toutes les autres que Stéphane et l'intervieweur avaient faites à cette occasion. Encore là, il avait dû s'expliquer, cette fois à son père qui ne s'était pas exactement esclaffé en lisant la citation.

Ensuite, peu après 21 h 30, au moment où on lui mettait les gazes thérapeutiques sur les mains, il s'était vu sur l'écran de télé du vestiaire. Le bandage des poings est l'une des opérations les plus cruciales dans la préparation du boxeur. C'est presque un art qui, s'il est mal pratiqué, peut causer des fractures et mettre en péril les carrières les plus prometteuses. C'est aussi une opération au cours de laquelle il pourrait être possible de tricher – en truquant les bandages. C'est pourquoi, au Québec, elle se déroule toujours en présence d'un officiel de la Régie des alcools, des courses et des jeux. À moins d'une heure du match de revanche, autant dire au beau milieu de cette période où le boxeur est le plus fragilisé, car, ne pouvant désormais plus reculer, il peut prendre panique, à moins d'une heure du match donc, Ouellet eut un choc. C'était la télé payante, et on montrait et remontrait les séquences de la fin du premier combat contre Hilton, où Stéphane, défiguré, capitulait dans la douleur. Pas une seule fois il n'avait voulu revoir ce match-là! Sur le coup, et par orgueil, car il y avait deux témoins, il ne fit pas voir son malaise. Mais la portée de l'incident n'avait pas échappé à l'officiel de la Régie, qui se rendit voir son supérieur, Mario Latraverse.

— Je peux te dire une chose, Mario : avec ce que je viens de voir, si Ouellet réussit à battre Hilton ce soir, ce sera un exploit. Ce gars-là est entraîné par des incompétents! Il y a à peine quelques minutes, dans le vestiaire, on l'a laissé regarder les séquences du knock-out de son premier combat. C'est toute une préparation, ça! Comment veux-tu qu'il ne pense pas à ça tout à l'heure.

À 22 h 15, s'échauffant, Stéphane était malgré tout prêt à se présenter à ce rendez-vous « avec le destin ». On l'attendait dans 15 minutes et il savait déjà qu'il s'y pointerait avec le minimum de ses moyens. Mais dans cette perspective malheureuse se trouvait néanmoins tout le respect qu'il vouait à sa singulière profession. Pour lui, la boxe ne ressemblait à aucune autre discipline. Une fois entre les cordes, elle vous obligeait à sauver votre peau en ne comptant sur personne d'autre que vous-même; à assurer la protection de votre intégrité physique, même si vous n'étiez pourvu que de modestes ressources à ce moment-là. Et « ce moment-là », ça voulait dire dans 15 minutes.

Il portait une magnifique culotte jaune, plus courte que celle du précédent match, qui dévoilait encore plus ses jambes parfaitement proportionnées. Il avait renoncé à la culotte noire un peu par superstition, mais surtout parce que la jaune donnait de l'éclat à son bronzage, le seul bon souvenir qu'il conservait de Porto Rico. Quelques minutes auparavant, on avait appliqué sur le haut de son corps une gelée de pétrole qui faisait chatoyer sa peau sous les lampes du vestiaire. Il avait coupé sa barbichette, choisissant plutôt de s'afficher avec une barbe de l'avant-veille, uniforme. Enfin, il ne voulut pas raser la toison sur sa poitrine. Elle était fournie à la hauteur des pectoraux, mais se raréfiait en une seule ligne vers le nombril, au point d'être cachée par cette chaîne et ce crucifix tatoués un jour pour honorer ceux que portait Jim Morrison. Son aspect physique faisait de lui une superbe bête de combat. Et la bête avait à cœur de se venger et de venger tous ceux qui considéraient Dave Hilton comme une flétrissure pour le noble art.

Dans quel état d'esprit Stéphane Ouellet quitta-t-il donc le vestiaire, à 22 h 30 ce vendredi 28 mai 1999? Une citation du très brillant poids lourd ukrainien Wladimir Klitschko, tirée d'un article du journal *L'Équipe,* devrait bien l'exprimer : « Je n'aime pas parler de vengeance parce que la vengeance est en relation avec la haine. Et la haine vous rend nerveux et vous fait faire n'importe quoi, ce qu'un boxeur ne peut admettre sur un ring. »

N'importe quoi? On n'aura jamais si bien dit. À partir du moment où on réalise que l'heure du règlement de compte a sonné, Stéphane est encore moins en mesure de se concentrer sur les détails qui pourraient lui permettre de causer une surprise. Entre le vestiaire et son entrée sur le ring, deux minutes s'écouleront. Entre son entrée sur le ring et l'arrivée du champion, selon l'ordre habituel, trois autres minutes s'égrèneront. Celles-là seront les pires. Les projecteurs du ring sont forts comme un soleil du Sud, ils jettent le « carré enchanté » dans un puissant bain de lumière. C'est fou comme Stéphane se parle intérieurement, c'est fou comme il peut se poser de questions sur l'image qu'il projette. Ai-je l'air confiant? Déterminé? Est-ce que les experts placés près du ring devinent ce que mes yeux pourraient révéler? Quelle impression est-ce que je donne aux amateurs des gradins qui voient mon visage dans leurs jumelles?

Tout ce temps qu'il attend le champion, Stéphane ne pense pas à Dave Hilton, il pense à ce qu'il aura l'air contre Dave Hilton. Il affiche l'air emprunté de celui qui n'est pas à sa place et qui voudrait être ailleurs. Depuis son arrivée sur le ring, sa physionomie n'est plus la même et ceux qui l'ont vu tout à l'heure dans le vestiaire remarquent le changement : l'ampleur de l'événement semble maintenant l'avoir soufflé. Il paraît intimidé. Il ne savoure pas ce moment, organisé en partie pour lui et à sa demande. Toutes ses attitudes sont pensées plutôt qu'instinctives. Yvon Michel le sent bien et lui parle constamment. Cette fois plus que jamais Stéphane a besoin de se faire rassurer, car il a du mal à maîtriser ses émotions, cela se voit. Michel lui répète de se détendre, de bien respirer, et surtout de bouger, pour garder ses muscles bien échauffés, mais aussi pour prendre possession de son espace, prendre sa place, littéralement. Michel l'incite à profiter de l'absence de Hilton pour accaparer son territoire, y marcher et y danser, y laisser ses empreintes. Pour le champion qui fera son entrée tout à l'heure, qui se fraiera un chemin dans la foule, qui regardera vers le ring, cette présence de l'adversaire dans son coin pourrait être un affront. Comme si, profitant de son absence, quelqu'un était venu faire la fête sur sa propriété.

Mais Stéphane ne fait rien de tel. C'est tout juste s'il est en mesure de prendre possession de son propre territoire. À l'arrivée de Dave Hilton, la réserve de Stéphane devient encore plus évidente. Hilton court dans tous les sens, il lève énergiquement les bras pour saluer la foule qui l'accueille pourtant par plus de sifflets que de vivats, il dodeline sans cesse de la tête, à gauche, à droite; il se projette dans un coin et va s'adosser aux cordes, repart en un éclair et sprinte jusqu'aux câbles opposés, frappe ses gants l'un contre l'autre pour exprimer sa détermination; tout ça, bien sûr, en violant souvent la ligne imaginaire, au centre du ring, qui doit séparer les deux clans. Il revient au boxeur de mettre tout son clan à l'aise en créant de l'espace pour que les seconds n'étouffent pas dans leur coin. Plus le boxeur est envahissant, plus son clan a de liberté de mouvement. Par son entrée pleine de vitalité, Hilton offrait donc toute la latitude à ses hommes, pendant que le clan Ouellet marchait à l'étroit dans sa partie de ring.

Dans quelques minutes, il est vrai, tout cela n'aura qu'une importance relative. Ses entrées sur le ring contenues, sans fanfaronnades, n'ont jamais empêché Stéphane Ouellet de se hisser parmi les meilleurs mondiaux de sa catégorie, sans compter que la boxe a aussi connu trop de ces clowns qui se donnent en spectacle seulement avant le combat. Le jeu qui consiste à se crêper le chignon en conférence de presse, à s'insulter dans les journaux, à s'intimider lors des présentations sur le ring n'a jamais été du genre de Ouellet.

Peu après 22 h 35, c'est lui, en sa qualité d'aspirant au titre, qui est présenté le premier par l'annonceur Christian Tétreault. Son visage est grave. Depuis toujours, Yvon Michel lui demande de sourire sur le ring, lui disant que le jour où il arrivera à le faire, c'est qu'il sera vraiment détendu, donc proche du parfait état pour exécuter son art.

En dépit de la clameur qui accompagne la présentation de Ouellet, on entend bien « portant la culotte jaune et noire, et pesant 159 livres, une fiche de 25 victoires, 16 par knock-out, troisième aspirant à la couronne mondiale WBC, ex-champion canadien et premier aspirant au titre, de Jonquière, Québec, Stéphane Ouellet... » L'intéressé écoute son curriculum en déployant l'habituelle panoplie de ses tics nerveux, récurrents chez lui : le roulement des épaules vers l'avant, puis vers l'arrière; les mouvements de tête, à gauche, à droite, à gauche, à droite; l'inclinaison du torse à gauche, puis à droite. Puis quand vient le temps de saluer la foule qui, comme prévu, lui est acquise, il retire étonnamment son protège-dents avec le gant gauche, comme s'il veut dire quelque chose, et soulève, mais assez timidement, son bras droit à l'adresse des amateurs.

Au même moment Dave Hilton s'avance et salue aussi la foule, comme si c'était lui qu'on venait de présenter. Pitrerie? Il expliquera que le raffut était tel qu'on n'entendait absolument rien sur le ring, de sorte qu'il crut que c'était lui qu'on annonçait.

De toute manière, vacarme ou non, il n'y a pas de malentendu possible sur le destinataire de l'accueil du public. Les premiers mots de la présentation de Hilton, « dans le coin bleu, portant la culotte blanche et rouge... » déclenchent un chœur de murmures désapprobateurs. C'est à cette réception-là que son père l'avait préparé. Alors il se tourne vers lui, sourire forcé au visage, l'air de dire « Dad, tu avais bien raison ». Il possédait par ailleurs une superbe fiche professionnelle de 36 victoires pour une seule défaite – contre Alain Bonnamie – et c'était un accomplissement sur lequel Stéphane avait déjà flashé, soulignant alors la beauté de ce palmarès qui perdait cependant son lustre à l'analyse, puisqu'on y trouvait plus de chèvres que de vrais boxeurs. Mais chèvres ou non, délits ou pas, Dave Hilton s'était constitué un public fidèle, résolu à lui démontrer qu'il pouvait compter ce soir sur bien plus qu'une dizaine de partisans.

Avant le premier coup de gong, le temps, pour un court moment, est encore maître de ses minutes, de ses secondes. Pour un court moment, le temps n'est pas seulement une statistique – 2 minutes 48 secondes – qui, tantôt, figera à jamais dans l'histoire l'une des mises hors de combat les plus célèbres de la boxe québécoise. Tout à l'heure, au son de la cloche, le temps n'appartiendra plus au sablier, mais au chronométreur. Au son de la cloche, le temps ne sera plus qu'une suite d'intervalles qui n'appartiennent qu'à la boxe : trois minutes, soixante secondes, trois minutes, soixante secondes, jusqu'à ce que cette répétition soit violemment cassée par un autre chrono, le compte le plus important de tous, et dont on peut suivre la progression en regardant les doigts de l'arbitre, six... sept... huit... neuf...

En attendant, Tony Crivello, l'arbitre, appelle les deux boxeurs au centre du ring. Ce face à face est aussi attendu que celui qui va suivre. Ils y pensent tous les deux depuis cette conférence de presse du 24 février où Hilton, pétri d'assurance, avait pris tous les journalistes à témoins pour affirmer que Stéphane n'était pas capable de le regarder dans les yeux. On peut même penser que Stéphane appréhende le moment depuis plus longtemps encore, c'est-à-dire depuis le 3 avril 1998. Il venait alors de surclasser une deuxième fois Alex Hilton, mais il avait tout de même retenu ce regard propre à la famille, affirmant au *Journal de Montréal* qu'il venait de comprendre pourquoi les Hilton formaient une dynastie dans le monde de la boxe : « Ce soir, Alex avait quelque chose dans les yeux. Les membres de cette famille ont tous une lueur spéciale dans les yeux et ça reste énervant pendant tout le combat. »

Au moment où il s'avance vers l'arbitre, Stéphan Larouche et Yvon Michel le suivent, mais Larouche fait demi-tour et quitte le ring quand Crivello indique qu'un seul homme de coin est admis à cette procédure. Au centre de l'arène, cela se passera donc entre quatre hommes. D'un côté, Yvon Michel et Stéphane Ouellet. Stéphane étant pressé de s'effacer de ce cirque, ils sont les premiers à rejoindre l'arbitre. Pendant que Michel lui masse le dos d'une main rassurante, Stéphane soliloque quelques secondes en attendant Hilton. Il ne pense qu'à une chose : ne pas faillir au second examen du professeur « Regarde-moi dans les yeux, regarde-moi dans les yeux. » Il tient à offrir à Hilton un regard qui exprimera tout le dégoût qu'il éprouve envers lui.

De l'autre côté de l'arbitre Crivello, il y a maintenant les Hilton, père et fils. Le père inocule sa propre force à son fils en lui posant fermement la main gauche sur le cou. À ce moment, au niveau des regards, c'est déjà un véritable *mismatch*. Ouellet est maintenant fixé par les quatre yeux les plus pénétrants, les plus intimidants de tout ce milieu. Quiconque, à l'instar d'Yvon Michel, s'est d'ailleurs déjà assis en face du paternel pour négocier un contrat, sait la puissance de ce regard chargé à la fois de douleur, de peine, de souffrance et, il faut le dire, de folie. Par la force du toucher, c'est cette puissance-là que Dave Hilton senior transmet à son fils.

Pourtant, pendant les premières secondes de cette joute visuelle, Stéphane se fait violence et plonge son regard déterminé dans celui de Hilton. À la fin du match, une fois le résultat connu, les observateurs auront beau soutenir tant qu'ils le veulent que les yeux de Ouellet montraient alors de la soumission, cela ne mérite pas créance. Pour Stéphane, la solution aurait pu être, ce soir-là, d'agir comme la nouvelle vague de pugilistes – tel De La Hoya – qui fixent soit le plafond, soit le plancher, mais qui détournent les yeux de leur adversaire pour mieux se concentrer sur le début de combat. Ainsi, Stéphane aurait affiché la maturité d'un boxeur seulement préoccupé par ce qui était essentiel au match. Mais dans un contexte si émotif, dans ce milieu fortement machiste où plusieurs remettaient en cause sa bravoure, il lui était impossible de se comporter autrement.

Une fois terminé le rituel des instructions de l'arbitre, Hilton et Ouellet vont attendre la cloche dans leur coin respectif, à reculons pour se fixer le plus longtemps possible. C'est la dernière fois qu'ils peuvent s'éloigner l'un de l'autre. Dans quelques instants, ils seront tenus à la promiscuité de leurs deux corps bouillants, parfois meurtris et souillés de sang; ils seront tenus de se rapprocher constamment pour assurer le spectacle annoncé comme grandiose.

Maintenant que le ring s'est vidé de tous ceux qui ne sont qu'accessoires au spectacle, maintenant qu'il reste seul face au champion en titre qui sautille et trépigne d'impatience, maintenant que sonne l'heure de ce rendez-vous « qu'il ne peut pas perdre », Stéphane commence à éprouver une sorte de vertige paralysant. Ses idées se brouillent, ses sentiments s'entremêlent, sa raison le fuit, et le voilà livré à son seul instinct de pugiliste. Du coup, il ne réfléchit plus. À quelques secondes du premier gong, il en oublie même son plan de combat, pourtant bien simple : se mettre en action plus rapidement qu'au premier match; imposer son jab; garder ses mains levées à tout instant et faire attention au crochet du gauche de Hilton; travailler sans discontinuer au corps de son adversaire; et surtout, dans les corps à corps, ne pas respecter ce type, c'est-à-dire toujours le rudoyer et se montrer salaud à son endroit, notamment en lui passant les coudes au visage.

À cet instant, un bruit assourdissant part des dernières tribunes, gonfle encore sa puissance section après section, décline à peine au parterre où se tiennent pourtant des gens plus rangés, et en bout de course atteint le ring comme un ouragan déchaîné touche le littoral. Les boxeurs sont nus, le décor est nu, Hilton et Ouellet sont comme les rescapés d'une tempête qui aurait tout soufflé sur son passage. Ce mélange de cris, de sifflets et d'applaudissements pénètre les oreilles de Ouellet en un seul bourdonnement confus, qui embrouille davantage sa pensée.

Et puis un son familier, et cette fois distinguable, vient atténuer tous les autres : celui de la cloche.

Un peu plus de trois mois après la signature des contrats, le premier round de « l'Ultime Verdict » entre Stéphane Ouellet et Dave Hilton s'engage enfin. Stéphane est encore le plus pressé à sortir de son coin et il se retrouve aussitôt au centre du ring, marchant sur le gros sigle de Budweiser *King of beers* du tapis. King! Il ne faut plus prononcer ce mot devant lui. Cela lui rappelle trop cette immature époque de la boxe amateur, à Jonquière, où, de succès en succès, il avait pris la grosse tête. Ses copains de classe l'avaient surnommé *The King* et il trouvait cela jouissif.

Mais ce soir, le *King*, celui qui possède la couronne canadienne des poids moyens, s'appelle Dave Hilton. Tous les experts s'accordent à dire que le champion sera plus agressif que lors du premier match, puisque c'est là le tempérament de son entraîneur de père. Cela n'est pas flagrant au cours de ce premier assaut, encore que, dès la quinzième seconde, Hilton brise le premier l'échange de directs du gauche auquel se livrent les deux hommes. En contre-attaque, par-dessus le jab de Ouellet, il tente un direct du droit qui ne touche pas, mais rapportera des dividendes un peu plus tard dans le combat. C'est ce que le père Hilton a demandé à son fils : utiliser régulièrement sa main droite, avec ou sans puissance, afin que Ouellet en oublie le crochet du gauche. Mieux préparé qu'à la première rencontre, ne souffrant cette fois pas de la cheville droite, Dave Hilton est ce soir absolument convaincu de mettre Ouellet K.-O. Il a pronostiqué l'exécution avant la septième reprise et pas pour les besoins de la promotion : il y croit réellement; dans les faits son père et lui s'attendent même à ce que cela arrive vers le cinquième round. Parce que Ouellet se met en garde comme un amateur et qu'il boxe dans une position trop droite, parce que son menton n'est jamais protégé par ses épaules, ils ont l'absolue certitude que, tôt ou tard, un coup trouvera la cible. Ils sont formels : Ouellet n'y survivra pas. Voilà pourquoi ils contrediront les experts en optant pour un combat d'attente, du moins pour quelques rounds. Ils sont confiants, mais se gardent de l'être trop. Selon leur analyse, Ouellet est certes un boxeur doué, dont il faut se méfier, mais à la lumière du premier match où il avait pris tous ses meilleurs coups, Dave Hilton reste convaincu que le Jonquiérois est incapable de lui faire véritablement mal.

Ouellet offre un premier round tout à fait dans le ton de tous ses débuts de match : posé, il cherche avant tout à imposer un jab jadis exceptionnel, aujourd'hui encore très bon, quoique un peu affaibli par des années de dilettantisme. Dans son esprit, tous les plans de combat se construisent autour de ce coup rapide, sécurisant, et préparatoire à toutes les attaques qu'il veut déployer.

Selon sa vieille habitude, dictée par sa nature volontaire, Ouellet livre le premier round en faisant le pressing. C'est lui qui avance constamment vers Hilton, au point qu'après le premier round, Yvon Michel sera obligé de lui dire « ne cours pas après, tu cours derrière lui, reste plutôt de côté ». Ce comportement est au moins un indice que Ouellet n'est pas si apeuré que certains le laissent entendre. En revanche, il éprouve du mal à gérer sa distance, et son jab arrive souvent à court. Ce premier assaut donne vraiment lieu, selon l'expression, à « la guerre du jab » et Hilton y participe avec un plaisir manifeste. Pour l'initié, la démonstration est fascinante, d'autant plus que Hilton et Ouellet sont reconnus comme deux des plus fameux jabbeurs que la boxe canadienne ait produits. Mais leur direct du gauche est différent et ne vise pas le même but. Ouellet boxant en garde orthodoxe, le jab qui en résulte est davantage linéaire, moins appuyé, et sert plus à compromettre la défensive qu'à faire mal. Celui de Hilton, qui déploie sa boxe dans un style plus délié, mains portées bas, est ce qu'on appelle un *up-jab*. Son coup est livré du bas vers le haut, il génère donc plus de puissance et est sujet à causer des dommages plus importants.

Rares sont les occasions, dans le premier round, où Hilton distribue un seul jab à la fois. Tantôt il le double, tantôt il le triple, il va même jusqu'à décocher quatre jabs d'affilée. Pour les éviter, Ouellet est alors tenu de mieux bouger le haut du corps, ce qu'il n'avait pas fait à la première rencontre. Il lance la tête d'un côté et de l'autre, et c'est en suivant le déplacement de sa longue tignasse qu'on peut savoir s'il est touché ou non par un coup. Pendant que Ouellet avance, Hilton, également fidèle à ses habitudes, choisit quant à lui de tourner, étant à son meilleur quand il ne se bat pas les pieds à plat. Il se déplace un peu vers sa droite et, quand il le fait, c'est sans facilité. À sa gauche, par contre, ses déplacements sont exécutés avec plus de fluidité, bien qu'ils ne se fassent plus avec l'aisance d'antan. Le fait que Hilton tourne surtout à gauche laisse par ailleurs supposer que le côté droit de Ouellet est considéré comme plus vulnérable que son côté gauche.

À 14 secondes de la fin de la première reprise, Ouellet, justement, évite d'un poil un foudroyant crochet du gauche qui aurait pu lui être fatal. Il a alors compromis sa défense et cela renforce encore la certitude du clan Hilton que l'occasion aura tôt fait de se représenter de nouveau. Malgré tout, dans son ensemble, il s'agit d'un bon premier engagement pour Ouellet, qui le termine d'ailleurs avec le coup qu'il affectionne le plus, un magnifique crochet du gauche au corps. À la cloche, après des mois d'acrimonie à l'égard de Ouellet, Hilton laisse les spectateurs pantois : il esquisse un salut de la tête qui ressemble à une marque de respect envers son adversaire.

Tout encourageant que puisse être ce premier assaut, il permet tout de même de remarquer d'importantes incorrections dans le style de Ouellet. En ce qui concerne ses assises, la distance entre ses pieds est beaucoup trop grande et cela le force à marcher au lieu de sautiller et d'être vif sur ses jambes. Il s'agit d'un travers qu'il a acquis avec les années, car, s'entraînant peu, il a peu de souffle. L'autre imperfection est plus grave : il se bat en adoptant une posture trop droite, alors qu'il devrait se pencher, en s'appliquant à cadenasser son menton entre ses épaules.

Mais ces erreurs n'affectent en rien la splendeur de son style. « Comme il est beau à voir boxer », entend-on souvent à son sujet, et ce soir, où il est peut-être plus élégant que jamais, ne fait pas exception. Chose certaine, ses bottines noires et son short jaune le subliment dans cet espace qui regorge de panneaux publicitaires aux mêmes coloris, identifiés au Casino de Montréal. Ces considérations esthétiques sont intéressantes dans la mesure où Stéphane tient à plaire ce soir.

Lorsque Ouellet rejoint son coin, Stéphan Larouche est déjà dans le ring. À la différence du premier combat, et puisqu'en gymnase Ouellet ne travaille plus du tout avec Yvon Michel, c'est à lui qu'échoit « l'honneur » de monter dans l'arène et de prendre charge de la situation. Michel, lui, travaillera de l'extérieur des câbles, assisté de celui qui fut le premier entraîneur de Ouellet en professionnels, Abe Pervin. Le clan Ouellet est complété par un soigneur estimé, Robert « Bob » Miller, qui se tient au bas du ring, et qui prendra la place de Larouche entre les cordes s'il y a blessure.

À ce moment, il semble être convenu, comme à l'accoutumée, de faire asseoir Ouellet sur le tabouret que Pervin essaie de glisser sous les cordes. Mais il se passe alors quelque chose de singulier. Le tabouret tardant à être placé, Ouellet décide à la seconde de rester debout entre les rounds, comme quelques rares pugilistes aiment à le faire, notamment Ali en son temps, pour ne pas avoir à rompre la sensation de bien-être pour repartir au combat. Mais on peut aussi y voir une inconsciente et ultime tentative pour inverser le cours d'une histoire qui, dans moins de sept minutes, le verra couché aux pieds de Dave Hilton.

Chose certaine, le seul fait que Ouellet ressente le besoin de rester debout pour mieux se détendre indique qu'il est, jusqu'alors, insatisfait de ses sensations. Il cherche un moyen de se délier, de retrouver le peu de souplesse qu'il a. Certes, la pression normale lors d'un match de ce genre lui enlève la moitié de ses forces. Mais il s'aperçoit surtout qu'il ne pourra pas disputer 11 autres assauts dans son état, c'est-à-dire aussi lesté de haine envers son adversaire. Qui sait, rester debout va peut-être lui permettre d'atténuer la nervosité. Il peine à respirer. Dans le coin, Larouche cherche à le calmer : « Respire bien, Ouel, respire bien », répète-t-il en retirant le protecteur buccal de la bouche de Stéphane.

Pour inverser le cours de l'histoire, Yvon Michel compte pour sa part sur des moyens plus prosaïques. Avant que Stéphane retourne devant Hilton, il lui répète l'essentiel : « Fais attention, ta main gauche ne revient pas assez vite au menton. Si tu t'endors comme ça, il va chercher à revenir avec une droite par-dessus ton jab. Autre chose : continue de travailler autour de ton jab, mais je veux, lorsque tu lances tes *power punches*, que ce soit au corps. »

Tout au cours de la deuxième reprise, Larouche hurle ses consignes comme si, sentant ce soir l'insécurité de Stéphane, il cherchait à lui rappeler qu'il n'est pas tout seul. Tantôt ce sont des conseils sur le jeu de jambes : « Reste vivant, mon Ouel, vivant là-dedans, Ouel, vivant... » Tantôt ce sont des rappels de frapper au corps : « En bas, Ouel, en bas... » Le reste, ce sont des appréciations, prononcées avec attachement : « Excellent, Ouel, excellent... »

Il y a donc matière à être encouragé. Stéphane domine même légèrement le deuxième round en portant les premières séries de coups, signe que ses mains s'activent petit à petit. À 30 secondes de la fin, il assène un autre crochet du gauche à Hilton, un coup dont on reparlera souvent. Après la rencontre, Hilton admettra effectivement à certaines personnes, dont Yvon Michel, que ce coup lui fit très mal, au point de le paralyser jusqu'à la fin de la reprise. L'histoire veut aussi que cette douleur ait provoqué sa décision de devancer l'exécution de Ouellet, car elle lui rappela les souffrances du premier match qu'il dut endurer pendant 12 rounds. Cette fois-ci, il n'y tenait vraiment pas. Ce crochet du gauche au corps de Hilton deviendra le sempiternel prix de consolation remis à Stéphane les fois où ce combat sera évoqué devant lui : « N'oublie pas que tu lui as fait très mal avec ton crochet au corps, c'est lui-même qui l'a avoué... » Chaque fois qu'on lui rebattra les oreilles avec ça, Stéphane estimera qu'on lui manque de respect. Comme si on lui signifiait que le maximum auquel il pouvait prétendre en affrontant Hilton, c'était de lui causer une petite douleur.

À l'identique des trois premiers assauts du Hilton-Ouellet I, la bataille du direct du gauche est jusqu'à présent emportée par Hilton. Le champion continue de toucher Ouellet avec ces jabs qu'il pompe les uns après les autres. Déjà bien faible, la confiance de Stéphane s'effrite encore quand il commence à penser que la vitesse de Hilton est supérieure à la sienne. Probablement pour cette raison, il se tient trop loin de Hilton et il ne trouve pas toujours la bonne distance entre le champion et lui. Cela saute aux yeux, en particulier, sur une combinaison gauche-droite-gauche où les trois coups de Stéphane ne font pas seulement manquer la cible, ils arrivent carrément à court! Si c'est lui qui avait appliqué la pression au premier round, les choses sont maintenant différentes et il a cessé son pressing. Hilton, pour sa part, décide de moins tourner et d'avancer plus. Quoiqu'il privilégie sa main gauche, il n'oublie pas d'attaquer à l'occasion de la droite pour confondre Ouellet. La boxe de Dave Hilton se compose de feintes et de ruses; en cela, elle se différencie totalement de la boxe sincère de Ouellet, du style « je te frappe à la régulière et tu me frappes à la régulière ».

Dans son coin, entre la deuxième et la troisième reprises, le père Hilton demande maintenant à son fils de faire suivre la main droite par son crochet du gauche, un plan de combat dont les effets vont crescendo : d'abord juste des gauches; puis quelques mains droites pour faire croire à une menace et créer une attente chez l'adversaire; et enfin, l'enchaînement main droite-crochet du gauche pour entreprendre la finale.

Jusqu'ici, le combat ne s'est pas encore emballé. Stéphane non plus. Au cours des six premières minutes du match, sa boxe s'est ballottée entre le zist et le zest et il sait à quel point c'est inquiétant, parce qu'il est présentement en train de *choker* – l'expression est de lui. Ses coups ne sortent pas et il a peu d'espoir de les voir mieux sortir tout à l'heure. Dans son coin, après deux rounds, on s'inquiète de ce qu'il s'éloigne du plan de match en ne rudoyant pas Hilton. Avec 35 secondes à faire dans le round, Larouche s'est d'ailleurs époumoné : « Il faut que tu le bouscules, Ouel, faut que tu le bouscules... »

Si le prix d'une victoire est de crever sur le ring, les boxeurs savent généralement avant le match s'ils ont envie de le payer. Mais il est aussi possible qu'aucun des deux boxeurs n'en ait envie. Dans ce cas, la situation est limpide : c'est le boxeur qui réussit à faire mal à l'autre le premier qui gagne.

À l'entame du troisième assaut, la volonté de Stéphane de démolir la charpente de Hilton est évidente. Ses coups au corps sont maintenant le fait des deux mains. Mais il reste encore économe de son direct du gauche qui, systématiquement, s'arrête à quelques centimètres du visage de Hilton. Or, sans cette précieuse arme qu'est le jab, Ouellet est diminué, car sa boxe se prive de sa soupape de sécurité. Le problème est si criant que, dans la dernière minute du troisième round, une consigne d'Yvon Michel retentit pour la première fois de l'extérieur des câbles : « Lâche pas ton jab, Stéphane, lâche pas ton jab... » Et Larouche d'ajouter immédiatement : « Faut que tu le touches, Ouel, faut que tu le touches... »

Dès la première minute du troisième round, un crochet du gauche vient déjà frôler la mâchoire de Ouellet, comme si Hilton l'envoie exprès pour y faire du repérage anatomique; vérifier la forme, la grosseur, la solidité des os, l'épaisseur de la peau, même la musculation du cou. Dans la deuxième minute, Hilton se livre à la phase deux de son inquisition et applique son crochet du gauche presque à la bonne place. Le coup atteint Ouellet sur le nez, mais ce dernier repart sans problème au combat. Il n'empêche que, depuis deux minutes, Ouellet semble prêt à se faire cueillir sur son côté droit – le plus vulnérable –, et Dave Hilton senior vient d'ordonner à son fils d'utiliser son fameux crochet du gauche.

À 37 secondes de la fin de la troisième reprise, on entend Larouche : « Juste le jab, Ouel, place ton jab... »

À 32 secondes de la fin de la troisième reprise, on entend encore Larouche : « Juste le jab, Ouel... »

À 31 secondes de la fin de la troisième reprise, on entend un murmure, celui de 18 000 personnes stupéfaites. Stéphane Ouellet vient d'être blessé au menton par un historique crochet du gauche de Dave Hilton.

Son pied gauche s'arrête à ce moment sur le *King* du *King of beers.*

Ses deux jambes mollissent en même temps et il exécute un pas de côté. Il tangue vers l'avant, mais il n'ira pas loin. Une grêle de coups l'atteint et le projette vers l'arrière, par secousses. Après le premier crochet, quatre autres coups de poing dévastateurs le touchent et le font reculer à chaque fois de deux pieds. De mémoire, il s'agit certes d'une série de coups dont la fureur n'a aucune équivalence dans la boxe locale moderne. On peut voir Dave Hilton serrer les dents en même temps que se détendre, et ramasser toute sa rage pour la répartir dans les quatre coups de poing les plus importants de sa vie : un crochet du gauche, un direct de la droite, un autre crochet du gauche, et un dernier crochet de la droite.

Chacun de ces coups touche la cible. À chaque choc, la tête de Stéphane subit une accélération dans la même direction que le coup donné et ce sont les muscles de son cou qui, agissant comme freins, assurent l'arrêt brusque de la tête. À ce moment, son cerveau est soumis à une rotation très vive sur le tronc cérébral, là où siège la conscience.

Il est commotionné.

Le dernier coup de Hilton est appliqué avec tant de violence qu'il soulève littéralement Stéphane de terre. L'impact est terrible, on croirait que son corps va être projeté sur les premières tables, celles des dignitaires. Mais les cordes le retiennent : il s'y enfonce avec une telle puissance que sa tête semble un projectile, et les câbles, une fronde. Sa tête rebondit ensuite vers l'avant. Puis il s'écroule, tout près d'un panonceau du Casino de Montréal.

Stéphane Ouellet gît sur le ring. Magnifique. On tirera de ce moment d'inoubliables photos le montrant à l'horizontale, son adversaire à la verticale au-dessus de lui, le regardant bras droit pointé vers le ciel, gant de boxe au bout des doigts comme s'il tenait un flambeau.

Seul Stéphane Ouellet peut avoir de la magnificence dans un tel moment. Car ce garçon ne tombe pas comme les autres. L'expression de son corps et de son visage le rendent unique et lui orchestrent des agonies singulières, toutes en drame et en grâce. Toutes ses chutes furent plus poignantes et plus tragiques que celles des autres. Seuls les grands pugilistes possèdent cette grâce dans un moment pareil.

Dès lors où Stéphane est catapulté dans les cordes, prisonnier, le knock-down est effectif. Il reste 26 secondes au cadran lorsqu'il touche le sol. Comme tous les boxeurs mis knock-out, il entre alors dans un autre monde. Peut-être s'y sent-il bien, comme Floyd Patterson, qui racontait que le knock-out provoque « *a good feeling* »? Selon ce dernier, être mis knock-out n'était pas douloureux et ne signifiait pas voir des anges ni des étoiles. Au contraire, c'était pour lui un état de conscience assez plaisant et que l'on savourait quelques secondes, jusqu'à ce que les effets paralysants de la commotion s'estompent. « Oubliez ça, corrige Stéphane. Il n'y a absolument rien d'agréable à vivre un knock-down ou un knock-out. Ce qu'on ressent, c'est un bourdonnement détestable, une sirène d'usine qui retentit dans la tête. Est-on alors conscient? Difficile à dire. On l'est et on ne l'est pas en même temps. On perd certaines notions, mais il reste assez de lucidité pour savoir ce qui se passe. Étendu sur le plancher aux pieds de Hilton, je suis donc sonné, je regarde vers mon coin, mais tout ça est machinal, car je ne vois personne, j'essaie seulement de retrouver mes esprits. Et je me parle intérieurement, je me dis : « Ouais, là c'est vrai que ça va mal en crisse. »

Dave Hilton, bras tendus vers le plafond, regarde la foule et tarde à réagir à la directive de l'arbitre de gagner le coin neutre. Comme il l'a toujours fait, Stéphane Ouellet se relève alors et bat encore le compte de 10. Il est debout à neuf. Mais ses jambes sont en flanelle et Tony Crivello décide de le protéger de son courage en ne le renvoyant pas au combat. Quand Crivello agite les bras pour signifier sa décision de stopper l'affrontement, le chronomètre indique 14 secondes. Il s'est écoulé 12 secondes depuis la chute de Ouellet, confirmant ce qu'a prétendu Dave Hilton senior à l'effet que le compte avait été trop long.

Une calamiteuse défaite par knock-out, à 2 min 48 s du troisième round : voilà ce que le destin réservait ce soir-là à Stéphane Ouellet. Sa résignation à accepter l'arrêt du combat montre bien qu'il n'avait jamais douté de cette issue. Il ne rouspète pas, surtout qu'il est encore fortement commotionné, et il regagne piteusement son coin. Dans sa physionomie, il y a tout le fatalisme d'un individu qui appréhendait le pire et qui y est finalement confronté. Mais il y a surtout de la dévastation en lui : non, il n'y aura pas de miracle.

De seconde en seconde, il retrouve sa lucidité. Il réalise où il est, ce qu'il fait sur le ring, et surtout ce qui vient de lui arriver, un knock-out devant 18 000 spectateurs et au moins 30 fois plus de téléspectateurs. C'est la chose la plus humiliante, la plus gênante qui puisse arriver à un homme supposé être un guerrier. Jamais mieux il ne réussit d'ailleurs à expliquer sa honte qu'à *L'Écuyer*, émission où il fut invité quelques mois après le combat : « C'est simple, quand on mange une volée devant tous ses chums à l'école, c'est gênant en crisse, hein? Alors imaginez la même volée, mais reçue cette fois devant un million de personnes... » Floyd Patterson disait pour sa part que les pires instants pour un boxeur knockouté sont ceux qui suivent la fin immédiate du combat, quand le vaincu n'est pas encore descendu du ring. La douleur physique a alors disparu, mais il reste une douleur morale, causée par l'appréhension de l'opinion des gens et la honte de soi, dans un ring baigné de lumière où on se sait l'objet de tous les regards, de toutes les prises de vue. Patterson affirmait d'ailleurs que ces instants sont si embarrassants qu'on souhaiterait alors découvrir une trappe au beau milieu du ring, avec un accès secret au vestiaire. « Une chose est sûre, dit Stéphane. On n'a terriblement pas envie d'être là et on ne pense qu'à se pousser en courant. Sur le ring, je sais aussi que mes seconds, mon frère Dany, ma compagne Monia et ma mère Olivette n'ont pas plus envie de se retrouver là. Ils me serrent dans leurs bras, ils m'embrassent, ils me réconfortent, me consolent, mais puisque tout ça se passe à la vue de tout le monde, je préférerais qu'ils me laissent tranquille. Toutes ces accolades sentent la pitié, et quand on est déjà très atteint dans son amour-propre de guerrier, ça fait presque plus de tort que de bien. »

Employé de la Ville de Jonquière, Dany Ouellet avait fait le voyage Jonquière-Montréal dans la même journée. N'ayant pu voir son frère avant la rencontre, il ne savait rien de ses états d'âme et, sur la seule foi du talent des deux adversaires, il croyait lui aussi à une victoire. Mais l'entrée sur le ring de Stéphane, avec ce qu'elle comportait de tension et d'émotion, lui avait fait comprendre quelle terrible pression il devait endurer. Si on avait pu, à ce moment, prendre le pouls des deux frères, il est probable qu'on aurait obtenu un chiffre identique.

Maintenant, c'est l'heure de la sortie, mais le cœur des deux frères bat encore au même rythme. Monté sur le ring et accoudé aux câbles dans l'espace qu'utilisent les hommes de coin entre les rounds, Dany peut deviner la gêne que ressent un Ouellet qui vient de se faire atomiser sous les projecteurs. Il sait le malaise de son frère qui analyse tous ces regards qui le jugent. Il entoure le cou de Stéphane et lui glisse à l'oreille : « À partir d'aujourd'hui, mon frère, on tourne la page, on passe à autre chose. Il va y avoir autre chose que la boxe dans ta vie. » Quand Dany et Stéphane se parlent, c'est souvent en s'appelant réciproquement « mon frère », en prononçant « mon frére » avec l'accent du Saguenay.

— C'est pas comme ça que j'aurais voulu que ça se passe, murmure Stéphane.

— Dans la vie, ça se passe pas toujours comme on veut.

Gardant son bras gauche autour du cou de Stéphane, Dany porte sa main droite sur son visage et lui fait deux caresses enveloppantes. Les frères se zieutent un instant. Savent-ils à quel point ils se ressemblent? Ce soir, en tout cas, ils se ressemblent comme deux larmes.

Dans la même position que Dany, mais à droite du poteau qui sert de pilier au coin rouge, Monia aussi enlace Stéphane, pendant presque 11 secondes, comme si elle voulait lui faire du bien une seconde de plus que Hilton lui a fait du mal. Elle aussi vient d'en découdre avec un Hilton. À l'arrêt du combat, comme elle se précipitait vers le ring, quelqu'un l'a bousculée et elle est tombée à la renverse sur un type au visage inoubliable : Matthew Hilton qui, quoique éméché, l'a reconnue. Il lui a flanqué une forte poussée. La douleur de Monia se mue en colère : « Toé, mon hostie, tu penses pas que c'est assez, là? Qu'on en a assez à endurer? » C'est madame Hilton qui doit intervenir et ramener son fils à leur table.

La boxe étant le plus hiérarchique des sports, le vaincu sait d'emblée que le ring ne lui appartient plus. C'est un territoire qu'il a cédé par faiblesse et il le quittera le premier, respectueux du nouvel ordre établi entre le dominé et le dominant. Ce soir, avant la sortie, le dominant tient à rendre hommage au dominé en lui soulevant le bras devant les amateurs, pour montrer son esprit sportif. Facile, quand on est victorieux! Mais Dave Hilton agira également de cette façon après sa défaite, dans le troisième combat entre les deux hommes.

Lorsque Stéphane, les yeux mouillés, quitte finalement le ring entouré d'agents de sécurité, suivi de ses proches et de ses hommes, on se dit que cette sortie résume très bien tout ce qui a entouré cette revanche avec Dave Hilton : il n'avait pas eu envie d'être là au début, il avait encore moins envie d'être là à la fin. Un combat de misère! Le chemin vers le vestiaire est beaucoup plus pénible au retour qu'à l'aller. Stéphane doit faire face à tous ces gens qui le dévisagent au passage, dont la plupart le voyaient gagner facilement! Il vient de s'abonner pour un bout de temps à la honte. D'autant plus qu'il est terriblement orgueilleux.

Ce soir, s'il ne le fut pas sur le ring, il est un beau vaincu en conférence de presse. On est allé le chercher dans son vestiaire, quelques minutes à peine après le combat. Il a eu le temps de lancer son short jaune qui lui semble maintenant d'une couleur dégueulasse. Il n'a pas eu le temps de se départir de ses chaussures. Tantôt, quand il reviendra au vestiaire, il les jettera dans la grande poubelle au centre de la pièce. Sa mère les ramassera, sans trop savoir pourquoi.

Il a remis son vieux survêtement. Il est habillé comme il y a trois heures, mais il n'est plus le même. Plus jamais le même.

Il fait son entrée dans la salle de conférence, en compagnie d'Yvon Michel. Ils prennent place derrière un lutrin recouvert d'une affiche de l'Ultime Verdict, et devant une large banderole du Casino de Montréal. Michel porte toujours sa veste d'entraîneur. Jacques Thériault, le responsable des communications chez InterBox, demande à Michel s'il a une déclaration à faire ou s'il veut répondre immédiatement aux questions. « On va répondre aux questions. »

THÉRIAULT : Questions en français, s'il vous plaît.
BÉGIN, *Le Quotidien* de Chicoutimi : Qu'est-ce qui s'est passé, Steff? Il y a des gens qui s'attendaient de te voir craintif... Est-ce que c'était le cas?
OUELLET : Craintif? Que veux-tu dire?
BÉGIN : Avais-tu peur des coups de Hilton?
OUELLET : Non, non. Jusqu'au moment où il m'a bien attrapé, j'étais satisfait du déroulement du combat. J'ai fait une erreur, il en a profité.

VILLENEUVE, TQS : Est-ce que c'est un coup de poing qui peut mettre fin à ta carrière?

OUELLET : Certainement. Mais c'est plus qu'une question de coup de poing, c'est une question de résultat, une généralité de tout ça, dans le sens que ça fait deux défaites de suite, et contre lui en plus. Il a pigé mon numéro, pis il est meilleur que moé, il n'y a pas dix mille raisons, il a profité d'une erreur plus vite que je l'ai fait, pis il est encore victorieux. Tout le crédit lui revient. Là, ça ne donne plus rien de parler de conflit de personnalités, c'est terminé, c'est l'histoire que le meilleur des deux a gagné.

MELANÇON, RDS : Stéphane, je retiens un de tes commentaires cette semaine, où tu disais que tu avais hâte de reprendre une vie normale. Est-ce que ce genre d'événement va faire en sorte que tu vas reprendre une vie normale?

OUELLET : C'est sûr que c'est difficile de quitter sur une note comme celle-là. Sauf que là, au moins, je vais avoir fini d'haïr, de dire que je suis tanné, je vais pouvoir me relaxer. C'est fini, il a gagné, bonne chance à lui pour le reste de sa carrière. Moi, je vais prendre une couple de jours de repos, retourner chez nous, je vais penser à ça. La seule chose qu'il me reste pour tout redorer mon blason d'orgueil et de fierté, c'est de faire de quoi de positif de ma vie, de faire un beau métier, de faire de quoi de très intéressant, de pas en faire tout un plat. C'est plate en crisse, c'est vraiment plate, c'est un gros morceau à avaler, c'est très, très difficile. Parce que je m'étais bien préparé, et de ce côté-là je ne regrette rien parce que mon entraînement, c'était 100%. Tout le déroulement jusqu'au combat était parfait. C'est difficile à avaler, mais je vais l'avaler, c'est la vie, c'est que le meilleur gagne et c'est ça qui est arrivé ce soir.

VILLENEUVE : Yvon, est-ce que c'est encore plus dur pour InterBox que pour Stéphane? Parce que c'était votre poulain numéro 1...

MICHEL : Sincèrement, j'ai pas encore eu le temps d'analyser ça. Ça fait 10 ans qu'on travaille ensemble, Stéphane et moi, c'est un échec qui est dur, c'est un échec pour les deux. Pour InterBox, on va voir. De toute façon, grâce à Stéphane, grâce à Dave Hilton, grâce à InterBox, la boxe a rejailli ce soir, on a eu une compétition, une soirée tout à fait exceptionnelle, et la boxe va être gagnante de ça. Et ça, InterBox va en profiter. Maintenant, d'un point de vue plus personnel, c'est très, très différent. On va voir, Stéphane a dit qu'on était pour jaser. Mais peu importe ce que Stéphane va décider, notre relation va bien au-delà de la relation profes-sionnelle.

Vers la fin de la rencontre de presse, quelqu'un demande à Stéphane s'il se rappelle sa déclaration, à son entrée chez les pros : « Je veux faire le ménage au Québec. Bonnamie, Alex Hilton, Dave Hilton, amenez-les-moi, je veux les battre tous avant de passer aux combats internationaux. »

— C'est vrai, j'avais bel et bien dit ça. Mais faut croire que le balai s'est cassé en faisant le ménage...

Un jour ou l'autre, il fallait bien que quelque chose se brise.

***

Chapitre 2

Une vie de bleuet

Un type de la télé m'a déjà dit, dans les minutes qui avaient suivi ma plus grande victoire en carrière, que j'étais désormais le plus grand Jonquiérois que Jonquière avait connu. Cela m'avait atteint en plein cœur. Bien sûr, je n'étais pas allé jusqu'à le croire, j'aurais alors eu l'impression de manquer de respect à l'égard de tous les bâtisseurs qui ont façonné la riche histoire de cette ville. Mais je savais à ce moment que, sinon le plus grand, j'avais généralement été l'un des plus fiers de ma ville. Et aujourd'hui, malgré le tort que certains citoyens peuvent bien me faire à l'occasion, il me semble que ma fierté est encore intacte. Je n'ai jamais, par exemple, hésité à reprendre les gens quand je les entendais dire que j'étais de Montréal. Être jonquiérois, c'est un signe distinctif et j'aime les signes distinctifs. J'ai ouvert les yeux dans cette ville et j'ai déjà écrit que c'est ici que je voulais les tourner. En blague, des amis me disent qu'à ma mort, il faudrait m'exposer en chapelle ardente au beau milieu du Palais des Sports de Jonquière. Comme on l'a fait pour Maurice Richard à Montréal. Et que, puisqu'il y a un Joe Louis Arena à Detroit, ce serait même normal qu'il y ait un Centre Stéphane-Ouellet à Jonquière. Mes amis sont ridicules, surtout quand ils font des blagues.

***

Il ne faut jamais revenir à la maison après une défaite, avait coutume de dire Angelo Dundee à ses boxeurs. Ce matin, pourtant, Stéphane n'a qu'une envie : ficher le camp de Montréal et retrouver son Saguenay le plus rapidement possible. La défaite d'hier soir face à Dave Hilton n'a pas seulement mis un terme à sa carrière, mais aussi, dans sa tête, à sa vie à Montréal, dans cet appartement qu'il occupe depuis un an et demi. Dans cet inter-valle, il a eu le temps de découvrir son quartier en se créant un parcours de jogging dans les rues avoisinantes : Bellechasse, Beaubien, d'Iberville et des Érables. Mais après deux échecs contre Hilton, il le considère maintenant comme « le quartier des cauchemars ». Il se rappellera bien peu de chose du 6227, des Écores, sinon de son prix exorbitant : presque 1500 dollars par mois! Certes, le loyer était assumé par le groupe InterBox, mais ces frais étaient soustraits de son salaire. En réalité, un appartement deux fois moins luxueux aurait fait aussi bien l'affaire. Surtout pour un garçon qui, pas plus que son chien dont le surnom, *Shit Machine,* annonce le pire, ne fait attention au luxe que peuvent représenter un piano, une cheminée, des moquettes blanches et des lustres spectaculaires.

Ce matin, Monia et Stéphane se sont levés tôt, au bout de l'une de ces nuits dont on ne sait dire si elles furent longues ou courtes. Ils ont réussi à dormir une heure ou deux, mais, plus souvent qu'autrement, Monia n'a fait que sommeiller. Elle a tout entendu des sanglots de son compagnon. Évidemment, ce n'était pas la première manifestation de tristesse et d'incompréhension de Stéphane. Dans le vestiaire, à son retour de la salle de presse, il était vite allé se réfugier dans la grande douche au fond de la pièce. Une douche très spacieuse, conçue pour accommoder une bonne dizaine d'athlètes ou encore toutes les larmes d'un seul boxeur mis K.-O. par son ennemi juré. Stéphane y avait passé tellement de temps, que des gens, comme le chanteur et comédien Jean Lapointe, qui l'attendaient à la sortie pour le consoler, étaient repartis, découragés. Jean Lapointe avait tout de même pris soin de laisser un message pour Stéphane à sa mère : « Dites-lui seulement que je l'aime. » Il n'était pas un intime, mais il avait conservé un attachement pour le garçon depuis qu'il avait cherché à l'aider au cours d'une période difficile.

En sortant du Centre Molson, Monia et Stéphane s'étaient arrêtés dans une taverne, à un coin de rue de chez Stéphane. Minuit venait à peine de sonner. La nuit ne faisait que commencer, dans la vie de Stéphane aussi. C'était également sombre à l'intérieur de la taverne, de sorte que le boxeur put y rester incognito. Il choisit l'une des tables près de la porte, loin des autres clients, regroupés au fond de la pièce, sans doute pour parler de ce *match du siècle,* devenu le *knock-out du siècle.* Stéphane s'assit dos à eux, et Monia, n'attendant pas le serveur, alla elle-même au bar chercher un pot de bière. Sauf un type qui vint le voir et à qui Stéphane fit jurer de ne rien dire de sa présence, personne ne le reconnut. Il faut dire que personne non plus ne s'attendait à ce qu'il soit là.

Ce n'était pas de la O'Keefe – la marque qu'il préférait alors –, mais aucune bière n'aurait pu faire passer l'amertume qu'il avait en bouche. Il était amer, mais révolté aussi, à la fois de s'être tapé tous ces efforts pour absolument rien, et de redécouvrir à quel point ce sport-là était ingrat. Il se demandait aussi comment quelqu'un, au ciel, avait bien pu autoriser un tel résultat. Il ne voyait pas ce qu'il avait pu faire *de pire* que son adversaire pour mériter une telle épreuve. Mais d'un autre côté, il savait que les sentiments n'avaient rien à voir là-dedans. Que c'était une question de talent. À ce compte-là, il était moins bon et plus chiffe molle que Hilton, ce qui expliquait la honte épouvantable qu'il éprouvait. Une honte visible, qui lui faisait comme un halo autour de la tête, et que ressentait très bien Monia. Elle-même, s'étant beaucoup investie dans ce combat, avait les mêmes réactions que Stéphane. « J'ai partagé sa honte et j'en ai ressenti, moi aussi. Bien sûr, ma honte n'était pas en regard de sa performance, mais du résultat, assez désastreux merci. Car, bon, Stéphane n'avait fait que trois rounds, alors qu'on s'attendait à tellement plus de ce combat-là! »

À certains moments, devant le pathétique de la situation, Monia et Stéphane avaient même pris le parti d'en rire. Par exemple, Monia était revenue sur sa déclaration à la Villeneuve et lui avait lancé : « Ouais, c'est vrai que ça n'a pas été long, ton affaire... » Puis dans la voiture, en route vers l'appartement, il leur était venu un autre fou rire quand ils avaient parlé des hideuses chaussettes de Dave Hilton. Dans leur langue saguenéenne, Hilton avait eu l'air d'un beau *gigon*, « mais le *gigon*, il frappait dur en hostie... »

Avant de se mettre au lit, Stéphane avait tenu à s'engourdir. Avec Monia à ses côtés, il avait donc enfin grillé son joint dans le salon. C'était, plus que jamais, un cas de consommation à des fins thérapeutiques! Aussitôt, les premières bouffées avaient anesthésié une partie de sa douleur. Se priver de fumer depuis trois mois ne lui avait rien rapporté et il s'était trouvé stupide d'avoir imaginé le contraire. N'avait-il pas fait 12 rounds, lors du premier combat, en ayant fumé tout au long de son entraînement?

L'odeur de la pure mari emplissait la pièce quand les parents de Stéphane, inquiets, s'étaient présentés à l'appartement. Si à ce moment la douleur de Stéphane s'était atténuée, sa révolte s'était encore amplifiée, si bien qu'il régnait dans le salon un climat écrasant. M. et Mme Ouellet, qui n'avaient pu s'empêcher de venir offrir leur soutien à leur fils, n'étaient pas restés longtemps. Qu'y avait-il à dire après un cauchemar comme celui-là? À un certain moment, M. Ouellet avait fait une tentative pour parler du combat, mais il avait vite été interrompu par son fils : « Hé, je ne veux plus rien savoir de ça et je ne veux plus en entendre parler. La boxe, c'est fini, je ne boxerai plus jamais de ma crisse de vie et je ne veux plus qu'on m'en parle une câlisse de fois... » Il arrivait souvent que son père s'empêche de lui parler ou d'approfondir une discussion parce que Stéphane « devenait trop mauvais ». Il faut avoir été à ses côtés au cours de ses élans de colère pour savoir de quelle puissance se chargent alors ses yeux. Dans ces occasions-là, mieux vaut ne pas le contredire.

Maintenant, 24 heures plus tard, sa révolte est toujours incommensurable, mais il la garde à l'intérieur. Il garde ses énergies pour rassembler les rares effets personnels qu'il veut emporter à Jonquière. Pressé de déguerpir, il empile ses vêtements dans quelques sacs de sport. Il reviendra prendre le reste de ses choses quand le cœur lui en dira. Aujourd'hui, ce qu'il importe de sortir au plus sacrant de Montréal, c'est sa peau que s'est payée hier Dave Hilton, sa peau qui valait cher avant et qui ne vaut désormais plus un clou.

Avant le combat, en effet, elle valait 200 000 dollars. Mais une fois enlevés les pourcentages d'InterBox et des gouvernements, il ne reste plus qu'environ 40 000 dollars, qu'Yvon Michel vient lui remettre dans la matinée.

Michel et Stéphane ne discuteront pas très longtemps. Le premier doit se rendre au Casino de Montréal pour la traditionnelle conférence de presse du lendemain de combat, où exceptionnellement Hilton ne se verra pas remettre de chèque. Car sur ordre de la Cour supérieure, à la requête de l'ancien gérant de Hilton, Johnny Peluso (qui tenterait plus tard de devenir le gérant de Ouellet pour se venger de Hilton), sa bourse avait été saisie et amputée de 65 000 dollars, somme que Peluso estimait sienne en vertu de diverses ententes non respectées. Quant à Stéphane, avant de mettre définitivement les voiles pour le Saguenay, il veut effectuer un arrêt à Repentigny, rue Léonie, remettre un peu d'argent à Lydie Larouche, qui vit là avec ses trois fils : Steven, né d'une autre union, et bien sûr Jim et William, les deux enfants de Stéphane. Leur relation a été un échec colossal. Lydie n'en a gardé, dit-elle, aucun souvenir agréable. Mais Stéphane, admiratif à la voir s'occuper seule des trois enfants, l'élève au rang de presque sainte.

Depuis son réveil, il a réussi le tour de force d'éviter les journaux, la télévision, la radio, bref toute mention médiatique de sa défaite, partout le sujet du jour. Pourtant, quand ses deux fils viennent en courant à sa rencontre dans le couloir de l'immeuble, ils ont sur leur visage un magnifique sourire. Non, pense Stéphane, ce n'est pas tout le monde qui sait déjà, qui juge déjà. Il plie les genoux, se met à leur hauteur, et se relève en portant William sur son bras droit. Jim se colle à la jambe de son père, appuie sa petite tête sur sa hanche, et Stéphane lui caresse la nuque de la main gauche.

En même temps que Stéphane aime à imaginer ses garçons s'amuser tout l'été comme il le faisait à leur âge – notamment en se passionnant pour les insectes –, cela lui fait drôle de penser que son été à lui est plus que jamais incertain. En fait, tout est incertain dans sa vie. Et peut-être sa vie elle-même.

Stéphane a repris place dans la voiture de Monia, côté passager. Entre lui et sa région, il n'y a maintenant plus que 500 kilomètres à couvrir. Cinq heures pendant lesquelles il n'ouvrira pas beaucoup la bouche. Peut-être planche-t-il inconsciemment sur le poème qui jaillira de son esprit six mois plus tard sous le titre *Chute*, et qui, entre autres, révélera tout le bien que ses fils lui ont fait ce jour-là, après tout le mal de la veille.

Je me suis étendu
Face contre terre
Tel un arbre faible, qu'on ne désire plus
Le matinal sourire de mes enfants
Fut un souffle d'amour
Sur mon cœur qui me vomissait

***

Il disait souvent « je monte au Lac aujourd'hui » ou « je pars au Lac en fin de semaine ». Or, la plupart du temps, c'est au Saguenay qu'il se rendait, à Jonquière ou à Saint-Ambroise.

— Tu t'en vas au chalet par ce temps?

— Pas au chalet, je m'en vais chez Monia.

— Ah! parce que tu as dit : « Je m'en vais au Lac »...

Jonquière, Saint-Ambroise, Desbiens, Chambord, pour lui, il n'y avait pas vraiment de différence : une fois passé Québec et entrepris le Parc des Laurentides, c'était comme si les frontières tombaient, et qu'il allât vers un seul et même paradis, que les autres appelaient Saguenay–Lac-Saint-Jean, et qu'il appelait tout bonnement « chez nous »! Stéphane Ouellet s'était formé, bien avant la mode, une ville unique et immense.

S'il souhaitait se rendre au chalet de Chambord sans passer par Jonquière, Stéphane téléphonait d'abord à ses parents : « Me passeriez-vous le chalet pour la fin de semaine? » À partir de Montréal, il suivait le même trajet, qu'il aille au Saguenay ou au

Lac-Saint-Jean : Québec, puis la route 175, dans la réserve faunique des Laurentides; puis, plutôt que de continuer vers Laterrière, Chicoutimi et Jonquière, il bifurquait sur la 169 vers Alma. Il conduisait vite. Comme la fois où il avait doublé à 160 à l'heure une voiture de police! En lui remettant la contravention, le policier s'était outré de l'affront, et l'avait traité d'arrogant : « Vous êtes peut-être *baveux*, monsieur Ouellet, mais vous ne rirez pas de moi plus longtemps. »

Pour tout le monde, surtout pour lui, c'était donc plus relaxant quand il ne conduisait pas.

Il pouvait alors se caler dans sa banquette et jouir de ces accès de bonheur qu'il ressentait toujours quand la nature se déshabillait devant lui. Car il n'y avait probablement qu'ici, dans le Parc des Laurentides, que la nature pouvait être aussi nue, aussi vraie, sans artifice ni maquillage. Tout le long de la 169 jusqu'au Lac, elle était un tableau infini, la plus jolie création de l'univers, et fascinait Stéphane. « C'est spécial, la Terre, quand tu te mets à y penser. Que le ciel, les arbres, le sol, les lacs forment un tout aussi harmonieux, c'est un miracle, tellement beau, réussi. De penser aussi qu'à l'heure où on se parle, il y a du monde en dessous de nous, ça me fait littéralement capoter. On vit, on marche sur une planète ronde, c'est *hot*, ça! »

Certaines journées d'été, on aurait cependant pu croire que la nature, loin de se déshabiller, faisait au contraire sa toilette, ouvrant sa penderie, se demandant ce qu'elle allait mettre pour la journée, hésitant entre des soleils topaze ou bien jaunets, des nuages d'albâtre ou d'ivoire, des ciels turquoise ou indigo; et s'appliquant surtout, quand elle était certaine que Ouellet allait passer dans le coin, à mirer les reflets de ses montagnes sur les eaux dormantes des lacs, car elle savait qu'il craquait pour ces images qui lui rappelaient les toiles de son père. Ici, certaines journées d'été étaient belles comme peuvent l'être les femmes quand elles se mettent en tête d'être irrésistibles.

Tant de lacs, les uns après les autres, cela faisait également chavirer Stéphane. Soudain, la pêche lui manquait, d'autant qu'il n'y allait presque plus. Il regrettait la paix qu'elle lui apportait; les moustiques, qu'il supportait sans trop de peine puisque, comme il le disait avec un sourire en coin, « il y en a pas mal moins quand on fait beaucoup de boucane ».

La première fois qu'il était allé à la pêche, c'était avec son père, à Chambord, mais pas dans les alentours du chalet. C'était un peu plus loin vers le village. N'ayant, hélas, pas connu la chance du débutant, il était revenu avec une passion à défaut d'un poisson. La deuxième fois, Stéphane avait quitté le chalet à pied et s'était rendu pêcher sous le pont où passaient les trains; évidemment seul, pour bien montrer qu'il exécutait dorénavant les choses « par lui-même ». Ce n'est pas cette fois-là qu'il prit son premier poisson – une truite – mais c'est à cet endroit qu'il fit sa prise la plus prestigieuse. « J'avais huit ou neuf ans, et je m'installais à côté des grandes personnes pour pêcher. Un jour qu'une dame m'avait prêté un vrai attirail de pêche, j'ai pris une ouananiche! La seule de ma vie, d'ailleurs. Aïe, un poisson de quatre livres! Ce jour-là, j'ai compris ce que valait véritablement une ouananiche quand la dame en question a voulu me l'échanger contre quatre dorés! »

Une fois sorti de ce que les gens d'ici nomment « le Petit Parc », on arrive à Hébertville. Le chalet de Chambord n'était plus très loin. Il restait en fait à traverser Métabetchouan et Desbiens, et à tourner à droite immédiatement après le pont qui délimite Desbiens et Chambord. Le chalet était situé officiellement à Chambord, mais il se trouvait en réalité beaucoup plus près de Desbiens. C'était d'ailleurs à l'épicerie de ce village que Stéphane faisait toujours emplette. On pouvait compter sur le personnel pour renseigner les curieux.

— Pardon, le chalet des Ouellet, c'est encore loin?

— Vous y êtes presque. Vous allez d'abord sortir du village, franchir le pont, et tout de suite après le Centre d'interprétation de la Métabetchouan, vous tournerez à droite. C'est un chemin de terre, vous croiserez la voie ferrée, c'est là, c'est le dernier, au bout du chemin.

Le dernier, mais pas le moindre. Rien de trop moderne ni de trop luxueux, un véritable chalet, pas une maison de ville. Mais ce qui étonnait, c'était les dimensions du terrain. Il y avait une piscine, un vieux hangar, deux chalets, et encore assez d'espace pour y bâtir le double! La plus imposante des deux constructions ne l'était jamais assez au goût de son propriétaire : chaque année, Angémil Ouellet y réalisait des agrandissements! Son beau-frère, Gérald Ménard, qui occupait l'autre chalet, expliquait que ce besoin d'espace était viscéral chez Angémil. « Pour lui, tout est toujours trop petit. Il a besoin de liberté. Il lui faut toujours une aile, un étage ou une pièce de plus. Ou alors il rénove quelque chose. Il y a quelques années, il trouvait le plafond du salon trop bas. Il étouffait. Alors il l'a haussé. C'est la même histoire pour sa maison de Jonquière, où il ne cesse d'exécuter des travaux et des ajouts, comme à son atelier de peinture, pourtant très vaste. Il n'y a pas de secret : Angémil a passé toute sa jeunesse dans des logis trop étroits et des pièces trop petites. Il se rattrape! »

En 1977, c'était un véritable marécage qu'un vieux cultivateur de Desbiens avait vendu à Angémil, se vantant à gauche et à droite d'avoir roulé ce peintre reconnu, justement, pour son piètre sens des affaires. En fait, un peu tout le monde croyait qu'Angémil s'était fait berner; jamais il ne parviendrait à se bâtir un chalet à cet endroit. Mais le père de Stéphane avait été téméraire, remarquablement vaillant. Après des heures et des heures de défrichage, cinq cents voyages de sable, d'innombrables plaques de gazon, le grand terrain fut enfin prêt. « Je ne pensais pas qu'un homme pouvait être doté d'une telle endurance, dira Gérald. On a l'impression qu'Angémil ne se fatigue jamais. Et puis sa souplesse étonne autant que son énergie! »

Chambord aura toujours une place de choix dans le cœur de la famille Ménard. Les grands-parents maternels de Stéphane, William et Joséphine Ménard, habitaient déjà ce village et s'y étaient connus dans les années 1930. C'est là que naîtront leurs six enfants, trois garçons dont Gérald, et trois filles dont Olivette, la mère de Stéphane, et qu'ils passeront leurs premières années, avant de partir pour Jonquière, au début des années 1940. Joséphine était ouverte d'esprit et n'insistait que sur un seul point de discipline : la politesse.

Pour son petit-fils Stéphane, elle acceptait cependant d'être appelée tout simplement *Josée*. Jusqu'à sa mort, en 1990, elle entretiendra avec lui une relation puissante et particulière, comme il est peu fréquent d'en voir entre grand-mère et petit-fils; jusqu'à sa mort et même au-delà, assure Stéphane, qui voit en elle l'un des anges gardiens veillant sur son fragile équilibre.

« Ma mère, confie Gérald, avait une qualité primordiale : elle était capable d'oublier son âge ou son époque, et de se placer dans la peau des enfants afin de mieux les comprendre. Elle les encourageait à vivre et à s'amuser. Elle était bonne vivante et nous a élevés libres de tenter nos expériences d'enfant. » Dany, le frère de Stéphane, ajoute que sa grand-mère encourageait la différence : « J'étais un enfant marginal, et elle m'encourageait à me distinguer. Elle nous répétait souvent, à Stéphane et à moi : « Vivez vos expériences et faites votre jeunesse. »

C'était donc grand-maman Josée; comme dans « osez ».

En 1998, dans la publication *7 jours*, le journaliste Yves Mallette demandait à Stéphane quels proches avaient eu le plus d'influence sur sa vie. « *Ma mère Olivette et mon père Angémil m'ont toujours appuyé*, répondit-il. *Mais je songe aussi à ma grand-mère Josée. Elle a été pour moi une source d'inspiration intarissable. Elle me disait que « la souffrance est amplifiée par la peur d'avoir mal » et que « la crainte de mourir reflète le mal de vivre ». J'entends encore ces mots, et je les entendrai toujours, en fait chaque fois que j'affronterai un obstacle barrant le chemin de mes réalisations. »*

En partant, Joséphine a laissé un vide énorme autour d'elle. Les photos montrent une grand-mère comme on l'imagine, l'archétype de la femme qui vous câline, vous rassure, vous encourage. Petite et ronde, elle a la physionomie de la mamie idéale pour illustrer un conte pour enfants. Une figure poupine et un sourire espiègle. *À travers elle, on pouvait toucher au soleil et en même temps ressentir toute sa chaleur. Tiens, un petit exemple : tandis que ma mère Olivette n'approuvait pas ma relation avec une Isabelle un peu trop flyée pour l'adolescent que j'étais encore, ma grand-mère, elle, nous invitait à fumer, à jouer aux cartes. Une douceur incroyable habitait ce petit bout de femme, en même temps que jaillissait d'elle une force extraordinaire.*

Est-ce que Stéphane ressemble aux Ménard? « Bien sûr, dit Gérald Ménard, on ne se trompe pas en disant que, physiquement, Stéphane est le portrait de son père Angémil. Mais je soutiens qu'il ressemble tout autant à mon père William. En comparant les photos, on voit que Stéphane possède plusieurs des traits de mon père, sa taille et la grosseur de ses mains. Des paluches comme ça, on ne peut pas se tromper, c'est vraiment propre à la famille Ménard. »

En 1949, la famille de William et Joséphine Ménard est établie à Jonquière depuis quelques années et s'installe enfin dans une maison, à l'angle des rues Saint-Hubert et Colbert. La demi-douzaine d'enfants s'accorde plutôt bien, mais des chicanes occasionnelles sont quand même inévitables. Et quand elles surviennent, on peut compter sur la malicieuse Joséphine pour les attiser. « Je me rappelle qu'une fois, raconte Gérald, parce que je l'agaçais, Olivette menaçait de me balancer par la tête une tarte au citron. "Allez, lance-lui. Je suis sûre que tu n'es pas assez brave pour le faire!" lui avait dit maman. Eh! bien, elle me l'avait lancée! Maman et Olivette avaient en commun de beaucoup aimer s'amuser. Gamine, Olivette était une vraie girouette. Je lui dis souvent que ses deux garçons se comportent exactement comme elle dans le temps : Dany et Stéphane sont agités, excités, enthousiastes, incapables de tenir en place. Lisa, c'est tout le contraire. Elle est tranquille comme l'était son père. »

Plus de 50 ans après, Gérald et sa femme Rachel habitent encore la maison acquise par William Ménard. Ils y ont longtemps vécu en compagnie des parents, avant d'obtenir la propriété à la mort de Joséphine, qui avait perdu son mari quelques années plus tôt. Témoin privilégié, Gérald se rappelle donc très bien les visites d'Olivette et de ses enfants. Les petits avaient cinq ans? Joséphine agissait comme si elle avait cinq ans. Ils avaient 15 ans? Joséphine aussi. Aussi a-t-elle tissé avec ses petits-enfants des liens qui ne se sont jamais brisés. *Elle avait toujours quelques sous à nous donner, qu'elle cachait quelque part dans son portefeuille*, écrivait Stéphane. *Nous traversions alors les rues Saint-Hubert et Colbert, pour nous retrouver jouant aux machines à boules de la salle de quilles.*

Si on se réfère à l'ouvrage de Russel Bouchard, *Histoire de Jonquière*, au seuil des années 1950, la ville est dans une situation florissante, une sorte d'âge d'or qui s'est déclaré avec la fin de la Seconde Guerre mondiale. La courbe démographique accuse alors une progression remarquable : 22 000 personnes en 1951. La moitié de la population travaille dans le secteur secondaire (usines et construction), ce qui vaut à la ville le titre convoité de capitale industrielle, ravi de haute lutte à sa voisine Chicoutimi. Jonquière connaît donc une effervescence percutante grâce à la vitalité de l'industrie papetière et métallurgique, ainsi que de l'exploitation de son propre réseau hydroélectrique. Il en va de même à Kénogami et à Arvida, où de nombreux travailleurs, employés de la Price Brothers & Company et de l'Alcan, viennent augmenter la population. Alors, on construit des maisons. Les chantiers prolifèrent dans tout le Saguenay–Lac-Saint-Jean, la coupe et le flottage du bois sont en plein essor, de sorte que bûcherons et draveurs ne manquent pas de boulot.

En 1950, Angémil Ouellet a seulement 14 ans quand il se fait bûcheron et intègre ses premiers chantiers. Il passe ainsi des mois « dans le bois » pour les coupes hivernales. L'été, il refuse d'en sortir, affichant une rancune tenace envers ses parents qui n'ont, jusqu'alors, jamais su comprendre et s'intéresser à l'enfant différent qu'il a toujours été. Parmi les cinq rejetons d'Aldéric et Odilus Ouellet, il est en effet le seul à avoir « mal tourné ». Détourné du bien par quelques goûts *stupides* comme celui des arts, il obtient des résultats désastreux à l'école. Ainsi, il recommencera quatre fois sa quatrième année! Il passe le plus clair de son temps à dessiner durant les classes. « Mais il y avait surtout, dit aujourd'hui Angémil, que je n'étais pas capable d'admettre qu'un professeur m'enseigne des choses que je savais déjà. Selon moi, c'était une perte de temps d'apprendre des trucs qu'on connaissait, plutôt que des trucs qu'on ignorait! » Ce raisonnement à rebrousse-poil, Stéphane l'évoquera par ailleurs quand il sera question de ses propres années de flottement, au temps de l'école secondaire. Difficile alors pour le père d'exercer sur le fils une quelconque forme d'autorité. Par exemple, Angémil ayant longtemps été un fumeur invétéré, il trouvait mal indiqué de reprocher à son fils son goût pour le tabac. De la même manière, Angémil pouvait aussi difficilement accuser Stéphane de laisser dormir son talent. « Toi non plus tu n'as jamais poussé ton talent de peintre, lui disait souvent Olivette. Si tu l'avais vraiment voulu, tu aurais eu une carrière internationale. Tu es trop semblable à ton fils pour lui reprocher son manque d'ambition. »

Aux enfants qui démontraient à cette époque un intérêt envers la création – plus précisément dans les arts visuels –, le milieu du siècle n'offrait à toutes fins utiles aucun modèle qui aurait pu rassurer les parents. « Certes, explique Angémil, il y avait un Marc-Aurèle Fortin, mais il était perçu comme un mauvais exemple, un être déconnecté, irrationnel. Comme on me percevait, moi aussi... »

Quand Angémil était expulsé de l'école, il partait se réfugier dans les bois, où il s'était bâti une petite cabane. « L'enfance de papa n'a pas été très heureuse, dit Dany. Il était victime de rejet dans sa propre famille, en raison de sa personnalité bohème et artistique. Nous, ses enfants, en avons un peu souffert aussi. Dans la parenté, les enfants des autres étaient toujours plus fins, plus beaux, plus intelligents que ceux d'Angémil. Je me souviens de certains Noëls où on donnait 10 dollars à nos cousins, mais seulement 2 dollars à nous trois. Alors, indéniablement, les succès de Stéphane étaient, pour mon père, une espèce de revanche contre le mépris de sa famille. La réussite de Stéphane est un peu devenue la sienne et il en a été très fier. »

Angémil Ouellet fut si mal aimé, que sa propre mère, Odilus, déconseilla même à plusieurs reprises à Olivette Ménard de l'épouser : son fils était rêveur, lunatique et trop passionné par le dessin pour faire un bon mari! « Ma belle-mère, se rappelle Olivette, n'était pas méchante, elle ne concevait simplement pas qu'on puisse s'éprendre d'une telle personnalité. Je répondais qu'à 25 ans, je savais quoi faire, et que si les choses tournaient mal, je lui renverrais son fils! À une époque où on se mariait à vie, ce n'était pas exactement la chose à dire... »

Les parents d'Angémil avaient commencé à s'intéresser à lui à sa sortie de l'institution, tenue par des religieux et spécialisée dans les « cas » comme le sien, où ils l'avaient envoyé après ses quatre essais pour franchir sa quatrième année. Il y avait complété presque trois années scolaires en une! En subissant cependant le lourd tribut des enfants d'alors, c'est-à-dire les tentatives d'attouchements sexuels. Un jour qu'il avait assommé un responsable qui s'était risqué à essayer de le tripoter, il avait pris une semaine de pénitence : le prix à payer pour conserver sa dignité! Mais cette année avait révélé enfin le potentiel artistique du jeune garçon, ce qui lui avait redonné une bonne dose de confiance en lui.

Sec comme une trique quand, à 14 ans, il s'engage dans les chantiers de bûcherons, il n'a pas la force pour bûcher comme les hommes et se faire de bons revenus. Alors il s'occupe à peindre des paysages sur des cartes de souhaits et des cartes de Noël que lui achètent les bûcherons. Plus tard il exécutera des fresques sur des lambeaux d'écorce, échangées au *foreman* contre un secteur de forêt plus facile à couper, donc en fin de compte plus payant. Et il dépense tout au cours de ses escapades en ville, où il achète ses premiers ouvrages sur la peinture. Et il réalise son premier véritable tableau, après des nuits et des mois de travail : l'église Saint-Dominique, qu'il offre au curé de la paroisse. « Y a-t-il une chose que tu souhaiterais en échange, mon enfant? » « Ah! oui, répond Angémil, une bicyclette! » Cinquante années plus tard, le tableau orne toujours un mur du presbytère.

La liberté de créer, Angémil en a toujours fait une raison de vivre. Pour son fils comme pour lui. Aussi s'est-il régulièrement élevé contre les plans de match qu'on concoctait pour Stéphane, et plus encore contre le fait de lui faire visionner des combats. « En agissant ainsi, on lui coupe toute l'inspiration. Si on lui dit de faire ceci quand l'autre fait cela ou de réagir comme ceci dans telle circonstance, on lui retire sa créativité. On en fait un artisan plutôt qu'un artiste. On peut peut-être entraîner de cette façon un type comme Éric Lucas, lui dire de donner toujours tel coup dans telle situation, la boxe devenant alors comme un ballet, chorégraphiée. Mais pas Stéphane. »

***

Aldéric et Odilus Ouellet eurent huit enfants, dont cinq survécurent; une fille, Lisa-Clade, et quatre garçons : Marius, Célestin, Denis et Angémil, dont le prénom s'écrivait Ange-Émile à l'origine.

Aldéric avait fondé dans les années 1960 l'entreprise *Aldo Métal*, qui fonctionne encore aujourd'hui. La relève avait été assurée par les fils Ouellet, sauf Angémil, plus rebelle et moins docile que ses frères, incapable de tolérer les injustices orgueilleuses de leur père.

Aldéric était un joyeux drille qui jouait beaucoup aux cartes, où il pouvait gagner et perdre jusqu'à des... maisons. Aussi la famille Ouellet changea-t-elle souvent d'adresse et vécut-elle longtemps de manière instable. Mais plus que le démon du jeu, ce furent les problèmes d'alcool d'Aldéric qui mirent une distance entre Angémil et son père. Dans *La Presse* du 29 mars 1998, le chroniqueur Réjean Tremblay relatait un bout de soirée partagé entre Stéphane et l'homme de boxe Guy Émond : « *Émond lui a dit qu'il était extraordinairement talentueux mais qu'il était en train de ruiner sa carrière. Que la fumée et l'alcool avaient raccourci de fort belles carrières dans le passé.*

– Bah! Mon grand-père a bu et a fumé toute sa vie et il est mort à 102 ans, *lui a lancé Stéphane pour avoir le dernier mot.*

– Ouais, mais ton grand-père ne boxait pas, c'est une maudite différence, *a vivement rétorqué Émond.*

Bien entendu, Stéphane blaguait, Aldéric n'était pas mort à 102 ans.

Comme beaucoup de victimes des abus d'alcool d'un proche, Angémil a gardé une profonde aversion envers la bouteille. Stéphane, qui combattit le même problème à certains moments de sa vie, en était conscient. Il l'écrivait : *Son père était un buveur désagréable et je devenais un peu comme la résurrection des vieux cauchemars de mon père.* S'il fallait d'ailleurs trouver la plus belle preuve d'amour d'Angémil à l'égard de son fils – et c'est Stéphane qui le soulignait –, c'est de ce côté que l'on devait regarder : « Je suis terriblement chanceux que mon père m'aime en dépit de mes excès. C'est presque un miracle. »

Miracle ou non, la boxe n'y est pas étrangère et elle a même servi de ciment à l'intérêt que se portent les deux hommes. Elle exerçait sur lui comme sur tant d'autres son incroyable magnétisme. Angémil était absolument passionné par la carrière de son fils, et donc prêt à lui pardonner bien des travers.

On oublie toujours, quand on affirme que rien ne destinait Stéphane Ouellet au pugilat, qu'en sa jeunesse son père avait lui-même beaucoup aimé la boxe. Avec ses frères, il montait des rings de fortune dans les arrière-cours et ses instincts belliqueux s'affichaient parfois dans des confrontations territoriales entre clans de rue. Combats de poids plume, sans doute, vu le petit gabarit des Ouellet. Mais si ces garçons-là étaient minces, ils n'étaient pas chétifs. Chez eux, la force était innée.

En 1946, la boxe qui, partout dans le monde, avait tourné au ralenti au cours de la Seconde Guerre mondiale, reprenait vie. Le champion poids lourd Joe Louis était toujours le héros de la multitude. Angémil vendait des bouteilles vides pour se payer une entrée au théâtre de Jonquière où on pouvait voir boxer Joe Louis.

Charme d'enfer, sens du spectacle, histoires séduisantes, rêves accessibles : la nature de la boxe rejoignait celle d'Angémil. Lorsqu'on l'écoutait parler, déployer son monde imaginaire, on ne résistait pas à la tentation de rêvasser au bonheur qu'avait pu procurer une enfance en sa compagnie; autrement dit en la compagnie d'un père bohème qui semblait faire bien peu de cas de ce monde morne qu'on lui offrait, tout simplement parce que, dans son esprit, il s'en inventait un bien plus joli. On se rendait très vite compte de cette faculté, par exemple, si on lui demandait de tirer le portrait de son fils, en peinture. Certes, il acquiesçait, mais à la seule condition, disait-il, « de le peindre, non pas trait par trait, mais de la manière dont moi je l'imagine... » Il y avait donc la réalité, mais plus important encore, il y avait la façon dont Angémil percevait la réalité.

Ainsi en allait-il également de l'éducation des enfants. « On ne peut nier que nous avons été élevés dans un monde imaginaire, confirme Dany, le plus âgé des trois. L'image qui me vient en tête, c'est qu'être élevés par papa, ce fut aussi magique que d'avoir grandi à l'intérieur d'une énorme machine à gommes *ballounes*, constamment ballottés entre l'émerveillement et le plaisir. Avec mon père, tout était toujours féerique et on l'imagine parfaitement dans le rôle de celui qui plaçait sans arrêt les 25 sous servant à faire fonctionner la machine à gommes! Heureusement, pour contre-balancer de temps en temps notre plaisir perpétuel, il y avait ma mère pour mettre le doigt dans le dispositif et le bloquer quand ça commençait à être assez... » *Ma mère*, écrivait Stéphane, *a longtemps eu le mauvais rôle, celui de faire régner un tant soit peu d'autorité. L'artiste qu'était mon père était à l'époque un fidèle amateur de l'insouciance, lien le plus fort qu'il me laissera...*

Tout, absolument tout ce qu'Angémil Ouellet racontait était intéressant. Bien sûr, il y avait le contenant, cette manière unique qu'il avait d'emballer ce qu'il déballait. Mais il y avait surtout que, lorsqu'il parlait, on était assuré de se faire servir un contenu inédit. Son fils avait eu des mots avec le président d'InterBox, Hans-Karl

Mulhegg, un Allemand naturalisé Canadien? Il disait : « Ce n'est pas si étonnant que Muller... Mulder... (il rebaptisait involontairement à peu près tous les individus, appelant par exemple Missaoui « Méchoui »...) ce n'est pas si étonnant qu'il ait voulu tasser Stéphane au profit de Dave Hilton, l'explication se trouve dans l'Histoire, on sait tous que ça fait partie des gènes de ces Allemands-là de vouloir assimiler d'autres peuples. » Puis il prenait une pause, jugeant de la réaction, avant d'ajouter : « Bon, peut-être que c'est un peu exagéré de dire ça, mais... » Le seul problème était qu'il jouait parfois la comédie, et avec tant d'aisance qu'on le devinait mal, de sorte qu'il devenait difficile de savoir s'il racontait une histoire, ou s'il en inventait une. En général cependant, après quelques conversations avec lui, on en venait à pouvoir différencier ce qui était de l'amusement, de l'exagération humoristique, ou un récit authentique. Mais il fallait être aux aguets de son art délicieux, et son épouse ne manquait pas de le rappeler lorsqu'elle le taquinait affectueusement en sa présence : « Faites attention à Angémil, car ça peut lui arriver de mélanger fiction et réalité. »

« M. Ouellet? Mais voyons donc, tout le monde sait ça que M. Ouellet raconte des histoires *fantastiques*, presque des contes pour faire rire les autres », se souvenait pour sa part avec nostalgie Karine Turcotte, qui, entre décembre 1991 et juillet 1994, fut la première compagne notable de Stéphane. Depuis, justement en raison de cette marginalité bon enfant qui régnait dans la famille, elle conserve de tendres souvenirs de ses anciens beaux-parents. Et se rappelle que le garçon avec lequel elle partageait alors sa vie avait aussi développé ce talent qui consiste à raconter une histoire en partant d'un fait véridique, tout en se gardant la possibilité de l'enjoliver au passage si la situation en vient à l'exiger, c'est-à-dire si elle semble manquer de merveilleux, ou si les interlocuteurs semblent s'en désintéresser.

C'est, du reste, un talent qui est assez répandu chez tous ceux qu'on nomme les *Bleuets*. Un exemple remontait tout particulièrement à la tête de Karine, lorsqu'elle évoquait ces moments. « Dans l'un des premiers appartements qu'il a occupés à Montréal, Stéphane s'était aperçu qu'il y avait des coquerelles. Mais pas juste quelques coquerelles : beaucoup, beaucoup de coquerelles! C'était évidemment dégueulasse, et le premier à avoir des haut-le-cœur, c'était Stéphane. Alors un jour, nous sommes avec des amis et il commence à raconter l'histoire. Parfaitement authentique. Ça provoque des moues dédaigneuses. Ça provoque des rires. Les gens font des blagues. Stéphane en pousse aussi quelques-unes. À un moment donné, alors qu'il est à cheval entre l'histoire vraie et le conte, alors que le monde qui ne le connaît pas bien ne peut plus savoir s'il ajoute des détails ou bien des blagues, il dit : "... à la fin, c'était rendu qu'elles ne me dérangeaient plus, je les nourrissais avec du pain, des petits morceaux de pain que je mettais dans les fissures des murs..." Et hop, il glisse ça dans l'histoire, toujours mi-figue, mi-raisin, toujours au travers des autres détails et des blagues, et la conversation repart ensuite dans d'autres directions, certaines personnes restant donc avec l'idée qu'il donnait vraiment à manger aux coquerelles. Plus tard, une fois seuls, je lui dis : "T'es ben menteur, Stéphane Ouellet! Donner du pain aux coquerelles, t'as jamais fait ça de ta vie! – Ah! voyons donc, Karine, qu'il me répond, c'étaient des farces, le monde savait ben que je faisais des farces, voir s'ils ont pu penser que je ferais une affaire de même." Et quelque part il avait raison, je veux dire c'est vrai qu'il n'était pas complètement sérieux, mais il savait sûrement qu'aussi bien inséré dans l'histoire, avec une si grande subtilité, le ton juste, et au moment le plus favorable, on allait pouvoir croire qu'il nourrissait des coquerelles. »

Karine Turcotte n'avait pas tort. Lors d'une rencontre servant à préparer le livre, un ami de Stéphane, qui tenait à montrer qu'un garçon qui nourrit des blattes n'est décidément pas un type comme les autres, nous dévoila cette histoire incontestablement vraie, mais romancée à la manière des Ouellet.

À compter du moment où il consentit, en période estivale, à sortir « du bois » et à revenir passer les mois de canicule à Jonquière, pour certains l'idée n'était plus de savoir si Angémil Ouellet existait, mais plutôt de savoir pourquoi il existait : « Parce que je vivais ou dormais le jour et que je peignais la nuit, j'étais considéré comme un *écarté* », avoue-t-il aujourd'hui avec cette franchise que peuvent avoir les artistes une fois qu'ils ne sont plus honnis de leurs contemporains. Au milieu des années 1950, comme si son local devait être un rappel de sa condition, Angémil loua donc à une dame un simple réduit jusqu'alors inoccupé et il en fit son atelier de peinture. L'arrangement n'était pas mauvais : tout ce que le logement coûtait à Angémil, et tout ce que la femme recevait, c'était une toile offerte à la fin de chaque été. Cela se passait rue Saint-Pierre à Jonquière, tout près de l'endroit où habitait alors l'ex-premier ministre Lucien Bouchard, mais surtout pas très loin de la maisonnée des Ménard, rue Saint-Hubert. Quand il quittait son cagibi pour porter quelques toiles à une tante qui habitait sur la même rue que les Ménard, Angémil traversait la voie ferrée de la rue Saint-Pierre et se trouvait aussi-tôt, chemin faisant, à marcher devant la maison acquise par William Ménard.

Lui se rappelle d'une fille splendide assise sur le perron.
Cheveux blonds.
Longs.
Riant d'un garçon.
Qui a une bien drôle de façon.

Elle se rappelle d'un très bel homme.
Mais attifé d'une chemise rose qui assomme.
Il la regarde, comme.

Elle rit de ce garçon.
Qui a une bien drôle de façon.
Qui a surtout une curieuse façon.
De peindre des démons.
Pourquoi voudrait-elle devenir démone?
S'il appelle, s'il rappelle, qu'on ne décroche surtout pas le téléphone.
Allez, allez sonne!
Mais enfin, foutu téléphone, tu sonnes oui ou non...?
Au fait, s'il sonne, c'est oui ou c'est non...?

Angémil et Olivette s'étaient finalement parlé pour la première fois au Palais des Sports de Jonquière, à l'occasion d'une foire d'artistes où Olivette lui avait demandé de tirer son portrait, comme le font les peintres de la rue, dans les vieux quartiers des grandes villes. C'était en 1956, elle avait 18 ans et lui deux de plus. Elle avait ensuite quitté avec son tableau, mais c'est lui qui était pourtant resté avec une image, dans sa tête. Pendant longtemps, il avait donc cherché à la joindre au téléphone. Elle était toujours là, mais il ne lui parlait jamais. Pas intéressée, mais ne voulant pas déplaire et incapable de dire non aux garçons, elle se mettait plutôt de mèche avec sa mère Joséphine qui répondait à sa place : « Olivette? Ah! non, malheureusement elle est sortie, vous l'avez ratée par quelques minutes... »

Un jour qu'Olivette fut obligée de répondre, qu'elle n'avait pas d'excuse toute prête pour refuser son invitation à souper et qu'elle peinait pour en trouver une, Angémil lui demanda carrément : « Bon, assez niaisé, veux-tu venir souper, oui ou non? » À reculons, elle accepta de l'accompagner, mais cela ne sentait vraiment pas l'idylle, et à ce moment précis la mère d'Angémil n'aurait pas eu à faire de grands efforts pour convaincre sa belle-fille qu'elle serait mieux servie avec un autre garçon. Elle eût été parfaitement d'accord. « Nous nous sommes par la suite revus à quelques occasions, allant même jusqu'à nous fréquenter, relate aujourd'hui Olivette en prenant plaisir à taquiner son mari avec ce souvenir. Mais le début de notre relation ne fut réellement pas un coup de foudre, au point qu'à chaque fois qu'Angémil repartait dans le bois, je me disais que c'était la fin, qu'à son retour j'aurais certainement eu le courage de le laisser. » Mais une fois retourné sur les chantiers, il recommençait à couper le bois, et plus il coupait le bois, plus il lui semblait qu'il pouvait utiliser beaucoup de papier. Alors il écrivait des lettres d'amour à Olivette, et c'était drôle parce qu'il aurait presque dû les écrire à sa mère Odilus, car ce fut encore elle qui, plus tard, découragea à nouveau Olivette de son propre fils. « Est-ce que tu sais qu'Angémil voit présentement une autre fille? » qu'elle demanda à Olivette.

Elle savait. Malgré tout, elle se sentait assez peu menacée, d'abord parce que son attachement envers Angémil n'était pas encore très fort, mais surtout parce que le seul atout de plus que possédait sa « rivale » – bien qu'il ne fût pas négligeable –, c'était des parents davantage versés dans le monde des arts, donc plus sujets à comprendre et à valoriser la personnalité d'Angémil. On comprendra, après l'ostracisme dont il avait été longtemps victime, que cette raison eût pu être largement suffisante pour choisir cette fille au détriment d'Olivette, mais son cœur battait pour cette dernière et pour elle seulement.

À en juger par une photo prise aux premières heures de leurs fréquentation, il est vrai qu'il y avait de quoi soupirer. Cette toute récente adulte était alors une fort jolie personne, et aux goûts d'aujourd'hui, son fils Stéphane se rendait d'ailleurs au même constat. Un jour de l'an 2000 où, fouillant dans ses affaires, il était tombé sur cette photo, il avait immédiatement plongé sur le téléphone pour complimenter sa mère. « Non mais, maman, j'capote ben raide, tu es *dont* ben belle sur la vieille photo que je viens de trouver... » Cette journée-là, il était sous influence, mais pour la beauté de sa mère, il n'y avait pas de doute, il était sûr qu'il n'hallucinait pas... « Tu avais quel âge?... C'était à quelle occasion? » Il s'était donc mis à lui poser un tas de questions et elle lui avait tout expliqué de ses 18 ans et de ses premières sorties avec son père.

Gérald Ménard se souvenait pour sa part des premières fois où sa sœur emmena son nouvel élu – qui risquait encore de devenir l'ancien à tout moment – à la maison. Quoique Angémil ait toutefois ressenti le contraire, Gérald prétendait qu'il n'était pas encore perçu comme un individu marginal par sa belle-famille, la peinture ne semblant pas alors occuper la place qu'elle prit par la suite. « Et de toute manière, précisait Gérald, c'était un domaine qui nous était totalement inconnu. Plus tard, j'avais cependant commencé à prendre plaisir à le faire fâcher en lui répétant qu'il était un artiste subventionné, ce qui le faisait rager puisqu'il n'a jamais vu une seule subvention de toute sa vie!

« Lors de ses premières visites à la maison, je me souviens qu'il était épouvantablement gêné. Si, par exemple, nous prenions tous place au salon et qu'Angémil avait à parcourir toute la pièce pour trouver son siège, il le faisait en fixant continuellement le plancher. Pas encore à l'aise, il n'était alors pas le garçon super drôle et prompt à faire des blagues qu'il allait devenir ensuite. Peu à peu il a cependant pris de l'aisance et a fini par s'exprimer naturellement lors des réunions de famille. Mais une chose était évidente, il était un être foncièrement solitaire, qui aimait à faire seul ses petites affaires, comme aujourd'hui. Sur ce point-là, on peut vraiment dire qu'il n'a jamais changé! »

Angémil était parfaitement le genre à ne pas s'ennuyer dans « le bois » parce qu'il considérait qu'être entouré d'arbres signifiait être entouré de vie. À ses yeux, la flore et la faune avaient des vies auxquelles il attachait une grande importance et, plus tard, cela influerait d'ailleurs beaucoup sur le contenu des histoires préparées pour les enfants. Dans ses contes – qui pour lui n'étaient même pas des contes –, il n'y avait pas de loup qui voulait dévorer des petites filles comme dessert, mais plutôt « des oiseaux qui étaient les amis des arbres, des insectes qui étaient les amis des fleurs », et sur un tel fond d'amitié, les histoires finissaient même mieux. Dans le même ordre d'idées, en décrivant Stéphane comme un enfant sage, doux, mais déjà un peu différent, Dany racontait qu'il arrivait fréquemment à son frère d'avoir des fixations sur des objets, de s'éprendre de divers éléments de l'univers, mais surtout, signe des enseignements de son père, « de donner des noms aux arbres, de leur prêter vie humaine... »

Ainsi Angémil vouait-il un immense respect à cette forêt dont il disait qu'elle constituait la principale richesse de la région du Saguenay–Lac-Saint-Jean, avec l'hydroélectricité.

Comme bien d'autres, Angémil avait probablement perdu ses belles illusions sur la prétendue vocation philanthropique de l'Alcan au cours du conflit de 1957 – c'était sa dernière année en forêt –, où 6 500 employés avaient été mis à la rue, provoquant une grave crise économique qui avait alors conféré à Jonquière des airs de ville fantôme. En dehors des drames humains qui s'y étaient joués, cela avait eu le mérite de lui révéler la mesure de l'extraordinaire dépendance économique envers cette compagnie. Et en tant que Jonquiérois, il comprenait maintenant les périls de devoir sa prospérité à une entreprise apatride qui démontrait bien que sa seule quête était celle des profits. Mais le plus important, c'était sans doute ces 70 années de pollution que la compagnie avait infligées au territoire saguenéen, combinées à tous ces cancers qu'elle avait donnés aux bélugas du Saguenay, et sûrement aussi à nombre de ses employés.

Au milieu du siècle, quand il avait gagné la forêt en période de pré-adolescence, cette richesse naturelle occupait encore 86 % du territoire de la région. C'était, sans conteste, l'un des réservoirs de bois les plus importants de la province. Mais la vie y était rude et, comme ses confrères, Angémil avait graduellement vu, avec plaisir, les conditions de travail changer et s'améliorer. Avec, notamment, l'avènement de la mécanisation en forêt, le métier se modifiait effectivement et on n'appelait désormais plus les hommes comme Angémil des « bûcherons », mais des « travailleurs forestiers ». Dans les premières années, une fois son bois coupé, ébranché et empilé, il revenait ensuite à son cheval de le charroyer. Alors que lui, l'amant des animaux qui allait toujours avoir des chiens, qui allait toujours leur permettre de coucher sur son lit, qui allait toujours ramasser les chiens de Stéphane et s'en occuper, qu'on allait toujours voir se promenant dans les rues de Jonquière dans un vieux camion avec inévitablement un chien sur les genoux, alors que lui, donc, faisait en sorte de toujours prendre soin de sa bête, de ne jamais la surcharger, il avait vu certains de ses compagnons se livrer à des scènes aussi atroces que de frapper sur les chevaux à coups de hache pour qu'ils avancent plus rapidement! Son cœur saignait à chaque fois, à chaque coup.

C'est donc avec cet homme sensible à toutes les formes de vie, cet *écarté* qu'Olivette Ménard choisit de faire sa vie, au mépris d'une certaine réserve, la sienne dans les premiers temps, celle de sa belle-mère ensuite.

Comme premier engagement, ils s'étaient d'abord fiancés, et Angémil avait profité du repas donné par les Ménard pour remettre l'anneau nuptial à Olivette. Un beau cadeau, peut-être un peu inutile comme toutes les bagues, mais celui-là eut tout de suite son utilité en éveillant Olivette au rôle de ministre des Finances qui l'attendait au cours de son prochain long mandat. « Une belle bague, confirmait-elle à Angémil en le taquinant encore près de 50 ans plus tard, sauf que c'est moi qui l'avais payée! Quelques semaines après les fiançailles, j'avais en effet reçu un appel de la bijouterie pour me dire que le compte de cet achat était... en souffrance!

— Et tu te souviens, répliquait Angémil, de ce que je répondais alors aux gens qui disaient que nos comptes étaient en souffrance? »

Angémil interrogeait Olivette avec un sourire enfantin :

« Mais oui tu t'en souviens, Olivette. Ils disaient: "Votre compte est en souffrance", et moi qu'est-ce que je répondais? Moi, je répondais: "C'est parfait, si mon compte est en souffrance, laissez-le mourir!" »

Il avait écrit des tas de lettres, il avait beaucoup dessiné; en fait le seul papier avec lequel il travaillait mal, avec lequel il n'apprendrait jamais véritablement à travailler, c'était l'argent. « Tout ce qui touchait à l'organisation de nos vies, c'était d'ailleurs maman qui s'en occupait, confirme Dany. C'est toujours elle qui nous rappelait nos obligations, les bonnes journées, les bonnes heures des rendez-vous. » Puis, quand Dany comparait ensuite Stéphane et Angémil, il s'expliquait en disant: « Deux artistes, deux tempéraments d'artiste qui n'ont pas de vue à long terme, qui ont la volonté d'être heureux dans le moment présent, alors que, pour demain, on verra. » Il disait aussi que Stéphane n'était pas motivé par l'argent, de là les erreurs qu'on avait souvent commises en cherchant à le motiver par des promesses de millions assurés, toujours « d'ici un an ou deux » qu'ils répétaient. Peut-être est-il vrai que Stéphane n'était pas foncièrement du genre à se motiver par l'argent, mais, au fil des ans, il s'est toutefois condamné à le devenir en se désargentant toujours plus rapidement qu'on l'argentait.

Souvent il avait fait l'aveu d'être exactement comme son père et de n'avoir « aucun, mais aucun talent avec l'argent », et qu'il lui fallait lui aussi une femme pour s'administrer, « comme ma mère a su le faire chez nous ». Les faits lui donnaient raison: la dernière fois qu'il avait effectivement prononcé ces paroles et qu'il avait voulu remettre son sort « financier » entre les mains de sa conjointe, c'était au temps des Fêtes de l'an 2000. En moins de quatre mois et par le biais d'infortunes diverses, il venait de dilapider 50 000 dollars, sa bourse nette reçue le 8 septembre précédent, lors de son troisième affrontement avec Dave Hilton.

Un jour, Larouche avait exposé une fascinante théorie pour

expliquer l'incapacité chronique de Stéphane et de bien d'autres boxeurs à conserver de l'argent. Ainsi il soutenait que, tant que leurs poches demeuraient pleines, les boxeurs se montraient d'une indépendance condescendante envers *la douce science des coups*. Argent et entraînement avaient beau rimer, pour la plupart des pugilistes ce n'étaient pas deux aspects compatibles. Ils en arrivaient donc à déduire – probablement inconsciemment – que la seule et unique façon de retrouver la motivation à retourner au gymnase, c'était de tout dépenser le fric qu'ils possédaient. Flamber, flamber, flamber; et remettre les comptes à zéro le plus vite possible! Puis, dès lors où ils se débarrassaient de leur dernière « cenne », que leur situation financière ne pouvait plus alors s'améliorer par aucune autre voie que celle de la boxe, ils se replaçaient dans l'obligation de renouer avec le cauchemar de l'entraînement. Et c'est ainsi que, de combat en combat, se répétaient les mêmes scénarios, se dépensaient les mêmes sommes, se perpétuaient les mêmes rituels, se nouaient les mêmes drames qu'on voit toujours éclater à la retraite des boxeurs, lorsqu'ils se retirent sans le sou, leurs facultés intellectuelles, selon les estimations, souvent réduites de moitié.

« Avec le temps, expliquait Angémil, je me suis aperçu qu'il ne faut pas que ça aille trop bien dans ma vie si je veux être dans un bon état pour peindre, si je veux être inspiré, créatif et productif. Quand je suis trop à l'aise, trop riche, exempt de tracasseries financières, sans sentiment d'urgence, j'ai tendance à être nul. Mais au contraire, les soucis, les problèmes semblent servir de moteur à mon inspiration. Quand j'en viens à manquer d'argent, que j'accuse du retard dans mes commandes, c'est là que je suis le plus performant. »

Un Angémil... un ange en enfer... deux individus... peut-être même juste un seul... en tout cas un seul et même mur auquel ils s'acculent tous les deux pour produire... deux artistes... deux tourmentés... deux charmants... deux charmeurs... deux humbles... deux inquiets... deux qui se méjugent... deux orgueilleux... deux qui s'aiment tellement et qui sont tellement touchants quand ils se serrent l'un contre l'autre... deux qui sont tellement fiers l'un de l'autre... le fils fier de se faire demander à l'école s'il était bel et bien le fils du peintre... le père fier quand on lui parle des succès en boxe de son fils... c'est même stupéfiant de voir à quel point le père peut avoir été orgueilleux des succès de son fils... deux solitaires qui ne trouvent pas que la solitude, c'est de la solitude... deux bohémiens... deux Ouellet qui ont carrément la même démarche quand le fils a pris un verre de trop... deux Ouellet qui ont une ressemblance physique hallucinante quand le fils porte les cheveux longs... deux Ouellet... peut-être même juste un seul.

Après ces fiançailles où ils s'étaient promis le même genre de temps nouveau que la révolution tranquille promettait à ce moment à toute la société québécoise, Angémil et Olivette s'étaient mariés au cours de l'année 1963. Puisqu'ils s'étaient rencontrés en 1956, cela voulait dire que sept longues années avaient été nécessaires à leur apprivoisement, ce qui ne paraissait pas exagéré quand on considérait leurs différences. « Nos personnalités ont toujours comporté des différences majeures, avoue Angémil, si bien qu'il a fallu apprendre de part et d'autre à les respecter. Aujourd'hui, 40 ans de mariage plus tard, on peut certainement penser que le secret de notre couple a été de s'accepter tels quels... » Et peut-être aussi d'être complémentaires, comme l'écrivait Stéphane... *À défaut d'avoir l'autorité paternelle, ma mère a dû, sans en avoir le choix et par amour pour ses enfants, mettre dans nos vies quelques notions de respect, de politesse et de savoir-vivre. Elle-même une femme très à ses affaires, je sais qu'elle s'enrageait des fois vis-à-vis du rôle passif que jouait notre père envers nous. Elle a dû jouer au père avec son cœur de mère. Plus tard, son rôle est devenu celui de la mère protectrice et bienveillante que toute mère apprécie jouer avec ses enfants...*

En 1963, le couple vivait déjà rue Sainte-Jeanne-d'Arc à Jonquière, dans un logement au deuxième étage d'une maison qu'ils achèteront finalement en 1969. Ce premier foyer était situé juste derrière celui qu'ils habitent aujourd'hui et qu'ils ont acquis en 1989. Entre les deux, ils ont aussi niché rue de la Fabrique, dans une propriété achetée en 1979, soit toujours des comptes de 10...

La maison au charme d'époque et bellement restaurée qu'Angémil et Olivette Ouellet occupent aujourd'hui n'est évidemment pas celle qui rappelle le plus de souvenirs à Stéphane, ses parents s'y étant installés alors qu'il vivait déjà à Montréal. Mais il y possède quand même sa chambre, à l'étage du haut. C'est la petite chambre à gauche, au fond d'un couloir exigu qui conduit à des pièces dissymétriques.

Cette chambre est celle d'un champion. Et sa ceinture dénuée de toute magie et de tout esthétisme du Championnat canadien des super-mi-moyens que l'on a crucifiée sur un mur pourrait être une autre preuve que l'on se trouve ici chez des gens d'exception qui ont simplement mis au monde des enfants d'exception.

Rien ne sera jamais plus marquant que les premières années

vécues dans l'habitation située tout juste derrière, et où naquirent les trois enfants. Les deux premiers, Dany en 1964 et Lisa en 1967, étaient arrivés alors que le couple vivait toujours dans le modeste appartement d'à côté, une situation qui dura deux ans et dont la famille s'accommoda assez bien. Cette période du milieu des années 1960 rappelle aussi à Olivette ce temps où son mari fut prospecteur. « Comment pourrais-je l'oublier, pendant quelques années notre logement fut un ramassis de sable et de roches; j'en trouvais partout et tout le temps, dans toutes les pièces, jusque dans les armoires et sur la vaisselle... » Angémil avait surtout dû s'intéresser à la prospection à la mort de son père, quand il avait fallu le remplacer à la tête de cette petite compagnie qu'il avait créée et qui cherchait des gisements dans la région. Un avocat avait alors décrété que la connaissance des minerais et des richesses naturelles d'Angémil était si vaste qu'il lui revenait de s'occuper des affaires de la compagnie. Aussi le fit-il pendant deux ou trois ans, tout en exerçant encore ses tâches chez Zellers.

Puis en 1969, l'occasion s'étant cette fois présentée d'acheter l'immeuble, les Ouellet devinrent propriétaires et déménagèrent dans le plus grand espace de la bâtisse, au premier étage. Ils étaient maintenant quatre, dont deux beaux enfants qui formaient le couple. Mais quelque chose disait à Olivette que son œuvre géné-tique n'était pas parachevée. Incomplète comme un casse-tête auquel il aurait manqué une pièce. Une seule.

« Je veux un autre enfant », avait-elle dit.

Elle allait avoir un autre enfant.

Comme un casse-tête familial auquel il ne manquerait désor-mais plus de pièces.

Le seul ennui, c'est qu'à certains moments elle aurait la dou-loureuse impression d'avoir reçu le casse-tête plutôt que la pièce.

***

Joséphine Ménard, la grand-mère
de Stéphane. Il l'a toujours appelée
« Josée » et la considère aujourd'hui
comme l'un de ses anges gardiens.

Le tout premier *sparring-partner* de Stéphane Ouellet :
son père, qui confesse avoir rapidement
dû passer les gants à meilleur que lui...

Olivette Ménard, la mère de Stéphane,
à l'âge de 18 ans.

Moment de détente pour Angémil et Stéphane.
Le père, entre deux tableaux; le fils, entre deux rivaux.

Chapitre 3

Dérives

Et puis soudain je vis s'ouvrir les portes. Portes plaintives. Portes gémissantes. J'entendis dire plus tard que c'était moi qui avais cogné à ces portes, et cela m'avait étonné : si tel avait été le cas, mon entrée aurait été certainement plus volontaire et je n'aurais eu nul besoin de cette armée médicale pour la concrétiser. Ni de cette armée ni de cette guerre qu'on m'a d'ailleurs livrée; car ce ne sont pas plusieurs minutes qui furent nécessaires à mon arrivée mais plusieurs heures. De là mon sentiment que c'est sûrement contre mon gré que l'on m'extirpa de ma solitude et de mon obscurité; pour ensuite me projeter avec fermeté sous les feux des projecteurs de cette salle d'accouchement. Voilà pourquoi, depuis, je déteste les hôpitaux.

Je vis donc s'ouvrir les portes, plaintives, gémissantes; sans cependant savoir où elles allaient me faire aboutir. Dans le connu ou l'inconnu! Jim Morrison ne me le disait pas, il disait juste qu'il y avait le connu et l'inconnu, et qu'entre les deux il y avait des portes. C'est en partant de cette phrase qu'était né le nom de son groupe : The Doors. *Mais pour lui – comme pour moi –, ça allait être souvent les Portes de la perception; ce qui lui permettrait notamment d'écrire des mots sublimes et de poser les deux questions qui, consciemment ou inconsciemment, influenceraient peut-être le plus ma vie d'adulte :* « Avez-vous eu un bon séjour sur terre? Assez pour en faire un film? »

Dans mon cas, les experts comme Falardeau jugeront.

Mais si mon arrivée ne fut pas la « naissance d'une tragédie » *– pour évoquer ce Nietzsche que Jim estimait beaucoup –, elle n'en fut pas très loin : je veux dire qu'en un certain sens, ce fut au moins la* « naissance d'un tragédien ». *J'ai en effet l'impression d'avoir souvent incarné, en alternance, le tragique de la vie et de la boxe, et même à l'occasion d'avoir joué les deux simultanément. Il y eut bien sûr aussi, dans mon arrivée, le caractère magnifiquement primitif de toutes les naissances, mais également de toute cette vie qui deviendrait, pour moi aussi, une véritable obsession. Comme d'autres à mon sujet, je penserai longtemps que la mort est mon obsession première, mais je comprendrai ensuite que vivre à tombeau ouvert était davantage une preuve de soif de vivre que de soif de mourir. Soif de* *vivre primitivement, oui; parce que la vie commence primitivement par le sexe; parce qu'elle finit primitivement par la mort; et parce qu'entre les deux il est possible de la vivre primitivement par le biais d'un sport primitif.*

***

Joseph-Martin-Stéphane Ouellet
Fils de Ange-Émile Ouellet
Et de Olivette Ménard
Est né à l'Hôpital de Jonquière
Le six juin mil neuf cent soixante et onze
Et a été baptisé ici, le quatre juillet mil neuf cent soixante et onze
Selon les rites de l'Église catholique romaine.
Certificat émis à Jonquière, le 29\11\85
Gilles Dion, prêtre

Ce troisième héritier comblait certes le dernier vide de la famille Ouellet. Et cette naissance était survenue 27 jours avant le nébuleux départ, à l'âge de... 27 ans, de celui qui se proclamait le *Roi Lézard*, tel que le confirmait son certificat de décès :

Le trois juillet mil neuf cent soixante et onze, cinq heures, est décédé 17, rue Beautreillis, James DOUGLAS MORRISON, né à Florida (États-Unis d'Amérique) le 8 décembre 1943, écrivain, domicilié à Los Angeles (États-Unis d'Amérique) 82-16, Norton Avenue Los Angeles, filiation inconnue du déclarant. Célibataire. Dressé le 3 juillet 1971, 14 heures 30 sur la déclaration de Michel GAGNEPAIN, 34 ans, employé 8, rue du Cloître-Notre-Dame, qui lecture faite et invité à lire l'acte a signé avec nous Annie Jacqueline Françoise TARIN épouse MORENO fonctionnaire de la Mairie du IVe arrondissement de Paris. Officier de l'État-Civil par délégation du maire AM. (Certificat de décès Numéro 48611, établi sous le nom de famille DOUGLAS MORRISON).

Avec la vie d'abus que Joseph-Martin-Stéphane Ouellet allait mener à l'âge adulte, on peut dire que, pour remplacer James Douglas Morrison, il ne pécherait pas par manque d'efforts! « Quand on considère, réfléchissait-il plus tard au moment où il commençait à se ranger, quand on analyse vraiment ma manière de vivre, mes dérives, mon indiscipline, il faut avouer qu'il aurait été certainement plus normal de me voir devenir chanteur rock plutôt que boxeur. Toute ma vie fut presque contraire à celle que doit normalement mener un boxeur. ».
À la place, elle fut souvent identique à celle du chanteur des

Doors, à commencer par cette fascination pour la mort qu'ils ont tous les deux partagée, comme par filiation d'idées. « *La mort était pour Jim Morrison un sujet d'intérêt,* racontait Frank Lisciandro, un de ses amis. *Il n'avait pas peur de l'aborder. La mort était un sujet sur lequel il écrivait, à propos duquel il chantait et dont il parlait librement. Mais il ne s'intéressait pas au suicide. Ce qui l'intéressait, c'était de repousser les limites de la vie jusqu'à un point très proche de la mort, de manière à pouvoir expérimenter, goûter, toucher, ressentir comment cela pouvait être. La peur et cette sensation juste à la limite entre la vie et la mort, c'était là qu'il voulait aller recharger ses forces. Entrevoir l'autre côté. C'est pour connaître ça qu'il mettait si souvent sa vie en jeu.* » Sauf pour les idées de suicide (il en avait bien eu quelquefois, et on lui en avait attribué à tort mille fois plus), Stéphane Ouellet avait, pour à peu près tous les autres aspects de la mort, la même approche que Jim Morrison.

De toute façon, cet enfant-là avait très tôt compris que, de toutes les échéances de sa vie future, la mort allait être la seule avec laquelle il aurait des affinités. Un jour, plus exactement une nuit, la mort l'avait même choisi pour être son chantre; elle s'était révélée à lui, en personne, pour bien lui montrer qu'elle pouvait être gentille, et plus que la vie même. C'était au temps de ses cinq ans, rue Sainte-Jeanne-d'Arc. Cette nuit-là, il s'était enfin endormi mieux que ces autres fois – nombreuses – où sa mère devait se rendre à son chevet pour le rassurer en lui disant qu'il n'existait pas de démons qui lui voulaient du mal, qu'il pouvait se rendormir sans crainte, et « que de toute façon, maman, tu sais bien, Stéphane, est beaucoup plus forte que les démons! »

Il dormait, cette nuit-là, jusqu'à ce qu'il le voie. Il est formel, il l'a vu le prendre dans ses bras, l'arracher à son lit, littéralement le transporter au sous-sol, et l'asseoir sur un coffre à moitié dissimulé par une pile de manteaux d'hiver. Il l'a vu, il le jure à ses parents, il l'a vu, blanc immaculé, avec des yeux noirs, comme de la suie. Le fantôme! Il a vu le fantôme gentil qui l'a assis sur un coffre sans lui ligoter les mains, même s'il a vraiment eu l'impression de les avoir attachées derrière le dos. Il a vu le fantôme, il a vu la mort. Puis lorsqu'il a senti que plus rien ne lui serrait les mains, il a ramassé tout son courage d'enfant pour remonter à sa chambre, complètement pétrifié. En haut, il a vu son père, sorti dans le couloir. « Oui, c'était un fantôme, je vous le jure! avait-il expliqué le lendemain, quand son père lui avait demandé ce qu'il faisait dans le couloir. Mais il a été gentil avec moi, le fantôme, il ne m'a pas fait mal... »

Angémil et Olivette avaient évidemment cru à un simple cauchemar d'enfant! Mais, des années plus tard, la présence du fantôme à l'intérieur des murs de la maison fut confirmée par une voyante extralucide. Lisa Ouellet, pourtant peu portée sur le paranormal, admit en effet qu'une voyante – au moins aussi crédible que les autres du même acabit – avait révélé l'existence d'un spectre chez les Ouellet, celui d'un individu qui avait habité leur résidence longtemps auparavant.

Pour Stéphane, deux choses étaient donc certaines depuis ce temps-là : la première, c'était que sa fascination pour la mort prenait sa source dans ce mystérieux épisode. « Comment veux-tu, après une expérience pareille, ne pas être obsédé par la mort! » La seconde, infiniment plus importante, c'était qu'il avait été envoûté, possédé, diabolisé par des forces occultes maléfiques. Cela, il en était sûr, certain, assuré! La seule inconnue, c'était le moment de la possession. S'était-elle produite durant cette nuit de kidnapping fantomatique! Il en doutait, pour deux raisons : d'abord la gentillesse du fantôme lui laissait croire en un héritage exclusivement positif. Ensuite, le fait qu'il considérait son existence comme plutôt normale jusqu'à la fin de son adolescence. Or, si le diable était donc entré en lui à l'âge de cinq ans, pourquoi serait-il resté en dormance une quinzaine d'années?

Non, il fallait que la possession diabolique se soit faite à un autre moment. Stéphane n'en imaginait qu'un seul autre : son arrivée à Montréal, alors qu'il avait vraiment, mais vraiment, disjoncté d'avec la réalité, et pour un fichu terme! « Toutes ces années, j'avais une double personnalité, avoue-t-il, même si j'avais l'air gentil. J'ai eu des crises de folie, de rage épouvantables, qui me certifient qu'il y avait vraiment, à ce moment, deux personnes en moi. » Entre autres crises, il y eut les quelques soirées passées dans sa maison louée de Laval, dans cet intervalle incroyable d'à peine 11 jours entre ses deux combats de décembre 1996, contre Wayne Powell et Edward Allen Hall. Accomplissant toujours le même rite, il s'intoxiquait d'abord gravement à l'alcool et aux stupéfiants, jetait ensuite son salon dans une pénombre morbide, allumait des cierges qu'il faisait tenir dans des bouteilles de bière, et poussait enfin un album des Doors le plus fort possible dans les enceintes acoustiques. Puis il plaçait une cassette audio dans la chaîne stéréo, branchait un micro et s'asseyait sur le canapé, micro dans la main. Et alors, la musique des Doors tonitruant dans la pièce et faisant vibrer les fenêtres, il enregistrait des rubans sur lesquels on l'entendait par-dessus la voix de Morrison. Cela serait mentir de dire qu'il chantait. La réalité, c'est qu'il délirait, son délire s'exprimant en cris de mort effroyables, en beuglements, en hennissements, le tout accompagné d'écoulements de bave. Littéralement, c'était Satan à Laval! Au bout de ces longues heures épuisantes, il tombait endormi, en même temps que son alter ego démoniaque. Jusqu'au lendemain. Ou jusqu'au combat, s'il ne restait plus de lendemain.

Voilà donc les soirées représentatives de ce que put être la vie d'un garçon certain d'avoir été possédé, et qui, comme Morrison, « souffrit d'avoir perdu Dieu, errant sans fin dans sa nuit sans espoir »... En fait, il eut l'impression que sa nuit – son tunnel – avait au moins duré une bonne dizaine d'années, pour se terminer, précisément, le 8 novembre 2000. Ce jour-là – qui suivait une nouvelle et vertigineuse descente dans les enfers des hallucinogènes entreprise au surlendemain de sa victoire du 8 septembre sur Dave Hilton – était le premier depuis longtemps où il s'était senti enfin seul, enfin exorcisé. Et il avait enfin vu, au bout de son tunnel, cette lumière qu'il cherchait depuis si longtemps. Comme à 15 ans quand il arrivait en joggant au sommet de la « côte Desmeules » à Jonquière, les larmes aux yeux à cause de l'effort, le visage rouge à cause du froid, et qu'il disait à sa mère qui l'attendait dans la voiture : « J'avais tellement, mais tellement hâte d'apercevoir enfin les lumières de l'auto! » En novembre 2000, il avait confié : « Aujourd'hui, je sais qu'il n'y a plus personne en moi, je me sens libéré et apaisé. Je sais que Dieu me regarde, qu'il veille malgré tout sur moi. Et je sais surtout qu'au ciel, mes trois anges gardiens continuent de me protéger. » Ces anges, ils s'appellent Joséphine Ménard, Jim Morrison et Mélanie Légaré, une petite enfant dont nous reparlerons plus loin, mais pour qui Stéphane a ces quelques mots... *Ma grand-mère Josée et Mélanie, c'est ma paire d'anges. Quel travail elles doivent avoir! Merci!*

La mort ne pouvait que le fasciner. À vie. Au point d'en parler avec abondance, avec intelligence, à la télé. Une de ces émissions a été enregistrée par des étudiants de Jonquière, au début de sa carrière professionnelle : « *Pour moi, la vie, je vois ça comme une bombe à retardement, où à chaque jour on avance vers la mort. Sauf que des fois, je trouve qu'on n'y pense pas suffisamment. Pourtant, chaque jour on vieillit; pourtant, chaque jour est un pas de plus vers la mort. Mais pourquoi on n'y penserait pas chaque jour, seulement pour se préparer! Beaucoup de gens ne pensent pas à la mort et ne veulent pas y croire. Moi, au contraire, je veux en parler parce que ça me fait du bien. Je veux en parler tout le temps. Je veux en parler dans ma tête. Juste d'y penser c'est un cheminement important. Parce que la mort, dans le fond, c'est nous autres sur le même pied d'égalité, puisque tout le monde va mourir. [...]*

« La mort, c'est une adaptation. C'est pour ça que tous les jours je veux y penser, jusqu'au jour où je l'aurai vraiment maîtrisée. Peut-être que je ne serai jamais capable de la maîtriser, mais j'essaie au moins de la contrôler. Parce que j'ai hâte. Lorsque je vais me fermer les yeux, je ne veux pas avoir peur, je veux avoir hâte. Ça doit être incroyablement triste d'avoir encore peur. Tu t'es débattu toute ta vie, tu arrives à la fin et tu as encore peur. T'as déjà eu peur toute ta vie, pour plein de raisons; tu t'es fait des casse-tête chaque jour, t'as eu peur de manquer d'amour, de manquer de plein de choses. Là, tu arrives à la fin de ta vie, et tu as encore peur et tu es encore inquiet. Voyons donc! Ce doit être bien mieux, au terme de sa vie, qu'il y ait quelque chose après ou qu'il n'y ait rien, de fermer les yeux et d'être bien.

« Le bonheur! Je demande juste une chose dans la vie : être bien quand je vais fermer les yeux. Pour moi, le bonheur, c'est ça. Ça se résume à la fin. À notre fin. »

Mais il n'était pas encore prêt à quitter ce monde. Son envie de vivre prédominait toujours. Car toutes les fois où il avait trop exigé de son organisme, il avait soit prié le ciel de rester encore en vie, soit loué le ciel de l'être encore. Mais il fut chaque fois incapable « d'avoir hâte ». Comme ce jour de l'été 2000 où les circonstances lui avaient fait dire que « la mort ne voulait vraiment pas de [lui] ». Cette fois-là, il n'en revenait pas d'avoir échappé à ce danger. Complètement noyé par des litres de bière fraîche, il était tombé d'un gros bateau de plaisance, à proximité du puissant moteur qui tournait encore. Alors que l'hélice aurait dû le déchiqueter, ou à tout le moins l'amputer d'une jambe, elle avait miraculeusement seulement fait une profonde entaille à sa cuisse. Il s'entraînait alors pour son troisième affrontement contre Hilton et, pour éviter de perdre du temps dans les urgences des hôpitaux, il avait lui-même suturé sa plaie, avec fil à coudre et aiguille empruntés à une voisine. Et cela avait très bien guéri! Il disait qu'il avait vu si souvent les docteurs lui réparer la peau que la méthode n'avait plus de secret pour lui.

Quelques mois plus tôt, il était couché dans son lit quand son cœur avait presque cessé de battre. La mort, encore. Toute proche. La mort qui le réclamait comme on réclame un bien aux objets perdus. Il achevait alors quelques semaines d'ivresse aux narcotiques. Lui qui sentait les choses pour avoir été souvent près du fond et de la fin de ces choses, il avait bien vu que son corps était sur le point de manquer de courant.

Mais la toute première fois où il avait dit non à la mort, la fois où il passa peut-être le plus près d'elle, c'était en août 1995. Cette fois-là, la Faucheuse lui avait donné rendez-vous à Québec, chez un ami où il célébrait depuis plusieurs jours sa seizième victoire professionnelle, acquise contre Dan Connolly à la fin juin. Il s'agissait, pour l'époque, d'un triomphe assez significatif, au point qu'il devait le conduire à un match contre l'aspirant mondial James *Buddy* McGirt, mais « seulement » en octobre, de sorte qu'il pouvait encore amplement se payer du bon temps. Ce soir-là, ils étaient précisément réunis pour ça, une trentaine d'amis, des gars et des filles faisant la bombe avec à peu près tout ce qui peut faire chimiquement exploser le cerveau. C'était une période, juge aujourd'hui Stéphane, qui exposait continuellement son manque de maturité, en ce sens qu'une java pouvait être déclarée réussie à la seule condition de s'être montré le plus *capoté* parmi tous les *capotés*.

Pour cette java-ci, il s'assurerait toutefois de n'avoir aucune opposition sérieuse.

De petits groupes essaimaient un peu partout dans l'appartement tandis que lui, avec quelques autres, était assis à la cuisine. La musique : Morrison.

Stéphane Ouellet ne se rappelle plus sous quel effet, sous quelle impulsion. Mais il s'est levé de sa chaise, simplement, comme on se lève au cours d'un souper pour changer un couteau qui ne coupe pas. Il en a ramassé un sur le comptoir, flambant neuf, ultra coupant, puis est retourné se rasseoir. Soirée normale, discussions normales, ivresse normale.

Tout à coup, pour rien, il a brandi le couteau, levé le petit doigt de sa main gauche et vlan!!!

Il a coupé son auriculaire gauche.

Devant tous ses amis. Des cartilages dénudés, du sang qui coulait partout.

Il s'était coupé l'auriculaire gauche.

Devant tous ses chums témoins. Silence de consternation, pleurs.

Médusés, ses copains l'avaient d'abord fixé avec une sorte de fascination apeurée. Puis la plupart d'entre eux étaient immédiatement partis, d'un mouvement brusque et contrôlé, comme s'ils avaient craint pour leurs propres membres, comme si leur petit doigt leur avait intimé de ficher le camp.

La fête s'était achevée du coup. Stéphane avait été, sans appel, le plus *capoté* parmi les *capotés*. Mais sa soirée à lui était loin d'être terminée, comme l'hémorragie provoquée par sa blessure. Alors il s'était relevé, il avait marché jusqu'au comptoir, en maculant tout en rouge le plancher puis l'évier. Il s'était fait une compresse avec une pile d'essuie-mains, mais ça n'avait pas réussi et il avait étendu le sang plutôt que de l'éponger.

Il ne ressentait rien. Cela l'intriguait. Il avait beau se mutiler souvent, s'infliger tantôt des incisions, tantôt des brûlures, il semblait bardé contre toute douleur. Ou peut-être, simplement, aimait-il la douleur! Chose certaine, lui qui avait le sens de la formule, il prenait plaisir à raconter aux journalistes (qui n'en demandaient pas tant): « La douleur, dans l'exercice de mes fonctions, est une amie, une alliée... » Il disait cela de ses douleurs physiques. Car il n'aimait pas toutes les douleurs, pas celles pouvant affecter son âme en tout cas. Le jour où le guitariste des Doors, Robbie Krieger, avait fait à Jim la réflexion suivante: « Tu dis que tu aimes la douleur, mais pourtant tu passes ton temps à la fuir », cela l'avait chicoté, et il avait convenu que ce n'était pas bête de percevoir ainsi l'enivrement, et qu'à ce titre il était peut-être bien dans le même bateau que Morrison. Depuis le premier jour où il s'est mis à vouer un culte au chanteur des Doors, rien ne lui faisait plus plaisir que de se savoir dans le même bateau que Morrison. Mais à l'inverse, quand il s'apercevait que Jim Morrison n'était pas totalement de la même eau que lui, il était déçu. Comme cette fois où il avait appris, en regardant le film d'Oliver Stone, que son idole se refusait à certains excès, comme se brûler ou se couper la peau.

Maintenant, son doigt ne répondait plus; pas un seul signe, un seul petit mouvement. La chose était suffisamment grave pour que quelques copains veuillent le conduire d'urgence à l'hôpital. Il avait mis pas mal de temps avant d'accepter, puis il s'y était rendu, encore passablement allumé par les effets des substances, si bien qu'il avait passé son temps à rigoler avec le personnel, dans la salle d'attente comme dans le cabinet du médecin. On avait, temporairement, posé un pansement. Sur sa blessure. Sur sa folie.

En dépit de ça, pensa-t-il, la mort ne l'avait même pas exigé, comme si elle ne voulait pas le recevoir givré et qu'elle attendît qu'il dégrise. Son retour de l'hôpital coïncidant avec celui de sa lucidité, il avait eu une première pensée pour les amis à qui il avait gâché la fête; et une seconde à la fois pour Yvon Michel, pour son combat contre McGirt, et sa carrière. En ce temps-là, Michel et lui – qui n'ont jamais été, même avant leur rupture, les proches amis que la presse a toujours évoqués et qui, surtout, n'ont jamais eu une amitié aussi forte que celle qui s'est tissée entre Michel et Lucas –

en ce temps-là, donc, Michel et lui avaient un drôle de rapport s'apparentant à celui du pantin avec son marionnettiste, un rapport de dépendance et d'autorité. Finalement, il allait trouver le courage de l'appeler le lendemain, à son retour au chalet qu'il louait alors à Morin-Heights, dans les Laurentides.

— Salut, Yvon... il m'est arrivé une crisse de malchance hier soir à Québec : en coupant des oignons pour le souper... j'étais pas mal chaud... je suis passé tout droit et... je me suis coupé profondément... très profondément...

La réaction assez contenue et presque conciliante de Michel l'avait agréablement surpris.

— Bon, c'est malheureux et assez mal choisi comme moment, mais qu'est-ce que tu veux qu'on fasse... C'est vraiment très profond comme coupure?

— Oui... on voit les tendons...

— Est-ce que c'est opéré!

— Pas encore.

— Alors va vite rencontrer le docteur Kiss à Jonquière (Erno Kiss était le médecin avec lequel il avait travaillé en amateur).

Après les oignons, on lirait dans les journaux que cela s'était produit en pelant des pommes de terre. Chose sûre, jamais il n'avouerait la vérité à Michel qui, depuis, a bien dû apprendre cette frasque, et d'autres, par un tiers. Mis à part les témoins, la seule personne à qui il révélerait son secret, c'est sa mère. Il semblait incapable de lui cacher même ses pires excès. Cette fois-là au moins, Mme Ouellet avait de quoi épancher sa peine, car, à quelque chose malheur allait être bon : reconnaissant avoir à ce moment un problème d'alcool, son fils lui avait en effet promis de cesser de boire. Pour vingt et un jours, il tiendra parole.

Mais pour l'heure, au retour de l'hôpital et sa lucidité retrouvée, il était dans la salle de bain d'un de ses amis de Québec, face à la glace comme s'il attendait une réponse à la question : « Ô miroir, dis-moi qui est malheureusement le plus cinglé! » Puis soudainement, il était tombé à la renverse dans la baignoire, et s'était assommé. La chute l'avait presque endormi, mais le raffut qu'elle avait causé avait réveillé son hôte. Ça commençait à faire beaucoup d'histoires autour d'une seule et même personne, fût-elle Stéphane Ouellet, tant et si bien que l'hôte se leva excédé et très à cran : « Qu'est-ce que tu fais là, tabarnak! Qu'est-ce qui t'est encore arrivé! Va te coucher, c'est assez... » Puis il lui avait donné quelques barbituriques en cachet, de ceux qu'ils prenaient alors régulièrement pour obtenir l'euphorie.

C'est là, sur un divan, la face enfouie dans un coussin, que sa condition s'était aggravée. C'est là que la mort gentille était venue insister, frapper à sa porte, à son cœur, qui s'était mis à faire boum boum boum. Des battements si forts, si tonitruants, qu'il pensait que ce pouvait bien être ses derniers. Et en même temps qu'il trouvait normal d'aller aussi mal et même de mourir après de telles semaines de foire, de consommation abusive, il priait pour rester en vie et demandait à Dieu de lui accorder un sursis... Il priait aussi pour ne pas s'éteindre dans cette position, dans cet appartement, chez cet ami qui ne se serait peut-être jamais remis d'avoir vu son chum mourir d'une overdose chez lui. Comme pour Morrison, un flou opaque aurait alors enveloppé sa mort, il y aurait peut-être eu des enquêtes policières et journalistiques; des films; et des gens devenus célèbres en écrivant des thèses : « Longtemps après la mort du boxeur Stéphane Ouellet, à la lumière de faits nouveaux obtenus par l'auteur, il est maintenant certain qu'un meurtre fut ce jour-là camouflé en mort accidentelle... »

La mort n'était pas toujours gentille. Il la connaissait, il l'avait déjà donnée.

Oui, il avait déjà tué.

***

« *Le OUIJA n'est qu'un jeu... n'est-ce pas!* » À l'endos du jeu de société « *OUIJA, l'Oracle mystérieux* » de Parker Brothers, il y avait cette mise en garde qui lui semblait personnellement destinée, comme si les concepteurs avaient tout prévu des dangers qui le guettaient. Dans la réalité, l'avertissement faisait autant d'effet que si un réalisateur de porno avait inscrit sur sa cassette « le sexe n'est qu'un moyen de reproduction... n'est-ce pas? »

C'est à cette époque qu'il avait commencé à se fendre la peau des doigts, tous les doigts, pour laisser son sang couler sur la table de jeu, des fois aussi sur le tapis de sa chambre et un peu partout autour de lui. Mais était-ce un « jeu »! C'est pourtant ce que disaient les instructions à l'endos de la boîte : « *De quelle façon fonctionne la table OUIJA! Que tu dises Oui-ji ou Oui-ja, la table OUIJA est toujours une source de plaisir. Pose-lui une question, l'oracle mystérieux te répondra. – Mes parents me laisseront-ils aller au concert! Que devrais-je porter! Vais-je réussir mon test d'histoire! Quelle sera ma note! Serai-je assez grand pour jouer au basket-ball! Quelle sera ma taille!* »

Qu'est-ce qu'il s'en balançait de son habillement, du basket, ou de sa taille! Lui, c'était la mort qui l'obsédait. Il voulait que la mort se manifeste encore, ou qu'elle envoie un représentant.

« *Assieds-toi face à ton partenaire*, continuaient les instructions sur la boîte. *Placez vos doigts légèrement sur l'indicateur de messages. Pose une question. Concentrez-vous tous les deux sur la question posée. L'indicateur de messages se mettra bientôt à bouger et donnera sa réponse dans la fenêtre. Dira-t-il OUI... ou NON! S'agira-t-il d'un CHIFFRE... ou des LETTRES de la réponse!* »

Les lettres, il dit que certaines fois on ne les distinguait même plus tellement il y avait du sang sur la table de jeu. Son sang. Il avait lu quelque part que l'aura étant d'ordinaire impénétrable, la seule façon d'y faire admettre les esprits était de s'infliger une douleur, préférablement par une coupure. Le sursaut provoqué par la douleur fissurait l'aura et permettait aux esprits d'entrer dans le corps!

En 1994, Stéphane et Éric Lucas s'entraînaient toujours ensemble et se voyaient en dehors des salles.

— Allez, Éric, coupe-toi, si tu veux que les esprits puissent pénétrer en toi!

— Es-tu malade! Fais-le si t'en as envie, mais tu ne me verras jamais faire ça...

Durant cette période, Stéphane fréquentait également Marin Savard, un gars du Saguenay établi à Montréal, qui lui avait été présenté 18 mois plus tôt. Le hasard avait voulu qu'ils naissent tous les deux un six juin et qu'ils soient l'un comme l'autre des adorateurs de Jim Morrison. On ne s'étonnera donc pas qu'il existât entre eux une amitié franche, carburant surtout à une folie réciproque.

— Allez, Marin, coupe-toi... Tu vas voir, le diable va venir. Je veux que le diable vienne ce soir...

— Ben voyons donc, arrête ça tout de suite. Le diable ne viendra pas, c'est toi le diable!

Mais un jour, n'en pouvant plus de se faire harceler, Marin avait accepté de se couper. « Je lui avais dit : " Ça fait assez longtemps que tu veux que je me perce, je vais le faire. Ça fait assez longtemps que tu veux du sang, tu vas en avoir. Allez, passe-le-moi, ton crisse de couteau... " Et j'avais commencé à me couper en disant: "Tiens, t'en veux! En v'là, du sang! Tiens, mon homme... Pis tiens encore... " Si bien que, sans m'en rendre compte, j'étais en train de me scier un os! J'en ai encore une cicatrice. Le pire, c'est que je n'ai jamais cru à ces trucs-là. Évidemment, je n'ai jamais rien vu de surnaturel. Ni esprits ni indicateur de messages bougeant tout seul. Des fois, cette affaire-là bougeait, mais c'était Stéphane qui la faisait bouger, pas les esprits... »

« *La table OUIJA*, concluaient les instructions, *répond aux questions des joueurs depuis des décennies. Il n'en tient qu'à toi de décider ce que tu feras de la réponse que te fournira l'oracle mystérieux. Le OUIJA n'est qu'un jeu... n'est-ce pas!* »

Le jour où il avait tué, il avait encore harcelé Marin pour qu'il joue à *OUIJA*, et ce dernier avait fini par céder pour avoir la paix. Une troisième personne s'était jointe à eux, mais pas pour longtemps. C'était une connaissance du boxeur, rencontrée dans le même bar de la rue Fleury où il recrutait toutes ses « victimes », leur demandant de « venir se couper à la maison ». Assise en Indienne, la fille avait commencé la partie, mais ne l'avait pas finie, effrayée d'abord quand Stéphane avait commencé à se couper, ensuite quand il s'était mis à hurler. « C'était de grands cris de possédé, se souvient Marin, il criait des trucs aux esprits, comme : "Venez-vous-en, mes tabarnaks." » À cette époque, il habitait une maison de chambres surnommée *Chambres en ville*. Naturellement, on était obligé de le ramener à la réalité : "Ferme ta gueule, tu vas réveiller les autres pensionnaires!" »

Avec ses messes noires souvent célébrées de nuit, avec ses journées quotidiennement consacrées à la came et à la bouteille, Stéphane était en train de gâcher la vie des pensionnaires. Un peu plus tôt au cours de cette soirée où il avait tué, il avait d'ailleurs sauté à la gorge de l'un d'eux qui l'avait traité d'ivrogne, manquant l'étrangler. Et quelques heures plus tard, c'est Marin qui, intoxiqué lui aussi, avait viré sens dessus dessous la chambre d'un pauvre locataire qu'il soupçonnait du vol de son portefeuille... qu'il allait retrouver en fin de soirée dans une de ses chaussettes!

Dans le cas de Marin, la fête avait commencé de bien bonne heure, par une journée de pêche sur glace avec Lucas. C'était au milieu de l'hiver, et la pêche sur glace servait souvent à passer le temps. Revenus à l'heure du souper, Marin et Lucas avaient reçu un appel de Stéphane. C'est Marin qui avait répondu.

— Salut, les gars, qu'est-ce que vous faites!

— On prend de la bière! Depuis le début de la journée, c'est à peu près tout ce qu'on a fait. On a commencé ce matin à la pêche, pis ça n'a pas vraiment arrêté. Ça fait qu'on est ben chauds.

— Ah! oui, vous arrivez de la pêche!

— Pis je pense qu'on a rapporté plus de vides que de poissons...

— Pourquoi vous ne venez pas me trouver, gang d'ingrats! J'ai la maison à moi tout seul...

Sylvie et Christine Piché, qui tenaient cette pension du quartier Ahuntsic, étaient en effet parties quelques heures, et il pouvait profiter de la maison au grand complet.

— Impossible, on est saouls. C'est toi qui devrais venir...

— Je ne peux pas non plus, je n'ai pas de permis de conduire... Mais vous autres, vous en avez deux...

— Ouais, pis tu veux qu'on aille les perdre? On va avoir l'air brillants après, tous les trois sans permis...

Quand, en début de soirée, Marin et Lucas étaient arrivés, Stéphane était déjà en pleine perdition psychologique. Son obsession de la mort avait été telle qu'il en était maintenant captif. Qui sait, peut-être fallait-il *vraiment* qu'il tue ce soir-là? Après la partie de *OUIJA*, ils étaient descendus tous les trois au sous-sol, très distingué et décoré de plusieurs souvenirs de voyage. Il y avait entre autres un jeu d'armures, de vraies épées avec les boucliers assortis. Deux épées, deux boucliers, et au moins deux cinglés : tout concourait à ce qu'ils puissent s'amuser un peu, pendant que Lucas les regarderait.

Au cours de ces années où ils s'étaient fréquentés, le seul excès qu'il arrivait à Éric Lucas de partager avec ses deux amis, c'était l'alcool. Pour le reste, les mutilations physiques ou le recours aux drogues, sa réponse était toujours négative et il se contentait d'être témoin des abus de ses chums. « Jamais. Éric Lucas n'est jamais venu même près de se droguer, confirme Ouellet. Toutes les fois où nous avions des partys, toutes les fois où il y avait de la dope, il disait toujours : Non, merci. Éric Lucas ne se droguait pas. Point. »

Ce qui ne l'empêchait pas d'avoir les yeux hagards, comme ce soir, où il buvait maintenant depuis de longues heures. Il pouvait tout de même juger que le spectacle qu'il avait sous les yeux était dangereux. Ses deux copains, complètement inconscients, se battaient, se frappaient à coups d'épées avec une violence inouïe, qui s'exprimait par de grands coups rageurs, appliqués à deux mains avec une telle puissance qu'il en résultait des étincelles! En cours de duel, ils se livraient aussi à un lent mais continuel saccage du sous-sol. Ce n'était pas cela, le pire. Le pire, c'est qu'ils étaient souvent à un poil de s'arracher un bout de chair. Lucas hurlait :

— Crisse, les gars, arrêtez! Vous allez finir par vous tuer!

Cela avait finalement cessé par une cassure : prenant son épée à deux mains et se donnant un élan de nature à doubler la force de son attaque, Ouellet avait rabattu son arme sur celle de son adversaire. Sous l'impact, elle s'était brisée. « Quand c'est arrivé, dit Marin, j'étais prisonnier dans un coin du sous-sol, acculé au mur comme un rat, et je ne cessais de lui crier "Arrête... arrête... mais arrête, bon sang!" Stéphane était vraiment déchaîné, plus que moi. Et à sa dernière tentative, c'était absolument certain qu'il me tranchait le poignet s'il ratait son coup. »

À la fin de leur récréation, le chat de la famille était descendu au sous-sol, comme si, alléché par une odeur, il était venu y faire une petite chasse. Marin avait réagi :

— Hé! Cet hostie de chat, je veux pas le voir en bas, je suis allergique!

— Allergique? Il doit être un peu sale...

« Du même souffle, Stéphane avait saisi le chat, dit Marin, et il avait commencé à le caresser. Mais il avait aussitôt ouvert le panneau de la laveuse et lancé le chat à l'intérieur, en se dépêchant de refermer le panneau! Puis il avait ouvert l'eau, la chaude ou la froide, je ne me rappelle plus, pour le nettoyer! »

— Ouais, Marin, c'est pas correct ce que je fais là...

En plein fou rire, il avait tout de suite extirpé le chat de sa douche en le prenant par le cou, et comme il était passablement trempé, il avait sitôt pensé que oui... la sécheuse... Le dégoûtant avait alors lancé le dégouttant dans l'appareil, pour trois ou quatre tours de séchage, à l'air disons pas trop libre. Lorsqu'il avait rouvert la porte de la sécheuse et rendu au chat sa liberté, l'animal avait bondi vers sa délivrance, comme soulagé d'échapper sans trop de mal à ce piège.

Stéphane aimait pourtant la compagnie des animaux. Il y a plusieurs preuves à cela, mais la première est qu'il ratait rarement une occasion de caresser les bêtes qu'il croisait. Dans ces situations, c'était alors émouvant de voir à quel point il ressemblait à son père dans cette façon qu'il avait de se plier à leur hauteur pour leur faire des guili-guili et la conversation avec les mêmes mots qui faisaient s'agiter la queue des chiens. Un jour, à l'adolescence, alors qu'il travaillait pour la Brasserie Labatt à Jonquière, on l'avait d'ailleurs remis au chômage pour cette raison. Il bossait sur les camions de livraison avec deux employés, quand ceux-ci, le cherchant pour une tâche, l'avaient retrouvé assis dans un coin de galerie, en train de flatter la gorge d'un chien!

Pour lui, aimer les animaux voulait aussi dire aimer à peu près tout ce qui existait comme animal de compagnie – souris, poisson, rat, perroquet, chien, chat, hamster, lézard, oiseau, et même... cochon!

C'était évidemment au temps du film *Babe*, qui représentait alors une sorte de réponse à tous ces films de chiens du genre

Beethoven, qui font à tout coup exploser les ventes d'une race donnée. Cette fois-là, les producteurs du film s'étaient sûrement dit : « Les gens n'iront quand même pas s'acheter une truie pour la promener au bout d'une laisse... » Ils avaient tort, parce que c'était précisément ce que lui s'était empressé de faire! Il s'était rendu chez un éleveur, avait tout fait pour le convaincre de lui vendre une bête, et le gars avait fini par accepter parce que « c'était lui ». Stéphane était finalement reparti avec son mignon cochonnet. En plein quartier résidentiel, les voisins n'étaient pas très heureux de l'initiative, mais leurs enfants étaient contents, eux! Les mômes venaient se joindre à Stéphane à l'heure des promenades, pour avoir la chance de marcher avec un porcelet en laisse... Ces enfants-là avaient très vite su la chance exceptionnelle qui leur était offerte de côtoyer un individu aussi divertissant! Les voisins mis à part, la seule autre personne qui avait souffert de la présence du porc, c'était le propriétaire de la maison que louait le pugiliste. On ne sait trop quelle était la valeur de la pelouse avant, mais on sait qu'après le passage de *Rosie* – c'était le nom du cochon – elle avait drôlement chuté. Il faut dire que la seule activité d'un cochon passant ses grandes journées dans une cour, c'est de labourer la terre avec son groin, de l'aube au crépuscule.

Stéphane Ouellet n'était pas toujours un maître idéal et il lui arrivait de négliger les soins à donner à ses animaux. Et il était avec eux comme avec le reste : généralement d'une nature douce, mais capable de formidables accès d'impatience et de colère.

Après le bris de l'épée, les trois amis avaient cessé de « s'amuser » au sous-sol et ils étaient remontés à la cuisine. Au train où s'étaient déroulés les échanges de coups, ce bris avait été rien de moins que providentiel pour la survie des trois amis.

Stéphane avait recommencé de caresser le chat, et ses gestes étaient toute douceur. Cependant, les membres du trio restaient toujours sous forte influence – de l'alcool pour l'un, de l'alcool et des drogues pour les deux autres –, de sorte qu'ils étaient encore sujets à l'incohérence. « Le chat, dit le boxeur, il est encore sale. Je vais aller le laver dehors... »

À ce moment, ni Marin ni Lucas ne s'étaient aperçus qu'il partait laver le chat avec un grand couteau de cuisine.

Quelques secondes avaient passé...

Puis Lucas s'était rendu à la fenêtre... C'était plein de sang partout, sur l'animal, sur le tueur, sur la scène. De la fenêtre, Lucas avait pratiquement la même vue en plongée que le tueur sur sa victime.

— Tabarnak, qu'est-ce qu'il fait là! Mais qu'est-ce qu'il fait là! Vite, Marin, viens voir, Stéphane est en train de tuer le chat...

Stéphane avait tenu fermement la bête par le cou, il lui avait enfoui, d'abord juste la tête, puis le corps au grand complet, dans un banc de neige. À ce moment, une voix qu'il entendait avait souhaité qu'il ne porte qu'un seul coup de poignard, mais un vrai de vrai qui se soit révélé fatal. Il s'était exécuté. Mal. Le sang du chat s'était épanché dans tout le banc de neige. Stéphane avait eu l'impression, en trouant le corps, « de percer un sac de peinture rouge ». Mais le chat n'était pas mort au premier coup. Ses instincts de fauve s'étaient réveillés avec la souffrance et il avait réagi en griffant furieusement son assaillant. Lequel lui avait aussitôt donné deux ou trois autres coups.

La douleur aiguë des égratignures sur ses bras avait provoqué le retour de Stéphane à une certaine lucidité. Il avait donc relâché sa prise sur le cou du chat et s'était immédiatement retourné vers la fenêtre, comme s'il réalisait que ses amis avaient pu être témoins de ses atrocités. À leurs yeux, il avait compris tout de suite la gravité de ses actes.

« Quand il était rentré dans la maison, Stéphane pleurait et tremblait », racontait Marin, sans toutefois préciser s'il s'agissait de tremblements de froid ou d'effroi (les deux probablement, puisqu'il était sorti avec son slip pour seul vêtement). « C'est un sensible qui prenait soudainement conscience de ses gestes. Il a déposé le couteau plein de sang sur la table. Entre ses sanglots, il n'arrêtait pas de dire : "Mais crisse, qu'est-ce j'ai fait là!... Mais qu'est-ce que j'ai fait là!... Mais maudit câlisse, j'suis *dont* ben sauvage..."

« Or, de la fenêtre, on voyait que le chat bougeait encore. Alors, je lui ai dit : "Y a juste une affaire, mon chum : ton chat grouille encore. Alors tu vas faire un homme de toi et tu vas aller finir ta job. T'as voulu le tuer, mais fais-le pas souffrir." »

Stéphane avait repris son arme – avec l'impression, puisqu'il n'était plus possédé, de devoir désormais agir « seul » – et il était retourné dehors. Saisissant l'animal, il allait avoir toute la misère du monde à lui donner la mort, comme s'il comprenait maintenant que, selon sa vraie nature, il n'était pas fait pour tuer. « Il avait tellement de difficulté à finir sa job, et son couteau coupait tellement mal, dit Marin, que je riais en le regardant. Je forçais avec lui, je me disais : "Crisse de couteau, s'il ne coupe pas, prends-en un autre!" »

Plus il peinait à tenter de décapiter la bête, plus il revivait l'igno-minie de l'acte qu'il venait de commettre. À l'instant où il avait réussi à couper la tête, il avait pensé que ce chat était le compagnon qu'il avait cajolé pendant une heure ou deux devant la télévision, en début de soirée.

En rentrant, il s'était traité encore « d'hostie de sauvage ». Marin lui avait dit :

— Voyons, c'est pas si grave que ça, c'est juste un chat!

— Oui, mais les femmes, qu'est-ce qu'elles vont dire! Demain matin, elles vont me demander où est leur chat...

— T'auras juste à leur dire qu'il s'est sauvé. T'as qu'à le ramasser, t'en débarrasser, nettoie les traces de ton carnage avec la pelle.

Avant de sortir de nouveau, Stéphane avait pris la peine de passer quelques vêtements. Il était encore affligé de tremblements. Maintenant, au beau milieu de la nuit, la température avait encore chuté. Il fallait faire vite, les propriétaires étaient à la veille de rentrer.

Le lendemain après-midi, il avait attendu son retour de l'entraînement pour annoncer aux propriétaires de la pension qu'il souhaitait déménager, pour le bien de tout le monde. Selon Marin, jusqu'à ce jour-là et en dépit de tous les désagréments qu'il avait causés, les dames l'avaient quand même pris en affection « parce qu'elles le trouvaient malgré tout attachant ». Ce jour-là, il n'avait demandé qu'une chose : « Est-ce que je peux m'en aller d'ici!

— Oui, il vaudrait mieux que tu t'en ailles. De toute façon, nous allions justement te demander de partir. »

À compter de cet instant, il avait communiqué avec sa mère pour qu'elle vole à son secours. Bien sûr, il était en pleine détresse psychologique, mais il avait également et surtout besoin de se reloger en un temps record. Avec la franchise dont il a toujours fait preuve à son égard, il lui avait tout avoué quand elle était arrivée à Montréal. « Écoute, maman... dernièrement, j'ai perdu la tête. J'ai joué avec le feu. Je suis allé très loin, trop loin dans mes expériences. J'ai... euh... tranché la tête d'un chat, maman... » Cet aveu avait dévasté Olivette et elle avait éclaté en pleurs. Jusqu'où irait la folie de son fils! Qui en serait la prochaine victime! « Je vais te donner un conseil, Stéphane, avait-elle réussi à dire : ne fais jamais l'erreur de révéler cette horreur-là à ton père, il ne te la pardonnerait jamais. Cache-lui ça à vie, il aime trop les animaux pour apprendre que son fils a pu faire une chose pareille... »

En fait, à cette époque, dans le pauvre état où il était, il eût suffi d'un rien pour que les voix qu'il entendait lui demandent d'immoler un homme plutôt qu'un chat...

C'était sérieux à ce point-là.

***

« Je me rappelle de la naissance de Stéphane comme d'un moment souhaité et réjouissant, se souvient son frère Dany qui, à l'époque, était âgé de sept ans. C'était la fin de l'année scolaire et j'avais hâte de revenir de l'école pour revoir ce petit frère avec lequel nous partions ensuite visiter les tantes, les oncles, la parenté. Ça fait un peu curieux de dire ça aujourd'hui, mais moi c'était surtout son prénom qui, à ce moment-là, me fascinait. Il me semblait que « Stéphane », ça sortait de l'ordinaire. Je n'avais jamais entendu cela avant... »

Dany Ouellet se rappelle aussi que la situation financière de la famille commençait alors à s'améliorer, ce qui lui faisait dire que Stéphane était venu au monde « dans le bon temps ». Quand on lui rapportait ces paroles, Stéphane répliquait en riant : « Ah oui! Ça veut dire que j'ai apporté la richesse à mes parents! »

Car au milieu des années 1960, les Ouellet, sans être dans la gêne, ne roulaient pas sur l'or. Chaque coup de main offert était apprécié. « Les premières années après la naissance de Dany, relate Gérald Ménard, ont été difficiles. Olivette ne pouvait évidemment pas travailler. Aussi, on essayait de les aider. Un jour, en reconnaissance de cette aide, Angémil nous a donné une belle grande toile. Un cadeau très apprécié... »

Dany se rappelle « un certain Noël où des membres de la parenté avaient dû se cotiser pour payer notre huile à chauffage. Malgré tout, c'était une époque où mes parents s'arrangeaient : les draps de mon lit étaient... les anciens rideaux de ma grand-mère! Mais au moment de l'arrivée de Stéphane, mon père avait commencé à mieux vivre de sa peinture, même si ce n'était pas encore la période faste qu'il connaîtrait entre 1975 et 1985, et dont maman allait beaucoup tirer profit en ouvrant la galerie d'art... »

Ouvert en 1975 sous la raison sociale *Le Collectionneur*, le commerce de laminage et d'encadrement des Ouellet fonctionne aujourd'hui sous le nom de *Studio Art*, mais il est toujours situé au même endroit – dans l'ancienne résidence de la rue de la Fabrique – avec encore aux commandes la même propriétaire.

Jusqu'alors cantonné dans l'anonymat de ces artistes qui peignent par vocation et passion plutôt que par désir de gloire et de fortune, Angémil Ouellet dut sa reconnaissance à une réunion de circonstances particulières. Il avait un jour laissé quelques-unes de ses toiles dans un commerce de Jonquière pour les faire encadrer, et un marchand d'art de la région de Québec les avait vues. Angémil avait été estomaqué quand l'expert lui avait téléphoné pour lui offrir d'exposer à sa galerie. À cause de ce manque de confiance qu'il a transmis à Stéphane, et qui contribue à les rendre tous les deux vulnérables et attachants, Angémil avait failli dire non. En fait, il avait failli dire non deux fois, car, après avoir accepté, il s'était complètement figé au moment de peindre le premier des 23 tableaux qui lui étaient demandés pour l'exposition. La pression, l'obligation de créer, paralysait son inspiration. Il s'en était plaint au marchand d'art, en s'excusant. « Ce n'est pas anormal, lui avait-il répondu. Prends le temps qu'il faut et rappelle-nous quand ton inspiration reviendra... »

Elle était revenue parce qu'il n'avait plus d'échéance! Au bout de quelques mois, il avait peint une trentaine de toiles. Il n'eut pas de mal à choisir les 22 premières. Mais, incapable de se décider pour le dernier tableau, il fit choisir sa femme qui prit, à son grand désarroi, celui qu'il aimait le moins! Au point d'exiger qu'il soit placé derrière une colonne. Or, une critique d'art de renom, après avoir fait le tour, s'était arrêtée devant celui-là. « Aïe, s'était-il dit, je vais me faire ramasser pour de bon, je vais vraiment me faire descendre... » Avant de partir, la critique acheta le tableau! Elle écrira plus tard qu'un grand peintre était né, que personne d'autre ne rendait de plus magnifiques paysages d'hiver, et d'autres trucs encore qui avaient insufflé beaucoup de confiance à l'intéressé. « En lisant sa critique, j'ai appris à me connaître, à situer mon art, je me suis dit : "Tiens, c'est comme ça qu'on nomme ce que je fais..." » Sa carrière était lancée. Plus tard, Angémil put quitter tous ses autres emplois et, bien plus tard encore, il put embellir la situation financière de sa famille.

Les enfants Ouellet s'entendent pour affirmer qu'ils n'ont manqué de rien. Dany va même jusqu'à prétendre qu'ils ont par la suite grandi dans un peu trop d'aisance : « À l'adolescence, j'avais pour ma part 100 dollars d'argent de poche par semaine. C'était énorme, et peut-être même un peu trop, puisque j'obtenais en plus tout ce que je demandais... »

Mais l'argent ne fut jamais une préoccupation importante dans la famille. Il ne fut surtout pas présenté aux enfants comme une source de motivation. *Je n'ai jamais été élevé avec cette mentalité qu'il faut faire de l'argent dans la vie*, affirmait Stéphane au journal *La Tribune*, en octobre 1992. *Pour dire, le seul rêve que je caresse serait d'avoir une maison en face du lac Saint-Jean, à Roberval.* »

« Nous avons été comblés d'amour au point d'être surprotégés », dira Dany. « Surprotégés! J'aime mieux penser que nous

133

avons été remarquablement aimés », jugera Lisa. Et le bébé! A-t-il manqué d'amour, ce bébé dont certains ont dit qu'il était devenu, à l'âge adulte, un « dépendant affectif »! « J'ai la conviction que non. Stéphane n'a pas manqué d'amour, bien au contraire... » « Dépendant affectif, réplique Lisa, je ne sais pas. Une chose est certaine : Stéphane aime plaire et souhaiterait que tous l'aiment. À l'occasion, il dit se ficher de ce que les gens pensent de lui, mais ce serait étonnant. »

La vérité, c'est qu'il y a de fortes chances qu'il soit, en effet, dépendant affectif. Alors la boxe devrait l'en remercier! Eût-il été autre chose qu'un garçon cherchant continuellement l'affection de la foule, l'approbation, la splendeur de la violence et de la tragédie attendues de son spectacle, la boxe se serait encore retrouvée avec un autre de ces nombreux boxeurs qui ont passé leur carrière à s'économiser sur le dos du public. C'est probablement grâce à cela qu'il a pu se relever après ses chutes contre Hughes, Morris, Hall, Adams, Hilton, Sheika même; qu'il a pu disputer 12 rounds contre Hilton avec un visage lui faisant souffrir le martyre. C'est probablement au nom de cette dépendance affective qu'il n'a jamais pu tolérer la moindre huée, et qu'au son des premiers murmures, il s'appliquait instantanément à améliorer l'action, entraînant forcément l'autre boxeur dans cette direction, quitte à ce que des deux ce soit lui qui coure les plus graves périls...

Ce garçon, « qui n'a jamais été un enfant comme les autres », disait sa mère en mai 1992, reçut tout l'amour, toute l'attention et la tendresse qu'il pouvait souhaiter. Ses parents se souviennent de ces balades en voiture où Stéphane venait prendre place entre eux, relevant manches de chandail et jambes de pantalon pour qu'ils le caressent aux bras et aux cuisses. Tout au cours de sa vie, il demeurera extrêmement sensible au toucher des femmes, aux étreintes des corps.

L'exaltation du toucher est également l'un des thèmes récurrents dans l'œuvre poétique de Morrison. Il considérait en effet que trop d'importance était accordée à la vue, et pas suffisamment au toucher, par quoi s'opérait la vraie communion. « *Aveugles*, avait-il déjà écrit dans la revue *Eye*, *nous pourrions vivre et peut-être trouver la sagesse. Sans le toucher, nous deviendrions des blocs de bois.* » Pour lui, comme pour Stéphane, le toucher avait toujours permis à l'homme de transcender la connaissance superficielle d'autrui, et il était emblématique de rapports plus profonds et plus sensuels. L'acte sexuel en représentait l'apogée, car ainsi l'homme et la femme parvenaient à une connaissance mutuelle unique.

Morrison regrettait que les yeux n'usurpent pas seulement le toucher, mais tous les sens, l'odorat compris : « C'est une erreur grave », clamait-il. Par ses comportements, Stéphane lui donna raison dès sa plus tendre enfance. « Longtemps il éprouva le besoin d'aller dormir avec ma mère, rapporte Dany, même quand elle n'y était pas. Il aimait se coucher dans le lit vide de nos parents, à la place de ma mère pour y sentir son odeur, son parfum... » Encore aujourd'hui, adulte, quand il est seul au chalet de Chambord, il va dormir dans le lit de sa mère. « *Souvent, quand j'étais trop affecté par les substances, il arrivait qu'elle me prête son lit pour enfin reprendre mes esprits...* »

Il est intéressant d'entendre de la bouche de Dany Ouellet que les abus de son frère résultent peut-être de l'exemple qu'il lui donna longtemps. Avant de se ranger, à l'approche de ses 30 ans, Dany fit effectivement une très longue « jeunesse », encouragé lui aussi par le précepte de sa grand-mère Josée : « Vivez vos expériences ! » Parmi les siennes, il y eut l'époque du groupe *Kiss* comme il y aura l'époque des Doors pour son frère ; il y eut l'époque du tatouage à l'effigie d'un membre du groupe ; et surtout, celle du cercueil dans la chambre à coucher, Dany poussant l'expérience jusqu'à en faire son lit ! « J'étais un marginal, et en tant que grand frère de sept ans son aîné, j'impressionnais Stéphane. Il me disait souvent : "Hé, toi, mon frère, hostie que t'es pété !" »

Déjà, au temps des culottes courtes, l'agitation de Dany augurait d'un avenir assez peu reposant. « J'étais hyperactif », avoue l'intéressé. « Il était intenable, confirme Stéphane, quoique respectueux et poli. »

« Il était en fait si peu tranquille, explique Lisa, qu'il m'était presque impossible d'apprécier sa compagnie. La différence d'âge aurait dû naturellement me porter vers lui plutôt que vers mon petit frère, mais enfant, c'est le calme de Stéphane qui me convenait le mieux. Je n'ai que de beaux souvenirs de ma jeunesse avec Stéphane. Je l'ai passée collée à lui. Nous étions toujours ensemble, à nous amuser sans arrêt pendant de grandes journées. On jouait de temps à autre au ballon, mais ce qu'on faisait le plus souvent, c'était du bricolage. Je me rappelle, il regardait alors l'émission de Claude Lafortune, *L'Évangile en papier*, et il s'appliquait ensuite à réaliser le bricolage en question. Stéphane, c'était un enfant avec un sens créatif très poussé. »

Une vingtaine d'années plus tard, quand il tuait le temps dans un restaurant en barbouillant un napperon de table, on pouvait voir qu'il avait des aptitudes pour le dessin. Ferait-il comme son père? « *La peinture! Pas pour moi. J'ai déjà essayé, mais c'est trop passif* », dira-t-il au *Journal de Québec* en 1992, en parlant d'un essai survenu plus tard dans sa vie, au moment où il s'apprêtait à vivre sa puberté. « En fait, ajoute Dany, Stéphane est moyen en dessin, mais c'est à ce point un artiste dans l'âme, et il possède une telle capacité d'apprentissage, que je suis convaincu que, s'il avait choisi une autre voie que la boxe, il serait devenu soit un grand écrivain, soit un grand peintre, ou n'importe quel autre grand créateur... »

Lisa était de la même nature tranquille que son petit frère. « Dans mon esprit, je n'ai pas un grand frère et un frère célèbre, mais tout simplement un grand frère et un petit frère. » Elle pouvait non seulement jouer avec lui, mais aussi lui apprendre tout ce qu'une sœur de quatre ans plus âgée peut savoir de la vie. « Nous avions fréquemment de longues discussions. Déjà très curieux, il me posait des tas de questions, désirant par exemple en savoir plus sur la mort, sur Jésus, sur la Bible, qui constituait à ce moment l'une de mes lectures de prédilection. » On peut situer à cette époque le premier vrai rêve de Stéphane : à la lumière des discussions avec sa sœur, c'était décidé, il voulait plus tard devenir prêtre! « Dans ce temps-là, je *capotais* complètement sur Dieu », se rappelle-t-il. « Autant j'aimais ces conversations et la compagnie de Stéphane, avoue Lisa, autant je dois dire que sa présence à mes côtés me servait à moi aussi. J'étais en effet très timide et sa compagnie m'évitait l'obligation d'aller vers les autres. C'est d'ailleurs une timidité que l'on partage, tous les deux, et qui explique probablement pourquoi nous avons tendance à parler avec un débit si rapide. Nous parlons vite pour nous dépêcher de dire ce que nous pensons, pour passer rapidement la parole à quelqu'un d'autre, bref pour détourner au plus vite l'attention dont nous sommes l'objet... »

À jouer et parler ensemble, Lisa et Stéphane ont découvert un beau jour qu'il leur était possible de s'adonner simultanément à ces deux activités. Leur jeu consistait à converser en pratiquant obligatoirement l'art de l'inversion, ce à quoi Stéphane prit tellement de goût que toute sa poésie ultérieure allait en porter les marques.

Stéphane et Lisa jouaient comme cela de longs moments. À l'occasion, ils se parlaient de cette façon en public, devant des auditeurs dubitatifs... Aujourd'hui, le procédé refait occasionnellement surface dans les écrits de Stéphane, comme en témoignent ces quelques lignes tirées du poème *Combattre le Roi*:

Un jour je suis apparu
Sous un soleil effacé
Mon regard, lui si confus
Devant j'ai regardé, la mort j'ai remerciée.

Terrestre est le sentier de la mort
De nuages, la vie s'est inspirée,
[...]
Insensé est le récit de ma naissance
[...]

Bien avant que Stéphane, au début des années 1990, ne ressente le besoin de se confier au papier, sa sœur avait déjà beaucoup écrit. D'abord des poèmes – primés – à l'école primaire, puis, à l'école secondaire, des nouvelles qui traitaient régulièrement de la mort. Douée non seulement pour l'écriture mais pour toutes les autres matières, elle en était arrivée à un certain culte de la perfection, qui lui faisait considérer comme un échec une note de 95 %... Lisa, bien des années plus tard, sera la personne idéale pour comprendre l'immense pression reposant sur les épaules d'un boxeur dont on attendait, en sa qualité de favori logique et sentimental, des victoires assurées. « Les deux premières fois contre Hilton, des gens venaient lui dire : "Hé, Ouellet, laisse-moi pas tomber, j'ai gagé 10 000 dollars sur toi !" Imaginez la pression, quand tout le monde s'attend ainsi à ce que tu gagnes. Nous étions d'ailleurs tous certains que Stéphane allait gagner, et il se peut fort bien que la peur d'échouer l'ait alors envahi. Il faudrait toujours se garder de ce genre de langage. Même avec les enfants, une phrase du genre « Je suis sûr(e) que tu réussiras », qui semble de bon aloi, peut être néfaste, car elle constitue une obligation. C'est de cette façon que je ressentais les choses à l'école, quand on me disait : « Voyons, ne t'inquiète pas, Lisa, tu sais bien que tu auras encore 95 %, comme d'habitude ! »

Un fait est certain : aborder cette question, c'est expliquer la « magie » de Stéphane Ouellet. Excepté aux lendemains de grande victoire quand l'émotion le faisait quelquefois se détacher de la réalité (il en venait alors à se croire indestructible), ce garçon épatait ses fans pour tout ce qu'il avait été capable d'accomplir malgré une humilité et un réalisme qui l'honoraient, certes, mais lui faisaient surtout envisager souvent les pires scénarios.

Les reproches des seconds de Stéphane à propos de ses fréquentes parenthèses dans sa carrière – souvent six mois entre les combats – agaçaient beaucoup sa sœur. Comme si on oubliait que c'était de boxe qu'il était question! Or, s'il était évident que toutes ces pauses desservaient Stéphane sur le plan sportif, on ne pouvait pas ne pas tenir compte qu'en revanche elles servaient sa santé en lui épargnant les coups pendant un bout de temps! « C'est que les gens voyaient Stéphane presque exclusivement avec des yeux d'entraîneurs », pense Lisa. Pourtant, la boxe est un sport impitoyable, extrême, dangereux. Tout, sauf un sport normal. Oui, on devient meilleur en s'entraînant et en jouant plus, mais en boxe on peut également devenir gaga.

À l'occasion, il arrivait à la mère de Stéphane de lâcher, dans un soupir d'épuisement, qu'elle aurait donc aimé que son fils « fasse du patinage plutôt que de la boxe... » En vérité, elle avait essayé de le distraire de la violence de ce sport. Comme bien d'autres mères de boxeurs, Olivette Ouellet avait d'abord inscrit son garçon à mille activités : le ski, la gymnastique, le plongeon et, bien entendu, le hockey. Le hockey, le parrain de Stéphane s'en souvient : il lui avait offert une paire de patins, qui avaient été assez vite pendus au clou de la retraite; une vraie. En grande partie parce qu'il n'appréciait pas les sports collectifs, Stéphane n'avait jamais été passionné par le hockey, au contraire de Lucas qui en était un bon amateur, qui allait voir des matches et qui portait pour s'entraîner avec des vêtements aux couleurs des Canadiens de Montréal.

Au temps du Club de boxe olympique de Jonquière, quand Larouche organisait des matches de soccer entre ses élèves, il y avait des fois où ça devenait vraiment sérieux. Supposez par exemple un score égal de 9 à 9 entre les *Bedaines* et les *Habillés* – avec le prochain but mettant fin au match; supposez aussi des athlètes qui comptent habituellement parmi les plus orgueilleux de ce monde et qui ne supportent pas la défaite; supposez surtout que Ouellet se retrouve dans l'équipe du plus orgueilleux du groupe, son coéquipier Christian Gagnon. Bref du sérieux, du très, très, très sérieux... jusqu'à ce que Ouellet marque exprès dans son propre but pour faire le clown : 10 à 9 pour les *Bedaines*. Gagnon en pleurait de rage! Au centre Claude-Robillard, dans les parties de soccer avec les boxeurs du groupe InterBox, c'était autre chose. Stéphane aurait dû se livrer avec intensité pour améliorer sa condition cardiovasculaire, mais il se contentait de jouer comme s'il s'amusait avec des amis, en attendant le ballon plutôt qu'en se démenant pour l'attraper. Si bien que Larouche, qui regardait cela du banc de touche, avait un bon jour décidé que le soccer, c'était fini pour lui, et qu'il devait retourner à ses courses monotones sur la piste d'athlétisme.

De tous les sports qu'il avait brièvement pratiqués dans sa jeunesse, c'est probablement le plongeon qui aurait été le plus susceptible de le passionner. Mais il avait dû arrêter prématurément – non sans avoir pris le temps d'y gagner sa première médaille sportive en novices – en raison de cette fragilité aux bronches qu'il partage avec sa mère et quelques autres membres de la famille Ménard. « Stéphane, bien que solitaire, n'était certainement pas un enfant malheureux, raconte Mme Ouellet. Mais il était tranquille, renfermé, et il semblait avoir si peu envie de se faire des amis, que c'est un peu pour cette raison que je l'avais dirigé vers le sport. De cette façon, j'avais l'impression de pouvoir l'aider à se lier. »

En 1992, il avait dit dans *Le Journal de Québec* : « *Durant toute mon enfance, j'ai été trop tranquille. Et je me suis ennuyé.* » Puis il avait réfléchi, dans le même texte, au pourquoi de sa vie, de sa carrière, de sa célébrité, de toutes ses souffrances, de son insécurité. Au pourquoi de ces joies, ces peines, de toute cette médisance, ces amitiés, de toutes ces polémiques.

« *J'avais besoin de me défouler. Et alors la boxe est venue...* »

***

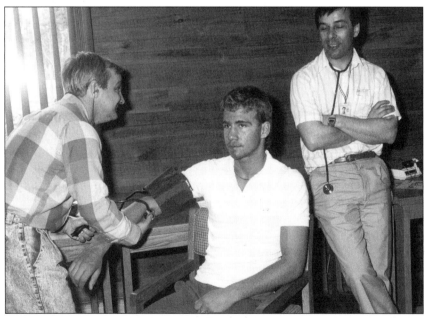
1988 - Entraînement mémorable à l'UQAC, qui atteste le bagage
génétique et la capacité cardiovasculaire exceptionnels de Ouellet.

Chapitre 4

L'émergence d'un champion

La première fois que l'on entre dans une salle de boxe, on s'attend à voir quelques trucs, un ring, des sacs de cuir, des bicyclettes stationnaires, des poids et haltères; et on reste finalement surpris d'être partout confronté à notre image, dans tous ces miroirs, comme si la boxe faisait immédiatement exprès pour montrer, de miroirs en miroirs, qu'aucune cachette n'est possible, et qu'en ces lieux c'est avant tout sur notre personne qu'on en apprendra le plus. La deuxième fois que l'on entre dans une salle de boxe, il ne suffit déjà plus de seulement voir son image dans toutes les glaces du gymnase, il faut aussi voir l'ombre de son image et se mettre à faire de la boxe avec. Narcissisme? C'est ce que pensent les psychologues; d'ailleurs un étudiant du cours « Boxe II » en citait deux dans un travail remis à Yvon Michel, du temps qu'il enseignait au Module d'activité physique de l'Université de Trois-Rivières: « Le profil psychologique des boxeurs? On éclaire beaucoup en parlant de narcissisme. Le boxeur est à la recherche d'un idéal narcissique qui oriente sa vie et lui donne un sens. Lequel d'entre eux ne rêve pas d'être Joe Louis ou Ray Sugar Robinson, le plus fort de tous, et d'accéder à la gloire et à la richesse; ceci expliquant la vogue et la persistance de l'enthousiasme pour la boxe dans les pays où les classes sociales déshéritées sont nombreuses. Pour y arriver, le boxeur s'impose toutefois un mode de vie très dur, souvent monastique, mais il va être heureusement soutenu dans ses épreuves par les relations qu'il noue avec les hommes qui ont accepté de partager son sort : ses frères de salle. Les préoccupations de poids, les souffrances du régime, les progrès techniques, la sévérité de l'entraînement, tout ceci est partagé par les copains et c'est ce partage, cette mise en commun, qui aide à supporter la rude vie du boxeur.

« Ce sport est l'un des rares où l'agressivité soit librement exprimée. On peut la libérer contre les autres (coups que l'on donne), on peut la retourner contre soi (coups que l'on reçoit et que l'on accepte). Elle fait entrer l'athlète dans le monde de la violence et du sadomasochisme, mais également du contrôle de ses pulsions agressives.

« Ceci n'est possible que grâce au manager, qui joue un rôle fondamental : le boxeur va se soumettre corps, mais aussi esprit à son mentor; il va chercher auprès de lui la toute-puissance aussi bien dans le sens agressivité (« tu es le plus fort ») que dans le sens masochisme (« il ne te descendra pas, tu es le roi des encaisseurs »). L'entraîneur va constamment préciser l'idéal du boxeur (être champion), l'idéal narcissique ardemment recherché par l'athlète, et qui ne pourra être atteint que grâce à sa compétence technique, ses leçons, et sa prise en charge psychologique, on pourrait dire psychothérapeutique (« je dois tout à cet entraîneur »).

« Ce portrait, bien sûr schématisé et nécessairement un peu outré, correspond à une réalité humaine profonde et on comprend la raison de l'attrait puissant qu'exerce ce sport.

« Telle est donc la boxe. Elle reste populaire à notre époque, justement parce qu'elle permet les identifications les plus régressives et, plus que n'importe quel sport, l'expression des pulsions agressives d'un public qui au cours des siècles a peu changé et est probablement éternel.

« Mais elle est dangereuse, et de plus en plus. Chaque année elle compte ses morts. Le rôle du médecin, de toute évidence, est bien limité, bien insuffisant. De toute manière, il est difficile : le monde de la boxe est un monde de drames et de violence qui permet peu à la technique scientifique de s'imposer. C'est pourtant de médecins techniciens que la boxe a besoin, en même temps que de juges confirmés, pour limiter ses propres outrances. Ensemble, ils pourraient lui permettre de demeurer le lieu où les jeunes hommes mettent à l'épreuve leur courage et leur volonté; et de rester un sport, c'est-à-dire un plaisir et une joie de vivre. »

Cent cinq combats amateurs plus tard, c'est justement de ce courage et de cette volonté dont je serai le plus fier. Qu'on rapporte ce que l'on veut sur mon compte, un fait sera toujours certain : je n'ai jamais reculé devant qui que ce soit et j'ai accepté tous les défis imposés par mon sport. J'ai été supérieur 92 fois, inférieur 13 fois, mais cela a dans le fond peu d'importance : l'essentiel, c'est d'être chaque fois monté entre les cordes! Et quand on sait à quel point livrer n'importe quel combat de boxe est un acte exceptionnel, j'ose souhaiter que cela mérite le respect. Bien sûr, j'ai eu pour cela des récompenses, j'ai vu tous les coins du Québec, j'ai visité toutes les provinces du Canada, j'ai voyagé dans plein de pays, les États-Unis, l'Italie, l'Irlande, la France; j'ai séjourné dans des îles comme la Guadeloupe et Porto Rico. Mais en définitive, la boxe m'a surtout permis le voyage le plus important, celui que l'on fait à l'intérieur de soi et qui permet de voir ou non si on a des tripes.

Petite chipie de 14 ans! Pour réussir enfin à côtoyer ce boxeur qui emballait son cœur de jeune fille comme trois assauts de boxe n'auraient jamais pu le faire, Lisa ne s'était pas contentée de demander à Stéphane de l'accompagner aux compétitions de la Coupe du Québec disputées à l'hôtel Roussillon de Jonquière. Il avait également fallu qu'elle soit « exquisément » rusée. « Si tu commences la boxe, Stéphane, je t'assure que tu deviendras populaire et que toutes les filles voudront sortir avec toi. »

Les filles? Déjà? À son âge? À 12 ans? Évidemment, c'était précoce et le goût de Stéphane pour l'autre sexe n'était pas ce qu'il deviendra plus tard. Mais c'est tout de même à cet âge-là qu'il commença à se masturber tous les jours, au moins deux fois; comme s'il désirait entreprendre cette activité en même temps que sa carrière de boxeur, avec l'air déjà de dire au monde de la boxe que Stéphane Ouellet serait différent des autres et qu'il y aurait toujours, pour lui, une vie sexuelle en parallèle aux combats de boxe. Sans compter qu'il allait plus tard participer à tous ces concours de masturbation organisés dans les chambres d'hôtel par les boxeurs des équipes du Québec, en raison de quoi il avait avantage à s'exercer de bonne heure!

Cela se passait en 1983, en première secondaire, à l'école Saint-Laurent de Jonquière, et il commençait à se lier avec celui qui fut peut-être son premier véritable ami, Dany Larouche. Doux, craintif, Larouche venait d'abandonner le hockey – avant d'être complètement bouffé par la pression inhérente à sa position de gardien de but. Cherchant une autre activité où il pourrait mieux s'accomplir, il avait choisi la boxe, comme son cousin... Stéphan Larouche. « Je commence en janvier », avait-il dit à Ouellet, qui n'en revenait pas de la coïncidence : « Tu commences la boxe? Figure-toi donc que moi aussi! »

En janvier 1983, ils s'étaient inscrits la même journée au club de boxe olympique de Jonquière. Stéphane Ouellet le faisait avec déjà une victoire en poche. De haute lutte, il était en effet parvenu à convaincre sa mère de le laisser essayer la boxe. *Elle n'était pas d'accord avec mon adhésion au CBOJ*, avait-il écrit, *mais j'avais réussi à la convaincre de venir assister à une réunion prévue à cet effet. Je me rappelle encore, le président du club, Jean-Marc Tremblay, avait l'air d'un homme fiable qui parlait de la boxe avec tant d'éloges, que ma mère a non seulement accepté de m'intégrer au groupe, mais aussi de me suivre sur presque tous les rings où je me suis battu. Les animateurs avaient joyeusement impressionné les parents inquiets, au grand contentement de tous, dont mon ami d'enfance et de pêche Dany Larouche, qui remporterait la médaille d'argent au Championnat canadien de 1985, à Saint-Hyacinthe.*

« *Je l'ai regardé dans les yeux et j'ai dit jamais. M'entends-tu, j-a-m-a-i-s* », confiera plus tard Mme Ouellet à des journalistes, à propos de cette toute première fois où Stéphane avait manifesté l'intention de faire de la boxe. « Avec tout ce qu'on voit à la télévision, j'étais contre l'idée qu'il flirte avec ce sport. » Hélas, cette mère avait mis au monde un garçon très têtu – il ne le deviendrait certainement pas moins en vieillissant –, de sorte qu'il était revenu à la charge jusqu'à ce qu'elle finisse par accepter d'aller au moins prendre la température au club de boxe.

À l'époque, elle avait aussi déclaré s'être décidée après avoir compris que son fils ne courait pas de grands dangers. Son mari Angémil avait bien des objections, mais elles n'allaient pas durer longtemps. Quand le fils, dévoré par sa nouvelle passion, s'était mis à lui boxer sans arrêt dans les mains comme les boxeurs le font habituellement dans de grosses mitaines rembourrées, le père avait souhaité qu'il en aille de ses douleurs comme de ses objections. Hélas, les douleurs avaient perduré, au point qu'à un certain moment, M. Ouellet avait presque été empêché de peindre!

Il frappait à coups de poing dans ses mains nues. Tout le temps. Il lui lançait des droites et des gauches à la maison, au chalet, partout où il avait assez d'espace pour déplier les bras. On pourrait pratiquement dire que le premier avantage de Stéphane sur ses coéquipiers fut d'avoir bénéficié d'un entraîneur à domicile, quand ce ne fut pas d'avoir carrément eu un *sparring-partner* à son service, vingt-quatre heures sur vingt-quatre! « J'avais acheté deux paires de ces gants de plastique qu'on vend dans les magasins de jouets, se souvient M. Ouellet avec fierté. On descendait au sous-sol et on faisait, disons, du *sparring* contrôlé, sans se faire trop mal. Puis il y avait eu la fois où j'étais allé trop loin... je lui avais décoché une droite qui l'avait atteint directement au menton. Stéphane s'était organisé pour que ce soit la dernière! Orgueilleux, il avait répliqué par un jab, un jab si puissant que je m'étais retrouvé au sol, passablement ébranlé. Ça avait signifié la fin de nos combats père-fils. »

Si Mme Ouellet était revenue de sa rencontre suffisamment rassurée pour donner son accord, elle n'en conservait pas moins la sourde espérance que Stéphane renonce à la boxe. Tout de suite. « Lorsqu'il s'est rendu au gymnase la première fois, confiait-elle au

Journal de Montréal en 1991, j'étais certaine que, dès son retour à la maison, il me dirait qu'il n'y a aucun plaisir à recevoir des taloches sur la margoulette. Au contraire, il m'a dit qu'il voulait boxer pour vrai! Les larmes me sont venues aux yeux... »

En 1983, le club de Jonquière auquel se joint Ouellet est encore au début de son histoire. Né six ou sept ans plus tôt, il avait vu une succession plus ou moins fructueuse d'entraîneurs. Mais à ce moment, il est sous la responsabilité de Jean-Marc Tremblay. Professeur le jour, M. Tremblay applique en salle les mêmes préceptes de discipline qu'en classe, réprimant les comportements susceptibles de porter atteinte à la réputation du club et du sport qu'il s'échine à relever. Il a acquis son expérience sur le tas et dans quelques cliniques d'entraîneurs et d'officiels. Et il s'est adjoint un éducateur physique, Yvon Vézina, qui s'occupe principalement des débutants, pendant que Tremblay travaille surtout avec l'élite.

Un peu à la même période, débute, à la Fédération québécoise de boxe olympique, l'ère Yvon Michel. Entré en poste en septembre 1980, Michel sera tour à tour directeur technique, entraîneur des équipes du Québec et directeur général – jusqu'en 1995. Cette époque sera féconde à bien des égards. Michel met fin à l'âge de pierre des entraîneurs au Québec. Sous sa houlette, la façon d'enseigner la boxe ne sera plus jamais la même. « Yvon Michel est celui qui a tout changé à la fédération, confirme Jean-Marc Tremblay. Il a instauré des programmes de formation pour les entraîneurs, mis sur pied des écoles estivales, sans compter qu'il a aussi procédé au grand ménage en tassant les entraîneurs qui œuvraient chez les professionnels, comme Pierre Leclerc et Georges Drouin. En fait, il a inversé le processus : avec lui, ce n'était plus les pros qui contrôlaient la boxe amateur, mais la boxe amateur qui commençait à contrôler le monde des pros. Yvon, c'est un type très intelligent qui a apporté une grande crédibilité à la fédération. Il voyait grand et, sous son règne, la boxe olympique a fait un grand pas. Malheureusement, son désir de *monter* un boxeur était si fort qu'il était prêt à passer par-dessus bien des choses. Avant de tenter le coup avec Stéphane, il en avait chaperonné d'autres, comme Sandy Hervieux et Sylvain Thibeault. Pour lui, ne pas réussir à *monter* un athlète constituait un échec. »

Pour le moment, à Jonquière, le jeune Stéphane Ouellet est fier de lui. « Il se promenait dans l'école avec son protecteur buccal », se souvient Frédéric Poirier, un ami qui se mettra lui aussi à la boxe quatre ans plus tard. « Il était énervé sans bon sens, il faisait des coups... et il en recevait. Je me rappelle d'un prof d'histoire qui n'était plus capable de le supporter et qui avait perdu les pédales en lui pétant la face contre son pupitre! En vérité, Stéphane était hyperactif, comme l'avait été son frère. »

« Chose certaine, poursuit Dany Larouche, je ne l'ai pas souvent vu calme. Peut-être l'était-il à la maison; alors, il lâchait tout son fou à l'école. En secondaires I et II, il se faisait régulièrement jeter hors des classes et, encore aujourd'hui, des profs me disent qu'ils ont détesté lui enseigner. Tous sont unanimes : il n'était pas méchant, mais il n'arrêtait jamais de bouger, de faire des niaiseries. Il taquinait, écœurait tout le monde, de sorte qu'il y avait toujours quelqu'un qui lui courait après pour le tabasser. Le Stéphane Ouellet que j'ai connu, que j'ai adoré parce qu'il était excessivement drôle, c'était ça : un garçon qui ne pensait qu'à s'amuser, qui faisait des gaffes, qui était naïf, et qui aimait tellement, mais tellement faire rire les autres! Pas étonnant que je me sois donc si bien entendu avec lui. »

Parce qu'il arrivait plus souvent qu'aujourd'hui, à cette époque, que la boxe serve à sortir les jeunes de la rue, il était de règle que les entraîneurs accueillent quelques gamins à problèmes. « L'impression que nous a donnée Stéphane, quand il s'est présenté au club, c'est qu'il avait eu une enfance très heureuse, dit Jean-Marc Tremblay. Ses parents s'en occupaient beaucoup et à partir du moment où, à la réunion, j'avais dissipé les craintes de Mme Ouellet en disant que son garçon était mieux au gymnase que dans les rues, ils ont toujours été présents. On pouvait très bien mesurer l'intérêt de M. Ouellet pour la boxe quand on apprenait qu'il mettait les gants avec son fils, et qu'il ne lui demandait même pas de se retenir! Moi, ça me faisait beaucoup rire. »

Au club, Stéphane Ouellet et Dany Larouche arrivent parmi un groupe de boxeurs à peu près de leur âge, « mais qui, déjà, ont fait la guerre », pour reprendre les mots de Tremblay. Ils ont pour nom Robert Gagnon (le prétendant de Lisa Ouellet), Christian Gagnon (le frère du prétendant), Pierre Bouchard (le neveu de Jean-Marc Tremblay et qui deviendra plus tard beau-frère de... Stéphan Larouche) et autres Émile Fortin (ce dernier qui se posera, selon Ouellet, comme le « grand frère » du gymnase).

Pendant une longue période, dont les premiers mois, sans combat, les quatre plus jeunes – Ouellet, Bouchard, Dany Larouche et Christian Gagnon – croiseront les gants presque exclusivement entre eux. Les trois premiers ne pèsent pas encore 100 livres, on dirait des plumes auxquelles on a fixé des poids pour ne pas qu'elles s'envolent. Bouchard et Gagnon ayant déjà des combats à leur fiche, ils dominent bien sûr les deux autres. Qui parfois mettent aussi les gants ensemble. Avec un léger avantage pour Larouche.

Les débuts de Stéphane Ouellet, celui qu'on annoncerait demain comme le sauveur de la boxe au Québec, ne sont ni enthousiasmants ni désespérants : ils sont juste modestes.

Comme ses attentes.

« Oui, au début je faisais belle figure contre lui, confirme Dany Larouche. À ce moment-là, il était un boxeur plutôt ordinaire, et son éclosion fut assez longue à venir. Même sa vitesse, dans les premiers temps, n'était pas exceptionnelle et il ne possédait pas encore, non plus, son instinct de boxeur. » Pierre Bouchard nuance : « Des indices me faisaient cependant croire qu'il possédait un potentiel énorme. Ainsi, les premiers mois, il était surtout entraîné par Yvon Vézina, qui s'occupait principalement de montrer les techniques de base. Or, que Stéphane ait pu quand même piger la boxe dans ces circonstances-là, c'était pour moi révélateur d'un potentiel sûr. »

Des quatre boxeurs, le meilleur – notamment parce qu'il était plus expérimenté et déjà plus lourd d'une vingtaine de livres –, était à ce moment Christian Gagnon. Il était surtout le plus hargneux, surprenant quand on considérait les motifs qui l'avaient amené à la boxe. Aux prises avec des peurs maladives – « J'avais peur d'absolument tout : je voyais un homme avec une barbe? J'avais terriblement peur. On me demandait d'aller seul au sous-sol? J'avais trop peur et c'était au-dessus de mes forces. Et le soir, avant de m'endormir, je priais toujours pour que la maison ne brûle pas » –, Gagnon avait en effet été suivi par un psychologue. Concluant qu'il souffrait d'une trop grande insécurité, le spécialiste avait suggéré à Mme Gagnon d'inscrire son fils dans un sport d'autodéfense. « J'avais donc commencé le judo, même si mon frère pratiquait la boxe. Un jour, ma mère avait tant tardé à venir me chercher après une séance, que j'avais encore été pris de panique. C'est précisément cette fois-là que j'ai décidé de commencer la boxe. Je me disais que, si une telle chose venait à se reproduire, au moins mon frère serait là pour me protéger. »

Entre les cordes, ses premiers instants lui avaient foutu la même trouille, mais cette fois – et c'est là que se situait toute la magie de la boxe – il ne pouvait compter que sur lui pour la dompter. « Rendu là, j'ai tellement craint de me faire faire mal que j'ai été pris du réflexe du petit chien au pied du mur qui attaque parce qu'il a peur! Je fonçais sans arrêt, je *boulais* continuellement, toujours vers l'avant. Et j'ai conservé cette façon de boxer tout au long de ma carrière. » La plupart de ses coéquipiers du temps s'accordent à dire qu'il était, en *sparring*, le plus traître. Souvent aux frais du débutant Stéphane Ouellet.

« Stéphane est arrivé au club à une époque où les boxeurs n'étaient pas *protégés* en compétition, explique Jean-Marc Tremblay. Ils rencontraient donc fréquemment plus forts qu'eux, même à l'entraînement, de sorte que, oui, ils se vengeaient ensuite sur Stéphane. Je dois le dire, il descendait souvent du ring la larme à l'œil... »

« C'est vrai, avoue Christian : j'étais véritablement chien sur le ring, comme quoi ça prend vraiment juste un peureux pour écraser des adversaires sans défense... Mais au début, quand les entraîneurs ont commencé à envoyer Stéphane contre moi, je n'étais pas talentueux – je ne l'ai jamais été – et je n'avais que deux atouts : mon physique – ma forme et ma force – et la bagarre. Il faut aussi expliquer ce qu'est la hiérarchie dans un club de boxe, et ce qu'il en coûte d'efforts pour la maintenir. Quand tu es un des rois du gymnase, comme je l'étais à ce moment, soir après soir tu te fais défier par des gars qui veulent ta place et, surtout, se faire une réputation sur ton dos. Il y a eu un type, au gymnase, qui s'est mis à m'écœurer. Tout le temps, c'était "Gagnon, quand je vais avoir ton poids, je vais te crisser une vraie volée, tu vas t'en souvenir toute ta vie." Un jour, l'entraîneur me l'avait opposé. Sincèrement, de toutes les fois où j'ai été extrêmement chien, ç'a été la pire! Le pauvre, il y a tellement goûté qu'il en pleurait de rage. C'est vrai, je n'ai ménagé ni Stéphane ni les autres, à la différence que la plupart des autres ne résistaient pas... Mais Stéphane m'a remis les coups au centuple quand il a commencé à me dominer. »

Le simple fait que Stéphane revienne jour après jour dans le ring malgré ces volées prouvait, selon Pierre Bouchard, le genre de *guts* qu'il avait. Les entraîneurs reconnaissent que cette période est cruciale. L'enfant ayant encaissé sa première raclée se fait dire le lendemain de remettre les gants pendant quatre rounds contre son bourreau de la veille. Aussi, plusieurs abandonnent-ils à la perspective de ce deuxième cauchemar.

Bien des années plus tard, à l'occasion de l'unique combat professionnel que livrera Gagnon en carrière (une expérience malheureuse qui se solda malgré tout par une victoire aux points), Stéphan Larouche évoquera cette fascinante époque en rappelant aux journalistes à quel point Gagnon avait joué un rôle essentiel dans les succès de Stéphane : « Si Ouellet s'est amélioré si rapidement, c'est que c'était pour lui le meilleur moyen de ne pas subir les corrections de Christian Gagnon. Il s'est bâti un style pour le contrer. »

Voilà donc, de l'avis de Stéphane Ouellet, pourquoi la boxe fut toujours grande. Avec elle, c'était instantané, et c'était parfait pour un garçon qui ne voulait jamais attendre, qui était incapable de projets à long terme. La boxe était grande, parce que, si on était faible une seconde, une minute, un round, un combat, un tournoi, c'était immédiatement bang! bang! bang! sur le ciboulot. On ressentait la douleur instantanément. En revanche, la boxe était grande dans l'autre sens aussi : si on était le plus fort, on touchait sa récompense sur-le-champ. Et si Stéphane, en même temps qu'il l'adorait, a toujours un peu détesté son sport, c'est à cause de cette obligation à s'entraîner longtemps – à planifier et attendre – avant de vivre le grand moment. Tout au long de sa carrière, il lui sera d'ailleurs mille fois reproché, parce que mal entraîné, de manquer de respect.

Ouellet contre Gagnon... Ouellet contre Bouchard... Ouellet contre Larouche... Tous les jours en gymnase, pendant des années, sans surveillance médicale, sans officiel. Ces combats d'entraîne-ment entre coéquipiers constituent certainement l'un des pires dangers de la boxe. Surtout qu'à l'époque, ce n'était probablement pas moins violent dans le propret gymnase de Jonquière que dans les salles crasseuses de Mexico ou de Casablanca. Dès lors où l'on en accepte les règles, la boxe n'est jamais « déraisonnablement violente ».

Elle est violente, point final.

« Beaucoup de boxeurs se font effectivement faire plus mal à l'entraînement qu'en compétition », concède Jean-Marc Tremblay. Certes, à Jonquière personne n'en est mort. Mais il a fallu surveiller la santé de Christian qui, au fur et à mesure que sa carrière progressait, s'est mis à prendre bien trop de coups, à commencer dans sa propre salle où il était malmené par un Ouellet maintenant au sommet de son art. Le Dr Erno Kiss avait dû le mettre en garde : «Écoute, Christian, ou bien tu commences à te protéger, ou bien tu arrêtes la boxe. » « Soyez envers lui d'une extrême vigilance », avait aussi dit le médecin aux entraîneurs.

« Sans arbitre pour te protéger, c'est certain que le *sparring* n'est pas un truc à recommander pour la santé, dit Pierre Bouchard. Sauf que si on s'arrête à la moindre épreuve à l'entraîne-ment, on n'est pas plus avancé! Au contraire, quelqu'un qui a connu des problèmes sur le ring du gymnase va habituellement pouvoir les résoudre en compétition. Dans nos meilleures années junior, Stéphane, Christian et moi, on se tapait sur la gueule d'aplomb, on se crissait mutuellement des raclées, mais ça a porté fruits et nous avons été récompensés par des résultats. C'est vrai que certains soirs la tension montait. Et on la ressentait parfaitement une fois descendus du ring, quand on se frappait dans les gants pour les félicitations d'usage, et qu'on se retrouvait ensuite ensemble sur les sacs, chacun bûchant sur sa cible en ayant l'un des deux autres en tête. Mais une fois l'entraînement terminé, on prenait nos douches, on redevenait chums, et la tension disparaissait. Jusqu'au lendemain. »

La boxe étant la boxe, ce type de relations paradoxales entre partenaires d'entraînement n'était exclusif ni au club de Jonquière ni à la boxe amateur. À peu de chose près, Stéphane revécut en effet les mêmes sentiments une dizaine d'années plus tard chez InterBox, quand sa route croisa de nouveau celle du boxeur Alain Bonnamie. Antérieurement battu par Ouellet en Championnat canadien des super-mi-moyens, et mis de surcroît knock-out pour la toute première fois de sa carrière, Bonnamie, combattant fier s'il en fut, en conservait naturellement des regrets. Aussi voyait-il donc toutes les séances de gants programmées avec Ouellet comme autant de petites revanches. Dans le ring, Bonnamie donnait parfaitement l'impression « de travailler », comme disent les boxeurs à propos de ces mises de gants. Mais Ouellet décelait tout de même que chaque coup de poing qui lui était destiné semblait trouver sa force dans une frustration contenue depuis des années. La boxe étant la boxe, Ouellet n'était pas outragé. Mais il savait.

« Des guerres, des hosties de guerres : voilà ce qu'étaient dans le temps nos séances d'entraînement, juge Christian Gagnon. En réalité, nous détestions devoir mettre les gants presque chaque soir. C'était comme une obligation, mais je crois qu'on *sparrait* trop souvent et qu'un peu de répit aurait été plus indiqué. Il ne faut pas se conter d'histoires : personne n'aime monter dans un ring. D'ailleurs il arrivait souvent qu'on complote pour y aller mollo, parce que ça ne nous tentait vraiment pas ce soir-là. Mais la cloche n'avait pas fini de sonner que l'un échappait un coup, que l'autre répliquait, et la guerre reprenait. Ça va quand on est sûr de dominer. Mais quand on sait que le gars d'en face peut faire mal, c'est une autre histoire. Moi, ce n'est pas tant la douleur qui me dérange – un coup de poing sur le nez ou dans les côtes, ce n'est jamais agréable, mais il y a pire – ce qui est vraiment redoutable, c'est de se faire ébranler, de voir des étoiles. Ça, c'est plate en crisse. »

***

À la fin de l'année 1984, Stéphane Ouellet, 13 ans, termine la première année d'un entraînement qui a jusque-là duré plus longtemps que tous ceux qu'il avait entrepris dans les autres sports. Mais cela ne contribue en rien à donner raison à sa sœur : il reste toujours impopulaire, et les filles semblent ne pas vouloir sortir avec lui! « De toute manière, à cette époque les filles n'étaient pas notre priorité, se souvient Dany Larouche, avec qui Stéphane venait de souder une forte amitié. Assez peu déniaisés, on les regardait, mais on avait d'autres choses en tête. »

Les Hilton entre autres, à tout le moins pour Stéphane! Vrai de vrai, Mme Ouellet racontera plus tard à la presse que son fils prenait son bain en regardant des photos des Hilton! Pour quiconque fréquentait une salle de boxe dans les années 1983 et 1984, impossible de ne pas s'intéresser à la célèbre famille de boxeurs. Le 4 décembre, l'aîné des garçons, Davey, et son adversaire Mario Cusson avaient en effet rempli à ras bord le Forum de Montréal. Combat historique, comme on en raffolait, comme on en raffolerait toujours, entre deux Québécois ne parlant pas la même langue. Mais en raison d'une blessure accidentelle à Cusson, le match n'avait pu faire de maître et les deux hommes avaient dû remettre ça quatre mois plus tard, le 25 mars 1984, devant une salle aussi pleine et pour des bourses aussi élevées. Hilton avait tout juste 20 ans.

Il était en âge, lui, d'avoir les filles comme priorité : depuis ses 18 ans, il était marié à une Italienne de Montréal, Anna-Maria Gatti. Elle lui avait déjà donné une petite fille qui n'avait pas encore un an. Elle s'appelait Jeannie, comme sa grand-mère paternelle.

Stéphane ne pensait pas encore aux filles (sinon en se masturbant), elles ne pensaient pas encore à lui, mais un jour il aurait certainement des enfants. Et peut-être une fille. C'est vrai que ce pourrait être une bonne idée de l'appeler Josée, en mémoire de grand-maman Joséphine.

Mais en cette fin d'année 1984, seule comptait son amitié avec Dany Larouche. Les deux boxeurs avaient cimenté leurs liens au cours de l'été, en relâche de boxe et d'école, entre des séjours au chalet des Ouellet et des séjours à Jonquière. Encore aujourd'hui, ces périodes de quatre ou cinq jours qu'ils passaient régulièrement à Chambord comptent parmi les plus beaux souvenirs de Dany Larouche. « C'étaient des journées de total plaisir. De 8 heures le matin à 10 heures le soir, on ne pensait qu'à s'amuser, et Dieu sait

151

que Stéphane avait des aptitudes pour ça. On flânait, on jouait au golf, on se promenait en motoneige l'hiver et en mobylette l'été, toujours à des vitesses folles quand Stéphane conduisait... On aimait aussi pêcher. On se rendait d'abord en mobylette à Desbiens pour acheter nos vers. L'exploit, c'était d'y aller avec des pantalons sans poche. Et de revenir en s'agrippant très fort, à deux mains, après celui qui conduisait en fou tout en s'amusant en plus à passer sur toutes les bosses du chemin de terre.

« — Oui mais, Stéphane, si je veux me tenir après toi, je fais quoi de la boîte de vers?

« — Place-la dans tes culottes. Tu vas voir, je vais aller tranquillement...

« Ce qui devait renverser renversa: au moment de franchir la voie ferrée, plouc! la boîte s'est retournée et tous les vers sont tombés dans mon pantalon, se tortillant autant contre mes jambes qu'on se tordait de rire sur la mobylette! L'enfer! Nos parties de pêche étaient rarement sérieuses; on s'amusait plus à déranger les autres pêcheurs qu'à pêcher nous-mêmes. Et quand ça arrivait, Stéphane était plus chanceux que tout le monde. On avait beau être équipés de la même façon, c'est toujours lui qui prenait plus de poissons. »

Chose certaine, la boxe prenait de plus en plus de place dans leur vie, même s'ils la considéraient encore comme un hobby. « Stéphane avait reçu en cadeau deux paires de gants et nous les traînions partout, raconte Dany. On s'arrêtait pour boxer dans tout ce que Jonquière comptait de terrains vagues, dès qu'il y avait suffisamment d'espace pour imaginer un ring. »

En mars 1984, après des dizaines de combats simulés, des dizaines de combats d'entraînement et autant de corrections contre Gagnon et les autres, Stéphane Ouellet allait enfin se battre pour de vrai, contre des adversaires qui n'étaient pas des coéquipiers, devant des juges et un officiel, et sous les yeux d'un véritable public. Il allait tellement apprécier la sensation, qu'il aurait toujours, ensuite, de la difficulté à s'entraîner pour ses combats: « Pour moi, le vrai plaisir de la boxe, ça se passe les soirs de gala. Tout ce qui précède ce moment d'excitation suprême m'est terriblement fastidieux. »

Ce week-end-là, ça avait été boulimique : trois combats en trois jours. Des excès, déjà. Vendredi 23 mars à Chicoutimi, une victoire contre Marc Lévesque. Et deux combats le surlendemain à Saint-Honoré, dont l'un contre Marc Lévesque encore. Une revanche déjà.

Dimanche, 25 mars 1984!

Le même jour, Dave Hilton se battait au Forum de Montréal devant 20 000 personnes!

Hilton avait gagné par knock-out à 29 secondes du premier round!

Ouellet s'était rendu deux fois à la décision. Six rounds en tout.

Au Royaume de Stéphane Ouellet, on disait que ce garçon avait du potentiel. Certes, il subissait des défaites (en moyenne une défaite tous les 3 essais pour ses 30 premiers combats), comme souvent les boxeurs amateurs en début de carrière, mais pour chacune d'elles, il donnait aux coaches matière à encouragement. « Dans ses premiers combats, même au cours des matches qu'il perdait, Stéphane faisait des choses qu'on voyait très rarement chez des boxeurs de son inexpérience, dit Jean-Marc Tremblay. Par exemple, il semblait déjà être en mesure d'appliquer ses jabs aux moments opportuns. En fait, c'est la qualité exceptionnelle de sa main gauche qui lui a permis de gravir autant d'échelons. Et dans cette veine-là, il fut le premier, au club, à développer l'enchaînement jab-crochet de la main gauche, une combinaison qui l'a ensuite admirablement servi. » C'était un enchaînement pigé dans le répertoire d'un fameux boxeur amateur du temps, Michele Moffa, et qui lui avait été appris par Stéphan Larouche quand ils avaient commencé à travailler ensemble. D'ailleurs, puisque Moffa et Ouellet possédaient sensiblement les mêmes atouts, c'est le style complet de Moffa qui inspirera Larouche quand viendra le temps de former Ouellet.

Aujourd'hui entraîneur chez InterBox après avoir pris la relève de Stéphan Larouche à Jonquière, Pierre Bouchard jugeait aussi que le Stéphane des premiers combats était un boxeur prometteur. « Il avait déjà de la présence sur un ring et utilisait des coups, comme l'uppercut, habituellement peu maîtrisés à ce stade-là d'une carrière. En revanche, sa défensive était presque inexistante. »

En tout cas, une opinion unanime se dégageait autour de lui : il y avait assurément eu déclic dans sa carrière, sauf que personne ne s'entendait sur quel combat ou quel événement avait servi de déclic. Le principal intéressé avait déjà parlé d'une courte et encourageante défaite (3 juges contre 2), encaissée en 1985 aux mains d'un ténor de l'époque, Pierre Girouard, à l'issue de laquelle le clan adverse lui avait avoué que la décision aurait dû lui revenir. Mais il faut surtout retenir ce qu'il avait écrit sur deux combats disputés à quelques semaines d'intervalle. ... *Saint-Hyacinthe, 1985, contre Tony Daigle. De la parenté assistait à l'événement, dont mon cousin Yannick et ma tante Claudy. Fier comme un pape, j'enfilais après seulement cinq combats la robe de chambre officielle du Club de boxe de Jonquière. Résultat : K.-O. Premier round en faveur de mon adversaire, et pour essayer d'impressionner l'arbitre, j'ai soudain cru que faire des push-up serait un signe de combativité! Jamais plus, après, je n'opterais pour la cape... Trois semaines après, à Drummondville, combat revanche contre Tony Daigle. Jean-Marc m'avait dès lors confronté à mes peurs. Et je les avais vaincues : décision unanime en ma faveur!*

Envoyé au sol lors du premier combat, Stéphane s'était mis en effet à faire des pompes pendant que l'arbitre comptait, ce qui donnait une scène absolument surréaliste où l'on avait l'impression qu'un officiel était en train de compter les pompes d'un participant engagé dans un record! Quant au peignoir, il l'avait laissé dans sa garde-robe pour le reste de sa carrière amateur, le ressortant seulement à l'occasion de son premier combat professionnel. « Dans le premier combat, dit Jean-Marc Tremblay, il était allé à terre sur une main droite. C'était la seule arme que son adversaire possédait. Alors pour la revanche, je lui avais dit : "Crois-moi, ce gars-là n'a qu'une main droite et il ne te battra pas une seconde fois." Mais, catastrophe, au moment de monter sur le ring, un officiel était venu me dire que le combat était annulé parce que ça s'annonçait trop dangereux pour mon boxeur, au vu du premier résultat. Là, je m'étais emporté! J'avais fait cinq heures de route pour venir faire boxer mon gars, il n'était pas question que je reparte sans qu'il ait monté dans le ring. Finalement, ça s'était arrangé. Le type m'avait signifié qu'on stopperait le combat presque au moindre coup. Or, comme dans les films, Daigle était parti en fou dans le premier round, mais Stéphane ne s'était pas fait toucher. Il avait facilement obtenu la décision. Ce combat-là avait été très bon pour sa confiance. »

À part ces deux affrontements, Tremblay voyait deux autres raisons qui auraient provoqué le déclic pour Stéphane. « Stéphane est un instinctif. C'est donc seulement à partir du moment où il a commencé à sentir, à comprendre la boxe qu'il a réalisé des pas de géant. Quant à l'autre détonateur de son talent, je crois que c'est l'école estivale de Sherbrooke à la fin de sa seconde année de boxe. Au terme de son séjour, il avait d'ailleurs déclaré « avoir plus appris en une seule semaine que pendant toute une année ». Il me semble que c'est suite à ce stage que son hallucinante vitesse s'est révélée, et je n'ai plus jamais rencontré de boxeur doué d'une aussi grande rapidité d'exécution. »

Pour Pierre Bouchard, c'était autre chose, peut-être l'un de ces deux engagements en début de carrière contre Marc Lévesque. Pour Dany Larouche, le déclic s'était produit spontanément, pendant le combat contre Stéphane Allard, en 1985. Pour Stéphan

Larouche, le déclenchement s'était produit peu à peu, au cours de l'année 1984, où, dit-il, « Stéphane avait alors véritablement décidé de devenir bon, bossant comme un malade à l'entraînement et mettant les gants contre à peu près tous les types du gymnase susceptibles de le faire progresser ».

L'année 1984 marquait aussi un point tournant dans la carrière de Stéphan Larouche. Boxeur depuis 1979 et lui-même un temps perçu comme une belle promesse des rings – banalement doué quant au physique, sa domination sur ses adversaires était davantage tactique –, il s'enthousiasmait cependant davantage pour le travail que l'on faisait de l'extérieur des câbles. Aussi songea-t-il tôt à une reconversion comme entraîneur. « Au début des années 1980, Stéphan Larouche commençait déjà à remettre en cause les enseignements de l'entraîneur qui m'avait précédé, dit Jean-Marc Tremblay, qui céderait plus tard à Larouche son poste d'entraîneur au profit de celui de président. Il avait beau avoir une quinzaine d'années seulement, ça ne l'avait pas empêché de mener une petite révolte dans le gymnase contre des techniques de boxe qu'il jugeait dépassées. Le plus déroutant, c'est qu'il avait raison, même si on ne pouvait pas le crier trop fort. »

L'année 1984 marque donc le moment où Stéphan Larouche entame doucement sa carrière d'entraîneur. Il a 18 ans et compte déjà à ce jour 2 stages d'entraîneur qui, pour la direction du club, sont autant de preuves de son sérieux et de son ambition. Au fil des jours, il prendra de plus en plus de place dans le gymnase, place que lui laisse avec plaisir un Tremblay surchargé de travail. Et qui n'est pas aveugle : « Je voyais bien – et les boxeurs aussi – que les gars apprenaient davantage en compagnie de Larouche. Il s'était perfectionné et ça paraissait. Il était plus permissif que moi, ce qui équilibrait les choses. Moi, je n'avais qu'une ligne de conduite, les boxeurs la connaissaient : jamais les intérêts d'un athlète ne devaient passer avant ceux du club. »

Débute alors au Club de boxe de Jonquière l'époque Tremblay-Larouche. Période somptueuse d'une dizaine d'années comme peu de clubs en connaîtront dans leur histoire. Celui de Jonquière deviendra une telle fabrique de champions canadiens, qu'on en parlera désormais comme de l'étendard de la boxe olympique au Canada. Seulement de 1985 à 1992, en incluant les deux derniers sacres de Ouellet (1990 et 1991) gagnés en senior alors qu'il s'entraînait désormais à Montréal, c'est rien de moins que 26 titres nationaux que remporteront les boxeurs de Jonquière!

Les deux premiers champions canadiens à jamais couronnés

dans l'histoire du club avaient été Ouellet et Christian Gagnon. C'était au Yukon, en mai 1986. C'était la première saison de Stéphan Larouche en tant qu'entraîneur en chef, et le début de cette longue ascension que ces deux boxeurs-là poursuivraient en parallèle jusqu'aux Championnats du monde junior de 1989, à Porto Rico. En route, Stéphane Ouellet collectionnerait à peu près tout ce que les boxes québécoise et canadienne avaient inventé de récompenses individuelles, y compris les autres titres canadiens de 1987, 1988 et 1989! Et non seulement ferait-il main basse sur tous les titres officiels, mais on allait aussi lui décerner ceux qui l'étaient moins, comme à ce retour du Yukon où le milieu de la boxe amateur le présenterait déjà, à bientôt 15 ans, comme « le plus bel espoir au Canada ». Pour d'autres, il était bien davantage et pouvait désormais être considéré comme un exemple pour ses contemporains.

En deux années et demie d'un apprentissage jalonné de défaites – plusieurs à l'entraînement et quelques-unes en compétition (il en avait déjà neuf avant d'attaquer le tournoi du Yukon) –, il avait réussi non seulement à entrer dans les honneurs avec son coéquipier Gagnon, mais à faire jeu égal avec lui dans l'arène. « Autant j'étais trop fort avant, autant Stéphane serait trop fort après, autant l'année 1986 fut celle où nous étions le plus souvent égaux, estime Gagnon. L'avantage alternait de camp, un soir c'était dans le sien, le lendemain dans le mien. Et c'était à peu près toujours explosif! »

Entre eux deux, cet équilibre se dessinait tout de même depuis quelques mois. « En les voyant mettre les gants ensemble, raconte Émile Fortin, il arrivait de plus en plus souvent qu'on se dise: "Ayoye! Ouellet, il tient maintenant tête à Gagnon! Y s'en vient vraiment bien, le jeune." » Plus âgé qu'eux, Émile Fortin était considéré à cette époque comme le leader du Club de boxe de Jonquière. C'était un garçon élevé à la dure, n'ayant pas froid aux yeux, et qui, quoique turbulent en dehors de la salle, n'était pas foncièrement méchant dans la mesure où la plupart de ses ennuis survenaient quand il se portait à la défense d'amis. Mais surtout, il bénéficiait d'une force brute qui impressionnait beaucoup Stéphane. « Émile avait beau brasser pas mal à l'extérieur, il s'entraînait bien, et son influence sur Stéphane était positive », dit Jean-Marc Tremblay.

Un soir où ils étaient sortis ensemble, Stéphane avait vu une connaissance d'Émile avaler une drogue, et cela l'avait troublé. C'était l'époque où il venait de prendre conscience que sa sensationnelle vitesse des mains était un don du ciel, et il avait si peur de la perdre, qu'il s'était juré de ne jamais prendre quelque substance que ce soit. « Dans ce temps-là, raconte Stéphane, j'étais véritablement obsédé par ma vitesse. À force de l'entendre dire par tout le monde, je voyais bien que j'avais hérité d'une grande qualité pour un boxeur, et j'en étais rendu à redouter qu'un peu n'importe quoi – la drogue, surtout – me la fasse perdre. »

Frédéric Poirier, qui entrerait bientôt au club, prétendait que cette fameuse vitesse, quoique longue à s'être manifestée en boxe, avait toujours été dans le tempérament de Stéphane. « Il était vif en tout. Vif d'esprit d'abord, très vif même, et surtout rapide à se sauver quand il faisait des coups pendables! Et il avait toujours eu cette vitesse des mains. Il pouvait par exemple se planter devant vous, faire une feinte ou deux, et vous piquer un truc si rapidement que vous n'aviez pas le temps de réagir. »

Poirier se souvenait aussi qu'à l'âge de 17 ans, ils s'étaient retrouvés tous les deux avec Gagnon à l'Université de Chicoutimi pour une batterie de tests servant à vérifier la forme des boxeurs de l'équipe du Québec. « Stéphane s'était présenté le matin terriblement malade de boisson, les yeux petits, peinant à se tenir debout. Il avait dormi deux heures, nous avertissant en conséquence que ses résultats allaient être désastreux. Alors Larouche nous fait commencer les tests : *push-up*, *set-up*, *chin-up*, sauts sans élan, sprints 60 m, et le bon vieux 1 500 m pour terminer, ce qui équivalait à 6 ou 7 tours de piste. La course s'élance, Gagnon est évidemment en avant, cette distance-là est l'une de ses forces, il a couru toute sa vie, il livrait le journal en joggant! Il a l'enveloppe du cœur grosse comme ça et... il a bien dormi, parce qu'il ne s'est pas couché soûl! Il reste environ deux tours quand Ouellet, qui tient juste par orgueil, décide de sprinter pour le reste de la distance. Il remonte, remonte, remonte... pour finir un gros tour devant Gagnon! Mais ce n'est pas le meilleur! Le meilleur, c'est que, ce jour-là, il a pulvérisé, et je dis bien pulvérisé, le record québécois – ou canadien, je ne me rappelle plus – du 1 500 m établi en boxe! Sans avoir dormi, et encore pratiquement saoul. « Stéphane a toujours eu une condition cardiovasculaire phénoménale. On allait courir en montagne, au Mont-Jacob, à Jonquière, et il avait toujours une grosse avance sur moi. J'ai une certitude : ce gars-là, forme exceptionnelle ou pas, a un seul moteur et c'est l'orgueil. Des plus orgueilleux que Ouellet, je n'en ai jamais vu. L'orgueil, c'est sa force mentale. Si son orgueil décide quelque chose, son cœur n'a pas le choix de suivre, sinon c'est tout son corps qui va exploser! »

Mais pour que Stéphane Ouellet puisse pousser la machine toujours plus loin, il lui fallait un bagage génétique idoine. De ce côté-là, il était comblé. Un peu plus tard, à des tests visant à mesurer son VO2 max, il obtiendrait un résultat de 70 ml par kg de poids corporel, résultat extraordinaire, qui le prédisposait entre autres à exceller dans une discipline comme le marathon! Cela avait d'ailleurs fait l'objet d'un article dans *Le Journal de Montréal*, sous la plume de Daniel Cloutier : «*... tous les membres de l'équipe canadienne de boxe olympique se sont soumis à des tests d'évaluation physique, à Ottawa. Ces tests visaient à trouver les boxeurs amateurs canadiens offrant le meilleur rendement sur les plans de la récupération et de la résistance organique. Qui a terminé bon premier? Stéphane Ouellet. C'est donc dire qu'aucun boxeur amateur au pays n'est plus apte que Stéphane Ouellet à livrer des combats épuisants...* »

Stéphane parlait vite, pensait vite, pardonnait vite, s'enthousiasmait vite, s'entraînait vite, dépensait vite, conduisait vite, buvait vite, vivait vite. Il n'aurait pas pu, en toute logique, être un boxeur lent et puissant. Pourtant, malgré toutes ces aptitudes à la rapidité, il y avait une chose importante pour laquelle il s'était toujours trouvé trop lent : ses entames de match. Sans doute étaient-elles sa réponse inconsciente à toutes les affirmations voulant qu'il n'aime pas la boxe. En effet, comment interpréter différemment le soin qu'il mettait, au début des combats, à observer l'adversaire, à l'étudier; à « boxer » plutôt que se battre stupidement ou se jeter sans grâce sur un adversaire comme d'autres aimaient à le faire aux premières secondes d'une rencontre. Comment interpréter autrement que par l'amour de la boxe ce soin constant – même quand il s'était promis de démarrer plus rapidement – à faire durer le plaisir, « son » plaisir, au moins pour quelques rounds? La vérité, c'est qu'il n'était jamais trop pressé d'en finir. On pouvait vraiment le croire quand il affirmait vivre pour l'excitation des soirs de gala.

« On restait estomaqué de la rapidité réelle de Stéphane une fois devant lui, dit Pierre Bouchard. En fait, tu étais surpris qu'il soit aussi bon. De l'extérieur des câbles, Stéphane Ouellet n'a pas l'air si remarquable que ça. C'est difficile à expliquer... Je me souviens d'un camp d'entraînement à Montréal où j'avais mis les gants avec lui, alors que j'étais deux catégories de poids au-dessus. J'avais pourtant pris une magistrale volée. Un autre boxeur, Chris Johnson, était venu me voir, certain que je m'étais laissé faire... jusqu'à ce qu'il croise les gants à son tour avec Stéphane! Ses mains étaient tellement vives! Et il avait en plus un *timing* parfait dans l'application de ses coups. Il n'avait jamais l'air de forcer, de penser; ça semblait naturel, instinctif. C'était chiant. »

« Pour moi qui avais un style de fonceur, c'était l'enfer, se rappelle Christian Gagnon à son tour. Déjà que je risquais de me faire recevoir avec l'enchaînement jab-direct le plus rapide que j'aie jamais affronté, il me fallait considérer que Stéphane était aussi très rapide pour éviter une attaque, faire le *step-back,* dans lequel il excellait, et revenir avec une contre-attaque meurtrière. Oui, l'enfer... »

« Les années en juvénile et en junior de Stéphane, entre 1985 et 1989, furent de loin celles où il s'est le plus développé, analyse Jean-Marc Tremblay. Il était très actif, il s'entraînait bien, et on voyait bien sa boxe se mettre en place. Jab, crochet, déplacement, mobilité, *step-back*, contre-attaque à point, voilà ce qu'il maîtrisait mieux que les autres et qui le faisait gagner. »

À compter de 1987, Gagnon, en même temps qu'il commence à vivre un calvaire quotidien sous les poings de Ouellet, fait la loi avec son coéquipier sur à peu près toutes les autres arènes du pays. Plus que jamais, Christian Gagnon et Stéphane Ouellet sont en passe de devenir des têtes d'affiche de la boxe québécoise, mais surtout d'authentiques vedettes dans leur patelin. Dans les journaux du Saguenay, on commence à parler de la « Tornade Gagnon-Ouellet ». Pendant cette période, il est hallucinant de constater à quel point leur nom semble indissociable des titres des journaux. « Ouellet et Gagnon se disent nerveux », « Ouellet et Gagnon devront se surpasser », « Gagnon et Ouellet à la défense de leur titre », « Gagnon et Ouellet : deux gars promis à un bel avenir », « Ouellet-Gagnon : l'orgueil du club jonquiérois », « La Tornade Gagnon-Ouellet fait encore des siennes ». « Cette situation me servait de moteur, dit Gagnon. Car, à l'inverse, si Stéphane avait été le seul à remporter une victoire, on lisait dans les journaux "Ouellet gagne, mais Gagnon ne parvient pas à l'imiter". Alors vu que dans une petite ville comme Jonquière les gens nous associaient toujours, j'étais toujours motivé à faire aussi bien que Stéphane. »

Au mois de mai 1987, à Ottawa, il y parvient encore, Stéphane et lui ayant défendu avec succès les deux titres de champions canadiens acquis l'année précédente. La presse saguenéenne continue d'encenser conjointement les deux boxeurs. Qui sont les deux seuls, Gagnon et Ouellet, à savoir que leur Tornade ne s'est pas abattue seulement sur les rings; qu'elle a aussi causé de sérieux dégâts dans un chalet de Chambord qui servait de salle communautaire. Ce jour-là, leur Tornade était arrivée en motoneige, et elle avait complètement démoli l'intérieur des lieux en moins de 30 minutes. Elle avait détruit inutilement des biens, « elle avait fait du mal juste pour faire du mal, et ça c'était vraiment stupide », c'est la Tornade elle-même qui le confesserait plus tard. Sauf cette fois-là, la *Tornade Gag-Ouel* fit ses ravages uniquement dans le monde de la boxe, les deux compères prenant judicieusement soin d'éviter de se rencontrer en dehors des activités de la boxe. « Quand j'avais un mauvais coup en tête, Dieu que Christian était facile à convaincre », dit Ouellet. « En voyage, on faisait des mauvais coups ensemble, mais Stéphane allait toujours plus loin que moi », dit Gagnon. « Christian était rusé, précise leur entraîneur du temps, Stéphan Larouche. Puisque Ouellet fut presque toujours considéré comme la star de la boxe amateur, tous les autres boxeurs voulaient le fréquenter, en voyage. Alors, la plupart du temps, Christian se collait à Stéphane. Il était ainsi toujours certain d'avoir des amis. » « À compter du moment où Stéphane devient la figure de proue de la boxe québécoise, explique Jean-Marc Tremblay, son influence sur Gagnon est de plus en plus manifeste. Et nous le savons à l'origine des quelques petits dérapages dans lesquels ils sont tous les deux impliqués. »

L'année 1987 fut celle, selon Christian, où Stéphane Ouellet établit véritablement sa supériorité sur lui. « Quand on s'entraînait ensemble, dit Frédéric Poirier, Christian se défoulait sur moi parce qu'il me dominait. Mais contre Stéphane à son meilleur, ce n'était pas la même histoire et il y allait tout doucement pour ne pas le faire fâcher. La pire chose à faire quand on croisait les gants avec Stéphane, c'était de le toucher solidement et de le faire fâcher. Bien sûr, ce n'était pas fréquent, mais quand ça arrivait il voyait rouge et se jetait sur vous comme un fou. Vous vous retrouviez dans un coin et il vous servait exactement la même médecine qu'il avait servie à Alex Hilton, au cours de leur deuxième combat. Les coups jaillissaient de partout et c'était vraiment dangereux, car même si vous aviez les mains hautes, vous preniez tout de même quatre ou cinq coups et votre tête partait dans tous les sens. Car Stéphane Ouellet frappe très fort. D'ailleurs, je le considère plus comme un cogneur que comme un technicien. Chose certaine, mes plus grosses volées à l'entraînement furent assurément celles qu'il m'a données. Un certain soir, il m'avait coincé et, le temps de le dire, criblé d'une quinzaine de coups. Larouche n'en revenait tout simplement pas. Il criait : "Stéphane, t'es ben malade. Poirier, y commence, tabarnak! T'as vraiment pas de tête!" »

Dans des conditions semblables, Gagnon comparait quant à lui sa réaction aux coups à « une bouteille de Pepsi qui éclate dans ta tête, qui donne un paquet de petites bulles dans un ensemble noir, comme un ciel de nuit avec plein de petites étoiles, blanches et brillantes ». À la décharge de Stéphane, Jean-Marc Tremblay expliquait qu'il était normal que Ouellet ait éprouvé de la difficulté à se contrôler lors des séances de *sparring*. « Il commençait toujours lentement ses sessions d'entraînement, mais ça lui était tout de même ardu de trouver un juste milieu entre offensive et défensive. Car du fait – comme aujourd'hui – que sa défensive était poreuse, il n'avait pas le choix et devait donner des coups pour éviter de se faire toucher. La meilleure défensive de Stéphane a toujours été son offensive. »

Les titres des journaux associaient toujours Gagnon et Ouellet, mais ils commençaient à changer : « Gagnon boxe maintenant dans l'ombre de Ouellet », pouvait-on désormais lire à la une des sections sportives. *Cette saison, on aura beaucoup parlé de la brillante tenue de Stéphane Ouellet. Tellement d'ailleurs que Christian Gagnon a, plus souvent qu'autrement, été relégué aux oubliettes malgré son titre de champion canadien et son impressionnante fiche de 39 victoires en 47 combats. Mais Gagnon ne s'offusque nullement de boxer dans l'ombre de Stéphane Ouellet.* « *Vous savez, auparavant, j'étais seul à supporter la pression. Maintenant nous sommes deux. Il faut aussi admettre que Stéphane m'a surpassé. Il a un talent inné pour la boxe alors que dans mon cas tout a été appris. Mais j'apprends beaucoup à son contact et je me réjouis de ses succès.* »

Si la presse régionale continue d'assurer une aussi bonne couverture à Gagnon, la presse montréalaise, en revanche, ouvre ses pages strictement au boxeur le plus fort. Citant Yvon Michel, *Le Journal de Montréal* publie en mai 1987, à la clôture des Championnats canadiens : « *Ce gars-là est un véritable phénomène. Le jeune pugiliste saguenéen Stéphane Ouellet,* écrit Daniel Cloutier, *a su répondre parfaitement aux attentes des dirigeants de la Fédération québécoise de boxe olympique, qui avaient prédit qu'il remporterait avec une facilité déconcertante son deuxième Championnat juvénile canadien successif, dans la division des 60 kilos.*

Remarquable technicien, Ouellet, un poids léger de 15 ans originaire de Jonquière, s'est littéralement moqué du courageux Mike Smith, qu'il a finalement vaincu par décision unanime des juges, dans le match décisif de la division des poids légers.

Le pauvre Smith a tout simplement servi de cobaye pour Ouellet, qui le mitraillait de façon impitoyable, avec autant d'élégance que de sadisme.

Dès la deuxième minute du combat, Smith a bien dû se demander ce qu'il faisait dans le même ring que le champion en titre.

« *Nous savions très bien que Stéphane n'aurait absolument aucune opposition ici, révélait Yvon Michel, le coordonnateur du développement de l'élite à la FQBO. [...] Stéphane est un boxeur juvénile, et il est déjà supérieur à tous les boxeurs juniors de son poids au Canada.*

« *C'est pas compliqué, Stéphane Ouellet est un phénomène. Je dirais qu'il est de loin le plus beau prospect issu des activités de toute l'histoire de notre Fédération. Il est même supérieur à ce que Howard Grant et Michele Moffa étaient à cet âge.* »

Voici ce qu'écrivit Stéphane au sujet de la toute première occasion où on avait cherché à renseigner Yvon Michel sur le « phénomène » qui s'annonçait : ... *la première fois qu'Yvon entendit parler de moi, on était en 1984. Jean-Marc Tremblay était à l'époque entraîneur en chef du Club de boxe de Jonquière. Au cours d'un entretien téléphonique dû à un tout autre sujet, Jean-Marc dira à Yvon qu'il a un jeune boxeur prometteur sur lequel il aimerait qu'il jette un œil... Beaucoup plus tard, je me rappelle, Hull 1986, Gants dorés, avant de me battre en finale contre un certain Martin Aubut. Stéphan Larouche me faisait faire de la mitaine d'échauffement avant la dernière marche, et je le voyais regarder du coin de l'œil si M. Michel aurait pu entrevoir une lueur de talent, dont Larouche connaissait déjà l'existence.*

Cette saison 1986-1987 avait vraiment été une grande année de boxe.

Le 11 septembre 1986, elle avait pourtant débuté par une défaite subie en Nouvelle-Écosse, la dixième de Stéphane Ouellet en carrière, pour 25 victoires.

Mais des échecs, il n'en subirait plus aucun en 1986. Ni en 1987. Ni en 1988. Et en 1989, pas avant le 15 août, en demi-finale des Championnats du monde junior de Porto Rico.

Entre le dixième et le onzième revers de la carrière de Stéphane Ouellet, il y aurait donc presque trois années complètes de boxe. Et 54 victoires consécutives, dont une bonne majorité obtenues au niveau international, contre les meilleurs boxeurs de la planète.

Pour l'essentiel, les faits marquants de cette saison-là avaient été, d'une part, son exclusion politique des Jeux du Canada, et, d'autre part, deux combats disputés à Jonquière et très fortement médiatisés, respectivement livrés contre Mario Bergeron et Richard Gauthier.

Il y eut alors cette déplorable histoire qui lui fit rater les Jeux du Canada qui se tenaient en février 1987 au Cap-Breton. À 15 ans, toujours d'âge juvénile mais surclassé en junior par sa fédération, il réussit à se qualifier pour le tournoi des Jeux. C'était en novembre 1986, et du fait qu'il aurait alors à se battre contre les meilleurs boxeurs canadiens de 17, 18, ou 19 ans, cela fit les manchettes. « Amener un gars de cet âge aux Jeux, c'est déjà un exploit », avait commenté Yvon Michel, comme pour soustraire Ouellet à la pression d'une médaille d'or qu'ils étaient quand même nombreux à lui prédire.

Cet « exploit » dont parlait Michel avait été rendu possible par deux arrêtés : le premier de l'Association canadienne de boxe amateur qui, quatre ans plus tôt, avait autorisé le surclassement de certains boxeurs; le second du Conseil des Jeux du Canada, qui avait exigé que l'on maintienne le statu quo sur les règlements d'éligibilité, votés quatre ans plus tôt et permettant de surclasser les athlètes.

Forte de ces deux arrêtés, la Fédération québécoise de boxe olympique avait donc fait parvenir en décembre la liste de ses inscrits aux Jeux, sur laquelle figuraient les noms de Ouellet et de Pierre Girouard, lui aussi surclassé par la Fédération. Les choses suivirent par la suite leur cours normal, Ouellet s'entraînant à la dure comme il était alors capable de le faire. Mais une trentaine de jours plus tard, le 22 janvier, le scandale arriva sous la forme d'une lettre signée par le directeur exécutif de l'Association canadienne de boxe amateur, l'Ontarien Stuart Charbula. Sous prétexte qu'il était dangereux d'opposer des athlètes de catégorie juvénile à des boxeurs parfois âgés de 19 ans, Stéphane Ouellet et Pierre Girouard étaient exclus des Jeux!

Si la qualification de Ouellet, trois mois plus tôt, avait fait les gros titres dans sa région, cette exclusion réveilla dans toute la presse les vieilles douleurs subies par les fédérations québécoises en général. « C'est répugnant! » titra alors *Le Journal de Montréal*, en citant le président de la Fédé, Gaby Mancini. Dans le texte de Daniel Cloutier, Mancini – tout comme Yvon Michel – alla encore plus loin.

[...] « Charbula est un idiot... ou à tout le moins un hypocrite, indiquait un Gaby Mancini visiblement irrité, hier soir. Il a le culot de prétendre que sa décision doit être interprétée comme une simple mesure de sécurité, alors que tout le monde au pays sait pertinemment que Girouard et Ouellet, en dépit du fait qu'ils soient encore d'âge juvénile, sont déjà supérieurs à tous les boxeurs juniors de leur catégorie au Canada. Charbula, dans les faits, n'a pas pensé d'abord à protéger Girouard et Ouellet, mais a plutôt pris les dispositions pour que les boxeurs de sa province n'aient pas Girouard et Ouellet dans les pattes aux Jeux du Canada. C'est répugnant et scandaleux!

« *En refusant le surclassement à Girouard et Ouellet, des boxeurs juvéniles nettement trop puissants pour ce niveau de compétition, ce sont les boxeurs des autres provinces qui s'exposeront maintenant à des dangers lors du prochain Championnat canadien de classe juvénile. Est-ce possible que Charbula ne soit pas assez intelligent pour le réaliser?*

« *Pour sa part, Yvon Michel, le coordonnateur du développement de l'élite à la Fédération québécoise de boxe olympique, s'en prend surtout aux manœuvres plutôt douteuses exercées par Charbula dans ce dossier. [...] "Comment expliquer que Charbula ne soit intervenu dans notre dossier que le 22 janvier, alors qu'il avait prévenu au moins un mois plus tôt le Nouveau-Brunswick de sa décision de s'opposer au surclassement pour les Jeux du Canada? Moi, je ne vois qu'une réponse : il a attendu le plus longtemps possible, pour bien s'assurer que nous n'ayons plus suffisamment de temps à notre disposition pour faire renverser sa décision. À trois semaines de la tenue des Jeux, nous n'avons effectivement plus la moindre marge de manœuvre dans cette affaire, les délais pour les inscriptions étant expirés." Pourtant, nous aurions eu des motifs amplement raisonnables pour faire renverser la décision de Charbula : un, Girouard et Ouellet, de toute évidence, auraient figuré parmi les favoris aux Jeux; deux, Charbula a laissé délibérément dormir le dossier jusqu'en janvier, nous laissant ainsi croire qu'il ne s'opposerait plus au surclassement de nos deux boxeurs; trois, du début novembre jusqu'à la semaine dernière, nous avons investi des heures et des sommes importantes dans la préparation de nos deux boxeurs, ce qui s'avère au bout du compte un véritable gaspillage. C'est décourageant de travailler dans de pareilles conditions... »*

« *Gaby Mancini prétend qu'il a envisagé très sérieusement de retirer sa formation du tournoi de boxe des Jeux, mais a finalement repoussé cette alternative. "Une pareille écœurantrie aurait certainement pu justifier le retrait de nos boxeurs, mais nous avons évité de le faire de façon à ne pas pénaliser les autres membres de l'équipe. Chose certaine, Charbula a pris les dispositions pour nous empêcher de remporter le tournoi, au Cap-Breton. La perte de Girouard et Ouellet nous privera assurément de deux médailles d'or", concluait Mancini.* »

À la surprise générale, la Fédération obtint quand même ses médailles. Elle put d'abord envoyer deux remplaçants, Éric Grenier pour Girouard et Mario Bergeron pour Ouellet, et les deux firent un beau pied de nez aux dirigeants canadiens en remportant l'or de leur catégorie respective!

Ces événements en toile de fond, deux mois plus tard, le 5 avril, Jonquière fut le théâtre d'un affrontement de rêve entre Mario Bergeron et Stéphane Ouellet. Le vainqueur mériterait tout simplement de se réclamer véritable médaillé d'or des Jeux du

Canada. « Mario Bergeron face à Stéphane Ouellet : le moment de vérité est enfin arrivé », voilà ce que Ouellet, au petit matin du 5 avril, put lire dans le *Progrès-Dimanche.* Rappelons-le, il n'avait que 15 ans et ce titre de journal – qui s'ajoutait à tous les petits défis déjà relevés par un boxeur ayant atteint le statut de champion canadien – suffit à témoigner que ce garçon fut très tôt soumis à la pression des attentes, et que, s'il parut éprouver du mal à la supporter plus tard, en revanche, il y répondit très efficacement dans sa jeunesse.

Car c'est incontestablement avec panache qu'il avait gagné ce combat qui l'avait aidé à évacuer une grande frustration : « Depuis cette histoire des Jeux du Canada, je suis demeuré choqué. Ce match me libère, je me sens vraiment léger et je respire mieux. » Stéphane Ouellet semblait déjà avoir oublié cette injustice quand, quatre ans plus tard, il se fâcha de nouveau avec l'establishment de la boxe canadienne, à l'occasion de son décisif affrontement, qualificatif pour les Jeux olympiques de 1992, à Barcelone, avec le protégé du Canada anglais, Raymond Downey. En tout cas, il ne l'évoqua pas dans ses motifs, qui le firent renoncer à défendre les couleurs du Canada à Barcelone.

Après sa victoire sur Bergeron, Stéphane avait aussi rendu hommage à son entraîneur Stéphan Larouche, hommage qui témoignait à la fois du potentiel de Larouche, mais également de la complicité qui s'était développée entre les deux jeunes hommes. « Stéphan a été extraordinaire. Après le premier round, j'étais très confus, je ne savais plus quoi faire du tout. J'ai suivi sa stratégie à la lettre et les résultats ont été comme prévus. On aurait dit que tout était programmé à l'avance », avait dit Stéphane en entrevue au *Quotidien.* Mille fois au cours de sa carrière amateur et professionnelle il aurait par la suite l'occasion d'appliquer cette règle qui le dépeint tellement bien : en cas de victoire, faire rejaillir le mérite sur tout son entourage ; en cas de défaite, prendre le blâme sur ses seules épaules.

Beau vainqueur, il avait aussi eu de bons mots pour le vaincu, affirmant qu'il le respectait, qu'il avait craint sa grande expérience, et qu'il était de loin le meilleur adversaire rencontré jusque-là. Digne, Mario Bergeron avait pareillement agi et, aux journalistes du Saguenay, il avait laissé le souvenir « d'un vrai gentilhomme ». Il est triste qu'à Stéphane Ouellet il n'ait aussi laissé que des souvenirs...

Car Mario Bergeron, que Stéphane Ouellet appréciait au point de s'en faire un bon ami lorsqu'ils s'étaient entraînés tous les deux à Montréal, s'est donné la mort en pleine jeunesse, poussé à cette extrémité par de graves ennuis personnels. Stéphane se rappelait la tristesse des derniers moments de la vie de son ami, quand il le voyait arriver au gymnase tellement magané, des cicatrices témoignant des supplices qu'il s'infligeait, et visiblement en proie à un début de schizophrénie qui commençait de modifier son comportement. Stéphane avait, depuis, compris l'énigmatique « Je t'aime » que Mario lui avait glissé à l'oreille en le serrant contre lui, quelques jours avant son geste fatal. Dix ans plus tard, Stéphane apprit que l'autre médaillé d'or des Jeux du Canada, Éric Grenier, avait aussi mis fin à ses jours dans les mêmes circonstances et pour la même raison.

Six mois après le stress de ce match contre un boxeur qu'il affectionnait presque, Stéphane Ouellet en subit un deuxième, cette fois contre un pugiliste qu'il exécrait, Richard Gauthier. Puisque ce dernier, après un passage au Club de boxe de Jonquière, s'entraînait désormais dans la ville « ennemie » de Chicoutimi, les ingrédients étaient réunis pour un authentique « combat local », une sorte de *Hilton-Ouellet* régional qui placerait encore Stéphane sous haute tension, dès lors que, grand favori, il était celui qui avait tout à perdre. Une fois de plus, Stéphane Ouellet triompha par décision unanime. Voici des extraits d'articles parus au lendemain du match dans le *Progrès-Dimanche*, qui illustrent l'atmosphère de ces soirées de boxe.

« *Les organisateurs du gala de boxe, tenu hier soir à Jonquière, ne pouvaient espérer mieux. Ils voulaient un combat émotif et ils ont été servis à souhait.*

« *Gonflées à bloc grâce à quelques déclarations épicées dans les journaux de Jonquière, les vedettes de la soirée, Stéphane Ouellet et Richard Gauthier, ont fait des étincelles.*

« *La flamme, qui brillait dans les yeux des deux pugilistes pendant le combat, a même continué de brûler dans le vestiaire du clan perdant, celui des Chicoutimiens, qui n'ont visiblement pas aimé être attendus avec une brique et un fanal dans la ville de Gilles Marceau.*

« *Nous avons perdu, mais nous gardons la tête haute. Richard a travaillé en technique, mais Stéphane est vraiment très rapide. Il n'est pas champion canadien pour rien* », ont analysé Albert et Harold Gauthier, entraîneurs de Richard. [...] Toutefois, la guerre des mots, qui a précédé le duel entre les deux enfants chéris du Saguenay, a ajouté à l'amertume du verdict des juges.

« *En fait, depuis le temps qu'on attendait ce fameux combat, on ne sait plus vraiment qui a provoqué qui. Mais, comme on dit:* "Malheur aux vaincus!" »

À la différence de ses années pros où les promoteurs du Saguenay apprendraient qu'une finale sans lui était inéluctablement vouée à la faillite – 400 spectateurs payants et 30 000 dollars de perte pour un gala sans Ouellet, mais avec Gagnon, Lucas et les frères Grant; « on venait alors de réaliser que les gens ne venaient pas voir de la boxe, ils venaient voir Ouellet », dira Jean-Marc Tremblay – Stéphane n'eut évidemment pas, en amateurs, la primauté de toutes les finales disputées à Jonquière. Fidèle à la politique du Club, on pratiquait généralement un système d'alternance dans lequel Bouchard, Gagnon et Fortin bénéficiaient aussi du rôle-titre, les deux derniers étant même considérés par certains comme de meilleurs finalistes que Stéphane, parce que moins techniques et plus bagarreurs.

« J'estime d'ailleurs, continue Jean-Marc Tremblay, que les relations entre la presse et Stéphane furent à la fois bonnes et mauvaises pour notre club. C'était intéressant, mais disproportionné. Trop centré sur Stéphane, cela occultait le travail des autres boxeurs. Il faut par contre admettre que toute la publicité autour de Stéphane a contribué à faire tomber les préjugés contre la boxe, assez tenaces à cette époque. Et une fois chez les pros, l'intérêt qu'il soulevait nous a permis d'avoir l'oreille des élus, qui nous ont dotés enfin des installations permanentes qui sont encore celles du club, aujourd'hui. »

***

Une quinzaine d'années en aval, quand Stéphane irait boxer à Las Vegas, c'est l'une des premières questions que les journalistes télé de HBO allaient lui poser : « Pourquoi la boxe? Pourquoi pas le hockey? »

Il l'avait déjà dit et il le répéta : la boxe parce qu'il tenait à être sa propre équipe, autrement dit à être fin seul dans sa galère. Ce qui, pour un tragédien tel que lui, était surtout vrai en cas de défaite; en cas de victoire, il aimait à partager les mérites avec ses seconds.

Le problème pour un adolescent ayant choisi la boxe pour se démarquer, c'était de tomber parmi d'autres adolescents... qui avaient choisi la boxe pour se démarquer! Auquel cas on pouvait certes essayer de se *sur*singulariser en étant un champion d'exception, mais aussi en créant des cellules qui allaient inclure quelques pairs et en exclure une majorité d'autres. En quelques années, Stéphane Ouellet démontra que la solitude ne suffisait même pas : il lui fallait en plus s'isoler de ce qui était déjà un isolement, en se constituant des groupuscules qui excluraient la presque totalité de ses semblables.

Peut-être son rêve de jeunesse d'appartenir aux Hells Angels est-il d'ailleurs né de là.

Les premières fois, il en avait discuté avec un de ses coéquipiers du Club de boxe de Jonquière, un garçon qu'il avait d'abord haï pour son air de petit gredin, accentué par des blousons de cuir qui lui conféraient l'allure d'une recrue en probation. Mais lorsque ce dernier lui avait adressé la parole, il l'avait tout de suite aimé. Le premier truc qu'ils avaient partagé : leur rêve de devenir motard.

Le rêve de faire un jour partie de cette bande élitiste de « *un-pourcentistes* ». « *Le 1% d'entre nous*, comme le disaient eux-mêmes les motards, *qui vomissons la société et aussi la loi à sens unique des politiciens. C'est pourquoi notre allure est repoussante. Nous le disons, nous ne voulons pas vous ressembler, ni être comme vous.*

« *Donc, ne venez pas nous emmerder!*

« *Regarde ton frère à côté de toi et demande-toi si tu lui donnerais la moitié de ce que tu as dans ta poche. Ou la moitié de ce que tu as à manger. Si un bourgeois frappe ton frère, vas-tu lui sauter dessus sans demander pourquoi? Il n'y a pas de pourquoi. Ton frère n'a peut-être pas toujours raison, mais il est toujours ton frère. C'est un pour tous et tous pour un. Si tu ne penses pas comme ça, alors sacre ton camp. Parce que tu n'es qu'un bourgeois et que tu n'es pas des nôtres.*

« *Tous les membres sont tes frères et ta famille. Tu ne voleras pas ce qui appartient à ton frère, son argent, sa femme, sa classe ou son humour. Si tu fais ça à ton frère, ton frère te retrouvera.* »

Un pour cent des gens se retrouvait dans ce portrait, se démarquait, était unique. Et le reste, 99%, étaient des gens qui se ressemblaient!

Comme il était tentant, pour un garçon aimant l'exclusivité, de vouloir adhérer à la minorité très visible qui faisait sensation partout où elle débarquait; qui avait les plus belles filles et les plus libidineuses; les plus belles voitures; les plus belles motos; les plus belles maisons; les plus belles forteresses, qui recelaient tant de mystères. Cette minorité qui ne semblait pas avoir de travail, d'horaire, de stress; dont une partie s'appelait Hells Angels, mais qui paraissait pourtant avoir une vie plus paradisiaque qu'infernale!

Ces rêveries-là sont bel et bien adultes. Et pourtant, nul n'est plus prédisposé au rêve qu'un enfant, à plus forte raison quand la source du rêve est magnifiée par des phrases vaguement machistes et romantiques, du genre : « *Les Hells Angels? Les Billy le Kid des*

Temps modernes, les derniers héros de l'Amérique, mon vieux... », « Et ça fume de l'herbe, et ça bouffe des pilules... Mince, n'importe quoi peut arriver! Ça les met dans une espèce de transe, de vrais animaux. Ils vous mettraient en pièces, à coups de chaîne, de couteau, d'ouvre-bouteille, tout ce qui leur tombe sous la main. »

« *De vrais animaux* », des individus suprêmement primitifs? Comme les boxeurs? Comme Stéphane? « En voyage, personne ne voulait jamais coucher avec Stéphane, racontait Frédéric Poirier. D'abord parce qu'il couchait tout nu. Ensuite parce qu'il ne se ramassait pas. Au bout d'une journée, ses vêtements se retrouvaient par terre, partout. Et puis, surtout, il bouchait toujours la toilette.

« D'aussi loin que je me souvienne, continuait Poirier avec gaieté, Stéphane a toujours craché par terre. Juste pour te dire, au bar *Le Zinc* de la rue Saint-Dominique, il fut un temps où, en entrant, on lui donnait une grosse bouteille vide pour qu'il crache dedans plutôt que sur le plancher! À l'occasion, il lui arrivait même de s'oublier à l'intérieur de sa maison! "Steff, qu'est-ce que tu fais là? T'as donc ben pas de classe!" Il répondait, parlant du plancher : "C'est pas grave, c'est juste du matériel." Dans ce sens-là, il est exactement comme son idole Morrison. Zéro considération pour tout ce qui est matériel. Il ne garde rien. Il donne tout. Il est extrêmement généreux. Il n'était jamais violent ni méchant. Et ce n'était pas un gars pour parler en mal des autres. Son *fun*, à lui, c'était de taquiner, de s'amuser en faisant des grossièretés. Quand il était gêné par une situation, il pouvait avoir des agissements complètement incompréhensibles. Un exemple : c'était une soirée, tout le monde était au salon. Stéphane cherchait à séduire une fille. Il était un peu mal à l'aise comme ça arrive entre personnes qui se connaissent peu et se convoitent secrètement. À un certain moment, comme il a de la misère à rester longtemps en place, il se lève et commence à marcher en faisant des cercles, les mains derrière le dos. Une grosse blatte noire tournoyait aussi dans la pièce. Alors il se met à la fixer; soudain, il l'attrape, et hop, il la bouffe, carrément, comme s'il avalait une pilule! La face de la fille! Stéphane, c'est un individu spécial. N'en cherchons pas de pareil, il est unique. Unique... »

***

À ce stade-là de sa carrière, accumuler des victoires, c'était peut-être bien la seule chose qui n'était plus originale dans la vie de Stéphane Ouellet. Celle d'aujourd'hui, 28 février 1988, veille de l'anniversaire d'Angémil, portait son dossier à 54-10, mais elle avait surtout valeur d'exploit parce qu'elle le couronnait en même temps champion canadien et meilleur boxeur du tournoi pour une troisième année consécutive. Au pays, c'était du jamais vu.

L'année d'avant à Ottawa, cette année-là à Saint-Jean de Terre-Neuve, l'année d'après à Winnipeg... Le Canada avait beau être très grand, la mère de Stéphane était présente à toutes les consécrations de son fils. Hormis la première de sa carrière, au Yukon, et les compétitions qui se tiendraient outre-mer, Olivette Ouellet aurait en effet vu TOUS ses combats, y compris les Mondiaux de Porto Rico! « Des moments mémorables, dit-elle, principalement partagés avec les mères de Pierre Bouchard et de Christian Gagnon. Je n'ai jamais senti de jalousie entre nous trois, pas plus qu'à l'égard des enfants. Au contraire, notre entente était très bonne et on a profité de tous ces voyages pour s'amuser follement... une fois les enfants couchés! » (Ou plus exactement une fois qu'elles les croyaient couchés!)

Certes, la présence de Mme Ouellet aux compétitions de son fils relevait de son rôle de mère. Mais quand on se rappelait à quel point elle avait souhaité que Stéphane quitte la boxe, il y avait matière à s'étonner. Surtout quand on apprenait en plus qu'elle avait été nommée vice-présidente du Club en 1986 (et louangée dans les journaux pour son action bénévole), et qu'elle avait suivi en 1988 une formation d'officiel lui permettant plus tard de juger neuf combats amateurs, on se disait qu'elle avait dû avoir un véritable coup de foudre pour ce sport-là, à l'instar de quantité de gens qui prenaient la peine de bien le connaître. Son implication dans le bureau de direction du Club reviendrait par ailleurs sur le tapis en 1989, dans la bisbille entourant l'expulsion de Stéphane du Club de boxe de Jonquière. Ils seront alors nombreux – dont la principale intéressée – à affirmer qu'en raison de cette généreuse présence, Stéphane Ouellet aurait mérité un peu plus de clémence.

Angémil Ouellet fut pour sa part un peu moins constant auprès de son fils. C'était ce type d'homme aimant suivre les choses avec un recul. Et qui le disait, d'ailleurs, dans les moments où Stéphane vivait des périodes troubles : « On le surveille de loin, nous sommes sur le même lac que lui... mais pas dans le même bateau. » Car ce n'était certainement pas faute de manquer de fierté à son égard. Il prenait beaucoup de plaisir à ce qu'on lui parle des exploits de son héritier, et cela ne lui déplaisait pas d'avoir à rester à Jonquière, dans la mesure où, justement, il était aux premières loges pour recevoir les commentaires des amateurs de boxe jonquiérois qui suivaient l'évolution des combats de Stéphane dans les journaux. Il ne vivait pas reclus chez lui; on pouvait le rencontrer dans quelques restaurants où il aimait siroter un café. Il jouait en quelque sorte, entre famille et supporters, le rôle de courroie de transmission.

Il était de très longue date un passionné de boxe; il devint par la force des choses un passionné des activités de son fils champion de boxe. Il se découvrait des affinités avec lui; la carrière de pugiliste qu'il avait choisie, il aurait pu l'avoir choisie aussi. Il en allait de même pour le frère de Stéphane. Dany voyait en effet Stéphane comme une idole : « Il possède ce charisme, ce petit côté charmeur avec lequel on semble tous être nés dans la famille. Ce qu'il a fait avec la boxe, se produire devant les gens, performer devant un public, j'aurais aussi aimé le faire. Et je suis convaincu que j'en aurais eu les aptitudes, peu importe le domaine. Mon rêve, je l'ai donc réalisé à travers lui. »

Mais du rêve au cauchemar, il n'y avait souvent qu'un pas quand le destin avait fait de vous « le frère de Stéphane Ouellet ». Au fil de la carrière et de la popularité de Stéphane, Dany Ouellet, contremaître à la ville de Jonquière, en est venu à ne presque plus exister. Le présentait-on à des gens? C'était immanquablement : «Voici Dany Ouellet, le frère de Stéphane... » Dany se présentait-il lui-même? C'était : « Dany Ouellet? Vous ressemblez... Vous ne seriez pas le frère de Stéphane Ouellet, par hasard? Vraiment? Et comment va-t-il? Va-t-il remonter sur le ring bientôt? »

Bien sûr, au travail, où tout le personnel connaissait « le frère de Stéphane Ouellet », c'était différent. Mais pas vraiment mieux. « Certains matins, dit Dany, en voyant les titres dans le journal – et Dieu sait qu'il y en eut –, je pouvais déjà prévoir la même foutue question qu'on me poserait des dizaines et des dizaines de fois au travail. Ces jours-là, si j'avais pu me couvrir la tête d'un sac de papier, je l'aurais fait volontiers. »

Stéphane ayant été populaire jeune, c'est très tôt que la famille dut en essuyer les plâtres. « Je me rappelle certains Noëls, dit Dany, où la célébrité de Stéphane faisait de l'ombre à tous les autres aspects de la fête. C'était LE sujet de discussion. À cette époque, il était déjà un vrai courant d'air. Il passait célébrer à la maison une petite demi-heure, avant de repartir aussi vite qu'il était venu. Avant son arrivée, impossible de parler d'autre chose avec papa. C'était "Stéphane s'en vient", "Stéphane va arriver dans quelques minutes", "Stéphane est à la diète, il ne pourra pas beaucoup manger". Et quand il se pointait, il devenait, le temps de le dire, le centre d'attraction de toute la famille, de toute la parenté. Lisa et moi, on ramassait un peu les miettes. Cela dit, je ne pense pas que Stéphane en était réellement conscient. »

« J'ai peut-être été égoïste, certaines fois, confesse Stéphane. Mon père m'accordait un peu plus d'attention dans ce temps-là ? Oui, probablement, mais Dieu sait que ce ne fut jamais une question d'amour envers moi plutôt qu'envers mon frère et ma sœur. Tout ce que ça voulait dire, c'est qu'à ce moment-là il avait davantage d'affinités avec mon sport. C'est normal, mon père aime la bagarre, il aime la boxe, il est macho. Bref c'est un homme, et forcément, il a dû se reconnaître dans mes activités. »

« Mais, minimise rapidement Dany, mis à part quelques Noëls, le comportement de papa ne m'a pas trop affecté. Connaissant par quoi il était passé dans sa jeunesse, je savais que le succès de Stéphane était un peu le sien, sa revanche envers les membres de sa famille. Lisa a vécu ça plus difficilement, au point de le reprocher quelquefois à papa : "On sait bien, mes affaires ne t'ont jamais intéressé!" »

« Et ce n'était pas vrai, corrige Stéphane. Je sais, moi, à quel point papa était aussi très fier de Lisa. Il la complimentait souvent et parlait beaucoup de ses réussites scolaires. Évidemment, il y avait bien eu cette fois où mon père m'avait présenté à des gens en disant que j'étais boxeur, mais que, distrait, il avait oublié de présenter Lisa. Ça l'avait blessée. Elle avait dit à papa: « Tu pourrais me présenter, moi aussi, je suis quand même ta fille. » Lisa était tellement douée pour les études – je l'avais un jour surprise à pleurer parce qu'elle n'avait eu, à un examen, qu'un résultat de... 93 %! Et elle a terminé ses études en orthophonie avec une moyenne de 98 %! Elle avait été longtemps la fierté, presque la reine de la famille. Quand j'ai commencé la boxe, ou plutôt à connaître du succès, c'était comme si Lisa avait cru perdre sa place dans la famille. Mais ce n'était pas le cas. Ma discipline était très médiatique et l'on parlait beaucoup de moi dans les journaux. Ça ne voulait rien dire de plus. »

Une constante se dégage: d'Olivette à Angémil (opposés au début), en passant par Dany et Lisa (soufflés par les dégâts en cours de route), ils avaient tous, à un moment ou l'autre de l'aventure, maudit la boxe, mais s'y étaient tous finalement ralliés, qui en étant vice-présidente et juge (Olivette), qui en devenant partisan numéro un (Angémil), qui en se faisant notamment homme de coin (Dany, à Atlantic City, pour le deuxième combat pro de Stéphane). Même Lisa, dont il faut retenir le rôle dans les débuts de son frère, aima beaucoup la boxe, quoique davantage l'olympique que la professionnelle, qu'elle considérait moins sportive et plus barbare.

De toute manière, Stéphane, qui savait que la boxe était un sport bizarre pratiqué par des individus bizarres, reconnaissait les inconvénients que sa carrière pouvait causer à sa famille. En revanche, il ne s'était jamais expliqué la jalousie de certains membres de sa parenté. Il en connaissait les motifs : « Au fil de ma carrière, j'ai réalisé à quel point les gens de chez nous, la parenté très souvent, avaient pu être méchants. Le fait que je n'ai jamais travaillé, que je suis devenu un peu célèbre, que j'ai fait un peu d'argent, que les filles me trouvent de leur goût et que j'aie un certain succès avec elles, tout ça a contribué à faire des jaloux, partout. Pourtant, moi j'ai toujours été content du succès des autres et j'ai la plupart du temps cherché, dans les journaux entre autres, à ne dire que du bien des gens. »

« Ce qui m'a le plus marqué de mon amitié avec Stéphane Ouellet, dira Marcel Flamand, qui fut, dans les années junior de Stéphane, l'un de ses plus proches amis, c'est qu'il n'avait pas du tout la tête enflée. Même si tout le monde parlait de lui et que l'on tirait une grande fierté de l'avoir pour chum, il ne parlait jamais de boxe; c'était presque exceptionnel qu'on en discute. De sorte que, si des gens me posaient des questions sur sa carrière, j'étais incapable de répondre. Je pense que ce que Stéphane aimait avant tout, c'était de sortir, de s'éloigner de la boxe. »

Christian Gagnon croit que Stéphane a pu adopter des comportements pour échapper à certains aspects de cette vie. « Il se peut que Stéphane se soit forcé à faire le clown dans le gymnase pour brouiller les pistes, tenter de faire croire qu'il ne prenait pas la boxe au sérieux, s'en balançait. Une façon à lui de repousser le vedettariat. » Pierre Bouchard endosse cette analyse : « Bien sûr, il était très humble, Stéphane. Mais derrière cette humilité il y avait quelque chose s'apparentant à un je-m'en-foutisme. Ça faisait un peu chier ses coéquipiers, surtout ceux de l'équipe nationale; ils ont pris à tort sa désinvolture pour de la suffisance. »

Un autre exemple illustre très bien cette sorte d'humilité et de générosité propres à Stéphane Ouellet. « En 1989, poursuit Bouchard, quand Gagnon et moi nous étions qualifiés pour l'équipe canadienne aux Mondiaux de Porto Rico, on rejoignait Stéphane, déjà dans l'équipe depuis l'année précédente. Or, habituellement, dans une telle situation, tout le monde vous fait sentir la hiérarchie de l'équipe, même si elle n'est pas "institutionnalisée".

Stéphane n'était pas de cette race : il nous avait, lui, accueillis comme ses frères, nous avait intégrés à l'équipe, de sorte qu'on avait vraiment le sentiment d'être dans la gang. Je dis "comme ses frères", il serait plus juste de dire "comme ses pairs", tant Stéphane nous plaçait sur le même pied que les autres boxeurs. »

Son humilité explique peut-être aussi le manque de confiance récurrent de Stéphane Ouellet. Tout ce soin qu'il mit au cours de sa carrière à banaliser ses réussites, à les remettre dans des perspectives négatives – « Je suis beaucoup plus négatif que positif et c'est toujours au pire que je pense en premier » –, l'aura peut-être empêché de se gonfler l'ego et de se bâtir une confiance à toute épreuve, contrairement à nombre de grands athlètes qui commencèrent en bas âge à se voir meilleurs et plus gros qu'ils ne l'étaient en réalité. S'il l'avait fait aussi, Stéphane aurait peut-être réussi à modifier le bagage génétique hérité de son père, celui d'un artiste condamné à douter de lui jusqu'à la fin.

Il disait, au soir de sa vie d'athlète : « Toute ma carrière, j'ai été assailli de doutes. Les gens n'ont jamais su à quel point je devais d'abord me battre contre moi-même, contre mes propres pensées. J'ai toujours été trop conscient pour me raconter des histoires et me faire accroire que j'étais tout le temps le meilleur. » Et pourtant, il ajoutait aussitôt : « Je dois être fort mentalement pour avoir survécu si longtemps dans ce sport-là, malgré toutes mes carences intérieures. Je pense, finalement, que j'ai sans cesse imaginé le pire tout en gardant secrètement espoir de bien m'en sortir... »

S'il y avait eu par ailleurs une seule exception à la règle de Stéphane, c'était en amateur, et son entraîneur Larouche disait qu'elle était survenue durant sa série de 54 gains consécutifs. « Au fur et à mesure qu'il alignait les victoires, Stéphane était devenu ultra-confiant. Il gagnait partout, contre tous, dans n'importe quel style. Il n'y avait pratiquement plus personne pour l'inquiéter. Il en était carrément venu, au cours de ces trois années-là, à se sentir imbattable. Évidemment, cela influait sur ma propre confiance, car j'avais la conviction de toujours trouver une solution tactique aux problèmes que nous posaient les plus sérieux adversaires. »

L'ennui, c'est qu'à compter du moment où, en février 1988, Stéphane avait gagné les Championnats canadiens et intégré l'équipe nationale junior, tous ses opposants devinrent sérieux, sinon dangereux, pour la très élémentaire raison qu'il s'agissait chaque fois des... meilleurs au monde! Car cette victoire aux Nationaux marquait les vrais débuts de la carrière internationale de Stéphane Ouellet.

Maillot blanc. Les premières fois, c'était celui de l'équipe canadienne à motif de petites feuilles d'érable. Ensuite, il avait toujours porté le maillot officiel de ce pays qu'on disait le sien – pour sa part son père votait *OUI*, ce qui voulait dire « Non, ce pays n'est pas le tien » –, et qu'il représentait toujours bien sur le ring. Ce maillot officiel, tout blanc aussi, était simplement orné d'une feuille d'érable frappée d'un gant de boxe bleu à hauteur du ventre. Sans manches, il couvrait une bonne partie de son torse – qu'il n'avait pas encore fait tatouer.

Culotte rouge. Sur le devant, à la ceinture, se lisait en lettres blanches le mot *Canada*, et c'était tout juste si Stéphane n'était pas devenu, durant ces années de gloire en pays étranger, une publicité ambulante du gouvernement canadien. Dans l'esprit de toutes les délégations qui le voyaient combattre, les mots *Ouellet* et *Canada* semblaient indissociables. Quand il prenait place sur le podium, devant le drapeau canadien, un grand murmure s'élevait dans la salle : *Ouellet, Canada! Ouellet, Canada! Ouellet, Canada!*

Bottines rouges. Mais seulement sur les photos officielles de l'Équipe nationale... où il fallait que l'ensemble soit parfaitement harmonieux, comme était officiellement censé l'être ce pays à dix provinces qui cohabitaient harmonieusement, sans jamais aucune dissidence, voire sans différence aucune! En compétition – autrement dit dans la réalité –, c'était autre chose. Stéphane portait ses chaussures fétiches, les vieilles bottines jaunes *Adidas* qu'il conserverait d'ailleurs pour ses premiers combats pros, dont la couleur jurait sur lui comme sa province sur son pays. C'est exactement ça : dans sa tenue canadienne en rouge et en blanc, ses bottines jaunes faisaient tout à fait « société distincte ». Jusqu'en Finlande, où il battit au passage le Français Patrick Charpentier, qui disputa en pros un Championnat du monde contre Oscar De La Hoya, et jusqu'en Italie.

Cela dit, même chaussé en jaune criard, il restait magnifique en tenue de boxe. Des jambes longues, minces, et très justement musclées; un bassin peu prononcé; un coffre musculeux et des bras à la fois fins et forts. Son visage au nez camus ne pouvait que plaire aux filles. Au cours de sa cinquième secondaire, qu'il ne termina jamais, l'une d'elles le lui avait d'ailleurs écrit. C'était à l'occasion de la Saint-Valentin : « ... *Juste un petit mot pour te dire comment je te trouve beau... D'une fille qui t'admire...* »

Chose certaine, Stéphane Ouellet eut chez les amateurs une authentique carrière internationale. Et c'est bel et bien pour l'avoir traversée avec autant de succès qu'il fut étiqueté, à son passage chez les pros, « champion du monde » par les fédérations québécoise et canadienne. Qu'on juge d'ailleurs de ses réalisations sur la scène mondiale : médaillé d'or aux Championnats du monde des pays gaéliques, à Dublin (Irlande) en 1987 ; médaillé d'or au Tournoi international junior, à Tempere (Finlande) en 1988 ; médaillé d'or aux Championnats du monde des pays gaéliques, à Halifax en 1988 ; médaillé d'or au Tournoi international de Santa Teresa Gallura, en Sardaigne (Italie) en 1988 et 1989 ; médaillé de bronze aux Championnats du monde, à San Juan (Porto Rico) en 1989 ; et médaillé de bronze aux Internationaux de France, à Saint-Nazaire (France) en 1990.

Toutefois, puisque l'équipe canadienne n'était pas précédée d'une réputation aussi forte que celle des Américains ou des Cubains, le nom de Stéphane Ouellet restait malgré tout peu connu au début des compétitions. Loin de s'en vexer, il en était venu à puiser là une bonne part de sa motivation. « J'aimais, dit-il, cette sensation d'arriver dans une nouvelle ville en parfait inconnu, puis de m'imposer le défi d'être le plus connu des boxeurs à la fin du tournoi. » Au plus fort de sa gloire, il relevait si efficacement le défi que les spectateurs, en guise de souvenirs, avaient pris l'habitude, à la fin des combats, de s'arracher les bandages qu'il portait sous ses gants.

Ces résultats et ces faits en révèlent davantage qu'une simple fiche amateur sur une prétendue renommée mondiale... Allusion au dossier amateur de Davey Hilton (130 victoires, 2 défaites) qui, quoique supérieur à celui de Stéphane Ouellet (93 victoires, 12 défaites), n'aurait pas dû inspirer des titres de magazine comme « *Hilton, a name without frontiers* ». Car en réalité, Dave Hilton – et cela n'a rien à voir avec son prodigieux talent – ne s'est jamais battu au niveau international, évitant du coup aussi bien les meilleurs boxeurs amateurs du monde que les foules les plus hostiles et les juges les plus partiaux.

À l'automne 1988, la carrière de Dave Hilton était déjà vieille de sept longues années quand le nom de Stéphane Ouellet commença à cohabiter à côté du sien dans les journaux de Montréal. En partie, cela s'expliquait par la naissance de la boxe Pro-Am, un concept, dont l'aboutissement survenait après trois années de travail, qui permettait désormais de présenter des combats amateurs et professionnels au cours d'un même gala. Derrière cette idée qui devait servir de (nouvelle) relance à la boxe, se cachaient principalement trois hommes : Gaby Mancini, président de la FQBO ; son directeur technique, Yvon Michel ; et le juge

Raymond Bernier, président de la Régie de la sécurité dans les sports du Québec.

En 1985, dans la foulée de la signature du contrat d'exclusivité (dont on disait qu'il avait été paraphé sur la recommandation de Frank Cotroni) des Hilton avec l'ex-taulard et promoteur américain Don King et de l'assassinat de celui qui s'y opposait, l'avocat montréalais Frank Shoofey, le juge Bernier avait sollicité une rencontre avec les dirigeants de la Fédération. Annonçant que le gouvernement du Québec avait l'intention d'abolir toutes les commissions athlétiques afin de prendre charge de la boxe professionnelle sur l'ensemble de son territoire, le juge Bernier demanda à ce qu'on l'aide, soit à épurer la boxe pro, soit à la faire mourir si la mission s'avérait impossible. Pour ce faire, il suggérait d'implanter dans la boxe professionnelle des règles semblables à celles de la boxe amateur, pour la rendre plus sécuritaire et plus crédible. Ainsi naquit l'idée de la boxe Pro-Am dans les têtes de Mancini et de Michel, qui y voyaient aussi un moyen de mettre fin aux critiques voulant qu'ils forment des boxeurs pour les abandonner ensuite au triste sort de la boxe pro. Dans la suite, la RSSQ prit enfin le contrôle de la boxe en 1987, adoptant la nouvelle réglementation.

Le premier gala de boxe Pro-Am, fixé au 29 novembre 1988 dans l'enceinte du Forum de Montréal, devait offrir, dans le cadre d'un match revanche, une finale entre Hilton et le boxeur américain Hector Rosario. À ce moment, Hilton poursuivait un come-back justement entrepris contre Rosario en juin, après deux années et demie d'inactivité due à une longue suite de coups durs. Dépression consécutive à l'annulation d'un combat de Championnat du monde qu'il croyait certain contre l'Américain Aaron Pryor (aux prises avec des problèmes de drogue); accident de moto où il se fractura une jambe alors qu'il apparaissait toujours au deuxième rang mondial; désillusion quant au bien-fondé de son entente avec Don King; deuil d'un être cher, l'avocat Shoofey; perte de son jeune frère Stewart tué dans un accident de la route en 1986; et, pour mieux oublier chacun de ces drames, le refuge dans un infini tunnel d'alcool. Or, même ce come-back susceptible de lui redonner l'espoir tourna à la déception quand il se blessa peu de temps avant son combat du 29 novembre. Il fut remplacé au pied levé par Alain Bonnamie, qui profita de l'occasion pour effectuer ses débuts professionnels. Sept années plus tard, Stéphane Ouellet et lui se retrouveraient face à face dans un match très attendu de Championnat canadien. Mais pour l'instant, le public allait pouvoir découvrir les deux boxeurs au cours du même programme.

Pour cette première expérience Pro-Am, le promoteur Roger Martel avait décidé de présenter les deux joyaux de la boxe amateur québécoise, Ouellet et Pierre Girouard. Il en fut d'ailleurs de même pour la plupart des galas qui suivirent, ce qui fit dire plus tard aux dirigeants de la Fédé que « les promoteurs exigeant certains boxeurs amateurs en particulier, ce n'était pas la boxe Pro-Am qu'ils aimaient mais bien la possibilité de s'approcher de nos meilleurs éléments ». À leur décharge, certains commentaires ne faisaient rien pour empêcher les promoteurs de rêver. Ainsi celui-ci d'Yvon Michel, dans *Le Journal de Montréal* au surlendemain de ce premier Pro-Am : « *Oui, j'ai bien hâte de m'asseoir avec Martel pour élaborer et planifier ce calendrier de compétitions. Aucun doute là-dessus : nous possédons tous les éléments requis pour activer le concept Pro-Am. Stéphane Ouellet et Pierre Girouard ont fourni une fois de plus la preuve qu'ils possédaient toutes les aptitudes nécessaires pour devenir les prochaines super-étoiles de la boxe locale. Ouellet, tout particulièrement, n'a tout simplement pas son égal au pays dans les sphères de la boxe olympique, et j'ai la certitude que, d'ici la fin 1989, il sera déjà supérieur à la plupart des boxeurs professionnels canadiens.* »

Des commentaires de cette espèce, qui le blessaient dans son amour-propre, Dave Hilton allait pourtant en lire une multitude d'autres dans *Le Journal de Montréal*. Car les journalistes, avec la naissance du Pro-Am, les exploits futurs de Ouellet en amateurs et son passage fortement médiatisé dans les rangs professionnels, concéderaient de plus en plus d'espace à l'orgueil de Jonquière, souvent pour citer Yvon Michel : « *Ouellet peut devenir à la boxe ce que Mario Lemieux est au hockey...* »; « *Je n'ai jamais vu un boxeur aussi talentueux. C'est un prodige. [...] Vous n'avez pas fini d'en entendre parler* ». Ou encore, déclaration faite au *Quotidien* de Chicoutimi et chef-d'œuvre de démesure : « *Je rêve du jour où Stéphane Ouellet deviendra une idole pour un peuple. La vie de tous serait plus agréable. Stéphane Ouellet demeure une richesse naturelle pour le Saguenay-Lac-Saint-Jean et pour le Québec. Il est le Wayne Gretzky, le Mario Lemieux ou le Guy Lafleur de la boxe.* »

Au cours de cette période-là, si Dave Hilton était chanceux et qu'il voyait son nom dans la presse, c'était plus souvent qu'autrement à des fins comparatives. « *La question*, écrivait Daniel Cloutier en 1989, *intrigue de plus en plus les amateurs de boxe du Québec : qui est ce phénomène possédant assez d'étoffe et de charisme pour ramener les amateurs de boxe dans les estrades, et conséquemment réanimer les activités de la boxe professionnelle québécoise? Et où se cache-t-il? "Si on me pose la question à moi, je n'ai pas la moindre hésitation: c'est Stéphane Ouellet, révélait Yvon Michel, le directeur technique de la FQBO. Stéphane constitue sans contredit le plus bel espoir de la boxe canadienne, le plus beau talent naturel à avoir émergé chez nous depuis Davey Hilton. Si lui ne réalise pas une grande carrière internationale, je me demande bien qui le fera..." »*

À la télévision, ce n'était guère différent. Quand on accordait du temps d'antenne à Dave Hilton, il lui fallait obligatoirement se prononcer sur celui qu'on considérait comme son dauphin. Ainsi Jean-Paul Chartrand père, discutant avec Henri Spitzer et Hilton :

— [...] Apparemment il y a un nouveau lion, il est dans ta catégorie, Dave, c'est un type qui paraît très, très bien, il est extrêmement fluide, très sérieux, il s'appelle Stéphane Ouellet... Est-ce que tu le connais? C'est un jeune boxeur amateur...

— Pas personnellement, mais j'en ai beaucoup entendu parler par Daniel Cloutier... Daniel Cloutier, du *Journal de Montréal*, il est fou de lui, il dit qu'il est meilleur que Hilton, qu'il est meilleur techniquement que Dave Hilton, qu'il frappe plus fort que Matthew Hilton... Laissez-le le prouver.

— Ben là c'est un jeune, faudrait se comprendre... Disons qu'il a un talent incroyable. Si je le compare avec un Hilton, avec toi, c'est un peu difficile de dire qu'il est meilleur, mais disons qu'il est excellent, bonne technique de boxe, c'est un gars qui semble extrêmement sérieux. J'espère seulement qu'il n'est pas vulnérable aux blessures...

En ce qui concernait Daniel Cloutier, on pouvait difficilement donner tort à Dave Hilton : il était évident que le journaliste était tombé sous le charme, d'une part de la boxe de Ouellet, et d'autre part du travail d'Yvon Michel, lequel craquait aussi pour le talent de Ouellet! Il ne fut donc pas étonnant de voir jaillir de la plume de Cloutier des qualificatifs comme « joyau », « perle », « prince » et « super-étoile », qui durent chaque fois faire très mal à Hilton dans la mesure où cela s'apparentait à un passage de flambeau contre son gré, comme si on lui retirait tous ses titres sans son consentement, en plus pour les céder à son dauphin. Mais son coup de grâce, Hilton l'avait reçu à une autre occasion, quand Cloutier avait écrit que Stéphane Ouellet était le plus beau talent de toute l'histoire de la boxe québécoise. « Ce jour-là, confia le journaliste, Dave Hilton avait déclaré, devant témoins : « De toute façon, Daniel Cloutier *is a fucker.* » À compter de ce moment-là, j'ai appris à composer avec cette famille qui refusait que s'écrivent sur elle des choses négatives... »

Sans crainte de se tromper, on peut situer à cette période-là la naissance de la jalousie de Dave Hilton envers Stéphane Ouellet. Sa haine, quant à elle, pourrait bien avoir suivi en décembre 1990, quand Stéphane s'était confié au quotidien *La Presse* : « *Mon objectif, lorsque je passerai chez les professionnels, c'est une carrière de dix ans. Je ne serai pas un autre Eddie Melo ou Dave Hilton...* » Une décennie plus tard, au moment où les deux hommes en viendraient aux prises et qu'on chercherait à comprendre le ressentiment de Hilton à l'égard de Ouellet, il allait être utile de se rappeler cela.

***

Il y avait des fois où il revenait d'une compétition de trois combats sans aucune marque, comme s'il sortait d'un week-end à la campagne. Cela avait été le cas lors des Championnats canadiens de 1988, à l'issue desquels son entraîneur Larouche avait confié que Stéphane « avait reçu, tout au plus, une dizaine de coups »! La plupart des boxeurs avaient souvent besoin d'un seul round pour encaisser ça! Dans la majorité de ses combats, sa vitesse hors du commun suffisait à le protéger.

Mais on ne peut pas disputer 105 combats amateurs sans jamais se faire ébranler, à plus forte raison si l'esquive figure au rang de nos lacunes. Sur l'ensemble de sa carrière, Stéphane avait donc expérimenté cette désagréable sensation à quelques reprises, dont la toute première fois au cours d'un match l'opposant à un solide cogneur américain, Keith Austin. Selon les commentaires de l'époque, il avait dominé les deux premiers rounds avant de se faire cueillir, en fin de combat, par une droite qui l'avait totalement « gelé ».

Cet état ainsi nommé par Jean-Marc Tremblay est à distinguer d'un phénomène semblable décrit comme étant celui du K.-O. debout, où un boxeur est si sérieusement touché qu'il subit une amnésie temporaire, poursuivant son combat sans s'en rendre compte et ne retrouvant souvent ses esprits que plus tard au vestiaire. Du fait qu'il échappe ordinairement à tout le monde – y compris à l'adversaire et à l'arbitre –, ce phénomène est extrêmement dangereux, le boxeur poursuivant le combat dans un état de grande vulnérabilité. Mais un pugiliste de carrière pouvait difficilement échapper à cette expérience. Stéphane l'avait un jour vécue, à l'entraînement, au cours d'une violente séance de gants avec Greg Johnson, un boxeur canadien, son rival pour le titre officieux de meilleur boxeur au pays. À mi-combat, Stéphane avait été si durement atteint qu'il était tombé dans un grand trou noir, complétant l'entraînement en mode de pilotage automatique. À l'issue du *sparring*, pendant que Larouche dénouait les lacets de ses gants, Stéphane lui avait demandé ce qui venait de se passer, s'il avait été envoyé au sol, mis K.-O., car il ne se souvenait absolument plus de la deuxième partie du combat! Sa surprise fut totale lorsque Larouche lui répondit qu'il ne s'était rien passé du tout, et qu'au contraire, il avait même très bien paru en « finissant fort »!

« Je me rappelle, disait pour sa part Jean-Marc Tremblay, qu'après son combat contre Austin, Stéphane avait parlé d'un bruit de *canisse* dans la tête pour décrire le choc de cette droite. Comme cela arrive souvent, le coup ne l'avait pas envoyé au plancher mais lui avait quand même fait terriblement mal. » Jean-Marc Tremblay avait ce jour-là remarqué : « Malheureusement, Stéphane avait déjà montré, à cette première occasion, ce réflexe, quand il est sonné, de se jeter sur son adversaire, de se lancer éperdument en attaque, plutôt que de s'accrocher pour tenter de récupérer. »

Cet instinct qu'il n'a jamais réussi à dompter en 20 années de carrière lui coûta à peu près tous ses échecs chez les professionnels, sans compter ceux auxquels il échappa d'un poil. « *Too much pride* », avait d'ailleurs déclaré Bob Miller, son soigneur, après celui, retentissant, contre Omar Sheika à Las Vegas. « Le problème de Stéphane Ouellet, avait expliqué Miller, c'est d'être esclave d'une fierté qui le condamne à faire des trucs au-dessus de ses forces. Comme de vouloir échanger coup pour coup avec un boxeur qui vient pourtant de l'ébranler. Ce soir, si Stéphane Ouellet avait été plus prudent, s'il avait enfin compris qu'il pourrait dominer tous les boxeurs avec sa seule main gauche tout en se montrant vigilant en défensive, Omar Sheika ne l'aurait jamais battu. »

Cela nous amène à parler de cette désormais célèbre et (prétendument) faillible mâchoire, dont Stéphane avait appris à se moquer au fil de ses nombreux knock-down. « La mâchoire de béton a téléphoné. Veuillez, s'il vous plaît, la rappeler, sinon elle s'écroulera... » avait-il laissé en guise de message sur le répondeur d'un proche, à son retour de Las Vegas. Qu'en était-il donc de ce que les uns appelaient sa « mâchoire », et les autres son « menton », deux mots utilisés pour désigner la capacité d'encaissement d'un boxeur? Était-ce une faiblesse qui suivait Stéphane Ouellet depuis ses années de boxe olympique? Stéphan Larouche s'était fait poser ces questions à trois époques différentes de sa relation avec Ouellet. Chaque fois il y avait répondu avec ses convictions du moment.

La première fois, quelques mois avant le combat entre Stéphane et Alain Bonnamie, en 1995 : « La solidité de sa mâchoire chez les amateurs? En réalité, on n'a jamais pu le savoir, à peu près personne n'arrivait à le toucher au cours de ces années-là! »

La deuxième fois, peu de temps après que Stéphane eut encaissé les meilleurs coups de Roy Jones, au cours d'un camp d'entraînement en Floride, en 1998 : « La mâchoire de Ouellet? La vérité, c'est que, lorsque Stéphane Ouellet ne prend pas de drogue, pas d'alcool, il a une mâchoire aussi solide que n'importe qui. »

La troisième fois, dans les semaines suivant l'échec contre Sheika, à Las Vegas : « Une affaire de menton fragile, cette défaite? Absolument pas. Tous les boxeurs du monde seraient allés au tapis sur un pareil coup. Dans les faits, pas beaucoup de boxeurs ont une meilleure mâchoire que Stéphane Ouellet, pas même les stars comme Trinidad et Vargas qui vont régulièrement à terre eux aussi; même si Trinidad est reconnu pour beaucoup protéger son menton. La différence, c'est que ces boxeurs-là ont généralement appris à vivre avec leur mâchoire. »

Quand Larouche mentionnait qu'à peu près personne ne parvenait à toucher Ouellet chez les amateurs, c'était une façon de parler. Dans les faits, la mâchoire de Stéphane avait été testée et bien testée, à commencer par ses coéquipiers du Club de boxe de Jonquière. Conclusion : elle était infaillible, du moins s'il fallait en croire Émile Fortin, un mi-lourd possédant une très bonne *claque* et au demeurant un expert en bonne mâchoire, étant lui-même reconnu pour posséder « une face de caoutchouc ». « Pour avoir mis si souvent les gants avec lui, disait Fortin, je peux attester que le menton de Stéphane, en dépit des apparences, est solide. Car certaines fois il m'arrivait vraiment de le toucher d'aplomb et d'être très surpris de le voir encaisser un tel coup de mi-lourd. Et je savais qu'il ne jouait pas la comédie parce que, si un boxeur est ébranlé, ça se voit tout de suite dans ses yeux, ça ne trompe jamais. »

Mais pour un complément d'enquête tout à fait indépendant, examinons ces dizaines de rencontres livrées par Stéphane de par le monde. Conclusion : son menton était solide... mais faillible! Au cours de sa carrière amateur, en effet, Stéphane fut envoyé sur les fesses à quelques reprises – une dizaine de fois selon l'intéressé –, dont la toute dernière allait cependant constituer, aux yeux de certains, la preuve qu'on était en face d'un si honteux problème qu'il fallait rapidement le cacher. La chute en question était survenue en Floride, en août 1991, au cours d'un combat pitoyable que Stéphane avait disputé avec l'intention, non pas de gagner, mais de se défouler. Depuis son éviction du club de Jonquière, il s'entraînait à Montréal sous les ordres d'Yvon Michel, mais ce dernier n'avait pu l'accompagner et c'est Larouche qui l'avait dirigé. Au retour, Michel avait visionné la cassette du combat de son protégé. Quand il la retourna à Larouche, la séquence du knock-down avait mystérieusement disparu... au profit de quelques images de course automobile! Quelques semaines plus tard, à la conférence de presse annonçant les débuts pros du boxeur, on s'expliquera le « mystère » en entendant Michel affirmer que Stéphane Ouellet, au cours de sa carrière amateur, n'avait jamais touché le plancher.

Le mensonge portait assez peu à conséquence et s'insérait parfaitement dans l'esprit du marketing de la boxe. Il reste qu'en agissant ainsi, Michel rendait un faux portrait de Stéphane. Il aurait été plus simple, ce jour-là, de s'en tenir à l'humble vérité des faits, quitte à la faire avouer par quelqu'un d'autre. Quelqu'un comme Jean-Marc Tremblay, qui avait déjà déclaré : « Stéphane a certainement marqué l'histoire de notre club, mais en bout de ligne il fut trop protégé, par des gens qui en ont voulu plus que lui et qui ne l'ont pas laissé être lui-même »; Jean-Marc Tremblay, qui serait venu dire au micro ce qu'il savait de Stéphane Ouellet et la seule chose qu'il importait au fond de savoir : « Ce garçon-là ne m'a jamais montré de peur, dans un sport où on ne peut pas faire semblant d'être courageux. Et surtout, Stéphane Ouellet a fait la preuve tout au long de sa carrière amateur qu'il n'était pas du genre à abandonner, à regarder l'entraîneur à la moindre douleur pour qu'il arrête le combat. Ah! ça absolument pas. »

La fin des années 1980 est une période charnière où les Ouellet, Larouche, Tremblay et Michel seront appelés à se côtoyer de plus en plus. Jonquière, à qui il ne suffit plus d'être « seulement » le club phare de la boxe au Québec, devient aussi une ville phare, « la capitale mondiale de la boxe olympique », modeste surnom qu'on lui accole au pays de l'Exagération lorsque programmes et spectateurs commencent à se multiplier. Il est vrai que tout paraît exagéré à Jonquière, mais rien autant que le succès en boxe : trois champions canadiens juniors (Ouellet, Bouchard, Gagnon) qui, demain à Winnipeg (décembre 1988), se qualifieront pour les Mondiaux de Porto Rico – presque quatre avec Frédéric Poirier – et un entraîneur d'à peine 20 ans, déjà reconnu comme le meilleur au Québec, déjà en poste dans les équipes du Québec, les équipes nationales, et qui continue de perfectionner son art. Bref, ces membres du Club de boxe de Jonquière font tous partie de l'élite de la province et sont destinés, à ce titre, à beaucoup fréquenter Yvon Michel, alors grand manitou de la boxe olympique au Québec.

Présenté dans les journaux tantôt comme directeur technique de la FQBO, tantôt comme coordonnateur du développement de l'élite, Yvon Michel entraîne également, depuis 1983, les équipes du Québec ainsi que l'équipe nationale junior. En 1985, il ajoute à ces tâches le poste d'entraîneur en chef du Centre de haute performance en boxe olympique (qui deviendra le Centre national en 1992). Bien des années plus tard, alors qu'il pliera sous le poids de nombreuses autres occupations, il persistera à dire qu'aucune ne lui a procuré autant de satisfaction que celle d'entraîneur.

Yvon Michel est donc en quelque sorte le patron à la fois de Ouellet et de Larouche, les deux jeunes hommes ayant avantage à l'impressionner s'ils veulent gravir les échelons de leur spécialité. Concrètement, cela donne, par exemple, des compétitions comme les Championnats canadiens où Michel, tête dirigeante de l'équipe québécoise, s'adjoint les services de Larouche pour diverses tâches, y compris celle d'homme de coin durant les combats de Ouellet. Les deux entraîneurs feront aussi la paire dans certains tournois internationaux, Michel servant de mentor à l'ambitieux Larouche. C'est le cas de ce voyage en Finlande, en avril 1988, à l'issue duquel Larouche déclare : « Ça a été une belle expérience. Avec Yvon Michel, j'ai appris un paquet d'affaires. Notre équipe s'est tenue, avait le meilleur esprit. » Il est indéniable que Michel voit en Larouche un petit Mozart de l'enseignement. Les deux hommes se complètent dans leur conception de la boxe. Cette chimie se traduit par une excellence que Stéphane Ouellet rendra publique, reconnaissant sa chance d'avoir pu compter « sur les deux meilleurs entraîneurs au Québec ».

Cette époque est aussi pour Stéphane, en tant que membre de l'élite de la boxe au Québec, celle de fréquents camps d'entraînement de fin de semaine à Montréal, sous la supervision d'Yvon Michel. Époque pénible, à en croire Christian Gagnon, qui accompagnait souvent Stéphane et qui parle d'énorme sacrifice. « On a fait ces allers et retours pendant deux ans et nous avons détesté cela. D'abord parce que toute vie sociale était impossible avec un pareil horaire. Ensuite parce qu'une fois à Montréal, c'était terriblement plate et exigeant, surtout le *sparring* avec les autres gars de l'équipe du Québec, tous des boxeurs de bonne valeur. »

Avant de se « résigner », à la fin de 1989, à accueillir un Stéphane Ouellet fraîchement expulsé du Club de boxe de Jonquière, Yvon Michel ne se livre à aucune courtisanerie dans le but d'attirer le garçon. « Je n'ai vu aucun lobbying de sa part », dit Pierre Bouchard, alors souvent en contact avec les deux hommes et qui, en sa qualité de beau-frère de Stéphan Larouche, a l'œil d'autant plus ouvert à ce genre d'attitude. Il n'empêche que Larouche – dont la jeunesse le pousse à manquer d'assurance, et la déformation professionnelle à disséquer les intentions – il n'empêche que Larouche paraît craindre quelque chose. « Pourquoi continuez-vous d'envoyer Stéphane en camp d'entraîne-ment à Montréal? demande-t-il régulièrement aux parents Ouellet. Stéphane n'a pas besoin d'aller là-bas toutes les fins de semaine. Voyons donc, on est capables de l'entraîner aussi bien, sinon mieux que la gang d'Yvon Michel à Montréal! » Aux yeux d'Angémil et d'Olivette – et c'est le principal reproche que la famille formulera toujours à son égard –, Stéphan Larouche se serait grandi s'il avait joint à ses paroles un comportement dans le même ton. « Mais ce n'était pas le cas, se rappelle Olivette Ouellet. Dès qu'Yvon Michel se présentait à Jonquière, Stéphan Larouche lui faisait une telle façon, il jouait un tel double jeu que ça nous faisait beaucoup douter de sa sincérité. Sans compter que, sur le fond de la question, il avait également tort : loin d'être inutiles, les camps d'entraînement de Stéphane à Montréal l'aidaient considérable-ment. Pour nous, c'était flagrant de voir combien il en revenait chaque fois meilleur et plus motivé. »

Au crédit de Larouche, preuve qu'il ne fabule pas en pressentant l'intérêt d'Yvon Michel pour son poulain, ce sont ces bruits qui commencent à courir, obligeant les journalistes à prêter l'oreille. En mars 1988, l'hebdomadaire de Jonquière *Le Réveil* aborde d'ailleurs la question avec Stéphane. « *Quant à l'idée de devoir s'expatrier à Montréal pour poursuivre son entraînement*, écrit le journaliste Michel Villeneuve, *Ouellet refuse de l'envisager, du moins pour l'instant. "C'est ici, parmi mes amis, que je me sens bien, dit-il. Et avec Stéphan Larouche, je pourrais certainement m'améliorer encore".* »

Il y a longtemps, à ce moment, que la Fédération québécoise assigne à Stéphane Ouellet un objectif pour lequel une amélioration est souhaitable (quoique plusieurs experts canadiens et européens le lui concèdent déjà): une médaille d'or aux 5e Championnats du monde junior, octroyés à la ville de Paris, mais finalement présentés dans l'île de Porto Rico.

La seule condition que doit remplir un boxeur canadien pour

assurer sa présence à Porto Rico, c'est de gagner les Championnats nationaux qui se déroulent neuf mois plus tôt, en décembre 1988, à Winnipeg. Que Stéphane Ouellet y parvienne pour la quatrième année d'affilée, avec l'aisance d'un boxeur comptant alors 71 victoires – dont 46 consécutives – n'a rien d'étonnant. Dans son cas, c'est presque de l'ordinaire. Mais, en revanche, que Christian Gagnon et Pierre Bouchard l'imitent en obtenant aussi leur ticket pour Porto Rico représente un véritable exploit : il s'agit en effet de la première fois que trois boxeurs canadiens-français se qualifient sous les couleurs canadiennes pour une compétition internationale, tout en appartenant à un même club de boxe régional! Dans les journaux du Saguenay, on parle alors de « *page d'histoire* » et on devine sans peine que le Club de boxe de Jonquière, un peu plus de 10 ans après sa création, arrive incontestablement à son zénith. Pourtant, rien de tout ça n'aurait pu se produire si on considérait les décisions prises au début de cette année 1988-1989.

À l'ouverture de la saison, Ouellet, Gagnon et Bouchard, en pleine croissance, s'étaient en effet présentés tous les trois à un poids avoisinant les 147 livres. En théorie, cela aurait dû les contraindre à s'affronter dans la même catégorie, celle des welters. Ce qui bien sûr était un non-sens : d'abord individuellement, dans la mesure où Ouellet battant les deux autres, il les empêchait de devenir champions québécois et canadiens; mais aussi collectivement, car les subventions gouvernementales des clubs étaient octroyées en fonction du nombre d'athlètes d'élite. Il fallait donc trancher et répartir les forces dans trois classes de poids, petit exercice auquel les dirigeants commençaient par ailleurs à s'habituer avec trois boxeurs physiquement semblables. Et c'est ainsi qu'en vue de Porto Rico, on s'était entendus pour que Ouellet évolue à 147 livres, Gagnon à 156 et Bouchard à 165, ce dernier étant le plus apte à accepter autant de nouveaux muscles.

Il y avait cependant d'autres fois où Larouche et Tremblay tranchaient d'une manière qui déplaisait aux parents de Stéphane : ils analysaient dans quelle catégorie la compétition était le plus féroce... et ils y présentaient Stéphane, sans égard à son poids naturel. Certes, ce n'était pas ce qui l'empêchait de gagner une main dans le dos, mais quand même, c'était comme s'il était pénalisé par son talent. La plupart du temps, on lui accordait le privilège du choix, ce qui n'était contesté par personne (les deux autres sachant nulles leurs chances de le vaincre dans un tournoi), sinon par ses parents, qui contestaient le fait que Stéphane soit souvent favorisé, alors que son indiscipline aurait dû le défavoriser. Car c'était l'époque où un début de délinquance le conduirait, l'année suivante, à être banni du Club.

Pierre Bouchard, qui avait choisi cette importante année de Championnats mondiaux pour se lier encore plus avec Stéphane Ouellet, se rappelle toutefois que les frasques de son coéquipier étaient somme toute anodines. « Elles n'étaient pas beaucoup plus graves que les nôtres. Stéphane, Poirier et moi, on commettait les mêmes excès, on se soûlait dans les mêmes occasions, mais à cette toute petite différence que Stéphane, en excessif qu'il était, allait toujours un peu plus loin. En fait, le feu rouge qui s'allumait dans nos têtes ne semblait pas exister chez Stéphane. Et puis, au contraire de nous, Stéphane n'était pas du genre à se cacher pour faire ses mauvais coups. C'était drôle, parce que les gens nous demandaient pourquoi on se tenait avec un gars comme lui, comment on faisait pour l'aimer, l'endurer. Ce que les gens ne savaient pas, c'est que nous étions presque aussi indisciplinés que lui. Mais bien plus hypocrites! »

Ils étaient nombreux, pour en avoir été témoins, à pouvoir raconter que c'est à cette période-là que les choses s'étaient mises à changer chez Stéphane. Son tempérament, son comportement, son entourage... et son rêve, forcément, car c'est aussi à ce moment que le sien, son unique rêve, prit graduellement forme dans sa tête. Ce n'était pas le rêve d'une ceinture, c'était celui d'une veste.

Son unique rêve? Non. Chaque fois qu'il revenait de la polyvalente, il rapportait un nouveau rêve dans son imaginaire. Selon les jours, le rêve s'appelait Linda, Lydie, ou encore Monia, dont les routes croiseraient de nouveau la sienne plus tard. La première, qu'il avait côtoyée dans une classe de chimie, deviendrait la conjointe de l'avocat appelé à le défendre dans une cause d'ivresse au volant en 1991. La deuxième – « la plus belle fille avec laquelle j'ai jamais sorti » – connue au cours de chimie aussi, partagerait sa vie assez longtemps pour lui donner deux fils. Et la troisième, rencontrée dans une classe de rattrapage de mathématiques, serait sa compagne de vie dans les années les plus marquantes de sa carrière professionnelle. « À l'époque, dit Stéphane, je classais Linda sur le même pied que Lydie, c'est-à-dire parmi les filles inaccessibles en raison de leur fantastique beauté. Le seul moyen que j'avais trouvé pour être en leur compagnie, c'était de rêver à elles... en me masturbant. »

Dans les équipes du Québec comme dans les équipes nationales de la génération de Stéphane, la masturbation n'était pas toujours un plaisir solitaire... Puisque, à l'occasion, on faisait des « concours de masturbation ».

Les seules fois où ça tournait mal, c'était avec les parents... quand Yvon Michel les informait. « Une fois, j'avais failli mourir de gêne devant ma mère, raconte Stéphane. C'était un 24 décembre, je revenais d'un camp d'entraînement à Montréal et je devais y retourner tout de suite après Noël. J'arrive à Jonquière tout heureux, je me suis ennuyé et j'ai hâte de voir mes parents. Ma mère vient me chercher au terminus d'autobus. Mais elle ne semble pas trop contente de me retrouver...

   — Qu'est-ce t'as? T'as pas l'air de filer...

   — Pas beaucoup, non...

   — Qu'est-ce qu'il y a?

   — Il y a qu'il paraît que tu *fais simple* dans les camps d'entraînement à Montréal...

« Sur le coup, je ne me suis sincèrement douté de rien. Pour dire la vérité, on faisait pas mal de conneries à Montréal et ma mère pouvait faire référence à beaucoup de trucs.

   — Il paraît que tu t'es masturbé...

« On ne pourra jamais savoir à quel point j'étais gêné et honteux quand j'ai entendu ma mère prononcer le mot "masturber"... Comme si elle me voyait en pleine action. Mais le pire, c'est que le contraire était aussi vrai : plus j'y repensais moi-même, plus je me revoyais en train de me branler, plus j'étais gêné parce que j'avais maintenant le sentiment de le faire devant ma mère, sachant qu'elle avait alors en tête la même image. »

Hormis pour les « concours de masturbation », Olivette Ouellet afficherait toujours une belle ouverture d'esprit en regard de l'éveil sexuel de celui qu'elle appelait toujours « son bébé ». À preuve, l'une des premières visites du Stéphane adolescent chez les danseuses nues, à la suite de laquelle il avait à la fois hérité du mal – des champignons autour de la bouche – et du remède, celui de maman : « Voyons, Stéphane, il ne faut pas embrasser ces seins que tout le monde embrasse à cœur de journée. » Dans ces situations, Olivette Ouellet devait admettre que « son bébé » avait bien changé : « Quand Stéphane était jeune, et qu'il voyait son père me bécoter les pieds, il disait "beurk", plissait les lèvres avec dédain, et jurait que jamais il ne ferait une chose pareille. » Des années plus tard, il bécotait des nichons malpropres!

Il avait aimé très tôt les bars de strip-tease et avait pris l'habitude d'y aller de temps à autre. Rien ne lui convenait mieux que ces établissements souvent sinistres et sombres, où il pouvait s'accouder quiètement à un comptoir en écoutant une musique qu'il aimait. Des fois c'était celle du juke-box, moins abêtissante que celle des discos. Mais le plus souvent, c'était celle des danseuses, qui venaient s'asseoir à ses côtés pour lui faire la conversation. De toutes les musiques qui jouaient à ses oreilles, c'était le discours de ces filles écorchées qu'il préférait : le récit de leur vie, leurs joies, leurs peines, leurs problèmes, leur expérience avec la drogue, leurs sentiments, jusqu'à leur vision du monde de la boxe, qui ne manquait certainement pas d'affinités avec celui du strip-tease en jouant sur les pulsions. Stéphane Ouellet était un *boarder walker* qui, animé par la curiosité, n'aimait rien tant que de découvrir le fonctionnement, les rites, les règles, la hiérarchie, bref les coulisses des mondes parallèles. Celui des danseuses nues, des motards, des punks.

Oui, il avait aimé très tôt les bars de strip-tease, au point de leur faire l'honneur de ses premières payes. Trois ou quatre cents dollars que lui envoyait chaque mois le gouvernement canadien pour avoir atteint des standards le confirmant « athlète d'élite ». Il allait les dépenser *Au Vieux Moisan*, à deux pas de chez lui, angle Saint-Hubert et de la Fabrique. On disait que la boîte ressemblait au *Moulin rouge* autant que Jonquière pouvait ressembler à Paris! « L'année de notre cinquième secondaire, Stéphane et moi avons décroché en même temps, se souvient Simon Larouche, un ami de cette époque. Quand Stéphane n'était pas à l'extérieur pour une compétition, nous avions donc nos grandes journées à flâner. Nous attendions alors désespérément sa subvention pour aller passer nos après-midi *Au Vieux Moisan.* »

Si Stéphane avait très tôt découvert son corps, il n'avait pas battu de record de précocité quant à sa première relation amoureuse. Aussi *slow starter* dans ses amours que dans ses débuts de match, Stéphane avait 17 ans quand il se fit une première copine, Sandra Dufour, 15 ans. Une enfant, donc, en tout cas aux yeux de ses parents. Mais une enfant ne l'est plus aux yeux de ses parents le jour où elle demande à découcher. « Dis, maman, je voudrais que Sandra passe la nuit ici. Tu ne pourrais pas téléphoner à sa mère et lui raconter un petit mensonge? » Olivette Ouellet et les mensonges, ça n'allait pas ensemble. « J'aime mieux blesser, disait-elle, que de taire une vérité. » Olivette avait toisé l'amie de Stéphane : « Si tu désires coucher ici, Sandra, tu devras toi-même appeler ta mère et le lui demander. » Lorsque ladite mère voulut plus tard en discuter avec Mme Ouellet, cette dernière démontra encore une fois son gros bon sens : « Si nous refusons, Mme Dufour, que pensez-vous que Stéphane et Sandra vont faire?

Où pensez-vous qu'ils vont aller, pour coucher ensemble? S'ils sont vraiment décidés, ce n'est pas notre décision qui va les en empêcher. Ils vont tout simplement se chercher un autre endroit. »

En août 1989, séparés l'un de l'autre durant la tenue des Championnats du monde de Porto Rico, les amoureux s'étaient retrouvés en sol jonquiérois au retour de Stéphane. Mais pendant qu'ils faisaient l'amour, Stéphane avait été intrigué en voyant les yeux remplis de larmes de Sandra. De la tristesse? Mais qu'est-ce qu'il y a? Pourquoi pleures-tu? « Ce... ce n'est rien... c'est que je me suis terriblement ennuyée de toi. Tu jures que, la prochaine fois où tu partiras te battre, tu m'emmèneras? Tu le jures? » Longtemps, Stéphane s'était demandé s'il devait croire à sa peine. Il avait le pressentiment qu'elle pleurait pour un autre. À cause d'un autre. Alors il l'avait soupçonnée de l'avoir trompé avec l'un de ses meilleurs amis, pendant que lui était « pris » avec Gagnon et Bouchard dans une chambre de Porto Rico.

Toujours ces doutes sur les autres. Ces doutes sur lui-même. Cette insécurité. Cette anxiété. La même qui lui faisait perdre la moitié de ses moyens durant les combats.

Et qui, un jour – c'était dans les débuts de sa vie sexuelle –, lui avait fait perdre trois fois son érection. Chaque fois au plus mauvais moment. Trois knock-down à la suite desquels la fille – superbe, c'était bien ça, le pire – avait perdu patience : « Cout'donc, as-tu un problème? » Oui il en avait un, et par son exaspération elle venait très certainement de l'aggraver pour de nombreuses années.

« Lorsque je rencontrais une fille et que je devenais trop excité, j'avais de la difficulté à la pénétrer, car je perdais mon érection. Je bandais, ce n'était pas le problème, mais je devenais tellement nerveux que je débandais au moment crucial. Cette fois-là, avec la fille en question, c'était pourtant la première fois que ça m'arrivait... Au lieu de m'encourager, elle m'avait carrément fragilisé en me brusquant. Je dirais même qu'à un âge aussi critique, elle m'avait donné le coup de grâce. Par la suite, le problème s'est amplifié. Mais plus j'essayais de le régler, plus je m'enlisais. J'y songeais trop. J'étais tourmenté dès qu'une relation sexuelle approchait. Je faisais de l'angoisse, je devenais tout en sueur et, au moment de la pénétration, j'avais les bras qui tremblaient. C'était invivable. À mon avis, ces problèmes-là sont les pires qui puissent advenir à un gars. Car cela met en cause non seulement sa fierté, mais sa fonction première, c'est-à-dire la reproduction. Le gars est atteint au cœur même de son essence. Et c'est pire quand la fille, qui attend un plaisir qui ne vient pas, n'est pas trop compréhensive. »

Tous ces doutes. Sur lui-même. Sur les autres. Et, après tant de baises ratées, le jugement des autres sur sa réputation.

Stressant, ce l'était donc avant, pendant, mais surtout après une relation sexuelle, quand il redoutait les rumeurs que les filles pourraient laisser courir sur son compte : « Ouellet est une bitte molle! » Pourtant, il s'inquiétait inutilement. La seule fois où une allusion de ce genre lui viendrait aux oreilles, elle ne venait pas d'une fille : le responsable, ce serait... Yvon Michel! Dire à quel point la chose l'avait blessé? Cela s'était produit dans les coulisses de l'émission *L'Écuyer*, à Radio-Canada, où il avait été un temps considéré comme un habitué. Comme il allait faire son apparition sur le plateau, devant foule et téléspectateurs, Michel s'était moqué du chandail qu'il portait – plus ajusté que moulant : « T'as l'air d'un gay avec ça sur le dos! » L'entraîneur n'en avait pas dit davantage, il en avait dit juste assez pour faire la démonstration qu'il n'aurait pas toujours la psychologie requise pour communiquer avec son boxeur. Chaque fois qu'Yvon Michel l'avait attaqué sur son apparence, Stéphane savait qu'il ne s'agissait pas d'un commentaire maladroit. C'était l'expression d'une méchanceté qui trouvait probablement sa source dans toutes les frustrations vécues par Michel à ses côtés, en rapport avec la conduite de sa vie.

Quand Stéphane n'estimait pas que c'était de la méchanceté gratuite, il concluait à de la jalousie. Comme ce jour de décembre 1996, quelque temps après sa première victoire contre Edward Allen Hall. Michel l'avait rencontré au réfectoire du Complexe Claude-Robillard. Insatisfait de son entraînement, de sa performance – il avait essuyé un autre knock-down face à un boxeur vieillissant – Michel avait voulu le secouer. Pour le secouer, il l'avait secoué.

— Tu ne te vois certainement pas aller, Stéphane... Non mais, regarde-toi un peu : t'as l'air de plus en plus vieux, t'es pas beaucoup en forme, tu perds tes cheveux... Il va falloir que tu commences à prendre soin de toi!

En réalité, Michel avait secoué deux individus pour le prix d'un, car il avait tenu ces propos en présence d'un ami de Stéphane, Marin Savard. Michel parti et Ouellet atteint dans son estime, Savard s'était vidé le cœur :

— Crisse, c'est ben de valeur, Stéphane, mais ce gars-là n'a pas le droit de te parler comme ça. Il peut te dire n'importe quoi, que tu t'entraînes mal, que tu boxes mal, mais il n'a pas le droit de t'attaquer sur ton physique et de te reprocher de perdre tes cheveux. Ciboire c'est toujours ben pas de ta faute... Non mais, pourquoi y fait ça?

« Je ne sais pas pourquoi il me dit des choses comme ça, avait répondu Stéphane. Mais dans le fond, je connais la raison : c'est de la jalousie pure et simple. Je suis sûr qu'il est jaloux de moi. Je ne vois pas autre chose. » Avec les années, cette certitude se renforcerait. Au temps d'InterBox, ce ne serait plus rare de l'entendre déclarer, les fois où il serait humilié : « Ce gars-là est jaloux de ma popularité. Comme s'il n'acceptait pas que sa popularité ne soit jamais parvenue à surpasser la mienne. »

En fait, on se faisait un juste portrait du comportement de Michel quand on le comparait avec celui de Deano Clavet, au cours des mois qu'il passa à entraîner Stéphane Ouellet. Certes, Clavet pécha sur d'autres points et eut d'autres torts, mais il reste qu'il complimenta Stéphane plus souvent en quelques mois que Michel en 10 ans! Macho s'il en est un, Clavet ne s'embarrassait pourtant pas de souligner presque quotidiennement la beauté de son boxeur, répétant qu'il avait tous les attributs pour devenir manne-quin. Un jour, surpassant l'habituelle malaise des hommes à s'avouer ce genre de truc, il l'avait même gratifié d'un sincère « Je t'aime ». Cette fois-là, Stéphane avait été touché droit au cœur. Pas une seule fois Yvon Michel n'avait daigné lui dire une telle chose.

La réalité, c'est qu'avec Ouellet, Michel n'agissait pas par calcul mais par nature. À la fin de juin 2000, Michel appela Ouellet. Le manager-promoteur célébrant son anniversaire, le boxeur lui avait d'abord transmis ses vœux de circonstance avant de lui demander son âge.

— Quarante-sept ans!

— Quarante-sept... ben félicitations, Yvon. Honnêtement, je te regardais ce matin au gymnase et tu as l'air de plus en plus jeune...

— Merci, mais je ne peux malheureusement pas en dire autant de toi... Il y a même certaines personnes qui commencent à trouver que tu es *punchy*, Stéphane. Tu es le premier de mes boxeurs dont on dit une telle chose.

Quand il parlait de « certaines personnes », Michel faisait allusion aux gens de la Régie des alcools, des courses et des jeux. Ces messieurs avaient alors entamé à l'égard de Ouellet une longue période de harcèlement visant à lui imposer à répétition des examens psychométriques censés prouver sa bonne santé mentale. Dans l'air, il y avait un hypothétique combat de Championnat du monde contre l'Anglais Catley, mais c'était l'époque où Ouellet ne semblait plus en mesure de redevenir lui-même après ses deux échecs contre Dave Hilton.

— En plus, Stéphane, à peu près personne ne te croit capable de battre Catley. On dirait que je reste le seul à le penser et à essayer de convaincre les autres...

Il avait raccroché. Pourquoi Michel était-il encore et toujours si indélicat quand il évoquait son apparence? Cherchait-il à lui faire comprendre quelque chose en lui disant qu'il vieillissait mal? Et surtout, pourquoi lui affirmait-il qu'il était le seul à croire en lui? « Pour afficher son pouvoir, avait-il pensé. Ou, tout simplement, pour que je me sente toujours accroché à lui. »

« Est-ce que je suis vraiment *punchy*? » Il avait aussitôt repris le téléphone pour poser la question à l'un de ses proches : « Sincèrement, est-ce que je suis un gars *punchy*? » Yvon Michel lui avait mentionné que c'était de la *Régie* qu'émanaient ces doutes, en raison de tous les knock-out qu'il avait subis au cours des derniers mois. Pourtant, Ouellet n'avait été récemment victime que d'un seul véritable knock-out – pendant le deuxième combat contre Hilton –, et il était reconnu comme un boxeur trop souvent inactif et trop peu friand de sessions de *sparring*! D'ailleurs, en même temps qu'on connaîtrait plus tard le nom du harceleur, on apprendrait que l'imposition des examens psychométriques n'avait rien à voir avec la boxe.

— Allez, réponds. J'ai besoin de savoir la vérité...

— *Punchy*? Voyons, tu veux rire... T'es bien trop drôle et vif d'esprit pour qu'on puisse seulement penser ça. Et l'humour, c'est encore la plus belle preuve d'intelligence.

— D'accord, mais est-ce que je parle mal?

— Ah! ça, c'est sûr. Mais c'est beaucoup parce que tu ne te forces pas. Des fois, c'est tout juste si tu ne le fais pas exprès. Tu es certainement capable de mieux parler.

Parler. Malgré sa remarquable éloquence, il était dit que jamais Yvon Michel n'apprendrait la manière de dialoguer avec celui qu'on a pourtant longtemps présenté comme son ami. Concédons que les discussions avec un pur-sang rétif comme Ouellet pouvaient être compliquées. Mais peut-être Michel les rendait-il plus difficiles, en raison de ce petit côté qui le poussait à abreuver ses boxeurs de lassantes homélies? Les fois où Michel ne versait pas dans le prêchi-prêcha, c'était pour Stéphane Ouellet une délivrance et une surprise, suffisamment appréciées pour ne pas les passer sous silence. Alors on l'entendait dire: « Crisse que c'était plaisant de parler avec Yvon aujourd'hui. Une vraie conversation d'adultes, sans sermons inutiles, et ça ne nous a pas empêchés de nous dire ce qu'on avait à se dire. »

Indélicat, mesquin, jaloux, moralisateur... Pourtant, n'est-ce pas ce même entraîneur qui avait accordé à Stéphane un chapelet de « secondes chances », après lui avoir cent fois juré qu'il ne l'entraînerait plus? Il avait maintes fois su se montrer compréhensif et conciliant face aux écarts de son boxeur.

En vérité, on hésite réellement à faire l'éloge de Michel. À la source de cette hésitation, il y a surtout une conversation avec Stéphan Larouche, en mai 2001, quelques heures à peine après qu'Yvon Michel eut refusé le retour de Stéphane Ouellet dans l'entourage du groupe InterBox (ce qui provoquera l'éphémère association avec Dave Hilton senior). Ouellet s'attendait plutôt à une réponse positive, et Larouche avait déclaré que c'était une réaction normale, dans la mesure où Yvon Michel avait toujours dit oui à ses multiples retours.

Et dit non dès l'instant où il fut sûr que ce garçon-là ne pouvait plus l'aider à faire prospérer sa situation personnelle, déjà enviable.

Stéphane Ouellet avait cette fois-là souhaité que Michel l'étonne et consente à son retour chez InterBox. Une année plus tôt, alors que les relations entre les deux hommes se présentaient sous de bien meilleurs auspices, Ouellet avait déjà parfaitement brossé le portrait de son entraîneur-gérant : « C'est vrai, Yvon Michel a fait quantité de trucs pour moi et il m'a beaucoup aidé. Je ne l'ai jamais nié. Il y a cependant une chose que les gens oublient : c'est que, tout cela, il ne l'a pas fait gratuitement, juste pour moi, pour ma réussite. Il l'a aussi fait pour sa propre promotion, mes succès devenant également les siens. La plus belle preuve, c'est qu'il a aujourd'hui un très bon job, très en vue et très bien payé, au sein d'une grande organisation. Et ça, Yvon Michel en a toujours été conscient... »

La vraie surprise à propos de Stéphane Ouellet et d'Yvon Michel est moins dans ce qu'ils ont ressenti l'un pour l'autre que dans ce qu'ils n'ont pas ressenti l'un pour l'autre, malgré tout ce qu'a pu tenter de faire croire la presse. C'est-à-dire aucune amitié digne de ce nom.

Stéphane, loin d'avoir cherché à côtoyer Yvon Michel à l'extérieur de la salle, disait que sa plus grande crainte était de le voir arriver à l'improviste chez lui, et de se faire surprendre dans les états lamentables où il se mettait souvent avec les drogues et l'alcool. Il n'y avait pas que cela. À la base, Stéphane Ouellet n'était pas exactement un fan de la personnalité d'Yvon Michel. Karine Turcotte, compagne de vie du boxeur de 1991 à 1994, et Marin Savard, proche ami pendant encore plus longtemps, avouent se souvenir de bien peu de commentaires positifs envers Yvon Michel.

« Stéphane en disait rarement du bien », dit Karine en ajoutant qu'elle était toutefois certaine qu'il éprouvait pour son coach un réel respect professionnel. « Quand il parlait de lui, c'étaient des trucs comme "Hostie qu'il me tanne" ou "Hostie qu'il ne l'a pas." De temps à autre, il arrivait aussi que Michel nous invite à souper, mais Stéphane me répondait toujours : "Voyons donc, penses-tu vraiment que je vais aller souper là?" » Quant à Marin, il affirme : « J'ai vu plus souvent Stéphane pleurer et avoir de la peine parce qu'il s'était chicané avec Yvon que j'ai pu l'entendre en dire du bien. »

Cela dit, aussi nombreuses étaient les preuves que ces deux-là n'avaient pas été de grands amis, elles n'empêchaient pas certaines personnes de prétendre que Michel avait aimé Ouellet comme son propre fils. Stéphan Larouche, pour sa part, explique que la vie de couple de Michel se délitait toutes les fois que les histoires de son boxeur l'absorbaient trop.

Karine Turcotte, une amie d'enfance de la compagne d'Yvon Michel, Alexandra Croft, raconte : « La blonde d'Yvon, assez précieuse et superficielle merci, n'avait jamais rien compris de mon amour pour Stéphane. À ses yeux, ce gars-là n'était qu'un crotté incapable ne serait-ce que d'une petite once de classe. Elle avait du dégoût pour lui, mais aussi du ressentiment, parce que les frasques de Stéphane affectaient considérablement Yvon, qui, pendant de longues périodes, n'était plus le même à la maison. Et elle était la première à en payer le prix. Ce qui lui faisait une raison de plus de détester Stéphane. Elle gueulait : "Crisse, Yvon, pourquoi tu continues de l'aimer autant? Pourquoi tu continues de te briser le moral avec lui, d'être chaque fois déçu? Ce gars-là ne changera jamais, c'est un alcoolique et un drogué. Vas-tu un jour comprendre ça, une fois pour toutes?" Mais la situation était plus complexe qu'elle ne le pensait. Car, à mon avis, Yvon Michel a ni plus ni moins considéré Stéphane comme le fils que la vie ne lui avait pas donné, mais que la boxe lui avait envoyé en décembre 1989. »

Il faut préciser qu'au cours de ses trois années avec Stéphane, Karine Turcotte a fort peu côtoyé Yvon Michel et ne l'a donc vu que rarement agir en présence de Stéphane, ce dernier vivant à Montréal alors qu'elle habitait toujours Jonquière. Quant aux propos de la compagne d'Yvon Michel, ils ne sauraient rien prouver non plus. Comment pouvait-elle faire la nuance entre aimer Stéphane Ouellet et aimer tout ce que pouvait lui apporter Stéphane Ouellet?

Yvon Michel et Stéphane Ouellet. Un père et son fils? Les deux plus grands amis du monde? La réalité, c'est qu'ils étaient patron et employé. Les fois où on le remarquait peut-être le plus, c'était dans les dernières années de leur association, chez InterBox, quand Michel (qui n'entraînait plus) s'offrait une rare visite au gymnase. Pendant que l'employé travaillait à l'intérieur des cordes, le patron prenait furtivement place au bas de l'arène et épiait la forme et la technique de son boxeur, tel un président de compagnie venu sans avertissement à l'usine observer l'efficacité de sa chaîne de montage. Du fait que sa carrière était alors plus que jamais à la merci des décisions de Michel, Stéphane Ouellet vivait ces moments avec passablement de tension. Et si la visite du patron coïncidait avec une mise de gants, cela suffisait à affecter la performance de l'employé : « Non, je ne suis pas complètement satisfait de mon entraînement aujourd'hui. Je savais qu'Yvon me regardait et ça me stressait. »

Yvon Michel et Stéphane Ouellet. Le patron et son employé, avec tout ce que cela suppose de furie quand l'employé, au bout de 10 ans, atteint le point de non-retour et ne peut plus souffrir l'autorité une seconde de plus. Alors c'est l'inévitable rupture, quasiment attendue par le patron, qui la commenterait ensuite à la radio de CKAC, à peu près dans ces termes-là : « *Nous nous sommes engueulés cette fois-là comme des dizaines d'autres fois auparavant. Et ça, c'était presque normal pour moi parce que, côté discipline, j'ai toujours été sur la ligne de feu avec lui.* »

***

Le commencement de la fin. C'était toujours ce que signifiait le mois d'août : le commencement de la fin des vacances. Pour Stéphane Ouellet, les rentrées scolaires marquaient moins la fin que le prolongement de la farniente. Déjà qu'il n'avait jamais rien eu de l'élève modèle – « Je me suis toujours ennuyé à l'école, parce que je n'aime pas étudier et encore moins écouter ce que les professeurs ont à dire » –, il avait été, au cours de ces années-là, encore plus démotivé : « Non mais, qu'est-ce que je fais encore à l'école, dans ces conditions-là ? »

« Dans ces conditions-là », ça voulait dire une époque où les bancs d'école n'avaient plus de poids comparé aux tabourets de boxe, et pour une raison bien simple : Stéphane était presque toujours parti à l'étranger. « Je me souviens même, raconte-t-il, d'un voyage de boxe qui dura plus de trois semaines ! C'était l'enfer... et principalement pour le retour à l'école. Je revenais en classe en ne sachant même plus à quel cours me présenter! Juste pour me démêler, ça me prenait 30 bonnes minutes! J'arrivais donc en retard avec, dans mon cartable, pêle-mêle, les notes de cours de toutes mes matières. En classe, il m'arrivait d'écouter les profs, mais c'était rare. Évidemment, mes résultats scolaires n'ont jamais été fameux – autour de 60% – mais dans les circonstances, on peut presque dire que c'était bon.

« Le plus fascinant, c'était que les profs me laissaient tout faire à ma guise, sans trop se soucier de moi. Je pouvais très bien décider, comme ça, en plein milieu d'un cours, de partir, sans que ça dérange ni scandalise personne... sauf peut-être un prof d'anglais. Avec lui, c'était la guerre. Leduc, qu'il s'appelait, je crois. Un jour, après que j'ai été absent très longtemps, il avait tenu à me faire exécuter le même travail que les autres. C'était une décision ridicule et je lui avais dit que, jamais, au grand jamais, je ne ferais son crisse de travail. Insulté, il m'avait expulsé de son cours. Mais il ignorait que j'avais une alliée dans le personnel de l'école. La directrice, Nicole Dubé-Gagnon. C'est fou ce que cette dame-là m'a marqué. Toutes les fois où on me réservait ce genre de traitement, je descendais à son bureau et on se mettait à discuter de plein de choses. Elle était si gentille. Dans le dossier du prof d'anglais, elle m'avait appuyé. Je lui avais demandé de me changer de cours et elle avait accepté.

« Mais à part ce prof, je faisais pas mal ce que je voulais en classe. Je me considérais au-dessus de tout et je me prenais, disons-le, un peu pour un autre... Cet "autre", c'était le *King*, le surnom qu'on m'avait donné et qu'il me faisait tant plaisir d'entendre. Honnêtement, je vivais un trip de pouvoir qui, à cet âge-là, n'a pas été du tout déplaisant!

« Qu'est-ce que je faisais à l'école? Plus j'y repense et plus je me rappelle que j'y allais seulement pour revoir les gars et rencontrer des filles. »

Août 1989. Le commencement de la fin, donc. Celui de son stage chez les juniors, qui venait à échéance après les *V Campeonato Mundial de Boxeo Aficionado Juvenil, en el Coliseo Ruben Rodriguez, de la ciudad de Bayamon, Puerto Rico, entre los dias 9 al 17 de agosto*, comme on le voyait sur les affiches de la ville.

Août 1989. Comme Dalida le chantait, *il venait d'avoir dix-huit ans* (depuis le 6 juin), *il était beau comme un enfant, fort comme un homme...* N'empêche, considérant la très forte opposition qui l'attendait à Porto Rico, il y avait des chances que cela soit aussi le commencement de la fin de sa remarquable série de 52 victoires consécutives. D'autant que, cette compétition, il ne l'attaquait malheureusement pas dans les meilleures dispositions. Victime en février d'une fracture à un doigt de la main gauche – la première d'une longue série de blessures aux mains qui mettrait sa carrière en péril – il avait été deux mois inactif et n'avait pu compter que sur deux tournois préparatoires pour retrouver ses marques. D'abord les Championnats du Québec à la fin de mai, où il avait battu en finale Éric Lucas qui, selon Stéphan Larouche cité dans l'hebdomadaire *Le Réveil*, « *avait pourtant déclaré sur tous les toits qu'il allait mettre fin à la série de triomphes consécutifs, ce qu'il n'a pas réussi malgré la longue inactivité de Stéphane* ».

Puis, début juin, il avait célébré sa majorité au tournoi international junior d'Italie, en méritant la médaille d'or, et accessoirement le trophée du Dieu de la guerre, remis au meilleur boxeur de la compétition. À l'ordinaire reconnu pour ne faire aucun cas de toute la quincaillerie dont on le couvrait, il avait cette fois rapporté au Québec cette statuette qui lui renvoyait une image, un symbole qu'il affectionnait, celui d'un combattant primitif. Dans le salon de la maison familiale, à Jonquière, c'est d'ailleurs l'une des seules reliques qui témoignent aujourd'hui de ses exploits.

Il allait se souvenir de l'Italie et l'Italie allait se souvenir de lui. Au point d'empêcher l'équipe nationale du Canada de participer au tournoi l'année suivante. D'abord, il y avait eu son insupportable odeur corporelle, qui s'était accentuée au cours de la semaine, et qui était multipliée par trois quand Girouard et Gagnon l'accompagnaient. « C'était un peu de ma faute, admet Christian Gagnon en pouffant de rire. Car, au cours de ce voyage-là, on avait égaré mes bagages. Comme je n'avais ni vêtements pour me changer ni trousse de toilette pour me laver, Girouard et Ouellet, qui partageaient ma chambre, avaient convenu d'un pacte avec moi : tous les trois, nous passerions la semaine sans nous changer ni nous laver, ne nous permettant qu'une douche, juste avant notre départ d'Italie! Vous dire à quel point nous avons pué! On s'était entraînés tous les jours; on avait fait deux ou trois combats chacun; nos cheveux étaient non seulement gras, mais pleins de sang, de morve, de salive... C'était dégueulasse! On avait l'air de trois gros cochons. »

Pourtant, ce n'était pas le pire souvenir qu'ils allaient laisser aux Italiens. Du moins, ce ne fut pas pour celui-là que l'équipe canadienne reçut plus tard une facture d'environ 700 dollars. « La dernière soirée, se rappelle Gagnon, nous nous étions beaucoup saoulés. C'était, oui, une chose qu'on se permettait, mais seulement une fois la compétition finie. Pendant, ça aurait été complètement insensé, les combats étaient trop durs. Le seul qui pouvait à l'occasion se permettre de courir un tel risque, c'était évidemment Stéphane, à cause de son talent et de sa capacité de récupération. Donc ce dernier soir-là, on buvait dans notre chambre quand Stéphane était sorti sur le balcon. Je ne sais plus à quel étage nous étions, mais c'était passablement haut : Stéphane s'était mis à pisser du balcon, et quand la pisse touchait la pierre de la rue, dans le silence de la nuit ça faisait un bruit d'enfer! »

Christian Gagnon continue en riant, comme Poirier et tous les autres coéquipiers de Stéphane quand ils racontent leurs souvenirs : « En fait, le bruit était assez fort pour alerter Larouche, qui était sorti sur son balcon pour voir ce qui se passait. Mais il n'avait pas eu le temps de distinguer celui qui pissait. Stéphane était rentré en vitesse, mort de rire. On savait que Larouche serait dans notre chambre dans 30 secondes. Quand il est entré, on faisait tous semblant de dormir. Ça ne l'avait pas trompé. Il était en colère : "C'est qui, le clown qui pissait dehors?" Pas de réponse. "C'est-tu trop vous demander d'agir comme des êtres humains? Sacrament, essayez de penser deux petites secondes que vous représentez le Canada, pis que vous êtes dans un hôtel!" Larouche parti, Girouard s'était endormi pour vrai et Stéphane en avait profité pour... lui pisser sur le torse! Durant la soirée, il n'avait pas été le seul à arroser la chambre. On avait tous les trois pissé un peu partout. À la fin, il régnait une odeur si âcre d'urine que ce n'était plus respirable. »

Deux mois après les aventures d'Italie, arrivé depuis une semaine au village des athlètes de Bayamon, à Porto Rico (c'était de cette ville qu'était originaire Hector *Macho* Camacho), Stéphane allait immortaliser sur le caméscope de Pierre Bouchard un boniment plus plaisantin que sérieux, certes, mais où il laisserait percer un peu de repentir. « *Devinez à qui sont ces grosses jambes,* badine-t-il en pointant du doigt ses mollets sur lesquels le cameraman avait zoomé. *Je savais que vous n'alliez pas le deviner, elles sont si musclées. En tout cas, on va oublier mes jambes pour le moment, elles sont déjà si souvent sujet de discussions. Aujourd'hui, je vais vous parler un peu de notre journée et un peu de la compétition... Nous sommes mardi, le 15 août 1989, à Porto Rico, Championnats du monde junior de boxe amateur... C'est une très belle journée, comme d'habitude... Aujourd'hui, nous avons deux boxeurs canadiens en action, Kirk Johnson et moi... Je pense que ça va être deux combats difficiles, du moins en ce qui me concerne, mais je pense être capable de m'en tirer à assez bon compte,* si je donne ce que... ah! et puis on va cesser de parler de ça parce que le *vrai sujet du jour, c'est le Canada, c'est du Canada qu'il faut parler...* » C'est alors qu'il s'était mis à véritablement caboter, avec beaucoup de pathos. Jouer ainsi des personnages, emprunter la voix d'un enfant ou d'un timbré au téléphone, ce sont des trucs qu'il aimera faire toute sa vie. « *Le Canada est un pays dont il faut être fier... Nous voyons de très belles choses au Canada, dont les oiseaux, les animaux et là je dis vraiment ce que je pense, mes sentiments, même si vous me trouvez peut-être plate. Je voulais donc te dire merci, Canada, merci de nous laisser te représenter, MÊME SI ON NE TE REPRÉSENTE PAS TOUJOURS COMME IL LE FAUT, merci, Canada... Canada... Canada* (il faisait maintenant mine de sangloter et d'être trop étranglé par l'émotion pour continuer)... *coupez... coupez...* »

De la comédie, donc. Et pourtant, on le sentait dans les documents qu'ils avaient tournés à Porto Rico, il y avait dans toute la délégation québécoise une réelle fierté à défendre les couleurs du pays. On *voyait* la fierté. Sur le ring d'abord, avec les deux magnifiques ensembles, l'un tout bleu, l'autre tout rouge, portés par les boxeurs canadiens en fonction de la couleur du coin qu'on leur assignait. Fierté dans les tribunes, aussi, où les mères des trois Jonquiérois agitaient en alternance petits et grands unifoliés. On *entendait* la fierté. « Ca-na-da, Ca-na-da, Ca-na-da », tous ces cris, ces encouragements, toute cette fierté scandée par les trois mères dans les moments opportuns, dans les derniers instants des combats, dans l'attente des décisions et après l'annonce des victoires. Quand on sait que tous ces Jonquiérois habitaient la région la plus nationaliste du Québec, il était un brin rigolo de les entendre hurler ces « Ca-na-da, Ca-na-da » avec autant de ferveur.

Le numéro un de la mission canadienne à Porto Rico, en sa qualité d'entraîneur en chef de l'équipe nationale junior, était bien entendu Yvon Michel. Compétent, il servait si bien le pays à la feuille d'érable rouge qu'on avait cru que c'était pour cette raison que les boxeurs, en secret, l'avaient surnommé *Big Red*. Il n'en était rien. Le sobriquet était péjoratif. *Big* renvoyait au *Big Brother* d'Orwell, dénonçait l'étendue de son contrôle, et de son autorité sur les boxeurs; *Red* visait la couleur de ses cheveux, en ces temps-là étonnamment rougeâtres... « *Big Red*, dit aujourd'hui Christian Gagnon, on avait beau rire de lui quand il n'était pas là, il reste qu'on le craignait pas mal. »

Le jeudi 17 août, jour de la cérémonie de clôture et dernière soirée de la délégation canadienne à Porto Rico, un Christian

Gagnon éméché allait d'ailleurs traiter Yvon Michel de tous les noms, de « dictateur » et d'« hostie de *Big Red* » surtout! Il choisirait une balade dans les rues de Bayamon, en compagnie de Bouchard et Ouellet, pour se vider le cœur. D'une voix forte, il lançait des injures à tous les vents, sans porter attention aux passants. « On peut penser, avoue maintenant Gagnon, que cette autorité-là était surtout cosmétique. Car tant que tu livrais la marchandise en compétition, il n'y avait pas trop de problèmes : les coaches passaient habituellement l'éponge sur la plupart des frasques... de la plupart des boxeurs! »

Sauf peut-être pour Stéphane Ouellet, à qui plusieurs avaient prédit l'or de la catégorie des welters, livrer la marchandise, ici à Porto Rico, n'impliquait pas gagner obligatoirement tous ses combats. Dans une compétition où figuraient des boxeurs comme le Cubain Joel Casamayor, le Mexicain Arnulfo Castillo, l'Allemand Marcus Beyer et les Américains Ivan Robinson, Oba Carr et Shane Mosley, faire belle figure était déjà méritoire. Respectivement défaits à leur premier et deuxième combats, Bouchard et Gagnon ne s'étaient donc pas discrédités, d'autant moins que Gagnon, battu 54-53 par un Portoricain, avait été victime d'une décision contestable.

Éliminés et libérés de toute tension, il restait aux deux Jonquiérois à encourager Stéphane jusqu'à la fin de son parcours, et à continuer de s'enthousiasmer devant le fabuleux spectacle que constituait une boxe offerte par les meilleurs juniors mondiaux. Pour cela, on n'aurait nul besoin de leur tordre un bras : ce sont en effet *tous* les combats que Bouchard et Gagnon auront vus! Si, logiquement, c'était cela « manger de la boxe », alors il fallait conclure que Ouellet, qui n'avait vu *aucun* match à l'exception de ceux de ses coéquipiers, avait fait une autre grève. Ce n'était ni sa première ni sa dernière. « C'est faux de prétendre que Stéphane n'aimait pas la boxe, affirme pourtant Pierre Bouchard. Pour en avoir fait pendant tant d'années, il a obligatoirement fallu qu'il aime ça. Mais en revanche, c'est vrai que la boxe ne l'a jamais passionné au point de lui faire regarder des combats. En fait, les seuls qu'il suivait, c'étaient les nôtres; il ne regardait même pas les combats de ses propres adversaires! Quand on lui demandait : "Comment il boxe, ton gars?", il répondait : "Je sais pas, je vais le voir au premier round!" Et la vérité, c'est qu'il le voyait effectivement très vite. Il avait ce don-là.

« Mais ce qui était particulier, c'est qu'il pouvait nous conseiller. Il nous répondait exactement comme le génie de la boxe qu'il était, c'est-à-dire un peu artistiquement, en disant par exemple : « Contre un tel, c'est très facile, tu fais ceci s'il fait cela. » Rien de plus élaboré, mais dans sa tête c'était toujours clair et il avait chaque fois détecté la faille de l'adversaire. Cela dit, inutile de lui demander de regarder un combat et de l'analyser techniquement, comme l'aurait fait un entraîneur. C'était carrément au-dessus de ses forces. »

Un jour, Yvon Michel lui avait donné au moins deux raisons pour expliquer sa seconde défaite face à Dave Hilton. D'abord, ces exercices pour renforcer les muscles du cou que Stéphane avait cessé de faire en passant chez les pros, et sans lesquels il n'avait donc pu améliorer sa capacité à encaisser. Ensuite et surtout, il lui avait dit que, pour progresser, il devait maintenant, comme tous les boxeurs, regarder la boxe, analyser les combats des meilleurs boxeurs, lire sur le sujet des magazines et des bouquins. Bref, redevenir l'élève boulimique qu'il avait été à 12, 13, 14 ans, au temps où il avait eu si faim d'apprendre les rudiments de son sport.

Mais Stéphane en avait été incapable.

Incapable de se rendre au Centre Molson, où il profitait de billets gratuits, assister aux galas auxquels il ne participait pas et qui présentaient pourtant des boxeurs avec lesquels il était très ami.

Incapable d'accepter les nombreuses invitations à se joindre à un groupe allant, dans un établissement sportif, suivre un grand combat sur écran géant.

Incapable d'étudier, par le truchement de la vidéo, la science de ses contemporains les plus doués, les Mosley, De La Hoya, Hopkins, Trinidad, Jones, et autres Hamed ou Barrera.

Il exécrait regarder de la boxe. Y compris – et surtout – la sienne, sauf pour quelques accès de nostalgie de temps en temps. Mais pour le reste, curieux comme il était, il aimait les nouvelles de boxe; il voulait connaître les détails des galas; savoir qui avait été bon, qui avait été mauvais, et si tel boxeur était apparu meilleur que lui; il aimait les courts comptes rendus des grands combats internationaux; il s'intéressait aux histoires parallèles des stars de la boxe, aux scandales, aux anecdotes, aux histoires d'amour, de cul, de haine.

On ne l'enquiquinait jamais avec une nouvelle de boxe, en autant qu'il lui était possible d'en faire rapidement le tour avant de passer à un autre sujet. Se battre lui-même lui causant déjà tant de soucis, la dernière chose dont il avait envie était de se tracasser avec les histoires des autres. C'était donc un bohème, un partisan de l'improvisation. Au grand déplaisir de ses coaches, pas question pour lui de voir les films de ses combats pour se corriger, ceux de ses adversaires pour préparer un plan de match détaillé. Une seule exception : ceux d'Omar Sheika, qu'il avait vus avant leur affrontement à Las Vegas, et qui l'avaient beaucoup impressionné. La stratégie, il allait toujours « voir ça dans le premier round ».

Dans l'après-midi du jeudi 10 août 1989, deux jours après l'arrivée de l'équipe canadienne à Bayamon – au cours desquels il avait souffert pour réduire son poids à sa limite des 147 livres –, Stéphane avait officiellement fait son entrée en compétition. Une entrée triomphante! Il n'avait même pas eu besoin de son round d'observation pour éliminer son adversaire : à quelques secondes de la fin de la première reprise, l'arbitre, au son des « Ca-na-da, Ca-na-da », avait effectivement raccompagné la nouvelle victime vers son coin, signifiant la soixante-dix-huitième victoire de la carrière de Ouellet. Cet adversaire dont il venait si rapidement de se défaire, un Taïwanais, était court et très inférieur en allonge au Jonquiérois. Conséquemment, tout ce que Tsai Jung Chung avait eu à lui opposer, c'étaient de longues droites tentées un peu en désespoir de cause, pratiquement toutes ratées et suivies des répliques d'un boxeur qui était alors un merveilleux contre-attaquant.

Regarder Stéphane Ouellet sur des films d'époque, c'est voir les débuts de sa magie, celle qui lui assurait – répétons les mots de Jean Cocteau – « *le prestige de la présence* ». D'abord une façon altière de se tenir en garde, qui ravirait les foules tout au cours de ses années pros. Mais, surtout, une incomparable manière de sautiller en boxant, quelque chose de personnel, de subtilement artistique, d'indéfinissable, qui faisait dire à son coach Larouche, quand il le regardait faire de la boxe imaginaire au temps du mariage InterBox : «Rien que de le voir sautiller sur un ring, c'est si beau! Ce gars-là a en lui quelque chose de magique, une espèce d'aura qui lui confère un charisme qu'il partage seulement, au Québec, avec deux ou trois autres personnes. »

Le dimanche 13 août 1989, tous ces futurs membres du groupe InterBox, Yvon Michel, Stéphan Larouche – qui accompagnait l'entraîneur en chef à Porto Rico – et Stéphane Ouellet se retrouveraient au *Coliseo Ruben Rodriguez* pour l'important *cuarto finale* du boxeur jonquiérois, disputé cette fois en soirée – *sesion nocturna* – face au Norvégien Ole Klemetsen. Les combats s'enchaînant les uns aux autres avec célérité, Stéphane monta sur le ring alors que l'Américain Shane Mosley en descendait à peine. Voilà deux gars qui ne se croisent guère plus aujourd'hui, et qui ne sont certainement pas destinés à se croiser à la banque de sitôt,

Mosley empochant dorénavant des millions pour défendre ses titres mondiaux.

Partisan des extrêmes, il était dit que Stéphane Ouellet allait être comblé par ces Championnats du monde junior! Autant, en effet, son premier adversaire était petit, autant ce Norvégien apparaissait grandissime et pourvu de bras longs d'une aune, ce qui ne manquerait pas de l'embêter dès le son de la première cloche. Le lendemain du match, on pourrait d'ailleurs lire, dans *Le Quotidien*, l'analyse de Larouche selon laquelle « *ce type était le genre de boxeur idéal pour battre Stéphane Ouellet. Il était grand, plus grand que Stéphane, et possédait un style peu orthodoxe* ».

« Peu orthodoxe » étant un euphémisme pour dire malhonnête. On accolera rapidement à Ole Klemetsen l'étiquette de salaud et de dangereux. Il n'hésitait jamais à lutter avec ses adversaires pour gagner ses matches, ni à les pousser ou les accrocher jusqu'au seuil de la légalité. Aux Mondiaux de 1991, en Australie, deux très bons boxeurs, le Canadien Raymond Downey et l'Américain Raul Marquez, feraient d'ailleurs la douloureuse expérience du « style Klemetsen », s'inclinant chacun au terme d'un combat qui les avait beaucoup frustrés. Marquez, devenu par la suite un excellent professionnel, était alors considéré comme l'un des plus puissants cogneurs américains, mais il n'avait jamais fini de s'empêtrer dans les bras du Norvégien. Dès lors, cette « performance » de Klemetsen en avait fait l'un des favoris pour l'obtention d'une médaille aux Jeux olympiques de 1992, à Barcelone.

Étonnamment, alors que sa boxe irrégulière dégoûtait ses adversaires, elle faisait chavirer ses compatriotes, qui entraient en transe aussitôt qu'il grimpait sur un ring. Voyageant avec lui, son fan-club le suivait partout, ce qui l'avait rendu célèbre dans les cercles de la boxe amateur. Ils étaient parfois une centaine de Norvégiens, un coin de tribune, tous parés de vestes à l'effigie du « *Team Klemetsen* », ondulant des étendards, scandant son nom et entonnant l'hymne national lors des victoires de cet enfant du pays qui, légalement, au moment des Championnats du monde de Porto Rico, n'était pas encore un homme. Il ne tarderait pas à le devenir, le 30 août, 17 jours après le combat contre Stéphane. Son père avait commencé à l'entraîner pour la boxe à l'âge de... deux ans; il avait dû attendre longtemps pour livrer ses premiers combats, car les lois de son pays prohibaient la pratique de la boxe avant l'âge de 14 ans.

Toute la sévérité, la cruauté et forcément la crédibilité de la boxe amateur résidaient dans le fait que c'était le hasard – et non pas des promoteurs, comme en boxe pro – qui décidait des adversaires. Voilà pourquoi, quand on menait une carrière amateur internationale, il n'était jamais possible de se cacher, de contourner les meilleurs boxeurs, de se *fabriquer* un palmarès comme on le voyait chez beaucoup de boxeurs pros, et chez certains amateurs qui n'avaient combattu que sur les scènes provinciales ou nationale.

Ole Klemetsen était vraiment un bon boxeur, rendu encore meilleur par son style, très difficile à contrer. Les journaux avaient rapporté, après le match, que Stéphane s'était fait ébranler au cours du deuxième assaut, mais ce n'était pas apparent sur bande vidéo. En revanche, il était clair qu'il avait pris de bons coups et qu'il avait chaque fois réagi comme Frédéric Poirier disait qu'il le faisait dans de pareilles circonstances, c'est-à-dire en rageant et en utilisant son formidable orgueil pour répliquer immédiatement, avec un zeste de sauvagerie. Dans ces moments-là, des gradins lui parvenaient les exhortations de ses partisans à cesser de tenter le grand coup, et à garder son calme et sa concentration.

À l'œil, c'était une lutte excessivement serrée, dont l'opiniâtreté donnait un aperçu de ce qu'il avait dû consentir d'efforts pour enfiler 54 victoires, remportées sur tous les rings du monde. Stéphane avait d'abord connu un intéressant premier round, où la plus grosse surprise avait été son entame rapide. Il s'était même un peu trop précipité, durant ces trois premières minutes, ce qui l'avait par moments rendu brouillon, face à un adversaire qui ne l'aidait certainement pas à l'être moins. Klemetsen, qui devenait gaucher, à l'occasion, pour confondre Ouellet, avait en effet déjà commencé à lutter dans ce premier round. Au son de cloche marquant la fin de la reprise, les deux s'étaient touchés sans qu'on puisse, avec assurance, attribuer un quelconque avantage à l'un ou à l'autre.

Après un deuxième assaut tout aussi disputé, semblable au précédent sauf pour les directives du public canadien qui, cette fois, demandait à Stéphane de travailler en vitesse et de garder les mains hautes, la victoire avait semblé plus que jamais hésiter à choisir son camp. Certes, vers la fin du round, Stéphane avait accusé une droite de Klemetsen qui lui avait donné du mou dans les jambes, mais cela semblait davantage le fait de la fatigue que d'un ébranlement. Comme il en conserverait l'habitude à peu près tout au long de sa carrière, il s'était en effet présenté sur le ring dans une forme qui, quoique bonne, n'était pas excellente, encore que cette fois-ci il eût au moins l'excuse de cette fracture à la main gauche qui l'avait longtemps tenu inactif.

Puisque les deux premières reprises avaient été très équilibrées, c'était le round final qui serait décisif. Klemetsen, encore plus rusé dans ces trois dernières minutes, avait davantage accroché et retenu, si bien que Stéphane, comme cela arrivera à son premier combat contre Dave Hilton, perdit beaucoup de force en luttant pour se défaire des grandes agrafes du Norvégien. Comment éviter de lutter inutilement avec un adversaire : ce serait d'ailleurs l'un des premiers enseignements de... Dave Hilton senior, lors des mises de gants de Stéphane à son gymnase. Un peu avant la moitié du dernier round, Stéphane était si fatigué qu'il en perdit son protecteur buccal (un problème récurrent), ce qui donna lieu à une drôle de situation. Lorsque l'arbitre égyptien, stoppant momentanément les échanges, escorta Stéphane dans son coin pour que Larouche puisse nettoyer l'objet, la foule crut à l'arrêt du combat. On entendit alors, durant quelques secondes, un mélange de hourras et de huées provenant des deux clans, mais aussi des spectateurs neutres qui ne s'expliquaient pas cet arrêt prématuré. Après cela, pendant la dernière minute et demie de combat, on aurait dit que Stéphane avait véritablement eu peur de se faire arrêter par l'arbitre. De sorte que, connaissant ses meilleurs moments, il avait dominé Klemetsen et porté les coups les plus solides et les plus précis de tout le combat. Ainsi, alors que le Norvégien s'adossait aux cordes, il lui avait servi une pluie de coups à sa façon. Il avait fini le combat complètement vanné.

Pour la première fois depuis longtemps, peut-être depuis ses 10 derniers engagements, il n'avait pas gagné par K.-O. et devait attendre la décision des juges pour savoir s'il allongerait sa série de succès consécutifs à 54. Hésitante tout à l'heure à choisir son camp, la victoire ne semblait pas plus décidée maintenant : au moment d'annoncer le *boxeador ganador*, par un *pointage* de 28-21 à la *scoring-machine*, l'arbitre, croyant avoir entendu *esquina azul*, avait soulevé le bras du boxeur du coin bleu, Ole Klemetsen. Puis il avait compris sa méprise, d'après les grands signes qu'on lui faisait de la table des officiels : le *ganador* était bel et bien dans le coin rouge, *esquina roja*, et c'était bel et bien Stéphane Ouellet.

Du coup, la soixante-dix-neuvième victoire de sa carrière amateur – toujours pour 10 défaites seulement – le plaçait dans les demi-finales et l'assurait de deux choses : d'abord d'une médaille, au moins de bronze; ensuite d'un rendez-vous avec un membre de la mythique équipe cubaine, la *fausse garde* Ariel Hernandez, quant à lui large vainqueur de son *cuarto finale* qui suivait immédiatement celui de Stéphane.

Aux Mondiaux de Porto Rico, Ariel Hernandez faisait partie d'une délégation complète de 12 boxeurs, avec un représentant pour chaque division de poids. Bien sûr, chacun des boxeurs cubains présents aspirait au titre de champion du monde junior de sa catégorie, mais cela n'occultait pas le grand objectif national : se surpasser aux Jeux olympiques de Barcelone. Puisque les Américains avaient boycotté les Olympiques de 1980 à Moscou, que les Soviétiques avaient fait impasse à ceux de 1984 à Los Angeles, et que les Cubains eux-mêmes avaient boudé ceux de 1988 à Séoul, on assisterait à Barcelone, pour la première fois depuis Montréal 1976, à un tournoi de boxe olympique où toutes les nations seraient présentes. Pour l'occasion, Cuba ambitionnait donc gros et visait rien de moins que l'or dans chaque catégorie. En cela, toutes les compétitions préalables aux Jeux, si importantes qu'elles soient, servaient de préparation à la démonstration, à la face du monde, de la suprématie pugilistique de Cuba.

Là-bas, il n'y avait plus de boxe professionnelle depuis 1961, quand Castro avait décrété la fin du professionnalisme dans le sport. Mais cela n'avait tué aucun espoir chez les jeunes – sinon celui de devenir riches – et la boxe avait continué de les faire rêver aux titres, à la gloire et à la célébrité. Mais il leur fallait rêver de boxe amateur seulement, de titres de champions du monde *amateurs*, de gloire olympique, et d'une célébrité plus collective que personnelle. Castro demandait en effet que l'honneur soit le moteur des boxeurs : l'honneur de Cuba. En apparence, cela fonctionnait. Le rêve suprême des boxeurs cubains était désormais d'intégrer l'équipe nationale, « *un honneur pour nous, notre famille, et notre peuple* ». Pour autant, la décision de Castro n'empêcherait nullement Cuba de produire des modèles, des champions hors norme, des héros, des stars, aussi adulés que ceux des pays capitalistes. Ces idoles auraient pour noms Benny *Kid* Paret, Angel Espinosa, Eligio Sardinas (le fameux *Kid Chocolate)*, Armando Martinez, Angel Herrera, et évidemment Teofilo Stevenson et Felix Savon, les deux triples champions olympiques, incontournables. Ces deux derniers, notamment, montraient l'exemple à l'intérieur et à l'extérieur des cordes. Stevenson, à propos de cette offre qu'il reçut mille fois, au temps de sa splendeur, de se mesurer à Muhammad Ali, disait : « Pourquoi aurais-je voulu me battre chez les professionnels? Moi, je me battais pour l'honneur, pour mon pays... » Savon, lui aussi insensible à une offre de 10 millions de dollars pour affronter Mike Tyson, en 1996, expliquera : « *Nous, les boxeurs, nous défendons la dignité, l'honneur du sport révolutionnaire.*

Car lorsque tu sors de Cuba, les gens ne t'appellent plus par ton nom, mais plutôt en disant « le Cubain ». Et ça, c'est très prestigieux. » On ne pouvait mieux décrire ce que Fidel voulait que soient « ses » boxeurs à l'étranger : des ambassadeurs du régime castriste.

En apparence donc, l'honneur de représenter l'île de Castro suffisait au bonheur des boxeurs cubains. Mais dans la réalité, tous les boxeurs ne voyaient pas les choses de cet œil. Il y avait des exceptions. Aux Championnats du monde junior de Porto Rico, la *fausse garde* Ariel Hernandez, l'adversaire cubain de Stéphane Ouellet, côtoyait justement deux coéquipiers qui, sept ans plus tard, deviendraient de ces « exceptions », de ceux qu'on appelait les *vers de terre*, des Cubains fuyant aux États-Unis : Joel Casamayor, poids coq, et Ramon Garbey, poids mi-lourd.

Lundi, 14 août 1989, la veille de sa demi-finale contre Ariel Hernandez, Stéphane Ouellet s'adressait une seconde fois au caméscope de Pierre Bouchard pour émettre son opinion, sur un ton résolument cabotin, sur la « vraie » raison de la domination cubaine. Il était assis dans les gradins du *Coliseo Ruben Rodriguez* de Bayamon. *« Porto Rico est une île accueillante, mais tout le monde ici sent mauvais, même nous autres... Je dirais aussi que les Cubains se dopent... oui, exactement, que les Cubains se dopent... »* La caméra avait cessé de tourner un court instant, pendant lequel il s'était déplacé pour offrir une autre vue au caméraman. Puis il avait ajouté : *« Je répète, les Cubains se droguent... et les Portoricains aussi... »*

En ce qui concernait les Cubains, les forts soupçons qu'il avait, à force d'entendre parler les experts et de croiser ces boxeurs dans les aires d'entraînement, s'étaient confirmés le lendemain soir, lors de son match contre Ariel Hernandez. Quoique se sachant imparfaitement en forme pour un tournoi de ce niveau, il avait passé une partie du combat à se demander comment il se faisait – à violence équivalente – qu'il souffrait autant le martyre alors que son adversaire, le souffle long et le corps à peine en nage, semblait participer à une simple exhibition. Il se l'était fait confirmer par ses coaches : cela ressemblait à un cas de stéroïdes anabolisants.

Bien des années plus tard, dans ses pires périodes de came, quand Stéphane prendra plaisir à dire que son corps est une véritable pharmacie, il se souviendra de l'exemple du Cubain, au point de songer très sérieusement à le suivre après ses deux échecs contre Davey Hilton. La première fois, c'était même Yvon Michel qui, loin de s'y opposer, avait abordé le sujet. Il avait acquis la certitude que Hilton, justement, avait utilisé des produits dopants lors de ses rencontres avec le Jonquiérois : « Au niveau où nous sommes rendus, les stéroïdes sont un mal nécessaire. Évidemment, je n'ai pas le droit de t'ordonner d'en prendre. Mais j'ai le droit de te dire que tous les champions mondiaux en utilisent, et que Hilton, qui possède pourtant la réputation de ne pas travailler très dur à l'entraînement, semble toujours, non seulement plus en forme que toi, mais plus en forme que tous nos gars qui s'entraînent comme des malades. Alors... » De crainte d'être éclaboussé par le scandale advenant une fuite, Michel ne pouvait en aucun cas approvisionner lui-même ses boxeurs. Aussi avait-il été question que Stéphane – ses contacts en ce domaine s'apparentaient à ceux d'un grand médecin – s'occupe d'approvisionner les boxeurs d'InterBox. Mais pour diverses raisons, les choses en étaient restées là, de sorte que Stéphane avait dû revenir à la charge quelques mois plus tard. Cette fois, il s'était directement adressé au directeur de la préparation physique chez InterBox, Andre Kulesza.

Polonais d'origine, Kulesza avait fait dans son pays de grandes études à l'Université d'éducation physique de Varsovie, se spécialisant entre autres en haltérophilie. Il avait ensuite enseigné à cette même université, avant de devenir entraîneur national en Pologne, en Argentine et au Canada. C'était un type remarquablement charmant, très distingué, avec un physique puissant et athlétique qui ne permettait pas de douter, malgré son âge, qu'il avait dû être un très bon sportif. Sa personnalité se trouvait à des années-lumière de celle de Stéphane, ce qui avait pour effet de lui faire souvent rédiger des rapports négatifs concernant son entraînement, quand il n'exigeait pas carrément des entraîneurs qu'ils annulent ses combats, parfois à une seule semaine d'avis. Comme tout le personnel d'InterBox, il n'avait de cesse de reprocher à Stéphane sa consommation de produits illicites. Cependant, pour ceux que voulait maintenant utiliser Stéphane, il était la bonne personne : en 1988, dans son rôle d'entraîneur en chef de l'équipe canadienne d'haltérophilie qui participait aux Olympiques de Séoul, il avait en effet été visé dans la sale affaire des haltérophiles canadiens convaincus de dopage.

Ce jour-là, au Complexe Claude-Robillard, Stéphane avait approché Andre : « Voudrais-tu me suivre un peu à l'écart? » Ils étaient près des portes d'entrée et s'étaient légèrement éloignés des autres, Brown, Dorin et Lucas, qui se préparaient à s'entraîner en musculation. « Il faut que tu m'aides, Andre. J'ai absolument besoin de toi.

— Pourquoi?

« — Je veux prendre des stéroïdes... Yvon m'avait parlé de ça il y a un bout de temps, j'y ai réfléchi, et j'ai pris la décision. »

Sa « réflexion » avait été pour le moins originale. En réalité, il avait réalisé que fumer beaucoup de mari lui était néfaste physiquement, mais aussi mentalement. L'idée des stéroïdes suivait le même raisonnement, cette fois dans l'autre sens : en prendre était bien sûr susceptible de l'aider physiquement, mais aussi mentalement. En somme, il compenserait une action négative par une action positive! « J'ai passé toute ma vie, se disait-il, à ne faire que des trucs nuisibles à ma carrière. Alors pourquoi, pour une fois, n'en ferais-je pas un qui aurait l'effet contraire? » Il reluquait principalement un stéroïde pouvant augmenter sa capacité cardiovasculaire, phénoménale en sa jeunesse mais très nettement diminuée par sa vie d'abus.

— Des stéroïdes? Pourquoi me demandes-tu ça? Tu devrais savoir que j'ai une réputation à protéger et que je ne peux donc pas répondre à ta demande. Tu vas devoir faire affaire avec quelqu'un d'autre.

— Andre, es-tu capable de comprendre que j'ai faim et que je veux atteindre de nouveaux sommets? Et les sommets où je veux aller, les boxeurs y arrivent avec ces produits-là.

— Je ne peux pas t'aider, Stéphane. Si je le faisais, je sais très bien que, tôt ou tard, tu échapperais ton secret devant quelqu'un.

— Andre, ce sera uniquement entre toi et moi, je te le jure.

— Je ne crois pas ça... Je suis sûr que tu vas t'ouvrir la bouche, un soir où tu auras pris un verre de trop.

— Tu me connais vraiment mal. Je suis quelqu'un de loyal, d'aussi loyal qu'un motard. Et un motard, penses-tu que ça ne sait pas garder un secret ? Penses-tu que ça ne sait pas se fermer la trappe quand c'est le temps? Andre, fais-moi confiance!

En vérité, la réaction de Kulesza n'avait pas surpris Stéphane. Connaissant l'homme, il savait qu'il refuserait de l'approvisionner aussi longtemps qu'il ne serait pas sous forte pression de le faire.

— O.K. Je vais voir ce que je peux faire.

— J'apprécierais que tu fasses vite.

Mais en fin de compte, jamais Kulesza ne fournira de stéroïdes anabolisants à Stéphane Ouellet. Ni lui ni personne d'autre. Dans sa carrière professionnelle, les seuls produits que Stéphane se contentera de consommer « pour compenser une action négative par une action positive », seront des poudres de protéines et de créatine.

Pour une place en finale des Championnats du monde junior

de Porto Rico, Stéphane Ouellet avait donc affronté ce Hernandez le 15 août, exactement une semaine après son arrivée à Bayamon. Y compris le camp d'entraînement, cela faisait maintenant trois semaines et demie qu'il avait quitté ville et fille. Il s'ennuyait, mais il avait au moins le sentiment de le faire pour autre chose que des clopinettes : assuré de monter sur le podium, une victoire signifiait soit la *presea* d'*oro*, soit la *presea* de *plata;* une défaite lui donnait quand même celle de *bronce*.

Bien sûr, il pouvait se désoler de ce mauvais tirage qui l'avait fait aboutir en face du boxeur le plus à craindre de la catégorie. S'il avait eu plus de chance, son nom aurait été tiré dans l'autre moitié du tableau, et il aurait pu éviter le Cubain avant l'étape de la finale. Car ce dernier était vraiment une grosse pointure, à preuve ce rapport qu'un recruteur avait dressé de lui : *Grand, gaucher, boxe les mains basses, passe le knock-out à ses adversaires avec sa main gauche, aime à utiliser les uppercuts au corps, très bons déplacements, puissant, excellente coordination, beaucoup de mouvements de tête, habile à contrôler son rythme, très intense.* Et dopé en plus, pensait Ouellet.

Cela n'avait pas trop paru durant la première moitié du combat, laquelle avait donné lieu à des élans assez partagés. Les deux boxeurs, tels des chiens se reniflant avant de se sauter dessus, avaient longtemps été attentistes, de sorte qu'ils n'avaient que peu entamé leur réserve d'énergie. Très vite, il avait été clair que chacun entendait boxer sur les fautes de l'autre, une stratégie souriant habituellement à Stéphane, mais qui ferait cette fois aussi le bonheur d'un boxeur plus complet et expérimenté, en dépit de ses 17 ans. En outre, la *fausse garde* Ariel Hernandez – qui jouait au pendule de sa main droite devant le visage de Ouellet comme s'il avait souhaité l'hypnotiser – possédait déjà ce que les experts appellent le *ring knowledge*, une qualité qui allait toujours faire défaut à Stéphane et freinerait son développement, surtout chez les pros. Comme Klemetsen avant lui, le Cubain maîtrisait aussi l'art de la triche et s'en servait pour empêcher Ouellet de travailler en séries, lui bloquant les bras dès qu'il en avait la chance. Encore là, les subtilités du combat de près ayant à jamais échappé à Stéphane – il aura toujours besoin de bons appuis au sol pour être à son meilleur –, ce combat-là le vouait au pire.

Il avait, du reste, commencé à se produire à la mi-combat, quand Stéphane avait reçu le premier de ses deux comptes de huit, à la suite d'un enchaînement jab-direct au visage. Comme cela se voit souvent chez les amateurs, c'était un compte immérité, mais Stéphane n'avait pas rouspété, conscient qu'en boxe amateur les comptes de huit n'étaient pas pénalisés par la perte de points. La deuxième intervention de l'arbitre, elle, avait suivi au début du troisième assaut, après un échange furieux où les deux hommes, encore une fois, paraissaient s'être touchés réciproquement, sans avantage évident. Ce nouveau compte avait été sifflé par la foule, non sans raison, mais il démontrait l'ascendant pris par Hernandez au fil des minutes. L'ambassadeur de Castro touchait maintenant Ouellet plus souvent, avec des crochets très peu compacts mais difficiles à éviter. Le refrain qui parvenait des travées avait changé : moins de « Ca-na-da, Ca-na-da », plus de plaintifs « Garde tes mains hautes, Stéphane », ou « Ta main droite en haut, Stéphane ». Vers la fin du combat, qui s'apparentait de plus en plus à la fin du tournoi pour Stéphane, l'arbitre avait essuyé une rigole de sang dégoulinant de son nez.

Après, bien qu'il eût joué sa chance à fond en tentant d'assommer son rival, beaucoup plus solide que lui, il avait encaissé deux autres attaques au moins aussi sévères que celles qui lui avaient occasionné des comptes, mais l'officiel n'était pas intervenu. Le combat, jusqu'à la fin, s'était ensuite mué en un spectacle échevelé, beaucoup provoqué par Stéphane qui cherchait son salut avec un dramatique knock-out. À moins de ce dénouement improbable, cela signifiait assurément la fin de son tournoi, la fin de sa série de victoires et la fin de son stage chez les juniors par une défaite.

Car à l'arrivée, il se savait, comme tout le monde, bel et bien battu. Aussi n'avait-il été aucunement surpris par l'annonce de sa défaite aux points, sa première dans les 3 dernières années, après 54 gains consécutifs. Mais en revanche, quand il avait pris connaissance de l'ampleur de celle-ci, 29 touches à 11, il avait pensé s'être bien défendu, s'estimant satisfait d'avoir touché le Cubain à 11 reprises. Sa satisfaction allait d'ailleurs prendre tout son sens deux jours plus tard, lors de la finale que Hernandez gagnerait un poing dans le dos, en moins... d'une minute, contre l'Allemand Chris Batholmess! Au terme des Championnats du monde, ce sont d'ailleurs ces deux résultats comparatifs qui inciteraient la Fédération internationale à classer Stéphane Ouellet deuxième meilleur boxeur junior au monde, au détriment de l'Allemand Batholmess.

Ce 15 août 1989, à Porto Rico, Stéphane Ouellet avait à transformer en victoire la défaite encaissée aux mains du Cubain Ariel Hernandez. Et bientôt, dans quatre mois à peine, quand Stéphan Larouche et Jean-Marc Tremblay l'évinceraient du Club de boxe de Jonquière, il allait se dire « que c'était très chien » de retourner sa veste aussi rapidement et de le foutre dehors après sa seule défaite en trois années de compétition. Chose certaine, pour lui, ça ne ressemblerait jamais à une coïncidence...

***

J'ai visité ma grand-mère Josée une dernière fois à Noël 1989, à l'hôpital de Jonquière. C'était le 24 au soir, et elle me semblait si sereine que la mort avait presque l'air d'un jeu. Mais pour ma grand-mère, tout allait toujours bien. Pour éviter de causer des soucis à ses proches, elle remplaçait ses larmes de douleur par un magnifique fou rire qui, à chaque fois, me faisait sourire. Josée cachait sa douleur comme mon corps se force à le faire quand je boxe.

Ce soir-là, quelques minutes avant de quitter sa chambre d'hôpital, j'avais enfilé une gorgée de rhum, contenue dans une flasque cachée dans la poche intérieure de mon habit. Ses yeux s'étaient remplis de peine quand elle avait vu ce petit manège digne d'un grand alcoolique. Avec des paroles de mère, elle m'avait alors dit qu'elle n'aimait pas me voir faire ça.

C'est la dernière fois où j'ai vu ma grand-mère. En même temps que toute cette merde provoquée par mon expulsion du club, déménagement, guerre dans les journaux, elle tirait sa révérence, et moi, je me devais aussi de quitter cette région qui me trouvait un peu trop heureux.

Souvent, elle revient dans mes rêves. Elle me sourit et me conseille d'y aller plus lentement avec les cordes de mon existence.

Ma grand-mère a été pour moi un symbole de résistance, qui n'a jamais cessé de se battre contre la douleur de son corps. Ne jamais grimacer en présence de la douleur, sous peine de l'attiser.

Sans aucune lamentation, elle est partie comme elle est venue; remplie de quelques larmes et d'une foi chrétienne engagée. Dieu l'attendait, et elle y croyait.

Une femme aux cheveux couleur neige
Dans ma mémoire, un souvenir de printemps,
Elle se berçait, vent dans les cheveux,
L'âme dans ses rêves,
Ses paupières vacillant, reine s'endormant.

Au réveil souriant de cette éternelle enfant,
Elle me regardait et
M'entourait de ses bras aimants;
Tout au long de sa vie elle n'a su juger

Son cœur rempli de bonté ne savait qu'aimer.
Ses yeux étaient des perles de bonheur
Elle était belle,
Cette ravissante résidente de mon cœur.

Ses rires aux éclats me rendaient heureux,
Petit bout de femme, un être si chaleureux;
Elle était un clown au cirque de l'amour
Elle sera pour moi un ange pour toujours.

Guerrière solitaire, au combat de la souffrance
Son corps fatigué demandait délivrance
Son âme valse au bal de la sagesse
Dans ses cheveux une dernière caresse...

C'est en janvier, dans les premiers jours de l'année 1990, que Joséphine Ménard s'envola pour un monde meilleur, comme si sa grande bonté lui avait fait choisir ce moment pour embrasser son rôle d'ange gardien et signifier à son petit-fils qu'il était mûr, lui aussi, pour un grand départ. Expulsé par son entraîneur à la mi-décembre, abîmé depuis dans les journaux, Stéphane Ouellet jonglait avec son avenir, se demandant s'il poursuivait sa carrière à Jonquière, s'il partait plutôt pour Montréal, ou s'il arrêtait tout simplement la boxe. C'est dire, en quatre petits mois de rien du tout, à quelle vitesse ses rapports avec Stéphan Larouche avaient eu le temps de dégénérer.

Que s'était-il passé? Pour Ouellet comme pour ses proches, le pire et le plus surprenant, c'est qu'il ne s'était rien passé de particulièrement grave pour justifier une telle mesure. Pour Larouche non plus, d'ailleurs, si l'on se fie à l'un de ses commentaires. Dix ans après les événements, il avouera en effet : « Je n'aurais pas pris cette décision-là, je n'aurais pas mis Stéphane Ouellet à la porte si j'avais su qu'il deviendrait une aussi grosse vedette! » Cet aveu est important. Il confirme d'abord, puisque Larouche sous-entendait que c'était plus une question sportive que disciplinaire, que Stéphane Ouellet n'avait « toujours ben pas tué personne », comme disait sa famille, qui n'en revenait pas de la dureté du traitement dont il avait été l'objet dans la presse saguenéenne. Mais surtout, que ses propos de l'époque avaient été trop sévères, en laissant croire que la seule défaite de Ouellet en trois années de compétition suffisait à en faire un boxeur sur le déclin, dont on était soudain beaucoup moins fier. Ouellet l'avait vite ressenti : « *Quand tu gagnes, tout le monde est fier de toi. Quand tu perds, les gens sont moins fiers de dire que tu viens de leur coin* », s'était-il expliqué dans *Le Quotidien*, une semaine après son retour des Mondiaux de Porto Rico. Pour qu'il n'oublie d'ailleurs jamais que, dans ce milieu, la loyauté pèse moins lourd que les défaites, Yvon Michel, une décennie plus tard, après son échec de Las Vegas, opposera une fin de non-recevoir à sa demande de réintégrer le gymnase d'InterBox.

Soit, il n'y avait jamais eu de mystère dans les esprits de Larouche et de Jean-Marc Tremblay : ils considéraient tous les deux cette année 1989 comme marquant la fin de la progression de Stéphane Ouellet. Mais il faut vraiment se demander à quel point leur analyse pouvait justifier des mots aussi durs que ceux qu'avait eus Larouche dans les journaux. Les plus graves avaient été publiés dans un article du *Quotidien*, deux semaines après l'expulsion du boxeur. « *[...] Ce n'est pas sans un serrement de cœur qu'on suspend un athlète comme Stéphane Ouellet, de mentionner l'entraîneur, mais, au point où il était rendu, nous n'avions plus le choix.*

« *Ouellet a été bon pour le club de boxe olympique de Jonquière, de préciser Stéphan Larouche, mais le club a aussi été très bon pour lui.*

« *Par contre, nous sommes prêts à prendre une partie du blâme dans ce qui arrive à Stéphane Ouellet, d'expliquer l'entraîneur, en ce sens que nous avons commis une erreur magistrale en le consacrant un peu trop rapidement, ce qui a peut-être eu une influence néfaste sur son comportement.*

« *Il faut prendre note que Stéphane Ouellet n'a encore rien prouvé jusqu'à date* (Ouellet avait souligné ce passage sur sa coupure de journal)*, de mentionner Larouche, c'est-à-dire qu'il commence à peine à faire ses preuves chez les seniors, catégorie où on fait la différence entre les bons boxeurs de classe internationale et les autres qui sont beaucoup plus nombreux.*

« *Jusqu'à maintenant, de faire remarquer Larouche, un boxeur comme Émile Fortin a fait beaucoup plus pour la boxe à Jonquière que Ouellet, lui qui a été à la hauteur sur le plan international dans la catégorie senior.*

« *Comme boxeur, de poursuivre l'entraîneur, Ouellet aurait battu Fortin, mais sur le plan caractère, les comparaisons ne tiennent plus.*

« *Stéphane est dans une position très délicate et il doit faire un choix personnel : il a devant lui une porte ouverte avec un escalier qui mène vers les bas-fonds de la vie* (encore un souligné de Stéphane)*, de déclarer l'entraîneur, et le chemin difficile qui conduit vers les sommets de la boxe internationale.*

« Stéphane a des mains d'or et il pourra faire des millions de dollars s'il prend la bonne décision, d'insister Stéphan Larouche, mais dans le cas contraire, il deviendra un gars ordinaire voué à l'anonymat total. »

Chronologiquement, les événements de ce feuilleton s'étaient donc déroulés ainsi : fin août, à son retour des Championnats du monde, Ouellet s'était octroyé un mois de vacances pour se refaire physiquement et mentalement. Car, à court terme, son agenda sportif montrait deux autres rendez-vous d'importance : ses premiers Championnats canadiens senior en novembre et les Jeux du Commonwealth en janvier. Fin octobre, de retour au gymnase, il avait cependant dû interrompre son entraînement, toujours aux prises avec de persistantes douleurs aux mains. Des examens avaient révélé qu'il souffrait de synovites – inflammations courantes chez les boxeurs. La guérison passant obligatoirement par une longue immobilité des mains, il avait été prévu qu'il soit absent des rings au moins jusqu'en février, sinon jusqu'en mars. Aux yeux de Larouche, cette inactivité tombait pourtant bien : dans l'optique du nouvel objectif assigné à Ouellet, une participation aux Olympiques de 1992, le moment était en effet tout trouvé pour démarrer un véritable programme de musculation. Pour tout le monde, cela s'imposait d'autant plus que le match contre le Cubain Hernandez, dopé ou non, avait révélé la piètre puissance physique de Stéphane.

C'était précisément à partir de là que les choses s'étaient gâtées. Nullement dévasté par sa défaite à Porto Rico, absolument indifférent à la possibilité que ces blessures puissent mettre sa carrière en péril, Stéphane, c'est vrai, avait été incapable de se motiver pour des séances de musculation seulement. Sa vie personnelle comme sa vie sportive s'en allant un peu à vau-l'eau, son entraîneur avait alors cherché conseil auprès du directeur technique de la FQBO, Yvon Michel. C'est alors qu'ils avaient tous les deux convenu de faire la leçon à Ouellet, plus exactement de lui faire une bonne frousse en le suspendant. Pour Larouche, ce pacte équivaudrait cependant à incarner le rôle de l'arroseur arrosé. Dix ans plus tard, cela l'amènerait à dire que « Yvon Michel, dans cette histoire-là, avait grenouillé par en dessous ».

Le mardi 12 décembre 1989, Larouche, appuyé autant par son bureau de direction que par le patron des entraîneurs, demanda donc à rencontrer son protégé. « Ce soir-là, raconte Stéphane, Larouche m'avait appelé dans une salle de billard, rue Saint-Hubert à Jonquière, où j'avais l'habitude de me tenir. C'était un établissement qui n'avait pas de permis d'alcool, de sorte que les gens apportaient leur bière. On ne s'en privait surtout pas.

Larouche avait exigé de me voir, immédiatement. Sincèrement, même si je ne m'entraînais pas avec assiduité, je ne me doutais de rien et je m'attendais à une courte rencontre, sans importance. Je me rappelle même avoir dit à mes amis : "Ce sera pas long, je reviens dans cinq minutes." Pas long? Pendant un grand bout de temps, je l'ai écouté me dire que j'étais devenu un mauvais exemple pour les autres, un leader négatif; bref, c'était aujourd'hui que nos routes devaient se séparer. J'étais tellement sidéré que, de toute la rencontre, je n'ai presque pas dit un mot. Je l'écoutais et je me défendais à peine. À la fin de son monologue, j'ai simplement tendu la main et je l'ai laissé, bouillant intérieurement, sur ces trois mots : "C'est beau, merci." Complètement désemparé, je suis ensuite retourné à la salle de billard retrouver mes amis. Parmi eux, il y avait ma nouvelle copine. C'était une des beautés de l'époque, sauf qu'elle était aussi inconsciente que belle. En arrivant, j'ai raconté ma suspension. Tout ce qu'elle a trouvé à me dire, c'est : "Bah, il n'y a rien là, c'est pas grave, on va se saouler!" Elle ne réalisait vraiment pas la gravité de ce qui m'arrivait. Toujours est-il que j'allais moi aussi apprendre, beaucoup plus tard, que tout ce scénario avait été planifié par Larouche et Michel. »

Frédéric Poirier : « Planifié peut-être, mais il reste que, dans cette histoire, Stéphan Larouche s'est fait totalement baiser par Yvon Michel. Car après avoir mis leur plan à exécution, Larouche avait téléphoné à Michel pour lui apprendre que la leçon était en cours, qu'il venait d'expulser Stéphane. « C'est parfait, ça va lui faire du bien », avait dit Michel. Mais la première chose que Michel s'était empressé de faire avait été d'appeler Mme Ouellet pour lui dire qu'il pourrait entraîner Stéphane! Si je me rappelle bien, Larouche et Michel ont été longtemps sans se parler, quelque chose comme un an. »

Le soir même, revenu de la salle de billard, Stéphane avait à son tour communiqué avec Yvon Michel à Montréal. Naïf, il pensait bien sûr lui apprendre la nouvelle. « Je lui ai raconté la rencontre avec Larouche et j'ai dit vouloir maintenant aller m'entraîner à Montréal. Il m'a répondu d'y penser à deux fois et de tenter un rapprochement dans les jours suivants, alors que moi je ne voulais pas retourner les voir. »

Poirier : « Ce monde-là avait oublié que Stéphane Ouellet est un hypersensible, un gars, surtout, à qui tu ne dis pas deux fois qu'il n'est plus le bienvenu. Alors, il est parti. »

Le samedi 16 décembre, le journal *Le Quotidien* annonçait à la une l'exclusion de Stéphane Ouellet : *Larouche expulse Ouellet*. À l'autre bout du journal, coiffé du même titre, l'article s'ouvrait sur les propos de Larouche. Ils ressemblaient probablement à ceux qu'avaient dû endurer Ouellet : «*Stéphane Ouellet n'a plus de respect pour qui que ce soit et il ne veut écouter personne. À partir de ce moment, je ne peux plus l'aider à l'intérieur de la boxe.*» Le reste de l'espace rédactionnel accordé à Larouche avait servi à jeter un peu plus de lumière sur sa décision. «*Il y a une éthique à respecter pour tous les boxeurs au sein du club, et ce, peu importe le talent. Aucun boxeur n'a droit à des privilèges, Stéphane Ouellet inclus. Ouellet doit se comporter comme les autres et suivre les règles. [...] Je ne peux pas faire boxer un gars qui ne s'entraîne pas. C'était rendu comme cela avec Stéphane Ouellet. En plus, à 18 ans, il est supposé savoir quoi faire. Je ne suis là que pour l'appuyer. Mais il existe des boxeurs qui n'arrivent pas à prendre le virage du junior au senior. Ce sont des choses qui arrivent.*»

La version des faits du principal intéressé suivait immédiatement : «*J'ai rencontré Stéphan Larouche mardi. Il m'a dit que je manquais de motivation et que je ne faisais plus d'entraînement. Il m'a alors indiqué qu'il était préférable que je quitte le club. Je lui ai mentionné que je me remettais à peine de ma blessure et de me donner un peu de temps. Il est vrai que je manque de motivation, mais j'ai l'intention de me remettre au boulot immédiatement après les Fêtes. [...] Il serait préférable pour ma carrière de demeurer à Jonquière. Sinon, il se peut que j'analyse d'autres possibilités.*»

«*Il reviendra à la condition qu'il respecte les règlements et l'éthique du club. Mais on verra...*», avait répliqué Larouche, toujours fort de l'appui de ses deux supérieurs.

Appui véritable dans le cas de Jean-Marc Tremblay : «*Il s'agit d'une décision de Stéphan Larouche. Il a carte blanche. J'imagine qu'il a longuement mûri sa décision.*»

Appui factice dans le cas d'Yvon Michel : «*Je suis convaincu que la décision s'imposait. J'ai une confiance inébranlable en Jean-Marc Tremblay et en Stéphan Larouche. Je ne condamne pas pour autant Stéphane Ouellet. Mais je veux en savoir davantage avant d'en dire plus.*»

Trois jours plus tard, autre journal, autre article, autres commentaires. Mais toujours la même guerre entre l'entraîneur et l'athlète, arbitrée par un type à peu près aussi neutre que les zèbres dans les matches de catch. Cette fois, c'était dans les colonnes de l'hebdomadaire *Le Réveil* qu'on avait pu suivre les nouveaux développements. À lire les propos de Larouche, on sentait qu'une solution pacifique approchait, que la leçon tirait à sa fin, et que, du côté du club de Jonquière, on n'avait jamais songé à la possibilité de ne plus revoir l'indocile garçon. Hélas, c'était sans compter les interventions de l'arbitre qui, comme au catch, changeraient le cours des choses.

L'ENTRAÎNEUR : « *Si Stéphane Ouellet a été expulsé indéfiniment du gymnase et du club, c'est parce qu'il a été indiscipliné. Non seulement n'a-t-il pas respecté le programme d'entraînement que nous lui avions planifié en marge de ses blessures aux mains, mais il n'a pas respecté certains engagements en plus de déranger considérablement. Dans le club, il n'y a pas de passe-droit pour personne. Un boxeur qui veut boxer doit s'entraîner. Le club peut très bien fonctionner sans Stéphane Ouellet. J'admets qu'il a du talent, mais il a aussi des choses à améliorer d'autant plus qu'il évolue maintenant chez les seniors. C'est à lui de prendre ses propres décisions. Mais s'il veut revenir dans le club, il devra en respecter les règlements.* »

L'ATHLÈTE : « *Ils m'ont mis dehors car je refusais de faire strictement de la musculation. Il me semble que j'aurais pu concilier boxe et exercices physiques. Mais que voulez-vous, si on ne veut plus de moi, je dois en prendre mon parti. Je veux reprendre l'entraînement après les Fêtes. Si ce n'est pas à Jonquière, ce sera ailleurs. Dans l'intervalle, je me propose de rencontrer Yvon Michel pour qu'il me conseille. Une chose est certaine, je n'ai pas l'intention de remettre ma carrière en question.* »

L'ARBITRE : « *Bien sûr, je suis prêt à rencontrer Stéphane Ouellet. Par contre, je ne veux pas intervenir dans une décision prise par le club. Je suis convaincu que les responsables du club ont mûrement réfléchi leur décision.* »

Après cela, la guerre que Ouellet livrait sans le savoir à l'entraîneur et à l'arbitre avait connu une courte trêve pour la période des Fêtes.

Il avait fallu attendre le 9 janvier pour lire un autre gros titre dans le journal *Le Réveil* : « *C'est Montréal ou la retraite.* » Cela faisait près d'un mois qu'on l'avait banni du Club de Jonquière, et Stéphane Ouellet disait, en dépit de la perturbation causée par le décès de sa grand-mère, avoir eu le temps de bien réfléchir. Il excluait maintenant tout retour à la pouponnière : « *J'ai hâte de rencontrer Yvon Michel pour qu'il me conseille. Ou bien je poursuis mon entraînement et ma carrière à Montréal, au Centre national, ou encore j'accroche tout simplement mes gants. Entre ces deux options il y a bien sûr d'autres alternatives, mais il y a peu de chances qu'elles se concrétisent. Certaines personnes du club ont été très dures à mon endroit et il n'est donc pas question que je remette les pieds dans le gymnase du Centre Price. [...] Il n'est pas question, non plus, que j'aille m'entraîner à Chicoutimi. Ou bien je quitte la région pour Montréal ou je reste chez moi et j'arrête la boxe*. [Je ne suis pas intéressé par une carrière chez les professionnels], *en tout cas pas pour le moment. J'aimerais plutôt prouver certaines choses à ceux qui croient que je n'ai rien fait depuis que je boxe. Si mon projet de partir pour Montréal se concrétise, je vais assurément en mettre plein la vue à mes dénigreurs. »*

Mais une semaine plus tard, à la mi-janvier, au terme d'une nouvelle réflexion qui ne l'avait pas aidé à se résigner à partir pour Montréal, il avait marché sur son phénoménal orgueil et tenté le rapprochement dont lui avait parlé Yvon Michel. Cette fois, c'est lui qui avait téléphoné à Larouche.

— Salut, j'peux-tu te parler?

— À quel sujet?

— Écoute, tu dois ben t'en douter un peu...

Ce qui s'était passé à compter de ce moment-là, *Le Quotidien* en rendrait compte dans un texte publié le 23 janvier 1990, sous le titre *Stéphane Ouellet et le club de Jonquière : l'histoire d'amour semble terminée.* En fait, avec ce dernier article, c'était toute une saga qui semblait s'achever...

C'est fini. L'histoire d'amour entre le boxeur jonquiérois Stéphane Ouellet et le club de Jonquière semble maintenant terminée. Du moins pour l'instant. [...]

Tout semble terminé, car les deux parties n'ont pu en venir à une entente. Ouellet devait rencontrer Larouche la semaine dernière, mais le pugiliste est arrivé cinq minutes en retard à son rendez-vous. Larouche n'a pas voulu le rencontrer pour des raisons de discipline et de principe, semble-t-il.

« Nous avions effectivement fixé un rendez-vous pour 19 heures, au gymnase du Centre Price, se souvient aujourd'hui Ouellet. Or, on aura beau ne pas me croire, mais en cours de route j'avais ramassé un type qui faisait du pouce et j'étais allé le reconduire chez lui. Pour être gentil et faire plaisir, encore une fois. Quand je m'étais « finalement » pointé au gymnase, il était donc 19 h 02, peut-être 19 h 03, en tout cas certainement pas plus tard que 19 h 05. Déjà, Larouche était en train de verrouiller la porte. De manière un peu arrogante, il m'avait alors dit que j'étais en retard et que, cette fois, la rupture était bel et bien définitive. Voilà sur quoi nous nous sommes quittés. Après, j'avais communiqué avec Yvon Michel pour lui dire que, ou bien j'arrêtais la boxe, ou bien je partais m'entraîner à Montréal. "Viens-t'en", m'a-t-il répondu. »

« J'ai donc décidé d'aller à Montréal », continuait-il. *« D'ici février, tout devrait être fait. Montréal, ce n'est pas la meilleure place, mais dans les circonstances, c'est le cas »,* de résumer Ouellet.

Yvon Michel, directeur technique de la FQBO, se dit prêt à aider

Ouellet, mais y met aussi un bémol. [...] Stéphane Ouellet ne doit pas penser que ce sera plus facile ici. Les règlements sont aussi sévères sinon plus à Montréal. Il devra aussi montrer ses aptitudes, son intérêt et sa motivation. Mais avant toute chose, je vais encore discuter avec lui et l'écouter. Beaucoup de choses vont se produire d'ici le temps où il se retrouvera à Montréal. Un retour à Jonquière n'est pas écarté en ce qui me concerne. Stéphane doit aussi se rendre compte que l'herbe n'est pas aussi verte qu'on le pense chez le voisin. Jonquière possède le meilleur club et le meilleur entraîneur au Québec. Ouellet quitte beaucoup. Il n'est pas dit qu'il va grandement apprécier Montréal. Il faut en discuter », de dire Yvon Michel, qui entend bien jaser avec les dirigeants de Jonquière.

Au cours de cette période, il avait fallu que Stéphane orchestre son déménagement vers Montréal en un temps record. Stéphane et sa mère s'apprêtaient donc à partir pour ce qui deviendrait maintenant la terre d'asile du meilleur boxeur amateur au Canada. Le grand jour arrivé, le moral en berne et l'âme chagrine, Stéphane avait bien besoin de réconfort. Le destin lui en avait fourni une petite dose quand, juste avant de dire au revoir à Jonquière, ils s'étaient arrêtés pour acheter quelques victuailles. Stéphane avait alors fait une rencontre fortuite qui aurait des prolongements : celle d'un type peut-être considéré comme la figure la plus mythique du monde non moins mythique des bagarreurs de rue de Jonquière. À part une poignée de main échangée dans un bar, ils ne s'étaient jamais vraiment rencontrés. Or, en des lieux différents mais avec les mêmes armes, ils s'étaient, depuis, bâti tous les deux une grosse réputation, chacun semblant d'ailleurs intimidé par celle de l'autre. On avait beau dire que la vie de ce bagarreur de rue n'était en rien celle d'un enfant de chœur, Stéphane Ouellet avait le droit d'être en parfait désaccord : ce jour-là, le type en question avait en effet démontré au boxeur éconduit qu'il était, au moins, un enfant de cœur.

— J'ai vu ton histoire dans les journaux, *man...* C'est super-chien ce qu'ils t'ont fait, je veux dire te crisser dehors quand c'est toi qui as mis au monde le Club de Jonquière.

Aux yeux de ce type, il était surtout inadmissible que Stéphane Ouellet puisse laisser sa patrie sur un tel sentiment de rejet. Alors il lui avait tendu un billet de cent dollars pour équilibrer un peu les choses, compenser pour la fête d'adieu que Ouellet aurait méritée, et où on lui aurait remis plein de cadeaux et les clés de la ville.

Cette fois, un trousseau de clés aurait pu avoir une quelconque signification dans sa vie. Il n'aurait pas souhaité s'en servir pour rouvrir les portes que Stéphan Larouche venait de lui fermer, mais pour l'assortir à celles qu'il découvrirait bientôt, au début du générique d'un film d'Oliver Stone.

Ces portes-là, on les appelait évidemment The Doors...

***

Une équipe gagnante. Dans l'ordre habituel : Jean-Marc Tremblay, Christian Gagnon, Stéphane Ouellet et Stéphan Larouche.

Un jeune boxeur prometteur, mais pas encore le surdoué qui allait dominer avec autant de panache.

La « première moitié » de la tornade Gag-Ouel à l'époque du Club de Jonquière.

Des succès répétés en boxe amateur sur le plan international.

Chapitre 5

Du statut amateur au statut professionnel

*Deux de mes amis discutaient un jour de mes qualités morales :
« Stéphane est faible mentalement », affirmait le premier. « Je ne suis pas
d'accord », s'opposait le second. « Fragile peut-être, mais pas faible. Un
type véritablement faible ne se serait pas relevé d'autant de knock-down,
ne serait pas retourné voir Davey Hilton une troisième fois, ne serait pas
allé affronter Omar Sheika à Las Vegas en se doutant de ce qui l'attendait. Mais surtout, un type au moral faible, s'il avait eu à vivre ne serait-
ce qu'une seule année avec la personnalité angoissée, tourmentée,
complexe et double de Stéphane Ouellet, n'aurait pas survécu. Il se serait
suicidé bien avant... »*

*Socialement, je pense que cet ami avait raison : j'ai fait tellement de
folies dans ma vie; j'ai chuté et rechuté tellement souvent; j'ai pris
tellement de mauvaises directions et de mauvaises décisions; j'ai déçu et je
me suis déçu tellement de fois; il est probable, oui, que tout autre que moi
eût décidé d'en finir plus tôt avec la vie. Quant à ma vie sportive, lorsque
je rejoue ma carrière dans ma tête, une chose me frappe : c'est que, malgré
tous ces doutes qui ont hanté mes pensées et que j'ai terriblement détestés,
j'ai quand même l'impression d'avoir fait montre d'une bonne force de
caractère. Chose certaine, s'il ne fallait parler que de ma carrière amateur,
je ne crois pas que l'on puisse surmonter des obstacles majeurs tels Manny
Sobral et Raymond Downey – entre autres – sans être fort mentalement.*

***

Quand Stéphane Ouellet quitta Jonquière, aucun autre
adolescent du Saguenay n'avait encore vu autant de pays, n'avait
voyagé autant que lui. En cela, on pouvait penser qu'il montrait
déjà le profil parfait pour être un disciple de Morrison. Le poète
américain, marqué par les nombreux déménagements de son
enfance, faisait en effet du voyage l'un des thèmes principaux de
son œuvre. Pour lui, voyager voulait dire renouveler sans cesse son

expérience en même temps que se renouveler soi-même. Mais il y avait plus : à ses yeux, le vrai nomade accomplissait à la fois des voyages intérieurs et extérieurs, dans la mesure où ceux-ci lui permettaient de partir à la recherche et à la découverte de lui-même, à l'intérieur de lui-même. Et pourtant, tous les voyages de Stéphane autour du globe ne lui suffiraient bientôt plus. Car sous influence morrisonienne, il voyagerait davantage, encore que différemment : en restant chez lui la plupart du temps.

De Jonquière à Montréal, le voyage de Stéphane avait beau ne pas être psychique, il portait quand même le sceau de Morrison. Dans l'esprit du Roi Lézard, s'éloigner du foyer familial voulait effectivement dire s'éloigner de toute restriction. Morrison affirmait que, malgré l'ignorance de ce que le voyage lui réservait, l'enfant se sentait libéré et se réjouissait de cette liberté d'action et de pensée. Bon Dieu, c'était comme s'il avait radiographié Stéphane Ouellet! Évoquant le souvenir du 5635, rue Cartier, son premier appartement montréalais que son père avait qualifié de minable dans les journaux, Stéphane avait ainsi déclaré que, ce n'était peut-être pas très chic, mais cela avait bien peu d'importance en regard du sentiment de liberté et d'autonomie qu'il lui avait alors procuré. « Pour cela, ton premier appartement, c'est toujours un château... »

Instant de Liberté
lorsque le prisonnier
cligne des yeux au soleil
comme une taupe
hors de son trou

premier voyage d'un enfant
loin du foyer

Cet instant de Liberté
(Jim Morrison, Écrits, p. 640- 1)

Dès les premiers temps, à Montréal, Stéphane affichait les symptômes du virus Morrison contracté à Jonquière. La drogue, déjà! Non. Pur à son départ de Jonquière, il le resterait encore quelque temps. Son premier joint ne viendrait que plus tard. Pour l'heure, on ne lui connaissait que la seule drogue qu'il avait osé évoquer publiquement dans *Le Quotidien* : « *Prendre des coups et en donner, c'est un peu comme une drogue. Il est cependant beaucoup plus agréable d'en donner que d'en prendre.* » Sinon dans la drogue, à quoi donc se voyaient les premières manifestations de l'influence Morrison? À l'ennui. À l'image de ce mentor décrit en sa jeunesse comme bohème et affreusement seul – de là sa peur viscérale du vide et de l'ennui –, Stéphane Ouellet étalait son spleen après trois semaines de vie montréalaise, toujours dans les pages de son ancien journal : « *Je m'ennuie à Montréal. Je suis seul et je ne connais personne. [...] Je n'ai plus mes amis. [...] Lors de la première semaine, j'ai failli tout abandonner. C'était difficile physiquement et mentalement. [Mais] j'ai passé au travers et je suis sur la bonne voie.* » Une autre preuve qu'il était toujours sur la voie de Morrison, c'étaient ces commentaires publiés dans *La Presse* : « *Je ne connais personne à Montréal. C'est mieux comme ça, parce que je peux m'entraîner sérieusement sans perdre ma concentration. Mais c'est pas facile de vivre à Montréal. J'aime bien faire des farces avec le monde, mais c'est pas pareil par ici. Au début, quand je prenais l'autobus, je parlais au monde, mais j'ai vite compris qu'on ne me répondrait pas...* »

Stéphane avait donc été chassé – tel un loup – de sa ville, de son club, de sa maison, et de sa chambre à coucher. Mais la surprise était qu'il n'avait suffi que d'une seule et même personne pour le remplacer à tous ces endroits. Son nom? Le même qui figurait hier sur la ceinture du champion mondial des poids super-moyens du WBC : Éric Lucas! Peu de temps après ces événements, le Montréalais Lucas avait en effet fait le même trajet que Ouellet, mais en sens inverse, et avec des sentiments qui n'allaient pas, non plus, dans le même sens que ceux de son ami. Car si Ouellet avait quitté Jonquière dans la haine, Lucas arrivait pour sa part dans l'amour; il venait rejoindre l'élue de son cœur, la sœur de Frédéric Poirier.

Éric Lucas et Stéphane Ouellet s'étaient connus au milieu des années 1980, pendant les voyages auxquels participaient les membres de l'équipe du Québec. Ils étaient déjà, à cette époque, ce qu'ils ne cesseraient jamais d'être tout au long de leur parcours, les individus les plus formidablement contraires que l'on puisse imaginer. Excessif, discipliné, charismatique, calme, confiant, rebelle, acharné, tragique : les épithètes qui servaient à caractériser l'un ne serviraient jamais à caractériser l'autre. Mais les contraires s'attirant aussi en amitié, ils étaient vite devenus de bons copains. Certes, l'éloignement les empêchait de se fréquenter beaucoup, mais ils se voyaient de temps à autre, en particulier quand Stéphane invitait Éric au chalet de Chambord.

En tout et partout, c'est une dizaine de mois que Lucas avait passés à Jonquière. À l'époque, peu de temps avant son installation là-bas, il avait pris la décision – qui paraît incroyable aujourd'hui – d'accrocher les gants. Mais c'était comme si retrouver sa copine ne l'avait pas totalement comblé. Il avait eu besoin de renouer avec son deuxième amour, le plus ancien des deux, celui des rings. Il s'était donc entraîné toute une saison au Club de Jonquière, découvrant Larouche, qu'il croiserait de nouveau, lui aussi, chez InterBox.

Les premiers mois, c'est-à-dire ceux qui suivaient l'expulsion-qui-devait-être-une-suspension-mais-qui-à-cause-d'Yvon-Michel-fut-une-trahison, les premiers mois, Lucas avait été hébergé chez les Ménard, angle Colbert et Saint-Hubert, dans la demeure de grand-maman Joséphine. Il y était bien traité, mais sa timidité maladive l'empêchait d'être véritablement à l'aise avec des gens qu'il connaissait si peu. Or, si triste qu'il pouvait être, le départ de Stéphane pour Montréal lui faisait espérer qu'il pourrait peut-être déménager et aller occuper sa place dans le domicile familial. À sa grande joie, les parents de Stéphane avaient exaucé son souhait, non sans l'avoir fait patienter quelques semaines, le temps qu'Angémil et Olivette se remettent du départ de leur fils et s'accordent des moments seuls. « Éric, raconte Angémil, je le vois encore en train de se bercer au salon, passant de longs moments sans bouger, sinon pour flatter mon chien. Il était excessivement gêné, même avec nous qu'il connaissait pourtant mieux que les Ménard. Le pire, c'était avec moi. Juste pour arriver à me demander un verre d'eau, je pense que ça lui a pris son séjour au grand complet! Heureusement, il était nettement moins coincé avec Olivette. Non seulement discutaient-ils beaucoup ensemble, mais Olivette était un peu devenue sa confidente pour ses histoires de sexe et d'amour. Je me rappelle, il lui disait avoir fait de la fidélité sa plus grande preuve d'amour. »

Quelque 10 années plus tard, ironiquement, c'est la fidélité qui se retrouvera au cœur de la brouille survenue entre les deux boxeurs, au moment où Ouellet claquerait la porte du groupe InterBox. Quand Stéphane, auteur une semaine plus tôt d'une virulente sortie envers le groupe InterBox, avait vu Éric Lucas se présenter au point de presse d'Yvon Michel, l'entourer comme on entoure un proche dans l'épreuve et s'afficher à ses côtés sur les photos, il s'était dit que Lucas venait de choisir à qui accorder la fidélité dont il faisait « sa plus grande preuve d'amour ». Tous les deux étant alors dans l'attente d'une chance mondiale, ce petit épisode révélait les différences entre leurs personnalités. Calculateur, froid et réfléchi, Lucas avait choisi d'appuyer celui qui, huit mois plus tard (c'était censé être un mois et demi plus tard, mais la blessure à Dave Hilton avait tout changé), lui offrirait sa troisième chance mondiale. Émotif, impulsif et risque-tout, Ouellet avait quant à lui décidé d'envoyer valser le même homme qui lui avait promis la même chance au titre, et il avait parié sur une toute nouvelle équipe qui n'avait pas l'ombre de la queue d'un contact au niveau mondial. Jusqu'alors entraîneur des deux athlètes, Stéphan Larouche avait d'ailleurs vu tout ça. Affirmant que Lucas, en dépit de sa place de premier challenger mondial, n'avait à ce moment que zéro pouvoir de négociation dans la compagnie (il n'était ni populaire ni attirant), il répondrait à tous ceux qui riraient de l'échec de Ouellet à Las Vegas qu'il savait, lui, à quel point le Jonquiérois avait *gamblé* fort dans cette histoire.

C'était donc à compter de ce moment que le second affrontement entre Stéphane Ouellet et Éric Lucas, jusque-là utopique, était devenu d'actualité. Ivre de colère, Stéphane Ouellet le réclamait alors en privé, rappelant au passage le premier duel qui les avait opposés : « Je lui ai donné une volée chez les amateurs et je vais lui en donner une autre chez les pros. » Ce premier combat avait eu lieu en mai 1989, tout juste avant les Mondiaux de Porto Rico, et si Ouellet exagérait un brin en le qualifiant de « volée » (les deux boxeurs avaient été comptés chacun une fois), on ne se trompait pas en disant qu'il s'était soldé par une victoire facile et sans équivoque. « C'est vrai, se rappelait Lucas en février 2000, j'avais fait un bon combat, mais Stéphane avait gagné sans trop de peine. À ce moment, sa renommée était déjà considérable, au point qu'il était perçu comme une future étoile de la trempe des Roy Jones ou Oscar De La Hoya. Comme tout le monde, c'est sa vitesse qui m'impressionnait le plus... surtout quand je me retrouvais dans le même ring que lui! Mis à part le combat de mai 1989, j'avais plusieurs fois croisé les gants avec Stéphane, à l'entraînement. C'était toujours facile pour lui, parce que j'étais l'adversaire idéal pour son style. J'avais beau avancer constamment vers lui, sa vitesse m'empêchait de l'approcher, et encore plus de le toucher! Et ce qui n'arrangeait pas les choses, c'est que, dans ce temps-là, ma défensive était très poreuse. »

Bref, pour Éric Lucas, c'était en ce temps-là pas mal plus réjouissant d'être le coéquipier de Stéphane Ouellet que son adversaire! Une fois leur seul affrontement passé, les deux amis avaient d'ailleurs été réunis pour au moins deux autres compétitions à l'étranger. En avril 1990, dans le cadre des Internationaux de France disputés à Saint-Nazaire (tournoi de premières pour Stéphane Ouellet : premier tournoi depuis son arrêt pour douleurs aux mains, et premier tournoi chez les seniors), ils avaient même été compagnons de chambre. « Et j'avais bien fait rire Stéphane, dit Lucas. Chaque jour au supplice pour faire le poids des 147 livres, j'avais en effet passé mon temps enfermé dans la salle de bain, le robinet d'eau chaude de la douche ouvert au maximum pour créer un genre de sauna. Lui, il venait justement d'abandonner les 147 livres pour passer à 156; il n'avait donc aucun problème de poids. Il s'était tellement bidonné de me voir faire! Avant de partir, enfin libéré de ma salle de bain, on avait par ailleurs pris tous les deux une cuite monumentale. Moi j'étais très, très saoul, mais Stéphane, qui voulait toujours surpasser tout le monde, était encore plus saoul que moi, je dirais donc très, très, très saoul! Dans la soirée, ça avait été son tour de me faire rigoler : alors qu'on se faisait raccompagner en voiture, il avait profité d'un arrêt pour sortir... par la fenêtre et se mettre à courir dans la rue, zigzaguant entre les autos. »

Un an et demi plus tard, au cours d'un voyage en Floride avec le Club de Jonquière (le fameux voyage où Yvon Michel avait effacé la séquence du knock-down de Stéphane), Lucas ne renouvellerait toutefois pas l'expérience de partager sa chambre avec Ouellet : « Stéphane et quelques autres gars tenaient à fumer... Et comme ça faisait peu de temps que j'étais arrivé à Jonquière, je voulais me tenir tranquille devant mes nouveaux entraîneurs. » Ce périple en Floride, auquel Yvon Michel avait dû renoncer à la dernière seconde, marquait par ailleurs les retrouvailles entre Larouche et Ouellet, le premier ayant été contraint de régenter le second. Disons que ça n'avait pas été un grand succès. « Nous avions fêté tout au long du séjour, dit Ouellet, et il y avait eu un moment où Larouche avait essayé de me calmer. Encore amer de mon expulsion, ma réplique n'avait pas tardé : "Toé, câlisse-moé patience, veux-tu! Astheure, j'ai pus un hostie de compte à te rendre." »

Après l'ennui des premières semaines à Montréal, Stéphane apprenait à apprécier de semaine en semaine la vie dans la métropole. « Je découvrais la liberté totale, j'étais seul en appartement, la vie ne pouvait pas être plus plaisante. Bien sûr, je m'ennuyais de ma mère, de mon coin de pays, de mes chums. Mais avec le temps, je m'étais fait de nouveaux amis, avec lesquels c'était brosse, brosse, brosse. Ma vie, dans les faits, se résumait alors à deux activités : j'écrivais, un peu, et je brossais, beaucoup. »

Sa première démangeaison d'écrire, il se souvenait de l'avoir ressentie comme ça, sans avertissement, alors qu'il était assis chez lui, seul dans son appartement. Comme il le dirait plus tard, en parlant cette fois de ses tatouages, il avait eu « un petit goût d'encre ». Cela avait commencé doucement, et non, comme d'habitude, de manière excessive : un premier poème, puis quelques autres à un rythme irrégulier, jusqu'à ce moment, jusqu'à cette révélation : le film des Doors d'Oliver Stone !

« La vérité, c'est que j'avais vu ce film-là exactement dans le bon temps. Quand il était sorti en salle, à Jonquière, même si c'était le film dont tout le monde parlait, je n'en avais fait aucun cas. Mais ici, à Montréal, il me tombait sous les yeux au moment où je ne vivais plus que d'excès, écrivant de plus en plus et buvant déjà beaucoup. Si bien que, dans ma tête, ça avait été un véritable choc : pour la première fois, en voyant ce chanteur, ce poète, je découvrais quelqu'un qui, comme moi, laissait les excès guider sa vie. Quelqu'un qui était réellement tel qu'il se décrivait, contrairement à tous ces gens qui se disaient excessifs mais qui étaient en fait loin de l'être. À partir de ce moment, convaincu que je venais de trouver mon maître, j'ai complètement dérapé. Je me disais : "Jim Morrison est comme ça et moi je suis pareil à lui !" »

JIM EST LÀ
Entre ces murs de béton
Je m'aperçois que je suis un pion
Qui ne fait que marcher
Parmi ces êtres programmés.

Mon cœur bat parmi tant d'autres
Mais est-ce ma faute
Si j'ai foi en mes pensées
Pour lesquelles je suis jugé !

Mon corps a une idole
Qui elle a pris son envol
Tout en me traçant le chemin
De ce royaume lointain.

À l'aube de mes vingt ans
Ai-je encore le temps
De donner et de recevoir
Jusqu'au jour du départ... !
(Stéphane Ouellet, *La Bible de l'Inconnu*)

« Conséquence : le film des Doors avait littéralement fait exploser mon envie d'écrire. Me reconnaissant dans l'écriture marginale de Jim, j'avais décidé d'aligner ma poésie sur la sienne et c'était comme si j'étais devenu l'esclave de ma plume. Au point, dans les partys, d'interrompre mon ivresse pour m'asseoir et noter des flashes sur un bout de papier. Comme pour Rimbaud et Jim, le *long, immense et raisonné dérèglement de tous les sens* était presque devenu, pour moi aussi, une parole de Dieu. Quand j'ai entendu ces mots, c'était comme si on venait de m'expliquer pourquoi je buvais, pourquoi je devais continuer de le faire, et pourquoi je devrais bientôt commencer à me droguer : pour rien de plus qu'atteindre ce fameux dérèglement des sens... »

La première fois que Stéphane avait « déréglé ses sens » par autre chose que l'alcool, il était accompagné de l'un des colocataires qu'il eut rue Cartier. « On s'était acheté du hasch, une boule à cinq, et on l'avait fumé en regardant le film des Doors qu'on venait tous les deux de découvrir, passionnés à l'os par cette musique et ces paroles d'excessifs. » Stéphane Ouellet commençait donc consciencieusement sa décennie d'intoxication, sur le premier barreau de l'échelle, petit joint qui lui permettrait de grimper rapidement jusqu'aux paradis artificiels.

Comme Morrison qui, fidèle disciple de Rimbaud, considérait les stimulants essentiels à l'écriture – l'alcool avait toujours été son préféré – Stéphane s'intoxiquerait tantôt à l'alcool, tantôt à la drogue, souvent aux deux, dans le but précis de fortifier son esprit dans le processus de création artistique. Ainsi stimulé, c'est l'expérience sensuelle et spirituelle qui s'imposait dans son acte d'écrire au détriment de l'expérience physique. À l'exemple de son maître, il pouvait alors tendre à l'écriture automatique, c'est-à-dire voir sa main prendre la plume et se mettre en mouvement sans qu'il y soit pour quelque chose.

La poésie de Stéphane Ouellet était quelque chose comme une réponse à l'insécurité inévitable du milieu de la boxe. Quelque chose comme une défense contre la dépendance et la manipulation auxquelles les boxeurs doivent faire face. Quelque chose comme un rempart devant les commentaires, du genre de ceux que Stéphane avait entendus à la condamnation de Dave Hilton : « Ben oui, il va reboxer, Hilton. Que voulez-vous qu'il fasse à sa sortie de taule! Il ne sait rien faire d'autre. » Quelque chose, enfin, comme la réflexion d'un homme, l'un des rares, au dire du chroniqueur de *La Presse* Réjean Tremblay, « *à être rendu aussi loin dans sa connaissance de soi* » : « Pourquoi pensez-vous que je me suis jeté dans la poésie! »

demandait Stéphane 10 ans plus tard. « Pourquoi pensez-vous, après avoir cherché toute ma vie une autre avenue que la boxe, je suis si heureux de l'avoir trouvée, avec l'industrie funéraire! Tout simplement parce que, me connaissant, j'ai toujours su que je ne serais jamais capable de garder l'argent de la boxe très longtemps, peu importe le montant. Je savais qu'il me fallait faire autre chose de ma vie. »

Quoique sa poésie ait profité d'un bon accueil, Stéphane s'était lui-même chargé, au fil des ans, de la mettre à l'index, dès après l'événement qu'il aurait dû vivre comme un couronnement : le lancement de son premier (et seul) recueil de poésie, au printemps 1994. Or, bien au contraire d'un couronnement, la parution de *La Bible de l'Inconnu* lui avait fait l'effet d'un déboulonnement.

Autant, en effet, il avait longtemps rêvé à ce recueil et y avait investi le gros de son temps de 1991 à 1994, autant il avait été prompt à le rejeter. D'abord en raison de sa facture, avant même que l'attention puisse être portée sur la qualité des textes. Publié aux Éditions AZA, on y déplorait trop de coquilles, dont l'une avait particulièrement ulcéré Stéphane. Dans son ode à Morrison – *Jim est là* – il avait écrit « *Mon corps a une idole* », mais le vers s'était transformé en « Mon corps EST une idole »! Cet égocentrisme étant à mille lieues de lui ressembler, il en avait été indiciblement frustré, d'autant que la réaction redoutée à la suite d'une aussi grossière inattention ne s'était pas fait attendre. Elle était arrivée sous la forme d'un commentaire de Lucas : « Ouais, Stéphane, avec des phrases comme "Mon corps est une idole", on va commencer à croire que tu tripes vraiment sur ton cas », lui avait-il dit à la blague. « Cette coquille m'avait tellement déçu et dérangé, dit Stéphane, que le jour du lancement, je stressais à tenter de corriger le plus d'exemplaires possible à la main. » En lui-même, le lancement n'avait d'ailleurs pas été moins gênant que les coquilles : alors que son éditeur lui avait fait miroiter la présence d'une centaine d'invités dans l'enceinte du Centre national d'exposition, sis au sommet du magnifique Mont-Jacob à Jonquière, ils avaient été, en réalité, une... quinzaine, de la parenté pour l'essentiel! « Nous étions tristes et presque gênés pour lui », se souvient son père. Évidemment, un tel amateurisme n'avait pas concouru à un bien gros succès de librairie. Stéphane n'a jamais su le nombre de copies écoulées, mais il s'en faisait une idée assez précise en comptant l'argent reçu des ventes. « J'ai d'abord touché une avance de 500 dollars (laquelle avait d'ailleurs servi à l'achat d'une mobylette). Et puis... plus rien du tout! Je n'ai jamais plus entendu parler d'argent pour ce recueil-là. »

Stéphane s'était alors mis, peu à peu, à dénigrer ses aptitudes poétiques, comme si l'échec de son recueil, combiné au recul qu'il avait pris en se comparant aux grands poètes, avait eu raison de ses prétentions littéraires. Bientôt, ça avait été l'heure des regrets : « Pendant longtemps, j'ai pensé que le fait de m'appeler Ouellet m'autorisait à me proclamer poète, à faire de moi un poète. Mais c'était une grave erreur. En réfléchissant ainsi, j'avais carrément manqué de respect à la poésie... » À long terme, la volonté de Stéphane d'arracher cette page-là de son histoire irait même jusqu'au refus de l'éternel surnom – le Poète – dont il avait hérité dans les cercles de la boxe. Sur la fin, entendait-il parler de lui à ce titre, il se cabrait aussitôt : « Non mais, crisse, y sont ben tannants avec ça! »

Mais au fil du temps, on découvrait qu'il aimait vraiment la poésie en tant que moyen d'expression, et donc qu'il l'avait aussi aimée dans ses années de « pratique ». Pour se moquer d'un proche qui, conduisant aussi mal que lui, avait failli le tuer, en route vers une conférence de presse, il écrivait un poème :

Il s'est écrasé
Sur la rouquine
Lui rouillant sa journée.

Son ami s'en est sorti
Et Dieu il en remercie.

Il scrape tout ce qu'il conduit
Brûlant feux rouges, sous le nez
Des pare-chocs emboutis.

Bravo pour tes accidentelles habiletés
Frère chauffard
Je te salue!

Voulait-il plutôt l'amour pour se réhabiliter aux yeux d'une fille ayant malheureusement partagé une des pires périodes de sa vie, celle de l'été 1999 qui suivait sa seconde défaite face à Dave Hilton, il écrivait :

Je t'aime de mille manières
Sans savoir trop comment
Je t'ai traînée sauvagement dans ma tanière

Elle si sombre, un noir torrent
L'ombre de ton souvenir, cache la
lumière de quelques regrets
Ton astre chevelure, rêve d'Orient
Brise céleste, songe que je caresse
Tes yeux semblent s'ouvrir sur un
autre continent
Regard d'encre, qui a marqué
les pages de ma vie.
Certaines nuits je te revois
Assise, heureuse de n'être plus là
Aux abords de mon cœur
À jamais tu resteras,
Au bon moment je n'ai su être gentil
Ton absence
Est devenue ma sentence...

Bref, pour traduire une émotion, écrire était souvent le premier réflexe de Stéphane Ouellet. Il allait par ailleurs rédiger bien d'autres trucs, y compris des adresses aux journalistes lors des conférences de presse (comme pour son troisième affrontement avec Dave Hilton) et des prières de son cru, offertes aux familles quand il était appelé à diriger des funérailles. Prière pour le salon funéraire :

La mort nous rappelle notre vie, cette vie remplie d'amour, de peines, et d'espérance. Espérer renaître en harmonie avec Dieu.
S'avouer heureux et heureuse avec l'essentiel qu'il nous procure.
Le rôle qu'a joué cet être cher au sein de vos vies demeurera gravé à jamais dans le fond de vos cœurs. La mort met fin aux souffrances et aux incertitudes, elle nous ouvre la porte de notre foi. Quelqu'un qui meurt, c'est comme un silence qui hurle, et qui nous aiderait à entendre la fragile musique de la vie (cet extrait était cependant un emprunt).

Bienvenue à son envolée, et nos sympathies les plus tendres vous accompagnent.

Prière pour le cimetière :
Nous prenons le temps de notre vie à nous questionner sur la mort.
« Quand », « pourquoi » et « comment », quand en fait la seule réponse pour eux doit être « enfin ». Chaque sourire vous rappelle la vie avec cet être cher. Nous permettrons une rencontre plus sereine et directe avec Dieu.

Votre peine est humaine et profonde, mais ayez la bonne idée, au fond de votre cœur, de dire à votre frère, à votre sœur : « Je t'aime et amuse-toi bien avec les anges dont tu fais maintenant partie, et s'il vous plaît guide notre route vers une destination de paix et d'amour. » Ensemble aujourd'hui, rappelons-nous hier et réjouissons-nous pour demain. Avec Dieu, en Dieu, et pour Dieu, il m'honore de faire ces quelques prières avec vous.

De toute manière, même si Stéphane en était venu à le déconsidérer, son premier recueil de poésie était un embryon de biographie. C'était aussi l'opinion de Marcel Flamand, un proche ami pendant de longues années, qui avait eu la tristesse de voir ses liens avec Stéphane se distendre petit à petit, les deux hommes ayant cessé de suivre les mêmes routes. D'ailleurs, au nombre des quatre textes cités par cet ami comme étant ceux révélant le plus Stéphane, il y avait celui de la page 94 qui se terminait par une citation de Morrison, laquelle donnait une idée du genre de route empruntée par Stéphane : « *Le sentier de l'excès mène au palais de la sagesse.* »

« Après avoir lu et relu le recueil, disait Marcel en le tenant encore ouvert, je suis persuadé que ce sont ces quatre textes-là qui permettent le mieux de comprendre la manière d'agir de Stéphane et surtout son culte pour Morrison. Tiens, finissons de lire la page 94...

[...] Morrison, comme tous les grands hommes de ce monde inspirés par la vérité, a ce pouvoir puissant d'inspirer, à travers leurs douces folies mentales, des hommes et des femmes endormis par une société sans justice et immorale, cachée par un regard d'inégalité.
Vive le Roi Lézard
Vive la vérité
Vive l'inconnu.

« Maintenant, lisons ici, page 80...
SUBIR
Raisons et passions
Le choc retentit
Des choix qui s'abattent
Une mort qui s'engage.
Le langage est différent
J'entends sans comprendre
Stricte règle, qui ne règle rien.

Être soi-même,
Confronté à l'étranger,
Combattant l'extérieur
D'une poésie sans fleurs.

Je suis fluide mortel
Martyr de la tête
Inspiré par l'excès
Au concours destructif.

Errant dans l'abîme du mensonge
Déguisé en homme
Quand tu n'es qu'un animal aliéné
Dévorant le placenta de ma victime,
Étouffé par le cordon pensif d'une jeune mère
Qui aurait vu sa progéniture mentir
Ils ne seront jamais futurs...

« Ensuite, page 35...

JONQUILLE
Traversant à travers ses verts épouvantails
Je reviens chez moi, soif de retrouvailles
Sur la route de mon cheminement
Je revois mes erreurs, moroses sentiments.

Le temps passe, mais le paysage demeure
À chaque retour, je meurs.
Je suis né pour partir
D'une cité où je désire mourir.

Jonquille, fleur de tourments
J'ai vécu en toi de véritables torrents,
Tu m'as vu un jour, homme glorieux.
Le lendemain apparu, voyou malheureux.

Sympathique lieu de toutes mes envies,
Dieu sait qu'en toi j'en ai bu de l'eau de vie
J'ai fait de moi le rêveur rêvant
Rêvassant du passé, profitant du présent.

« Et page 17, enfin...

JAMES DOUGLAS MORRISON
Le roi des lézards
Symbole de liberté
Dans mon esprit une véritable fanfare
Orchestre funèbre, musique de poésie.

Il était un homme de passion
Au bord de la mer, au soleil couchant
Il était mort :
Voyage de fascination.

Pour ce monde d'incompréhension,
Un être flamboyant;
C'était un animal de la création
Véritable bête, chacal de l'illumination.

Dieu du corps féminin
Légende terrestre, spectre sans fin
Dans ma raison, une image de perfection.

Idole à jamais, il est mon maître, ma conscience
Ses paroles semblables à un démon ont été pour
moi des fruits de délivrance.

Je t'admire, maître,
Tu es roi
Tu es la vérité,
En toi je serai jugé.

« Au cours de ces années-là, continuait Marcel Flamand, ils étaient nombreux à penser que Stéphane subissait les mauvaises influences de plusieurs de ses amis. Or, la réalité était tout autre : Stéphane n'avait besoin de personne pour être mal influencé, car Jim Morrison lui suffisait amplement. Moi, j'avais un peu compris l'ampleur de son adulation pour Morrison un jour qu'il m'avait invité à Montréal, chez lui, et que nous avions regardé le film des Doors. Crisse, je ne mens pas, il connaissait toutes les répliques par cœur, sans jamais se tromper d'un mot! Fallait-il qu'il l'ait visionné souvent, le film! Et pourtant, mon plus gros choc était encore à venir : je l'avais eu la toute première fois que Stéphane m'était apparu habillé « en Morrison », c'est-à-dire avec un pantalon noir et des bottes de cow-boy. Habillé comme ça, on l'aurait vraiment pris pour Morrison! En tout cas, il marchait comme lui, avec le buste et les épaules inclinés de la même manière vers l'avant... »

S'il était vrai que Stéphane Ouellet aurait eu des qualités de biographe, il fallait croire qu'il était plus qualifié pour écrire l'histoire de Morrison que la sienne! Problème majeur : par souci de liberté, comme Morrison il ne conservait jamais rien. Si bien qu'il a fini par perdre tous les documents qu'il avait amassés sur son idole!

Avec cette habitude de tout égarer et de ne rien garder, Stéphane pouvait s'estimer chanceux d'avoir eu de quoi constituer un recueil de poésie : sur quelque cent cinquante textes, il avait en effet réussi l'exploit d'en sauver la moitié, de sorte que c'était 71 textes qui se retrouvaient dans *La Bible de l'Inconnu*. Même s'il avait cessé de croire en ses aptitudes poétiques à partir de cet instant, Stéphane n'en avait pas perdu pour autant le goût d'écrire, rédigeant dans les années subséquentes environ 250 poèmes... tous égarés, hormis peut-être une dizaine, tel *La Douleur*, qui s'étaient retrouvés dans diverses publications. Ce poème, précisément, avait toujours figuré au nombre des préférés de Stéphane :

La douleur
Sentiment que l'on fuit
Assené par le poids d'une parole
Ou par l'absence d'une caresse
La peur est une douleur
Par sa domination lente et présente
La peur de mourir
Reflète le mal de vivre
La douleur du corps
aux couleurs passagères
Passe comme un rêve qu'on oublie
Effacer par une larme qui coule ou par un
cri qui défoule
Il y a la douleur que l'on cache
Enfouie dans le cœur de la vie
Battant de souffrance muette
Que seul le temps assouvit
Aspirer dans l'attente douloureuse
D'une main sur une épaule
Ou d'un cœur qui partage
Cicatrisant l'espoir d'être bien

Dans sa peau et dans son rôle
Cette douleur, si présente en la peur,
S'apprivoise en l'affrontant.
Car la crainte d'avoir mal
Amplifie le degré de souffrance
Cette douleur si faible
Face à l'acceptation de... la mort.

Ses tout premiers poèmes – qui datent de l'année 1991 –, Stéphane disait les avoir écrits « en recherchant toujours la rime ». Puis, quelques lectures l'ayant rendu moins néophyte en cette matière, il s'était aperçu que rimer n'était pas une obligation, et il était passé d'une poésie en vers à une poésie en prose. Mais vers ou prose, comme nous l'avions jadis écrit dans un texte paru dans *Le Quotidien* de Chicoutimi, « *c'était l'époque où Stéphane Ouellet ignorait que les mots peuvent sourire. Sur des pages aussi blanches qu'une pêche d'hiver, il ouvrait une brèche dans le papier glacé et y jetait des lignes si noires que jamais le bonheur ne voulut y mordre, même s'il y avait mis ses vers les plus remuants. Puisant cette poésie à l'encre des traverses de sa vie, ses écrits étaient donc des cris : les cris de son âme, les cris à l'âne qu'était cette carrière qu'il n'arrivait plus à faire avancer selon ses goûts.* »

Oui, ses écrits étaient les cris silencieux d'un garçon cherchant à faire comprendre que la boxe seule ne suffisait pas à le combler. Cela, dans les premiers temps de leur association, Yvon Michel donnait l'impression de l'avoir bien compris. En novembre 1990, dans une entrevue au *Quotidien*, l'entraîneur déclarait d'ailleurs : « *Stéphane n'a pas une vie facile et nous sommes tous conscients qu'il lui faut d'autre chose pour remplir sa vie, pour qu'il ne se retrouve pas devant rien si, un jour, il abandonnait la boxe. Il sera sur le marché du travail dès la semaine prochaine, il va vivre une vie normale, comme tout le monde.* »

Remarquez qu'à ce jour, s'il n'avait pas encore « une vie normale », s'il ne gagnait pas sa croûte comme tous les jeunes de son âge, ce n'était pas faute d'avoir essayé. À l'adolescence, il avait eu deux emplois. Le premier, c'était au Canadian Tire de Jonquière, où il avait été embauché pour réparer des bicyclettes. « Sans blague, je me demande si Stéphane avait duré deux jours, se souvient Marcel Flamand. N'emportant pas son repas, il dépensait ses gains du jour pour s'acheter de la bouffe. Or, comme il mangeait deux fois plus qu'il ne réparait de vélos, il payait pour travailler! » Son deuxième job, il le devait à la Brasserie Labatt, qui l'avait engagé sur ses camions de livraison. Toujours selon

Flamand, ça n'avait pas été le coup de foudre. « C'étaient des équipes de trois hommes par camion. Mais avec Stéphane, il n'était jamais sûr que ça reste à trois... Une fois, les coéquipiers de Stéphane, se démenant comme des diables, s'étaient aperçus qu'ils charriaient la bière à deux plutôt qu'à trois. Ils s'étaient donc mis à chercher Stéphane pour avoir de l'aide. Quand ils l'avaient enfin retrouvé, il était assis sur un perron de maison, en train de flatter un chien! » « C'est vrai, dit Stéphane, je ne prenais pas toujours mes pauses quand c'était le temps. »

À Montréal, le retour de Stéphane sur le marché du travail s'était fait attendre. Il avait dû patienter jusqu'au printemps 1991 pour commencer à « travailler comme tout le monde », dans l'entreprise d'arboriculture d'un passionné de boxe, Roger Martel. « Stéphane m'avait donné satisfaction, dit Martel, dont l'entreprise nichait sur la Rive-Sud de Montréal. Afin de ne pas trop l'éprouver physiquement, en vue de ses entraînements, je l'avais mis en charge d'un camion et d'une équipe de paysagistes. Son passage chez nous n'avait pas été très long : il avait dû partir avant la fin de l'été pour une préparation de combat, je crois. » (Probablement le combat contre Raymond Downey en septembre 1991, son plus important en carrière, lequel combat allait toutefois être préparé aussi mal que tous les autres.) C'était un emploi que Stéphane avait somme toute apprécié. Les souvenirs lui reviendront en foule quand, devenu plus tard citoyen de Longueuil, il reverra les aménagements paysagers réalisés une dizaine d'années plus tôt dans le secteur...

Homme d'affaires dont la prospérité lui permettait de mener en dilettante une carrière – onéreuse – de promoteur de boxe, Roger Martel, lui-même ancien boxeur, avait jusqu'alors présenté Stéphane deux fois dans le volet amateur de ses réunions. La dernière en date à ce moment-là remontait au 22 avril 1990, peu de temps après l'arrivée de Stéphane à Montréal. Ce dimanche-là, Martel, de concert avec son publiciste Régis Lévesque, organisait le match revanche entre le Hullois Denis Sigouin et le Montréalais Alain Bonnamie. Présentée quelques mois plus tôt au Centre Paul-Sauvé, la première rencontre avait été si suivie et si spectaculaire qu'il avait été décidé, à l'insistance de Lévesque certain qu'elle attirerait les foules, de présenter la revanche au Forum de Montréal. « Puisque je payais Régis au pourcentage des entrées, explique Martel, il avait évidemment tout intérêt à ce que le deuxième combat se fasse au Forum. »

Pour appuyer cette finale, Martel proposait également un

combat de Championnat canadien des moyens entre le Manitobain Darrell « Pee-Wee » Flint et Deano Clavet, qui disputerait là le dernier combat de sa carrière. Coupé et envoyé au sol, Clavet avait été battu en moins de deux rounds, ce qui le déciderait à faire des adieux définitifs aux rings. Dans l'immédiat, il allait donc s'attacher à accomplir son vieux rêve de devenir comédien, puis il ouvrirait plus tard une salle de boxe qui compterait un jour sur ce dont il n'avait, cette fois, jamais rêvé : un aspirant mondial du nom de... Stéphane Ouellet!

Selon les plans originaux, on voulait non seulement que Clavet affronte Bonnamie plutôt que Flint, mais aussi qu'il accepte 5 000 dollars pour... perdre délibérément le match, afin de ne pas freiner la montée de Bonnamie, alors considéré comme le seul homme pouvant relever la boxe montréalaise. « J'avais dit oui au premier pacte, dit Clavet, et j'avais signé le contrat pour affronter Bonnamie. Puis, un type (Clavet se refuse encore à dévoiler son identité, gardant le secret pour le livre qu'il entend écrire plus tard) m'avait donné rendez-vous dans un restaurant pour arranger le match. J'avais refusé ce deuxième pacte. Est-il besoin de dire à quel point ma surprise avait été totale, moi qui croyais que Montréal était à l'abri des combats truqués? Après mon refus, les choses en étaient restées là jusqu'à ce que ma compagne apprenne, par la télévision, que ce n'était plus moi qui affrontais Bonnamie, mais bien Sigouin pour un match revanche. Je n'avais même pas été avisé. Bien sûr, j'ai appelé le promoteur Roger Martel, bien décidé à faire respecter mon contrat contre Bonnamie. Mais devant la nouvelle proposition qu'il avait à me faire, ma colère a été de courte durée. "C'est vrai, ce n'est plus toi qui affrontes Bonnamie, mais en échange j'ai une meilleure offre à te soumettre. Que dirais-tu d'être impliqué dans un match de Championnat canadien, contre Flint!"

« Malgré la chance que je perdais de me mesurer à Bonnamie – que je pensais battre – je ne pouvais pas refuser l'offre de Martel. Détenir la ceinture canadienne, c'était un rêve de longue date. Dans mon plan de carrière, je voulais devenir champion canadien et me retirer ensuite, le titre servant de tremplin à ma carrière d'acteur. Avec l'offre de Martel, je voyais le scénario se dessiner. J'ai donc consenti à ne pas affronter Bonnamie. »

Mais au bout du compte, toutes ces tractations, ces changements qui menaient à une finale Bonnamie-Sigouin et une demi-finale Flint-Clavet, n'avaient pas suffi à éviter un retentissant échec aux guichets. Alors que Martel attendait plus de 10 000 personnes, qu'il croyait, à l'œil, en avoir compté 6 000, il s'était affligé du chiffre réel : 4 400 spectateurs payants — moins que le premier match! Le surlendemain, *Le Journal de Montréal* rendrait compte de la cruelle désillusion de Martel sur la capacité de Bonnamie à relancer la boxe, mais aussi de son opinion sur l'identité du seul athlète habilité à le faire. *Roger Martel, écrit Daniel Cloutier, dit que dans sa tête tout est clair aujourd'hui : il doit cesser d'investir tout son temps et son argent en Alain Bonnamie; pour lui, l'espoir, le succès assuré, le nouveau « king »… c'est Stéphane Ouellet, le meilleur boxeur amateur en Amérique du Nord présentement.*

« Plusieurs me répétaient depuis un an que le prochain "king" de la boxe québécoise, celui qui remplira les estrades pour les années futures, c'est Stéphane Ouellet. J'en ai maintenant la certitude. Vous avez vu avec quelle facilité il a démoli le champion senior canadien (l'Ontarien Robert McGregor) dimanche soir! C'est incroyable le talent de ce gars-là. C'est pas compliqué, il a tout, absolument tout! Le sérieux, le talent naturel, la vitesse, la puissance et la résistance. […] Et dire que ce p'tit gars-là de 18 ans vient tout juste de sortir des juniors. Tout un phénomène!

« Stéphane n'a pas encore pris la décision définitive de "tourner" professionnel, cette année, mais je songe sérieusement à suspendre mes activités en attendant qu'il fasse officiellement le saut chez les "pros". Je compte bien m'entretenir avec lui dans les prochains jours. »

Un an et demi plus tard, c'est effectivement Martel qui coifferait le chapeau de promoteur pour les débuts professionnels de Stéphane Ouellet. Dans l'immédiat, il avait renoncé à ses activités et à l'organisation d'un combat majeur entre Bonnamie et Dave Hilton, sous prétexte que la popularité du premier plafonnait et que celle du second déclinait. Mis sur pied par Henri Spitzer, ce combat-là aurait quand même lieu six mois plus tard, en octobre 1990, avec à la clé la victoire de Bonnamie et la première défaite de Dave Hilton chez les professionnels. Du reste, pour le seul autre échec de Hilton, il faudrait attendre une décennie complète et son troisième match contre… Stéphane Ouellet!

***

Le 4 mai 1990, deux semaines après cette quatre-vingt-quatrième victoire obtenue dans le ring du Forum de Montréal et quatre mois après son renvoi du Club de boxe de Jonquière, Stéphane Ouellet revenait pour la première fois se produire au Saguenay. Si, comme retour officiel, l'histoire retiendrait plutôt la visite qu'il fera neuf mois plus tard à Jonquière – à l'occasion de son centième combat amateur –, ce retour-ci lui permettait déjà de renouer avec une certaine partie de son public, réuni pour la circonstance au Centre Jean-Claude-Tremblay de La Baie. Nerveux comme il le serait dans toutes les situations émotives de sa carrière, Stéphane devait cette fois son stress autant à la tension de son combat – soldé par une victoire aux points sans grande signification – qu'à la perspective de revoir les dirigeants du club de Jonquière.

La veille du combat, les deux parties – Ouellet et Yvon Michel d'un côté, Larouche et Tremblay de l'autre – s'étaient donné rendez-vous dans l'ancienne salle d'entraînement du pugiliste, rue du Roi-Georges à Jonquière. Le principal intéressé étant fatigué de toutes ces querelles, la rencontre avait servi à évacuer une certaine part du ressentiment qui subsistait de part et d'autre. Mais surtout, selon l'écho renvoyé par des médias faisant état du supposé retour de Ouellet au sein du club jonquiérois, elle avait donné lieu à une formidable tromperie. À lire les titres des journaux – « *Retour de Stéphane Ouellet : les dirigeants ont pensé au bien du jeune athlète* » –; à lire les commentaires de Larouche – « *Lorsque je l'ai mis dehors, c'était pour son bien à lui. [...] Si on le reprend, c'est encore pour son bien et celui du club de boxe. [Ce n'est pas, en tout cas, pour toucher plus de subventions gouvernementales.] Si ça avait été pour l'argent, nous ne l'aurions jamais mis dehors. [...] L'argent n'a jamais été notre objectif principal. On pense au bien des athlètes.* » –; à lire enfin certains journalistes qui écrivaient que « *Stéphane Ouellet paraissait visiblement soulagé après la rencontre* »; on avait vraiment l'impression que permettre au garçon de porter de nouveau les couleurs du club, c'était lui faire une faveur. Or, la réalité était bien différente. Ce dont Stéphane se souvient, c'est qu'on lui avait expliqué que, malgré les apparences, on l'aimait beaucoup, et qu'on s'était presque mis à genoux pour qu'il accepte que l'on fasse croire aux gens – mais surtout aux gouvernements – qu'il réintégrait le Club, « tout en continuant cependant de s'entraîner à Montréal ». Toujours pour brouiller les pistes des autorités qui accordaient les subsides, on avait même été jusqu'à déclarer aux journalistes que « Stéphan Larouche demeurait l'entraîneur de Ouellet, même si celui-ci poursuivait son entraînement à Montréal, avec Yvon Michel »! C'était évidemment une petite arnaque, cette situation n'étant jamais venue près de se produire ailleurs qu'en Floride, au cours de ce voyage où Larouche avait dû remplacer Michel dans le coin de Ouellet.

Le début des années 1990, en plus de marquer le point de

départ du très critiqué mariage Yvon Michel-RDS (en septembre 1989), représentait en revanche la période assez heureuse de l'association entre Stéphane et son nouvel entraîneur. En consultant le programme préparé par Michel pour Ouellet et les autres seniors qui participaient aux Championnats canadiens de novembre 1990, on pouvait remarquer d'ailleurs la cordialité dans leurs rapports. Par exemple, pour la journée de repos du dimanche 30 septembre 1990, on pouvait lire, entre autres, ces trois consignes de l'entraîneur, qui mariait le sérieux et l'humour :

1. *Il ne reste que 30 jours avant le Championnat canadien senior.*
2. *On s'imagine gagner l'or.*
3. *On est heureux et on embrasse... son coach!*

Bien sûr, au moment de cette préparation menant aux premiers Championnats canadiens seniors de Stéphane Ouellet, l'entraîneur et son boxeur étaient encore pleins de secrets l'un pour l'autre. Mais à défaut d'en dire beaucoup sur Yvon Michel, ce tournoi allait au moins révéler certaines des facettes les plus importantes du Stéphane Ouellet de cette époque : son inconscience et son indiscipline, certes, mais aussi son prodigieux talent et sa capacité à répondre à la pression. Sur les épaules de celui que *Le Journal de Montréal*, à l'ouverture du tournoi, présentait comme « *le prince de la boxe olympique québécoise* », le poids était en effet très lourd. Quatre fois champion canadien en juvénile et en junior, il devait maintenant confirmer dans la catégorie supérieure; il se rappelait bien que c'est à ce sujet que Larouche l'avait dénigré au moment de l'expulser, affirmant que ses réalisations ne méritaient pas le respect puisqu'elles n'avaient pas été obtenues chez les seniors. Pour ajouter à la pression, on disait aussi que les 156 livres constituaient la classe la plus compétitive de ces Nationaux de 1990, malgré l'absence de Raymond Downey, exempté pour participer à un tournoi international deux semaines plus tard. Ainsi, avant la compétition, on promettait déjà à Ouellet une finale contre un redoutable adversaire de la Colombie-Britannique, Manuel Sobral, alors considéré comme l'un des deux ou trois meilleurs amateurs au pays (il avait participé aux Olympiques de 1988, à Séoul). Stéphane n'avait pas eu envie de contester cette opinion quand il avait aperçu Sobral, dans les heures précédant leur match, l'air pas du tout stressé, dans un intimidant spectacle de ballon-poire qu'il s'amusait à frapper... de la tête!

En revanche, à la veille de sa rencontre contre Sobral, personne n'aurait cru à la « très grande nervosité » qu'il avait avouée à l'ouverture du tournoi. Après avoir, dans la journée, gagné son ticket pour la finale en vertu d'une brillante et violente démonstration de savoir-faire – l'arbitre avait arrêté le combat au troisième round, au moment, écrivait Daniel Cloutier, où son adversaire devait « *se demander s'il n'était pas attaqué par trois boxeurs!* » –, Stéphane était tombé sous le charme d'une jolie jeune fille de la région, avec qui il avait partagé une histoire d'alcôve et d'alcool. Quand il avait finale-ment regagné son hôtel, dans un état que l'on pourrait qualifier de joyeux, le jour n'en avait déjà plus pour très longtemps à dormir.

Quelque chose comme deux ou trois heures plus tard, il s'était donc présenté devant Yvon Michel, la démarche encore mal assurée, pour le petit-déjeuner. Il avait surtout les yeux si petits, que Michel n'avait pas eu besoin de beaucoup de perspicacité pour conclure à une nuit de bombe. Sans surprise, Stéphane avait alors dû essuyer une des premières remontrances de son entraîneur. Bientôt, l'habitude de l'un croissant avec l'usage de l'autre, les sermons deviendraient la règle.

— Comment peux-tu être aussi inconscient, à la veille du plus important combat de ta carrière? Ça m'échappe complètement.

— Écoute, fais-moi confiance, Yvon.

— Confiance! Regarde un peu quel encouragement tu me donnes à te faire confiance.

— Yvon, est-ce que je t'ai déjà déçu en compétition!

— Pour ça, non... Mais là, Stéphane, on a changé de planète. Maintenant, chez les seniors, tu ne te bats plus contre des enfants, mais contre des hommes. Et Sobral, c'en est tout un...

— Il va arriver la même chose à Sobral qu'à tous les autres avant lui. Je te le répète, fais-moi confiance pour cet après-midi.

Entre le lever du corps et le combat qui s'ébranlerait à 16 h 20 exactement – avant sa prestation, des boxeurs aussi réputés que Billy Irwin, Dominic Filane, Michael Strange, Fitz Vanderpool, Mark Leduc et Greg Johnson se produiraient aussi –, Stéphane avait pu faire une sieste. Piquer un somme, c'était mettre en dormance ses doutes et sa vulnérabilité. À l'époque, c'était comme si son extrême insouciance le prémunissait contre les graves dangers auxquels son manque de confiance l'exposerait plus tard, quand il avancerait en âge et qu'il se poserait de plus en plus de questions sur lui-même. « Oui, c'est vrai, je ne peux nier que mon inconscience m'a aidé pendant plusieurs années, confirme Stéphane. Le problème, c'est qu'en vieillissant, je suis devenu plus conscient que la fin de ma carrière approchait, ce qui m'a rendu plus sensible aux effets de la pression. »

La pendule de l'aréna Robert-Guertin de Hull marquait 16 h 27 quand Stéphane, réintégrant son coin après deux rounds en sa faveur, avait pris place sur le tabouret. Mais elle aurait bien pu marquer 16 h 16, 18 h 01 ou 4 heures du matin, l'heure à laquelle il s'était couché la nuit précédente, que cela n'aurait rien changé pour Yvon Michel. L'entraîneur, observant son boxeur la tête appuyée sur le coussinet publicitaire Molson, craignait un sérieux manque d'énergie et ne s'en faisait plus avec l'heure, mais avec le temps. Il disait : « Trois minutes, Stéphane. J'ai encore besoin de trois minutes, Stéphane. M'entends-tu! Trois minutes... » Yvon Michel n'avait jamais su parler à Stéphane Ouellet! Faux : entre les rounds, il communiquait admirablement avec lui. Certes, comme le reconnaissait lui-même Michel, Stéphane avait la grande qualité de toujours mettre en application les directives de coin, mais une partie du crédit revenait à celui qui savait formuler des consignes claires et précises – généralement pas plus de deux par minute de repos, l'une pour l'offensive et l'autre pour la défensive – et de bons laïus de motivation : « Trois minutes, Stéphane. J'ai encore besoin de trois petites minutes... »

Il était vrai que ces trois autres minutes allaient permettre à Stéphane Ouellet d'atteindre l'objectif de ses débuts en compétition, à savoir, comme il le confierait après le tournoi, « remporter le Championnat du pays à chacun des trois niveaux de compétition ». Cet après-midi, il avait en effet gagné les deux premiers rounds selon son crescendo habituel, au point de contraindre l'arbitre à compter Sobral une première fois à la mi-combat. L'exceptionnelle coordination avec laquelle il avait livré ses coups faisait d'ailleurs dire à l'analyste de la Société Radio-Canada, Bernard Barré (qu'il retrouverait lui aussi dans la grande famille d'InterBox), « que Stéphane Ouellet était un talent aussi naturel que Davey Hilton ». Cela, du reste, ne s'était pas démenti dans les trois dernières minutes que lui avait réclamées Yvon Michel, après la deuxième reprise. L'horloge affichait 16 h 28 à l'entame du round final. Manny Sobral, victime de son second compte, bénéficierait de huit petites secondes pour tenter de récupérer. Yvon Michel, une dernière fois, vers la fin du combat, hurlerait du bas de l'aréna : « Au tour du jab, Steff. C'est quasiment fini... »

À 16 h 32, le combat terminé, il n'y avait plus qu'à attendre l'heure H, l'heure de la décision. Yvon Michel avait retiré l'éternel casque noir de son protégé, il lui avait passé la main dans les cheveux pour le recoiffer tant bien que mal, et replacé sa prothèse dentaire, « sa dent » comme disait Stéphane, qui remplaçait celle perdue au cours d'une bagarre de rue, « sur la Saint-Do », à Jonquière. Et puis l'annonce était venue, moins comme une décision que comme une confirmation : « Mesdames et messieurs, le gagnant, par décision, aux points, 5-0, dans le coin rouge... Stéphane Ouellet, du Québec! »

C'était « 5-0 » comme dans « 5 juges à 0 », comme dans « 5 titres canadiens consécutifs ».

À l'annonce du verdict, Stéphane avait poussé un long soupir de soulagement. Par cette décisive victoire contre un boxeur de niveau mondial, il venait de fermer le clapet des gens qui avaient douté de son palmarès au point de l'expulser. Il venait aussi de se donner raison et de créer un monstre, lui qui le matin même demandait à son entraîneur d'oublier son indiscipline et son inconscience, et de lui faire confiance pour la conquête du Championnat. Bref, en même temps qu'il soulageait Yvon Michel d'une tonne de pression, il se déchargeait lui aussi les épaules d'un poids énorme.

Il était 16 h 37. Et bientôt ce serait *l'heure hasch*.

***

Parce qu'elle appelle instantanément des suites, des retombées, des lendemains qui chantent; qu'elle ouvre tout plein de portes et de nouveaux horizons; qu'elle autorise de plus en plus de promesses de « Championnats du monde » et de bourses mirobolantes; parce qu'elle provoque tout ça, la victoire est pour le boxeur professionnel – et encore davantage pour le boxeur bohème – ce qu'il y a de plus exténuant à traverser. Car les choses sont ainsi faites que c'est plutôt la défaite qui est reposante! Elle place le boxeur à l'abri de tout, de l'attention médiatique, des coups de téléphone, des faux amis et elle lui coupe toute envie, à commencer par l'envie de vivre, ce qui est bien la plus sûre façon de se reposer. Ainsi, après chacun de ses échecs en professionnels (sauf celui contre Omar Sheika), Stéphane se « reposait » plusieurs mois, la plupart du temps dans son repaire de Chambord, mais aussi dans d'autres lieux de quiétude et de villégiature. Disons pour être honnête qu'avec ce qu'il imposait à son corps dans ces moments-là, ce n'était pas exactement du repos, mais cela avait au moins l'avantage de le couper de la boxe et de ses illusions.

Manny Sobral était à peine écarté qu'un obstacle nouveau se profilait sur la route de Stéphane Ouellet. « Nouveau » étant une façon de parler; on évoquait depuis tellement longtemps une confrontation contre Raymond Downey! Dès le surlendemain de son triomphe sur Sobral, Stéphane réclamait publiquement un match contre Downey, très prestigieux médaillé de bronze des Jeux olympiques de Séoul et, jusqu'à preuve du contraire, monarque des 156 livres au Canada. Dans la mesure où Ouellet et Sobral s'étaient affrontés en l'absence de Downey et que le Jonquiérois lui avait pris « son » titre sans le battre à la régulière, ces Championnats canadiens n'étaient autres, pour Downey, que la danse des souris en l'absence du chat.

Cela dit, hormis de savoir qui, de ces deux champions, était le meilleur, une autre question se posait concernant Stéphane Ouellet. Allait-il décider de rester encore deux ans chez les amateurs pour disputer les Olympiques de 1992 à Barcelone, ou se laisserait-il séduire par l'idée de passer chez les professionnels, pour sauver une boxe québécoise à ce point agonisante que certains s'apprêtaient à entonner son oraison funèbre! Car la victoire d'octobre 1990 d'Alain Bonnamie sur Dave Hilton, pour méritoire qu'elle fût, n'avait rien arrangé, le public québécois ne semblant pas touché par la personnalité de Bonnamie. Comme les gens de boxe, Stéphane se posait la question depuis un bon moment. Il croyait qu'il serait plus facile d'y répondre après son match contre Downey.

Bien que le Jonquiérois, à ce moment pétri de confiance, eût claironné dans les journaux qu'il était prêt à se rendre à Halifax pour prendre Downey devant les siens, c'est dans la petite bourgade ontarienne de Sarnia que le combat entre les deux hommes était prévu. En avril 1991, c'est à Sarnia que se tiendraient les qualifications des Jeux panaméricains, prévus pour l'été suivant dans l'île de Cuba. Les deux protagonistes ayant inscrit les qualifications panaméricaines à leur agenda, le tirage au sort allait s'occuper du reste.

Trois mois avant ce rendez-vous historique, Jonquière – qui avait pourtant failli l'abandonner – lui avait préparé une célébration à l'occasion de son centième combat en carrière. La fiche à vie de celui qui, jusqu'à tout récemment, « n'avait encore rien accompli en boxe amateur »? 88 victoires pour 11 défaites, mais... 63-1 pendant les quatre dernières années et demie! Cela méritait bien l'horloge qu'on entendait lui remettre en guise de présent, un machin au moins utile pour rappeler que, oui, c'est fou comme le temps fuyait rapidement.

L'année 1991 venait de commencer. C'est un nouveau Stéphane

Ouellet que ses amis demeurés à Jonquière allaient maintenant rencontrer. « C'est à ce moment-là, dit Marcel Flamand, que j'ai constaté que Stéphane se droguait. Après son combat, je l'ai vu en train de fumer du hasch, et les bras m'en sont tombés. "Mais voyons, Stéphane, qu'est-ce que tu fais là! T'as pas commencé à fumer pour vrai! Crisse, j'suis vraiment pas fier de toi!" »

« Je n'avais pas moins de respect pour Marcel, explique Stéphane, mais du fait qu'il ne consommait pas du tout, il a bien fallu nous séparer quand j'ai commencé à vivre différemment et à tenter l'expérience des artifices de la vie. »

Si Stéphane perdait des amis dans sa vie personnelle, il en allait tout autrement dans sa vie publique. Son combat à Jonquière, annoncé comme LE spectacle de l'année par *Le Quotidien*, allait en effet attirer 1 500 personnes. La salle de la polyvalente Kénogami était archicomble. « Stéphane, analyse Marcel Flamand, a toujours eu une forte pression sur les épaules. Très tôt, toutes ces foules à satisfaire, mais aussi ces attentes placées en lui, dès l'âge de 15-16 ans, pour qu'il devienne le vrai sauveur de la boxe au Québec. À mon avis, cela n'a pas dû l'aider dans sa vie personnelle... »

Le cœur brisé un an plus tôt par des Jonquiérois qui disaient pourtant l'aimer, on aurait dit que Stéphane avait inconsciemment mijoté un plan pour vérifier la sincérité de tout cet amour dont on le gratifiait pour son retour. Deux semaines avant le combat, il s'infligerait une nouvelle blessure à la main droite, mais consentirait quand même à honorer son rendez-vous, témoignant de sa sincérité. Il monterait ensuite sur le ring forcément diminué, la main droite si mal en point qu'il en perdrait l'usage dès le premier round. Une fracture, probablement. Yvon Michel voudrait arrêter le combat, mais Stéphane refuserait par respect pour les amateurs. Avec son seul courage, il parviendrait à survivre aux quatre rounds suivants (le combat avait été fixé à cinq rounds de deux minutes, plutôt que trois de trois minutes), à tenir jusqu'à la fin. Et même à empocher la décision serrée, non sans avoir dû beaucoup encaisser, comme quiconque se bat d'une seule main.

Ce qui se passera réellement, le soir de son centième combat contre le New-Yorkais Tony Marshall? Suivant son scénario, Stéphane, blessé, diminué, affrontera un adversaire pas facile : Tony Marshall, un protégé du *cutman* Bob Miller, possédait un indéniable talent que confirmeraient une très belle carrière pro et une chance mondiale obtenue à 154 livres. Mais il sera hué par ses « supporters », qu'il aura pourtant pris soin d'avertir avant l'affrontement. « Malgré tout, avait-il dit dans *Le Quotidien*, je vais tout faire pour offrir un bon combat. Je vais peut-être moins me servir de ma main droite et plus de ma gauche, mais je ne veux surtout pas rater ce retour à Jonquière. »

Selon Marcel Flamand : « Les gens ont réagi comme de vrais sadiques. Ce soir-là, ils souhaitaient assister à un K.-O. C'est comme s'ils n'avaient pas accepté que ça ne se produise pas. » Des journalistes avaient prétendu que ce n'était pas tant la manière que la foule avait peu prisée, que le résultat même du combat. Compté à trois reprises (un quatrième compte aurait entraîné sa disqualification), Stéphane Ouellet ne méritait absolument pas de gagner ce centième combat amateur. Selon eux, on lui avait fait deux cadeaux ce soir-là : une horloge et une victoire! Avec le recul, dix ans plus tard, Stéphan Larouche donnera l'heure juste : « Malgré ces trois comptes (les deux derniers avaient été pris pour reposer sa main droite), Stéphane en avait quand même fait suffisamment pour enlever la décision. »

À la fin de la soirée, ses « partisans » retournés à leurs chaumières, Ouellet était tombé d'accord avec tout le monde : oui, en ce 19 janvier 1991, la polyvalente de Kénogami avait été le théâtre d'une profonde injustice. Mais il se demandait encore qui des juges ou de la foule avait été le plus injuste.

Qu'en était-il de cette blessure à la main droite! En vérité il fallait parler de SES blessures. Des radiographies révéleront une déchirure de la capsule du poignet droit, une vieille blessure qui avait refait surface et qui contraindrait Stéphane à six mois d'inactivité, en plus de semer toutes sortes de craintes quant à une retraite prématurée. C'était la blessure la plus visible et la moins souffrante. L'autre blessure avait échappé à la radiographie. Comme toutes les blessures au cœur. Comme toujours quand on s'aperçoit qu'il aurait mieux valu être respecté que croire être aimé.

Les six mois de guérison nécessités par la blessure au poignet avaient donc éloigné Stéphane des rings jusqu'en août, repoussant encore de cinq mois ce match de rêve contre Raymond Downey. Désormais, on l'anticipait pour la fin septembre, à l'occasion des Championnats canadiens seniors de 1991, disputés à Saskatoon.

Si sa convalescence l'avait éloigné de la boxe, elle l'avait aussi tenu loin des journaux. Jusqu'au 30 août 1991, où l'on a pu lire dans *Le Quotidien* :

« *Le boxeur jonquiérois Stéphane Ouellet a avoué, hier, au Palais de justice de Chicoutimi, sa culpabilité à une accusation d'avoir conduit un véhicule automobile au moment où ses facultés étaient affaiblies par l'alcool.*

Les faits reprochés à Ouellet s'étaient déroulés le 10 février dernier, à Jonquière, alors que l'alcootest avait démontré que le jeune homme avait dans le corps 120 milligrammes d'alcool par 100 millilitres de sang.

Représenté par Mᵉ Jean-Marc Fradette, le jeune boxeur de 19 ans a présenté ses aveux de culpabilité devant le juge Claude Gagnon, de la Cour du Québec. Admettant bien le connaître, le juge Gagnon a mentionné qu'il lui était quand même possible de prendre le plaidoyer de Ouellet puisque son cas ne présentait rien de particulier. Par surcroît, Ouellet n'avait aucun antécédent judiciaire.

Il l'a donc condamné à l'amende statutaire de 300 dollars, plus les frais, ou 33 jours de détention. Puis, il a prononcé une interdiction de conduire au Canada durant une période de trois mois, en plus d'assujettir Ouellet à une ordonnance de probation de six mois, comportant l'obligation de s'inscrire à une session d'Alco-Frein.

On se souviendra par ailleurs que Stéphane Ouellet est un ancien membre du Club de boxe de Jonquière. Selon son procureur, il poursuit maintenant sa carrière et son entraînement à Montréal. »

Poursuivre son entraînement, c'était beaucoup dire; s'il y avait une période où Stéphane aurait dû être discipliné, c'est bien en cette fin du mois d'août, à trois semaines de son rendez-vous avec Downey. Le récit de son avocat sur les circonstances de sa comparution pour ivresse au volant est bidonnant. « Il faut d'abord mentionner, dit Mᵉ Fradette, qu'au moment d'accepter la cause de Stéphane, j'étais à peine de retour dans la région du Saguenay, de sorte que j'ignorais sa célébrité. Je savais bien sûr qu'il était boxeur, sa mère m'avait expliqué qu'il s'entraînait à Montréal, mais pour le reste, rien de rien! Le jour de sa comparution, c'était la première fois de ma vie que je le voyais. De toute manière, je me souviens que ça semblait presque impossible de le joindre, de lui parler personnellement à Montréal, tant il avait l'air sur le party. Chose certaine, le matin de l'audition, Stéphane n'avait pas "l'air sur le party", il *était* sur le party! D'ailleurs, il s'était présenté en retard au Palais de justice. »

Effectivement, selon le plumitif des événements, la comparution de Stéphane – pourtant prévue pour 9 h 30 au rôle de la journée – avait eu lieu de 9 h 57 à 10 h 02, cinq petites minutes qui avaient cependant paru une éternité à tout le monde. Surtout à Stéphane! « La vérité, c'est que j'avais complètement oublié ma comparution. J'avais fait la fête toute la nuit, et quand j'étais rentré à la maison au petit matin, ma mère était dévastée. "Voyons, Stéphane, ça n'a pas de sens, c'est pas un état, ça... Surtout pas le matin où tu dois passer en cour." Elle avait raison d'être découragée : j'étais encore pas mal saoul. »

« À son arrivée au Palais, se souvient Me Fradette, Stéphane n'avait pas encore dégrisé et empestait toujours le "fond de tonne". Il avait les yeux rouges. Très rouges. La preuve était trop solide pour que je puisse songer à la contester. Rien que le fait de regarder Stéphane me faisait le même effet que lire la preuve de la poursuite : manifestations générales très importantes de l'ébriété, c'est-à-dire difficulté à parler et à remettre ses papiers, ainsi que démarche chancelante. Notre première conversation n'allait pas être très longue...

« — Mais bon sang, qu'est-ce qui t'arrive, jeune homme!

« — Ah! c'est ma faute. J'avais un party hier soir et j'ai complètement oublié ma comparution.

« — Bon. Mais considérant ton état, on va s'entendre sur une chose : devant le juge, tu ne prononces pas un mot et tu me laisses faire...

« En prenant place devant le juge Gagnon, précise Me Fradette, Stéphane se trouvait juste à côté de la greffière, Lorette Bérubé, une dame très expressive. Or, même s'il ne parlait pas, les vapeurs d'alcool qui émanaient de la bouche de Stéphane étaient suffisamment fortes pour que la greffière ait des mouvements de recul et des moues dédaigneuses. Heureusement, ni le juge ni l'avocat de la poursuite n'avaient semblé remarquer la condition de Stéphane. Cela dit, un accusé qui se présente ivre dans le box, ça arrive de temps à autre. Mais ce qui était sûrement une première, c'était un accusé qui se présentait saoul devant le juge pour répondre... d'un méfait d'alcool! »

Le 10 septembre 1991, deux semaines après sa condamnation, dans un combat préparatoire à son affrontement contre Raymond Downey prévu pour le 21, Stéphane portait un maillot vierge, à l'endos duquel on pouvait lire « L'alcool au volant, c'est criminel ». Évidemment, on pouvait interpréter ce message en se disant que, si c'était criminel au volant, partout ailleurs ce ne l'était pas. Ce qui devait être la manière de raisonner du Stéphane Ouellet de cette époque! Certes, à des journalistes s'informant de son repentir, il avait certifié qu'il ne commettrait plus jamais une telle bêtise... mais pas qu'il ne boirait plus! La révocation de son permis de conduire ne l'empêchait en rien d'être saoul si c'était quelqu'un d'autre qui tenait le volant – par exemple Yvon Michel –, comme ça s'était produit quand il était retourné à Montréal, après sa comparution, bien sûr pressé de poursuivre son « entraînement ». Cette nuit-là, Michel était allé le cueillir à la sortie des bars et l'avait trouvé, avec ses amis, couché par terre en pleine rue Saint-Dominique. « La voiture d'Yvon s'était arrêtée à notre hauteur. "Vous en venez-vous!" avait dit une petite voix sèche et mauvaise. J'avais invité Marcel Flamand et un autre de mes amis à Montréal et on montait tous les trois avec Yvon. Essayez d'imaginer trois gars saouls enfermés cinq heures dans une voiture avec un gars ben à jeun... Bref, de Jonquière à Montréal, on n'avait à peu près pas cessé d'avoir le fou rire. Sauf Yvon. Il était loin d'être d'humeur à rigoler. »

Yvon Michel continuait le stupéfiant apprentissage de la personnalité de son boxeur au fur et à mesure de sa préparation en vue du combat contre Raymond Downey. Et ce qu'il découvrait était de nature à l'effrayer carrément.

« Un soir, [...] mon colocataire et moi avions fait un party monstrueux dans notre appartement. Nous avions brisé à peu près tout ce qui nous tombait sous la main, des cadres, des lampes, des trucs comme ça, mais surtout, surtout, nous avions fait un feu dans le logement, préparé avec une montagne de détritus. Évidemment, le lendemain matin je ne m'étais pas présenté à l'entraînement et j'étais couché lorsque soudain, alors que la fête venait juste de s'éteindre, on avait cogné à la porte. [...] Pendant toutes les années où je me suis entraîné avec Yvon Michel, ça a toujours été ça, mon cauchemar : le voir arriver chez nous et essayer de rentrer alors que j'étais soit saoul, soit givré. Donc cette fois-là il frappe, sonne, sonne et sonne. Je vais voir à la porte, et par l'œil magique, je l'aperçois. Je capote, et bien sûr je n'ouvre pas. Soudainement, je vois la porte s'ouvrir, s'entrouvrir plutôt car elle est retenue par une chaîne de sûreté. Je suis à deux pas d'Yvon Michel et de la porte, et je le vois essayer, avec patience et méthode, d'enlever la chaîne. [...] Au prix de gros efforts, ses doigts réussissent presque, mais jamais complètement. Il referme la porte. Je souffle à nouveau [...] J'ai eu chaud et je suis à me dire que je l'ai échappé belle lorsque la porte de côté s'entrouvre elle aussi, jusqu'à la limite que permet la chaîne. Alors s'ensuit le même manège pour tenter d'ôter la chaîne. Cette fois, Yvon s'aide d'une broche et, à force de patience, il s'apprête à réussir. Je panique et je cours me coucher, faisant mine de dormir. Yvon est enfin parvenu à ouvrir la porte et je l'entends maintenant marcher sur les tessons de bouteilles. Il visite les lieux et arrive devant ma chambre dont la porte est ouverte. Je fais toujours semblant de dormir et il reste là, je le sens, à longtemps m'observer. Finalement, il se dirige vers une autre pièce et continue son inspection. Puis, au bout de plusieurs minutes, je l'entends quitter l'appartement. Ce qu'il venait de voir devait l'avoir dévasté... »

***

En un certain sens, on pouvait dire que Raymond Downey allait bien préparer Stéphane Ouellet à ses futurs matches contre Alex et Dave Hilton. Le boxeur noir de Halifax était lui aussi issu d'une de ces authentiques et folkloriques familles de boxe.

« Les Downey! Ils sont tous soit morts, soit en prison. » Telle était la réponse habituelle aux journalistes en reportage. Si, en effet, deux cousins boxeurs de Raymond avaient subi ce sort – Billy avait fait de la prison et Donnie avait été tué pour une affaire de drogue – cette famille-là possédait au moins une exception en la personne de Raymond, dont le parcours apparaissait exemplaire.

Son entraîneur de toujours au Citadel Amateur Boxing Club, l'influent Taylor Gordon, disait que le comportement de Raymond ne l'avait jamais inquiété, même si la pauvreté du quartier noir de Halifax – le North End, qui abritait la salle de boxe et le logement de Downey – représentait un risque pour tous ses résidants. Pour témoigner du sérieux du boxeur, on racontait qu'après la mort de son cousin Donnie, Raymond avait cessé l'entraînement pendant trois semaines, la plus longue pause dans une carrière commencée à l'âge de... neuf ans!

Le plus jeune d'une famille de quatre enfants, Raymond était le fils de David Downey, un ancien champion canadien des moyens dans les années 1960 et 1970, mais surtout l'un des plus dignes héritiers du Néo-Écossais George Dixon, le premier boxeur noir à détenir un titre mondial – en coq – à la fin du XIXe siècle. Quoique tous moins talentueux que leur cadet, les six autres frères de David Downey méritaient la même reconnaissance pour leur importante contribution à la tradition pugilistique de la ville de Halifax : on leur devait en effet d'avoir engendré cette génération de Downey – les six cousins boxeurs de Raymond. Sans doute continuellement comparés aux Hilton qui comptaient un titre mondial (le deuxième viendrait plus tard) et une flopée de titres canadiens, c'était d'ailleurs comme si les Downey, battus sur la qualité, avaient tenu à se reprendre sur la quantité.

Le clan Downey était en fait une meute, et Raymond Downey était un loup. Un solitaire, qui tenait ce trait de caractère de sa mère. Judy Gabriel avait en effet appris à s'occuper seule de ses quatre enfants lorsque David Downey l'avait quittée dans les meilleures années de sa carrière professionnelle, alors que Raymond n'avait que trois ans.

Hélas, pour Raymond et David Downey, il était dit que la boxe ne serait jamais le ciment de leur entente. Fidèles à cette longue tradition de relations difficiles entre les champions de boxe et leur progéniture, le père et le fils n'avaient pu éviter les frictions au sujet de la carrière de Raymond. En 1988, la tenue des Olympiques de Séoul avait alourdi encore le climat entre les deux hommes. Avant l'événement, sous le faux prétexte qu'il avait aidé à entraîner Raymond au cours des quatre années préolympiques, David Downey avait réclamé, par l'entremise d'un journal local, de l'argent pour pouvoir suivre son fils en Corée. Les Jeux terminés, il y avait eu un autre désaccord entre David et Raymond, quand ce dernier avait décidé de rester en amateur pour une autre olympiade et de ne pas imiter les deux autres médaillés canadiens, Egerton Marcus et Lennox Lewis, qui passaient aux rangs professionnels. Comme il l'affirmerait plus tard, il était devenu évident pour Raymond Downey qu'une relation entre son père et lui ne pouvait véritablement s'épanouir à l'intérieur du sport.

À Séoul, au terme de l'un des tournois de boxe les plus corrompus de l'histoire olympique, Raymond Downey s'était fait un nom en décrochant une médaille de bronze inattendue à 156 livres. Mais il aurait pu faire encore plus parler de lui quand, victime de la boxe malhonnête de son adversaire et de la complicité aveugle de l'officiel, il avait subi, en demi-finale, une défaite injuste aux mains du Coréen Park Si-Hun, et si un scandale encore plus grand n'avait éclaté lors de la finale entre ce même Coréen et l'Américain Roy Jones. L'escroquerie dont Jones, déclaré battu (et donc médaillé d'argent) par le Coréen malgré une domination outrancière, avait alors été victime était sans équivalent. Le résultat était si préjudiciable à l'Américain, que les autorités olympiques avaient trouvé le moyen de le nommer meilleur boxeur de tout le tournoi...

Tous ces séjours à l'étranger, pendant lesquels Raymond avait été orphelin de père, pouvaient peut-être expliquer l'étroite relation entre lui et le coach Taylor Gordon, du genre de celles qui se développent souvent entre entraîneurs et athlètes, du genre de celle que l'on avait imaginée entre Yvon Michel et Stéphane Ouellet. Cette puissante relation entre eux n'avait cependant pas de quoi surprendre, dans la mesure où Downey n'avait pas encore 10 ans à l'occasion de ses premières visites au Citadel Amateur Boxing Club, et que 13 années plus tard il fréquentait toujours la même salle, toujours tenue par le même homme. Taylor Gordon se souvenait d'ailleurs de ces premières années qui l'avaient très vite convaincu que le gamin était de la graine de star. D'autant que son talent n'était pas tout : il s'entraînait très fort, il avait la faculté d'exécuter rapidement et précisément les instructions, et il était surtout de la race des boxeurs sur qui la pression ne semblait jamais avoir de prise.

Cette foi qu'avait Taylor Gordon dans les vertus morales de la boxe était un héritage de ses années de marine, au cours desquelles il avait quitté sa Saskatchewan natale pour Halifax. Son Citadel Boxing Club était considéré comme le dernier lien avec la grande tradition pugilistique de la ville (on disait d'ailleurs qu'au fil du temps, Halifax avait perdu son titre de capitale canadienne de la boxe, au profit de... Montréal). Ce n'était pas tout : l'apport de Taylor Gordon à sa ville d'adoption ne s'était pas seulement limité aux ressources matérielles. Il avait aussi contribué aux ressources physiques, son fils Wayne s'étant posé comme le devancier de Raymond Downey en tant que vedette amateur de la ville. Ancien membre de l'équipe nationale, Wayne Gordon avait représenté le pays aux Olympiques de 1984 à Los Angeles, avant d'embrasser une malheureuse carrière pro et de venir garnir les rangs des boxeurs désillusionnés. Sous les auspices paternels, il avait été nommé coordonnateur technique de l'Association de boxe de la Nouvelle-Écosse, en plus de devenir entraîneur au Citadel Boxing Club. Prenant la relève de son père occupé par des tâches accrues, il l'avait même remplacé auprès de Raymond Downey. De sorte que ce serait lui qui travaillerait dans le coin du boxeur pour le grand combat contre Ouellet.

Depuis le début des années 1980, le Citadel Boxing Club de Halifax était reconnu comme l'une des salles les plus importantes du Canada, les meilleurs amateurs du pays s'y donnant régulièrement rendez-vous pour des stages d'entraînement. Et pour cause : cela coïncidait avec la nomination de Taylor Gordon (en 1980) au poste d'entraîneur national, décision qui saluait la compétence de l'homme en même temps qu'elle lui octroyait un pouvoir énorme au sein de la boxe olympique canadienne. Principalement pour cette raison, son règne serait toutefois marqué par de fréquentes mésententes, surtout avec les membres de la Fédération québécoise de boxe olympique. Selon un scénario redondant, le Québec, esseulé dans une association canadienne majoritairement anglophone, s'estimerait mal servi et mal représenté par des dirigeants comme Gordon. À titre d'exemple – et il faudra s'en rappeler au cours des événements qui suivront le match entre Ouellet et Downey –, qu'il suffise de dire que les acolytes de Taylor Gordon pour les Olympiques de 1992 à Barcelone seraient les Ontariens Matt Mizerski et Adrian Teodorescu, et le Néo-Écossais... Wayne

Gordon, ces quatre entraîneurs relevant par ailleurs du président de l'Association canadienne de boxe amateur, Jimmy MacInnis, lui-même de la Nouvelle-Écosse!

Quand les membres de la FQBO ne se crêpaient pas le chignon avec les dirigeants de l'Association canadienne de boxe amateur, ils étaient tenus de le faire avec d'autres instances de même acabit, comme l'Association olympique canadienne. Le combat n'arrêtait jamais, témoins les événements d'août 1988 qui avaient entouré l'exclusion des jeunes boxeurs québécois Corey Burton et Vittorio Salvatore de l'équipe olympique, laquelle s'apprêtait à disputer les Jeux de Séoul. Jugés trop faibles par l'AOC pour se classer dans la première moitié de l'élite mondiale, les deux boxeurs, pourtant dûment qualifiés, avaient été rayés du contingent canadien à la dernière minute, laissant l'équipe nationale se présenter en Corée avec une formation incomplète. Le 23 août 1988, le président de la FQBO, Gaby Mancini, écrivait donc une missive à son homologue du Comité olympique du Canada, Roger Jackson, 25100, University Drive North West, à Calgary, Alberta! Bien sûr.

Monsieur,

Nous avons pris connaissance de la décision du Comité olympique du Canada, qui refuse l'accès aux Jeux olympiques à deux athlètes québécois, en l'occurrence Corey Burton et Vittorio Salvatore. La seule raison qui nous a été fournie pour justifier cette prise de position est que ces deux pugilistes ne remplissent pas le critère fixé par votre association afin de se qualifier à une telle participation. Ce critère serait d'être en mesure de terminer dans la moitié supérieure de leur catégorie, lors d'un tirage au sort raisonnable aux Jeux olympiques.

Évoluant dans les milieux de la boxe olympique depuis plus de 30 ans déjà, [...] j'affirme que la position prise par votre organisme est totalement injustifiée, sans fondement et discriminatoire.

Je crois par contre à votre sincérité, à votre impartialité et à votre honnêteté. Je vous considère comme un véritable patriote, fier de son pays, c'est pourquoi je suis convaincu que lorsque vous aurez reconsidéré les dossiers de ces deux athlètes, vous en viendrez à la même conclusion que nous.

[...] Nous savons qu'il est très difficile d'évaluer le niveau de qualité d'un boxeur car il n'y a pas de temps précis comme en athlétisme ou de poids comme en haltérophilie pour effectuer une évaluation objective et précise. L'évaluation doit donc être effectuée en comparant, en soupesant, en extrapolant, et de ce fait on ouvre la porte à l'erreur et peut-être même à l'injustice!

Êtes-vous certains à 100%, sans aucun doute, que vous ne faites pas erreur dans ces dossiers!

Êtes-vous certains à 100 % que ces athlètes ne méritent pas la chance d'aller aux Jeux olympiques pour représenter le Canada!

Nous, nous sommes certains à 100 % qu'ils méritent leur place.

Une seule chose est sûre, c'est que, s'ils n'obtiennent pas l'opportunité de se présenter à Séoul, leurs chances de succès sont réellement nulles.

Mais alors, vous aurez privé irréversiblement et irrémédiablement deux jeunes Canadiens de l'expérience olympique de Séoul 1988 sans aucune raison, sans fondement... pour rien.

Ne serait-il pas plus simple de faire comme en gymnastique et permettre une formation complète si le pays se classe parmi les 11 premiers au monde! De cette façon, il n'y a plus de discrimination ou d'erreur possible.

Serait-ce à cause d'un contingentement préétabli que ces deux athlètes furent refusés car dès les premiers contacts entre l'Association canadienne de boxe amateur et votre association, on semblait fixé sur le nombre de 10 athlètes, comme en 1984 et ce, même sans avoir regardé les dossiers des postulants! [...]

Un autre aspect de la question qu'il faut également envisager, c'est l'impact que cette décision aura sur non seulement la carrière mais la vie de ces deux Canadiens. Eux qui possèdent leur billet d'avion pour la Corée depuis près d'un mois, billets qu'ils ont fièrement exhibés comme un trophée représentant la plus grande réalisation de leur vie! Maintenant, on leur demande de les rendre et d'oublier tout! [...] Sur le point de toucher leur rêve, on leur dit de rester chez eux! [...]

Je vous remercie à l'avance de toute l'attention que vous porterez à cette requête et nous attendons fébrilement de vos nouvelles.

Sans surprise, dans ce dossier, les nouvelles avaient été mauvaises. Jusqu'à la toute fin, Roger Jackson et son comité étaient restés sourds aux appels du Québec, privant Burton et Salvatore de l'expérience olympique. Avec pour résultat que Howard Grant – frère d'Otis – avait été le seul Québécois à percer la formation canadienne aux Jeux de Séoul.

Une olympiade plus tard, le Québec, pas vraiment en meilleure posture, serait même menacé de faire pire en ne qualifiant aucun boxeur pour l'équipe canadienne des Jeux de 1992. En fait, son seul espoir reposait sur les épaules de sa vedette, Stéphane Ouellet, qui n'était ni très certain de se qualifier ni très certain d'avoir envie de se qualifier. À l'heure des Championnats canadiens de 1991 et de son rendez-vous avec Raymond Downey, il réfléchissait toujours à la perspective de joindre sous peu les pros, cette hypothèse possédant entre autres l'avantage de le soustraire à toutes les politicailleries de l'establishment de la boxe amateur canadienne. Les agissements contre Burton et Salvatore pouvant servir à ce sujet d'indices du passé, et la présence de Taylor Gordon (le coach de Downey) à la tête de l'équipe canadienne, d'indice du présent. Un certain jour, on lirait d'ailleurs, dans le journal *Le Réveil*, les propos d'Yvon Michel selon lesquels « *tout le monde [de la boxe olympique canadienne] espérait la victoire de Ouellet pour remettre à sa place le clan Taylor Gordon* ».

C'est donc avec tout cela, rivalités, injustices et querelles de chapelle, en toile de fond que, en septembre 1991, se préparait le duel entre Ray Downey et Stéphane Ouellet, l'un des plus attendus de l'histoire de la boxe olympique canadienne si l'on devait en croire les experts, si l'on devait surtout en croire les protagonistes. « L'un comme l'autre, se rappelait Ouellet, nous savions depuis longtemps que nous étions destinés à nous rencontrer. Dans ce sport-là, il y a vraiment des fois où tu sais qu'un affrontement est inévitable, et c'était bien le cas du combat contre Downey. C'est d'ailleurs ce qui avait rendu si particulier le seul camp d'entraînement auquel nous avions participé ensemble, très longtemps avant notre match. Cela se passait à Ottawa, un camp d'une semaine dirigé par Taylor Gordon pendant lequel Downey et moi ne nous étions jamais adressé la parole, et presque pas regardés. Sauf à un seul endroit : sur le ring! Les coaches nous avaient en effet demandé de *sparrer* ensemble, et on s'était exécutés avec la même pensée en tête, profiter de l'occasion pour annoncer nos couleurs et préparer l'affrontement à venir. Dans les circonstances, le résultat du *sparring* avait été d'une intensité et d'une violence extrêmes, exactement comme si la médaille d'or d'un gros tournoi avait été en jeu. Avais-je eu le meilleur! Pour être honnête, ça avait été très partagé, très serré. Downey était un boxeur peu puissant, mais assez rapide, et avec une technique parfaite. »

Ouellet ne semblait cependant pas faire trembler le Néo-Écossais. Dans les heures précédant l'ouverture de la compétition, Downey était en effet apparu si confiant qu'il avait déclaré dans un journal de Saskatoon qu'à ses yeux, ces Championnats canadiens ne constituaient rien d'autre qu'une « formalité ». « Mais la présence du jeune Ouellet! » lui avait-on demandé. Downey avait répondu que le défi offert par le Jonquiérois ne faisait que le motiver un peu plus. Après le match, une année plus tard en fait, Downey dira : « *Ouellet m'a rencontré dans une période où j'étais mal disposé à boxer. Au moment du combat, je boxais sans arrêt depuis l'âge de neuf ans. Très honnêtement, je ne savais vraiment plus si je voulais continuer.* » Que Downey, après une aussi longue carrière, ait pu vivre un spleen sportif à un certain moment serait dans l'ordre des choses. Mais le combat contre Stéphane Ouellet représentait tellement pour les deux hommes et leur entourage, il était si attendu de tout le monde, qu'il est douteux que dans un tel contexte Downey ait pu manquer de motivation.

Mais si Raymond Downey avait connu la condition – mentale et physique – de son adversaire, il se serait tu. La préparation du Jonquiérois était chaotique, comme celle qui précédera la presque totalité des combats qui suivront. La découverte, dans le même temps, de la vie montréalaise, de la came, de la poésie éthylique et d'un maître spirituel comme Jim Morrison s'inscrivait mal à l'intérieur d'un programme visant à favoriser les performances d'un athlète. Victime d'une forte grippe, Ouellet avait en plus raté sept journées consécutives d'entraînement, tout juste avant de partir pour la Saskatchewan. Les Championnats canadiens s'ébranlant le 18 septembre, il n'était retourné à la salle que le 16, ce qui était assez catastrophique pour que ses seconds songent à déclarer forfait pour le tournoi. Mais parce que le convalescent s'appelait Ouellet, qu'il était – déjà – un incurable gambler, et surtout que son coin tentait de s'encourager en se rappelant son exceptionnelle capacité de récupération, il s'était présenté comme un seul homme à Saskatoon.

Il fallait accorder à Downey le crédit d'avoir vu juste lorsqu'il avait anticipé la compétition comme « une formalité ». Profitant d'un meilleur tirage, Downey n'avait eu besoin que d'une seule victoire, alors qu'il en avait fallu une de plus au Québécois, pourtant le moins bien placé des deux, déjà affaibli par la grippe, et moins en mesure d'économiser ses énergies. Sans parler des deux autres sources d'épuisement qui, dans son cas, deviendraient récurrentes : l'angoisse et la nervosité. « La veille du combat, j'ai passé une bonne partie de la nuit à saigner du nez tellement j'étais nerveux », déclarera-t-il au journal *Le Réveil*, après le combat.

Aux Championnats canadiens de Saskatoon, plusieurs enjeux étaient susceptibles de provoquer la nervosité de Stéphane Ouellet. Certes, le match contre Downey allait enfin servir à couronner le meilleur super-mi-moyen au Canada, mais il constituerait aussi la première des trois étapes nécessaires à la qualification olympique, la deuxième – également nationale – devant se tenir quatre mois plus tard. Quant à la troisième, pour la première fois dans l'histoire pugilistique olympique, elle prendrait la forme d'une série de tournois continentaux qui terminerait le processus. Car en septembre 1990, sous prétexte d'éviter les incidents et la présence de boxeurs n'ayant pas leur place aux Olympiques, le président de la Fédération internationale de boxe amateur avait annoncé une limitation du nombre de participants (32 par catégorie, pas plus de 364 boxeurs au total), limitation qui tombait dorénavant sous la responsabilité des fédérations continentales devant faire les choix finaux des boxeurs qualifiés.

Bien sûr, si Stéphane gagnait le titre canadien à Saskatoon, cela voulait dire qu'il se plaçait en excellente position pour la deuxième étape, le tournoi de Halifax. Là, il pourrait certes encore avoir à affronter Downey, mais son statut de champion lui accorderait le privilège de ne disputer que la finale et de n'avoir besoin « que » d'une seule victoire; tandis que Downey, en sa qualité d'aspirant, aurait l'obligation de le battre deux fois de suite dans la même fin de semaine (ou une fois par knock-out) pour accéder à la qualification continentale. Ce qui, le cas échéant, constituerait pour le Néo-Écossais une tâche ardue, mais certainement pas impossible, ne serait-ce qu'en raison du facteur Halifax. « Depuis longtemps, dira Bernard Barré qui travaillait alors à la FQBO, la deuxième étape de la sélection nationale était prévue à Halifax. C'était triste, c'était enrageant, mais c'était surtout la maudite réalité. On ne pouvait pas y échapper. Et c'était également inquiétant parce qu'en raison des impondérables que représentaient la foule, les juges et les deux boxeurs eux-mêmes, il arrivait souvent, dans ces qualifications-là, que la première victoire de l'aspirant soit suivie d'une deuxième... Dans ce sens-là, oui, ça aurait été très compliqué pour Stéphane de gagner une décision à Halifax, devant une foule survoltée. »

En fait, Ouellet constaterait qu'à part Montréal et peut-être Kuujjuaq ou Yellowknife, ce serait difficile pas mal partout au Canada, et certainement pas moins à Saskatoon, Saskatchewan.

Le Field House, où avait été montée une arène dont les petites dimensions désavantageaient Ouellet, ne manquerait pas d'avoir une incidence sur le déroulement du match. En effet, un petit ring annonçait un affrontement beaucoup plus favorable à Downey, ce dernier cherchant à imposer une boxe de près alors que Ouellet entendait miser sur une boxe à distance avec beaucoup de déplacements. Mais c'était comme si, ce jour-là, toutes les décisions partiales prises par les dirigeants canadiens allaient se retourner contre eux et, au bout du compte, être profitables à Ouellet. À commencer par l'exiguïté du ring, qui aurait dû lui nuire, n'eût été, paradoxalement, sa grande nervosité!

En effet, à l'issue du premier round, le Jonquiérois s'avouerait si tendu qu'Yvon Michel lui conseillerait judicieusement de raccourcir la distance entre Downey et lui, l'obligeant à se bagarrer d'instinct pour atténuer les effets de la tension. Seul problème dans l'exécution de cette éprouvante stratégie : sa nervosité, combinée à sa violente grippe et à son manque d'entraînement, avait déjà épuisé Ouellet après la première reprise.

Sans être une pièce d'anthologie, ce round d'ouverture avait rempli toutes ses promesses. Par un pressing constant bien dans ses habitudes, Downey avait imprimé un rythme élevé au combat, incitant Ouellet à entrer dans l'action plus rapidement qu'il l'aurait souhaité. Les deux hommes ne s'étaient accordé, pour s'étudier, que les 10 premières secondes du match qui avaient donc été dénuées d'action, un peu comme s'ils avaient convenu de jouer un tour au public en évitant de se frapper. Bien sûr, cela n'avait pas duré et les premières acclamations avaient étonnamment été à l'adresse de celui qui comptait le moins de partisans dans l'amphithéâtre. C'était principalement là l'expression du soutien de la frange québécoise, encore que le statut de Ouellet lui assurât aussi l'appui d'au moins quelques amateurs de boxe de l'endroit.

Autant les deux boxeurs s'étaient montrés passifs au cours des 10 premières secondes, autant ils avaient été actifs pour le reste du round. Probablement très au fait de la propension de Ouellet à ne pas beaucoup s'entraîner, Downey avait été brillant – et fidèle aux prévisions – en tentant de provoquer un duel épuisant. En revanche, sa stratégie de beaucoup travailler au corps de Ouellet était discutable, jamais personne n'ayant réussi – et n'a à ce jour réussi – à blesser le Jonquiérois avec un coup au corps, qu'il avait – qu'il a – beaucoup plus solide que la tête, faut-il le rappeler. De son côté, Ouellet avait su tant bien que mal contrôler la distance entre Downey et lui. Chez les amateurs, être toujours à bonne distance de son adversaire était l'une des principales qualités de Stéphane Ouellet. Mais surtout, lui qui ne serait pourtant jamais considéré comme un grand tacticien, il avait semblé tout comprendre de la défensive de Downey, inscrivant la plupart de ses touches toujours avec la même attaque. Boxeur gaucher, qui se mettait donc en garde avec le gauche tenu juste un peu plus bas que le droit, Downey représentait en effet une meilleure cible pour le direct ou le crochet du droit de Ouellet. Au point que le Québécois avait un peu délaissé son arme habituelle – le jab – pour initier à plusieurs reprises ses attaques avec la main droite, en s'attendant toutefois à devoir revenir à des patterns plus conventionnels après le premier round, une fois que Downey et son clan allaient s'être ajustés.

Au premier repos, pour s'être montré plus précis que Downey, le *pointage* informatisé des juges donnait Ouellet en avance par deux touches, 11 à 9 – le principe fondamental de la scoring-machine est qu'un coup n'est compté pour le score final que si au moins trois des cinq juges l'ont signalé simultanément (dans l'intervalle d'une seconde) par pression sur le bouton correspondant (bleu pour le boxeur du coin bleu, rouge pour le boxeur du coin rouge). Un exploit, dans les circonstances, que cette avance, considérant que Ouellet n'avait jamais eu l'impression d'évoluer à la hauteur de son talent, tellement il était contracté! C'est donc là qu'Yvon Michel avait exigé qu'il multiplie les corps à corps, posant le décor à la malhonnêteté des juges qui profiteraient ainsi, avec la promiscuité des deux boxeurs, de l'enchevêtrement des coups pour accorder plus de touches à l'olympien de Halifax. Lequel, avec son retard, donnait peut-être insatisfaction aux deux coaches Gordon, mais se montrait bien assez coriace et volontaire pour que sa motivation ne puisse jamais être mise en doute.

Trois minutes plus tard, la physionomie du combat avait changé. Downey pointait maintenant en tête par 31 touches à 28 (22-17 Downey pour ce round-là), un score élevé qui disait au moins la vérité sur la grande activité démontrée par les deux boxeurs au cours de ce deuxième round. Pour le reste, c'était une marque aussi injustifiée qu'injuste, qui exprimait tout le contraire de l'allure des échanges, encore plus évidemment dominés par Ouellet que dans le premier round, qu'on lui avait pourtant attribué!

Comme lors du round initial, Ouellet avait continué à marquer presque à volonté avec son étonnante combinaison crochet du droit-direct du gauche. « Je voyais que cette combinaison enregistrait à tout coup, dit Ouellet, et je m'attendais d'une seconde à l'autre que Downey change sa défense. Mais ça ne s'était jamais produit! Alors je continuais à l'utiliser, en ne m'expliquant pas pourquoi Downey ne réagissait pas, ne comprenait pas ce qui se passait. »

Tout au long de ce superbe second round – jusqu'aux 30 dernières secondes, en fait –, Ouellet avait conservé la mince avance du premier assaut, arrivant même à creuser jusqu'à trois coups d'écart. Quinze touches à 13 après 45 secondes, 21-18 après 1 min 45 s, 23-20 après 2 min 15 s, 25-22 après 2 min 30 s, il avait, jusque-là, réussi à dominer un très bon Raymond Downey. Le médaillé de bronze de Séoul, travaillant toujours de près et ayant eu cette fois la bonne idée de viser davantage la tête que le corps de Ouellet, s'était même permis le luxe de légèrement, mais alors très légèrement, ébranler son opposant au milieu du round, avec deux gauches. Mais dans l'ensemble, on ne pouvait pas nier que Downey avait pris les meilleurs coups, le plus souvent.

Sauf si on était juge pour le combat. Car si on jugeait le combat Downey-Ouellet, on pouvait non seulement nier que Downey était le dominé, mais on pouvait en plus en faire la preuve avec *pointage* à l'appui.

Et pourtant, en l'espace de 30 petites secondes, les chiffres de Downey avaient changé si vite qu'on aurait dit le compteur d'une pompe à essence. De 25-22 en faveur de Ouellet, c'était devenu 31-28... pour Downey, ce qui voulait dire qu'il avait atteint Ouellet 9 fois dans les 30 dernières secondes du deuxième round! Un rythme de touches qui, s'il ne s'était pas agi d'une conspiration, aurait dû donner, après 2 rounds et 6 minutes de boxe, un total de... 108 coups de poing!

En réalité, quand on analysait ces 30 dernières secondes sur la vidéo du match, on s'apercevait que marquer autant en si peu de temps pouvait être possible et que les juges n'avaient peut-être pas erré tant que ça : un des deux boxeurs avait effectivement touché l'autre aussi souvent (quelque chose comme huit coups contre quatre), mais il s'adonnait que ce boxeur n'était pas Raymond Downey! Bref, les juges ne semblaient s'être trompés qu'à moitié : ils avaient correctement compté les touches... mais ne les avaient pas attribuées au bon boxeur!

« C'était vraiment ridicule, se rappelle encore Ouellet. Quand Downey s'était mis à me remonter sur l'informatique des juges, il y avait eu une séquence évidente où je le touchais très nettement avec une combinaison d'au moins deux, sinon trois coups, qui n'avaient pourtant pas été comptabilisés! Comme si ma touche d'ordinateur était devenue inopérante et que les juges enregistraient nos bons coups sur une seule et même touche, celle de Downey. Évidemment, c'est seulement une fois de retour dans mon coin, à la fin du round, que j'ai réalisé tout ça. Recevant le *pointage*, Yvon Michel m'avait alors dit : "Écoute, Stéphane, ça va très bien, mais ça a l'air que ce n'est pas assez. Les juges ont décidé que tu étais trois points en arrière. Il faut donc que tu travailles encore deux fois plus fort dans le dernier round." Considérant que j'avais deux coups de priorité après le premier round, et que j'avais l'impression d'avoir été encore meilleur dans le deuxième, je n'en revenais tout simplement pas. »

Juste avant de quitter son tabouret pour répondre à l'appel du round final, alors qu'il devait surmonter fatigue et déception, il avait vu Wayne Gordon étreindre Downey. Une image forte, qui lui avait rappelé qu'il ne se battait pas seulement contre Ray Downey, et qu'ils étaient très nombreux à faire corps avec le Néo-Écossais. Mais l'image avait servi à fouetter sa motivation pour les trois minutes suivantes, les plus importantes de sa carrière.

Elles allaient être sublimes.

Après la première minute et demie, il avait ainsi déjà rattrapé son retard et créé l'égalité à 33 touches de chaque côté. Toujours volontaire pour accepter le contact avec Downey, lequel ne diminuait pas son travail de sape, il devait surtout sa remontée à une séquence en particulier où ses touches, acclamées par une partie du public, avaient été trop franches pour que les juges feignent de les ignorer. Cela avait ressemblé au traitement réservé jadis à ses coéquipiers du Club de Jonquière et ultérieurement à Alex Hilton, quand il reculait et rencognait son adversaire en le rouant de coups quelques secondes. La seule différence, c'est que cette fois ça avait duré moins longtemps, parce qu'il était exténué et que Downey avait su bien s'accrocher à lui.

Leur performance ne laissait jusqu'à maintenant personne en appétit. Downey réalisait pour sa part une prestation si solide qu'il aurait été le premier insulté de savoir que les juges y ajoutaient leur grain de sel. Lui aussi touchait Ouellet d'aplomb au cours de ce troisième assaut, démontrant par là que même en avance après deux rounds, il était hors de question d'user de prudence et de retourner aux Olympiques par la porte arrière.

Avec 1 min 15 s à faire au combat, visiblement plus frais que Ouellet, il avait pris les devants par un coup de poing, 34 à 33.

Mais 30 secondes plus tard, les deux hommes, jetant tout leur cœur dans la bagarre, avaient de nouveau fait l'impasse à 37 coups de chaque côté.

38 à 38...

39 à 39...

Match nul? Un insignifiant match nul, qui n'apportait ni bonheur ni malheur? La personnalité de Ouellet n'admettant pas le nul, il s'était toujours engagé à « faire la différence », dans un sens ou dans l'autre, en sa faveur ou en sa défaveur. Avec 25 secondes à faire dans son combat contre Downey et une égalité de 39 à 39, c'était en tout cas ce qu'il avait en tête. « À ce moment, dit-il, j'étais mort de fatigue et j'essayais seulement d'y aller en vitesse, de donner des rafales de coups inoffensifs pour tenter de marquer les derniers points susceptibles de faire la différence lors de la décision. »

Cela n'avait pas dû lui nuire, mais c'était quand même sur une solide remise de la main droite – encore là trop franchement appliquée pour ne pas être comptée par les juges – qu'il s'était redonné l'avantage, 40 touches à 39. Il restait maintenant 20 secondes au match.

À 15 secondes de la fin du plus important combat de toute sa vie, Stéphane Ouellet avait fait 41-39.

Neuf secondes plus tard, Raymond Downey avait touché Ouellet pour se rapprocher à 41-40, mais ses plus chauds partisans, parmi lesquels de nombreux dirigeants de l'Association canadienne, s'étaient mis à regretter d'avoir entretenu des espoirs sur la malhonnêteté des juges : et si ces derniers avaient mal planifié le scénario et manqué de temps pour son exécution!

Les alliés de Downey n'avaient eu raison qu'à demi de manquer de confiance envers « le système ». Ainsi, au cours des six dernières secondes de ce match à suspense, on aurait beau voir et revoir le ruban du combat, on n'arriverait pas à identifier quel coup de Downey pouvait bien lui avoir permis, sans l'aide des juges, de créer l'inégalité.

L'ultime inégalité, sur laquelle se terminait donc ce duel historique : 41 à 41 (13-10 Ouellet au dernier round).

Un résultat nul, vraiment nul? Oui. Un match nul? Non.

Dans un cas comme celui-ci où il y avait parité au *pointage* électronique, il fallait s'en remettre aux scores individuels établis par chacun des cinq juges. Une fois le plus haut *pointage* et le plus bas *pointage* de chacun des boxeurs soustraits de l'opération, il restait à comptabiliser tous les coups accordés par les trois autres juges et à déclarer vainqueur celui qui en avait réussi le plus.

Moments interminables. D'autant plus que, pour tous les gens concernés par ce combat, cela représentait un nouveau retard. « Dans l'attente du verdict, se souvient Ouellet, je me disais qu'on ne me donnerait certainement pas la décision. Je pensais à Downey, aux Gordon, à la Saskatchewan, et c'était assez difficile d'anticiper qu'elle pourrait m'être accordée. »

À ce moment, une importante fraction de la foule n'en pouvait tellement plus d'attendre, qu'elle s'agglutinait autour des préposés au recomptage, tentant de lire les ordinateurs ou d'entendre les conversations.

Soudain, les plus convaincus de ses supporters avaient commencé à applaudir dans l'enceinte du Field House. Et pour la première fois depuis la fin du combat, Stéphane Ouellet avait cru que ce pourrait être lui, le champion.

Il était déjà au bord des larmes.

À l'annonce un peu inaudible du vainqueur, 169-166 au total de tous les coups de poing, Ouellet s'était retourné un court instant vers Yvon Michel et Abe Pervin pour être certain qu'il avait bien compris. Pour être certain qu'il ne rêvait pas.

C'est son nom que l'on avait prononcé! Il avait gagné!

Ses bras s'étaient alors dépliés vers le ciel, ses genoux avaient fléchi, et il était tombé à genoux sur le ring, terrassé par l'émotion.

Il s'était sitôt relevé, ne contenant plus ses larmes, et il avait machinalement félicité Downey. Il était allé se perdre dans les bras d'Yvon Michel. Une hôtesse lui avait tout de suite glissé au cou la médaille d'or de sa victoire, lourde de carats mais surtout de sens, dès lors qu'elle était frappée d'une feuille d'érable et de la mention National Boxing Championships, Saskatoon 1991, qui symbolisaient tellement bien la très *canadian machine* qu'il venait d'abattre.

Ouellet avait enlevé sa médaille, l'offrant à Yvon Michel.

Ce n'était pas une médaille d'or olympique et Ouellet déciderait d'ailleurs sous peu qu'il n'y aurait jamais de médaille d'or olympique dans son cas. Le gros de sa réflexion se ferait même avant de quitter Saskatoon, dans les heures suivant son triomphe. « Après le combat, se souvient Ouellet, tout le monde de la boxe amateur avait été convié à une dernière réception dans une autre salle du Field House. La tête toujours dans les nuages à la suite de ma victoire, je m'y étais rendu en compagnie de mon ami et coéquipier Mario Bergeron. Mais nous n'étions pas restés très longtemps : juste le temps de réaliser que j'avais eu raison, durant toutes ces années, de douter de l'honnêteté et de la sincérité de ces dirigeants-là à mon égard, et nous étions déjà partis. Car les scènes que j'avais vues là semblaient irréelles : la défaite de Downey avait en effet donné à tout le monde une tête d'enterrement. Dans les circonstances, je n'avais pas besoin d'un dessin pour comprendre que je n'étais pas celui que le Canada voulait voir aux Jeux. Pour la plupart de ces gens, c'était une consternation, l'équivalent d'un drame de voir que Downey, qui avait participé aux derniers Olympiques, raterait probablement Barcelone. Bien sûr, quelques personnes – dont des officiels – étaient venues me soutenir en se disant contents de ma victoire, mais dans l'ensemble, à part Bergeron et moi, les visages heureux étaient rares à cette réception. Et on pouvait être sûrs que c'étaient ceux de Québécois, même si je ne faisais pas l'unanimité à l'intérieur de ma propre délégation (certains membres de la FQBO désapprouvaient l'insouciance, l'indiscipline et l'arrogance dont il pouvait faire preuve à l'époque). Ce soir-là, on s'était dit, Bergeron et moi, que, n'étant pas les bienvenus au party de l'Association canadienne, on allait organiser notre propre fête. On s'était donc rendus dans le vestiaire pour fumer le hasch que Mario avait apporté, avant de continuer à boire une bonne partie de la nuit. »

Bien avant Saskatoon et ses événements, le cœur du seul franco-phone susceptible de se qualifier pour Barcelone balançait déjà entre les amateurs et les pros, démontrant combien vague était son intérêt pour l'aventure olympique. « Devenir un olympien ne m'avait jamais branlé, confirme Ouellet. Alors que certains athlètes étaient fortement interpellés par l'idée un peu romantique de devenir olympien à vie, de fréquenter le village olympique, de faire partie d'une grande délégation canadienne marchant avec d'autres nations à l'ouverture des Jeux, cela n'était jamais même venu près de m'intéresser. Les Jeux n'avaient jamais été qu'une simple option parmi d'autres. Avant de me fixer, certains de mes commentaires avaient peut-être laissé croire à une passion, mais la vérité était que ça ne me disait rien... Dans mon esprit, mon sport était si individuel que je trouvais normal de ne pas avoir de sentiment d'appartenance, d'esprit d'équipe à l'égard du Canada. Dix ans plus tard, je puis dire que je n'ai jamais éprouvé le moindre regret de cette décision. Les Olympiques ne m'ont jamais manqué. »

Il ne faut quand même pas s'y tromper : cette réception suivant la victoire de Stéphane Ouellet, qui avait représenté un condensé de tout ce qu'il avait subi et enduré jusque-là, a compté pour beaucoup dans sa décision de ne pas représenter le Canada à Barcelone. « Vouloir gagner une médaille pour le pays aurait voulu dire être soutenu, encouragé par le pays. Or, c'était loin d'être ce que certains Canadiens avaient envie de faire avec quelqu'un comme moi qui dérangeait, qui avait foutu tous les plans à l'eau en battant Raymond Downey, l'homme qu'on souhaitait vraiment voir retourner aux Olympiques. »

Quand Stéphane Ouellet s'était aperçu à quel point toutes les décisions des dirigeants de la boxe amateur canadienne se teintaient de politique, il s'était décidé à relever le gant. « Le plus drôle, avoue Ouellet, c'est que je ne connaissais absolument rien à la politique. J'étais jeune et cela m'indifférait. Mais pour faire chier les dirigeants canadiens avec les mêmes motifs qu'ils utilisaient pour me faire chier, je m'étais inventé une fausse cause politique. Ils voulaient la guerre! J'allais la faire en prétextant des raisons politiques. Et Dieu sait à quel point elles n'étaient pas difficiles à trouver : ma région était la plus péquiste du Québec, mon père était un séparatiste convaincu, et il y avait cette éternelle discrimination envers les athlètes québécois. Bref j'avais le contexte parfait pour m'inventer une guerre Rouges contre Bleus... »

Stoppant sa marche vers les Olympiques, il renonçait à se présenter à la deuxième étape des qualifications nationales, en janvier 1992 à Halifax. Certes, l'analyse de toute la situation faisait effectivement douter d'une seconde victoire en terre ennemie. Mais il y avait aussi un autre motif que Ouellet traînait alors au fond de lui, comme un petit secret inavouable. « En vérité, mon peu d'espoir de battre de nouveau Downey à Halifax s'expliquait par le fait que je me considérais presque chanceux de l'avoir déjà vaincu une fois, tellement j'étais peu entraîné. »

« Malgré tout, affirmait en juillet 2000 l'ancien directeur technique de la FQBO, Bernard Barré, je persiste à croire que Stéphane aurait quand même dû se présenter à Halifax. Peut-être aurait-il été lésé, comme il le redoutait, mais loin de lui nuire, un tel scénario aurait pu servir sa réputation, en ce sens qu'il y aurait alors eu unanimité pour dire qu'il avait été volé. Mais, bon, il a probablement décidé de ne pas travailler dans le vide et de s'éviter une autre frustration. »

Le directeur technique avait beau prétendre que Ouellet aurait mieux fait de se rendre à Halifax, des deux, ce n'était pas Ouellet qui souffrirait le plus de la décision. Avec cette nouvelle, c'était effectivement la Fédération québécoise de boxe amateur qui encaissait le plus. « À l'époque, se rappelle Barré, la décision de Stéphane nous avait fait extrêmement mal! Elle signifiait en effet que la Fédé ne qualifiait aucun Québécois pour les Jeux olympiques, une véritable catastrophe dans les circonstances, d'autant plus qu'on en avait qualifié seulement un aux Jeux précédents. Il ne faut pas se raconter d'histoires : la vocation élitiste d'une discipline, c'est d'amener des athlètes aux Olympiques. Lorsque tu réussis cet exploit, tout un système de *pointage* permet à ta fédération de toucher des subventions, plus ou moins élevées selon le nombre d'athlètes qualifiés. Mais si tu échoues, tu fais comme je le faisais dans les semaines suivant la décision de Stéphane : tu longes les murs, tête baissée, dans l'espoir qu'on ne te pose pas trop de questions.

« Le refus de Stéphane de jouer sa chance jusqu'au bout avait fait mal financièrement à la Fédé, mais je me demande si le pire n'avait pas été ce message qu'il envoyait aux jeunes, comme quoi les Olympiques, ce n'était pas très important, et que ce n'était pas trop grave d'y renoncer en cours de route. En fait, en anticipant la présence de Stéphane aux Jeux, on se prenait à rêver d'un effet d'entraînement, et voilà qu'on devait à la place subir et gérer les conséquences inverses... » Non sans avoir tenté une ultime fois de convaincre le Jonquiérois. « Peu après avoir fait connaître mon choix, se souvient Ouellet, le président de la Fédé, Gaby Mancini, m'avait appelé pour discuter de la question. On avait alors convenu de se revoir au restaurant, mais la rencontre n'avait rien changé puisque je connaissais déjà tous leurs arguments. Évidemment, Yvon Michel avait lui aussi cherché à me faire entendre raison, mais sans plus de succès. Ma décision était prise et mon cœur ne balançait plus : j'allais passer pro. »

Il n'avait pas dit : « Je voulais passer pro », et c'était révélateur. À ses yeux, devenir boxeur professionnel n'était ni un vœu ni même un choix, et encore moins un rêve. Mais une option... la seule, si bien sûr il entendait toujours boxer.

Bien sûr qu'il boxerait. Car il aimait la boxe. Ce n'était pas un amour naturel, c'était un truc qu'il avait appris à aimer. Il aimait la boxe parce qu'il y excellait. Un peu comme un hobby.

Il l'aimerait maintenant comme un métier.

« La situation était très simple, dit Ouellet. En renonçant aux Olympiques et aux amateurs, je fermais l'une des deux portes – les fameuses portes de Morrison et de Blake – qui se trouvaient devant moi. Il n'en restait qu'une, celle des pros. La vérité, c'est que j'allais chez les pros non parce que l'aventure me tentait, mais parce que c'était ça ou rentrer chez moi me tourner les pouces. Tout simplement... »

***

271

Stéphane, le pugiliste, avec sur l'épaule
son maître à penser Jim (Morrison), le poète.

Envers et contre les juges,
Ouellet enlève de brillante façon la médaille à Raymond Downey.

Au temps du mariage critiqué avec RDS.
Stéphane avec, de gauche à droite : Jean-Paul Chartrand père,
le promoteur Roger Martel, et Yvon Michel.

Une silhouette de plus en plus connue.
Un athlète de plus en plus aimé.
Bientôt la coqueluche incontestée des amateurs de boxe québécois.

Chapitre 6

Boxart, pour le meilleur et pour le pire

En 2001, à l'âge de 30 ans, à l'heure de ma reconversion dans l'industrie funéraire, je n'arrêtais pas de penser que la compagnie dont je rêvais pour me lancer en affaires serait la première de toute ma vie. Or, *j'en étais un peu venu à oublier que, 10 années plus tôt, pour mes débuts professionnels, j'avais d'une certaine façon été à la tête d'une première compagnie, Boxart inc., appelée, comme son nom l'indiquait, à réussir le mariage de la boxe et de l'art. S'apparentant –* du moins dans son esprit – *à l'organisation des 10 millionnaires de Louisville qui, en 1960, avaient chacun investi 1 000 dollars pour lancer la carrière de Cassius Clay, elle était cependant un calque de celle qui avait permis à l'Américain Ray Leonard de passer des amateurs aux pros, après les Olympiques de Montréal. Le modèle Leonard, c'était bien sûr l'idée d'Yvon qui était alors bandé sur l'exemple de ce boxeur auquel j'allais devoir référer dans les conférences de presse, entre autres pour expliquer mon refus de signer des contrats d'exclusivité avec les promoteurs. La comparaison qu'Yvon faisait entre ma carrière et celle de Leonard irait même jusqu'à me faire débuter, comme « Sugar », en six rounds plutôt qu'en quatre, le nombre de reprises généralement de mise pour un premier combat.*

J'avais donc 20 ans en 1991, et étant à cette époque aussi nul en arithmétique qu'en politique, je ne savais rien des avantages et désavantages de me retrouver tributaire d'une quarantaine d'actionnaires ayant payé cher leur droit de faire partie de « ma » compagnie. Bien sûr, je sais qu'à la fin de tout, ma mère, déçue de plusieurs mauvaises dépenses d'Yvon, dirait que tout ça avait été une très décevante histoire, surtout pour elle qui y avait mis tant d'heures. Mais peut-être tout ça était davantage de ma faute? J'avais du mal à me faire une idée précise. Ainsi, certains jours je me disais que mes conseillers m'avaient mal fait démarrer, je veux dire à l'envers des autres boxeurs, dans la mesure où j'avais eu tout cuit dans le bec avant de faire mes preuves, avant même de gagner un seul combat pro. Puis, d'autres fois, il m'arrivait de penser que j'étais le seul responsable, qu'en réalité je bénéficiais d'un traitement royal avec un bon salaire hebdomadaire exempt de toute dépense, et que, bref, durant cette période-là, j'étais encore bien trop fou et immature pour apprécier une telle chance.

Aujourd'hui, ce qui est sûr, c'est que, pour l'une ou l'autre de ces raisons, l'aventure Boxart fut ressentie par beaucoup de gens comme un beau gâchis.

***

Dans l'air, il y avait un parfum de première qui semblait avoir embaumé tous les bars fumeux de la rue Saint-Dominique, comme le Singapour, où Ouellet et ses amis avaient décidé de passer la soirée. C'est là qu'il la verrait pour la première fois. Ce ne serait pas sa première blonde, mais ce serait bien la première fois qu'il connaîtrait un tel coup de foudre, qu'il tomberait si vite amoureux. Et lui, dont les craintes de se faire chiper des blondes par ses amis pouvaient parfois dégénérer en paranoïa, il avait ce soir-là de quoi se rassurer : son ami Marcel Flamand trouvait que la demoiselle avait une physionomie peu amène, en foi de quoi il lui avait d'ailleurs dit de ne pas lui porter d'intérêt, et qu'en dépit de sa grande beauté, il ne la croyait pas faite pour lui. Bien sûr, Ouellet avait écouté son cœur plutôt que son ami. « Stéphane, confie Flamand, c'était impossible de lui dire quoi faire. À partir du moment où il décidait quelque chose, ça avait beau être déraisonnable, ni geste ni parole ne pouvaient l'arrêter. » Surmontant son extrême timidité avec les filles, Stéphane s'était rendu à la table de celle-là.

Avant même de se parler, ils avaient en commun de n'avoir rien à faire dans ce bar. Elle, à cause de son âge – elle n'avait que 16 ans –, lui, à cause de son combat, qui approchait.

C'était en effet quelques semaines seulement avant ses débuts professionnels, événement majeur et attendu qui se déroulerait à Jonquière, sous le thème publicitaire de « La Première ».

Karine Turcotte se souvient comment il l'avait abordée : « Wow! d'où sors-tu, toi? Je ne t'ai jamais vue avant. Sincèrement, t'es comme une apparition. Je ne croyais pas qu'une fille si belle pouvait exister. » Elle se souvenait que sa réaction à elle avait été assez froide, comme si elle lui avait répondu: « Je ne croyais pas qu'un garçon aussi con pouvait exister. » Mais loin de décevoir le pugiliste, cette attitude l'avait presque rassuré. Il préférait les filles qui se fichaient de sa célébrité à celles qui se pâmaient devant lui. Elle se souvenait aussi de leur deuxième rencontre, toujours dans ce même endroit où ni l'un ni l'autre n'aurait dû être: il lui avait fait porter un verre, et elle l'avait accepté. Elle se souvenait de son intelligence qu'elle ne soupçonnait pas au premier abord, des traits d'esprit dont elle ne le croyait pas capable, de ses meilleures amies qui se moquaient un peu parce qu'il était boxeur, mal habillé souvent, ce qui l'avait rassurée, elle. Elle préférait ce genre de gars à tous les autres du même âge qui ne portaient que des vêtements griffés. Elle se souvenait de ces fleurs qu'elle avait plus tard reçues à la maison; du mot qui les accompagnait et dans lequel il lui avouait entre autres qu'à sa vue, ses mains devenaient toutes moites; elle se souvenait enfin que sa perception de Stéphane Ouellet s'était alors modifiée.

Sa mère, Denise Turcotte, se rappelait, quant à elle, à quel point cette attention avait touché et remué Karine. « Le jour où elle avait reçu ces fleurs et surtout lu le texte qui les accompagnait, Karine planait complètement. Nous, en tant que parents, la différence d'âge ne nous dérangeait absolument pas, mais Karine était flattée qu'un garçon de 20 ans lui fasse la cour. Stéphane peut d'ailleurs remercier sa mère Olivette: les fleurs, c'était son idée à elle... »

Une dizaine d'années plus tard, Karine Turcotte pouvait dire pourquoi elle avait tant aimé ce garçon, malgré toutes les misères que cette union lui aura apportées. Stéphane Ouellet, par sa vie de défonce, lui rappelait son propre père, à qui elle vouait un amour inconditionnel: « Mon père, c'est presque mon idole. C'est un excessif, exactement comme moi, qui fut longtemps alcoolique avant de régler son problème. Le genre à être très chaleureux une journée, mais désagréable le lendemain. Chaque jour, c'est un peu ça que j'avais l'impression de revivre en fréquentant Stéphane. Nous formions un couple d'excessifs, ce qui nous donnait l'avantage d'avoir des atomes crochus, mais le désavantage de vivre en montagnes russes. La vie commune avec Stéphane Ouellet, c'était de grandes joies, mais aussi des peines immenses. »

Le père de Karine développerait avec Stéphane une très forte complicité, qui irait bien au-delà des relations habituelles entre beau-père et beau-fils. Camil Turcotte s'intéressait à la boxe, au golf, en fait au monde du sport et aux sportifs... mais surtout à sa fille, qui s'intéressait elle-même à un sportif de 20 ans, gentil comme tout mais qui n'allait plus à l'école, et pouvait donc se permettre de se coucher et de se lever tard. « C'était un charme de dialoguer avec lui, dit Camil. Il aimait écouter les gens qu'il respectait, il était sensible aux commentaires, et généralement réceptif à nos doléances de parents. Ainsi, à peu près un an après le début de leurs fréquentations, j'avais décidé que l'heure était venue de lui rappeler certaines choses. Ma fille rentrait de plus en plus tard, elle avait toutes les misères du monde à se lever le matin, elle commençait à négliger sérieusement ses études. Autour d'un café, dans un restaurant, nous avions donc discuté, et Stéphane avait semblé comprendre. Il m'avait même donné raison. La fois suivante, il était arrivé tout fier à la maison : « Pis, Camil, est-ce que je ramène ta fille assez tôt? » Bien sûr, il n'était pas parfait et il lui arrivait de ne pas respecter sa parole, mais, bon, il ne fallait tout de même pas les priver de leur jeunesse... »

Il y avait eu d'autres conversations que Camil n'avait jamais oubliées. Comme ce jour où Stéphane avait sollicité un tête-à-tête, dans une période où, voulant lutter contre ses problèmes d'alcool, il cherchait conseil auprès d'un homme qui avait jadis vaincu la bouteille. « Comment avez-vous réussi? », « Donnez-moi des trucs! », « Est-ce que ç'a été difficile? » Stéphane Ouellet voulait connaître la manière de se sortir de la spirale. « Je lui ai alors expliqué que, lorsqu'on veut cesser de boire, il faut commencer par être convaincu que c'est vraiment ce qu'on veut. Une fois que la chose est claire, on prend les moyens pour y arriver. Si tu ne changes ni tes amitiés, que je lui avais dit, ni tes habitudes, ni tes lieux de fréquentations, la chose est pratiquement impossible. Cette fois-là, Stéphane disait vouloir entrer chez les Alcooliques anonymes, mais je sentais qu'il n'y croyait pas beaucoup et qu'il avait lancé cette idée juste pour prouver sa bonne volonté. Moi, je connaissais bien cette dynamique, je savais que, lorsque quelqu'un veut boire, il est prêt à toutes les bassesses, à tous les mensonges. Je ne savais pas pourquoi Stéphane buvait, mais je savais que c'était pour oublier quelque chose. C'est toujours pour cette raison-là que les gens boivent.

« D'autres fois, plutôt que d'évoquer la sobriété définitive, je tentais de voir comment Stéphane pouvait limiter les dégâts. Je lui disais d'essayer au moins de boire plutôt dans les périodes suivant ses combats, d'en profiter alors pour s'offrir les plus grosses cuites, mais de faire en sorte d'être sobre durant ses préparations.

« La drogue? Pour Stéphane, c'était à l'époque un sujet tabou. Je lui avais demandé s'il en prenait, il m'avait dit que non. Je savais pourtant, par des gens au courant, que c'était le cas. Ce jour-là, je lui avais seulement dit que c'est lui qui déciderait de me dire ou non la vérité. »

Avec Denise Turcotte, qui avait elle aussi réussi à gagner la confiance de son gendre, Stéphane conversait encore plus souvent qu'avec Camil. « Il me parlait de ses rêves; de sa vie, qu'il souhaitait terminer ici, à Jonquière; de la maison qu'il aimerait avoir sur le bord d'un cours d'eau; de la boxe, qu'il voulait plus tard enseigner. Puis, quand Karine se joignait à nous, il n'était pas rare qu'on parle jusqu'au petit matin, tous les trois autour de la table de cuisine. Ce qui me frappait le plus, chez Stéphane, c'était à quel point il était sentimental, et pas seulement envers ma fille. Il nous écrivait des cartes très inspirées, à Camil et moi. Déjà, on pouvait voir qu'il aimait beaucoup écrire.

« Le plus intéressant, c'était quand il se présentait à nos réunions de famille. On s'apercevait alors qu'il y avait comme deux Stéphane Ouellet : le boxeur et le gendre. Au quotidien, on oubliait qu'il était boxeur. Mais s'il y avait des gens, la réalité nous frappait: sa présence provoquait chaque fois une véritable commotion, principalement chez les jeunes, qui criaient "Hé, c'est Stéphane Ouellet, c'est Stéphane Ouellet!" »

Au départ, Camil avait beau témoigner de l'intérêt pour la boxe pro à la télévision – à RDS, commentée par Yvon Michel –, la famille Turcotte ne connaissait rien de ce Stéphane Ouellet qui arrivait des amateurs. Étonnamment, c'était d'ailleurs par le truchement du petit écran que Denise et Camil avaient suivi La Première de Stéphane, le 17 décembre 1991, à l'hôtel Roussillon (aujourd'hui Holiday Inn) de Jonquière. « Ce soir-là, confient-ils tous les trois à l'unanimité (Karine avait vu le combat sur place), cela nous avait frappés de voir à quel point Stéphane semblait supérieur, plus doué que tous les autres. »

L'organisation Boxart inc., qui résultait de quelques ébauches dont l'une avait porté la raison sociale Stéphane Ouellet inc., était principalement le fruit du labeur d'un homme : Yvon Michel. Légalement, c'est lui qui était le fondateur de la compagnie et son nom apparaissait à ce titre dans les documents, datés du 10 décembre 1991, de l'Inspecteur général des institutions financières.

Pour mettre Boxart sur pied, Michel avait travaillé fort. Car les rouages de la boxe professionnelle lui étaient alors étrangers: à part sa fonction d'analyste à la télévision de RDS, il n'avait alors aucun lien avec le monde des pros. Mais il avait eu la bonne idée de recourir aux conseils d'un fameux guide, son bon ami Robert « Bob » Miller. Entraîneur et *cutman* réputé, Miller, qui travaillait à Troy, dans l'État de New York, était aussi connu pour avoir été, en compagnie de sa femme Lorraine, le premier promoteur de Iron Mike Tyson. De quoi donner une idée des contacts qu'il pouvait fournir à Yvon Michel. « Yvon venant de la boxe amateur, c'est moi qui faisais le lien avec les intervenants de la boxe professionnelle et qui l'introduisais auprès des bonnes personnes. J'étais en quelque sorte sa personne-ressource, surtout auprès des Américains », confirme Miller.

Sur le modèle « Ray Leonard », Michel avait donc créé une corporation privée d'un maximum de 50 actionnaires, pour laquelle on émettait 350 000 actions : 100 000 de catégorie « A » et 250 000 de catégorie « B ». Les actions de catégorie « A », sans valeur nominale, seraient majoritairement détenues par Ouellet, ainsi que par des gens qu'il devait désigner. Les actions de catégorie « B » seraient quant à elles offertes par Ouellet au coût de un dollar à des individus ou entreprises désireux de s'associer à lui. Toutefois, ces actions ne pouvaient être vendues que par bloc de 5 000, c'est-à-dire qu'elles commandaient un investissement de 5 000 dollars. En vertu d'un processus particulier, prévu par la convention de Boxart, elles étaient rachetables par Ouellet, avec à la clé les bénéfices réalisés par la corporation. Puisqu'il était aussi du mandat de cette dernière d'assumer les frais de subsistance de Ouellet et de lui octroyer une paie hebdomadaire, cela donnait, en définitive, le tableau suivant : Ouellet travaillait comme salarié à l'intérieur de la corporation, tout en détenant une part d'actions qu'il était en mesure d'augmenter annuellement, jusqu'à devenir l'unique propriétaire de Boxart.

Mais à l'évidence, la tâche d'Yvon Michel ne s'était pas arrêtée à échafauder la structure financière de la compagnie. Il avait pensé à tout. La carrière, sinon la vie de Stéphane Ouellet pour les cinq années à venir, y était ainsi consignée à la virgule près, ce qui était de nature à donner le vertige à n'importe quel être humain, a fortiori si l'être humain en question est du genre bohème!

Ainsi, le plan de carrière concocté pour Ouellet, extrait du prospectus de Boxart, avait peu de chances d'être compatible avec la nature dilettante du Jonquiérois.

Voici de quelle façon cette carrière devait se dérouler :

***Première année** : 1ᵉʳ novembre 1991 au 31 décembre 1992*
L'année d'initiation
Le premier combat sera de 6 rounds.
Il livrera de 8 à 12 combats (4 combats de 6 rounds, les autres de 8 rounds).
Juillet et août seront des mois de transition sans combat.
7 ou 9 programmes organisés au Québec, dont 1 ou 2 à Montréal. Les autres combats auront lieu aux États-Unis.

Ce sera l'année où Stéphane aura l'opportunité de dévoiler son potentiel promotionnel.

2ᵉ année : 1ᵉʳ janvier 1993 au 31 décembre 1993
L'année de maturation
Livrer de 8 à 12 combats (4 combats de 8 rounds, les autres de 10 rounds).
Juillet et août seront des mois de transition sans combat.
Des programmes seront organisés un peu partout au Québec.
Les incartades aux États-Unis seront fréquentes (on a vraiment utilisé le mot « incartades », plutôt que « incursions », comme si on avait eu une prémonition de l'avenir...).
Durant l'année, Stéphane polira son image et sera de plus en plus sollicité pour des activités promotionnelles.

3ᵉ année : 1ᵉʳ janvier 1994 au 31 décembre 1994
L'année des premiers titres
Livrer de 6 à 10 combats (combats de 10 et de 12 rounds).
Des programmes seront organisés un peu partout au Québec.
Les titres visés sont les suivants : WBC Continental des Amériques, canadiens, du Commonwealth ou de la NABF.
Des combats auront lieu aux États-Unis ou dans d'autres pays.
Stéphane, grâce à ses titres, sera de plus en plus sollicité pour faire de la publicité.

4ᵉ année : 1ᵉʳ janvier 1995 au 31 décembre 1995
L'année des classements mondiaux
Livrer de 6 à 8 combats de 10 et 12 rounds.
Des programmes seront organisés partout au Québec.
Stéphane vise d'autres titres mineurs et les combats seront bâclés en fonction de le situer à l'intérieur des classements « Top Ten » des associations majeures, WBA, WBC et IBF.
Côté promotion, nombreux sont ceux qui désireront s'associer à un athlète de la trempe de Stéphane, et les revenus promotionnels seront importants.

5ᵉ année : 1ᵉʳ janvier 1996 au 31 décembre 1996
L'année du Championnat mondial
Livrer 3 ou 4 combats de 10 ou 12 rounds.
Les combats seront tenus aux sites opportuns, au Québec et ailleurs.
On vise le premier titre majeur, IBF, WBC ou WBA.
Côté promotion, Stéphane, grâce à sa couronne de champion du

monde, sera sollicité de toutes parts. Il choisira les offres qui correspondent le plus à son image, ainsi que les plus rémunératrices. Les revenus de cette partie approcheront ceux des bourses pour combattre.

Par la suite
Livrer 3 ou 4 combats par année.
Conserver le Championnat obtenu.
Tenter une unification des couronnes mondiales.
Aller chercher un titre d'une autre division de poids.
Côté promotion, cette partie prendra de plus en plus d'importance et les revenus générés seront égaux ou plus grands que les bourses des combats.

Voilà donc non seulement l'ambitieux programme (au pire, ces prévisions signifiaient que Ouellet aurait livré 50 combats de boxe en 5 ans, de quoi le rendre vraiment *punchy!*), mais le contraignant programme que l'on avait tracé pour cet homme dont l'unique souhait des cinq prochaines années allait souvent être simplement d'ouvrir les yeux chaque lendemain de veille. En fait, on se dit que les véritables attentes à l'égard de Stéphane n'auraient jamais dû être plus grandes que ce minimum. Et on n'avait même pas encore parlé du plan d'affaires qui allait « de pair avec le plan de carrière ».

La première année
Les frais d'incorporation et l'achat d'équipements spécialisés grugent une bonne partie du budget, mais grâce aux revenus générés par la co-organisation de galas, la corporation terminera avec un léger surplus budgétaire.

L'objectif majeur de Stéphane, la première année, est de se faire connaître, gagner en popularité et prendre de l'expérience.

La deuxième année
Les revenus se diversifieront et la contribution de la partie promotion sera plus importante.

La gestion sera plus facile, car l'organisation sera bien rodée. Stéphane sera connu partout au Québec et très demandé. On commencera à percevoir Stéphane comme un outil de marketing intéressant et on lui offrira quelques contrats. Les revenus dépasseront largement les dépenses et 20 % des actions devraient être rachetées, laissant un bénéfice intéressant aux actionnaires.

La troisième année
Cette année propulse réellement Stéphane sur la scène canadienne et

l'obtention de titres communique un enthousiasme rarement égalé chez tous ses supporters. Les offres promotionnelles sont bonnes, ses combats attirent de plus en plus et l'organisation obtient des bénéfices qui pourraient permettre encore une fois de racheter 20 % des actions.

La quatrième année
C'est durant cette année que la carrière de Stéphane est lancée maintenant sur la scène internationale, aux États-Unis surtout. Sa popularité dépasse largement nos frontières. On veut s'identifier à lui, on veut l'approcher, s'assurer ses services, il est devenu véritablement l'Espoir blanc. Cette année-là, il pourrait racheter 30 % des actions.

La cinquième année
Maintenant champion du monde, Stéphane peut choisir les sites de ses combats, conclure des ententes avec des compagnies multinationales, et ses revenus promotionnels s'approchent des bourses de ses combats. Il serait en mesure de racheter le reste des actions, 30 %, qui auront généré des dividendes comme il aurait été impossible d'en obtenir ailleurs.

Par la suite
Stéphane devra demeurer les deux pieds sur terre, évoluer durant encore plus de 5 ans et être très sélectif sur les combats qu'il acceptera. Ces années seront les plus productives de sa vie.

Le plus rigolo, c'était encore la phrase de mise en garde qui précédait ce plan d'affaires : « *Les scénarios émis à chaque année représentent ce qui est anticipé. Il est possible que la réalité diffère QUELQUE PEU* (les majuscules sont de nous). » Pour différer quelque peu, oui, ça allait différer quelque peu.

Toute sa vie, Stéphane Ouellet avait voulu être heureux aujourd'hui. Demain, il verrait... demain. Il était le plus impatient des hommes, et quand il voulait ressentir une émotion, il voulait ça tout de suite (c'est précisément pour cette raison que la boxe lui était si difficile: il devait attendre trop longtemps pour son *buzz*, qui ne venait que le soir des combats, après des semaines de préparation. Ultimement, c'est probablement aussi pour ça que l'aventure Boxart sera un échec). Bref, en prenant aujourd'hui connaissance de ces plans, on se dit, cela ne se peut pas, ils n'avaient pas été tracés pour Stéphane Ouellet.

Après ces travaux qui lui avaient permis d'accoucher d'une charte, d'une structure financière et de plans pour assurer la réussite de Stéphane Ouellet et de Boxart, tout restait pourtant encore à faire pour Yvon Michel. Ouellet avait annoncé sa décision de passer pro en octobre, de sorte qu'il y avait peu de temps avant les débuts professionnels de la mi-décembre. Peu de temps, surtout, pour compléter le financement de 250 000 dollars et recruter les 50 souscripteurs souhaitant s'associer à Stéphane Ouellet et profiter d'un taux de rendement pouvant atteindre... 283 % en 5 ans!

Mais en dépit de cette intéressante perspective et de son inlassable travail, Yvon Michel n'était pas arrivé à réunir 50 actionnaires. À la fin de ses démarches, c'est 43 actionnaires acceptant de payer 5 000 dollars qu'il avait convaincu, ce qui procurait une mise de fonds initiale de 215 000 dollars à Boxart. C'était sept actionnaires et 35 000 dollars de moins que prévu, mais selon Jean-Marc Tremblay, lui-même détenteur d'une part au nom du Club de boxe de Jonquière, cela devait être « suffisant pour nos besoins ». Son entraîneur d'alors, Stéphan Larouche, allait même affirmer plus tard « que 100 000 dollars, ç'aurait été également suffisant ». Il n'empêche que les dirigeants de Boxart gardaient tout de même espoir de se rendre à 50 membres en cours de route.

Michel, qui ne roulait pas encore en Porsche à cette époque, avait parcouru des milliers de kilomètres pour rencontrer les actionnaires potentiels et expliquer le projet. « Ce que j'avais alors retenu de ma rencontre avec Yvon Michel, dit Jean-Marc Tremblay, c'est que Stéphane ne s'entraînait plus et qu'il n'était pas intéressé par la revanche contre Raymond Downey. Il voulait passer chez les pros, mais avait besoin d'une organisation solide. Comme le concept de Boxart nous semblait intéressant, le club avait acheté une action. » Par la suite, Tremblay s'associerait d'une autre manière à Ouellet en devenant copromoteur de certains de ses combats disputés au Saguenay.

« Quand Yvon Michel était venu nous parler d'investir, on avait trouvé tout à fait normal de dire oui, rappelait quant à lui Marcel Flamand, en parlant au nom de quelques amis d'enfance de Ouellet. Nous avions eu des séances d'information, où Yvon Michel parlait, vendait le projet. Stéphane, lui, ne parlait presque pas au cours de ces conférences. Mais il était vraiment content de notre appui, qui l'assurait d'avoir de ses proches parmi les investisseurs. Car il ne faut pas oublier que la situation était loin d'être idéale pour lui : après une carrière amateur où il avait subi beaucoup de pression, il s'apprêtait à en subir 10 fois plus avec Boxart, se retrouvant avec une dette de 215 000 dollars, ni plus ni moins, sur le dos. Bien sûr, Boxart n'était pas une mauvaise idée. Ça aurait même été une excellente initiative pour d'autres boxeurs. Mais pour Stéphane, qui avait eu souvent tout cuit dans le bec, on aurait dû imaginer une autre façon de le faire accéder au niveau professionnel. »

Camil Turcotte était du même avis. Il aurait été plus indiqué de procéder autrement, peut-être même comme InterBox, avec un financier au sommet, plutôt que de vouloir faire de Stéphane le propriétaire de la compagnie. « L'idée était remplie de bonnes intentions, mais elle avait donné un surcroît de pression à Stéphane, dont il aurait pu et dû se passer. » Au départ, comme bien d'autres, Camil s'était laissé séduire par la perspective d'encourager Stéphane... et de faire plaisir à sa fille. « La première fois, c'est Karine qui m'a parlé de cette compagnie naissante et je me suis tout de suite montré intéressé à contribuer. On s'était donc entendus pour que Stéphane, à sa prochaine visite à la maison, m'explique les grandes lignes du projet. Ce jour-là, trouvant lui-même le concept compliqué, il avait dit qu'Yvon Michel me rappellerait pour me donner les détails. Mais il avait surtout insisté sur un point : il tenait fermement à ce que des gens de la région du Saguenay puissent s'associer à lui, et il voulait donc conserver des actions à leur intention. Après, Yvon Michel avait continué à piloter le dossier. Il était venu à Jonquière le présenter à un groupe d'une quarantaine de personnes, parmi lesquelles ma femme et moi. En fin de compte, on s'était procuré chacun une part, ma femme se jumelant à mon frère Claude pour acheter la sienne. De cette manière, mon frère, pourtant dans une situation financière peu favorable, réalisait un rêve en s'associant avec Stéphane. »

Hélas, l'engagement financier des actionnaires avait son revers. « L'un des aspects avec lequel j'ai eu le plus de difficulté dans Boxart, allait admettre Ouellet 10 ans plus tard, c'était justement d'avoir à composer avec autant de personnes. Moi, j'ai toujours préféré faire mes p'tites affaires tout seul, en retrait du monde, même si je sais que, des fois, on a besoin des autres. Mais avec Boxart, j'étais loin de ma solitude : le sort de presque 50 actionnaires dépendait du mien! J'avais toujours bien composé avec la pression dans le ring. Mais cette pression-là, c'était vraiment autre chose. »

Le poids qu'il avait sur les épaules, Ouellet ne le ressentirait jamais autant que lors de son deuxième combat pro, disputé à Atlantic City en encadrement au Championnat WBO des lourds entre les Américains Ray Mercer et Larry Holmes. Impliqué – pour une bourse ridicule de 500 dollars – dans un match de quatre rounds avec l'Américain Gary Carriero, il avait gagné par décision unanime, mais non sans avoir été sérieusement ébranlé dans les deuxième et troisième rounds (au point de perdre son protège-dents et de subir une vilaine coupure à l'intérieur de la bouche). Dans les heures suivant ce knock-out évité de justesse, il avait pensé à tout ce travail fait autour de lui, cette organisation, ces actionnaires recrutés par la perspective de faire des sous et de le voir devenir champion du monde.

Au nombre de 43 donc, les souscripteurs de Boxart provenaient de plusieurs régions du Québec, mais on notait, en épluchant la liste, qu'ils étaient surtout concentrés dans quatre ou cinq villes. Bien sûr, Jonquière (avec Chicoutimi) avait la palme de la plus forte représentation avec 11 parts; ce qui était inférieur à l'objectif de 20 actionnaires bleuets. Il y avait là des parents, des amis, des supporters et des intervenants de la première heure comme Jean-Marc Tremblay (pour le Club de Jonquière) et le docteur Erno Kiss.

Sans surprise, dans la mesure où Yvon Michel avait vécu dans cette région, la ville de Saint-Hyacinthe était aussi bien représentée. C'est là qu'habitaient entre autres Serge Michel, l'un des deux frères d'Yvon à avoir investi dans Boxart, et son bon ami Alain Bazinet, un commerçant d'une quarantaine d'années ayant fait de si bonnes affaires qu'il n'avait plus besoin de travailler! En raison de sa grande disponibilité, Yvon Michel le destinait dès le départ à la présidence de Boxart, ce à quoi Bazinet n'avait pas eu envie de s'objecter. Il avait alors en tête une présidence un peu pépère; ce serait tout le contraire! « L'ampleur de la tâche m'avait réellement surpris, dit-il. Il n'était en effet pas rare qu'une simple réunion me demande toute une journée de travail. » Mais c'était pour une bonne cause et Ouellet le lui avait dit la première fois qu'ils s'étaient rencontrés. « Il était venu chez moi en compagnie d'Yvon Michel pour sceller l'affaire; sa dernière phrase avait fortement contribué à me convaincre: "Vous allez voir, vous ne le regretterez pas." »

Chacun aura sa raison d'investir dans Boxart. Mais, au bout d'un certain temps, les actionnaires s'apercevront qu'ils se divisent en deux clans distincts : d'une part ceux qui veulent encourager Stéphane, d'autre part ceux qui veulent faire de l'argent. « On ne peut nier, disait Camil Turcotte que Stéphane nommera au conseil d'administration, qu'au fur et à mesure que les déboires de la compagnie s'accumuleront, plusieurs actionnaires se plaindront de ce que le projet leur avait été mal expliqué. Résultat, ils avaient cru, à tort, que Boxart n'était ni plus ni moins qu'un pont d'or. Et ils seront déçus et choqués par la tournure des événements. Pourtant, à mes yeux, il n'y avait jamais eu de doute que Boxart s'apparentait un peu à la Bourse, et qu'en conséquence il fallait considérer les risques, et ne pas mettre là-dedans un espoir démesuré de faire un gros coup d'argent. » Même son de cloche du côté de Marcel Flamand : « On était libre d'embarquer ou non dans ce bateau. Et j'étais parfaitement conscient que ça pouvait ne pas marcher. Je m'étais dit, dès le départ : "Tant mieux si ça marche, sinon je me serai payé un beau trip." Mais la vérité, c'est que j'étais convaincu que les choses iraient bien. »

Par ailleurs, certains noms relevés dans la liste des actionnaires attirent l'attention pour d'autres motifs. Entre autres celui d'Antony « Tony » Triconi, arbitre de boxe amateur et journaliste pour la publication *Il Cittadino Canadese*, laquelle accordait toujours bonne presse à Ouellet. Celui aussi, moins connu, de Bruno Lavoie, sergent à la Gendarmerie royale du Canada, qui occuperait un temps le poste de trésorier de Boxart, mais qui serait surtout d'un précieux secours à Yvon Michel quand ce dernier commencerait à beaucoup s'inquiéter des liens de Ouellet et de Lucas avec la bande de motards la plus en vue du Québec.

Mais le nom qui avait peut-être piqué le plus la curiosité des gens – surtout des médias – était celui de Gérald Janneteau, alors président-directeur général du Réseau des sports. Le 9 mars 1992, Janneteau avait en effet signé une lettre d'entente entre RDS et Boxart, stipulant entre autres que RDS devenait « un actionnaire de Boxart en achetant 5 000 actions à un dollar chacune, selon les termes et conditions énumérés dans le cahier de présentation [...] » Cela voulait donc dire que les deux parties s'associaient « pour coopérer à la promotion de la carrière de boxeur de Stéphane Ouellet, tout en divertissant les spectateurs et téléspectateurs du Québec et du Canada tout entier. » Ils avaient convenu d'une entente de principe qui couvrait la même période que le plan de carrière de Ouellet, soit du 1er novembre 1991 au 31 décembre 1996, mais avaient déterminé que les termes et conditions changeraient après le 31 décembre 1992. Ainsi, avant 1993, l'entente entre RDS et Boxart prévoyait ceci :

RDS a les droits exclusifs de diffusion au Canada, en anglais et en français, de tous les combats de Stéphane Ouellet disputés au Canada. De plus, RDS sera reconnu comme commanditaire majeur de ces combats : le boxeur et les entraîneurs porteront la casquette ou autres vêtements fournis par RDS, la commandite de RDS sera aussi reconnue sur toute publication ou imprimé ainsi que par affichage sur les lieux du combat.

Stéphane Ouellet, pourvu qu'il soit disponible, pourra représenter RDS aux fins de relations publiques un maximum de six occasions.

En retour RDS s'engage à :

1) Produire pour la télévision quelques combats disputés au Québec, sujet aux disponibilités budgétaires de RDS.

2) Faire tout en son possible pour présenter en entier, en direct ou en différé, tous les combats de Stéphane Ouellet, y compris ceux qui sont disputés à l'extérieur du Québec.

3) Faire une couverture « nouvelles » que le combat soit présenté en entier ou non.

4) Au cours de ses émissions nouvelles, présenter des capsules informatives sur la carrière, l'entourage et autres aspects du boxeur Stéphane Ouellet.

5) Lorsque RDS retransmet un combat à la télévision, coopérer avec Boxart pour donner une visibilité accrue aux autres commanditaires. Ainsi, RDS pourra mettre à la disposition de Boxart une partie du temps d'antenne publicitaire, pourvu que cette publicité soit conforme aux règlements qui régissent RDS.

Trois autres « engagements » mineurs, relatifs aux cassettes des combats, complétaient cette liste.

Puis, pour la période du 1er janvier 1993 au 31 décembre 1996, les termes et conditions se lisaient comme suit :

Boxart reconnaît l'apport inestimable de RDS dans le lancement de la carrière professionnelle de Stéphane Ouellet au cours de sa première année.

Pour tout combat disputé au Canada et pour tout autre combat dont Boxart détient les droits de télévision, Boxart accorde à RDS le droit de premier refus sur tous les droits de télédiffusion au Canada, ainsi que le droit d'égaler la meilleure offre pour tels droits de télédiffusion.

Une entente plus spécifique sera négociée au début de chaque année.

Tous droits de diffusion au Canada détenus par RDS couvrent la télévision anglaise et la télévision française.

Pour au moins les cinq premières années de son association professionnelle avec Stéphane Ouellet, Yvon Michel traînerait cette entente comme un boulet. Dans les journaux, à peu près tout ce que les sections sportives comptaient de journalistes et d'éditorialistes sérieux allaient critiquer cette association entre RDS et Boxart, tant elle plaçait Michel, employé de la chaîne sportive depuis 1989, dans une situation impossible. Certes, comme Michel l'avait écrit dans sa défense à Réjean Tremblay: « *Vous me présentez d'abord comme un employé à temps plein à RDS, ce qui n'est pas le cas. Il y a une différence entre un commentateur qui est un spécialiste des communications et un analyste dans un sport spécifique, qui, lui, est engagé pour ses connaissances dans ce sport et ce qui l'entoure, et ce une fois par semaine. [...] À RDS comme pigiste [...], ce n'est pas la télévision qui est ma source principale de revenu, mais ce que je reçois en est un bon complément* (Michel gagnait alors probablement 500 dollars par enregistrement). *Si on y retient mes services, c'est grâce à mes connaissances spécifiques en matière de boxe, ce qui ne fait tout de même pas de moi un journaliste ou un spécialiste des communications. Je suis plutôt un spécialiste de boxe. »* Mais finalement, le fait que Michel ne travaillait qu'à la pige changeait peu de chose au tableau : parce qu'il était en réalité l'entraîneur et le gérant de Ouellet (des titres qu'il maquillait par l'appellation « conseiller spécial » dans Boxart), il se retrouvait en position de conflit d'intérêts quand il analysait les matches de Ouellet au micro de RDS. Avec, il va sans dire « un excès de fanatisme », ainsi que n'allait pas manquer de le relever le journaliste du *Progrès-Dimanche* de Chicoutimi, Paul-Armand Girard, le 26 avril 1992. Girard qui, comme bien d'autres avant et après lui, reprocherait aussi à Michel de porter trop de chapeaux, de jouer sur trop de fronts à la fois, faisant également référence aux fonctions qu'il remplissait toujours chez les amateurs (directeur général de la FQBO et entraîneur national). Le plus ironique, c'est que c'est Ouellet qui avait alors défendu Yvon Michel contre les critiques de Girard, affirmant sur les ondes d'une station de radio « qu'il fallait être jaloux ou envieux pour s'en prendre à un gars si correct et si honnête ».

Bien des années plus tard, c'est pourtant lui qui poserait la bonne question, la plus importante : « Comment, à mon entrée chez les pros, RDS avait-il pu obtenir les droits sur tous mes combats en ne déboursant pas UN SEUL SOU ? »

Les 5 000 dollars payés par le Réseau des sports n'avaient pas servi, il est important de le comprendre, à acquérir les droits télévisuels exclusifs de Ouellet – comme HBO et Showtime le font à coups de millions avec les Jones et les Tyson de ce monde – mais seulement à devenir actionnaire de Boxart, au même titre que la quarantaine d'individus à qui la charte faisait miroiter des privilèges et des bénéfices de 283 %! C'est dire, comme le pensait Ouellet, que les droits de ses combats, selon l'entente concoctée par Yvon Michel, RDS les avait eus tout à fait gratuitement! Un cadeau, qui permettait au Réseau des sports de s'enrichir doublement sur son dos : d'une part grâce aux actions dans Boxart, d'autre part grâce à la vente des annonces publicitaires dans la retransmission des programmes impliquant Ouellet! Un cadeau, qui non seulement privait la corporation de revenus en droits de télé, mais qui lui en faisait en plus perdre aux guichets, selon le raisonnement élémentaire que toute retransmission d'un événement influe sur le chiffre de l'assistance.

Bien avant que Stéphane Ouellet s'interroge sur le bien-fondé de l'association avec RDS, plusieurs actionnaires de Boxart avaient commencé à se demander eux aussi à qui profitait une telle entente, sinon au réseau en question... Et à ses employés, pigistes compris...

Milieu 1994, voilà pourquoi les actionnaires avaient pris la décision de révoquer cette entente suspecte. À cette époque, le conseil d'administration de Boxart comptait sur un tout nouveau trésorier, Philippe Chabot, un type ferme et droit qu'Yvon Michel regretterait certainement d'avoir recommandé, tant leurs vues sur la gestion de la compagnie seraient opposées. À commencer par celles qui concernaient cette entente entre RDS et Boxart. Chabot avait donc convenu de régler la question avec Michel. Encore convalescent après une opération au cœur et ne pouvant se déplacer, le trésorier avait reçu le consultant de RDS à son domicile de Boucherville.

— Yvon, à partir d'aujourd'hui il n'est plus question que j'accepte de voir RDS continuer de présenter les combats de Stéphane en direct, sans rien payer en retour. Cette affaire-là n'a aucun sens et elle fait perdre de l'argent à Stéphane. Après en avoir parlé avec certains actionnaires, j'ai décidé de mettre fin à l'entente, à moins que tu réussisses à la faire modifier par Janneteau. Si RDS est prêt à nous verser un montant à chaque combat, je pense qu'on pourrait facilement s'entendre. Sinon, tu les avertis que les combats de Ouellet en direct, c'est terminé!

« Je n'envisageais pas nécessairement de grosses sommes, se rappelle Philippe Chabot. Si RDS nous avait offert deux ou trois mille dollars par programme, j'aurais probablement dit oui. D'abord parce que ça aurait été mieux que rien, mais surtout parce que je serais parti de cette base-là pour faire ensuite monter nos prix en fonction de la hausse des audiences. Mais mon intervention n'a finalement rien donné : selon Yvon, les patrons de RDS avaient refusé de nous verser le moindre dollar en droits de télédiffusion. Longtemps gagnants d'une entente à sens unique, ils voulaient continuer à avoir le meilleur de tous les mondes.

« La réaction d'Yvon Michel? Il n'en a à peu près pas eu. Ni discussions ni argumentation, rien. Il faut dire qu'il lui était difficile de justifier un tel contrat. Et je n'arrive toujours pas à comprendre comment il avait pu donner son accord à une aussi mauvaise entente. »

À part, bien sûr, que Michel ait espéré ainsi consolider sa position à RDS, la seule autre raison qu'il aurait pu avoir avait trait à la visibilité du boxeur. Car en associant Stéphane Ouellet au Réseau des sports, on l'assurait d'un temps d'antenne profitable à sa renommée. Mais cela justifiait-il d'offrir ses droits en cadeau? Dans cette même veine, sous le titre « RDS livre-t-il vraiment la marchandise? », le journaliste Pierre Fellice du *Quotidien* se demandait, le 11 novembre 1992 : « *Le fait de diffuser des résultats, quelle que soit la discipline, ne fait-il pas partie du travail régulier d'un journaliste? Alors pourquoi inclure un tel item (bidon) dans une entente soi-disant sérieuse?* » (Il faisait référence à l'aspect de l'entente concernant la diffusion de comptes rendus à l'intérieur du bulletin *Sport 30.*)

« *Vous savez,* écrivait encore le journaliste, *quand je regarde tout ça, je me dis que les autres médias, écrits ou parlés, ont assuré une aussi bonne couverture, sinon meilleure, et plus rapide en général, à Stéphane Ouellet, depuis ses débuts chez les professionnels. Et ce, sans jeter de la poudre aux yeux à qui que ce soit.* »

Si nous en revenons à Boxart, il faut aussi souligner la contribution de la ville de Boucherville, moins en raison du nombre de ses membres que de l'importance qu'ils prendraient dans la compagnie. Outre le trésorier Chabot – dont le fils avait également investi – et le banquier Lucien Lapierre nommé à l'un des deux postes de directeur, on trouvait dans la liste des actionnaires le nom de Micheline Martel. Il s'agissait de l'épouse du promoteur et homme d'affaires Roger Martel. En réalité, elle n'avait rien à voir dans Boxart. C'était à son mari que revenait l'investissement, et c'était à la demande d'Yvon Michel que son nom à elle figurait sur les papiers officiels. Michel ayant approché Roger Martel pour être le promoteur attitré de Boxart, il croyait de cette manière éviter l'accusation de conflit d'intérêts. « Mais au bout d'un certain temps, se souvient Roger Martel, j'ai fait remettre l'action à mon nom. Yvon Michel n'avait à peu près rien respecté de ce qu'il m'avait dit, je n'avais pas été le promoteur de Ouellet très longtemps, de sorte que plus rien ne m'empêchait de recouvrer les droits de mon action.

« À l'origine, selon les promesses de Michel, je devais agir comme promoteur de Boxart, mais avec l'argent de Boxart. J'aurais été payé au pourcentage, entre 5 et 7%, selon le contrat habituel d'un publiciste travaillant avec un promoteur – c'est ainsi que je payais Régis Lévesque quand il travaillait pour moi –, et Boxart aurait empoché le reste des profits. » À ce sujet, le cahier de présentation de Boxart était d'ailleurs clair : *La corporation effectuera de la co-organisation et co-promotion de galas de boxe.* « Mais, continue Martel, comme ce que disait Yvon Michel un jour n'était déjà plus vrai le lendemain, j'ai fait la promotion des premiers combats de Stéphane avec MON argent. » Les promoteurs locaux qu'on adjoignait à Martel, quand il travaillait en région, n'injectaient pas d'argent et n'étaient là que pour faire le lien avec la clientèle. « Je n'ai jamais su pourquoi nous n'avions pas entamé la carrière de Stéphane selon le scénario convenu. C'était probablement dû à une autre des manigances d'Yvon Michel. Dans Boxart, c'était peut-être ça le pire : celui qui n'avait pas mis une cenne dans l'aventure décidait de tout, tout, tout. Yvon Michel a toujours été de ce genre-là. Le genre à prendre des décisions dont il pouvait tirer profit. »

Roger Martel avait finalement organisé trois des quatre premiers matches du Jonquiérois. Après La Première à Jonquière, il avait aussi fait le troisième combat à Trois-Rivières (victoire aux points contre l'Albertain Cliff Lickness, pour son premier huit rounds), avant de voir à la grande rentrée montréalaise, au Spectrum (cinquième arrêt sur l'Ontarien Ashton Wilson). Après, il était plus ou moins disparu des plans, pour ne réapparaître qu'en septembre 1993 avec la naissance du groupe KO'ntact.

Boxart avait, semble-t-il, une raison de mettre Martel à l'écart: « La brouille avec Roger Martel, confiera le président du temps, Alain Bazinet, avait commencé quand nous nous étions aperçus qu'il distribuait beaucoup trop de billets de faveur aux clients de son entreprise d'arboriculture. C'était une très bonne affaire pour lui, mais ça nuisait énormément à Boxart. À partir de là, on n'avait plus tellement voulu faire équipe avec lui. »

***

L'équipe! Parlons-en. Dans le document de présentation de Boxart, on parlait de « l'équipe opérationnelle ». Ce n'était en fait rien de plus que le personnel recruté par Yvon Michel pour travailler avec Ouellet chez les professionnels. La première chose qui sautait aux yeux, c'était la composition de cette équipe. Pour la former, Michel avait manifestement dû faire moins de kilométrage que pour son équipe d'actionnaires! La plupart de ses membres venaient en effet, comme Michel, de la boxe amateur et gravitait autour de la salle du Complexe Claude-Robillard, où ils évoluaient tous, où Michel et Ouellet se côtoieraient encore pour les 10 prochaines années.

En excluant Yvon Michel, l'équipe de départ comptait cinq hommes, mais elle serait réduite à quatre dès après le premier combat de Ouellet, quand cesserait la collaboration avec Russ Anber. Alors entraîneur des frères Howard et Otis Grant, Anber devait apporter un soutien à l'entraînement de Ouellet – entre autres en permettant à Ouellet de croiser les gants avec ses deux protégés –, mais il s'était retiré pour éviter un probable conflit d'intérêts, Ouellet et Otis Grant combattant tous les deux en moyens et étant donc destinés à s'affronter dans l'avenir.

Des quatre autres membres du clan Ouellet, trois n'étaient pas considérés comme des employés à temps plein, et n'étaient donc pas rémunérés par Boxart : le préparateur physique Andre Kulesza, le médecin de Jonquière Erno Kiss qui suivait Ouellet depuis ses débuts à 12 ans, et le coordonnateur aux États-Unis (aussi *cutman*), Bob Miller.

À compter de la fin de l'année 1991, Bob Miller allait se faire connaître des gens qui suivaient la carrière de Stéphane Ouellet. En fait, son association avec le Jonquiérois serait aussi durable que celle d'Anber serait éphémère : 33 combats professionnels plus tard, Ouellet n'a d'ailleurs jamais connu d'autres soigneurs que ce bon vieux baraqué tatoué, à la bouille sympathique. Jusqu'à ce jour, Miller a fermé toutes les coupures de Ouellet, contrôlé toutes les hémorragies, aux yeux, au nez, à la bouche, au cuir chevelu. L'idéal aurait été que Bob Miller se tienne jour et nuit aux côtés de Ouellet, pour aussi le soigner toutes les fois où il se couperait volontairement.

Miller faisait davantage que soigner Stéphane lors des combats : en raison de son expérience et de ses contacts, c'est principalement à lui que l'on devait la recherche d'adversaires pour les 15 premiers combats de Ouellet. L'une des tâches les plus importantes en boxe, surtout dans le cas d'un jeune espoir, le *matchmaking*, se complique souvent chez les pros, où nombre de boxeurs ont des dossiers longs comme le bras, parfois médicaux, parfois criminels, souvent les deux. Aussi Miller était-il régulièrement contraint de changer les adversaires de Ouellet à la dernière minute; à certains moments, cela exaspérait d'ailleurs le principal intéressé, qui ne savait plus contre lequel il se battait (car même s'il ne voulait jamais rien savoir de leur style, il tenait toujours à connaître leur nom).

Pour le tout premier combat professionnel de son boxeur, Bob Miller avait toutefois pris ses précautions pour éviter les mauvaises surprises. Il avait l'habitude de pareilles situations : on racontait en effet que, pour dénicher les premiers adversaires de Tyson, en 1985, c'est tout juste s'il n'était pas allé les chercher dans la rue, à la sortie des *saloons* d'Albany! « Pas à ce point-là, se défendait-il en riant, mais disons que j'étais très *careful*. » Pour le premier adversaire de Ouellet, il userait de la même prudence.

Miller considérait que le plus sûr moyen de ne pas se tromper d'adversaire, c'était de choisir un gars de son gymnase, un gars n'ayant pour lui aucun secret. Ouellet ayant lui-même demandé un opposant expérimenté, Miller avait porté son choix sur un dénommé Robert « Bobby » Rockwell, un type de 28 ans qui travaillait dans l'asphaltage. Il avait livré 3 combats pros (2 victoires par knock-out, 1 défaite) mais, disait-on, plus de 100 en amateurs, ce qui était difficile à croire quand on savait qu'il avait commencé la boxe à... 21 ans! « J'ai été très honnête avec lui, dit Miller. En lui offrant le combat, je lui ai expliqué les circonstances. Il savait qu'il aurait à affronter un très bon boxeur, beaucoup plus talentueux que lui. Mais il avait été d'accord pour jouer sa chance à fond. »

Dans *La Presse,* le journaliste Gilles Bourcier s'était demandé, après avoir décrit les deux boxeurs qu'on venait d'opposer :

Un tigre contre un cochon de lait, voilà de quoi avait l'air le premier combat professionnel de Stéphane Ouellet. Ça nous a rappelé les débuts des frères Hilton, contre des jambons, eux aussi.

La question qui est probablement venue à l'esprit de tous les amateurs de boxe branchés sur RDS, hier, devait être la suivante : pourquoi faut-il toujours qu'un superbe athlète international soit humilié de la sorte par ceux qui l'entourent, par ceux qui veulent à tout prix le protéger?

C'est Bob Miller lui-même qui avait fourni la réponse à la question de Bourcier. « Dans le choix d'un premier adversaire, nous ne sommes jamais trop prudents, avait-il expliqué. Pour le boxeur, le premier combat est toujours particulier et il l'est au moins 10 fois plus lorsqu'il a lieu chez lui, dans sa ville. Voilà pourquoi, ce soir-là, il nous fallait un adversaire pas très dangereux. Mais, d'un autre côté, Rockwell s'était présenté à Jonquière avec l'idée bien arrêtée de gagner. Dans sa tête, c'était clair qu'il ne venait ni pour perdre ni pour se coucher au premier coup de poing. D'ailleurs, il n'avait pas été si mauvais dans les deux premiers rounds, mais, évidemment, à partir du moment où Stéphane eut trouvé ses marques, les deux n'avaient plus affaire dans le même ring. Alors après le troisième round, comme Rockwell était déjà coupé à deux ou trois endroits, j'avais regardé mon adjoint dans l'autre coin, en lui faisant de grands signes pour qu'il arrête le combat. Rendu là, c'était la meilleure chose à faire. C'était correct de donner une chance à Rockwell après lui avoir bien expliqué le contexte, mais on devait stopper le combat dès l'instant où le vrai niveau de talent des deux boxeurs se manifestait. »

En ne répondant pas à l'appel de la quatrième reprise, Bobby Rockwell avait donc au moins répondu à celui des organisateurs en ne jouant pas les trouble-fêtes lors des débuts professionnels de Stéphane Ouellet. Mais ce dernier, encore une fois trop nerveux, avait eu beau boxer seulement à la moitié de ses capacités, il paraissait quand même hors catégorie, injustement supérieur à tout ce que la boxe avait mis en vitrine ce soir-là.

Il naissait et il était déjà prodigieux.

Bien sûr, il était encore un piètre pro. Il avait tout à apprendre de la vraie science des poings. Et, cela ne faisait pas de doute, il pourrait être meilleur.

À cause de la nature de leur métier, n'est-ce pas à leur premier combat que les boxeurs sont le plus beaux? Ne sont-ils pas tous destinés, comme Stéphane au déclin de sa carrière, à regarder les photos de leurs débuts et à regretter de ne plus être aussi beaux?

Le soir du 17 décembre 1991, quand Ouellet était pour la première fois monté sur un ring de boxe sans casque ni maillot, cela avait fait aux amateurs de boxe le même effet que Guy Lafleur, aux amateurs de hockey, quand ils l'avaient vu patiner sans casque. Après le combat du 17 décembre, quand Ouellet dirait au micro de RDS s'être senti plus libre sans casque, on se souviendrait qu'une quinzaine d'années plus tôt, c'est aussi en parlant de liberté que l'on avait interprété la décision de Lafleur.

***

Celui qui complétait les cadres de « l'équipe opérationnelle » de Boxart – toujours en excluant Yvon Michel – s'appelait Abe Pervin. Dans la mesure où il était présenté comme l'entraîneur de Ouellet, c'était le membre le plus important, d'ailleurs ce serait le seul que la compagnie paierait à temps plein la première année. Né en 1919, c'était un monsieur aussi vénéré que vénérable!

Dire qu'il était expérimenté serait trop peu dire. Il bourlinguait dans la boxe depuis 1936. Il avait d'abord lui-même boxé 50 fois. Il était entraîneur depuis 1940, dont « une couple » d'années dans l'armée, lors de la Seconde Guerre mondiale. Avant d'aboutir à Claude-Robillard, il avait bien entendu travaillé dans une foule de gymnases de Montréal, mais aussi au réputé Cabbagetown Youth Center de Toronto, d'où il revenait à peine quand, au début de 1990, Ouellet était venu à Montréal poursuivre sa carrière. Les deux hommes se côtoyaient depuis ce temps et travaillaient même ensemble toutes les fois où Yvon Michel s'absentait. « Surtout au début, se souvient Pervin, Stéphane s'entraînait parfois plus fort et plus longtemps que demandé. »

Pervin avait eu beau être l'entraîneur en chef de l'équipe canadienne aux Olympiques de Montréal; s'être occupé de très bons amateurs comme Dominic D'Amico, Asif Dar et Pierre Girouard; de très bons pros comme Tony Salvatore, Lancelot Innes et surtout Donato Paduano; jamais, disait-il, il n'avait vu un boxeur aussi doué que Stéphane Ouellet. Exactement rapportées dans *Le Journal de Montréal,* ses comparaisons étaient : *La force de frappe de Matthew Hilton... La finesse et l'habileté de Davey!* Davey Hilton qui, incidemment, peu de temps avant cette déclaration, revenait de sa défaite contre Alain Bonnamie pour livrer son seul combat de l'année 1991, lequel serait suivi de trois autres en 1992, d'un autre en 1993, et d'une nouvelle éclipse jusqu'en... 1996.

Les analyses de Pervin étaient d'autant plus sérieuses qu'on le disait sans équivalent pour lire un boxeur, décortiquer ses forces et ses faiblesses. Un jour, il avait ainsi tenté de faire comprendre au père de Stéphane que l'environnement accordé à son fils par Yvon Michel n'était peut-être pas si adéquat que ça... Que peut-être Stéphane aurait intérêt à chercher un autre endroit... Que certains semblaient oublier que ce n'est pas avec des enfants de chœur qu'on forme des champions du monde...

Au début de l'aventure, à 72 ans, Pervin avait fait preuve d'un bel enthousiasme à l'idée d'entraîner le surdoué, même si cela l'obligeait à quitter l'Association canadienne de boxe amateur, qui refusait à ses entraîneurs, à l'époque, le droit de diriger des pros. « Je m'étais assis avec Yvon Michel pour évaluer la situation. Ça prenait quelqu'un pour s'occuper de Stéphane. Peu importe sous quel angle on regardait le problème, on ne sortait pas de cette évidence : ou c'était Yvon qui quittait les amateurs, ou c'était moi. Finalement, nous avions décidé que je suivrais Stéphane chez les pros. »

Dans les faits, aussi considérable (et apprécié) aura été l'apport de Pervin au début de la carrière professionnelle de Stéphane, jamais ce dernier ne le considérera comme « son » entraîneur en chef. Car ce ne sera pas le cas!

Car Michel avait pu retrouver sa place dans le coin de Ouellet en 1993. Son lobbying auprès de l'Association canadienne avait été efficace. En partie grâce à lui, les entraîneurs dirigeant des boxeurs amateurs avaient en effet été autorisés à travailler aussi avec les pros, sans perdre leur statut de membres de l'ACBA. « Pourtant, dira l'ex-président du Club de boxe de Jonquière, Jean-Marc Tremblay, Yvon avait travaillé à réaliser le contraire lorsqu'il était entré en fonction à la Fédé, s'appliquant à tasser tous les pros qui gravitaient dans la boxe amateur. Yvon, ce n'est pas un arriviste, mais... »

Avant ce changement de cap de l'ACBA, les véritables fonctions d'Yvon Michel à Boxart étaient maquillées sous le titre de « conseiller spécial » qu'il s'était attribué dans le cahier de présentation. Fonctions au pluriel, Michel ne se contentant pas de son simple rôle d'entraîneur. Car, bien que les règlements de l'ACBA le lui interdisaient, il était aussi le gérant de Stéphane Ouellet. Naturellement, il le niera, maladroitement, dans les médias, dont *Le Journal de Montréal* qui titrait, le 21 décembre 1991 : « Non, je ne suis pas son gérant. »

« On m'affuble de plus de titres que j'en ai dans la réalité », dit Yvon Michel, analyste de boxe au Réseau des sports.

Pointé pour un conflit d'intérêts dans le cas de Stéphane Ouellet, la future étoile de l'arène, Michel s'explique.

« Non, je ne suis pas gérant de Stéphane. Je n'ai, non plus, aucune implication financière dans sa carrière », affirme-t-il.

Mais Michel admet être conseiller technique de Ouellet.

« N'est-ce pas là mon rôle à titre de directeur technique de la Fédération provinciale de boxe? Je le fais également pour les frères Grant et Éric Lucas. Pourtant, personne ne m'en tient rigueur dans leur cas. Et concernant Stéphane, ma présence s'effacera à mesure que le nouveau groupe qui l'appuie se sentira plus à l'aise dans le milieu de la boxe. »

Et, a poursuivi Michel : « Je ne me sens pas plus en conflit que Claude Raymond ou Gilles Tremblay dans d'autres sports à la télé. Bien que payés par les Expos et Molstar, ils n'en accomplissent pas moins un excellent travail. Moi je ne reçois rien de Stéphane Ouellet ou de son groupe. »

Pour conclure à la gérance d'Yvon Michel, il suffisait de mettre le nez dans le prospectus de Boxart, dans les correspondances des membres du conseil d'administration, et surtout d'interroger les actionnaires. On en ressortait avec plus de certitudes qu'on pouvait en espérer.

La page 5 du document de Boxart enlevait d'abord tout mystère quant au rôle de la compagnie : *Elle agit, en terme de boxe, à titre de gérant pour Stéphane Ouellet, avec qui elle a conclu une entente exclusive pour ses services* (l'information était d'ailleurs répétée à la page 24). Bien entendu, celui qui prenait toutes les décisions de boxe AU NOM de la compagnie, AU NOM de Stéphane Ouellet surtout, s'appelait Yvon Michel. « D'ailleurs, disait Camil Turcotte, mon titre de directeur au conseil d'administration était plus honorifique qu'autre chose. À Boxart, c'était Yvon Michel qui décidait de tout, et c'était normal, c'était lui qui connaissait le milieu. Nous autres, nous n'avions rien à voir dans les décisions de boxe. On ne connaissait pas ça. Alors on laissait faire Yvon. »

En retour de ses services, lesquels, il faut le dire, étaient considérables vu qu'il s'ingérait partout, Michel avait droit à un compte de dépenses et touchait 10 % des bourses de Ouellet. Si certains actionnaires familiers du milieu des affaires affirmeraient n'avoir jamais vu de leur vie des comptes de dépenses aussi élevés, les 10 % de Michel apparaissaient en revanche dérisoires en regard de la somme de son travail. « Yvon Michel voulait être payé pour ses services, confie le trésorier Philippe Chabot, mais il ne souhaitait pas s'enrichir sur le dos de ses boxeurs, je le savais très bien. Ce pourcentage de 10 %, quand on l'analyse comme il le faut, ce n'était presque rien, 500 dollars sur 5 000 dollars, c'était probablement insuffisant même pour seulement couvrir les dépenses que sa gérance entraînait. J'ai eu plusieurs différends avec lui: il s'attendait toujours à ce que ses dépenses soient acceptées comme légitimes et judicieuses. Mais quant au pourcentage qu'on lui versait, je concède que ce n'était pas grand-chose. »

En vérité, c'était deux fois « pas grand-chose », deux fois 10 %, car Yvon Michel manageait également Éric Lucas, passé pro en même temps que Ouellet et lui aussi pris en charge par Boxart, à titre de *sparring-partner* du Jonquiérois. Ce jour d'octobre 1991 où Ouellet avait annoncé publiquement son intention de joindre les pros, ils étaient tous trois réunis à Jonquière chez les Ouellet: Stéphane, Yvon Michel et Lucas, qui pensionnait encore chez celui qui l'appelait alors « mon frère ». « Cette même journée, raconte Lucas, j'avais rencontré Yvon pour lui faire part de mon envie de passer pro, moi aussi. Stéphane, Yvon et moi, on examinait les possibilités depuis un bon moment déjà, mais l'idée du passage chez les pros était restée vague jusqu'à ce que Stéphane écarte définitivement l'option des Olympiques de Barcelone. De mon côté, j'y songeais d'autant plus que mon style, défavorable chez les amateurs, me permettait d'espérer plus de succès chez les pros. »

« Au départ, dit Philippe Chabot qui n'occupait pas encore la trésorerie de Boxart, quand Yvon m'a parlé de la possibilité que la compagnie s'occupe aussi d'Éric, j'ai trouvé l'idée très intéressante. Elle permettait à Stéphane d'avoir un ami dans l'aventure, un chum avec qui il allait d'ailleurs habiter la première année, et surtout un partenaire d'entraînement très adéquat. Cela donnant l'occasion à Éric de démarrer chez les pros, c'était donc une excellente idée, qui profitait aux deux athlètes. »

Au début, Lucas toucherait environ 200 dollars par semaine pour ses services de *sparring-partner* (son salaire augmenterait au fil des années), alors qu'on octroierait généralement le double à Ouellet, la raison d'être de la corporation. La façon de rémunérer le Jonquiérois serait toutefois appelée à de fréquentes variations, les actionnaires tentant à peu près n'importe quoi pour le motiver et le pousser au dépassement. Ainsi, selon un scénario qui se répéterait souvent dans sa carrière (à la fin, chez InterBox, il arriverait aussi que l'on agisse de cette manière), les actionnaires finiraient par penser que seul l'argent pouvait motiver Ouellet, et ils décideraient de réduire son salaire hebdomadaire pour le rémunérer plutôt sur l'atteinte d'objectifs : objectif « pente », 100 dollars; objectif « 10 km », 100 dollars; objectif « 1 500 m », 100 dollars... Ultime carotte, on déciderait aussi de lui accorder des bonis en cas de victoires, comme celui de 5 000 dollars qu'il avait touché après son triomphe sur Alain Bonnamie et qui servirait à s'offrir des vacances à Cuba en compagnie de celle qui deviendrait la mère de ses deux fils. « Chez Boxart, tout m'a été en fin de compte trop facile, pense aujourd'hui Ouellet. J'avais déjà, à 20 ans, ce qu'un boxeur met habituellement plusieurs années d'efforts à mériter, c'est-à-dire un salaire garanti, que je me batte ou non. En réalité, pour être payé, j'avais seulement à faire quelques combats de temps en temps, question d'éviter trop de grogne parmi les actionnaires. »

Cela est à moitié vrai. Car si Ouellet devait livrer un combat de temps à autre, il devait aussi s'entraîner... de temps à autre! « Un jour, raconte Philippe Chabot, Stéphane m'avait téléphoné pour avoir sa paye. Je lui avais demandé combien de jours il s'était entraîné durant la semaine et il ne me l'avait pas caché : "Seulement deux fois.

— J'apprécie ta franchise, Stéphane, mais tu sais très bien qu'on te paie pour t'entraîner tous les jours, pas juste deux fois par semaine. Alors, dans les circonstances, je ne peux tout simplement pas te verser ta paie au complet. Au lieu de 400 dollars, je ne pourrai pas te donner beaucoup plus que 200 dollars.

— Je vous rappelle", m'avait-il poliment répondu. Entre-temps, j'avais réussi à parler au président de l'époque, André Filiatreault, et à lui expliquer mon idée de couper la paie de Stéphane en deux. Il avait applaudi : "Excellent! Lumineux, même! Je te donne le feu vert..." Quelques secondes plus tard, j'avais bel et bien reçu un appel. Pas de Stéphane. D'Yvon, heureux de ma décision, lui aussi. Il disait que Stéphane venait de lui téléphoner, qu'il était dans tous ses états. Nous avons tous convenu de rester sur nos positions. Yvon nous avait demandé de venir expliquer notre décision à Stéphane. Le lendemain matin, le président et moi nous étions rendus à Claude-Robillard, mais, une fois sur place, j'ai changé d'idée. Stéphane avait l'air repentant et il avait vraiment besoin d'argent. Je n'ai pas voulu l'accabler davantage. Je l'ai payé en totalité. »

Alors que certains actionnaires qui avaient appris à connaître Stéphane s'étaient aperçus qu'ils n'avaient aucune affinité avec un garçon aussi étourdi, Philippe Chabot l'aimait bien et n'avait pas de reproches sérieux à lui faire sur sa conduite. « Stéphane avait certains problèmes? Qui n'en a pas? Moi aussi, j'avais fait plusieurs folies étant jeune, et j'avais pris un coup pas mal fort. Ça m'en prenait beaucoup pour me scandaliser. » Philippe Chabot avait pris l'une des décisions qui feraient le plus jaser les actionnaires le jour où, comme trésorier, il avait consenti à payer la pile de contraventions de Stéphane. « Ça, c'est l'exemple parfait d'une situation où je devais prendre ma décision seul. On m'avait présenté cette facture, quelque chose comme 2 000 dollars, et j'avais dû trancher. Je me disais que, si je ne payais pas, on ne serait pas plus avancés, que ce n'était pas la leçon dont Stéphane avait besoin. En fait, d'accord ou pas d'accord avec ma décision, tous avaient espoir que les folies de jeunesse de Stéphane cessent avec le temps. »

Chose certaine, le coupé sport Mazda reçu en commandite en octobre 1992 n'avait rien fait pour inciter Stéphane à se calmer sur les routes. Deux semaines avant son septième combat professionnel disputé à Sherbrooke (victoire aux points en huit rounds sur l'Américain Kevin Tillman), Yvon Michel et lui avaient signé une entente d'un an avec le Garage Bouchard et Frères de Jonquière, stipulant que le concessionnaire devait :

1) Fournir une voiture neuve de marque Mazda, modèle Precidia GTS, à Boxart, laquelle sera utilisée par Stéphane Ouellet en priorité.

2) Défrayer les coûts d'immatriculation du véhicule ainsi que l'assurance.

3) Couvrir les frais d'entretien du véhicule.

4) Permettre une utilisation annuelle jusqu'à 25 000 kilomètres.

5) Effectuer un travail de sensibilisation auprès de Mazda Canada afin que dans le futur une entente puisse être conclue entre Mazda Canada et Boxart sur une échelle nationale.

Bien sûr, il était aussi entendu « *que Boxart ou Stéphane Ouellet s'engage à remettre la voiture dans un bon état et en cas d'accident sera responsable de la franchise qui est de 500 dollars* ». Finalement, cet élément du contrat était à peu près le seul qu'on aurait le temps d'appliquer, tant l'association entre les deux parties serait de courte durée. Trois mois après avoir pris possession de son véhicule, Ouellet, piégé par la neige dans le Parc des Laurentides, faisait une sortie de route. Pour le concessionnaire, la surprise n'avait pas été de devoir déclarer la voiture « perte totale », mais de devoir le faire même si l'accident avait causé peu de dommages! C'est que la courte période où Ouellet l'avait eue en sa possession avait été pourtant suffisante pour détériorer l'habitacle au point qu'il était impossible de faire par la suite un quelconque usage de ce véhicule-là! « Après mon accident, il avait été hors de question qu'ils me redonnent une autre voiture. Mais je les comprenais: je ne boxais plus (il s'était encore gravement blessé à la main droite durant son combat contre Tillman, mettant une fois de plus sa carrière en veilleuse pour quelques mois) et je ne faisais que brosser. »

La première année professionnelle de Ouellet, beaucoup de ces foires avaient lieu avec Lucas, dans l'appartement meublé, au coût de 11 000 dollars, aux frais de Boxart. « C'était tellement plaisant! raconte Stéphane. J'étais entré chez Gagnon et Frères à Jonquière avec la liberté de pouvoir acheter tous les meubles que je trouvais beaux. Mais, d'un autre côté, l'idée de louer un appartement était une erreur; il aurait mieux valu investir dans un condo, qui aurait rapporté des sous 10 ans plus tard. »

Le logement des deux jeunes boxeurs était situé à deux pas du centre Claude-Robillard – avant l'entente avec Mazda, ni l'un ni l'autre n'avait de voiture – et pas très loin non plus d'une caserne de police. « Cette première année, dit Lucas, les policiers se présentaient souvent à notre appartement. On faisait beaucoup la fête, on recevait toujours plein de monde, et les voisins se plaignaient. Des fois, les policiers se présentaient AVANT le party, rendus probablement méfiants par le nombre de caisses de bière qu'ils nous voyaient charroyer, Stéphane et moi. Mais ça se passait de manière civilisée.

« Stéphane et moi, on commençait toujours la fête ensemble; mais c'était plus rare qu'on la finisse ensemble... Si je foirais le lundi et le mardi, Stéphane, plus extrémiste, pouvait se rendre jusqu'au vendredi. Il ne jurait alors que par Jim Morrison et consacrait souvent ses nuits à son idole : des fois c'était la musique des Doors, des fois c'était le film qu'il a dû voir une centaine de fois. Malgré tout, j'arrivais à bien dormir. J'avais dit à Stéphane : "Fais ce que tu veux dans l'appartement, mais laisse-moi ma chambre pour être tranquille!" Il respectait ça.

« Au bout de la première année, sans qu'il y ait de brouille entre nous deux, Stéphane a ressenti le besoin de vivre seul et décidé de déménager. Mais le besoin de solitude n'en était peut-être pas la seule raison. Prévoyant foirer encore beaucoup, Stéphane a, je crois, voulu éviter de m'importuner, dans une période où je m'étais un peu assagi. À partir de là, Stéphane arrivait de plus en plus souvent fripé au gymnase, et ça paraissait sur le ring. Entre nous l'écart rétrécissait; je continuais de progresser et je me rendais compte que je le rattrapais petit à petit. À la fin des entraînements, Stéphane quittait le gymnase de plus en plus vite, probablement pressé de retourner faire la fête.

« Comme nous étions très proches, Yvon, qui commençait à suspecter des problèmes d'alcoolisme, me demandait de parler à Stéphane, d'essayer de le raisonner. Ce n'étaient pas des situations dont je raffolais. Quand Yvon me demandait si, la veille, Stéphane était rentré à quatre pattes, je n'avais pas le choix de mentir pour protéger Stéphane : "Il est peut-être rentré chaud, mais certainement pas à quatre pattes." »

Dans l'entourage de Ouellet, Éric Lucas n'était pas le seul à être réquisitionné pour informer Yvon Michel. Complètement dévasté et dépassé par l'ampleur d'un problème qui semblait grossir de jour en jour, Michel pouvait remercier le ciel qu'un Camil Turcotte puisse l'aider à comprendre. « Régulièrement, pour ne pas dire souvent, raconte Camil, Yvon me téléphonait à Jonquière, en plein désarroi. Soit pour que je lui explique la manière de penser, d'agir, de réagir d'un alcoolique; soit pour me demander de discuter avec Stéphane, sous prétexte que j'avais l'expérience de ces problèmes. Pour Yvon, ce n'était certes pas facile de cohabiter avec un type complexe comme Stéphane. En fait, Yvon lui a donné autant de chances que ses problèmes en appelaient. Elles furent toutes de trop. Chaque fois, il disait que c'était la dernière chance, mais il lui en donnait toujours une de plus, si bien que Stéphane ne l'a probablement jamais cru. Yvon voyait Stéphane atteindre de tels sommets, il croyait si fort en son talent, qu'il lui pardonnait tout. »

Longtemps président de Boxart, Alain Bazinet sert un peu le même discours que Camil Turcotte. « Tout au cours de l'aventure Boxart, Yvon voyait en Stéphane Ouellet le futur champion du monde de sa catégorie, et il ne s'est jamais, mais jamais départi de son rêve de le voir couronné et d'assurer ainsi financièrement le reste de ses jours. Bien sûr, je crois qu'il a dû l'aimer profondément pour lui consacrer autant d'énergie, lui donner autant, mais il reste qu'Yvon croyait tenir une véritable mine d'or.

« Cependant, si l'amour d'Yvon était aveugle, certains voyaient plus clair, à commencer par ses propres frères. Je me rappelle d'une journée où nous nous étions retrouvés, Yvon, son frère Serge et moi, au club de golf de Saint-Hyacinthe. Ce jour-là, Serge Michel avait servi à son frère un véritable sermon.

« — Présentement, Yvon, tu fonces tout droit vers un mur de briques. Un jour, après avoir investi autant pour ce gars-là, tu vas te retrouver devant strictement rien. Tu penses te payer un fonds de pension avec Stéphane Ouellet, mais le jour où tu vas enfin ouvrir les yeux, il sera trop tard. Débarque, Yvon, débarque!

« Je pense, poursuit Bazinet, que c'est à la suite de cette conversation qu'Yvon a commencé à se détacher et à élargir ses horizons. Cette discussion l'avait fait réfléchir, au point que son embauche au sein d'InterBox constituait pour moi la preuve qu'il avait rompu avec ses vieux rêves à l'égard de Ouellet. Avec InterBox, il devenait directeur général, et remettait son sort entre les mains de plusieurs boxeurs, non plus seulement entre celles de Ouellet. »

Au cours des trois années et demie que sa fille Karine avait passées au bras de Ouellet, Camil Turcotte avait lui aussi beaucoup observé et réfléchi. « Stéphane était sympathique, gentil, généreux, mais je voyais bien qu'il ne parviendrait jamais à mettre de l'argent de côté. L'argent lui brûlait les doigts. Les gros montants n'allaient rien y changer, j'en étais sûr : il aurait beau gagner 500 000 dollars demain, ça n'empêcherait pas son compte d'être à sec quelque temps plus tard. Je me demandais si c'était le genre d'avenir que je souhaitais pour ma fille. Je me disais aussi que la vie de couple avec un boxeur est loin d'être évidente. Comme père de famille, j'étais effrayé de l'instabilité de Stéphane et de son métier, et sans rien enlever à ce gendre que nous avons profondément aimé – au point de le considérer comme un fils – la rupture entre Karine et lui n'a pas été, à nos yeux, une si mauvaise chose. »

« Notre relation, dit Karine, a été idyllique la première année, belle la deuxième année et triste la troisième. » Au début, la fièvre passionnelle les poussait à faire l'amour chaque après-midi de combat quand ils se retrouvaient à Trois-Rivières, Québec, Sherbrooke ou Montréal, après des semaines d'éloignement (Stéphane vivait à Montréal, Karine, à Jonquière). Et, pendant ces longues séparations, à se téléphoner tout le temps. « Nous avions des conversations que je n'oublierai jamais, confie Karine. Mais à raison de trois ou plus par jour, elles n'étaient évidemment pas toutes inoubliables... On s'appelait matin, midi et soir, et nos factures de téléphone en témoignaient : 300 dollars pour moi, 600 dollars pour lui! La différence, c'est que je payais mes comptes, alors que c'est Boxart qui payait les siens... » Au bout d'un certain temps, les actionnaires en avaient cependant eu assez, car Lucas non plus ne ménageait pas les interurbains à son amie de Jonquière. À l'assemblée du 2 juillet 1992, ils avaient donc convenu d'une *politique de Bell Canada pour Stéphane et Éric:*

Il est proposé que tout compte de téléphone de Stéphane et Éric dépassant 100 dollars mensuellement devra être payé à même les revenus personnels de chacun ou alors les frais personnels seront coupés si Boxart doit payer les comptes excédant ce montant.

Les salaires touchés chaque semaine par Lucas et Ouellet représentaient bien sûr des gains nets, selon ce que prévoyait l'entente avec Boxart, la compagnie s'étant engagée à assumer les frais de subsistance des deux athlètes. En revanche, selon la même entente, tous leurs revenus (bourses, cachets publicitaires et promotionnels) devaient être versés à la corporation. Ainsi Ouellet recevait-il 12 500 dollars (18 % des recettes) pour son dixième combat pro et premier Championnat canadien contre Roddy Batson? Il les remettait en entier à Boxart. Même chose pour Lucas et ses 4 200 dollars (6 % des recettes) reçus, le même jour, pour son combat contre Laurie Grosse. « Cet arrangement avec la compagnie Boxart me comblait au plus haut point, révélera plus tard Lucas. Même si Stéphane recevait un salaire bien plus élevé que le mien. Stéphane était le king, et, à cause de lui, de son organisation, je pouvais réaliser mon rêve de boxer chez les professionnels, en ne me souciant que de m'entraîner. »

Lucas sera finalement managé par Boxart jusqu'au 16 octobre 1995, date à laquelle il rompra officiellement avec la compagnie fondée par Yvon Michel, pour aussitôt s'engager par contrat avec un autre gérant, qui se trouvera dans les faits à être le même : Yvon Michel! Les circonstances et les conséquences de cette décision auront d'ailleurs tant fait jaser les actionnaires, qu'il vaut la peine, ici, d'en refaire l'historique.

À l'été 1995, le Français Fabrice Tiozzo vient de détrôner aux points le Jamaïcain Mike McCallum à titre de champion du monde WBC des mi-lourds et se cherche une chèvre pour procéder à sa première défense. Le nom d'Éric Lucas fait alors surface dans la liste des candidats, le garçon paraissant ne présenter aucune menace, puisqu'il vient à peine de subir une vraie défaite face à l'Américain Bryant Brannon, en Championnat NABF des super-moyens! On apprendra plus tard, lors du combat Lucas-Tiozzo, que venir de la catégorie inférieure ne constituait pas le seul handicap pondéral de Lucas : à la pesée où les deux boxeurs devaient cette fois se conformer à la limite de 175 livres, on aurait truqué la bascule pour cacher les 7 (!) livres en trop de Tiozzo, petit détail qu'on tenterait de faire accepter à Lucas en lui offrant 10 000 dollars sous le manteau.

Pour s'offrir Lucas comme challenger, le clan français entame donc les pourparlers avec Yvon Michel bien avant le combat, prévu pour le 13 janvier 1996. En fait, au moment où s'amorcent les discussions qui font déjà état d'une paie de 100 000 dollars pour l'aspirant, la situation est la suivante : Lucas est toujours lié à Boxart, à qui il doit remettre la totalité de ses bourses; et Yvon Michel, qui effectue le travail de gérance pour la compagnie, est toujours lié à Éric Lucas par un pourcentage de 10 %. Dans le cas de l'un comme dans celui de l'autre, on a tout intérêt à quitter Boxart et à faire cavalier seul... ensemble! En signant le 16 octobre 1995 deux contrats de la Régie de la sécurité dans les sports du Québec – le premier pour être l'entraîneur de Lucas, le second pour être son gérant – Yvon Michel verra son pourcentage sur les bourses de Lucas passer de 10 à... 25 % (5 % à titre d'entraîneur, 20 % à titre de gérant officiel)! Certes, c'est encore 5 % de moins que le maximum autorisé par la RSSQ dans de telles circonstances, mais c'est un bond appréciable dont on peut facilement mesurer la différence sur un chèque de 100 000 dollars.

Entre le début et la fin des pourparlers entre les deux clans, on assiste alors à une série de tractations passionnantes. Cela commence quand Yvon Michel demande au trésorier de Boxart, Philippe Chabot, de procéder à l'analyse de rentabilité de Lucas, au moment où il cherche évidemment à garder secrètes les négociations qu'il mène avec les hommes de Tiozzo. Mais déjà, le bruit court parmi les actionnaires que Lucas s'est vu offrir une très grosse bourse pour affronter Tiozzo. « De toute manière, révèle Philippe Chabot, j'avais eu la confirmation du combat bien avant la demande d'Yvon Michel. Un policier, membre tout comme moi du club de golf de Boucherville et qui tenait l'information de Mario Latraverse (lui aussi ancien policier, Latraverse était directeur des sports de combat au Québec et membre de l'exécutif du WBC qui allait sanctionner le match Lucas-Tiozzo) me l'avait annoncé en primeur. Le plus drôle, c'est que, peu de temps après m'avoir demandé d'analyser les chiffres de Lucas, Yvon Michel, ne se doutant pas que je connaissais la nouvelle, m'avait lui aussi fait part de la volonté d'Éric de voler de ses propres ailes. »

« Bien sûr, confie Stéphane Ouellet, comme la compagnie Boxart était un peu la mienne, j'ai eu moi aussi mon mot à dire dans cette histoire. Un jour, Yvon est venu me voir pour discuter de la situation. Me disant que, de toute manière, la compagnie perdait déjà beaucoup d'argent et que cette décision n'aurait pas d'influence sur le cours des choses, il m'a demandé si je m'opposais à la libération d'Éric. J'ai répondu non, sans hésiter. »

Le 3 juillet 1995, le comptable Robert Charbonneau de Boucherville dépose son bilan sur le bureau de Philippe Chabot. L'analyse se révèle évidemment désastreuse pour Lucas. En trois années au professionnel, le garçon a entraîné un impressionnant déficit de 20 158 dollars, selon le calcul suivant : 6 687 dollars en 1992, 10 788 dollars en 1993, et 2 683 dollars en 1994! « Quand Éric s'est présenté à mon bureau pour négocier sa prime de séparation avec Boxart, il ne s'attendait absolument pas à un tel montant, dit Chabot. Je me souviens encore de sa déprime quand je lui ai annoncé qu'il nous devait à peu près 20 000 dollars. » Déprime très imaginable quand on connaît la nature économe de Lucas – « *Éric*, avait confié un jour Yvon Michel au journaliste Réjean Tremblay, *a encore le deuxième dollar qu'il a gagné dans la boxe. Le premier, il s'en est servi pour acheter une tirelire en petit cochon!* » –, ce garçon qui, n'ayant jamais connu son père, avait dû accumuler les petits boulots pour aider sa mère à élever seule ses deux enfants... « Vingt mille dollars, se souvient le trésorier, Éric avait trouvé ça astronomique. Je le comprenais bien un peu d'être découragé. Il m'avait dit que si ça n'avait été que de lui, il n'aurait pas dépensé autant d'argent pour sa carrière. Il ne serait jamais allé, par exemple, s'entraîner en Floride à grands frais (Stéphane et lui avaient travaillé avec Angelo Dundee à Miami). C'étaient des arguments que j'étais prêt à accepter. Finalement, à son grand soulagement, j'ai consenti à réduire sa dette envers Boxart à 7 000 dollars, je crois, somme qu'il nous a sans doute remise à même sa bourse reçue pour le combat contre Tiozzo. »

Une semaine avant ce combat, Réjean Tremblay avait écrit dans *La Presse* : « *Avec l'arrivée des gros combats, les gens de Boxart ont laissé Lucas se débrouiller tout seul puisqu'il peut maintenant gagner beaucoup plus d'argent comme pigiste.* »

« Bien sûr, dit Philippe Chabot, la décision de Lucas a déplu à certains actionnaires qui n'acceptaient pas de le voir partir au moment où il devenait enfin rentable, alors que la compagnie l'avait fait vivre pendant plus de trois ans. Mais je comprenais la situation... Même si la décision était défavorable à notre compagnie, il ne fallait quand même pas pénaliser un homme, et empêcher un boxeur de gagner sa vie. Je considérais qu'il fallait penser au bien d'Éric Lucas avant de penser au nôtre. »

En revanche, si un type donnait l'impression d'avoir surtout pensé à lui dans cette histoire – plutôt qu'à la compagnie qu'il avait mise sur pied à grands coups de promesses –, c'était Yvon Michel. « Travaillant au pourcentage avec Lucas, on peut croire que Michel avait tout intérêt à faire en sorte qu'Éric quitte Boxart », pense Philippe Chabot.

Opinion partagée par Alain Bazinet, l'ex-président de Boxart, qui était surtout, et pourtant, le grand ami d'Yvon Michel. « C'est en effet Yvon qui nous a demandé la libération de Lucas. L'a-t-il fait pour augmenter son pourcentage sur les bourses de Lucas? Oui... Peut-être que c'est pour cette raison-là », se résigne-t-il à avouer.

**

Après une année 1992 passablement chargée où il avait livré six combats – c'était beaucoup dans son cas –, Stéphane Ouellet allait réduire ses activités de moitié en 1993 et même penser à les cesser complètement. Sa main droite le faisait encore souffrir presque à chaque combat. Pourtant, il ne s'en était jamais autant servi... pour écrire! On pouvait par ailleurs considérer que son mentor, celui qui guidait alors sa vie, était maintenant son pote poète Jim Morrison. « Une scène du film des Doors montre particulièrement bien à quel point Morrison et moi agissions souvent de la même manière, dit Stéphane. On voit Jim, au cours d'une incroyable beuverie, abandonné par ses chums quand ces derniers considèrent qu'ils sont assez saouls et qu'il est temps d'aller dormir. À ce moment, Jim leur crie : "Hé, les gars, ne partez pas... Pourquoi vous en allez-vous...?" Il ne comprend absolument pas qu'ils puissent ainsi le quitter, et surtout quitter la fête... C'était pareil pour moi, continuait Stéphane. J'étais toujours celui qui brossait le plus, excessivement. Je voulais toujours que la fête se poursuive le plus longtemps possible et je ne comprenais pas, moi non plus, que mes amis puissent s'en aller avant d'être saouls morts... Moi, je n'étais jamais assez saoul, jamais assez givré. »

Aussi, les rares trips de cocaïne qu'il s'était payés dans sa vie, comme celui coïncidant avec la naissance d'InterBox, où il avait reçu un bonus de signature de 10 000 dollars, Stéphane les expliquait toujours par la même raison : la volonté d'atteindre chaque fois un degré de plus dans l'ivresse. « Dans certaines soirées de défonce, il venait un temps où c'était impossible d'être plus saoul que je l'étais. La coke devenait l'une des seules options pour continuer d'éprouver des sensations. » De la même manière, il expliquait sa stupéfiante capacité à supporter les excès par la vie d'athlète qui était la sienne. « En raison de leur excellente forme physique, les athlètes peuvent foirer davantage et plus longtemps que les gens ordinaires. Voilà pourquoi il ne faut pas se surprendre de ce que les dérives de sportifs soient toujours plus graves que la moyenne. »

Au début de 1993, c'était Morrison qui influençait la vie de Ouellet. Le boxeur avait voulu quitter Yvon Michel, la boxe et le Québec pour s'offrir une sabbatique de 6 à 12 mois en France, là où était enterré le Roi Lézard. Il avait eu cette envie-là peu de temps après le huitième combat de sa carrière (arrêt quatrième sur l'Américain L.C. Robinson), au cours duquel il avait encore enduré des douleurs à la main droite, annonciatrices d'une nouvelle période d'inactivité pugilistique et d'activité poétique. « Mais le problème avec ma poésie, analysera plus tard Stéphane, c'est que je n'écrivais que des trucs super noirs, et que je cherchais ensuite à vivre les situations que j'inventais dans mes poèmes... »

MEURTRE
Tue ceux que tu as aimés
Tu dois les libérer
Ils ont craint de le faire
Par peur de déplaire.
Apôtre de lumière liquide
Consomme leur barrière
À leurs ailes, l'infinie
Énergétique transition;
N'ayez pas peur, l'orgie débute...
(Stéphane Ouellet, *La Bible de l'Inconnu*)

Yvon Michel avait quant à lui tenté d'expliquer le projet de sabbatique de Ouellet par la fatigue causée par ses douleurs à la main. Il avait même publiquement encouragé son boxeur dans son dessein de partir, comme s'il avait voulu montrer qu'il ne craignait rien de la menace Morrison qui le concernait directement.

Angelo Dundee, émerveillé par le talent de Ouellet, qu'il avait reçu à son gymnase, avait demandé à pouvoir l'entraîner pour en faire un champion du monde. Il s'était fait répondre par Michel : « Ah non, Angelo, ce garçon-là, on le garde pour relancer la boxe au Québec. »

Pourtant, à la même période – fin 1993, début 1994 –, on avait bel et bien discuté de la possibilité de livrer Ouellet aux Américains. Insatisfaite de son association avec Roger Martel, Boxart se cherchait désespérément un promoteur, au point de considérer les plus folles options. « La grande question, dit le président Alain Bazinet, c'était : que faire pour organiser les combats de Stéphane? C'était vraiment une période inquiétante pour la compagnie : nous n'avions pas de licence de promoteur et il était hors de question de traiter avec un type comme Henri Spitzer. Il fallait donc trouver rapidement une solution, à défaut de quoi on cédait Stéphane à Don King et aux Américains. La situation était critique à ce point, et King a vraiment fait partie des avenues envisagées. Voilà pourquoi nous avions fondé une nouvelle organisation : parce qu'il fallait, à Montréal, un promoteur autre que la vieille garde avec laquelle Boxart voulait rompre de toute manière. »

Le 16 novembre 1993, Stéphane Ouellet obtient donc son dixième succès consécutif chez les pros et son premier titre canadien à 154 livres (arrêt sixième sur le Manitobain Roderick Bat Batson) pour le compte d'un tout nouveau promoteur : le groupe KO'ntact.

Né à peine deux mois plus tôt – le 8 septembre exactement – KO'ntact avait été encore fondé par l'infatigable et incontournable Yvon Michel, mais ce dernier s'était cette fois adjoint le président de la Fédération québécoise de boxe olympique, Gaby Mancini. Figure avantageusement connue aux yeux des uns, désavantageusement connue aux yeux des autres, Mancini était le portrait type de celui qui avait consacré sa vie à la boxe. Il avait lui-même boxé, d'abord en amateur où il avait représenté le pays aux Olympiques de Rome, puis en professionnel, où il avait connu une carrière de 19 combats. À sa retraite, il était devenu juge et arbitre chez les amateurs, ce qui lui avait permis de retourner une seconde fois aux Olympiques, en 1988. En parallèle avec ses fonctions à la FQBO, il présidait enfin aux destinées de la Fondation de boxe amateur, une organisation à but non lucratif. Sans surprise, c'était un très bon ami d'Yvon Michel.

Pour fonder KO'ntact, les deux complices n'avaient pas fait

dans la simplicité. Dans leur quête d'investisseurs, ils avaient en effet recruté six autres partenaires ayant tous un lien avec la boxe, ce qui formait une compagnie à huit actionnaires qui n'allaient pas toujours pousser dans le même sens. Chose certaine, comme le disait l'article 1.4 de la charte de la compagnie, ils n'étaient pas sur le même pied quant à l'investissement : « *Les Actionnaires reconnaissent qu'en date des présentes, tous les Actionnaires, sauf Yvon Michel et Gaby Mancini, ont chacun prêté à la Compagnie un montant de dix mille dollars (10 000 dollars).* » « Et comme d'habitude, dira Roger Martel, ceux qui n'avaient pas mis une cenne là-dedans voulaient toujours décider de tout. »

Les six partenaires ou organismes responsables de la mise de fonds de 60 000 dollars de KO'ntact étaient les suivants : la Fondation de boxe amateur (présidée par Mancini mais représentée dans KO'ntact par l'officiel de boxe amateur Philippe St-Amour); la Société de développement du loisir et du sport du Québec (représentée par son directeur général Jean-Yves Perron, lequel avait été impliqué dans l'organisation du combat Leonard-Duran au stade Olympique); le promoteur et restaurateur de Québec Angelo Nittolo (un ancien associé de l'organisation Phoenix, groupe de promotion ayant entre autres travaillé avec Alain Bonnamie et Otis Grant); l'homme d'affaires de Montréal Mario D'Errico (qui avait siégé sur le comité organisateur de certaines rencontres internationales de boxe amateur); la compagnie... Boxart (la première fondation d'Yvon Michel, représentée par le président Alain Bazinet); et finalement le promoteur Roger Martel, pourtant censé ne plus être dans les bonnes grâces de Boxart... qui en faisait maintenant son associé! Cette façon qu'avait Yvon Michel d'utiliser Roger Martel a d'ailleurs été expliquée plus tard par Stéphan Larouche. Ainsi, l'entraîneur d'InterBox disait de son patron que peu importe les circonstances, il s'assurait toujours de flatter dans le bon sens un homme comme Roger Martel, sachant que ce dernier possédait beaucoup d'argent.

À propos d'argent, « 60 000 dollars, c'était loin d'être une grosse somme pour faire de la promotion, dit le président de Boxart, Alain Bazinet. La seule raison qui nous avait d'ailleurs forcés à nous arrêter à ce montant, c'était l'incapacité à trouver d'autres investisseurs ». Pour une compagnie comme Boxart qui accumulait alors les mauvais résultats – le premier déficit de 64 660 dollars en 1992 serait suivi par un autre de 102 524 dollars pour l'exercice financier se terminant le 31 décembre 1993 –, un engagement financier de 10 000 dollars n'était quand même pas rien. Mais pour Alain Bazinet, la décision était pleine de sens. « Nous retrouver au conseil d'administration de KO'ntact, c'était le meilleur moyen de nous assurer que les intérêts de Boxart allaient être aussi protégés. »

Dans la pratique, la présence de Boxart (« officiellement » gérant de Stéphane Ouellet, par l'entremise... d'Yvon Michel) parmi le groupe d'associés du promoteur KO'ntact (lesquels incluaient... Yvon Michel!) plaçait la compagnie dans une autre situation impossible. « Disons à tout le moins dans une situation particulière, précise le trésorier de Boxart, Philippe Chabot. Et la raison était bien simple : en tant que membre du groupe KO'ntact, nous voulions toujours payer les boxeurs – par conséquent Stéphane – le moins cher possible, alors qu'en revanche, dans notre rôle d'actionnaire, nous recherchions pour Stéphane les bourses les plus élevées! Ce n'était pas cohérent. Cela dit, déchirés ou non, c'était toujours aux intérêts de Boxart que nous avions à cœur de veiller en priorité. »

KO'ntact ayant vu le jour pour organiser les combats de Stéphane Ouellet, on ne se surprenait pas de lire, dans le prospectus de la compagnie, que le Jonquiérois était « la pierre angulaire » de l'organisation. Déjà, à la fin de 1993, la bande des huit projetait de l'opposer, dans des méga-affrontements, à Dave Hilton, Alain Bonnamie, Joe Gatti et Otis Grant. Pour bien montrer à quel point les choses ne se passaient jamais comme on s'y attendait – et à quel point, surtout, toute prévision à long terme était inutile, voire insensée –, Ouellet aurait à attendre jusqu'en 1995 pour se mesurer à Bonnamie, jusqu'en 1998 pour rencontrer Hilton, et au moins jusqu'en 2004 pour retrouver Grant! Quant à Gatti, Ouellet ne l'affronterait jamais, même si une entente avait déjà été conclue pour un combat en 2001. Ouellet avait dû déclarer forfait après s'être de nouveau blessé à la main.

Officiellement, Yvon Michel agissait en tant que secrétaire de KO'ntact et secondait Roger Martel et Angelo Nittolo comme représentant auprès de la RSSQ. Des huit associés, c'étaient Martel et Nittolo qui avaient le plus d'expérience dans la promotion, mais la qualité de leur travail respectif était si critiquée par les autres partenaires qu'il devenait difficile de ne pas y voir une explication des mésaventures de la compagnie. Par exemple, selon Alain Bazinet, « Angelo Nittolo était une personnalité très *flashy,* dont la seule motivation à devenir promoteur consistait à accroître la popularité de son restaurant de Québec, *Le Cavour* ». L'histoire veut d'ailleurs que ce soit sous l'influence de Nittolo que le groupe

KO'ntact organise, le 7 février 1994 au Colisée de Québec, une réunion de boxe qui virera au désastre financier. Ce soir-là, les associés de KO'ntact avaient déjà essuyé, dans ce qui était seulement leur deuxième gala, une perte de 40 000 dollars (exactement 38 768 dollars), dont ils n'allaient bien sûr jamais se remettre. « C'est vrai, dit Roger Martel, 40 000 dollars engloutis sur une mise de fonds de 60 000 dollars, ça donne une méchante claque à une compagnie. Pourtant, j'avais averti les autres actionnaires que ce serait une erreur d'aller à Québec, que cette ville-là ne représentait pas un bon marché pour la boxe. Mais ils avaient préféré écouter Nittolo qui venait de là, qui y brassait des affaires, et qui voulait absolument faire le combat à Québec. »

De toute façon, le bras de fer entre les deux associés de KO'ntact ne datait pas de ce moment. Deux mois et demi plus tôt, en novembre 1993, aux tout premiers jours de KO'ntact, Martel avait publiquement désavoué Nittolo dans les colonnes du *Journal de Montréal*. Affirmant avoir conclu une entente pour un match Bonnamie-Ouellet à Québec le 7 février 1994, Nittolo s'était fait dire qu'il avait perdu une belle occasion de se la boucler. Le différend public entre Martel et Nittolo avait fait écrire à Daniel Cloutier que *« les deux promoteurs du groupe KO'ntact sont maintenant engagés dans un match de souque à la corde! Si tous les associés du groupe KO'ntact s'entendent sur la stratégie à mettre de l'avant pour assurer la relance de la boxe professionnelle au Québec, le fait demeure que Nittolo tend toujours à privilégier la ville de Québec, tandis que Martel, lui, tient à ce que tous les combats majeurs impliquant Stéphane Ouellet soient présentés à Montréal »*. Tout le monde avait compris le véritable enjeu : quel que soit le site retenu pour le combat, l'un des deux associés ne bénéficierait pas de la visibilité souhaitée pour son commerce. Gaby Mancini avait déclaré un mois plus tôt dans *La Presse*, pour témoigner de la philanthropie des partenaires de KO'ntact : *« Personne ne veut faire d'argent avec ça. »* Il fallait presque lui donner raison : dans la mesure où les retombées indirectes sur les activités commerciales des associés suffisaient amplement, l'intérêt n'était pas très grand de s'enrichir avec « ça ».

Étonnamment, autant le gala de Québec pour lequel on avait vendu seulement 2 259 billets s'était révélé un bide financier, autant il avait enthousiasmé le monde sportif. En finale, Ouellet y avait obtenu sa onzième victoire de rang chez les professionnels, un superbe succès aux points sur le Portoricain Daniel Pizarro Garcia, dans ce qui constituait son premier match en 10 rounds. Pour le journaliste Daniel Cloutier du *Journal de Montréal*, cette performance face à un boxeur qui venait de faire six rounds avec James Toney et qui en ferait six autres avec Roy Jones à son combat suivant reste d'ailleurs, encore aujourd'hui, la plus impressionnante de la carrière de Ouellet. « Avant ce combat, rappelle Alain Bazinet, Yvon Michel avait mis en garde les actionnaires de Boxart contre le réel danger que représentait Danny Garcia. Selon lui, ce gars-là était bon, renommé, et il serait certainement le plus sérieux test de la carrière de Stéphane. C'est pourquoi les actionnaires avaient été si encouragés par la belle tenue de Stéphane, par sa performance inspirée et surtout inspirante pour tout le groupe qui attendait encore, deux ans après la création de Boxart, les premiers bénéfices financiers de son association avec Stéphane. »

En fait, si Ouellet se révélait en un sens le sauveur attendu de la boxe québécoise; si la plupart des programmes, un peu partout au Québec, étaient dus à sa présence au sommet des affiches (en 11 combats, il avait fait la finale à 8 reprises), si la roue de cette industrie tournait en grande partie grâce à lui; s'il justifiait les emplois de quelques fonctionnaires (comme les responsables de la RSSQ); bref, s'il animait la boxe québécoise, il tardait cependant à enrichir ceux qui avaient misé sur lui. Le groupe KO'ntact n'avalait certainement pas des sommes de 40 000 dollars à chaque gala, mais ses pertes étaient tout de même régulières et substantielles. Ainsi, en date du 27 juin 1995, sur un total de 9 galas, KO'ntact n'avait dégagé des profits qu'à 3 reprises, si bien que son déficit dépassait l'investissement initial, atteignant 73 000 dollars! Deux années plus tard, au moment où la compagnie fermerait ses livres pour laisser le groupe InterBox s'occuper seul de la promotion au Québec, personne ne serait étonné que chacun des actionnaires de KO'ntact – sauf évidemment Mancini et Michel qui n'avaient pas investi un clou – ait perdu 18 000 dollars dans l'aventure (Roger Martel chiffrerait même sa perte personnelle à 28 000 dollars).

Les difficultés financières de KO'ntact avaient évidemment créé, chez les associés, un climat de dissension. Entre ces gens de milieux et d'intérêts différents, la mayonnaise n'avait jamais vraiment pris : Martel pensait trop à sa compagnie d'entretien paysager; Nittolo pensait trop à son restaurant; Mancini et Michel pensaient... tout savoir, mais, dans les faits ne connaissaient pas grand-chose au monde de la boxe professionnelle. Mais tout cela n'était pas bien grave comparé aux récriminations des actionnaires de Boxart – par l'entremise du trésorier Philippe Chabot – envers les sept autres partenaires du groupe KO'ntact. « Le pire, dit aujourd'hui Philippe Chabot, c'était le manque de respect. Boxart n'était à peu près pas respectée parmi les associés de KO'ntact et c'était pour moi une situation intolérable. Je me rappelle avoir demandé, dans une réunion des actionnaires de Boxart, qu'on ne fasse plus jamais affaire avec le monde de KO'ntact, tant son mépris à notre égard était considérable. »

Pour un trésorier comme Philippe Chabot, il n'est jamais de pire mépris que de ne pas être... payé! Hélas, dans ses affaires quotidiennes avec KO'ntact, la chose était courante. « J'avais une peine énorme à me faire payer les bourses de Stéphane, confie Chabot. Et comme ça prenait souvent des semaines pour recevoir l'argent, l'information avait le temps de venir aux oreilles des actionnaires. Les gens m'appelaient pour me demander si c'était vrai qu'on n'avait pas encore été payés pour le dernier combat. Je ne cachais jamais la vérité. Bien sûr, ça alimentait la grogne, mais je devais la transparence aux actionnaires de Boxart. C'est leurs avoirs que je gérais, et ils devaient savoir que certaines irrégularités leur coûtaient des sous. Yvon Michel, c'est certain, n'appréciait pas ma façon d'administrer. Moi, dans toutes les compagnies où j'avais occupé le poste de trésorier, j'étais d'abord payé, et ensuite je payais mon monde et les factures. Yvon Michel aurait voulu le contraire : que je lui verse son dû avant de recevoir l'argent de ses amis de KO'ntact. Alors on en venait aux mots... »

***

Après le match contre Garcia à Québec, Stéphane Ouellet avait enchaîné avec le premier d'une série de 3 combats en 4 mois, un 10 rounds disputé à Chicoutimi le 8 avril 1994 contre l'Américain de Mobile, Alabama, Jesse James Hughes (victoire aux points). À la suite de l'échec financier de Québec, l'occasion aurait été belle pour les associés de KO'ntact de se renflouer un brin, mais c'est plutôt à deux promoteurs locaux – dont l'ex-président du Club de boxe olympique de Jonquière, Jean-Marc Tremblay – qu'était revenue l'organisation de l'événement. Trois semaines avant le combat, à la mi-mars, Yvon Michel avait engagé les hostilités au cours de la première conférence de presse en réglant ses comptes avec les journalistes du Saguenay qui avaient osé prétendre qu'il se plaçait en conflit d'intérêts en portant autant de couvre-chefs. Il était entraîneur et gérant de Ouellet; entraîneur et gérant de Lucas; directeur général à la FQBO; entraîneur pour les équipes canadiennes de boxe amateur; recherchiste et analyste au Réseau des sports; fondateur et toujours conseiller spécial de Boxart; fondateur et associé de KO'ntact. Mais il persistait à affirmer savoir louvoyer entre tous les pièges. « *Vous n'avez rien compris* », avait-il écrit à l'intention des journalistes qui, à cette période, commençaient aussi à critiquer Ouellet pour ses débordements. Il faisait remarquer que nul n'avait pris sa défense dans cette campagne de dénigrement, sauf... « *En fait, un seul homme s'est levé pour protester* : *Stéphane Ouellet. Au début, il était pour moi un athlète exceptionnel. Maintenant, il est un homme avec des valeurs exceptionnelles, qui ne sera jamais compris par ceux s'en remettant seulement à un jugement cosmétique.* »

Côté boxe, il y aurait toutefois bien peu à redire du match contre le cow-boy Hughes. Sauf pour le tout premier voyage à terre de sa carrière, dans le dernier round – « j'étais comme dans un tunnel » –, Stéphane Ouellet n'avait pas été inquiété et il avait livré une solide performance.

En compagnie de Lucas – qui s'était battu, comme à l'habitude, dans la demi-finale de la soirée – il avait ensuite viré une formidable cuite de deux semaines, passant des journées complètes à se rincer le gosier avec tous les alcools du monde. « À la fin, dit Lucas, je m'étais calmé et j'avais commencé ma préparation en vue des deux prochains galas. De son côté, Stéphane avait continué de foirer quelques semaines de plus, si bien qu'on avait été un bout de temps à moins se tenir ensemble. » En fait, cette période allait aussi préparer lentement Ouellet à sa première défaite...

Le groupe KO'ntact avait planifié de remettre en action les deux boxeurs le 17 mai 1994 à l'Auditorium de Verdun. Mais une « malchance » sur la route subie par le Jonquiérois avait forcé le report de l'événement au 7 juin, cette fois à l'aréna de Saint-Léonard. À la façon dont conduisaient Ouellet et la plupart de ses amis, les médias auraient toujours eu une chance de viser juste s'ils avaient expliqué les ajournements de ses combats en parlant d'« accident de la route ». Chose certaine, ce jeudi 28 avril 1994, les journalistes du *Quotidien* risquaient encore moins de se tromper, Ouellet étant ce jour-là accompagné de l'un de ses « frères-chauffards », comme il se plaisait à les appeler.

« *Il y a environ un mois, Ouellet a été victime d'un accident de voiture. Ne portant pas sa ceinture de sécurité, son visage a percuté le pare-brise de l'automobile. Les médecins ont dû lui faire 23 points de suture pour refermer les diverses coupures.* »

Mais, surprise, ce n'était pas lui qui conduisait! Mais l'un de ses « frères-chauffards », en l'occurrence Marin Savard. Lequel affirme aujourd'hui que tout était de sa faute, que l'accident aurait été bien moins pire s'il avait laissé le volant de son pick-up à Stéphane! « Il était un peu saoul, mais comme il avait commencé à boire après sa journée d'entraînement, il l'était beaucoup moins que moi qui buvais depuis le matin. Il avait demandé à conduire, mais je n'avais rien voulu savoir : "J'ai dit que j'étais capable!" J'aurais dû le laisser faire. »

Ils venaient de quitter l'appartement de Lucas. Ouellet et Savard s'y étaient présentés assez ivres merci, mais Lucas – bien à jeun – ne les avait pas supportés très longtemps. « Pauvre Éric, raconte Marin en pouffant de rire, il en a vraiment arraché ce soir-là! En arrivant, Stéphane avait foutu un incroyable coup de pied dans la porte de métal : un vacarme épouvantable. Éric ne l'avait pas trouvé drôle : "Tabarnak! tu vas briser ma porte!" Mais Stéphane et moi, on était dans un état second. Ce soir-là, on donnait des coups de pied partout; on se battait à coups de pied avec des bottes de cow-boy, au point que Stéphane avait les tibias en sang. Je vois encore Stéphane s'approcher d'Éric, assis bien tranquille, et lui flanquer un de ces coups de pied sur une jambe! Pauvre lui... Il commençait à en avoir plein son casque. Il nous a ordonné de nous asseoir deux minutes, parce qu'on l'énervait trop. Deux minutes, c'est à peu près le temps que je suis resté assis... En me relevant, je me suis avancé vers Stéphane pour le frapper une autre fois, mais Stéphane m'a repoussé en me mettant son pied sur l'estomac. J'ai basculé, je suis tombé sur la vieille télé du salon, et je l'ai brisée! »

Lucas les avait finalement « crissés dehors », raconte Marin, avant que les meubles y passent au grand complet. Les deux fêtards étaient descendus dans la rue. Ils avaient pris place dans le camion de Marin – c'était une autre de ces périodes où Ouellet n'avait ni voiture ni permis de conduire. L'appartement d'Éric Lucas donnait sur une ruelle à sens unique, qui débouchait sur un boulevard à double sens séparé par un terre-plein. En sortant de chez Lucas, il fallait tourner à droite, c'était la seule direction possible. « Mais au lieu de ça, j'ai mis la pédale au plancher et j'ai foncé tout droit dans le terre-plein. Bang, directement dans un lampadaire! L'impact a été foudroyant. Moi, j'étais tellement saoul, tellement mou, que je n'ai absolument rien eu. Mais Stéphane a été projeté vers l'avant, cassant le levier des vitesses et le rétroviseur au passage, et il est allé se fracasser la tête dans le pare-brise. »

Résultat: une coupure terrible, du front jusqu'au cuir chevelu. Stéphane saignait comme un bœuf. Mais la première réaction de Marin avait été la fuite. Il ne pourrait pas cacher son état ébriété aux policiers qui se présenteraient bientôt. D'autant moins qu'une forte odeur d'alcool se dégageait de l'arrière de la camionnette, où une caisse de bière avait volé en éclats... « Vite, Stéphane, il faut décoller d'ici... » Alors ils étaient retournés chez Lucas, à pied, aussi rapidement que leur état le permettait.

« On est arrivés chez Éric à peu près de la même manière que la première fois, biding-badang dans les portes, mais cette fois on avait une excuse... En nous voyant, en voyant surtout Stéphane qui avait le visage beurré de sang, Éric a eu un choc. "Crisse, qu'est-ce qui s'est passé?

— On a eu un accident..."

« À nous voir, c'était facile à croire, mais on n'arrêtait pas de rire, tous les deux, même si Stéphane pissait le sang; son visage en était tout barbouillé. Moi, ça me faisait rire, c'était plus fort que moi, je répétais: "Regarde sa face, Éric, regarde sa face!" Bizarrement, les deux étaient plus préoccupés par mon état que par celui de Stéphane.

« Ils se sont mis à fouiller dans le frigo. Du beurre d'arachide, de l'huile, du sirop, de la moutarde, n'importe quoi pour changer mon haleine, ils en prenaient à grandes cuillerées, puis ils me foutaient ça dans la gueule entre deux gorgées de sirop. "Envoye, Marin, y faut pas que les policiers te fassent souffler la balloune..." »

Ce soir-là, ce n'est pourtant pas l'haleine de Marin Savard qui déjouerait les policiers. Son salut, il allait le devoir à sa rapidité d'esprit, même très affaiblie par l'alcool. Avant de quitter l'appartement de Lucas pour retourner sur les lieux de la collision, il avait eu le génie de dire à Stéphane de s'enrouler une serviette autour de la tête. Puis ils étaient repartis à pied vers le boulevard où ils voyaient scintiller les gyrophares de la police et de la dépanneuse. Marin avait peut-être quitté les lieux d'un accident... mais c'était pour soigner un blessé grave! Un policier avait demandé:

— Qui conduisait ce camion-là?

— C'est moi...

— Sais-tu que t'es chaud en hostie, toé...?

— Oui, c'est vrai, j'suis ben saoul.

— Ah! pis tu l'avoues en plus?

— Écoute, regarde la tête de mon chum, j'viens d'aller le soigner. Mais moi, j'ai peur du sang comme ça se peut pas. Pas capable d'en voir! J'ai été le soigner chez mon chum, pis il y avait un 26 onces de cognac dans l'appartement, je l'ai bu... J'étais trop sur les nerfs!

— Mon tabarnak! tu t'arranges pour t'en sortir pareil...

La compresse autour de la tête, au milieu des croisements de lumière des gyrophares, Stéphane Ouellet était méconnaissable. Il s'en était pris au policier:

— Aïe, mon hostie, tu vas arrêter de sacrer après mon chum parce que ma t'en crisser un dans l'front. Y vient juste de se frapper, mon chum, c'est pour ça qu'il est étourdi. Pis si je t'en crisse un dans' face, tu vas être étourdi, toé aussi!

— Toé, mêle-toé de tes affaires!

À la demande de Marin, Stéphane s'était éloigné. Il était allé s'asseoir sur le pare-chocs de l'ambulance. Mais de là, il n'avait pas cessé d'engueuler les policiers. Il avait eu tôt fait de les excéder. L'un d'eux s'était informé à Marin : « Cout'donc, tabarnak, y va-tu crisser son camp, lui? Y nous chante des bêtises depuis tantôt! »

Stéphane était finalement reparti, en même temps que tout le monde, que la dépanneuse et les policiers, qui ne croyaient pas à l'histoire de Marin et lui avaient demandé de retourner à pied chez Lucas. « On va te suivre jusque chez ton supposé chum... » « Ils ne sont partis qu'une fois certains de nous avoir vus rentrer chez Éric, dit Marin. S'ils étaient venus fouiller les lieux, ils auraient bien vu qu'il n'y avait pas une goutte de cognac! » (Le lendemain, Stéphane racontera aux médias une version farfelue de l'histoire: deux voitures coursaient sur le boulevard, Marin avait évité l'une de justesse, et il avait perdu le contrôle en voulant éviter l'autre.)

Voilà donc la véritable origine de la plus longue cicatrice de Stéphane Ouellet et du report du match contre l'Américain du Missouri, James Stokes, qui sera finalement disputé trois semaines plus tard que prévu avec un (autre) minimum de préparation, et malgré tout gagné par abandon au cinquième round.

Au cours de cette période qui voyait Éric Lucas prendre un peu de distance pour se consacrer sérieusement à son entraînement, Stéphane Ouellet et Marin Savard s'entendaient comme larrons en foire. La plupart du temps, en effet, c'était uniquement de ça qu'il s'agissait : de foire! Marin était aussi un compagnon de pêche, un supporter, un confident – et un Bleuet –, mais sa principale affinité avec Ouellet était son goût pour la défonce. Pas n'importe laquelle: la défonce ultime. « Stéphane et moi, dit Marin, on aimait tous deux la sensation d'être ivres morts. Notre plaisir suprême, c'était d'aller au bout du bout de l'ivrognerie. Boire jusqu'à ne plus en être capables, jusqu'à tomber, inconscients, face la première contre le plancher. »

Mais dans l'excès, Marin Savard ne serait jamais l'égal de

Stéphane Ouellet. Tout au cours de ces années, on aurait dit que c'était sur ce terrain-là, bien plus que sur les rings, que Stéphane cherchait à demeurer invaincu. Marin, qui aurait sincèrement préféré le contraire, tentait comme tous les proches de Ouellet de le conseiller sur sa façon d'abuser de la vie. « Oui, je foirais énormément, dit-il. Mais en règle générale, je gardais ça pour la fin de semaine, tâchant de rester tranquille pendant ma semaine de travail. Je disais à Stéphane : "Si je peux faire ça, tu peux le faire aussi." Je lui donnais également l'exemple d'Éric, qui pouvait boire aussi longtemps et autant que nous, mais qui savait s'arrêter pour retourner au gymnase. J'oubliais l'essentiel : Stéphane ne se comparait à personne. Il était d'ailleurs le premier à me le rappeler : "Marin, tu ne peux pas comprendre : je ne suis pas fait comme vous autres, je suis incapable d'avoir de milieu dans ma vie." »

Pour cette raison, l'alcool ne suffisait pas à Stéphane. Marin et lui agrémentaient nombre de leurs beuveries d'antidépresseurs, cocktail ayant évidemment le don de leur faire perdre tout contact avec la réalité.

Ainsi en avait-il donc été de la vie de Stéphane Ouellet en ces mois d'avril, mai, juin et juillet 1994. De sa vie, et de son entraînement aussi. Avant même sa victoire sur Stokes, les associés de KO'ntact avaient en effet annoncé la participation de Ouellet à un match d'envergure, contre un aspirant mondial, d'abord prévu pour la fin de juin mais repoussé au 13 juillet. Le Jonquiérois aurait pu profiter de deux semaines supplémentaires d'entraînement (tout en guérissant une otite); il avait plutôt fait la foire deux semaines de plus. Après le combat, sans aller jusqu'à s'ouvrir sur ses problèmes de consommation, Stéphane le confirmerait de manière indirecte à son journaliste favori, Robert Duguay, de *La Presse* : « *Je n'avais pas le goût de courir, aucune motivation à l'entraînement, le cœur me levait juste à l'idée de prendre mes affaires et d'aller au gymnase. La nuit précédant le combat, j'étais tout croche, j'avais écrit des poèmes jusqu'à cinq heures du matin (et bu beaucoup de bière), je n'étais plus capable d'arrêter. On dirait que j'ai foncé en avant pour me faire abattre; à l'intérieur de moi-même, on aurait dit que c'est ça que je voulais.* » Ce que Ouellet aimait de la boxe, de la vie, c'était la tragédie.

Quant à Yvon Michel, s'il ne savait pas ce que consommait son boxeur, il était sûr d'une chose : « *Stéphane avait dérapé complètement. On avait pensé à annuler le combat. Et puis on s'était dit que ça n'était pas la solution et qu'il profiterait davantage d'une bataille difficile que d'une fuite.* »

Après des semaines de tergiversations, donc, où des noms de challengers comme Lamar Parks, Quincy Taylor, Lloyd Honeyghan, Aaron Davis et Julio Cesar Green avaient été avancés pour servir d'examen à Ouellet, on s'était décidé pour un Américain de Detroit du nom de Darrin Morris. Le choix de Morris était celui du *cutman* et *matchmaker* américain, Bob Miller. En principe, naturellement, ce devait être un choix gagnant. Ce garçon avait, selon Miller, toutes les chances de perdre devant Ouellet. Quatre ans plus tôt, Darrin Morris s'était d'ailleurs incliné sur décision, en 12 rounds, contre un protégé de Miller que l'on verrait en fin de carrière à Montréal, Kevin Pompey. Certes, l'athlète de couleur du Michigan avait depuis aligné 8 triomphes consécutifs – avant d'affronter Ouellet, sa fiche montrait 20 victoires et un nul, pour 2 défaites – mais Miller croyait l'avoir suffisamment étudié pour être certain de sa défaite contre Ouellet. « Puisque je considérais Stéphane nettement supérieur à Pompey (aussi battu par Lucas en 1997), je ne voyais pas comment il pouvait perdre face à Morris. Ce dernier était un adversaire très valable, mais avec tout le soin que j'avais mis à le choisir, il ne devait pas battre Stéphane ce soir-là. »

Pour la deuxième fois de suite, KO'ntact avait décidé de produire Ouellet à l'aréna de Saint-Léonard. Selon Roger Martel, tenir le combat à cet endroit était une (mauvaise) idée de Gaby Mancini, lequel souhaitait ainsi mobiliser ses pairs de la communauté italienne derrière l'organisation montréalaise. À cet effet, KO'ntact comptait beaucoup sur la présence du boxeur italo-montréalais Vittorio Salvatore, invaincu, comme Lucas et Ouellet, et géré depuis peu par Boxart. « Mais nous nous étions tous trompés, admet le président de Boxart et trésorier de KO'ntact, Alain Bazinet. Car non seulement les Italiens ne s'étaient pas rangés derrière Salvatore (moins de 2 500 personnes et une autre perte de 15 500 dollars), mais en plus on avait vécu un véritable calvaire à l'intérieur de cette enceinte. L'aréna de Saint-Léonard n'était pas un endroit pour tenir un gala de boxe, encore moins en plein mois de juillet où la chaleur était insupportable! » Le lendemain de l'événement, un entrefilet paru dans *La Presse* pouvait cependant faire croire que cette chaleur était aussi le fait d'un torchon brûlant entre certains individus: « *Le promoteur Roger Martel en serait à son dernier match en collaboration avec l'association KO'ntact. Fatigué de travailler avec des amateurs* », avait écrit Robert Duguay. Des amateurs avec de gros ego : « En fait, réplique Martel, les problèmes avec KO'ntact avaient commencé quand tous les associés s'étaient mis à vouloir apparaître sur les photos, alors qu'ils n'étaient pas mandatés pour représenter le groupe.

Dans la foulée des problèmes hors ring que connaissait Ouellet, le début de l'été 1994 marquait un autre recul des actionnaires, à compter parmi eux le beau-père du boxeur, Camil Turcotte. Ouellet et Karine Turcotte s'apprêtant officiellement à rompre – ils le feraient quelques jours à peine après le combat contre Morris –, le temps achevait où Camil servait d'intermédiaire entre Stéphane et les actionnaires de Boxart. « L'attachement de notre famille pour Stéphane nous plaçait dans des situations délicates, dit Camil. Ainsi, il nous arrivait de subir la colère de certains actionnaires qui souhaitaient nous voir essayer de raisonner Stéphane. Je leur répondais toujours la même chose : que j'avais la même mise qu'eux là-dedans, qu'à l'achat de ma part j'étais conscient du risque de perdre mon argent... mais que j'essayerais quand même de parler à Stéphane. »

Les Turcotte étaient arrivés à Montréal la veille du combat contre Morris, le jour de la pesée. Combattant en super-mi-moyens, Ouellet ne devait pas faire plus de 154 livres, et s'il a aujourd'hui peine à croire qu'il ait pu se battre à un poids si bas (il pourrait maintenant avoir du mal à faire 168 livres), la chose n'était alors pas évidente à ses yeux, surtout avec l'alcool ingurgité au cours des semaines précédentes. Résultat, comme si son manque d'entraîne-ment ne l'affaiblissait pas assez, il avait dû jeûner presque deux jours pour respecter son poids. Selon un commentaire lu dans *La Presse,* sa forme était si pitoyable, qu'au moment où l'entraîneur de Morris était venu le voir au gymnase et qu'il s'était étonné de le trouver aussi gras et aussi peu engagé, Yvon Michel avait eu honte, comme il le confiera à Robert Duguay.

À vingt-quatre heures du combat, Stéphane avait semblé différent à sa belle-famille, mais son physique n'y était pour rien. Camil et Denise Turcotte trouvaient qu'il ne ressemblait plus au jeune homme qu'ils avaient l'habitude de voir, la veille d'un match. Il paraissait exceptionnellement nerveux et angoissé. Il avait l'air distrait. Absent. Il répondait aux questions, mais toujours avec un décalage. Un peu plus, et ils auraient pensé que ce garçon-là pre-nait des antidépresseurs avant les combats.

En réalité, Stéphane était en proie à l'une des crises de panique qui l'affectaient, lors du rituel de la pesée, chaque fois qu'il s'était mal préparé. Avant ce moment, il avait toujours l'impression d'être loin du combat, de pouvoir toujours être sauvé par un contretemps quelconque qui repousserait le match à une date ultérieure. Mais dès qu'il rencontrait son adversaire à la pesée, dès qu'il avait la confirmation visuelle que ce dernier était bel et bien arrivé en ville, c'était comme si toute fuite devenait impossible. Alors c'était le choc. La réalité le frappait de plein fouet. Il monterait sur le ring le lendemain soir contre un type prêt à le tuer, alors qu'il se sentait pour sa part physiquement et mentalement veule.

Les jours de pesée, il lui semblait aussi que ses adversaires noirs, comme Morris, paraissaient toujours plus intimidants que s'ils avaient été blancs. Et c'était plus qu'une impression. Les Noirs avaient toujours l'air prêts, méchants, décidés, ils avaient toujours du feu dans les yeux et des montagnes de muscles à faire réfléchir n'importe qui.

Dans l'après-midi de son combat contre Morris, Stéphane avait demandé à Camil de l'accompagner à l'Oratoire Saint-Joseph. Contrairement à ce qu'il avait déjà dit, la visite à l'Oratoire n'était pas la règle, elle était plutôt occasionnelle. « Cette fois-là, croit Denise Turcotte, on aurait dit que Stéphane était moins allé prier que demander le miracle dont il aurait besoin en soirée. »

Elle avait vu juste. Stéphane s'était dit qu'après tant d'années à jouer avec le feu, c'était ce soir-là, 13 juillet 1994, qu'il allait subir sa première défaite chez les professionnels (il était... 13-0 avant le combat). C'était clair dans sa tête: « Ma première défaite... à moins d'un miracle! » En fait, chaque personne qui passait l'encourager dans le vestiaire en sortait avec à peu près les mêmes mots à la bouche : « Sa première défaite... à moins d'un miracle! » Roger Martel avait été assommé en le voyant: «Il avait l'air gelé. Ses yeux étaient hagards et, de la manière qu'il était affalé sur son banc, il semblait indifférent, désintéressé, absolument pas déterminé. Ce n'était plus le Stéphane allumé que je connaissais. J'ai su alors qu'il n'était pas prêt pour ce combat. »

Sur le ring, pendant les présentations, l'attitude de Stéphane n'inspirait pas plus confiance. Le soigneur Bob Miller avait réagi. Anticipant le pire, comparant surtout la (fausse) désinvolture de son boxeur avec la (vraie) détermination de Morris qui tournait dans sa moitié de ring comme une mangouste – c'était son surnom! – autour d'un serpent, il avait par deux fois regardé Stéphane en serrant les poings, pour le pousser à afficher un peu plus de vitalité. Oui, le *matchmaker* américain avait choisi son homme en conséquence, mais pas au point de faire de ce combat-là une simple formalité.

Le groupe KO'ntact avait décidé d'axer une partie de sa publicité sur un supposé titre mondial en jeu, celui de la... IBC, l'International Boxing Council! Minable idée. Loin de conférer un quelconque prestige à l'événement, ce titre ne faisait que lui enlever de la crédibilité, contribuant au passage à rendre la boxe moderne et ceux qu'on appelait les champions-alphabets encore plus ridicules avec ce fatras de titres « mondiaux » par catégorie, WBO, IBF, WBA, WBC, maintenant IBC, demain IBO, en attendant le summum de la crétinerie que l'on atteindrait en 2001, avec l'ère des « super-champions WBA ». Sans parler des autres titres, les nationaux, continentaux, intercontinentaux! Ni du palmarès de Darrin Morris, le boxeur-alphabet par excellence :# 7 IBF, # 9 WBC, # 4 WBA, # 1 IBC, sans oublier, selon ce que disaient les notes de presse, sa ceinture de la IBC des Amériques et son titre de champion de la WBF obtenu en 1991 par une victoire aux points sur Ron Amundsen, un boxeur battu par Davey Hilton trois ans plus tôt! On pourrait se consoler en se disant que le ridicule n'a jamais tué personne. Darrin Morris, lui, allait mourir en octobre 2000, d'une méningite, mais il continuera de progresser dans les classements WBO cinq mois APRÈS sa mort (oui, APRÈS... sous prétexte que les dirigeants n'auront pas été avisés de son décès). Il gagnera une place en... décembre 2000 et une autre en... février 2001. À défaut des hommes, il faut craindre que le ridicule parvienne un jour à tuer la boxe. C'est pour cela qu'un Mario Latraverse fera beaucoup rire, à l'automne 2001, lorsqu'il justifiera son refus de souscrire à un Lucas-Ouellet, titre WBC en jeu, du fait que le Jonquiérois aura chuté trop loin dans le classement de l'organisme en question. Quand on sait la politique, le favoritisme, la cupidité et le ridicule qui se cachent derrière cette facette de la boxe, on n'a aucune, mais absolument aucune raison de croire que c'est différent avec le WBC.

La seule raison qu'avait donc Stéphane de se préoccuper d'un titre IBC, c'est que cela pouvait lui imposer de faire 12 rounds. Il avait demandé un miracle pour la victoire, celui qui s'accomplirait le 13 juillet 1994 aurait plutôt trait à la durée : il tiendrait six rounds devant Morris... miraculeusement. À la fin du match, à Jean-Paul Chartrand père qui l'interrogeait au micro de RDS sur l'influence de sa visite à l'Oratoire, il répondrait : « *Dieu pouvait quand même pas venir fesser pour moi, vous savez c'est pas un gars tellement agressif. Sauf que, ne pas avoir été le voir cet après-midi, je serais peut-être bien mort dans le ring au cours du combat.* »

Celui qui, ce soir-là, l'avait peut-être empêché de trépasser entre les cordes, c'était Yvon Michel plutôt que Dieu... À 1 min 21 s du sixième assaut, l'entraîneur avait en effet fait voler sa serviette blanche sur le ring, obligeant l'arbitre Tony Crivello à sauver Stéphane, une nouvelle fois en grave danger. Après deux knock-down dans le premier round et un troisième dans le suivant – les deux derniers avaient été considérés, à tort, comme des glissades par Crivello –; après d'autres secousses dans les rounds 3 et 4, Stéphane venait encore d'être très sérieusement commotionné par deux droites de Morris. Il tenait toujours debout, mais il était maintenant prêt à aller à terre pour bien plus longtemps que le compte. Dans les circonstances, la décision de Michel lui avait certes évité des blessures sérieuses. « Avec l'avance de Morris, avec la chaleur qui régnait sur le ring, je ne croyais plus à la victoire de Stéphane », expliquera le coach. Cela n'avait pas empêché la foule de huer l'arrêt du combat, ni Michel de se sentir embarrassé par sa décision, mais la réaction de Stéphane Ouellet avait fait en sorte d'apaiser toutes les tensions. Dans la mesure où il se sentait déjà très coupable avant le combat, il n'aurait pas fait porter le blâme à quelqu'un d'autre. Il l'avait d'ailleurs pris dès les minutes suivant le combat, en entrevue avec Chartrand père : « *Personnellement, même si j'étais magané, j'aurais voulu continuer, j'aurais voulu essayer de continuer... Mais nous sommes une équipe et Yvon a pensé bien faire... Maintenant, je vais prendre un mois de vacances pour penser aux efforts que je n'ai peut-être pas faits et que je devrais faire.* » Il le prendra encore dans *La Presse*, quatre mois et demi plus tard : « *Ce soir-là, j'ai trompé la confiance des amateurs en me présentant dans l'arène en mauvaise condition, mal entraîné, sûr de me faire battre. Je n'avais pas de souffle, je n'avais aucune arme pour battre un gars de la trempe de Darrin Morris, je n'avais pas les yeux. Je n'ai pas été honnête envers les deux, trois mille personnes qui s'étaient déplacées et qui avaient payé pour me voir. Ils auraient mérité autre chose que ce massacre-là.* »

La seule autre personne qui, sur le coup, avait été tentée de se blâmer pour cette déconfiture, c'était Bob Miller. « En temps normal et dans un état normal, l'avait consolé Yvon Michel, Stéphane Ouellet aurait battu ce gars-là comme tu l'avais prévu, Bob. Ce soir, Morris n'a même pas été exceptionnel. Il n'a pas gagné le combat. C'est Stéphane qui l'a perdu. La vérité, c'est qu'il a complètement dérapé et qu'il ne s'est pas entraîné. » Ce soir-là, de la bouche d'Yvon Michel, Bob Miller aura la confirmation que Stéphane Ouellet avait un *drinking problem*.

Il pensait que c'était grave.

C'était encore plus grave que ça.

***

De gauche à droite : Stéphane Ouellet, Yvon Michel,
le Dr Erno Kiss, Abe Pervin et Éric Lucas.

Stéphane avec Marin Savard, un de ses bons amis.
Ensemble, ils ont fait la fête et les quatre cents coups.

Chapitre 7

L'amour et le sordide

Cayo Coco, Cuba.
Le soleil. La mer. La plage. La romance. Pour elle.
Le rhum. La bière. La bombance. Pour moi.

Je viens à peine de remporter le plus important combat de ma carrière contre Alain Bonnamie et, naturellement, je plane encore. C'est ici que j'atterris, en compagnie du nouvel amour de ma vie. C'est tout récent. Lydie Larouche. Une autre fille de Jonquière, mais qui vit maintenant à Montréal. Ancienne compagne et ancien fantasme de classe, les fois où j'y allais. Nous avons encore des secrets l'un pour l'autre et Lydie veut profiter du voyage pour que nous puissions mieux nous connaître. Nous avons réservé pour deux semaines. Tantôt, dans 11 jours, elle aura tellement l'impression de me connaître sur le bout de ses doigts qu'elle sera prête à rentrer à Montréal.

Cayo Coco, Cuba.
Le soleil. La mer. La plage. La désillusion. Pour elle.
Le rhum. La bière. L'illusion. Pour moi.

***

Si Stéphane Ouellet avait aligné 13 succès avant de tomber sur plus prêt et moins autodestructeur que lui, le soir du 13 juillet 1994, il allait enchaîner cette fois avec une nouvelle série presque aussi longue, 12 victoires, rendue possible par l'apparition de cette fille dans sa vie. En fait, à partir de maintenant, toutes ses autres victoires seraient dues à deux filles en particulier, qui lui feraient changer ses idées de retraite. L'une après sa défaite contre Morris, l'autre après sa seconde défaite contre Dave Hilton,
    La première fille était venue lui taper sur l'épaule, dans les minutes précédant le match avec Morris. Avant de s'habiller et de commencer à s'échauffer, Stéphane était sorti de son vestiaire quel-

ques instants, le temps de satisfaire à son envie coutumière de prendre le pouls des foules avant d'entrer sur le ring. Or, cette fois, c'était son pouls à lui qu'il avait surtout senti, quand il avait reconnu Lydie Larouche, encore plus magnifique qu'au temps de l'école secondaire. Bien sûr, il avait sans doute rêvé d'elle, peut-être la nuit précédente, puis la veille, puis l'avant-veille. Mais en personne, c'était la toute première fois depuis l'école. Ils se rappelaient tous les deux l'occasion qui les réunissait alors : le cours de chimie.

En raison de l'heure du combat, qui approchait, et parce qu'il fréquentait encore Karine Turcotte, ils n'avaient pas étiré trop longtemps la conversation, et Lydie s'était vite éclipsée après lui avoir souhaité bonne chance.

La fois suivante, ils avaient pu parler un peu plus longtemps. Lydie avait joint Stéphane au chalet de Chambord, où il venait d'entamer la longue retraite fermée dont il s'avouerait plus tard coupable dans *La Presse*, en revenant sur les lendemains de la première défaite de sa carrière : « Ensuite, j'ai trahi mon entourage en allant me cacher dans le bois plutôt que d'affronter les critiques comme un homme. » Évidemment, l'appel de Lydie était tout le contraire d'une critique. Témoin du désastre contre Morris, elle lui avait téléphoné pour l'encourager et lui remonter le moral. Ses mots avaient su faire du bien à Stéphane, d'autant qu'ils arrivaient au moment où il était seul au chalet « *et que le téléphone ne sonnait plus* », confiera-t-il trois mois plus tard à Bertrand Raymond du *Journal de Montréal*.

Il était convaincu plus que jamais d'avoir perdu le goût de boxer, qu'ils étaient par ailleurs nombreux à lui reprocher de n'avoir jamais eu.

Ou bien il était convaincu de n'être plus rien, d'être un raté à cause de cette humiliante défaite? C'est en tout cas ce que semblait dire une autre partie du texte de Bertrand Raymond : « *Sa seule défaite professionnelle l'a laissé dans un état de grande déprime. Pendant deux semaines, il dit avoir vécu en ermite dans son chalet. Ses parents allaient le retrouver durant le week-end parce que son moral inquiétait sa mère. Il se sentait abandonné. Pourtant, il connaissait déjà la fragilité de l'amitié dans ce milieu. Chez les amateurs, il avait perdu plusieurs "amis" après avoir encaissé une défaite après 54 victoires consécutives.* » Karine Turcotte avait dit que l'intérêt pour la boxe de son ex-compagnon résidait essentiellement dans le fait de croire qu'il était « quel-qu'un » juste à cause de ce sport-là, et que sans la boxe il pourrait avoir l'impression d'être un autre anonyme, indigne de l'attention de qui que ce soit. Ce raisonnement avait un certain sens, et il valait aussi pour les proches du boxeur. Car quiconque, comme Karine justement, avait côtoyé Stéphane Ouellet pendant quelques années trouvait assurément difficile de rompre avec ce style de vie trépidant. Il y avait la manière de rompre qui pouvait faire mal aussi. Quand Lydie Larouche avait téléphoné à Stéphane pour lui apporter un peu de réconfort, il l'avait invitée à venir au chalet. Ils avaient commencé à se voir à compter de ce moment, les amours de Stéphane avec Karine Turcotte se délitant de toute façon depuis très longtemps. Dans les circonstances, il fallait un clash ultime et passionnel; il ne manquerait pas de se produire à Jonquière, chez les Ouellet. Ce jour-là, c'était la première fois depuis sa défaite que Stéphane quittait Chambord, plus que jamais en passe de devenir son lieu de retraite. Il était étendu sur un des lits avec Lydie quand Karine avait surgi, le cœur en mille morceaux, le cœur en douleur. Le peu de temps qu'elle était restée, elle avait pu juger si l'amour faisait plus mal que la boxe... Enfin, c'est un peu comme ça que Camil Turcotte avait interprété les événements, quand il avait vu sa fille revenir à la maison, les genoux en sang. Au plus fort de la crise d'hystérie de Karine, Lydie s'était sentie très mal à l'aise et avait voulu partir. Stéphane lui avait répondu : « Toi, tu restes là, tu ne bouges pas. C'est elle qui va sortir d'ici. » Stéphane se souvenait d'avoir poussé Karine. Faiblement? Fortement? C'était vague dans son esprit. Mais une chose était claire, il ne l'avait pas violentée. Il l'avait juré à Camil quand ce dernier, ivre de rage, l'avait appelé dans la nuit.

— Ce que tu as fait à Karine, c'est très grave, Stéphane.

— Voyons, Camil, tu sais bien que je n'ai pas frappé ta fille.

— Et ses genoux, tu vas me faire croire qu'elle s'est fait ça en pleurant?

— Ce que je dis, c'est que je n'ai pas frappé Karine.

— De toute façon, j'appellerai même pas la police, Stéphane. Je vais aller régler ça moi-même.

— Camil, ce que tu dis là, c'est stupide, il n'y a vraiment pas de raisons pour qu'on en vienne là. Mais si c'est vraiment ça que tu veux, viens-t'en.

Il regrettera toujours ces paroles. « De l'orgueil très, très mal placé », dit-il encore aujourd'hui. Camil Turcotte était un véritable ami, quelqu'un à qui il vouait un grand respect, et ce n'était certainement pas cette réaction impulsive qui allait y changer quoi que ce soit. C'était, se disait Stéphane, la réaction cohérente d'un père qui avait affiché ses couleurs, trois ans et demi plus tôt.

— Je veux que tu fasses attention à ma fille, Stéphane. Elle est mineure, tu es majeur.

— J'ai même pas encore couché avec!

— Ça, je m'en balance, je te demande juste d'être gentil avec elle.

L'une des différences qu'on allait observer dans les relations de Stéphane avec les familles Turcotte et Larouche, c'est que, s'il avait réussi sa première impression chez les Turcotte – alors que ses problèmes personnels n'étaient pas aussi criants et qu'il vivait une période professionnelle plus heureuse –, ce fut carrément loupé chez les Larouche. Le jour où Lydie avait prévu faire les présentations à sa mère – son père était décédé – Stéphane avait bu. Il raconte : «J'étais arrivé chez elle complètement paqueté, et j'avais évidemment fait quelques folies. Je me souviens entre autres d'avoir plongé dans la piscine tout habillé, ce qui n'avait pas fait rire grand monde, même pas mes chums qui, tannés de mes niaiseries, commençaient d'ailleurs à me considérer comme une tête brûlée. Quant à la mère de Lydie, c'était différent : à ses yeux, j'étais rien d'autre qu'un bum! Heureusement, pour me réhabiliter un peu, il y avait eu ce jour où je lui avais montré mon recueil de poésie, et c'était comme si elle s'était rendu compte que je pouvais faire autre chose que des conneries dans ma vie. »

Et puis voilà, Stéphane Ouellet et Lydie Larouche avaient commencé à se fréquenter officiellement, pour le meilleur – parfois – et pour le pire – souvent. En août, alors qu'ils profitaient une nouvelle fois du chalet des Ouellet – « Ce coin est si beau, disait Stéphane, que je l'ai même utilisé comme moyen de séduction avec les filles » –, Lydie allait déjà être confrontée au genre d'expériences qui l'attendaient pour les prochaines années. Les amis de Stéphane s'étaient pointés au Lac-Saint-Jean pour inviter leur chum à un voyage de pêche de quelques jours; il tenait à y aller, elle voulait qu'il reste à ses côtés. « C'était normal qu'elle veuille que je reste avec elle, c'est moi qui l'avais invitée au chalet! » Ils s'étaient fâchés, il l'avait envoyée promener, et il était parti en catastrophe, la laissant seule à Chambord! « Crisse que j'avais pas été correct! »

Un voyage de pêche? « Nous étions partis pêcher deux jours dans le coin de La Doré, ayant prévu coucher dans un petit motel. Mais je n'avais pas couché au motel. Et je n'avais presque pas pêché. J'avais passé ces deux journées-là à me saouler avec un Indien de Pointe-Bleue, aussi assoiffé que moi. Le soir, fuck le motel, on s'était couchés tous les deux à la belle étoile, avec nos vestes pour seule couverture. Au bout des deux jours, mes chums étaient venus me voir : « Viens, Stéphane, c'est assez, on s'en va. » Je ne voulais rien savoir. Je voulais rester là, étirer ça, continuer de boire. Ils avaient essayé de me faire entendre raison, mais j'avais fait à ma crisse de tête de cochon. Finalement, j'étais resté sur place avec l'Indien, et mes chums étaient repartis, seuls, complètement abasourdis par mon comportement. Mon voyage avait duré deux autres jours, au même rythme. Peut-être plus encore. La dernière nuit, en particulier, avait été hallucinante. J'avais goûté à tous les mauvais côtés d'une cuite. Le lendemain matin, pas de blague, je m'étais réveillé dans le sous-sol d'une maison, sans aucune espèce d'idée de l'endroit où je pouvais me trouver. Je m'étais levé, j'avais monté quelques marches, et j'avais aperçu une dame en train de faire un peu de cuisine. Je ne l'avais jamais vue de ma vie. Puis j'avais entendu une voix au dehors et j'étais sorti voir. Le soulagement : la face du gars me rappelait quelque chose, il me semblait au moins l'avoir déjà vu quelque part. Et il m'avait raconté : la veille, j'étais ivre mort, je voulais me battre avec l'Indien, il m'avait ramassé et avait décidé de me ramener chez lui. Il me racontait ça et j'étais sous le choc. Écoute, tu te réveilles un matin, tu ne sais même pas où tu es, tu n'as plus rien, pas une crisse de cenne (il avait emprunté 400 dollars au propriétaire de l'établissement où il avait foiré; il ira les lui remettre cinq ans plus tard! Le type n'en croira pas ses yeux!), tu n'as pas de char, t'as même plus de dignité, c'est une sensation horrible. À la fin, en plus de s'être occupé de moi, le gars était venu me reconduire dans le bout de Chambord. J'avais vraiment l'air d'une épave. Pour compléter le portrait, j'avais une faim énorme mais il n'y avait plus rien à manger au chalet. J'avais bouffé ce qui restait de comestible, un spaghetti sans sauce, avec du steak haché dessus, cuit sans beurre parce qu'il n'en restait plus. » C'était tellement vide dans le chalet! Il ne restait rien ni personne : Lydie, bien sûr, avait fiché le camp. »

Si cela s'était cette fois arrangé, si elle lui avait pardonné ce premier très gros dérapage, c'était peut-être qu'elle y avait trouvé son compte et qu'elle estimait cet épisode riche en enseignements. On pouvait à l'occasion être déçu de Stéphane Ouellet, on pouvait éprouver de la peine à le voir se détruire, mais avec lui, au moins, on savait sur quel pied danser. Avec lui, on ne nageait pas dans l'hypocrisie. Bien sûr, s'intoxiquant autant, Stéphane Ouellet aurait, longtemps dans sa vie, à raconter un tas de mensonges pour se tirer, presque quotidiennement, des situations embarrassantes dans lesquelles il se plaçait.

Rue Saint-Dominique, à Jonquière, ils étaient attablés dans un troquet vaguement underground nommé l'Envol, qui ne comptait habituellement pas parmi les bars de prédilection de Stéphane. Pour un type qui n'aimait pas les vases clos, ces moments où il fallait converser et être ensemble en se connaissant peu étaient toujours angoissants. Ce soir-là, il avait donc bu beaucoup, et vite. À un certain moment, le voyant aller, Lydie s'était sentie en droit de le mettre en garde : « Fais attention, Stéphane, tu vas devenir alcoolique. » Il avait répondu : « Je le suis déjà! »

Il avait 23 ans.

***

En 1996, l'hiver achevait quand Stéphane Ouellet avait décidé d'entrer en cure de désintoxication, à La Maisonnée de Laval (anciennement La Maisonnée d'Oka, déménagée à cause de la crise amérindienne). Quelques mois plus tôt, après s'être tranché un doigt à Québec et avoir fait une promesse à sa mère, il avait tenté de se désaccoutumer de l'alcool par lui-même. Il avait réussi pendant trois semaines, aidé et encouragé en cela par ses amis – même les plus foireux – qui s'étaient entendus pour cesser de boire, eux aussi. Quand Yvon Michel disait que son boxeur était plus leader que mouton, il avait raison et c'était là un bel exemple : Stéphane Ouellet avait de l'ascendant sur les gens, en particulier sur ses amis, qui étaient généralement tous prêts à le suivre, à l'écouter, voire à l'imiter.

Mais cette fois, il était seul.

En tout et partout, Stéphane Ouellet allait suivre dans sa vie – suivre étant beaucoup dire – cinq cures de désintox, toutes aussi infructueuses les unes que les autres. Trois à La Maisonnée de Laval, une aux Thérapies Jean-Lepage à Trois-Rivières, et une dernière à la Maison Jean-Lapointe de Montréal, peu de temps après sa seconde victoire sur Alex Hilton et un camp d'entraînement avec Roy Jones, au printemps 1998 (en fait, une sixième s'ajouterait plus tard.) Avec la première, la thérapie à la Maison Jean-Lapointe était celle qui avait causé le plus d'émoi dans les médias.

Étant un jour tombé sur un papier traitant du problème d'alcool du boxeur, Jean Lapointe s'était rapproché de Stéphane Ouellet. Le comédien-chanteur – et maintenant sénateur – l'avait déjà vu boxer. L'homme était passionné et féru de boxe depuis le début des années 1950. Il l'aimait bien, mais il ignorait partager avec lui un autre goût que celui des cordes. « Le jour où j'avais lu que l'alcool était un problème dans la vie de Stéphane, raconte

Jean Lapointe, je m'étais dit que ce garçon-là avait trop de potentiel pour qu'on ne cherche pas à l'aider. J'avais appelé Yvon Michel :

« — Écoute, Yvon, je viens d'apprendre que Stéphane est lui aussi aux prises avec cette foutue maladie. Je voulais juste te dire que, si je peux faire quoi que ce soit pour lui, tu peux me téléphoner n'importe quand, en n'importe quelle circonstance, et je vais être là en un instant.

« Je lui avais laissé tous mes numéros de téléphone. Puis j'avais revu Yvon à l'occasion des soirées de boxe, où il m'avait reçu en compagnie du président d'InterBox, Hans Muhlegg. Un chic type, un homme de très grande classe, ce Muhlegg. Pas prétentieux, semblant s'être embarqué dans cette aventure plus par amour de la boxe que du fric, il m'avait impressionné. Nous avions beaucoup discuté, tous les deux, mais assez peu de Stéphane, sinon au moment où j'avais répété que j'étais prêt à intervenir, et qu'on n'avait qu'à me faire signe si un jour on le jugeait nécessaire. »

Le signe était venu un peu plus tard. Un appel d'Yvon Michel. Stéphane venait, semble-t-il, de craquer : il était en détresse, triste, et ne faisait que pleurer et pleurer. Des instants qui comptent d'ailleurs, encore aujourd'hui, parmi les pires de la vie de Stéphane Ouellet, pour les regrets et la honte qu'ils lui ont laissés, lui si orgueilleux. « Je me rappelle, j'avais eu l'air d'un hostie d'enfant en appelant tout le monde en braillant, répétant à chaque appel : "Aidez-moi, aidez-moi, je ne sais plus quoi faire." Crisse que j'ai honte en repensant à ça. »

« En premier lieu, rappelle pour sa part Jean Lapointe, j'avais demandé à Yvon s'il croyait que Stéphane me faisait assez confiance pour accepter mon aide. Avant de faire quoi que ce soit, c'était très important de savoir ça. Yvon m'avait rassuré, m'avait dit de ne pas m'inquiéter, que Stéphane était d'accord. J'avais donc entrepris les démarches. Quand quelqu'un, comme ça, se montre prêt à entrer en cure, il faut autant que possible le faire admettre le jour même. Le lendemain, il peut être trop tard. Dans le même temps, il faut s'assurer que l'établissement ait une place libre, ou peut ajouter un thérapeute. Enfin, dans le cas de Stéphane, je ne devais pas donner l'impression de privilégier une célébrité au détriment d'un simple citoyen. Même chose une fois qu'il était entré : je prenais régulièrement de ses nouvelles auprès du directeur général, Rodrigue Paré, mais je prenais soin de ne pas offusquer les autres bénéficiaires en lui accordant trop de temps. »

Déjà, il l'avait accompagné le soir de son entrée, tentant de le préparer de son mieux aux durs moments qui l'attendaient. Si quelqu'un connaissait plus et mieux que n'importe qui la difficulté d'un sevrage, c'était bien Jean Lapointe. Lui-même hospitalisé pour des douleurs causées par son alcoolisme, il avait un jour cherché à s'évader de l'hôpital Saint-Luc pour aller boire. Il avait aussi assisté à la lente déchéance de sa première femme, alcoolique elle aussi et incapable de mener à terme aucune des cinq thérapies qu'elle avait entreprises. « La dernière fois, je savais que c'était la mort qui l'attendait. » Il le savait d'autant plus que sa femme s'ajoutait à la liste des amis perdus dans les mêmes circonstances pour les mêmes raisons.

La durée du traitement de Stéphane Ouellet à la Maison Jean-Lapointe était prévue pour 21 jours. « Je l'avais averti, dit Jean Lapointe, que la première nuit et les vingt-quatre premières heures allaient être difficiles, que ce serait sa période de sevrage. » Il ne s'était pas trompé. Revenu chez lui, Jean Lapointe avait suivi la situation par téléphone, presque d'heure en heure. Il avait vite été informé des ennuis de Stéphane, qui voulait déguerpir à tout moment. S'il semblait lutter contre quelque chose, ce n'était pas contre la bouteille mais contre les conseils des thérapeutes cherchant à le convaincre de rester.

Rodrigue Paré, directeur général de la Maison (mais qui n'était pas le conseiller de Stéphane à l'intérieur des murs), s'en souvient : « D'autres boxeurs du groupe InterBox se battaient alors dans un gala à Sherbrooke, et Stéphane disait qu'il devait absolument se rendre là-bas pour encourager ses chums. J'avais cherché à le retenir et à le faire changer d'idée. Je voulais surtout qu'il essaie, au moins une fois, de parler à Jean Lapointe avant de partir. Mais en fin de compte, comme on ne pouvait pas décider à sa place, je lui avais dit que notre porte était barrée pour entrer (sauf si on payait les quelque 2 000 dollars que coûtait le traitement), mais qu'elle ne l'était pas pour sortir. »

Stéphane Ouellet avait finalement quitté la Maison Jean-Lapointe au bout de trois jours. À bout. Cette fois, c'est Yvon Michel qui avait annoncé la nouvelle à Jean Lapointe. « Une grande, très grande déception, confiait l'artiste. S'il était resté, Stéphane aurait pu comprendre pourquoi la boisson servait de béquille à sa vie. Là, il quittait sans avoir rien réglé. Était-il alcoolique? Ou seulement ivrogne? Seul lui pouvait maintenant répondre à la question. C'était un être sensible et généreux, deux traits de personnalité de bien des gens ayant un problème d'alcool. »

La différence entre l'ivrognerie et l'alcoolisme, Jean Lapointe l'explique ainsi : « L'alcoolisme, c'est la maladie de celui qui commence à boire mais qui ne sait jamais dans combien d'heures, de jours, de semaines il va s'arrêter. Alors que l'ivrognerie, c'est une habitude contrôlable. On sait à quel moment on débouchera sa dernière bouteille. Un ivrogne peut décider, le vendredi, de virer une méchante brosse jusqu'au lundi. Il peut en arriver à ne plus pouvoir se tenir debout, passer la fin de semaine à se rouler par terre, mais il va être capable de retourner à ses activités une fois qu'il l'a décidé. »

On pourrait donc dire que Stéphane Ouellet allait avoir raison, plus tard, de se défendre dans les journaux d'être alcoolique. « Mes proches disent que je suis alcoolique, moi je dis que je suis excessif. » À la lumière d'autres révélations dans lesquelles il avouait aimer tout simplement la sensation d'être en ébriété; à la lumière aussi des confidences de Marin Savard qui racontait que leur plaisir suprême était de s'installer autour d'une table, d'allumer des cierges, de faire tourner du Jim Morrison, de boire jusqu'à être complètement ivres, puis de se regarder et de se dire, heureux, « Crisse qu'on est ben »; à la lumière de tout cela, il apparaissait que le problème de Stéphane Ouellet n'en était pas un d'alcoolisme mais d'ivrognerie.

Certaines occasions venaient tristement le lui rappeler. Comme cette soirée où il buvait seul chez lui et que le téléphone avait sonné. C'étaient des jeunes, probablement renversés d'avoir pu mettre la main sur son numéro de téléphone : «Allô? avait commencé un des jeunes, surpris de voir qu'on avait décroché le combiné mais qu'on mettait du temps à parler.

— Ouais, avait finalement éructé la voix cassée par l'alcool.
— Qui parle?
— Stéphane!
— Stéphane Ouellet? C'est Stéphane Ouellet qui parle?
— Ouais!
— Le boxeur?
— Ouais!
— T'es encore saoul, hein, mon ivrogne? » avait lâché l'un d'eux, faisant pouffer de rire ses copains qui devaient écouter sur une autre ligne.

Il avait raccroché, assez atteint par cette vacherie, dans la mesure où il ne pouvait même pas se consoler en pensant qu'ils avaient tort. Les gamins disaient vrai : il avait encore son plein.

Il avait donc quitté sa cure avant le terme « tout simplement parce qu'il n'était pas encore prêt à se faire traiter », estime Jean Lapointe. Si Jean Lapointe veut dire que Stéphane n'était pas prêt à subir « l'esprit AA », à endurer ce genre de patients contents-contents de trouver une famille et des semblables, à entendre ce genre de témoignages comico-justificateurs, il avait raison. C'était le cas.

Le plus drôle, c'était de voir sa réaction quand le hasard lui faisait croiser des types qu'il avait jadis côtoyés dans certaines cures. Mon Dieu, si ces gens-là avaient su que Stéphane Ouellet fuyait les thérapies justement pour ne plus avoir à les supporter, ils auraient évité de venir lui parler à sa table de restaurant, de s'auto-congratuler en lui apprenant que « ça fait maintenant quatre ans que je n'ai pas bu », et surtout, supplice des supplices, de lui remettre une petite carte plastifiée où figure le leitmotiv, l'évangile du AA : « Mon Dieu, donnez-moi la sérénité d'accepter les choses que je ne puis changer; le courage de changer les choses que je peux changer; et la sagesse d'en reconnaître la différence. » Petite carte qu'il déchirait aussitôt que le gars avait le dos tourné.

« Que veux-tu, explique Stéphane, j'ai été échaudé par cette époque du mouvement AA. Résultat, je ne suis plus capable, aujourd'hui, d'entendre ces discours du « 24 heures à la fois », du « Faut jamais dire jamais, faut juste dire 24 heures de plus sans avoir bu ». J'ai entendu ça tellement de fois! C'est ce qui me tapait le plus sur les nerfs chez les AA : la répétition. Le manque d'originalité. Tu prenais place dans une réunion et là tu assistais à la parade des témoignages, tous pareils, et je dis bien tous pareils, avec les mêmes jokes et les mêmes rires qui revenaient toujours, tout le temps, au même endroit. Un exemple : un gars venait en avant et se mettait à raconter à quel point il pouvait être excessif, à quel point il était incapable de demi-mesures : "Moi, c'est ben simple, la chaufferette du char, c'était toujours la même chose : ou bedon j'la fermais complètement, ou bedon j'la crissais au boutte. C'était de même partout, j'avais jamais, ha! ha! ha!, de milieu!" Et là, tout le monde se mettait à rire, se bidonnait, même si ça faisait 15 fois qu'on entendait la même histoire.

« J'avais l'impression, en voyant ça, que la plupart des gars en thérapie étaient avides de publicité; des gars habituellement gênés, incapables de s'exprimer ou de prendre leur place, et qui là, en témoignant, prenaient enfin le plancher, la vedette, se faisaient applaudir. Des gars qui, une fois dans leur vie, semblaient heureux d'appartenir enfin à une communauté : ils étaient – oui monsieur – des AA! »

Il aurait encore l'impression d'y être, lorsque, accoudé à un bar, il aurait à répondre à des types qui, le regardant enfiler les rasades, réfléchiraient à haute voix sur ses motivations à s'intoxiquer. « Sûrement un signe que ça va mal dans ta vie », dirait l'un d'eux, s'appuyant sur sa propre expérience.

— Tu te trompes, man. C'est même tout le contraire. Moi, quand ça va mal dans ma vie, je me dis que c'est pas le temps de boire mais de m'occuper de mes affaires. Y a eu des moments où ça allait crissement mal, où je n'intéressais plus personne, où on ne voulait pas me donner de job, de seconde chance (il faisait à ce moment référence à l'été 1999, qui avait suivi son second échec face à Dave Hilton). Mais j'ai travaillé pis j'ai finalement réussi à me trouver quelque chose avec les morts. Une fois que tu as fait ça, que tu es sûr que ça va mieux, là tu peux te permettre de boire. Tu me demandes pourquoi? Ça, c'est l'autre affaire : tout simplement parce que c'est plaisant, que j'aime ça. L'ivresse pour l'ivresse, pas plus compliqué que ça. Y en a qui collectionnent les timbres, d'autres qui jouent au bingo ou aux cartes, moi, ce que j'aime, c'est prendre une petite bière tranquille en n'écœurant personne. »

Deux ans et quelques cuites plus tard, ce ne serait plus « ce que j'aime », mais « ce que j'aimais ». L'alcool lui apporterait alors autant de déplaisir que de plaisir, il le supporterait beaucoup moins bien, et s'en lasserait aussi beaucoup plus rapidement. Surtout il aurait compris, au cours de sa longue lutte contre les drogues hallucinogènes, que boire ne pouvait même plus être un ersatz. À l'automne 2001, après une autre fois où il aura été déçu de ses agissements, il dirait : « J'ai compris que ne pas me droguer ne suffisait pas, et qu'il me faut aussi cesser de boire. Parce que l'alcool contribue à me faire baisser ma garde. »

***

Kidd, c'était le nom prédestiné de l'adversaire choisi pour son retour sur les rings, comme si on avait voulu souligner la réalité de la nouvelle vie de Stéphane, qu'il ne partageait pas exclusivement avec Lydie Larouche, mais aussi avec son petit Steven, qu'elle avait mis au monde quatre ans plus tôt. Très vite accro à la mère, Stéphane allait aussi se prendre d'affection pour le fils, inaugurant ainsi une période de quelques mois où il n'hésiterait pas à parler publiquement du baume qu'ils avaient su mettre sur sa plaie Morris. À Stéphane Bégin, du *Quotidien* : « *J'ai maintenant une famille et c'est très important pour moi. Je suis bien présentement. La boxe demeure aussi importante, mais ce n'est plus la même chose. Je sais maintenant que, peu importe ce qui va arriver, je ne m'aimerai pas moins.* » À Bertrand Raymond, du *Journal de Montréal* : « *Je ne m'étais jamais senti chez moi nulle part avant de vivre avec Lydie. Elle m'apporte un certain confort. J'aime beaucoup son petit Steven. À deux, ils captent mon attention. Je me sens aimé pour ce que je suis. Avant, je me demandais pourquoi on s'attachait à moi. Aujourd'hui, je sais reconnaître un sentiment fort.* »

Kenneth Kidd, c'était aussi et surtout le nom de sa facile victime du 20 décembre 1994 (arrêt, deuxième), la toute première victoire qu'il fallait attribuer à Lydie Larouche. S'étant décidé à ne plus boxer, après la dérouillée contre Morris, songeant même à ne plus quitter le Saguenay-Lac-Saint-Jean, Stéphane Ouellet avait commencé à changer d'idée et à repenser aux cordes le jour où, s'ennuyant si fort de Lydie, il avait décidé de la suivre à Montréal. Cela se passait en septembre. La grande question, c'était quoi faire de ses dix doigts à Montréal, sinon continuer de les glisser dans une paire de gants et boxer? Il avait donc jonglé avec quelques scénarios, comme celui d'entreprendre des études de poésie, pour finir par convenir que c'était encore la boxe qui pouvait le servir le mieux, lui permettre d'impressionner plus facilement Lydie, de se hausser dans son estime, elle qui ne l'avait vu que dans le pire.

Sa décision avait réjoui Yvon Michel. Bien sûr, il avait caché les motivations profondes qui le faisaient revenir, il avait plutôt parlé de son désir de commencer son ménage du Québec en affrontant Alain Bonnamie, puis de se venger de Morris exactement un an plus tard, le 13 juillet 1995 (il allait formuler le même genre de souhait après sa seconde défaite face à Davey Hilton, demandant un troisième combat pour le 28 mai 2000). Dans la mesure où il avait quand même à cœur de se surpasser, même pour la toute romantique raison de conserver l'amour d'une fille, il ne mentait pas. On pouvait dire la même chose d'Yvon Michel : le retour de Stéphane Ouellet lui donnait raison, lui qui avait pris la part de son boxeur après le match contre Morris en convainquant les actionnaires de Boxart de continuer de le payer : « Il réfléchit et il va cette fois tirer les leçons de sa défaite », leur avait-il promis.

Cela dit, Michel avait beau se montrer encore confiant, c'est de cette période que datent ses premières menaces publiques à l'égard de Stéphane Ouellet. Qu'elles aient suivi cette première défaite n'était pas une coïncidence et montrait bien que le Jonquiérois ne serait pas si fou, à l'été 2000, de croire que Michel ne lui avait jamais pardonné une autre défaite, celle du deuxième match contre Hilton. « *J'ai discuté avec Stéphane. S'il veut revenir à 100 %, je serai là à 100 %. S'il veut être à 90 % seulement, je vais me retirer.*

Stéphane ne doit plus s'accrocher les pieds, car je ne serai même plus dans son coin. Il devra abandonner la boxe ou se trouver quelqu'un d'autre », avait averti Yvon Michel dans *Le Quotidien* de Chicoutimi. Cette fois, il fallait bien convenir que c'était un tissu de mensonges de part et d'autre : pour la suite de sa carrière, Stéphane Ouellet ne viendrait même jamais près d'être prêt à 90 % pour un combat (encore moins à 100 %)!

Les promesses, les fameuses promesses de Stéphane Ouellet. Ce qu'elles ont pu en faire sourire, des gens! On aurait tort d'accorder trop d'importance à ce qui était, il est vrai, une vilaine habitude. Ce qui différenciait Ouellet des autres « prometteurs » qui polluaient le monde de la boxe, c'est que ce garçon-là pouvait malgré tout avoir, au hasard d'une conversation banale, des accès de franchise, de transparence, d'authenticité capables de faire oublier tout le reste.

Lydie Larouche a refusé de nous rencontrer : « Je ne garde aucun souvenir de ma relation avec Stéphane », a-t-elle affirmé pour justifier son refus. Longtemps après leur rupture, toutes les fois où Stéphane lui demanderait de lui confier pour plus d'une journée leurs deux fils – et qu'elle refuserait –, elle ferait bien la preuve qu'elle ne manquait pas de souvenirs. « Lydie pense que je suis encore l'homme immature qu'elle a connu quand on vivait ensemble. Elle vit dans le passé et elle est incapable de comprendre que je peux avoir changé, que je peux m'occuper de mes enfants. Lorsqu'elle agit comme ça, elle me rappelle tellement Yvon Michel! » déplore Stéphane.

Le passé, hélas, c'était beaucoup de choses aux yeux de Lydie Larouche. Surtout en ce qui concernait les enfants. Cela avait d'abord commencé avec Steven, le fils qu'elle avait déjà quand elle avait connu Stéphane. Après l'enchantement des débuts où Stéphane, toujours émotif, excessif et impulsif, avait loué publiquement les bienfaits de ce nouveau genre de triangle amoureux, les choses s'étaient mises à moins bien aller. Stéphane avait découvert, petit à petit, que faire vie commune avec une femme et son enfant, ce n'était pas facile. Au point, d'ailleurs, de jurer ne pas s'y faire reprendre. Pourtant, les deux femmes qui allaient suivre dans sa vie, Monia Tremblay et Linda Niquette – cette dernière qu'il épouserait en mai 2001 – seraient, elles aussi, déjà mères d'un garçon!

Stéphane Ouellet est le premier à dire que, toutes ces années, il a fauté dans « l'éducation » de Steven. « C'est même encore beau qu'il ne m'en veuille pas plus », dira-t-il d'ailleurs plus tard, à l'époque où Lydie et lui habiteront des appartements voisins, dans le même immeuble à Repentigny. À voir le plaisir que semblait éprouver l'enfant à le revoir, à s'amuser avec lui, à se mettre en garde comme un boxeur et à lui frapper dans les mains (Stéphane disait être vraiment impressionné par le talent qu'il montrait), il est vrai qu'il ne donnait pas l'impression d'être amer.

Donc, dans une période où le minimum était de dire qu'il ne faisait pas le meilleur guide sur terre, Stéphane avait pris sur lui d'agir comme s'il était le père de cet enfant. Ce qui avait été sa première erreur. Quant à la seconde, elle était directement liée à la première : c'était d'avoir tenu son rôle de père très mal! Il admet lui-même avoir été bien trop dur à l'égard du bambin, aveu dont on peut comprendre toute la portée si on se rappelle que cet homme-là, quoique de nature douce et pacifique, était parfois sujet à de terribles explosions de colère et d'impatience.

Graves, les crises? Sûrement. Si graves que ça? Elles n'avaient en tout cas pas découragé Lydie Larouche de lui donner deux magnifiques garçons, aux yeux bleus et cheveux blonds. De lui donner cette fois un vrai titre de père. Un temps, il avait beaucoup couru après un titre et il héritait maintenant du plus important d'entre tous. Champion du monde et riche? L'idée l'habitait encore, mais dans la seule perspective qu'elle lui permettrait de nourrir sa famille, sans souci.

Les deux heureux événements – façon de parler, ce n'est probablement pas ainsi que les qualifierait Lydie Larouche – s'étaient produits au cours de la même année, en 1996. Il y avait eu un bébé pour commencer l'année, le 4 janvier, un autre pour la finir, le 26 décembre. Le premier accouchement de Lydie avait eu lieu dans une période qui aurait pu, aussi, donner naissance à la vraie carrière internationale de son conjoint. Le 13 janvier de cette année-là, quand Lucas était allé en France disputer son Championnat du monde avec Tiozzo, on avait souhaité organiser un programme double avec une demi-finale Stéphane Ouellet-Hacine Cherifi (lequel deviendrait plus tard champion du monde WBC des moyens). « Mais parce que sa blonde était sur le point d'accoucher et qu'il disait vouloir rester à ses côtés pour s'occuper d'elle, Stéphane avait refusé de nous accompagner, confie Yvon Michel. Évidemment, c'était une raison qui se justifiait parfaitement. Le problème, c'est que ce n'était pas la vraie! Car si Lydie avait bel et bien accouché, jamais Stéphane ne s'était occupé d'elle. »

« L'histoire de cette longue journée, c'est que j'avais passé plusieurs, plusieurs heures à boire, au point de perdre une nouvelle fois la notion du temps. Alors le soir, à la fin d'un party, je m'étais couché aux côtés d'une fille, sans toutefois faire quoi que ce soit. Je m'étais réveillé le lendemain matin, vers neuf heures, plus mêlé que jamais et toujours incertain de la notion du temps. J'étais parti pour l'hôpital retrouver Lydie. En arrivant à sa chambre, j'avais ouvert la porte et lâché un affectueux "Salut, mon amour". Je m'attendais que Lydie soit contente de me voir, mais je ne me rappelais pas que ça faisait plus d'une journée que j'étais sur la brosse. Alors j'avais été accueilli assez froidement : "C'était le temps que tu te montres, ça fait 24 heures que j'ai accouché!" C'était assez plate, oui. Mais au moins, je ne lui avais rien caché, je lui avais tout raconté pour la fille, avouant que j'avais fait une gaffe, même si nous n'avions pas couché ensemble. »

Stéphane avait décidé il y a longtemps, sans que Lydie s'y objecte, que ce garçon qu'il n'avait pas vu naître honorerait la mémoire du Roi Lézard et se prénommerait Jim. « Encore chanceux d'avoir choisi Jim, avait dit Lucas dans *La Presse*, il voulait d'abord l'appeler Morrison! »

Le choix d'un prénom d'enfant constituait justement une merveilleuse façon, pour Stéphane Ouellet, d'afficher des sentiments à l'égard de certaines personnes. Aussi, après Jim au début de l'année, viendrait William le lendemain de Noël, ce dernier ainsi baptisé en l'honneur du grand-père maternel de Stéphane, William Ménard. Cette fois, Stéphane s'était repris et il avait assisté à la naissance de ce deuxième héritier qui lui accordait – il y songerait plus tard – une chance de plus de voir un Ouellet suivre ses traces.

Après 1996 et ces deux naissances qui faisaient presque croire à l'année du renouveau, suivrait au contraire l'année du déclin pour le couple, en route vers leur séparation définitive. Elle surviendrait à l'été, peu de temps avant le match du 30 juillet contre l'Américain du Michigan Joey Stevenson (victoire aux points, en 10 rounds), lequel match serait tout à fait dans le ton de cette séparation puisque ce serait aussi le dernier que Ouellet ferait pour les firmes KO'ntact et Boxart.

Avec deux enfants en bas âge, et cette fois aucune autre fille pour remplacer Lydie dans son cœur, Stéphane Ouellet vivait cette séparation plus difficilement que la précédente. Ce qui n'arrangeait rien, c'étaient ses problèmes d'argent, qu'avait alors évoqués le journaliste Robert Duguay, dans *La Presse* : « *Demain soir, il se bat contre un Américain, Joey Stevenson, que l'on dit équipé pour lui fournir une bonne bataille. Une autre. Pour une bourse très ordinaire.*

Une autre. "Ça ne va pas très bien dans mes finances", m'a-t-il avoué hier, en toute simplicité. Si Dave Hilton avait accepté de le rencontrer, Ouellet aurait empoché une bourse d'au moins 90 000 dollars. Si le combat contre Otis Grant avait fini par se concrétiser ou celui prévu contre Keith Holmes, titre mondial en jeu... Si-si... *"Ça me prend quelque chose de très gros d'ici la fin de l'année, insiste Ouellet. J'ai besoin d'une grosse bourse."*

Une rupture amoureuse, un déménagement, des ennuis financiers, des coups de déprime consécutifs à des promesses de combats lucratifs ou de Championnats du monde qui avortaient toujours – souvent parce qu'ils n'étaient jamais venus près de se faire, même si on lui avait mis en tête le contraire –, voilà le genre de macédoine de problèmes avec laquelle Stéphane Ouellet avait pris l'habitude de composer, toutes les fois où il aboutissait au motel Métropole (maintenant Excel), rue Jarry à Montréal. Le motel Métropole n'avait rien d'un trou « à sieste » placé sur le bord d'une route de campagne, mais n'était pas, non plus, un établissement de grande classe. Vaste, comptant quelques pavillons qui accueillaient leurs clients selon qu'ils avaient réservé à la nuit, à la semaine ou au mois, l'endroit était à l'hôtellerie ce que la petite boxe locale était à la clinquante boxe internationale : un truc sympathique, simple, familier et un peu folklorique, dont l'esprit et le caractère étaient magnifiquement incarnés par celui qui ne se contentait pas d'être son plus fidèle client, mais aussi son porte-parole officieux, l'ex-journaliste et expert de boxe, Guy Émond.

Émond et Ouellet étaient loin d'être intimes, mais ils s'étaient déjà retrouvés au bar du motel Métropole pour partager un bout de soirée. Racontée par Réjean Tremblay dans *La Presse*, la rencontre montrait bien l'utilité d'un tel endroit où une clientèle d'habitués pouvait à l'occasion meubler un peu de solitude. De celle qu'on ressent quand on espère encore, secrètement, l'appel de son ex :

« *Ti-Guy Émond s'en rappelle comme si c'était hier. Facile de s'en rappeler d'ailleurs, c'était le premier soir de la grande noirceur lors de la tempête de verglas du mois de janvier. Ti-Guy venait de gagner quelques dollars au casino et, heureux comme d'habitude, cherchait à occuper sa peau.*

« *Ti-Guy n'a pas touché à une goutte d'alcool depuis plus de deux ans mais il a gardé certaines de ses bonnes habitudes. Comme s'arrêter au bar du motel Métropole. Pourquoi s'arrêter au bar du motel Métropole un soir de verglas quand il n'y a pas d'électricité en ville, ce serait trop long à raconter.*

« Faisait noir mais Ti-Guy a encore l'œil vif. Il a aperçu une silhouette qui lui semblait familière. C'était Stéphane Ouellet, perdu à l'entrée du bar, l'air malheureux à faire pleurer les pierres.

« Guy Émond a passé sa vie à aimer les boxeurs, les conducteurs de chevaux, les joueurs de hockey et tous les bums de la terre. Il a vite réalisé que Stéphane n'était pas dans son assiette. Que rien n'allait dans sa vie et qu'il ne savait plus où se garrocher.

« C'était tranquille dans le bar. Quelques clients, une belle waitress, des chandelles sur les tables, Ti-Guy et Stéphane. Tellement de chums ont ramassé Ti-Guy à la petite pelle dans des bars à trois heures du matin, que l'ancien journaliste et chanteur s'est dit que Ouellet avait besoin de jaser avec quelqu'un. Et puis, il avait le goût de mieux le connaître. Ti-Guy a toujours fini par bien connaître ceux qu'il aime. Et par aimer ceux qu'il connaît. Il est comme ça.

« Il lui a payé trois bières avec l'argent arraché au casino. Et il l'a écouté. Et il a parlé, fidèle à son style. Vite et en le regardant dans les yeux au-dessus de la chandelle.

« La waitress était très belle, ça on s'en souvient. On se rappelle aussi qu'à la fin, quand il a fallu fermer le bar et que toute la ville était plongée dans la noirceur, elle a dit à Stéphane : "Viens Stéphane, je vais te donner deux cierges." Ouellet est passé derrière le bar et est revenu avec deux grosses chandelles. Il en a donné une à Ti-Guy et est sorti dans la nuit pour rentrer chez lui. »

Avec tous les séjours que Stéphane avait faits au Métropole, il est impossible qu'il n'en conserve pas quelques beaux souvenirs. Il se rappelle entre autres avoir beaucoup apprécié l'un des gérants du temps, Alain Malenfant, et de ne pas être resté insensible aux problèmes que le fils de l'illustre Raymond connaîtrait plus tard avec la justice. Il serait aussi très touché par le triste sort de Raymond Malenfant, lorsque ce dernier serait gravement blessé par une voiture en traversant la rue. C'était dans une autre période où ses finances (comme celles de Malenfant) étaient au plus mal et qu'il achetait billets de loto par-dessus billets de loto, « parce que j'ai le pressentiment, la certitude même, que je vais gagner. Je sens ça! Et l'une des premières choses que je vais faire après avoir gagné mes millions, ajoutait-il, c'est de me rendre à l'hôpital pour en donner un à Raymond Malenfant. Il le mérite. Parce que lui aussi a toujours su se relever de ses épreuves ».

Lui qui ne se liait pourtant pas facilement avait également noué une bonne amitié avec Gilles Miron, un comptable d'âge mûr qui vivait lui aussi depuis longtemps au Métropole, après des déboires amoureux. Ensemble, ils s'étaient payé de mémorables virées, même si Stéphane s'était demandé, la première fois que l'autre l'avait invité à foirer dans sa chambre, s'il n'avait pas affaire à une vieille pédale. « Tu n'as vraiment pas à avoir peur, l'avait rassuré la barmaid. Ce gars-là aime autant les femmes que toi. » Le goût de la fête, celui des femmes, ces deux-là s'entendraient si bien qu'ils garderaient le contact même après leur départ du Métropole. Et plus tard, quand celui que la famille du motel appelait « Pilate » – c'était son patois – serait victime d'un anévrisme et longtemps confiné à un fauteuil roulant, quand il aurait à poursuivre une longue rééducation à l'Hôtel-Dieu de Saint-Hyacinthe, loin de toute famille, ce serait souvent Stéphane Ouellet qui serait son seul visiteur.

Dans l'ensemble, quelques beaux moments et belles rencontres mis à part, le motel Métropole n'est pas source de souvenirs heureux pour Stéphane Ouellet. La plupart du temps, le Jonquiérois débarquait là en broyant beaucoup de noir et ce n'étaient pas toutes les heures qu'il passait entre les quatre murs de sa chambre qui l'aidaient à se refaire un moral. Bien sûr, il s'isolait volontairement, évitait les rassemblements familiaux et tout ce qui ressemblait à ça, mais il n'empêche que ses choix lui avaient certaines fois donné le cafard. Il pensait ainsi à un Noël en particulier – il se serait de toute façon mal senti dans n'importe quel réveillon, et il n'aurait pas souhaité être ailleurs –, où il s'était dit qu'il n'y avait sûrement pas de pire façon de passer le temps des Fêtes qu'enfermé dans une chambre de motel. Il pensait aussi au baptême de l'une de ses nièces, célébré chez ses parents, à Jonquière, pour lequel il n'avait pas été informé, auquel on ne l'avait pas invité, « probablement parce qu'on craignait que je me soûle encore ». Il l'avait su en appelant à la maison : « Salut, qu'est-ce que vous faites de bon?

— C'était aujourd'hui le baptême, tout le monde est ici! Tu ne le savais pas? On a pensé que, comme d'habitude, cela ne t'intéresserait pas de venir. »

Malgré tout ce qui pouvait se passer dans sa vie quand il logeait au Métropole, c'était encore avec la boxe qu'il se faisait le plus d'ulcères. Normal, c'est tout ce qu'il y avait dans son univers. Déjà que ce sport-là ne le rendait pas totalement heureux quand ça allait bien, imaginez comment il se sentait quand ça n'allait pas du tout. Imaginez le portrait : un homme qui, de nature, voyait tout en noir, qui broyait en plus beaucoup de noir, dans une chambre au mieux grise!

Des fois, il lui arrivait justement de se demander si ce n'était pas le Métropole, son problème. Vaste. Mais en même temps si petit. Communautaire. Mais en même temps si individuel. Des centaines et des centaines de chambres. Mais en même temps juste une chambre. Des fois, il lui arrivait de se demander si ce n'était pas le Métropole son problème et il finissait toujours par se rappeler que ça n'avait rien à voir, que la solitude à l'intérieur d'un groupe, aussi souffrant que cela pouvait être, c'était ce qu'il aimait. Alors c'était quoi, le problème, sinon le Métropole?

C'était le monopole. Celui que la boxe, celui qu'Yvon Michel exerçaient sur lui.

Ses pires moments – la boxe étant à ce moment sa seule activité –, c'était quand il revenait de l'entraînement de l'après-midi, qu'il avait croisé les gants avec un boxeur quelconque et qu'il avait mal paru. Lui qui se posait des questions et doutait de lui pour bien moins que ça, revenait à sa chambre angoissé, découragé, condamné à ne penser qu'à cette mauvaise séance de *sparring*, à se demander s'il n'était pas fini, s'il n'allait pas prendre une branlée à son prochain combat. Plus tard, dans la période où il intercalerait des funérailles entre ses séances d'entraînement, il verrait un monde de différences entre les deux situations. Certes, il lui arriverait encore de sortir du gymnase complètement déprimé, mais au moins, dirait-il, « je ne passerai pas l'hostie de journée enfermé dans une chambre d'hôtel à ruminer mes problèmes. Mon travail a ceci de bon qu'il me permet de penser à d'autres choses ».

Pendant 10 ans, jusqu'à ce qu'il prenne assez d'assurance et de confiance en lui pour s'affirmer, il avait laissé Yvon Michel être le maître incontesté de sa carrière. Il l'avait laissé tout négocier, tout décider, tout réfléchir. C'était connu. Stéphan Larouche avait dit, un jour : « Tu sais, Yvon, il a longtemps pensé à la place de Stéphane. » Les fois où Stéphane Ouellet avait le plus l'impression d'être le pantin d'Yvon Michel, c'était quand ce dernier lui faisait miroiter les plus beaux scénarios de combats; qu'il disait être en pourparlers avec le gérant d'un tel ou d'un tel; qu'une signature à côté de très gros chiffres était selon lui imminente; qu'il l'appellerait « dès que ce serait officiel ». Bref, c'était cela qui complétait la liste des pires souvenirs de Stéphane Ouellet au motel Métropole : toutes ces fois où il se morfondait dans sa chambre en espérant une confirmation improbable, mais surtout en ayant une désagréable impression de dépendance, la désagréable impression que sa carrière, sinon sa vie, reposait entre les mains d'Yvon Michel.

Sur le plan personnel, c'est au cours de cette année noire de 1997 que les deux hommes viendraient au plus près de devenir ennemis. Leurs différends professionnels seraient de plus en plus nombreux, leurs prises de bec, de plus en plus virulentes. Et le fossé entre leurs personnalités ne serait jamais plus évident qu'au cours des cinq semaines où ils auraient à cohabiter. On peut penser que c'était là le message livré par Yvon Michel à Réjean Tremblay, quand l'entraîneur s'était décidé à « partager » cette expérience pour le moins troublante. Tremblay, qui s'en était probablement fait raconter davantage et qui n'avait qu'effleuré le sujet dans une apparition à TQS, avait aussi choisi de ne pas accabler Ouellet dans son journal et d'écrire sans abuser des détails. Tout de même, Michel et sa blonde ont accueilli Stéphane dans leur condo pendant cinq semaines. Mais ce ne fut pas assez pour que les deux hommes fassent le point et oublient les moments difficiles du passé.

Les détails de cette cohabitation étaient cette fois complètement préjudiciables à Stéphane Ouellet. Dans sa période post-rupture où il n'avait pas un rond et où il ne pouvait donc même pas se payer le motel Métropole, le boxeur avait vu Yvon Michel lui offrir généreusement l'hospitalité. Un sacrifice énorme, il faut bien le dire, tant la réputation de Stéphane Ouellet était noircie de sordides histoires sur sa vie en appartement. Surtout pour quelqu'un qui partageait déjà son espace avec une fille aussi pimbêche que Ouellet était primaire.

Si Ouellet avait de la classe dans l'arène et s'il était capable d'une certaine sophistication dans la vie, il était pourvu d'une très forte masculinité qui lui faisait accorder une grande attention à son membre viril. Ainsi, Ouellet, les deux mains à l'intérieur de son survêtement, donnait toujours l'impression de jongler avec son pénis, montrant à quel point il avait besoin de ce contact tactile qui lui paraissait tout droit hérité de Morrison. Chez InterBox, le geste n'avait pas échappé à Larouche, qui s'était, en prévention, inventé un truc au moyen du couvercle de son verre à café, lui indiquant si Ouellet avait avalé une gorgée à son insu, donc s'il avait eu à placer les doigts sur son verre!

Quand on savait aussi qu'il urinait partout – dans les poubelles du gymnase à Claude-Robillard, à l'extérieur sur la piste d'athlétisme, derrière un arbre, sur le bord d'un édifice, à côté d'une voiture – on aurait dû être terriblement gêné de le côtoyer. À la vérité, c'était le contraire. Une longue promenade en compagnie de Stéphane Ouellet prenait l'allure d'un retour aux sources. On avait alors l'impression de renouer avec le plaisir enfoui d'être primitif et libre comme si on courait encore les bois; et on se rappelait que, malgré des siècles d'évolution et tous les changements technologiques, vivre était aussi simple et aussi peu contraignant qu'au début des temps.

Pisser occasionnellement en public (même en prenant soin de tourner le dos), accomplir ce qui est une fonction naturelle chez l'homme, c'était un crime? Dans ce cas-là Stéphane Ouellet était un gros criminel d'habitude! Mais à choisir, il préférait être un criminel qu'un hypocrite qui niait sa nature. Si les bêtes, justement, éliminent naturellement dans la forêt, si les hommes qui les chassent font de même, doit-on se scandaliser de voir ça en ville?

Comme Morrison, il avait toujours uriné en public. Et il le faisait bien avant de connaître le poète des Doors, bien avant de savoir qu'on le reprochait également à son idole.

Le plus étrange, c'était le comportement qui avait rendu cauchemardesques les cinq semaines passées chez Yvon Michel et Alexandra Croft. Lui qui trouvait si naturel de se soulager en public, il avait la réaction complètement inverse lorsqu'il devait dormir chez des gens qu'il connaissait peu ou avec qui il n'était pas très à l'aise. « Dans ces occasions-là, je ne sais pas pourquoi, ça me gênait trop de me lever la nuit pour aller à la salle de bain. J'avais comme un blocage. »

Résultat, il restait dans sa chambre et pissait dans des verres de cuisine! « Mais j'avais bien dû oublier une fois ou deux de les ramasser le matin, car Alexandra l'avait su. Je ne vois pas comment elle aurait pu s'en rendre compte autrement. » Est-il besoin de décrire son dégoût quand elle avait découvert cela? Chez elle, dans sa vaisselle! « C'est bien simple, elle avait décidé par la suite de se cacher un verre et elle utilisait toujours le même », confie Frédéric Poirier, une des nombreuses personnes à s'être fait raconter cette histoire tellement incroyable que personne n'avait pu la garder secrète.

Et il y avait eu ce type habitant un condo dans le même immeuble qui, le matin, ne trouvait plus son *Journal de Montréal* sur le pas de sa porte, quand il rentrait de travailler. Au même moment, un bruit commençait à se répandre qui était parvenu aux oreilles du couple Michel-Croft : « Il y a un gars plein de tatoos qui se promène en bedaine dans le hall et qui vole des journaux. » « Chaque matin, raconte Stéphane, je voyais le journal qui traînait dans le hall et je le ramassais de bonne heure. Je n'avais pas nécessairement l'impression de le voler... en tout cas je le prenais. Un matin, je venais de le glisser sous mon bras et je m'apprêtais à partir quand un monsieur assez âgé a ouvert la porte, en criant :

« Aaaaaaaah! c'est toi, le voleur de journaux! » C'est un peu cet épisode qui a mis fin à mon séjour chez Yvon Michel. Alexandra m'avait dit qu'il faudrait avoir un meeting. Je suis parti avant qu'on se parle. »

Ils n'avaient pas fait d'efforts pour le retenir.

**

On disait du knock-out expéditif obtenu par Stéphane Ouellet contre Kenneth Kidd qu'il ne resterait pas dans les mémoires, mais c'était faux : il s'incrusterait dans celle de Ouellet, chassant le souvenir de la défaite contre Morris, et permettrait une préparation bien plus positive pour le combat suivant, de loin le plus important et le plus émotif de sa carrière.

À la fin de cette année 1994, les clans de Ouellet et d'Alain Bonnamie s'étaient en effet mis d'accord pour un affrontement le 24 février 1995 dans un match de Championnat canadien des super-mi-moyens, avec Ouellet dans la position du tenant et Bonnamie dans celle du challenger. Longtemps indécis, les actionnaires du groupe KO'ntact avaient considéré le Colisée de Québec, le Forum de Montréal et le Centre Georges-Vézina de Chicoutimi, pour finalement choisir de le présenter dans la cour, ou presque, de Ouellet, au Palais des sports de Jonquière. Dans le but de vendre efficacement l'événement à la population saguenéenne, ils avaient donc opté pour une copromotion avec les principaux ténors de la boxe jonquiéroise, Jean-Marc Tremblay et Stéphan Larouche. (À ce moment toujours entraîneur du Club de boxe de Jonquière, ce dernier allait agir comme *matchmaker*.) Décision heureuse, puisque, malgré les bourses respectables consenties aux deux finalistes (chacun 20 000 dollars ou 15 % des recettes), le gala avait dégagé l'un des rares profits de l'organisation, 14 775 dollars.

Mais la presse de Montréal n'avait pas aimé. Elle n'était pas privée de la possibilité de voir le match, puisque le réseau de télévision payante Viewer's Choice allait l'offrir partout au Canada, ce qui n'était pas courant à l'époque. Mais elle jugeait décevante l'idée de présenter un affrontement de cette envergure ailleurs qu'à Montréal, là où les promoteurs auraient été le plus susceptibles d'enregistrer une grosse foule. À Jonquière, le soir du combat, on annoncerait bien une salle comble de 4 248 personnes (dans les faits, il y en avait même plus de 5 000), mais c'était logique de croire que ce combat-là aurait pu attirer davantage d'amateurs dans la métropole.

Or, ce n'était pas si sûr. Les gens de KO'ntact pressentaient en effet qu'il n'y avait plus d'osmose entre le public montréalais et Alain Bonnamie, si tant est qu'il y en avait déjà eu. C'est probablement pour éviter ce problème qu'ils avaient choisi Jonquière, où la popularité de Ouellet suffirait seule à attirer une foule importante, sans égard à la valeur de son adversaire. Deux mois avant l'affrontement du 24 février, au cours du même programme où Ouellet avait mis K.-O. Kenneth Kidd, Bonnamie avait en effet été sifflé par la foule du Forum, qui estimait immérité le nul prononcé par les juges au terme du combat contre l'Américain Anthony Ivory (battu en 10 rounds par Dave Hilton, 3 ans plus tôt). Ce match nul suivant de quelques mois la troisième défaite de la carrière de Bonnamie (arrêt sur coupure, face à l'Américain Bronco McKart), ce n'était rien pour conquérir le cœur d'un public dont on disait qu'il n'en avait que pour les gagneurs.

Stéphane Ouellet-Alain Bonnamie, c'était un match attendu et commenté depuis au moins deux ans, c'était une confrontation naturelle, un truc passionnel comme en rêvent les promoteurs, c'était peut-être l'affrontement local le plus significatif depuis les deux Cusson-Hilton au milieu des années 1980. C'était tout ça, mais aussi, malheureusement, un combat qui se concrétisait trop tard. Les deux boxeurs ayant été battus – et rebattu dans le cas de Bonnamie – depuis les premiers jours où on avait parlé du combat, l'intérêt des amateurs n'était plus le même, et ce n'est évidemment pas une nouvelle défaite de l'un ou l'autre des deux boxeurs qui pouvait améliorer les choses. Pourtant, le 10 janvier 1995, à peine 20 jours après le nul contre Ivory et seulement 6 semaines avant de retrouver Ouellet, Alain Bonnamie avait livré un 8 rounds, à la Nouvelle-Orléans, contre un espoir très bien considéré, l'Américain Raul Marquez. Et il avait encore perdu, aux points, subissant son quatrième échec dans les rangs professionnels! La nouvelle avait rendu les promoteurs ambivalents : d'une part, ce résultat était encore susceptible d'émousser un peu l'intérêt des amateurs – sinon ceux de Jonquière, du moins ceux du Viewer's Choice – mais d'autre part, il rassurait les experts qui croyaient, après Ivory, que Bonnamie était au bout du rouleau. Confronté, en Marquez, à une opposition soutenue, le Montréalais avait en effet offert une bonne performance et, surtout, il avait tenu la distance. Car, plus que sa victoire ou sa défaite, c'était sa performance qui inquiétait le plus les promoteurs du Duel au Saguenay : contre ce très bon adversaire, Bonnamie réussirait-il à éviter le knock-out et la suspension de 90 jours qui l'aurait alors accompagné, empêchant ainsi la tenue du combat contre Ouellet? « C'est vrai, confirme Stéphan Larouche, nous avions été sur les nerfs jusqu'à la dernière seconde. Bien sûr, avant ce combat, Alain n'avait jamais visité le plancher, mais à la lumière de ses derniers résultats, on ne pouvait faire autrement que de craindre qu'il se fasse arrêter par Marquez. Du fait que nous avions travaillé tellement fort pour gagner le droit de présenter ce combat, la suspension d'Alain aurait constitué une tuile épouvantable. »

Une fois les inquiétudes passées, restait quand même la réalité : le 24 février, Alain Bonnamie se présenterait devant Stéphane Ouellet sans victoire à ses trois derniers combats. Très mauvais pour lui. En convenant que ce n'était pas sur ce genre d'élan qu'un boxeur aimait aborder un combat crucial, on était toutefois en droit de se demander si pareils insuccès ne desservaient pas davantage Stéphane Ouellet qu'Alain Bonnamie. L'explication était simple : opposé à un boxeur limité mais dangereux, qui semblait maintenant perdre contre tous les bonshommes qu'il rencontrait, Ouellet, grand favori, était dans l'obligation de gagner, mais surtout de le faire nettement s'il voulait justifier son statut de boxeur surdoué. Il avait donc encore sur les épaules l'énorme responsabilité de ne pas pouvoir perdre, et d'avoir tout à perdre contre un boxeur battu par des bien moins bons que lui. Côté pression, Stéphane Ouellet aurait été bien malvenu de se plaindre : au début de sa carrière, il avait été le premier à s'en donner en déclarant vouloir nettoyer le Québec, tâche qu'il disait vouloir commencer avec Bonnamie et finir avec les frères Hilton. Avec le recul, on conviendra qu'il aurait mieux fait de se donner un autre défi : faire du nettoyage était pour lui tellement à contre-emploi qu'il n'est pas surprenant de l'avoir vu mettre autant de temps – presque 10 ans – à terminer ses travaux d'entretien!

Cette candide déclaration de Ouellet avait certainement beaucoup chatouillé l'orgueil de Bonnamie. Au cours des mois suivants, le Montréalais avait répliqué à sa façon, faisant souvent état de la faiblesse du palmarès de Ouellet, lequel, disait-il, n'avait jamais affronté d'adversaires de valeur. Déjà classé mondialement, Bonnamie avait commencé à jouer publiquement les indifférents, affirmant entre autres que sa carrière internationale n'avançait nullement dans un combat avec Ouellet. Le titre de champion du Canada du Jonquiérois? Une farce, jugeait-il. « Lorsque tu dis [aux États-Unis] que tu détiens un titre canadien, tu fais rire de toi. En somme, c'est de la merde, car on ne trouve que cinq ou six boxeurs de haut calibre dans chaque catégorie de poids. Il est même préférable de ne pas en parler », avait-il déclaré au *Quotidien* de Chicoutimi, en 1994. Tout cela montrait donc que, contrairement à la croyance populaire, le combat Bonnamie-Ouellet avait donné lieu à une guerre de mots, la particularité de celle-ci étant que, aussi forte elle avait été plusieurs années auparavant, aussi faible elle serait dans les jours et les heures précédant le match, quand les deux boxeurs avoueraient même ne pas se détester!

À ses débuts dans la boxe, Alain Bonnamie avait réussi à charmer les journalistes francophones par un discours aussi empreint de respect qu'exempt de violence. En tous points fidèle à sa formation de karatéka. Mais dans le même temps, ses commentaires avaient contribué à indisposer une bonne partie du monde de la boxe. *« Je ne dis pas que le milieu est croche ou pas, mais je suis content d'être différent des gens qui le composent. C'est un monde d'intimidation, plein de défis verbaux. Ce n'est pas ma façon d'être. À notre école [de karaté], on prêche la discipline et le respect de soi. Pour nous, l'enfant méritoire est celui qui réussit un quatrième push-up après avoir eu des ennuis à compléter son troisième. Ce n'est pas celui qui en fait 10 sans se forcer. On essaie aussi de leur apprendre à ne pas utiliser la violence. S'ils se font écœurer à l'école, on leur explique que ça ne servira à rien de répliquer. Dans la boxe, les choses se déroulent autrement. Et moi, je n'ai pas été élevé comme ça »*, avait-il aussi expliqué à Philippe Cantin, de *La Presse*. À la lecture de ces propos, le milieu de la boxe s'était interrogé : « Qui est ce parvenu qui vient jouer dans notre cour, envahir notre terrain de jeux, qui vient surtout gagner de l'argent dans notre business, mais qui a le culot de s'estimer heureux de ne pas nous ressembler? Qui est ce parvenu qui vient mordre la main qui le nourrit? Car le sait-il, Bonnamie, que c'est le monde de la boxe qui le paye, et parfois grassement? » Bref, honni, Bonnamie, il s'en trouvait pour dire qu'il l'avait un peu beaucoup cherché.

Le cœur gros – dans tous les sens du terme, car ce garçon-là possédait vraiment un cœur de lion –, il avait mis les voiles en 1993 pour les États-Unis. Direction San Diego, Californie, où il était allé se mettre entre parenthèses pour 18 mois. Lui qui avait commencé sa carrière de boxeur sous la férule du respecté Jacques Chevrier, ancien entraîneur du lourd Robert Cléroux, il avait entrepris une collaboration avec l'Américain Jesse Reid, dont il n'allait pas cesser de vanter les mérites en rappelant tous les champions du monde qu'il avait su former. Le problème étant toutefois qu'il aurait lui-même grand mal à transposer en compétition tout ce qu'il disait apprendre et améliorer à l'entraînement. Mais surtout, il ne lui servirait à rien d'être bien entraîné si c'était pour être mal géré. À ce moment, Alain Bonnamie était en effet lié par contrat avec un homme d'affaires de Montréal, Tim Clahane. Le contrat avait fait l'objet d'une dispute avec Yvon Michel, que Clahane accusait de maraudage envers ses boxeurs. Gérant d'Otis Grant (curieusement exilé lui aussi), Clahane était aussi promoteur du groupe Phoenix, lequel avait organisé certains programmes au Québec, avec peut-être encore moins de succès que tous les autres groupes de promotion. Bref, c'étaient beaucoup de titres pour un gérant qui pesait bien peu sur l'échiquier de la boxe mondiale et qui, conséquemment, n'était pas en mesure de protéger son boxeur, de le faire progresser à bon rythme, sans risques inutiles, tout en étant capable de lui éviter l'abattoir. C'est ainsi qu'en 1993, Bonnamie, mal conseillé, était allé tomber dans un traquenard en France, gracieuseté du promoteur parisien Louis Acariès qui l'avait attiré là-bas avec de belles paroles et une chiée de promesses, comme celles de lui offrir, pour 4 000 dollars, un 10 rounds « contre un Africain anonyme ». Sur place, il avait seulement eu droit à un 8 rounds disputé dans des conditions épouvantables, contre l'anonyme en question, en fait un espoir africain installé à Paris depuis longtemps, auteur d'un dossier de 18-2 avec 14 knock-out! Il avait perdu aux points avec seulement Clahane dans son coin pour lui passer l'eau, parce qu'on avait manœuvré pour que Jesse Reid, pris ailleurs sur le globe, ne puisse pas le rejoindre à Paris.

Si besoin était, toutes ces aventures confirmaient à quel point les deux protagonistes du Duel au Saguenay étaient des êtres contraires. Ulysse des rings, Alain Bonnamie avait accepté un exil, des combats un peu partout dans le monde, aux États-Unis, en France, en Australie (contre l'ex-champion mondial Troy Waters), pour faire avancer sa carrière. Pourtant le plus bohème des deux, Stéphane Ouellet ne voulait rien entendre d'une carrière menée ailleurs qu'au Québec, et il subissait comme un supplice chaque séjour, chaque camp d'entraînement à l'étranger. Du genre village global, Alain Bonnamie se montrait souvent condescendant envers les affrontements locaux – il avait déjà qualifié les combats Cusson-Hilton de « Championnats du parc Lafontaine » – et visait avant tout une carrière internationale. Du genre société distincte, un peu ceinture fléchée, Stéphane Ouellet carburait presque exclusivement aux duels québécois chargés de passion et d'émotion. Deux contraires, même entre les cordes : Bonnamie était besogneux et trouvait son salut dans un style teigneux. Ouellet était artiste et cherchait à boxer en faisant du beau. Deux contraires, mais jamais autant qu'à l'extérieur des cordes : l'un, naturellement porté sur l'entraînement, faisait tout pour prendre soin de son corps; l'autre, naturellement porté sur la galère, faisait tout pour lui nuire.

En fait, Stéphane Ouellet et Alain Bonnamie se ressembleraient une seule fois et Yvon Michel avait décidé que ce serait le soir de leur affrontement. Pour augmenter les chances de victoire de son protégé, Michel lui avait en effet fixé un objectif : imiter Bonnamie et se présenter dans le ring avec une condition physique et mentale égale ou supérieure à celle de son adversaire. Une fois ce pari tenu – et puisque Bonnamie n'avait pas d'atouts techniques –, le talent de Ouellet allait faire le reste, Yvon Michel en était absolument convaincu.

Depuis ce temps, Michel n'a jamais cessé de croire que Stéphane Ouellet avait cette fois-là atteint l'objectif fixé. Et que c'était peut-être la seule fois de la seconde partie de sa carrière. Au cours des années suivantes, on entendrait souvent Michel citer cette préparation en exemple, expliquant que son boxeur ne s'était pas bien préparé pour tel combat « puisqu'il n'avait pu répéter la même préparation qu'il avait eue pour Alain Bonnamie ». Yvon Michel ne se racontait pas d'histoires : Stéphane Ouellet avait pris cette échéance très au sérieux et s'était fort bien entraîné. Il avait été assidu à la salle, il avait fait son footing, et il était même retourné passer une semaine à Miami, au gymnase d'Angelo Dundee, comme son entraîneur l'exigeait souvent avant les combats. Pour l'occasion, son principal partenaire d'entraînement avait d'ailleurs été le léger montréalais Howard Grant, qui se voulait le meilleur guide pour un boxeur souhaitant s'entraîner, tant il ne jurait lui aussi que par la préparation physique. (C'était avant que Grant soit surpris à célébrer la deuxième défaite de Ouellet contre Hilton, alors qu'il était encore, pourtant, entraîneur adjoint chez InterBox!) Tous ces détails avaient donné des résultats positifs : à la fin du match, Ouellet confierait même au micro de RDS que c'était en soi « une victoire d'avoir été aussi discipliné à l'entraînement ».

Était-ce cette fois la vérité? Qu'en était-il de cette fameuse préparation si vantée par Yvon Michel? Stéphan Larouche, songeant à la double vie souvent menée par Ouellet à l'insu de son entraîneur, s'était aussi interrogé : « D'ailleurs, qui connaît réellement la vérité au sujet de cette préparation (ses doutes lui venaient de ses souvenirs du combat, encore frais à sa mémoire : il avait vu Ouellet très fatigué et à bout de souffle, après seulement quatre rounds)? Probablement qu'Yvon lui-même n'en connaît même pas les dessous. »

Comme d'habitude, un seul homme connaissait toute la vérité : Stéphane Ouellet. « Il n'y avait jamais rien de parfait dans mon cas. D'une part, c'était vrai que je m'étais très bien entraîné pour Alain Bonnamie. Mais d'un autre côté, j'avais continué à fumer comme un pompier tout au cours de mon entraînement. Quelque chose comme deux semaines avant le combat, j'avais reçu à Montréal mes amis du Saguenay et on s'était payés, pendant plusieurs jours, un moyen show de boucane. »

Toute la complexité de Stéphane Ouellet est contenue dans ces propos. Voilà un homme rarement capable de réussir une vraie préparation, qui, de peine et de misère, se montrait sur le point de le faire au moins une fois dans sa vie, mais qui trouvait le moyen de tout gâcher parce qu'incapable de réfréner sa pulsion pour l'autodestruction.

De tous les excès auxquels il pouvait justement faire appel pour se détruire – et ils étaient nombreux –, fumer était certainement le pire. Pour la simple raison que celui-là était quotidien. Quand il dirait plus tard avoir passé son temps à ne faire que des trucs nuisibles à son corps et à sa carrière, c'est avant tout à la mari qu'il penserait. Lui seul savait le tort que cela lui causait à chaque séance de *sparring*, à chaque combat, quand il sentait ses poumons en feu, qu'il râlait comme un mourant sur le ring et qu'il manquait de perdre son protecteur buccal chaque fois qu'une envie de tousser ou de vomir lui montait à la gorge. Fumer n'était pas tout (mais c'était une très bonne raison) ce qui expliquait pourquoi ce garçon-là avait si peu confiance en lui et était toujours si pessimiste à la veille des combats. « Comment veux-tu avoir beaucoup confiance en toi, confiance de gagner un combat, quand tu sais que tu fumes comme le tabarnak, et que tu n'auras probablement pas assez de gaz pour te rendre à la fin du combat? » demandera-t-il, à l'automne 2001, quand il prendra conscience qu'à 30 ans, il devrait maintenant cesser tout recours aux artifices s'il voulait reprendre sa place dans la boxe, prise par Lucas à cause de ses écarts.

Cela expliquait sûrement en partie la très grande nervosité qui le tenaillait dans les heures précédant le premier gong. Lui qui ne faisait jamais rien comme les autres athlètes de son envergure, qui faisait surtout un tas de choses susceptibles de lui être néfastes avant un combat – y compris se lever le matin d'un match et lire les journaux, comme s'il n'était déjà pas assez influençable comme ça – il avait flashé, au petit matin du 24 février, sur le titre à la une du *Quotidien*, qui montrait une photo de lui et de Bonnamie : «L'heure de la vérité », annonçait le journal. Bizarrement cela avait contribué à le remuer un peu plus, comme s'il réalisait tout à coup toute l'importance et la signification de ce combat où il jouait ni plus ni moins sa carrière, après la défaite contre Morris. Et pourtant, quelqu'un qui l'aurait vu en matinée et en soirée aurait jugé, par comparaison, qu'il était calme et serein le matin! Cela en dit long sur son stress à quelques minutes du match, pendant qu'il attendait son tour dans le vestiaire sous les combles du Palais des sports. C'était un petit vestiaire aux couleurs fortes; un long banc de bois ceinturait la pièce. Stéphane ne parvenait pas à oublier que ce vestiaire, et cette enceinte de la rue Pelletier, se trouvait à deux minutes de marche de la maison où il avait grandi, rue de la Fabrique. Plus chez soi que ça, on meurt; dans le vestiaire, justement, il était presque en train de mourir à petit feu.

Pendant sa marche vers le ring, qu'il avait amorcée en surgissant d'un nuage de fumée qui n'était rien pour lui faire oublier l'état de ses poumons, non plus qu'à son entrée entre les cordes, il ne parviendrait, malgré ses efforts, à camoufler la terrible tension qui l'habitait. On en comprendrait toute l'ampleur lorsqu'il confierait, après le combat, s'être senti fatigué dès le premier round! Il avouera, sur les ondes de RDS : « Tout ce stress-là, j'ai trouvé ça très dur. J'essayais de ne pas y penser, mais c'est presque impossible. Une fois sur le ring, veux, veux pas, tu sens le stress des gens qui s'ajoute à celui que tu ressens déjà. Et comme je suis un capteur d'énergie, moi, j'ai capté tout ça. J'ai donc été fatigué à tous les rounds, mais j'ai pu chaque fois revenir fort comme au premier. » Voilà pourquoi la situation dans laquelle était Ouellet forcerait l'admiration d'un type comme Stéphan Larouche : « C'est fou le *guts* que Ouellet a démontré à ce combat-là. Car c'est tellement plus difficile, plus compliqué, plus exténuant de se battre chez soi, devant son monde. »

Quand Ouellet était apparu, stressé, sur le ring, il avait été accueilli par les gros yeux de Bonnamie, lequel se livrait alors à un inhabituel numéro d'intimidation visuelle qui n'était pas sans rappeler les jours spectaculaires de l'Ouragan Eddie Melo. Plus tard on apprendrait que c'était du cinéma, et que cette démarche de fauve en cage avec regard à l'avenant n'était que de la fausse assurance. Plus tard, Alain Bonnamie avouerait en effet à Larouche avoir été si nerveux pour ce combat-là, qu'il en éprouvait du mal à respirer!

Le seul élément qui aurait peut-être dû éveiller l'attention, c'était son poids. À la pesée du jeudi après-midi, Bonnamie avait en effet accusé 151,9 livres, presque trois livres de moins que la limite de 154, ce qui, selon une vieille croyance de la boxe, pouvait suggérer qu'il avait eu de la difficulté à gérer son stress.

Il semble que tout le clan Bonnamie avait été soufflé par la frénésie dans laquelle le groupe avait été plongé en débarquant à Jonquière. L'ancien kick-boxeur Raynald « Cœur de lion » Lamarre qui, comme à son habitude travaillerait dans le coin de son grand ami le soir du combat, avait vécu une première. « De toute ma vie, je n'ai vu une ville où on vibrait autant pour la boxe. Dès notre arrivée à Jonquière, il nous avait semblé que c'était le seul et unique sujet de discussion en ville. Dans la rue, dans les restaurants, les hôtels, partout, on n'entendait parler que de ça. C'était fou. Fou comme s'arrêter dans un endroit pour utiliser un téléphone public et de s'apercevoir que les occupants des cabines d'à côté parlaient uniquement du combat entre Alain et Stéphane. » Il se pouvait bien que cette ambiance folle régnant en ville ait déclenché la nervosité de Bonnamie. Et provoqué la question que lui-même poserait plus tard à Bertrand Raymond : « *Pour l'amour du ciel, pourquoi avoir accepté ce combat, dans un endroit comme Jonquière?* » La réponse, c'était Raynald Lamarre qui s'était chargé de la donner : « Pour la bourse. Ce combat-là était arrivé dans une bien mauvaise période pour Alain et il l'avait fait pour l'argent, sans aucune autre espèce d'envie. » Dans la mesure où cette « bien mauvaise période » n'était pas que sportive et que Bonnamie était encore affecté par le suicide récent de son frère Sylvain – à Pierre Durocher du *Journal de Montréal*, il s'était d'ailleurs un jour ouvertement blâmé pour cette mort : « *Pendant des années, j'ai été égoïste. Je n'avais qu'une chose en tête et c'était de devenir champion du monde. J'ai négligé mes relations avec ma famille et avec mes amis. Mon frère Sylvain a eu des problèmes et il s'est finalement enlevé la vie. J'aurais dû faire quelque chose pour lui, tenter de l'aider à résoudre ses problèmes.* » –, dans la mesure, donc, où tout allait mal dans la carrière et la vie de Bonnamie, accepter un combat pour ne pas passer à côté d'une bonne bourse pouvait facilement se comprendre. Et se pardonner, d'autant plus que, le soir du match contre Ouellet, il avait eu l'air de tout, sauf d'un boxeur venu exclusivement pour encaisser un chèque.

Ce soir-là, Alain Bonnamie avait en effet offert une opposition de haute volée à Stéphane Ouellet. Ce dernier avait anticipé une véritable guerre : c'est exactement de cela qu'il s'était agi. Une guerre qui avait eu le mérite d'être égale selon les juges : à l'issue des quatre premiers rounds, Ouellet pointait en avant sur un bulletin, Bonnamie sur un autre, et les deux boxeurs se trouvaient nez à nez sur le troisième bulletin!

À l'unanimité, tous avaient accordé l'entame à Ouellet, pourtant reconnu pour ses débuts de match en demi-teintes. Mais la différence, c'est que Bonnamie, qui avait aussi cette réputation, ne lui avait cette fois laissé aucun choix : son pressing de battant était si constant, qu'il avait obligé Ouellet à démarrer beaucoup plus rapidement qu'à l'habitude, comme pour un combat amateur. Dans le début de match de Bonnamie, on reconnaissait la signature de son entraîneur Jesse Reid, lequel aimait à exiger de ses boxeurs qu'ils appliquent beaucoup de pression, pour forcer l'épuisement des adversaires. Le moins que l'on puisse dire, c'est que l'état de fatigue de Ouellet à l'arrêt du combat prouverait que la stratégie de Reid avait du bon. D'un autre côté, elle n'était pas sans plaire également au clan Ouellet, qui considérait que les occasions de toucher Bonnamie seraient ainsi plus fréquentes que s'il avait choisi de livrer un combat d'attente. Dans ce premier round, Bonnamie ne s'était pas trop compromis, mais puisqu'il avançait en permanence, Ouellet avait eu à le faire reculer chaque fois avec son très beau direct du gauche, ce qui lui avait attiré la faveur des juges.

Il était dit que ces deux-là, pour la seule fois de leur vie, devaient ce soir se ressembler le plus longtemps possible, même aux yeux des juges. Après le premier round concédé à Ouellet, Bonnamie allait donc gagner le suivant haut la main, appliquant les coups les plus percutants dans la première minute. Mais surtout, le Montréalais en exil continuerait plus que jamais à marcher sur Ouellet, à le pourchasser pendant chacune des trois minutes avec ce qui semblait être une confiance absolue, imprégnant un rythme d'enfer au combat. Certes, ses grands coups larges, que lui reprochaient les esthètes de la boxe, n'avaient pas encore fait mal à Ouellet, mais il avait l'impression que ce n'était qu'une question de temps.

Plus le combat avançait, plus il devenait violent et prenait la forme anticipée par Ouellet. Dans les troisième et quatrième reprises, c'était le plus souvent à son avantage, quand bien même son visage de plus en plus rouge indiquait le contraire. Bonnamie était toujours formidable de pugnacité et de vaillance, il assénait chaque coup de poing avec la débauche d'énergie d'un homme qui souhaitait chaque fois que ce soit le dernier; mais, comme la guerre faisait maintenant la part belle au talent des deux combattants, c'était Ouellet qui marquait le plus nettement. Le Jonquiérois, dont chacune des attaques était saluée par un public capable de l'aimer autant que de le châtier, touchait avec des enchaînements de deux, trois ou quatre coups, Bonnamie parvenant rarement à en bloquer plus d'un à la fois. Mais un indice, encore plus que les charges de Ouellet, pouvait préfigurer d'une fin imminente : c'était les pertes d'équilibre de Bonnamie, toutes les fois où il prenait de grands swings pour porter un coup et qu'il passait dans le vide. Dans un combat aussi serré, où la moindre erreur risquait d'être fatale, c'étaient là des fautes techniques qui ne pardonnaient pas.

La technique. D'un côté, Miller, Pervin et Michel, les complices de longue date de Ouellet; de l'autre, le nouvel entraîneur de Bonnamie, Jesse Reid. Certes, on disait cet Américain très réputé, mais en assistant à ce combat hautement émotif entre deux Québécois pure laine, on pouvait se demander, sans égard à la valeur de l'homme, à quel point Jesse Reid pouvait être attaché à Alain Bonnamie, à quel point il pouvait l'aimer, le connaître, le sentir. À quel point, aussi, il pouvait croire au succès de son boxeur et même, à la limite, l'espérer pour en bénéficier (comme Yvon Michel). À quel point, surtout, il pouvait être rejoint et touché par les émotions extrêmes de ce combat. Bref à quel point il avait pu en comprendre la signification et la transmettre, le cas échéant, à Alain Bonnamie, lui-même exilé aux États-Unis depuis un bon moment. La victoire de Stéphane Ouellet avait donc aussi été celle de son clan, plus prêt et mieux rompu à ce genre d'événement. Mais Ouellet le savait : après le match, comme à son ordinaire, il avait encensé ses seconds, affirmant qu'ils formaient vraiment « la meilleure équipe ».

À l'issue du quatrième round, Miller, Pervin et Michel s'étaient inquiétés de voir Ouellet revenir dans le coin avec déjà des jambes de flanelle. Et Larouche avait remarqué, aux abords du ring, son souffle court. Aussi, Larouche, qui considérait – à tort – que Bonnamie venait de connaître son meilleur round du combat, commençait-il vraiment à craindre une fin malheureuse pour Ouellet. D'autant qu'il restait encore, en théorie, huit infernales reprises au combat, et cela n'augurait rien de bon pour le Jonquiérois. Sauf que Bonnamie affichait une vulnérabilité défensive quand Ouellet travaillait en séries... Pour le cinquième round, donc, ils avaient renvoyé Stéphane au combat en lui demandant encore plus de combinaisons. Ils n'auraient même pas la chance de le lui redire une seconde fois.

Après un peu moins de 2 minutes de la même eau que les 12 premières, Ouellet s'était retrouvé adossé aux cordes, dans une posture susceptible de faire le bonheur de Bonnamie, qui souhaitait toujours le contact. Coupé au nez quelques secondes auparavant, le Montréalais s'était jeté avec sa fougue coutumière sur Ouellet, pour tenter de lui enlever encore un peu de forces. Mais aussi malhabile que déterminé, il avait frappé l'air sur un crochet du gauche presque panoramique, que Ouellet avait su faire rater en utilisant l'élasticité des câbles comme Ali face à Foreman. À partir de là, la fin de Bonnamie ressemblerait aussi à celle de Foreman à Kinshasa.

Profitant de la perte d'équilibre de Bonnamie, Ouellet avait interverti sa place avec celle de son aspirant, tout en lui passant un direct du droit au visage qu'il avait fait suivre, comme on le lui avait demandé, d'un enchaînement gauche-droite-gauche. L'Ulysse des rings, qui n'avait cependant jamais été au plancher, avait vacillé, mais il avait eu le réflexe que Ouellet n'avait jamais, celui de s'accrocher et de se retenir le plus longtemps possible. L'arbitre Guy Jutras avait séparé les deux hommes, averti Ouellet de ne pas bousculer, alors qu'il ne faisait qu'essayer de se défaire des prises de Bonnamie, et de relancer l'action au moment où Bonnamie pouvait donner l'impression d'avoir récupéré. Stéphane Ouellet avait alors donné une éloquente démonstration de ce qui était vraiment « un instinct de finisseur ». Sentant probablement sa fin aussi proche que celle de son adversaire, il avait retouché Bonnamie d'une droite qui l'avait fait chanceler encore plus que la première fois, puis il s'était mis à son tour à marcher sur lui en le rouant de coups. Bonnamie avait reculé, reculé, sa tête ballottant à gauche ou à droite, réplique parfaite des dernières secondes de sa toute première défaite contre Wayne Powell à Québec – celle qui changea toute sa carrière (bien en avant aux points, il avait été arrêté prématurément par l'arbitre Tony Crivello, à la fin du douzième round d'un Championnat NABF). À la fin, poussé dans un coin, il n'avait plus eu d'espace pour reculer et Ouellet lui avait donné l'estocade avec une dernière droite d'une épouvantable violence, qui avait littéralement failli lui arracher la tête.

C'était le premier knock-down que subissait Bonnamie en carrière. Dix secondes plus tard, c'était son premier véritable knock-out. Il gisait maintenant au sol pour bien plus longtemps que le compte, et un flux de sang s'écoulait de sa plaie.

C'est sur cette image contrastante que le fameux Duel au Saguenay entre deux hommes n'étant pas destinés à se ressembler très longtemps trouvait sa conclusion : un boxeur qui reposait par terre d'un côté; et un boxeur qui ne portait plus à terre de l'autre, s'étant envolé de joie quand l'arbitre avait finalement déclaré Bonnamie « out! »

« *Cette victoire est un rêve,* expliquerait-il plus tard à Jean-Paul Chartrand de RDS. *Au mois de juillet dernier, après Morris, je croyais ma carrière terminée et je n'aurais jamais cru revivre un tel moment, aujourd'hui!* »

Au même moment, sur le ring, on apercevait la silhouette d'une femme qui accordait des entrevues. C'était celle de Lydie Larouche.

***

La concentration, un aspect à ne jamais dédaigner
pour vaincre l'adversaire.

Photo : KO'ntact - Bernard Breault

Photo : KO'ntact - Bernard Breault

Alain Bonnamie et Stéphane Ouellet avant la vraie rencontre en 1995.

Chapitre 8

Ouellet, ses anges et ses démons, InterBox et les Hilton

Comment les haïr, dans le fond? À ce jour, je me suis battu cinq fois avec ces types-là. Deux fois avec Alex. Trois fois avec Dave. Si j'avais écouté Yvon Michel, ça aurait même été six fois puisqu'il y aurait eu un quatrième combat contre Dave. Si les médecins avaient écouté Matthew, cela aurait pu faire sept combats avec la famille Hilton puisque c'est avec moi que l'ex-champion mondial avait pensé entamer un nouveau retour. Comment les haïr encore, avec tout ce fric qu'ils m'ont permis de faire (mais rien en comparaison de celui que l'on a chaque fois mis dans les poches des promoteurs), avec surtout ce qu'ils m'ont permis de comprendre de moi, autant dans la défaite que dans la victoire? Comment nous haïr, avec tous ces souvenirs que nous partageons ensemble, avec tous ces souvenirs que les amateurs partagent à cause de nous? Avant nos combats, quand on se chicanait comme des chiffonniers, les gens disaient que cela passerait et que, plus tard, on serait les plus heureux du monde de se revoir et de ressasser ensemble des moments aussi mémorables. Paraît qu'ils font tous ça, les boxeurs qui ont été impliqués dans des grosses rivalités et qui se recroisent comme spectateurs à l'occasion des galas de boxe. Cela m'étonnerait que l'on me revoie plus tard autour des arènes, mais il est vrai que le fait de se taper dessus aussi souvent contribue à diminuer les haines et à accentuer le respect pour ces adversaires qui pratiquent le même métier, avec souvent les mêmes forces et les mêmes faiblesses. Bref, comment haïr encore les Hilton, quand ils m'ont permis de bien vivre, de me connaître, d'en apprendre sur la vie et encore sur la boxe quand leur père a accepté de m'entraîner pour une courte période, en 2001?

Ils étaient mes ennemis? Et puis? C'est mon père qui vous dirait que j'étais peut-être mieux de faire affaire avec ces ennemis-là qu'avec les supposés amis qui ont fait partie de ma vie pendant tant d'années.

***

À la fin de l'année 1996, un peu moins de deux ans après le combat contre Bonnamie, la boxe professionnelle était retournée au Saguenay, pour deux galas successifs. Le 8 novembre, Stéphane Ouellet s'était produit à Jonquière, pas au Palais des sports devant 5 000 personnes, mais au centre commémoratif Price – son ancienne salle amateur – devant... 500 personnes! Il s'agissait d'un événement organisé pour financer les activités du Club de boxe de Jonquière, les profits de la soirée devant servir au développement des boxeurs d'élite. Pour une bourse de 1 000 dollars, Ouellet avait donc affronté l'Albertain Stanley Cunningham (arrêt quatrième), un vrai tâcheron des rings que l'on verrait de temps à autre resurgir dans un gala pour venir engraisser la fiche d'un autre boxeur, et un peu la sienne aussi, encore que médicale. « Ce combat, dira Ouellet, c'était encore une fois les histoires plates à Yvon Michel. C'était bien beau de lui faire plaisir et de se battre par charité, mais moi, depuis mon expulsion de 1989, je l'avais pas mal loin, le Club de boxe de Jonquière. »

Puis, un mois plus tard, le 6 décembre, Ouellet s'était retrouvé au Centre Georges-Vézina de Chicoutimi pour un engagement beaucoup plus sérieux, une finale livrée à l'Américain Wayne Troubleman Powell où Stéphan Larouche, encore *matchmaker*, renouerait avec le « plaisir » de travailler avec Yvon Michel. À l'origine, Larouche et Michel s'étaient entendus pour que le combat ait lieu à 154 livres. Monté en poids moyens depuis sa victoire sur Bonnamie, Stéphane Ouellet avait en effet prévu redescendre en super-mi-moyens pour cette échéance-là, où les spécialistes le jugeaient à son meilleur. Mais, comme pour son affrontement avec Darrin Morris, il avait connu des problèmes de poids. « La première fois, avait raconté Stéphan Larouche en octobre 2000, Yvon Michel m'avait appelé pour m'avertir que Stéphane ne pourrait pas faire le poids, il en était convaincu. "Il faut absolument changer le contrat", avait-il alors ordonné. Disons que je ne l'avais pas trouvé très drôle. Déjà que ça avait été l'enfer de négocier avec le clan Powell et de s'entendre sur les conditions du contrat. Et là, il me demandait de rappeler ces gens-là pour leur faire accepter un autre arrangement! Je n'aurais pas dû être surpris : c'était le genre d'Yvon Michel de vous mettre devant le fait accompli. Ce jour-là, je le lui avais reproché et il m'avait raccroché au nez. Nous avions été ensuite quelques jours sans nous parler. Mais il avait vraiment exagéré en me rappelant quelque temps plus tard pour me demander de changer une nouvelle fois les contrats! De peine et de misère, j'avais réussi à faire accepter 157 livres au clan Powell, mais cela ne tenait plus : il fallait maintenant un troisième contrat à 160 livres! Évidemment, j'avais encore pété les plombs : "Crisse, Yvon, on va le faire maigrir, Ouellet. De toute façon, ce n'est pas Wayne Powell qui va le battre, il est bien trop lent pour un boxeur aussi rapide que Stéphane. Peu importe le poids, ce gars-là n'est pas du tout dangereux." Yvon s'était un peu emporté. Il m'avait dit: "Si tu penses ça, si tu analyses ça comme ça, c'est que tu ne connais vraiment pas la boxe." Mais lui, il se souvenait du Powell qui avait battu Bonnamie en 1992, sauf que, quatre ans plus tard, ce n'était plus du tout le même boxeur que Ouellet allait affronter. »

Larouche allait être heureux d'apprendre que c'était lui qui avait raison. Appelé un jour à s'exprimer sur cet adversaire qu'il avait vaincu par arrêt de l'arbitre au cinquième round, Ouellet ne serait pas très flatteur. « Powell? Crisse que je l'avais trouvé ordinaire. Il n'avait rien. Il était lent, faible, ne frappait pas. Un certain moment, il m'avait d'ailleurs atteint d'une droite, et ça m'avait si peu dérangé que j'en étais resté surpris. »

Finalement, le combat avait bel et bien eu lieu en poids moyens, à 160 livres. Entre Larouche et Michel, il existerait encore une divergence quant au véritable enjeu de ce match. « Après s'être enfin entendus sur la limite de poids, confie Larouche, Yvon m'avait expliqué que l'on se servirait du titre NABF pour faire mousser notre publicité, en annonçant aux amateurs que le combat impliquerait le titre NABF "par intérim" des poids moyens. À ce moment, ce titre appartenait pourtant à Otis Grant, qui se préparait pour un combat de Championnat du monde (de la WBO, contre Lonnie Bradley), mais Yvon disait qu'il n'y avait pas de problèmes, qu'il avait l'accord de tout le monde pour agir ainsi. Moi, je savais que ce n'était pas vrai, que c'était une arnaque. La rencontre Ouellet-Powell ne pouvait pas se faire pour le titre intérimaire de la division! Et après les premières annonces dans la région, je craignais vraiment que les journalistes découvrent le pot aux roses et que ça nous cause du tort. »

Si Stéphan Larouche avait encore déchanté d'Yvon Michel à l'occasion de ce combat, l'avenir immédiat n'allait rien faire pour relever son opinion envers celui qui était toujours, en quelque sorte, son patron à la FQBO. Quelque temps plus tard, les deux hommes auraient une nouvelle brouille, encore en rapport avec un gala de boxe tenu au Saguenay et auquel Ouellet n'avait cette fois pas participé. Toujours la même rengaine, toujours les mêmes reproches, toujours au même homme : « Cette fois-là, raconte Larouche, j'avais traité Yvon Michel de tous les noms, mais je lui avais surtout dit qu'il n'était qu'un arriviste. Évidemment, il l'avait mal accepté. Et il s'était mis en tête de me nuire. Et ça avait fonctionné! Par exemple, il s'était servi de son pouvoir pour faire annuler une de mes rencontres de boxe amateur, au Saguenay. Il avait téléphoné aux responsables de la délégation censée nous rendre visite et leur avait conseillé de ne pas venir, disant que le programme ne marcherait pas, que c'était organisé tout croche. Cette fois-là encore, nous avions été longtemps sans nous parler, d'autant plus que j'avais quitté momentanément la boxe pour suivre un cours en aéronautique et accepter un emploi chez Bombardier. »

Professionnellement parlant, ces deux-là pouvaient tout de même faire abstraction du peu d'estime personnelle qu'ils avaient l'un pour l'autre. Quelques mois plus tard, à la naissance d'InterBox, Yvon Michel montrerait que, s'il avait bien des défauts, il n'avait pas celui d'être rancunier.

Annoncée en mars 1998 lors d'une conférence de presse ostentatoire tenue au Ritz Carlton de Montréal, la création du groupe InterBox datait de quelques mois. En octobre 1997, l'homme d'affaires Hans-Karl Muhlegg, un monsieur discret que Ouellet rendrait plus tard célèbre à la radio de CKAC avec son fameux « Monsieur Muhlegg, qu'y mange d'la marde », s'était levé un bon jour avec une idée folle en tête, celle de fonder une importante entreprise internationale de gestion et de promotion de boxe, dans la lignée de certaines sociétés américaines comme Top Rank, Main Events ou America Presents. Nul en boxe, son palmarès semblait plus éloquent en finances. Arrivé au Québec via la Suisse et l'Allemagne de l'Est – il a vu le jour à Leipzig, où Lucas laissera sa couronne mondiale en avril 2003 –, il était venu faire ici de très grosses et bonnes affaires. À preuve la société Circo Craft, que ses associés et lui venaient tout juste de vendre aux Américains pour la somme de 166 millions de dollars (devenue à ce moment Via Systems, la compagnie était, semble-t-il, considérée comme un leader nord-américain en circuits électroniques)! On le disait donc riche (des sources bien informées estimaient la valeur de son portefeuille à quelque 40 millions de dollars), et il en ferait long-temps la démonstration à InterBox, engloutissant million sur million au cours des 5 premières années d'existence de la compagnie. En fait, malgré les deux ceintures mondiales qu'avaient détenues Dorin et Lucas, les mêmes sources évalueraient les pertes d'InterBox à quelque 17 millions en cinq ans!).

Pour l'aider à fonder InterBox, Muhlegg avait d'abord pensé à Guy Jutras, qu'il avait connu en tant qu'agent d'assurances, mais qui était surtout, en ce qui concernait la boxe, l'un des arbitres le plus respectés au Québec. Aux yeux de Muhlegg, Jutras était la personne-ressource idéale, d'autant plus que, venant de tirer un trait sur sa carrière d'arbitre, il avait du temps libre. C'est ainsi que l'ex-troisième homme du ring était devenu le deuxième homme d'InterBox, guidant Muhlegg dans la mise sur pied de la compagnie, non sans avoir su reconnaître ses limites et lui présenter celui qu'il jugeait vraiment le plus apte à devenir son bras droit : Yvon Michel. Cela s'était fait en novembre, dans le temps des Championnats du monde amateurs de 1997 en Hongrie, et Michel avait d'entrée accueilli le concept d'InterBox avec scepticisme, demandant aux deux hommes de le rencontrer de nouveau à son retour de Budapest. (Michel, qui portait toujours autant de casquettes, s'occupait encore à la fois des amateurs et des pros.)

Mais Jutras et le millionnaire n'avaient même pas attendu que l'entraîneur revienne au pays. À la grande surprise de Michel, ils étaient venus en Hongrie et le trio avait commencé à discuter sérieusement une fois tous les boxeurs canadiens éliminés. Avant même de revenir à Montréal, Yvon Michel s'était laissé convaincre et il avait accepté l'offre de Muhlegg, pour ce qu'il appellerait demain « le défi de sa vie ». Sur place, Michel avait même rapporté ses premiers dividendes. Il avait aidé Muhlegg à mettre sous contrat son premier boxeur, le léger roumain Leonard Doroftei (devenu Dorin au Québec), double médaillé de bronze des Jeux olympiques, qui venait toutefois de connaître un mauvais tournoi, ce qui l'avait probablement incité à se laisser tenter par l'aventure professionnelle. Bien sûr, l'apport d'Yvon Michel n'avait pas suffi et il avait aussi fallu compter sur une « aide extérieure » : pour arracher Doroftei à la Roumanie, Muhlegg avait en effet dû consentir un cadeau de 25 000 dollars à un membre de la fédération de boxe roumaine.

À l'origine, Yvon Michel avait été engagé par Muhlegg à titre d'entraîneur en chef du groupe InterBox mais, en l'espace de quelques jours, son rôle au sein de l'entreprise s'était modifié et il en était devenu le directeur général. Le hic, c'est que cette promotion avait un peu troublé certains des cinq autres boxeurs enrôlés depuis par InterBox – Ouellet, Lucas, Jean-François Bergeron, Shane Sutcliffe et Dale Brown –, qui avaient dit oui à la compagnie parce que Michel en serait l'entraîneur-chef! Brown, par exemple, un type méfiant et dur d'approche, avait été le plus affecté. Au fil des ans, le boxeur de Calgary avait établi une grande complicité avec Yvon Michel, et ce changement signifiait qu'il aurait à travailler en gymnase, tous les jours, avec un nouvel entraîneur.

En ce qui concernait le recrutement du personnel, qui rassem-blerait les Henri Spitzer, Roger Martel et autres Régis Lévesque –

pour peu de temps dans le cas des deux premiers –, la priorité, c'était l'entraîneur. Il devait au début être seulement adjoint à Yvon Michel, mais les circonstances, très tôt, allaient le propulser dans le rôle principal.

Le premier choix d'Yvon Michel était Bob Miller. Fidèle à ses habitudes, le nouveau directeur général d'InterBox avait tenu des propos chimériques à d'autres entraîneurs, du moins à l'ex-coach national Sylvain Gagnon à qui il avait presque promis le poste, lui répétant souvent : « Prépare-toi, Sylvain, quelque chose de gros s'en vient pour toi, tu vas enfin faire de l'argent. » En vérité, celui qu'Yvon Michel avait en tête, celui à qui il avait formellement offert le poste, c'était bel et bien Miller, son grand ami de Troy, N.Y., qui l'avait tant aidé quand il avait plongé avec Ouellet chez les pros, sans aucune expérience. Malheureusement pour Michel, Bob Miller avait été contraint de décliner la proposition. Toujours éducateur social dans son collège américain, il avait considéré que le temps n'était pas encore venu de quitter ce boulot-là. « Au moment où Yvon m'a fait part de son offre, il me restait peu de temps à faire au collège avant la retraite. J'avais tout de même réfléchi, mais ça n'avait pas beaucoup de sens d'abandonner mes fonctions, à ce stade-là de ma carrière. Si l'offre était arrivée plus tard dans ma vie, je ne dis pas que le défi ne m'aurait pas intéressé. »

Après le refus de Miller, Yvon Michel, oublieux de ses rancœurs personnelles, s'était mis à considérer la candidature de Stéphan Larouche. À la première conférence de presse de la compagnie, il allait lui-même se mettre la tête sur le billot, disant qu'il ne faudrait pas chercher d'autres coupables que lui si jamais les choses échouaient. De là sa volonté de s'entourer des meilleurs hommes, quitte à devoir tourner le dos à toute la vieille garde d'entraîneurs qui dirigeaient des clubs à Montréal et un peu partout en province, et qui vivotaient pour la plupart en rêvant d'une opportunité de carrière comme celle d'InterBox. Car, en réalité, au-delà des brouilles et des prises de bec qu'il avait eues avec Stéphan Larouche, Michel avait toujours vu le Jonquiérois comme une sorte de dauphin, le considérant comme le meilleur jeune entraîneur au Canada, quand ce n'était pas le meilleur entraîneur tout court. En 1994, c'est lui qui avait réussi, auprès des bonzes de la boxe canadienne, à faire accepter Larouche dans le programme national des apprentis entraîneurs de l'ACE (Association canadienne des entraîneurs), d'une durée d'un an (juillet 1994 à juin 1995), qu'il superviserait lui-même en sa qualité de « maître-entraîneur », et qui allait permettre à Larouche d'approfondir considérablement ses connaissances, notamment grâce à un stage à la FINCA de Cuba, l'antre de la mythique équipe nationale situé à 50 kilomètres de La Havane.

Aussi, dans sa première évaluation à l'attention des dirigeants canadiens, Yvon Michel écrirait : « *Stéphan Larouche est un jeune entraîneur qui a déjà eu beaucoup de succès. Il a un esprit ouvert et critique et n'hésite pas à faire les efforts nécessaires pour ajouter à sa banque de connaissances. Il prend très au sérieux son rôle d'entraîneur et s'applique de son mieux pour profiter au maximum des avantages que lui confère son statut d'apprenti entraîneur national. Les rapports que j'ai eus à son sujet de la part d'Abe Pervin, qui a été en contact avec lui durant les périodes où j'ai été absent, ont été fort positifs.* »

Mais Michel écrirait aussi : « *Une partie toutefois qu'il devra améliorer, ses connaissances spécifiques de l'administration du sport à l'intérieur d'organisations nationales ou provinciales de sport, ainsi que la gérance de ses relations interpersonnelles.* »

La première fois que Michel avait abordé l'idée d'InterBox avec Larouche, il avait eu droit à une réaction qui s'apparentait à la sienne quand Guy Jutras lui avait expliqué les projets de Muhlegg. « J'avais réagi sans trop d'enthousiasme, a en effet confirmé Larouche en juin 2000. À ce moment, malgré mes quelques incursions comme *matchmaker* chez les pros, je ne croyais pas tellement à la boxe professionnelle. Yvon s'était quand même informé du salaire que je gagnais chez Bombardier (Larouche disait finalement n'y avoir travaillé qu'une seule journée), salaire que j'avais soufflé de... 10 000 dollars!

« Puis il m'avait rappelé quelque temps plus tard pour me faire une offre en bonne et due forme : non seulement égalait-il mon salaire chez Bombardier, mais il ajoutait 15 000! C'étaient des conditions alléchantes, mais il fallait quand même voir, à partir de là, s'il nous était possible de retravailler ensemble et d'oublier nos querelles passées. Pour cela, ça prenait vraiment une bonne discussion. »

Un matin d'automne, les deux hommes s'étaient donc rencontrés à Claude-Robillard. À côté des pistes d'athlétisme, c'était un endroit parfait pour se passer le témoin, à condition bien sûr de vouloir faire partie de la même équipe. « Ce jour-là, raconte Larouche, Yvon m'avait servi un petit discours : "Tu sais, Stéphan, tu m'as beaucoup déçu ces derniers temps et je ne te cacherai pas que je n'ai plus la même confiance en toi. J'ai beau croire autant en ton talent, je me demande s'il nous sera possible de mettre notre passé de côté pour travailler dorénavant dans un but commun. Qu'est-ce que tu en penses?" Évidemment, j'avais déjà réfléchi à ce qui nous attendait si j'acceptais, et à l'attitude que j'aurais alors à adopter. Je l'avais regardé dans les yeux : "Moi, Yvon, à partir de tout de suite, quoi que tu fasses, quoi que tu dises, je serai toujours dans ton coin et j'assumerai toujours ta défense. Si ton souhait est d'engager un entraîneur qui va travailler en équipe et tout mettre en œuvre pour que cette équipe reste solide et unie, alors oui, je suis ton homme." »

Cela avait suffi pour convaincre Yvon Michel, car le 28 novembre 1997, Larouche recevait l'offre d'emploi officielle d'InterBox. Cette fois, ce n'était plus seulement des offres et des promesses verbales comme Yvon Michel pouvait en avoir le secret. Tout était officiellement couché sur papier. *(voir annexe 1)*

À des conditions pareilles, on comprendra que Stéphan Larouche ait décidé d'abandonner son emploi chez Bombardier pour vivre de sa passion. On lui avait télécopié son offre en début de soirée, le 28 novembre, il l'avait retournée signée le... 28 novembre!

Officialisée, l'embauche de Larouche avait fait son lot d'envieux parmi les entraîneurs québécois qui voyaient un jeune homme d'à peine 31 ans accéder à un poste prestigieux et très bien rémunéré. Dans la mesure où Yvon Michel venait d'engager le type qui avait mis la tête d'affiche du groupe InterBox – Stéphane Ouellet était alors deuxième aspirant mondial du WBC – à la porte du Club de boxe de Jonquière en 1989, il s'en trouvait beaucoup pour se demander combien de temps ces deux-là pourraient à nouveau cohabiter. À titre d'exemple, Angémil Ouellet avait prédit à des proches que son fils n'en avait pas pour plus de six mois avec InterBox.

Pourtant, Stéphane Ouellet lui-même avait donné son aval à l'embauche de Larouche. Car, avant d'effectuer son choix, Yvon Michel avait eu la décence de demander à Ouellet s'il acceptait, lui aussi, d'oublier le passé. Pas rancunier, Ouellet avait accepté, avec un détachement qui pouvait ressembler à de l'indifférence. Du coup, sa réponse pouvait aussi suggérer qu'il ne serait pas catastrophé de ne plus travailler journellement avec Yvon Michel.

Pour épauler Larouche, Yvon Michel avait ensuite engagé l'ex-boxeur Howard Grant (et aussi retenu les services d'Abe Pervin), un autre choix qui avait provoqué beaucoup de critiques dans la confrérie des entraîneurs québécois, Grant n'ayant alors aucune expérience comme entraîneur. « L'idée n'était pas vilaine, dit Larouche, car Grant avait un grand vécu de compétiteur. Il était inexpérimenté en tant qu'entraîneur, mais il était en revanche si heureux et excité de travailler avec nous qu'on pouvait croire que ça allait compenser. »

Howard Grant, excité de travailler avec Ouellet? Ce n'est pas ce que remarquerait Ouellet, toujours en butte à la jalousie de ceux qui n'acceptaient pas qu'il soit une si grande vedette en fournissant si peu d'efforts. « Entre mes rounds de *sparring*, je demandais à Grant de me donner de l'eau; cela avait tellement l'air de le forcer, qu'on aurait chaque fois cru que je lui demandais la lune. Crisse, il était payé 35 000 dollars par année pour faire ça, passer l'eau! » Larouche ajoute : « Chaque fois que Stéphane entrait dans le gymnase et qu'il apercevait Grant, il devenait maussade. » La seule fois où Stéphane Ouellet rendrait Howard Grant heureux chez InterBox, ce serait quand il s'inclinerait devant Dave Hilton... Grant serait surpris à jubiler dans le vestiaire du vainqueur. Après quoi on lui montrerait enfin la porte.

De toute cette manne de dollars que Hans-Karl Muhlegg faisait pleuvoir sur la boxe québécoise et sur certains de ces piliers – on parlait d'un investissement initial de 5 millions, ce qui serait loin de suffire –, une infime partie avait servi à racheter le contrat qui liait encore Ouellet à la compagnie Boxart.

Mais il avait fallu négocier. Avant que survienne la dissolution de Boxart, un petit comité de cinq actionnaires avait été formé pour réfléchir à une entente avec InterBox. À la dernière ronde des négociations, qui se déroulaient toujours en présence d'Yvon Michel, les actionnaires avaient eu à trancher entre deux propositions. Selon la première, InterBox payait sur-le-champ, sans condition, 4 000 dollars à chaque actionnaire. Cela représentait une perte de 1 000 dollars sur l'investissement initial, mais avait l'avantage de clore une fois pour toutes le dossier Boxart. La seconde proposition, souhaitée et encouragée par Yvon Michel, parlait d'un minimum de 2 700 dollars aux actionnaires, mais laissait traîner les choses en promettant, de manière assez floue, plus d'argent « si jamais Ouellet participait à des Championnats du monde ou si InterBox connaissait le succès et faisait de gros profits. » Certains actionnaires croyaient encore en Stéphane Ouellet et le voyaient encore devenir champion du monde. D'autres ne croyaient plus du tout en lui. Finalement, à 3 contre 2, les cinq actionnaires avaient voté pour la deuxième proposition.

Ensuite, Boxart avait été dissous et les actionnaires s'étaient entendus pour faire de son dernier président, Jacques St-Germain, le seul porte-parole auprès des gens d'InterBox. « Une erreur, juge Bruno Lavoie, lequel occupait le siège de trésorier à la dissolution de la compagnie. Car Yvon Michel, le champion des conflits d'intérêts, s'était organisé pour que Jacques St-Germain soit aussi le conseiller juridique d'InterBox, pour la naissance de la compagnie de Muhlegg! Jacques St-Germain était un homme très honnête, mais, travaillant à la fois pour un petit et pour un gros client, c'était dans l'ordre des choses de le voir pencher du côté du gros. Et puis le gars était millionnaire : ce qu'il considérait comme un règlement suffisant ne l'était pas nécessairement pour les autres actionnaires. »

Au nom des souscripteurs, St-Germain avait réglé les derniers détails de l'entente avec InterBox sur les bases votées plus tôt. À la fin, il avait consenti à vendre le contrat de Stéphane Ouellet à InterBox pour les 2 700 dollars prévus par actionnaire, en gardant vaguement la porte ouverte à de nouveaux remboursements si les affaires d'InterBox tournaient bien. Vaguement, car, à l'insatisfaction des actionnaires, le règlement final n'avait jamais fait l'objet d'une entente écrite.

Les actionnaires de Boxart avaient dû attendre longtemps avant de recevoir le premier paiement d'InterBox, mais ce ne serait rien en comparaison du dernier, qu'ils recevraient seulement en juillet... 2001! C'était un chèque de 903 dollars, accompagné d'une lettre indiquant qu'il s'agissait du « paiement final ». En tout et partout, chacun avait donc reçu un peu plus de 3 600 dollars, ce qui faisait dire à l'un d'eux qu'InterBox avait au moins dû allonger 100 000 dollars pour acheter le contrat de Stéphane Ouellet (certaines sources disaient se souvenir qu'il restait alors, dans le compte de Boxart, aussi peu que 6 000 dollars ou 7 000 dollars). « Mais 3 600 dollars par actionnaire, estime Bruno Lavoie, c'était bien trop peu pour ce que valait Ouellet et pour les moyens d'InterBox. » « D'autant plus, ajoute l'actionnaire influent Claude Paradis, que Ouellet était alors le seul, mais le seul boxeur sur qui InterBox pouvait compter pour mettre sur pied de super galas lucratifs au cours des deux premières années d'existence de la compagnie. »

En mars 1998, au cours de la conférence de presse du lancement officiel, les dirigeants du groupe InterBox avaient donné raison à Paradis en annonçant que le premier gala de leur histoire, le vendredi 3 avril, offrirait un passionnant et – encore – émotif Championnat canadien des poids moyens entre le champion Stéphane Ouellet (23 victoires pour une seule défaite), et l'aspirant Alex Hilton (33 victoires pour 3 défaites). Ce soir-là, au Centre Molson, devant plus de 11 000 amateurs dont plusieurs personnalités et célébrités parquées exprès à l'avant-scène, Ouellet avait défait Hilton par jet de l'éponge au troisième round, quand Hilton senior lui-même était apparu sur le ring pour faire cesser le supplice de son fils, déjà gravement coupé à l'œil gauche et envoyé une fois à terre. Revenant d'une nouvelle et inexplicable inactivité de huit mois où sa vie avait encore une fois beaucoup plus ressemblé à celle de Jim Morrison qu'à celle d'un champion de boxe, Stéphane Ouellet avait à cette occasion rassuré ses fans. Mais pour bien peu de temps! Comme à l'habitude, ce grand excessif allait en effet avoir du mal à composer avec l'ivresse des grandes victoires – « *Il y avait beaucoup d'émotion,* expliquerait-il au journaliste Gilles Blanchard de *La Presse, j'étais très énervé. Alex n'avait rien à perdre et ceux-là sont les boxeurs les plus dangereux. Tu sais, ça prend juste un coup de poing...* » –, et c'est peu de temps après qu'il entrerait à la Maison Jean-Lapointe, pour quelques jours seulement, ce qui ne l'empêcherait pas d'être encore six longs mois sans boxer. Pour le deuxième aspirant mondial qui deviendrait bientôt le premier sous les bons auspices de Mario Latraverse et de Don Majesky (agent des boxeurs d'InterBox aux États-Unis, Majesky était chargé du lobbying auprès des associations mondiales pour que ses boxeurs progressent dans les classements), on parlerait donc d'un seul combat en 14 mois.

Cette victoire d'avril 1998 de Stéphane Ouellet sur Alex Hilton était en fait la revanche de l'affrontement du 29 juin 1996. Ce jour-là, presque 12 000 personnes s'étaient réunies au Centre Molson – la boxe faisait alors son entrée dans cette salle inaugurée quelques mois plus tôt – pour assister au tout premier Hilton-Ouellet de l'histoire de la boxe québécoise (en tout et partout, il y en aurait cinq). Un immense succès, aussi grand que ceux du même genre à Montréal, dans la mesure où des Championnats du monde se disputaient ailleurs sur le globe devant 3 000 ou 4 000 personnes. Organisé par Roger Martel (sans KO'ntact) et son publiciste Régis Lévesque, le combat offrait à Stéphane Ouellet le même genre de défi qu'il avait eu à relever contre Alain Bonnamie, c'est-à-dire un match où son talent serait beaucoup moins sollicité que son système nerveux. Si on voulait comprendre à quoi était chaque fois exposé Ouellet quand on l'impliquait dans ces guerres de nerfs, il fallait lire ce tout petit commentaire fait par Otis Grant au journaliste Robert Duguay de *La Presse,* une semaine avant son combat contre Roy Jones : « *Et c'est en plein l'histoire de ma carrière : je me bats loin de chez moi, contre un gars que je ne suis pas supposé battre. Pas de pression, pas de drame en cas d'échec.* » Toute la différence entre la carrière de Stéphane Ouellet avec celles de ses contemporains ne pouvait être mieux résumée.

Le 29 juin 1996, Stéphane Ouellet était censé battre Alex Hilton. Il était dans l'ordre des choses qu'il le fasse, sans aucune difficulté même, et une défaite aurait représenté un terrible drame.

Certes, Alex Hilton était un... Hilton! D'une certaine manière, on pouvait même considérer que c'était le plus Hilton de tous. Celui à qui ce nom inoculait le plus de qualités, comme une potion magique sans laquelle, « au naturel », il eût été un boxeur ordinaire, moyen. Des quatre frères Hilton qui avaient boxé profession-nellement – en incluant Stewart qui avait eu le temps d'afficher de belles promesses avant de se tuer en voiture à l'âge de 17 ans –, Alex était celui envers qui le talent avait été le moins généreux. Sans dire qu'il était lent, il n'était pas très rapide; ses enchaînements n'avaient rien d'exceptionnel; il boxait les pieds plats et bougeait sans agilité; il était plutôt facile à toucher, mais pas nécessairement mauvais en défensive; il n'avait jamais semblé très endurant; il cognait dur, surtout avec son gauche, mais on avait déjà vu de plus terribles puncheurs; il était prévisible et mécanique. Bref, s'il se comparait à ses frères, comme tout le monde le faisait, on comprend qu'il ait été révolté, qu'il se soit toujours senti comme le mouton noir coincé entre les deux boxeurs prodiges qu'étaient Dave et Matthew, et qu'il ait surtout souffert que son père lui ait accordé moins d'attention qu'aux deux autres. « *Et quand tu es jeune, de telles injustices sont susceptibles de t'affecter* », avait-il avoué dans *Le Devoir*. En fait, on racontait que, dans sa jeunesse, les seules fois où Alex Hilton avait reçu plus d'attention que ses frères, c'était quand son père, rendu violent par la boisson, le corrigeait plus fort que ses autres fils! De là, disait-on, la relation un peu plus trouble qu'il entretenait avec lui.

Preuve éloquente à l'été 2001, au moment où Stéphane Ouellet venait d'entreprendre une collaboration avec Dave Hilton père, alors en brouille avec... Alex! Ce jour-là, Ouellet et le père Hilton s'étaient présentés à la conférence de presse annonçant le combat contre Joe Gatti (qui serait plus tard annulé) et avaient appris sur place, en voyant Alex assis à une table, que ce dernier avait été retenu par Yvon Michel pour pallier un éventuel forfait de l'un ou l'autre des deux combattants! Brillante idée : si Gatti se désistait, Ouellet affronterait Alex Hilton avec le père Hilton dans son propre coin! Évidemment, Stéphane s'était senti très mal à cette perspective, mais Dave Hilton père avait eu tôt fait de le rassurer et de réduire à néant la tentative de zizanie d'Yvon Michel : « Tu n'as pas à t'en faire pour ça, Stéphane, lui avait dit Dave père. S'il faut que tu te battes contre mon fils, tu vas le faire,

374

avec moi dans ton coin! Et on va travailler tous les deux à lui passer le K.-O. »

Sans surprise, cette attitude influait sur la carrière d'Alex, qui, sauf dans ses premières années, avait régulièrement boxé avec un autre entraîneur que son père. D'ailleurs, si Dave Hilton senior acceptera de l'entraîner pour la revanche contre Ouellet, cela ne s'était pas produit pour le premier combat. Alex avait dû faire confiance à Ron Di Cecco, un balourd sympathique qui entraînait alors en kick-boxing et en boxe au club Tri-Star de Montréal, et qui travaillerait avec le garçon aussi souvent que ce dernier se disputerait avec son père! Mais comme le père Hilton cumulait les fonctions de coach et de manager, il fallait deux hommes pour le remplacer; et le deuxième avait été l'animateur de radio Gilles Proulx, qui s'était acquitté de sa tâche avec, semble-t-il, tellement d'altruisme qu'ils étaient nombreux, depuis, à voir en lui le « deuxième père » d'Alex Hilton. Des amis lui disaient, à tout bout de champ, que « Proulx avait encore parlé en bien de lui à son show de radio ». Ainsi, il y avait eu cet épisode de décembre 1993 où Proulx, qui animait alors l'émission du midi à CKAC, l'avait porté aux nues pour avoir eu le courage d'entrer dans la réserve autochtone d'Akwesasne, pour aller tabasser des Mohawks qui avaient volé les cigarettes et l'argent d'un ami. « *La police et l'armée ont peur de rentrer dans la réserve pour arrêter les criminels. Ça prenait un Hilton pour le faire. C'est pas des peureux, eux autres* », avait-il lancé sur les ondes, ce que Réjean Tremblay avait rapporté dans *La Presse*. À partir de là, Proulx était devenu le chantre radiophonique du turbulent boxeur, puis son ami, et enfin un « deuxième père ».

Hilton avait été acquitté pour l'affaire des Mohawks battus, mais son dossier criminel restait tellement chargé, que cela avait constitué, à la veille d'affronter Stéphane Ouellet pour la première fois, son plus lourd handicap. En effet, comme il avait passé le gros de son temps en prison, il avait été plus de six ans sans boxer, entre 1985 et 1991, année où, libéré sur parole, il avait entamé l'un des come-back rédempteurs dont ses frères et lui se faisaient une spécialité. Après son retour triomphal du 10 décembre 1991, il avait signé quatre victoires en 1992 – dont l'une contre le médaillé d'argent des Olympiques de 1984 à Los Angeles, Shawn O'Sullivan; une autre victoire par année en 1993 et 1994; et finalement trois nouveaux succès en 1995, le dernier en décembre aux dépens d'Alain Bonnamie, suffisant aux yeux du public et des promoteurs pour le qualifier pour l'affrontement estival avec Ouellet.

Alex Hilton avait beau être privé de son père pour le combat contre Ouellet, il portait au fond de lui l'héritage familial qui faisait de lui un homme intimidant, hargneux, « extrêmement violent et dangereux », au dire du juge qui avait entendu l'une de ses premières causes, en novembre 1985. Un homme qui, pour le journaliste Brian Myles du *Devoir*, montait sur un ring *« avec l'intention d'y laisser sa peau »*; pour qui se battre était aussi naturel que manger; qui *« sentait la peur, sentait la proie comme un fauve »*, selon le journaliste Charles-André Marchand cité dans *Le Devoir*; un homme dont le père avouait dans le même journal avoir encore le goût de se battre, à 60 ans, *« parce que c'est dans le sang »*.

Un homme qui avait formé avec des complices, à la prison de Bordeaux, un tribunal bidon pour punir un détenu coupable d'agression sexuelle sur une fillette, et qui avait presque tué celui qui les avait dénoncés. La manière : un sac avait été placé sur la tête du délateur pour que Hilton puisse ainsi frapper dessus comme s'il frappait sur... un sac de sable! Le résultat : le gars avait perdu deux litres de sang... et sa rate, éclatée, qu'un chirurgien avait dû amputer!

C'était cet « homme » qu'avait à affronter Stéphane Ouellet.

Pour cet affrontement, Alex Hilton avait établi son camp d'entraînement de trois semaines à Windsor, en Ontario. Signe du sérieux affiché par un boxeur qui s'était aussi déjà battu contre une bascule, il faisait le poids – 160 livres – un mois avant le combat! Chose rare, sinon exceptionnelle, en boxe. Malheureusement, Hilton allait être trahi d'une autre façon par son corps. Traînant depuis longtemps une blessure à l'épaule gauche, il avait aggravé sa condition au cours d'un combat d'entraînement. À compter de ce moment, et jusqu'à la toute fin du combat contre Ouellet, la douleur n'allait cesser de l'importuner. Pas assez aiguë pour justifier un ajournement, elle allait pourtant être la première raison avancée par Alex Hilton, le soir du match, pour justifier son abandon à l'appel de la huitième reprise, détruisant ainsi le mythe qui voulait qu'un Hilton *« montait toujours sur le ring avec l'intention d'y laisser sa peau »*.

Blessure ou pas, largement dominé aux points ou non, jamais Stéphane Ouellet n'aurait accepté de laisser le public sur sa faim en abandonnant le combat comme Hilton l'avait fait à l'issue du round qui, justement, venait de mettre le plus en appétit les amateurs. Jamais Ouellet ne se serait placé dans une situation où il aurait eu, comme Hilton ce soir-là, à retraiter vers son vestiaire sous les sifflets. Il avait bien trop besoin d'amour et il aurait eu bien trop peur de passer pour un... peureux!

N'eût été de l'abandon de Hilton, le combat aurait pu se faire en deux parties qui auraient donné l'impression de ne pas avoir été livrées le même soir. Les six premiers rounds, en effet, avaient tous été ressemblants, Ouellet les ayant tous outrageusement dominés de la même façon, en utilisant sa vitesse pour empêcher Hilton de construire quoi que ce soit de valable. Étonnamment capable, pour une fois, de se détendre malgré la tension et l'enjeu, Stéphane Ouellet bénéficiait ce soir-là de son direct du gauche des beaux jours, celui qui avait peu d'équivalent dans la boxe mondiale. À chaque round, tous aisément gagnés selon la foule et les juges, il avait ainsi touché de nombreuses fois la cible, mais il avait été privé de sa meilleure arme, la contre-attaque, par le choix tactique de Hilton de se montrer prudent et de minimiser les risques. N'empêche, à la moitié du combat, Stéphane était en route vers un sans-faute et le premier à s'en rendre compte, c'était Ron Di Cecco, l'entraîneur de son adversaire. « À la fin du sixième round, confiera Di Cecco, Alex était revenu se rasseoir dans le coin et je lui avais mis la vérité en face : "Bon, d'accord, Alex, ce gars-là ne te fait pas mal et tu pourrais faire encore 30 rounds à cette allure-là sans qu'il te fasse mal. Mais, je te le dis tout de suite, tu ne seras pas capable de gagner un seul round. À partir de maintenant, il faut que tu essaies quelque chose, que tu commences à brasser ce gars-là... C'est ta seule chance..." Le septième round avait montré qu'il avait saisi le message. »

Le premier assaut de la deuxième demie du combat avait marqué une cassure dans ce rythme jusque-là linéaire, comme si on avait suivi le match au moyen d'un électrocardiographe plutôt que d'un téléviseur, et que la traduction graphique de l'action fût spectaculairement passée de régulière à irrégulière en un instant. Stéphane Ouellet et Alex Hilton avaient fait se lever la foule d'un seul bloc en se frappant à qui mieux mieux pendant presque toute la reprise, contribuant sans aucun doute à produire l'un des meilleurs rounds de toute l'histoire de la boxe québécoise. L'un des plus violents. « *Le septième round valait le spectacle à lui seul* », commenterait l'ex-boxeur Denis Sigouin, dans *Le Journal de Montréal*. Après avoir attendu six rounds que son opposant se compromette enfin, Ouellet, qui ne demandait toutefois pas mieux, avait été un peu surpris et même un temps mis en difficulté par la réaction de Hilton, qui s'était lancé sur lui avec une rage qui laissait croire que c'était le dernier round de sa vie. Mais, la surprise passée, il avait encore eu le meilleur des échanges et, des deux, c'est Hilton qui avait le plus plié les genoux, à la toute fin du round sur un coup au corps. Au « *septième round, Hilton ne m'a jamais ébranlé. Je me suis laissé endormir un peu avant de terminer le round en force* », expliquerait Stéphane au *Journal*, après le match.

377

Hélas, ces trois grandes minutes de sport n'allaient pas avoir de suite. Le public allait avoir l'impression de débander à cause du mou dans... les jambes de Hilton! Quand ce dernier, chancelant, était retourné dans son coin après le septième round, il savait qu'il ne repartirait plus au combat au prochain son de cloche. Du moins était-ce cela qu'il faudra déduire de ses commentaires d'après-match, rapportés dans *Le Journal de Montréal* : « *J'ai vraiment tout donné au septième round dans l'espoir d'enregistrer le K.-O., car je savais que c'était mon dernier round. Je ne pouvais plus bouger mon épaule gauche.* » Si cela était vrai, Hilton ne semblait pas en avoir glissé mot à son entraîneur entre le sixième et le septième round : Di Cecco l'avait incité à se déchaîner, parce qu'il le voyait incapable de gagner aux points contre Ouellet, et non parce que sa blessure lui permettait un seul autre round, comme il arrivait pour des coupures profondes. En fait, les propos de Di Cecco laissaient plutôt croire que la décision s'était vraiment prise après le septième round, celui où Hilton avait le plus souffert, de l'épaule gauche ou d'ailleurs. « À la fin du round, la décision de ne pas poursuivre le combat s'était prise à deux, Alex et moi. Il ne boxait plus que d'un seul bras et, dans un cas comme celui-là, un entraîneur doit penser à l'avenir de son boxeur. »

L'abandon d'Alex Hilton signifiait que Stéphane Ouellet se voyait créditer d'une victoire par knock-out technique au huitième round. Ce grand garçon qui ne boxait pas comme les autres, qui dépensait avant, pendant et après les combats tellement d'énergie qu'il ne pouvait que se battre moins souvent que les autres – cela, Yvon Michel l'avait compris – avouerait après le match au *Journal de Montréal* être très heureux de pouvoir enfin mettre ce combat derrière lui. « *J'avais énormément de pression sur les épaules. C'est moi qui avais le plus à perdre. Mais j'ai su bien canaliser cette pression pour livrer un combat à mon goût.* »

Oui, il avait énormément de pression sur les épaules, mais, comme par enchantement, c'est son adversaire qui avait cédé. Un enchantement peut-être suscité par les ondes positives d'une petite fille de 12 ans...

***

Quand il l'avait vue à la télévision, cet après-midi-là, presque un mois jour pour jour avant le combat contre Alex, il avait remarqué sa façon distinguée de s'asseoir, jambes en croix et buste en biais comme une femme. Sa façon de s'exprimer avec les mains avec beaucoup de classe. Ses airs qui semblaient dire qu'elle en avait déjà vu d'autres, sa coquetterie (elle portait des boucles d'oreilles), son charme, son assurance, sa maturité, sa lucidité. Quand il avait vu tout cela, il s'était dit que c'était une erreur, que cette petite puce-là n'était pas une enfant.

Avant de mourir, elle avait écrit un mot à Stéphane pour lui expliquer qu'elle s'en allait vivre une vie meilleure, débarrassée de toute souffrance : «*Bonjour, Stéphane. Je t'écris ce petit mot pour te dire que je serai toujours ton ange qui veillera sur toi. Je t'aime. Mélanie. XXXX* » La nuit où Mélanie était morte, le 29 septembre 1996, Stéphane avait su que, là où elle partait se reposer, elle trouverait ses deux autres anges gardiens à lui, Jim Morrison et grand-maman Joséphine Ménard.

Les gens qui avaient appelé à la station de télé disaient que Mélanie était une sainte. Mais elle, en portant gracieusement la main droite à sa poitrine, avait bien spécifié : « Ah non, faut pas penser que je suis parfaite, bien au contraire, je suis bien trop traîneuse pour ça, d'ailleurs c'est jamais difficile pour ma mère de savoir où je suis dans la maison, elle n'a qu'à suivre tout ce que je laisse traîner derrière moi. »

Elle parlait à François Paradis, l'animateur de l'émission *Première Ligne,* assis sur son lit à ses côtés. Elle parlait de ses toutous, rassemblés dans la chambre pour l'occasion : « Tiens, celui-ci c'est Camille, maman me l'a acheté en l'appelant d'abord Courage, mais je lui ai donné le prénom de ma meilleure amie à l'hôpital, quand elle est morte dernièrement. » Elle parlait à la caméra. Elle parlait à tout le Québec. Elle parlait à Stéphane Ouellet qui venait, ce jour-là, de s'asseoir devant la télévision à l'heure du lunch. Un pur hasard.

C'était au début de juin, et il sortait à peine de sa première thérapie, avec un moral et un physique à reconstruire, ce qui n'augurait rien de bon pour son combat de la fin du mois contre Hilton.

Elle sortait à peine du Centre hospitalier de l'Université Laval à Québec, où elle était entrée pour soigner ce qui ne se soignerait jamais, un cancer de la moelle épinière, dont elle parlait en termes savants parce qu'elle savait plein de choses et qu'elle était curieuse. « À partir du moment où les médecins m'ont appris que j'étais très malade, j'ai demandé qu'ils me disent toujours toute la vérité, parce que c'était mon corps à moi qui était concerné. Alors ils m'ont tout expliqué de ce type de cancer, un neuroblastome qui peut être guéri chez les très jeunes enfants, mais pas quand il se déclare à mon âge. » Ce foutu cancer l'avait choisie, elle, Mélanie Légaré de Charlesbourg, et l'avait choisie trop tard pour qu'elle puisse en guérir.

En juin, sept mois après être tombée malade, Mélanie ne savait toujours pas pourquoi elle avait été choisie. « Pourquoi toi? » lui demandait justement François Paradis. Mélanie l'ignorait, mais savait qu'il y avait assurément une raison. « Je sais que, là où je m'en vais, ça va être mieux pour moi. J'en suis maintenant sûre. Je sais que je vais aller rejoindre mon amie Camille, que je vais pouvoir recommencer à jouer, que je vais être heureuse et, le plus important, que je n'aurai plus de douleurs. C'est pour ça que je ne suis pas triste et que personne ne devrait être triste autour de moi. Les gens devraient se dire, s'ils ont de la peine, "Mélanie a cessé d'avoir mal, elle peut enfin s'amuser", et ils vont alors retrouver le sourire. »

Après quelques minutes auprès de Mélanie, François Paradis avait vu, lui aussi, qu'elle n'avait pas seulement 12 ans. Sa dignité, sa vivacité d'esprit, sa spontanéité, son intelligence, son sourire, surtout, il fallait que ce soit le fait d'une femme, pas d'une petite fille à qui la vie était censée apprendre encore tant de choses. C'est pourquoi les boucles d'oreilles de Mélanie avaient attiré son attention : « Mes boucles d'oreilles? Oui, oui, elles veulent dire beaucoup, elles veulent dire que je ne suis pas un... garçon! L'autre jour, j'étais dans l'ascenseur et quelqu'un a pensé que j'étais un petit garçon, faut croire que je ressemble à ça sans mes cheveux. Alors, en attendant qu'ils repoussent, j'ai décidé de porter des boucles d'oreilles, ça me fait au moins une marque de féminité quand je porte des casquettes... »

Entre la première rencontre au CHUL en avril – « Si un jour tu manques de sujets pour ton émission, j'aimerais que tu m'appelles! » – et l'émission *Première Ligne* en juin – il l'avait rappelée –, il y avait eu du nouveau dans la vie de Mélanie. Ses cheveux s'étaient mis à repousser. Cela prendrait encore beaucoup de temps pour qu'ils soient aussi longs que sur ses photos d'école, mais elle pouvait au moins abandonner les casquettes. Mais si Mélanie recouvrait ses cheveux, c'est qu'elle avait décidé de cesser la chimiothérapie. Parce qu'elle avait appris qu'elle allait assurément perdre son combat. Une question de mois, selon les médecins.

« Mélanie à *Première Ligne*, c'était une leçon de courage et de sérénité comme je n'en avais jamais vu, dit Stéphane. J'étais complètement bouleversé, je me disais que c'était impossible d'accepter le destin et la mort avec autant de sagesse à 12 ans. Tout ce que Mélanie souhaitait, c'était d'avoir la chance de vivre un dernier bel été, de pouvoir le passer ailleurs que dans son lit. Elle avait très hâte de se rendre à Rimouski passer du temps avec ses grands-parents. »

Mélanie avait donc décidé de cesser sa chimio, de quitter l'hôpital et de retrouver la maison familiale, sa chambre, ses proches, pour les derniers mois de sa vie : « Je veux avoir une belle fin », avait-elle confié à sa mère. « Plus l'émission avançait, dit Stéphane, plus je réalisais à quel point c'était stupide qu'une enfant comme elle soit prête à mourir quand un gars comme moi n'était même pas prêt à vivre! Je trouvais ça lâche de ma part. En écoutant Mélanie, j'avais moi aussi pris une décision, celle de cesser de m'apitoyer sur mon p'tit crisse de sort d'alcoolique, et d'arrêter de courir les p'tites crisses de thérapies niaiseuses, remplies de monde abattu qui racontait des problèmes, qui parlait d'obstacles qui n'en étaient même pas si on écoutait l'histoire de Mélanie. »

Mélanie Légaré, François Paradis et Stéphane Ouellet auraient pu continuer leurs routes singulières sans jamais se rencontrer, si l'animateur de *Première Ligne* n'avait pas décidé, en marge de l'important combat contre Alex Hilton, d'interviewer Ouellet, quelques jours après la deuxième diffusion de l'émission avec Mélanie (à la demande générale, on avait présenté l'émission en reprise, une semaine après la diffusion initiale). Amateur de boxe à ses heures – il pratiquait le karaté –, François Paradis s'intéressait surtout à la personnalité complexe de Ouellet, lequel était pour lui une énigme, une sorte de paradoxe ambulant capable de jouer à la fois les durs, avec ses poings et ses tatouages, et les tendres, avec sa sensibilité exacerbée et ses poèmes.

Selon son habitude de filmer ses invités dans le milieu où ils évoluaient, Paradis – qui diffusait de Québec – avait envoyé un car de reportage au Complexe Claude-Robillard. Les deux hommes ne s'étaient donc pas rencontrés pour l'entrevue. L'intervieweur ignorait partager avec l'interviewé le bouleversant souvenir de Mélanie Légaré. Ouellet étant Ouellet, et Paradis s'étant trouvé avec ce dernier des atomes crochus, il en avait résulté un intéressant entretien qui avait de beaucoup débordé le cadre de l'affrontement contre Hilton. À la toute fin, alors qu'on était sur le point de se quitter, Stéphane Ouellet n'avait pu s'empêcher de revenir sur l'émission avec Mélanie. « Stéphane m'a d'abord félicité pour l'émission, se rappelle François Paradis. Il n'a pas épilogué sur la nature de ses problèmes, mais il a avoué vivre une période difficile, ajoutant puiser beaucoup d'inspiration dans le courageux exemple de cette petite fille. Puis, si mon souvenir est exact, il m'a demandé, en ondes, si je pouvais le mettre en contact avec Mélanie! Jusque-là, il n'avait pas été question d'elle et je trouvais magnifique qu'il ait lui aussi été touché par ce témoignage. Cela confirmait que j'avais eu raison de l'imaginer sensible comme aucun autre dans ce milieu-là. Je lui avais donné les coordonnées de Mélanie avec plaisir. »

Stéphane Ouellet avait passé plusieurs heures chez Mélanie à Charlesbourg. Un véritable exploit pour lui, qui était du genre à être mal à l'aise et même à prendre panique dans une réunion d'étrangers. Mais cette fois, il s'était passé quelque chose de spécial avec Mélanie, son frère, ses deux sœurs et sa mère. « Des moments extraordinaires, d'une intensité incroyable », confirme Lyne Bérubé. Bouleversée par cette rencontre, la mère de Mélanie considère François Paradis et Stéphane Ouellet comme les deux personnes ayant le plus marqué la vie de sa famille.

« C'est pour cette raison que, quoi qu'il arrive, je garderai toujours une affection particulière pour Stéphane. Je sais très bien que ma fille et lui sont deux anges gardiens, qu'ils veillent l'un sur l'autre. Encore aujourd'hui, quand j'apprends que Stéphane connaît des moments difficiles, je demande à Mélanie de lui venir en aide. »

Au cours de sa visite à Charlesbourg, Stéphane avait invité toute la famille à assister au combat contre Hilton au Centre Molson, une quinzaine de jours plus tard. À la dernière minute, Mélanie étant trop malade, cela n'avait pas été possible. Mais les retrouvailles avaient eu lieu un peu plus tard, à Lac-Beauport, en banlieue de Québec, dans le cadre de la toute dernière émission de *Première Ligne*. C'était le vendredi 23 août 1996, veille de ce qui serait aussi le dernier anniversaire de naissance de Mélanie. À cette occasion, les responsables de l'émission avaient convenu d'une grande fête, à laquelle étaient conviés tous les invités marquants de cette quotidienne qui avait tenu l'affiche pendant près de 10 ans et fracassé des records d'audience. Bien sûr, l'invitée des invités, celle qui, de très loin, avait eu le plus d'impact sur l'auditoire, c'était Mélanie Légaré. François Paradis avait naturellement invité Stéphane Ouellet.

À leur rencontre précédente, Stéphane avait offert à Mélanie une énorme peluche, un ours presque grandeur nature, que la fillette allait laisser en héritage à son grand-père Bérubé, de Rimouski : « Ça, je tiens à ce que ce soit à grand-papa Raymond. » Cette fois, Stéphane lui apportait un panier de produits pour le corps. Il voulait un cadeau significatif, et celui-ci traduisait le bien-être dont il aurait aimé que Mélanie puisse enfin jouir, ne serait-ce que le temps que les lotions agissent sur sa peau. Il ne se doutait pas à quel point cette petite attention aurait de sens...

En deux mois et demi à peine, Mélanie avait changé.

Tellement, qu'il ne l'avait pas reconnue tout de suite.

Elle portait toujours ses boucles d'oreilles, ses cheveux noirs avaient encore allongé, mais la morphine l'avait complètement transformée. Elle était si enflé qu'elle devait maintenant se déplacer en fauteuil roulant. Stéphane en avait eu tant de peine! Il n'avait pas supporté l'idée de la voir arriver devant tout le monde dans ce triste véhicule, elle qui avait rêvé de faire de la bicyclette cet été-là! Il était allé à sa rencontre, lui avait remis son cadeau, puis il l'avait prise dans ses bras en la couvrant de baisers, pour la transporter jusque dans la salle où avait lieu la fête. Ce n'était plus une petite fille de 12 ans, ce n'était plus Mélanie, la petite puce : lui pourtant si fort, il l'avait trouvée terriblement lourde.

Peut-être était-elle lourde de toute la joie qui la remplissait? Elle était si contente, si émue, qu'elle avait ensuite confié à sa mère : « Je sais maintenant, maman, que Stéphane, c'est un vrai ami... » Et parce qu'il faut tout dire aux vrais amis, elle avait aussi demandé à sa mère de le prévenir le jour où elle irait rejoindre les anges.

« Mélanie est morte dans la nuit de samedi à dimanche, le 29 septembre, à 2 h 20. À la maison comme elle le désirait. Juste avant de mourir, un grand et beau sourire a éclairé son visage quand je lui ai dit qu'elle avait suffisamment souffert et qu'elle pouvait maintenant partir en paix. En me tenant la main... »

Lyne Bérubé avait annoncé la mort de Mélanie à Stéphane le lendemain.

Aux funérailles, rares sont ceux qui avaient pu faire ce qu'elle avait demandé. Stéphane Ouellet pleurait comme tout le monde, en retrait des caméras, par pudeur; pas question de récupérer cette histoire pour s'en faire du capital de sympathie. « Le comportement de Stéphane au salon funéraire avait attiré mon attention, confie François Paradis, touché au même degré que le boxeur par la perte de Mélanie. Il s'était tenu à l'écart, pour passer le plus inaperçu possible, les yeux noyés dans l'eau, le cœur tellement gros qu'on le sentait sur le point de craquer à chaque seconde. Dans la voiture, au retour, j'avais redit à mon épouse à quel point un tel bloc de sentiments et d'émotions pouvait être paradoxal chez un boxeur. »

***

En fin d'après-midi, toutes les radios et les télés avaient annoncé en grande pompe la nouvelle : Maurice Mom Boucher, le chef présumé des Hells Angels, était acquitté des accusations d'avoir commandé les assassinats de deux gardiens de prison en

1997. Dénoncé par l'auteur des meurtres, Stéphane Godasse Gagné, que le jury n'avait pas trouvé crédible, Maurice Boucher avait bénéficié du doute raisonnable. Pour célébrer l'événement, et la fin de l'un des procès les plus suivis de toutes les annales judiciaires, il assisterait le même soir au programme de boxe du Centre Molson.

À l'heure du souper, alors que la plupart des amateurs convergeaient déjà vers le centre-ville pour casser la croûte à proximité du Centre Molson, Stéphane Ouellet était chez lui, rue des Écores, devant la télévision. Les nouvelles montraient un Mom Boucher libre, quittant le Palais de justice de Montréal en vainqueur, entouré de sympathisants en extase. Stéphane Ouellet n'avait jamais rencontré Boucher, mais ses amitiés – de moins en moins secrètes – avec certains proches des Hells l'inclinaient à s'intéresser à lui au moins autant qu'aux reportages sur son propre combat contre Dave Hilton.

Les deux sujets auraient d'ailleurs pu être reliés, comme le journaliste Jack Todd se permettrait de le faire plus tard dans *The Gazette* : *In a city where decent, hard-working young men like Otis Grant and Herc Kyvelos don't draw, the boxing crowd comes out for Hilton and Hell's Angels wannabe Stéphane Ouellet and no one else.*

Il n'avait pas complètement tort, Todd, mais il n'avait pas complètement raison non plus : Otis Grant et Herc Kyvelos étaient peut-être des jeunes hommes exemplaires, des boxeurs sérieux qui s'entraînaient très fort, sauf qu'ils avaient aussi à donner un spectacle. Ils étaient soumis à une loi implacable : attirer le public. Que ce soit par un talent exceptionnel, un style spectaculaire, ou encore par une personnalité attachante, colorée, controversée, touchante. C'était clair, le public avait jugé que les deux exemples de Jack Todd ne justifiaient pas le déplacement, de la même façon que le public du baseball déciderait plus tard que les Expos ne méritaient plus aucun intérêt. Navrante ou non, la réponse du public fait foi de tout dans le business du sport-spectacle.

Pour le début de la trilogie Dave Hilton - Stéphane Ouellet, la réponse du public était rien de moins que phénoménale : l'affiche aussi. Le plus beau talent canadien des années 1980 contre le plus beau talent canadien des années 1990, en 12 rounds, pour le Championnat national des moyens. Bref, frissons et émotions garantis pour les 15 600 amateurs du Centre Molson (dont au moins 500 venus du Saguenay encourager Ouellet), et les milliers d'autres partout en province via le canal Indigo, dans le reste du Canada via Viewer's Choice, et même ailleurs dans le monde via le réseau américain ESPN.

À première vue, la mise sur pied de ce combat pouvait être considérée comme un véritable tour de force du groupe InterBox, tant il avait fallu de temps pour que des promoteurs en viennent à une entente entre les deux talentueux boxeurs. « Chaque fois que l'on croyait le combat ficelé, Dave Hilton reculait, exigeant encore plus d'argent », dit le promoteur Roger Martel pour expliquer l'échec de toutes les négociations antérieures. Ainsi, dans les archives de Stéphane Ouellet, on peut trouver deux offres qui lui avaient été déjà soumises pour affronter Dave Hilton. La seconde résultait d'une *convention d'organisation et de promotion intervenue à Montréal le 21 mai 1997, entre KO'ntact et Les Promotions Roger Martel inc. d'une part, et Henri Spitzer et Régis Lévesque d'autre part, pour l'organisation d'un gala de boxe qui aura lieu au Centre Molson, le jeudi 10 juillet 1997. Lors de ce gala, la grande finale devra opposer messieurs Stéphane Ouellet et Dave Hilton dans un combat de Championnat de la N.A.B.F. (12 rondes).* L'article 3 de l'offre de contrat dévoilait plus loin les bourses prévues pour les deux boxeurs : *Il est convenu entre les parties que la rémunération de Stéphane Ouellet (Boxart inc.) sera de cinquante mille (50 000) dollars canadiens, ou seize pour cent (16 %) des recettes de la soirée, et que celle de Dave Hilton sera de cinquante mille (50 000) dollars canadiens ou quatorze pour cent (14 %) desdites recettes.* Cette seconde offre avait été présentée aux deux boxeurs un peu plus d'un mois après la seule victoire de Hilton sur Alain Bonnamie. Comme l'explique Roger Martel, le refus de Hilton avait probablement rendu applicable l'article 9 du contrat : *À défaut d'avoir l'accord des deux pugilistes, la présente convention sera nulle et de nul effet.*

Cela dit, c'est encore la première des deux offres qui attire le plus l'attention. Présentée cette fois le 12 novembre 1996 par Roger Martel et le groupe KO'ntact, elle faisait état d'un match en 10 rounds au Centre Molson, à 158 livres, le 25 mars 1997. Là où les choses devenaient très intéressantes, c'était à l'article 3.1 du contrat de la RSSQ, où l'on trouvait le montant de la bourse consentie à Ouellet pour affronter Dave Hilton : *l'organisateur doit verser au concurrent la somme minimale de 120 000 dollars.* À l'époque, Yvon Michel, alors seulement gérant et entraîneur de Ouellet, avait en effet fait savoir à tous les promoteurs qu'il commencerait les négociations pour un affrontement avec Hilton à 120 000 dollars! Deux années plus tard, alors que Stéphane Ouellet avait poursuivi sa marche victorieuse et surtout amélioré son classement mondial – il pointait dorénavant au premier rang des aspirants de la WBC et de la WBO –, c'était le même homme, Yvon Michel, toujours gérant mais maintenant aussi promoteur d'InterBox, qui allait le payer 10 000 dollars de moins que le minimum qu'il réclamait deux ans plus tôt pour lui!

La bourse de 110 000 dollars accordée à Stéphane Ouellet pour sa première rencontre contre Dave Hilton, pour élevée qu'elle parût être, restait un peu ridicule. Surtout si l'on faisait le même exercice que le journaliste Réjean Tremblay dans *La Presse* et que l'on comparait le chèque de Ouellet à celui promis à Dave Hilton, lequel revenait pour ainsi dire de nulle part après plusieurs années où il n'avait pas été d'une grande aide pour la boxe locale. *« Ouellet touchera 110 000 dollars et Hilton 100 000 dollars, écrivait Tremblay le 26 septembre 1998. Si je peux me permettre, c'est beaucoup d'argent pour Hilton qui, à son âge et avec son « record » des dernières années, n'est pas une menace sérieuse pour Ouellet. »* En fait, l'injustice commise par InterBox n'était pas tant envers Dave Hilton qui, avec son pouvoir d'attraction jamais démenti méritait bien ses 100 000 dollars. Le problème provenait plutôt de la ressemblance absurde entre les montants des bourses des deux boxeurs, tant leurs réalisations respectives des 10 dernières années, leur activité sur le ring et leur reconnaissance mondiale n'avaient rien de comparable. Uniquement pour cela, Stéphane Ouellet aurait mérité de toucher le double des émoluments de Dave Hilton.

Sans parler du risque fou que prenait Ouellet de se mesurer à Dave Hilton à ce moment de sa carrière. Tellement fou que, la mise sur pied de ce combat, qui apparaissait comme un exploit du groupe InterBox, semblait plutôt, aux yeux de nombre d'experts, une terrible erreur, « une gaffe monumentale qui allait changer à jamais le cours de l'histoire de la boxe professionnelle québé-coise », irait même jusqu'à prétendre l'entraîneur montréalais Russ Anber. Selon cette version, le groupe InterBox ne péchait pas seulement en sous-payant Ouellet, mais avant tout, en l'opposant à un boxeur extrêmement dangereux dans des circonstances qui ne le justifiaient pas.

Pour expliquer la faute d'InterBox, il faut rappeler, deux fois plutôt qu'une, qu'au moment de signer le contrat pour affronter Dave Hilton, Stéphane Ouellet était le premier aspirant à deux couronnes mondiales, celle du Français Hacine Cherifi à la WBC, et celle d'Otis Grant à la WBO (après son nul contre Lonnie Bradley en mars 1997, Grant avait conquis le titre, en décembre de la même année, par une victoire sur le Britannique Ryan Rhodes). À l'époque, il y avait bien eu des rumeurs concernant un éventuel combat Ouellet-Grant, mais, pour toutes sortes de raisons, il n'avait jamais eu lieu. La peur de l'un ou de l'autre ne faisait pas partie de ces raisons-là, et Grant avait tenu à le faire savoir au clan Ouellet, une semaine avant son combat contre Roy Jones, et trois semaines avant celui entre Hilton et Ouellet. C'était dans *La Presse*. Grant avait dit : « *J'ai même lu quelque part que j'en avais peur* [de Ouellet] *et que je me sauvais de lui. J'aurais peur de Stéphane Ouellet mais pas de Roy Jones? C'mon... S'ils veulent nous avoir, ils savent où nous trouver.* »

C'était justement cela, le problème. Grant s'étant depuis longtemps engagé à affronter Jones (en mi-lourds, pour une bourse approximative de 500 000 dollars canadiens!), le clan Ouellet aurait eu beau le chercher, il n'était à ce moment-là pas disponible pour défendre sa couronne. De part et d'autre, on avait remis le projet sur la glace, souhaitant pouvoir organiser un match après les combats respectifs de novembre 1998 des deux hommes. On notera par ailleurs que tout ce temps où Otis Grant et Stéphane Ouellet se challengeaient par journaux interposés, le frère d'Otis, Howard, était à l'emploi d'InterBox, avec officiellement le même mandat que tous les coaches de l'organisation, celui de tout mettre en œuvre pour aider et soutenir... Ouellet! Bref, une situation réellement malsaine qui allait se régler d'une manière qui ne surprendrait personne, le jour où InterBox congédierait Howard Grant.

L'indisponibilité d'Otis Grant pour Ouellet faisait que le clan du Jonquiérois ciblait tout naturellement le titre mondial de Hacine Cherifi, d'autant plus que la ceinture WBC du Lyonnais était considérée comme la plus prestigieuse de la catégorie des moyens, même si Cherifi était loin d'être un boxeur de prestige. Ainsi, on évoquait, déjà en octobre 1998, des pourparlers entre InterBox et le promoteur américain Don King. King, selon un scénario classique dans la boxe, avait obtenu les droits sur Cherifi depuis la victoire de ce dernier sur l'Américain Keith Holmes, lequel lui appartenait bien sûr aussi. Ces pourparlers porteraient sur un programme double « France-Québec » impliquant d'une part Ouellet et Cherifi, et d'autre part Dale Brown et Fabrice Tiozzo, titre mondial en jeu dans les deux cas (Tiozzo, champion WBC des lourds-légers, appartenait aussi au promoteur à la chevelure électrique).

Les discussions avec les gens de Don King étant restées vagues, tout indiquait que le combat entre Ouellet et Cherifi n'avait jamais été sérieusement envisagé à l'automne 1998. Le seul vrai combat de Stéphane Ouellet qui préoccupait alors les gens d'InterBox était celui contre Dave Hilton, avec ses centaines de milliers de dollars à la clé.

Pour la jeune entreprise InterBox, un affrontement Hilton-Ouellet voulait dire compléter sa première année d'existence comme elle l'avait commencée en avril : même affiche au programme, même réussite financière. En fait, les profits seraient bien plus considérables cette fois-ci, la réputation de Dave Hilton étant bien supérieure à celle de son frère Alex.

En revanche, pour celui à qui il incombait une deuxième fois dans la même année de se mesurer à un Hilton – quand on sait quelle sorte de défi cela peut représenter d'en rencontrer un seul dans une vie! –, les séquelles psychologiques seraient très longues à guérir. C'est pourquoi apparaîtraient aussi déplacés les commentaires d'Yvon Michel, quand, dans un entretien publié sur le Web, il soulignerait sans compassion la lividité du teint de Ouellet à son entrée sur le ring, le 27 novembre au soir.

C'est au cours de cette entrevue accordée à un bon connaisseur de boxe, Marc Ranger, qu'Yvon Michel allait tenter d'expliquer les raisons qui l'avaient fait choisir un match contre Davey Hilton plutôt qu'un combat pour le titre mondial contre Hacine Cherifi – incontournable à plus ou moins brève échéance, puisque le Français serait bien obligé de se défendre contre le premier aspirant de la catégorie, Ouellet lui-même. « Stéphane Ouellet n'avait qu'à attendre six mois tranquille chez lui, il aurait eu obligatoirement droit à un combat de Championnat du monde, commente l'entraîneur Russ Anber, un observateur d'autant plus crédible qu'il manageait alors Otis Grant, l'autre champion que Ouellet avait dans le collimateur. Un combat de Championnat du monde de la WBC, *man*, sur un plateau d'argent, sais-tu ce que ça représente dans la carrière d'un boxeur? »

Yvon Michel prétendait bien sûr le savoir. « *Mais parce qu'il ne s'entraînait plus, parce qu'il n'était plus motivé, Stéphane n'aurait pas fait deux rounds avec Hacine Cherifi*, avait avancé Michel. *Depuis sa victoire sur Alain Bonnamie, il fonctionnait seulement sur son erre d'aller. Arrive Dave Hilton dans le portrait, Stéphane vient de battre Alex, certainement que j'ai pensé souvent que Dave pouvait battre Stéphane, parce que Stéphane ne se préparait pas bien. [...] Stéphane s'était entraîné pour Bonnamie comme Éric Lucas pour un Championnat du monde, alors tu te dis s'il retrouve l'inspiration pour Dave... parce que Stéphane me disait ça souvent : "J'ai besoin d'inspiration, j'ai besoin d'être motivé." Donc je me disais s'il trouve l'inspiration pour se battre contre Dave Hilton, peut-être qu'on va être capable de continuer sur l'erre d'aller et se battre plus tard en Championnat du monde, mais c'était impossible, impossible de le motiver pour se battre. Alors plutôt que d'aller là et d'avoir l'air fou au niveau international, on s'est dit on va tenter de lui redonner la piqûre en se battant contre Dave Hilton. »*

« Stéphane Ouellet n'aurait pas tenu deux rounds contre Cherifi? Complètement faux, répond Russ Anber. Cherifi était si peu exceptionnel que Ouellet aurait eu au contraire d'excellentes chances de le battre et de devenir champion du monde. Mais à la place, InterBox l'a opposé, pour un combat prétendument facile, à l'un des cinq boxeurs les plus talentueux de toute l'histoire de la boxe canadienne, *man,* et peut-être le meilleur cogneur de toute l'histoire. Ce jour-là, c'est exactement ce risque stupide que la compagnie InterBox a pris. Et je le redis, cette décision-là a changé toute l'histoire de la boxe professionnelle au Québec.

« Ceux qui disent que Stéphane Ouellet aurait aisément battu Dave Hilton s'il s'était bien préparé sont des menteurs. Le soir du 27 novembre 1998, ils n'ont pas eu de mauvaise surprise. Stéphane Ouellet s'est entraîné pour ce combat-là de la même manière que pour tous ses combats en carrière. »

Dans le cas de ce Dave Hilton-Stéphane Ouellet I, on dépassait la simple prise de risques. On était à la fois dans les impératifs financiers (la compagnie coûtait excessivement cher à gérer) et dans l'erreur d'évaluation d'un adversaire sur qui une organisation au grand complet semblait s'être trompée. « Dans les deux combats que Dave Hilton avait faits avant de rencontrer Stéphane (contre Derrick Graham dans l'État de New York et contre Joe Stevenson à Montréal), il ne nous avait pas démontré d'endurance », admet Stéphan Larouche. Observation partagée par celui qui avait arbitré le match avec Stevenson, Denis Langlois, lequel était ce soir-là loin de se douter du rôle prépondérant qu'il jouerait six semaines plus tard, quand Hilton rencontrerait Ouellet. « Mes amis, dit Langlois, me téléphonaient chez moi pour demander qui, de Ouellet ou de Hilton, allait gagner. Sans hésitation, je répondais toujours : Ouellet, en quatre ou cinq rounds. Car contre Stevenson, Hilton m'était apparu si peu endurant et si peu capable d'intensité que je ne voyais pas de quelle manière il pouvait battre Ouellet. »

Là où on était carrément dans la nullité crasse, c'est dans les commentaires que Larouche, inquiet, entendait chaque fois qu'il était question des affrontements Hilton-Ouellet avec les deux sommités pugilistiques de l'organisation, Yvon Michel et Bernard Barré. Banalisant comme toujours le défi et le danger auxquels Stéphane faisait face contre Hilton, ces deux-là, insensibles, ne cessaient de répéter que « si Stéphane Ouellet n'est pas capable de battre Dave Hilton, il est bien mieux d'oublier la boxe et de rentrer chez lui une fois pour toutes ». À la fin, Larouche n'en pouvait tout simplement plus de ce raisonnement. Comment des hommes de boxe, appelés à prendre des décisions de boxe, pouvaient-ils ne pas voir que se mesurer à un Hilton représentait un test aussi, sinon plus, psychologique que sportif? Comment pouvaient-ils laisser croire qu'il était aussi simple de battre « l'un des cinq meilleurs boxeurs de toute l'histoire de la boxe canadienne »? Soit, Hilton n'était plus le même que dans ses belles années, mais il était encore suffisamment doué pour être couronné deux ans plus tard champion du monde, dans une catégorie trois fois loin de son poids initial! Comment, surtout, Michel et Barré pouvaient-ils faire fi de toute la tension d'un tel événement, susceptible à elle seule de bouleverser toutes les données sportives du combat? Cela échappait au bon sens.

Cela dit, pour le combat du 27 novembre 1998 contre Dave Hilton, Stéphane Ouellet sacrifiait peut-être à la carrière d'Yvon Michel et aux affaires d'InterBox, il faisait peut-être les frais d'une « gaffe monumentale » de *matchmaking*, mais, il importe de le dire, il souhaitait ce combat autant que tout le monde. Lui qui, comme le racontaient ses copains de salle à Claude-Robillard, « avait toujours besoin d'argent », et qui ne brillait ni par sa patience ni par ses plans à long terme, préférait évidemment sauter sur l'occasion avant la fin de l'année plutôt que de végéter six mois à attendre le signal de la WBC. Il était beaucoup plus aiguillonné par Hilton que par Cherifi. Et la défaite, même longtemps après, n'allait pas modifier sa façon de voir. Cautionnant par le fait même le comportement d'Yvon Michel, il dirait : « Je préférais alors cent fois plus me battre avec Hilton que de participer à un Championnat du monde bidon contre Cherifi. Ma carrière a basculé avec cette défaite? Et puis après? Ce qui m'est arrivé ce soir-là contre Hilton résultait de ce que j'aimais le mieux dans la boxe : le risque. »

Stéphan Larouche, toujours amer un an et demi après les événements, réplique : « Stéphane avait beau vouloir se battre contre Hilton, c'était notre responsabilité de prendre la décision à sa place et de refuser en son nom. Sinon, à quoi servait notre organisation si elle laissait les boxeurs décider de ce qui était bon ou non pour eux? Les boxeurs sont toujours d'accord pour affronter n'importe qui. D'ailleurs, comment pourraient-ils dire qu'ils ne souhaitent pas rencontrer tel ou tel adversaire, sans craindre de passer pour des peureux? C'est pour ça qu'il y a des dirigeants. Aux États-Unis, ce sont les Don King et compagnie qui mettent des paroles dans la bouche de leurs boxeurs. C'est ce que nous aurions dû faire avec Stéphane, quand tout le monde s'était mis à réclamer le combat contre Hilton. Répondre simplement que Hilton n'était pas dans les plans pour le moment, qu'on ne pouvait pas, comme ça, le mettre au calendrier sous prétexte qu'il revenait à la boxe, bref qu'on s'occuperait d'abord de Cherifi. Ensuite de lui, s'il y avait lieu. »

Une autre raison faisait que Ouellet voulait ce match. Comme toute son organisation, il mésestimait la dangerosité de Davey Hilton. Prenant pour référence leurs résultats respectifs contre Alain Bonnamie – Ouellet avait eu besoin de moins de 5 rounds pour se débarrasser de Bonnamie, alors qu'il en avait fallu 30 et 3 combats (défaite aux points en 1990, nul en 1996, et enfin victoire par décision en 1997) à Hilton pour faire de même –, le Jonquiérois prenait Hilton à la légère et imaginait un combat facile. Même s'il avait vu des rubans datant du milieu des années 80 où Hilton était franchement impressionnant, loin de le mettre en alerte, ces images n'avaient servi qu'à lui rappeler ce que Hilton n'était plus.

Quinze ans plus tard, honnêtement, Ouellet ne voyait pas comment il pourrait avoir du mal à battre Hilton, son jugement étant d'autant plus faussé par les effets d'une série de 12 victoires consécutives qui le faisait se sentir invulnérable. Extrémiste en tout, il n'avait jamais de milieu, y compris dans les sentiments qui l'animaient à l'approche d'un match, où il devenait trop défaitiste, trop réaliste ou... trop confiant. Résultat, au cours du cirque média-tique qui précéderait le combat et le dégoûterait, il allait se fendre d'une prédiction arrogante : « Cinq rounds au maximum! » Et il mettrait sa préparation au service de sa prédiction : Stéphane s'entraînerait exactement pour cinq rounds!

Hilton avait été prudent dans ses propos (il le sera moins à la revanche en se prédisant une victoire expéditive). Il savait revenir de loin, devoir peut-être aller aussi loin que 12 rounds, ce qui ne s'était jamais produit dans sa carrière, il savait ses 34 ans, bref il savait tout ce qu'il suffit à un boxeur pour ne plus être certain de savoir. Pourtant, quelque chose lui disait qu'il pouvait battre Ouellet, redevenir champion du Canada, et, pourquoi pas, du monde! *« Je voulais trouver réponse à ma question »*, expliquait-il à Brian Myles du *Devoir*, en mars 2001. *« Étais-je vraiment fini? Étais-je brûlé à cause de toutes ces années à boire? Je me disais que j'étais capable de battre ces gars-là. Dans mes meilleures années, Ouellet et Lucas, ç'aurait été leur fête en deux rounds. »*

Stéphan Larouche pense savoir ce qui avait pu inciter Hilton à croire, sinon espérer, qu'il avait une chance de battre Stéphane

Ouellet. « Stéphane est un bon cogneur, mais il ne frappera jamais aussi dur que Dave Hilton, qui possède une force de frappe exceptionnelle. Regardant Stéphane boxer, Hilton devait se dire qu'il pouvait knocker ce gars-là. Il se disait cela parce qu'il connaît la boxe, Dave Hilton. Il savait pouvoir être très dangereux pour Stéphane Ouellet parce que ses mains sont vives et qu'il frappe fort, deux atouts avec lesquels Stéphane a toujours eu du mal à composer. Mais surtout, Hilton se savait dangereux parce qu'il fait beaucoup de feintes en boxant, avec la tête et avec le corps, et il avait sûrement remarqué que Stéphane réagissait super vite à tout ce qui se passait dans l'arène, au moindre mouvement. Il pouvait certainement croire que Stéphane allait tôt ou tard mordre à l'une de ses feintes. »

Quant à lui, Yvon Michel opposerait une légère variante aux motivations de come-back de Hilton en affirmant au *Journal de Montréal*, en juin 1999 : « *C'est parce que Stéphane occupait beaucoup de place sur la scène de la boxe locale que Hilton a été motivé à revenir à la boxe en 1997.* » En fait, Dave Hilton accumulait les retours depuis 1988, mais celui qui l'avait mené à l'affrontement avec Ouellet avait véritablement pris forme en 1996. En octobre de cette année-là, à l'Hippodrome de Montréal, il avait en effet arrêté le Montréalais Hughes Daigneault (déjà auteur d'un nul face à Éric Lucas) au quatrième round, tout juste après l'avoir gravement blessé au nez avec un crochet du gauche. Des boxeurs amateurs qui avaient déjà servi de *sparring-partners* au garçon racontaient d'ailleurs qu'atteindre le nez avec son direct ou son crochet du gauche – dans les deux cas remarquables – représentait l'un des petits plaisirs de Dave Hilton.

Plus que la victoire sur Daigneault cependant, l'important avait été pour Hilton, à 32 ans, de se refaire une silhouette. À cette époque, pouvait-on lire dans *Le Devoir*, « *Dave Hilton fils pèse 200 livres, 40 de trop. Il peine à attacher ses souliers, boit jusqu'à s'évanouir sur le plancher d'une maison mobile ou d'une chambre d'hôtel. Des tremblements terribles au réveil l'obligent à avaler un verre ou deux avant le déjeuner, juste pour retrouver la "forme"* ». Nous l'apprendrons plus tard à son procès pour agressions sexuelles, c'étaient alors les années de noirceur de Davey Hilton et elles se poursuivraient jusqu'en décembre 1998, un mois après le combat contre Ouellet. Pendant ce temps, la vie continuait, la boxe aussi. Mais la vie beaucoup plus souvent que la boxe dans le cas de Hilton : dans les 18 mois suivant son triomphe sur Daigneault, il n'allait remonter sur un ring qu'à deux reprises, chaque fois contre Alain Bonnamie, le sésame déterminé par les promoteurs pour lui permettre d'accéder à Stéphane Ouellet. Pourquoi deux fois contre Bonnamie? Le promoteur Henri Spitzer et son bras droit Régis Lévesque répondraient que ce n'était sûrement pas leur faute, tant ils pensaient avoir tout fait la première fois pour que Hilton gagne. Selon une autre vieille astuce de la boxe, ils avaient en effet attendu le plus tard possible – même pas un mois d'avis – pour offrir le combat (et la bourse de 18 000 dollars) à Bonnamie, de façon à être bien certains que ce dernier manque de temps pour se préparer. Bonnamie était en forme, il avait fait de la musculation, mais, justement, sa masse musculaire avait fait grimper son poids à près de 180 livres! Pour atteindre les 163 livres du contrat, il s'était donc astreint à un seul repas par jour, le comble étant qu'on lui imposait en plus la pesée le jour même – plutôt que la veille du combat, vers 16 h – pour que son organisme n'ait pas le temps de se réhydrater! Ce n'était donc pas la faute des promoteurs si ce soir-là Hilton avait été tenu à un match nul, lequel match nul avait pour tout le monde – sauf pour les juges – valeur de défaite évidente. En tout et partout, Hilton et Bonnamie s'étaient donc rencontrés trois fois. Hilton avait finalement remporté le dernier combat en avril 1997, essentiel pour passer à Stéphane Ouellet. Mais avant que cela se fasse, Dave Hilton avait remis sa carrière entre parenthèses, pour 14 longs mois.

Il était revenu le 28 mai 1998 – un an jour pour jour avant sa victoire en revanche sur Ouellet – contre l'Américain Derrick Graham, et sa performance avait été jugée, dans l'optique d'un retour, « relativement bonne » par les entraîneurs d'InterBox. Les seconds de Ouellet n'avaient pas pour autant été impressionnés. Ils ne le seraient guère plus, cinq mois plus tard, quand Hilton arrêterait au quatrième round le « Irish Elvis » Joe Stevenson – ce type se prétendait le fils illégitime d'Elvis Presley! –, envoyé quatre fois au sol. Ce combat contre Stevenson avait par ailleurs nécessité un report de juin à octobre très mal encaissé par Hilton, ainsi qu'il le raconterait lors de son procès dans une tentative de faire comprendre que, chez lui, indiscipline et discipline se mariaient continuellement : «*Quand je commence à boire, je bois durant quatre ou cinq jours d'affilée ou durant deux semaines. Je suis un brosseur. Mais quand j'arrête, je suis très discipliné. Je ne triche pas. Je ne prends même pas un Pepsi ou aucun sucre. [Pour Stevenson donc] j'étais frustré. Le combat était annulé. J'avais perdu 30 livres pour ce combat* (en fait, il devait les avoir perdues pour le combat précédent, contre Graham). *J'étais vraiment désappointé. En plus, je n'avais pas eu de*

bonus pour couvrir mes dépenses d'entraînement. Alors j'ai bu »,
rapportait *Le Devoir* du 15 février 2001.

Si la sobriété de Hilton allait de pair avec les bonis qu'il touchait
à la signature des contrats, il n'y avait pas de soucis à se faire pour
le combat contre Ouellet : quelque six semaines avant la fameuse
soirée du 27 novembre 1998, Hilton avait en effet reçu une avance
de 28 000 dollars sur sa bourse de 100 000 dollars, plus une
somme de 7 500 dollars allouée pour éponger ses frais, qu'on peut
deviner considérables, Hilton ayant choisi la Floride pour tenir son
camp d'entraînement. En fait, il est plus juste de dire que Hilton
avait choisi un entraîneur de la Floride, en la personne de Chuck
Talhami. Une nouvelle fois en froid avec son père – on racontait que
les deux n'avaient pu s'entendre sur le pourcentage accordé à
l'entraîneur –, Hilton s'était rabattu sur Talhami, à qui il avait,
semble-t-il, offert 10 000 dollars pour l'assister, beaucoup plus que
pour l'entraîner en bonne et due forme. *« On n'enseigne rien à un
boxeur aussi naturel que Dave Hilton*, expliquerait un jour Talhami au
journaliste de *La Presse*, Michel Blanchard. *On ne fait que chercher à
développer ses forces et à polir son style. On insiste un peu sur l'art de mêler
les styles sans pour autant en perdre en efficacité. [...] Hilton est un vrai.
On n'enseigne pas à boxer à un vrai. On se tient dans son coin et on
l'encourage. À l'entraînement, on s'assure qu'il atteigne le plus rapidement
possible une condition physique adéquate. »*

On ne pouvait enlever à Chuck Talhami ce que les faits du 27
novembre 1998 tendaient à montrer : Dave Hilton, pour sa première rencontre avec Stéphane Ouellet, était bien préparé. Tous les
échos sur le sujet faisaient en effet état d'une bonne préparation
dans les circonstances, Hilton n'en étant après tout qu'à son
onzième combat en sept ans (et non pas, comme il allait le dire
plus tard à *La Presse*, à son troisième...). Dave Hilton père le
premier, même s'il n'y était pour rien cette fois, avait confirmé la
bonne préparation de son aîné. Mais le témoignage le plus sûr, du
moins le plus sincère et le plus senti, était probablement venu de la
femme du boxeur, Anna-Maria Hilton, qui se trouvait à ce moment
elle aussi à Miami. Menant depuis toujours entre le Québec,
l'Ontario et les États-Unis une vie de bohème à côté de laquelle
celle de Ouellet paraissait bien pâle, le couple Hilton était logé
dans la résidence secondaire du propriétaire du club Champion de
Montréal, George Cherry. Dans la semaine précédant le combat,
alors qu'Anna-Maria Hilton était revenue à Montréal avec ses
quatre enfants, elle allait faire à Bertrand Raymond, du *Journal de
Montréal*, une confidence qui montrerait bien l'importance que la

famille conférait à ce combat contre Ouellet : « *Ça fait 10 ans que je n'ai pas vu Davey s'entraîner avec autant de cœur. Le bon Dieu ne lui a pas offert la chance d'affronter Stéphane Ouellet pour que cela se termine vendredi soir...* » Un mensonge de plus dans la guerre de mensonges qui opposait les deux clans? Non. Boxeurs, entraîneurs, promoteurs mentent tous à la veille des combats, mais leurs épouses seraient incapables de le faire avec autant de naturel. En fait – avis est donné à tous les reporters de boxe de la planète –, les épouses des boxeurs sont les seules personnes qui vaillent la peine d'être interviewées avant les combats!

L'unique inquiétude que pouvait nourrir Dave Hilton en rapport avec son entraînement avait trait à une blessure à la cheville gauche, dont Talhami ferait plus tard état, disant qu'elle avait contraint son boxeur à espacer les séances de footing. C'était une blessure dont on avait pu mettre en doute la gravité dans la mesure où Hilton, après le match, avait semblé s'en servir beaucoup comme excuse, racontant qu'elle s'était d'abord aggravée à son entrée sur le ring (!) et qu'elle l'avait ensuite empêché de danser et de bouger face à Ouellet comme il l'avait prévu. Mais les images de la vidéo du combat, ainsi qu'au moins un témoignage, lui donnaient raison. Monté sur le ring le premier, en sa qualité d'aspirant, il attendait l'entrée de Ouellet et on voyait effectivement Talhami se soucier de lui pendant qu'un autre second lui massait la jambe gauche, à la hauteur du mollet. « *Il m'a dit avoir entendu sa cheville craquer et qu'il avait peine à marcher,* avait relaté Talhami dans *La Presse. Il m'a suffi de lui dire de penser à autre chose pour le voir revenir en force et livrer le genre de combat qu'il a fait.* » Et puis il y avait aussi le bon ami de Hilton, Guy Émond, qui disait avoir constaté les faits à la conférence de presse, le lendemain du combat : « Dave m'a montré sa cheville, vraiment très enflée, et il a dit : "Regarde-moi la grosseur de la cheville, à cause de ça je te jure que je n'ai pas pu me battre comme je le voulais. Je n'ai surtout pas pu le pincer comme j'en rêvais. Mais je peux te garantir que, la prochaine fois, quand je vais le pincer d'aplomb, il va tomber c'est sûr. J'ai maintenant fait 12 rounds avec Ouellet et je sais que je frappe plus dur." En voyant sa blessure, disait Émond, je n'avais pas de mal à croire qu'elle lui avait nui durant le combat et qu'il allait être encore plus confiant la fois d'après, sans blessure. »

***

Il n'était pas censé y avoir de « fois d'après ». Au cours des semaines précédant le match, Stéphane Ouellet avait maintes fois annoncé ses couleurs : en cas de défaite, sa décision était définitive, il allait dire adieu aux rings. « Si je ne suis pas capable de battre un gars comme Dave Hilton, cela veut dire que je n'ai plus d'affaire dans la boxe et que mon destin est de faire ma vie dans un autre domaine », avait-il affirmé, comme s'il avait été contaminé par le genre de raisonnement qui prévalait au sommet de la hiérarchie d'InterBox. Venant d'un boxeur, une déclaration de ce genre, toujours le fait de celui sur qui repose la pression du combat, n'avait évidemment rien de bien nouveau. Mais elle donnait à tout le monde l'impression que Stéphane n'attendait même pas la défaite, qu'il voulait dire adieu aux rings... avant le match! La tristesse qu'il promenait dans tous les lieux ayant rapport au combat contre Hilton était tellement manifeste que tous ceux qui le voyaient « se préparer » en arrivaient à la même conclusion : ce garçon était malheureux comme la mort.

Yvon Michel avait un jour confié qu'à son avis, Stéphane Ouellet s'était présenté dans le ring pour son premier combat contre Hilton si mal préparé que cela avait toutes les apparences d'une tentative de suicide inconsciente! En fait, Michel fondait son opinion sur la préparation catastrophique de Ouellet, mais aussi sur une phrase, selon lui révélatrice, qu'il lui avait prononcée une fois le match terminé, dans les vestiaires. « Je lui avais demandé, comme ça, de me dire comment il avait trouvé Hilton et il m'avait répondu, je ne l'oublierai pas : "Il est pas mal moins bon que je le pensais, je le pensais réellement meilleur que ça." Cette réponse prouvait que Stéphane pensait se faire arrêter par Hilton, qu'il avait été surpris de durer aussi longtemps, et encore plus de passer près de gagner! Et elle me faisait comprendre pourquoi il s'était si peu entraîné. »

Stéphan Larouche explique différemment le comportement de Stéphane. « Je pense qu'il s'était tendu un piège malgré lui, car il s'attendait à un combat court. J'ai vraiment l'idée qu'il abordait le combat contre Dave en se disant qu'il allait rapidement le descendre ou rapidement se faire descendre. Chose certaine, avec deux aussi gros cogneurs dans le même ring, il était sûr que le combat ne pourrait pas être très long. De là son entraînement pour cinq ou six rounds. » Cette explication, qui évoque la possibilité d'une victoire rapide pour Stéphane, est celle qui se rapproche le plus de la réalité exprimée par le principal intéressé, qui avouerait avoir trop cru à un gain facile et expéditif.

Sur toute cette question de la préparation de leur boxeur, les entraîneurs d'InterBox s'entendaient cependant sans mal sur un fait : elle était suffisamment désastreuse pour justifier un report. « Ce combat-là aurait dû être annulé, affirmait Stéphan Larouche. Y avons-nous songé sérieusement? Non. Pourtant, il faut reconnaître que c'était un cas de force majeure. » Yvon Michel, lui, apportait un son de cloche légèrement différent : « À plusieurs reprises au cours des six semaines d'entraînement, nous avions cherché à annuler le combat, mais évidemment, chaque fois, Stéphane ne voulait rien entendre. Quand on lui parlait de sa forme, il répondait qu'elle pouvait juste être meilleure que lors de ses combats antérieurs, puisqu'il avait cessé de boire et de fumer! Mais ce n'était pas vrai. »

Quand Larouche et Ouellet prépareront le troisième combat contre Hilton, ils évoqueront ces moments malheureux de la première rencontre.

— Tu te souviens, Stéphane, à quel point tu n'allais pas bien, à quel point ça ne te tentait pas de te battre?

— Il me semble que ce n'était pas si pire que ça...

— Pas si pire? J'allais te chercher pour l'entraînement du matin, à 6 h 30, et tu empestais le fond de tonne. Ça n'avait aucune comparaison avec la situation actuelle...

« Dans ce temps-là, raconte Larouche, quand je lui disais qu'il puait l'alcool, Stéphane me répondait qu'il ne se soûlait pourtant plus, que la seule chose qu'il faisait, c'était de s'offrir une petite bière au souper. Pas plus que ça. Mais il m'arrivait à moi aussi de prendre une bière au souper sans pour autant sentir la robine le lendemain! »

La plupart du temps, c'était toutefois Lucas qui passait le cueillir à son appartement. Et quand le cocktail des nuits de son copain avait vraiment été trop fort, il repartait comme il était venu. « En règle générale, confie Ouellet, j'avais beau passer une partie de la soirée et de la nuit à consommer, j'avais quand même la force d'aller m'entraîner le matin. Dans ces moments-là, ma vie était d'ailleurs à peu près réglée de cette façon-ci : j'allais à l'entraînement le matin, je revenais chez moi vers 10 h, je fumais quelques joints et je me recouchais jusqu'à 14 h. Puis je retournais au gymnase vers 15 h, des fois encore dans le brouillard, pour enfin revenir à la maison vers 17 h. Puis je recommençais le même manège que la veille, jusqu'aux petites heures. Certaines virées étaient pires que d'autres, et il arrivait que je saute des séances d'entraînement. Ces matins-là, je sortais sur le perron et je faisais signe à Lucas de ne pas m'attendre, qu'on se reverrait le lendemain.

Les heures qui précédaient ces matins-là étaient particulièrement infernales. Je me couchais au beau milieu de la nuit, mais j'étais tellement stressé en voyant l'heure de l'entraînement approcher que je n'arrivais pratiquement jamais à dormir. »

Parce que des amis de Stéphane l'avaient déjà sensibilisé aux problèmes de drogue de son boxeur, parce que le groupe InterBox procédait annuellement à quelques tests antidrogue – « trois ou quatre fois par année », selon Larouche – Yvon Michel savait ce que son protégé essayait de lui cacher. Bien sûr, pas tout. La véritable ampleur des problèmes lui échapperait toujours, mais le peu qu'il connaissait lui en révélait beaucoup. Un jour, pour montrer à Stéphane que sa vie parallèle n'avait à peu près plus de secret pour personne, Michel lui avait présenté les résultats de son test antidrogue le plus récent. Il était, comment dire, si hallucinant, que quelqu'un avait inscrit à la main, au haut de la feuille : « Junkie de rue »! « C'est vrai, confirme Stéphane. C'est arrivé dans une période où non seulement je m'étais beaucoup gelé, mais où j'avais consommé un paquet de drogues différentes. Sur la feuille, c'était franchement impressionnant parce qu'elles étaient toutes énumérées avec leurs noms scientifiques. »

Dire que Stéphane Ouellet considérait ces tests parfaitement ridicules relève de l'euphémisme. Le 29 juin 2000, au matin d'un nouveau contrôle à Claude-Robillard, il avait eu, avec Larouche, une autre prise de bec à ce sujet, écorchant au passage le président d'InterBox, Hans-Karl Muhlegg. « Crisse, qu'est-ce que ça va changer que je passe ce test-là? avait-il demandé à Larouche, hors de lui. C'est du temps perdu, je vous l'ai dit 100 fois qu'il va être positif, mon crisse de test. Et en plus de ne servir strictement à rien, ça vous coûte 300 dollars chaque fois, pour vous faire confirmer ce que je ne vous cache même pas avant de pisser dans votre petit pot. Y a pas à dire, Muhlegg, il a vraiment le goût de jeter son argent par les fenêtres. »

Mais Ouellet trouvait aussi nul de contrôler ceux contre qui personne ne pouvait avoir même un soupçon de soupçon. « Ils me font rire quand je les vois faire passer des tests à Dorin et Brown », ajoutait-il. Il faut dire que, par expérience, il pouvait distinguer à l'œil ceux qui s'évadaient vers des paradis artificiels de ceux qui s'en abstenaient.

Ce matin de juin 2000, il avait donc testé positif à la mari, ce qui n'avait surpris personne dans la compagnie. Fumer faisait à ce point partie de sa vie qu'il disait même avoir protégé ce droit dans certains de ses contrats avec le groupe InterBox. « Quand t'en es rendu à négocier le droit de fumer du pot... » Ce qui ne l'empêchait pas de savoir que tous ses supérieurs condamnaient cette habitude, ainsi que son mode de vie. « Eux autres, disait-il d'eux, ils n'en ont rien à foutre que tu aies une personnalité bohème. Une seule chose les intéresse : devenir une usine à champions du monde. »

Avec le temps, il avait appris – on le lui avait dit – que les traces de mari mettaient environ 30 jours avant de disparaître de l'organisme. En novembre 1998, il savait donc que, s'il s'était par exemple battu contre Cherifi pour un titre de la WBC, qui imposait des tests antidrogue à ses boxeurs impliqués dans un Championnat du monde, il aurait dû cesser toute consommation longtemps avant le combat. Il s'efforçait donc de rassurer Larouche et les autres quand il était question d'un combat international où il courait le risque d'être contrôlé : « Cassez-vous même pas la tête avec ça, je vais être assez brillant pour arrêter quand ça va être le temps. »

Mis à part les effets nocifs qu'il endurerait sur le ring le soir du combat, la question de la marijuana n'était toutefois d'aucune importance lors de ce premier rendez-vous avec Dave Hilton. Ni la Fédération canadienne de boxe professionnelle – qui sanctionnait ce Championnat national des moyens – ni l'espèce de Régie de Mario Latraverse n'imposait en effet de contrôle antidopage pour cet événement. Ainsi, l'assiduité au gymnase en moins, il s'était préparé de la même façon que pour son combat contre Bonnamie, c'est-à-dire en continuant de fumer considérablement. Et jusqu'à la toute dernière minute. « J'avais même fumé mon joint la veille », confierait-il, ce qui n'était pas surprenant, quand on savait combien il avait besoin de se relaxer pour oublier son stress.

Le plus grave, c'était que, même en tentant de se convaincre que Ouellet était sobre durant ces six semaines-là, les dirigeants d'InterBox appréhendaient le pire. C'est dire, sans tenir compte de la mari ou de l'alcool, combien insatisfaisant avait été son entraînement en gymnase. « On le savait effectivement très mal préparé, avouera Larouche en février 2000, mais Yvon avait choisi de ne pas révéler la vérité. À partir de là, notre défi en tant qu'organisation était de le faire gagner, en dépit des circonstances. »

La décision de Michel de cacher la mauvaise préparation de son boxeur avait soulevé une certaine controverse après le combat, une fois la vérité connue. Dans *La Presse*, un lecteur de Montréal – Claude Jutras – avait écrit au chroniqueur Michel Blanchard pour se plaindre des journalistes qui n'avaient pas bien informé le public sur la condition de Ouellet.

Comment se fait-il, monsieur Blanchard, que les journalistes, vous le premier, ne nous avez jamais avisés de la méforme de Stéphane Ouellet lors de son dernier combat contre Davey Hilton?

Quand Stéphane, dans les derniers rounds, a laissé échapper son protecteur buccal à trois ou quatre reprises, tout le monde a dit que c'était parce qu'il avait le nez fracturé et qu'il avait peine à respirer.

Il a fallu attendre la conférence de presse annonçant le match revanche entre Ouellet et Hilton pour apprendre la vérité et entendre, de la bouche d'Yvon Michel, que Ouellet ne s'était pas entraîné sérieusement [...]. Et qu'il avait même raté une couple de journées d'entraînement.

Pire, son soigneur [plutôt son entraîneur – Stéphan Larouche] *a affirmé que Ouellet avait peine à retenir son protecteur buccal pour la simple et bonne raison qu'il était à bout de souffle.*

Pourquoi, monsieur Blanchard, les journalistes nous ont-ils menti?

Pourquoi, monsieur Blanchard, ne pas nous avoir dit que Ouellet allait se présenter dans le ring dans une piètre condition physique?

Si on avait su, on serait resté chez nous.

Si on avait su, on n'aurait jamais misé sur Stéphane ce qui nous restait de sous.

Dans un premier temps, Michel Blanchard avait cherché à s'expliquer...

Comme vous, monsieur Jutras, il m'arrive de me faire remplir (...mais jamais plus d'une fois par la même personne).

Mais je ne mens pas. J'ai beaucoup trop de respect pour le métier que j'exerce et pour les gens qui me lisent pour me permettre de vous raconter n'importe quoi.

À la conférence de presse en question, quand j'ai entendu Yvon Michel dire que Stéphane Ouellet n'était pas au meilleur de sa forme contre Davey Hilton, j'ai eu la même réaction que vous. Je me suis senti floué.

Et je me suis juré qu'on ne m'y reprendrait plus.

Quelques jours avant le combat Hilton-Ouellet, Yvon Michel me dit que Stéphane s'entraîne sérieusement. Ouellet, lui, jure être au sommet de sa forme et avoir délaissé les démons qui le hantent.

Bon, j'arrive au bureau et j'écris quoi?

À la décharge d'Yvon Michel, il est certain qu'il ne pouvait pas révéler que Stéphane ne serait pas au meilleur de sa condition contre Davey Hilton.

Idem pour Ouellet. Mettez-vous dans sa peau. Pouvait-il en toute logique dire qu'il n'avait pas tout à fait été sérieux dans les semaines qui ont précédé le combat?

À l'avenir, vous ferez comme moi, monsieur Jutras. Tout ce que les

boxeurs et leur gérant diront à la veille d'un combat, il faudra le prendre
avec un grain de sel.
Surtout, ne jamais tout à fait les croire.

Puis ça avait été le tour d'Yvon Michel de rédiger sa version des
faits.

Monsieur Claude Jutras,
À la suite de votre commentaire formulé à Michel Blanchard [...], je
crois opportun d'apporter quelques explications sur mes agissements.
Vous accusez les représentants des médias de ne pas avoir informé
leurs lecteurs que Stéphane Ouellet se présenterait en mauvaise condition
physique pour son combat l'opposant à Davey Hilton.
À la conférence de presse annonçant le combat revanche [...], j'ai
mentionné, en rapport au premier combat, que j'étais insatisfait de la
façon dont Stéphane s'était préparé.
Cela dit, lorsque Stéphane Ouellet s'est présenté sur le ring, j'étais
tout de même convaincu qu'il l'emporterait.
À l'entraînement, Stéphane a souvent tourné les coins ronds. En fait,
sa dernière excellente préparation à un combat remonte à il y a quatre ans
quand il a affronté Alain Bonnamie.
Depuis, il a cependant remporté tous ses combats et presque toujours
de façon éclatante. [...] À chacune de ses victoires, il renforçait ses
perceptions sur la façon de se préparer à un combat...
Avant d'affronter Davey Hilton, Stéphane était convaincu d'avoir
fait ce qu'il fallait pour l'emporter. Et à cause de ses performances anté-
rieures, il devenait difficile de le contredire.
Ceux qui ont assisté aux séances d'entraînement publiques précédant
le combat du 27 novembre 1998 vous le confirmeront : Stéphane parais-
sait bien. Il était vif, léger, rapide et dynamique. En fait, tout semblait
baigner dans l'huile, même aux yeux des gens les plus avertis.
Lorsque j'ai été questionné sur le sujet, j'ai effectivement affirmé que
Stéphane serait fin prêt.
L'entraînement d'un boxeur est composé d'un ensemble d'éléments
complexes qui doit s'intégrer dans un tout. Vous savez, dans ce sport, les
déclarations officielles des personnes concernées avant un combat s'adres-
sent souvent aux adversaires. Chacun tente de percevoir dans les gestes,
les comportements, les réactions ou les déclarations de l'autre, le moindre
élément qui pourrait l'aider. Faut donc faire attention.
Voilà pourquoi, dans ces conditions, il est impossible pour un entraî-
neur de dire toute la vérité. On a toujours, à chaque fois, quelque chose à
cacher : une faiblesse, une blessure ou une préparation incomplète. Le

dire, ou le laisser paraître, serait concéder un avantage majeur à l'adversaire. C'est malheureux, mais c'est comme ça. Entre passer pour un menteur ou un traître, je préfère le premier. [...]

En conclusion, le blâme que vous rejetez sur les médias est injustifié. Ce blâme, j'en prends toute la responsabilité. En espérant que vous aurez compris que je ne pouvais simplement pas agir autrement.

Mais la mise au point d'Yvon Michel avait beau faire figure de vérité, il fallait en prendre et en laisser. Par exemple, quand il affirmait avoir toujours été certain de la victoire de son protégé, on pouvait se demander pourquoi il avait autant souhaité faire annuler le combat... Quant à ses propos selon lesquels Ouellet avait très bien paru aux entraînements publics, ils n'avaient guère de sens : c'était le contraire qui s'était produit, au point qu'il avait fallu donner des *sparring-partners* plus faibles au Jonquiérois afin de ne pas trop émousser sa confiance. « Pour ce combat, explique Stéphan Larouche, nous avions engagé un partenaire d'entraînement de La Nouvelle-Orléans du nom de Ron Wheaver (le même travaillerait plus tard avec Lucas pour la défense de son titre mondial contre Pazienza). Au début de la période d'entraînement, quand Yvon m'avait demandé si j'avais en tête un *sparring-partner* pour Stéphane, j'avais tout de suite pensé à ce type-là pour la qualité de son crochet de gauche, parfait pour imiter celui de Hilton. Selon ce qu'on croyait à ce moment, il fallait en effet préparer la défense de Stéphane contre ce coup dangereux, la meilleure arme de Hilton. Or, il faut bien admettre que nous préoccuper presque exclusivement du crochet de gauche, qui ne sera à peu près pas utilisé dans le combat, en oubliant ce remarquable jab qui fera tant de dommages et contribuera pour beaucoup à la victoire de Hilton, ça avait été une erreur. »

Larouche suggérait que Stéphane avait peut-être bien, comme il le disait, entamé l'entraînement du premier combat contre Dave Hilton avec un surcroît de confiance, mais qu'elle s'était effritée au fil des six semaines de (mauvaise) préparation. « Chose certaine, reprend Larouche, Stéphane n'a jamais pu compter sur son entraînement pour se construire une confiance, ou la garder intacte. En tout et partout, il n'a fait que 43 rounds de combat d'entraînement (la prévision était comme à l'ordinaire de 120), mais il s'est surtout montré incapable d'en faire plus de 6 par jour, alors qu'il risquait d'avoir à en faire... 12 le soir du combat! Dans un sens, c'est pour ça que sa performance nous a tant impressionnés. Dans le coin, Yvon et moi, on le regardait aller, ébahis, et, passé le huitième round, on se disait : "Wow! il a donc ben du *guts*, il n'était même pas capable de faire ça à l'entraînement!" »

En fait, de l'avis de Larouche, Ouellet travaillait si peu en gymnase à apprendre son métier qu'il devait à peu près toutes ses performances à son formidable instinct de boxeur. Tout ce qu'il faisait sur le ring lui venait du talent inné dont il avait hérité. Pour le reste, Larouche le décrivait comme un boxeur extrêmement limité sur les plans tactique et stratégique, s'opposant en cela à Dave Hilton dont le *ring knowledge* – c'est l'expression que Larouche utilisait – était l'une des forces. La vérité, c'est que, si Ouellet n'était pas un grand stratège, cela dépendait moins d'une faiblesse technique que de sa personnalité, qui lui faisait préférer l'improvisation à la préparation. Pas étonnant que ses entraîneurs lui aient concocté des plans de match si simples pour des combats pourtant de grande envergure. « Le plan de match du premier combat contre Dave n'avait rien de très détaillé, dit Ouellet. Pour l'essentiel, il consistait à établir mon jab, à gagner d'abord et avant tout la guerre du jab, comme pour chacun de mes combats. Bien sûr, je devais me méfier de ce fameux crochet de gauche, mais nous n'avions élaboré rien de précis pour l'éviter. Sans surprise, on s'attendait à ce que Dave commence très fort, pas seulement le combat mais tous les rounds en général, avant de faiblir graduellement. D'ailleurs, pour l'amortir et le fatiguer plus rapidement, je devais beaucoup le frapper au corps, là où on le savait vulnérable. Pour tout le reste, je voulais voir le déroulement du combat. Là-dessus, je partageais la même philosophie que Hilton, qui disait ne pas aimer établir de stratégie, trop d'impondérables pouvant influencer le cours d'un match. »

Toujours selon Stéphan Larouche, le plus gros obstacle de Ouellet au suivi d'un plan de match le moindrement élaboré, c'était encore sa condition physique. « Parce qu'il n'a jamais vraiment été en super forme, Stéphane n'a jamais eu les outils pour tenir un plan de match serré, comme cela devrait pourtant se faire à son niveau. Pour la même raison, j'ai l'impression que l'on n'a jamais vu la vraie valeur de son remarquable potentiel offensif. Car toutes les fois que Stéphane passait à l'attaque, il devait continuellement se demander si les énergies qu'il était en train de dépenser n'allaient pas lui manquer plus tard, donc s'il ne ferait pas mieux d'économiser ses forces plutôt que de les gaspiller à essayer de "finir" le gars dans le but de bien paraître aux yeux des gens. »

Répétons ici, cependant, que, pour le combat du 27 novembre 1998, Hilton avait les mêmes craintes et se posait les mêmes questions que Stéphane Ouellet. On avait donc dans les faits deux boxeurs incertains de pouvoir tenir la distance. Il devenait logique pour le moins en forme des deux de souhaiter un combat court, et pour son clan de mal évaluer la nature du danger posé par l'adversaire. « *Dave [Hilton] est un sapré bon boxeur, un sapré bon cogneur. Il sera dangereux pour quatre ou cinq rounds* », avait lui aussi analysé (dans *La Presse*) Abe Pervin avant le combat.

***

Ce jour-là on avait beaucoup parlé des anges, mais certes pas autant que ce type-là, et surtout pas depuis aussi longtemps. Il s'appelait André Bouchard, il dirigeait le service d'enquêtes des crimes majeurs de la police de la Ville de Montréal et agissait à temps perdu comme chronométreur pour le compte de la RACJ. Mais dans la foule bigarrée du Centre Molson, il n'était qu'un anonyme de plus attendant le combat de l'année entre Dave Hilton et Stéphane Ouellet. Sur le ring, Lucas disputait maintenant la demi-finale de la soirée au boxeur colombien Juan Carlos Viloria, lorsqu'un chahut comme les publics de boxe en provoquent souvent avait détourné l'attention du policier. « *On a entendu un tumulte*, raconterait André Bouchard à la télévision de CBC, *et quand je me suis tourné à gauche, c'était comme si Moïse avait commandé aux eaux de se séparer. Qui est-ce que j'aperçois en train de fendre la foule? Mom Boucher, avec ses écussons, escorté de ses acolytes, des motards membres à part entière ou alliés des Hells Angels et des Rockers... Je suis policier depuis 31 ans et je peux vous dire que ç'a été un des pires moments que j'ai vécus. Ça m'a brisé le cœur de voir des centaines de personnes se lever et l'applaudir comme s'il était une vedette rock.* »

Dans le groupe de motards à proprement parler, Ouellet ne comptait pas d'intimes, mais il entretenait quelques amitiés avec ce qu'on appelait des « sympathisants », la plupart originaires de Jonquière et qui s'étaient bien sûr déplacés pour le soutenir dans ce moment extraordinaire. Le cas de l'un de ces individus était particulièrement intéressant.

Ami de longue date du boxeur, il avait si sale réputation au Saguenay qu'il passait pour l'une des pires influences dans la vie de Ouellet. À l'époque, quand les parents de Stéphane l'avaient vu débarquer dans la vie de leur fils, ils s'en étaient beaucoup attristés, mais cela n'avait duré qu'un temps. Car, au fil de leur relation, ils avaient découvert un garçon extrêmement poli et respectueux, et qui ne ressemblait en rien au portrait que l'on se faisait inévitablement de lui si on lisait la chronique judiciaire des journaux ou écoutait les histoires de bars. Olivette et Angémil Ouellet avaient réalisé que cet ami ne tentait pas d'entraîner Stéphane dans sa mauvaise vie, mais au contraire lui donnait l'exemple... à ne pas suivre. Groupie des boxeurs (il deviendrait plus tard un très bon ami de Lucas), il aurait été le premier heureux de voir Stéphane réussir et devenir champion du monde. Il lui avait d'ailleurs demandé mille fois de lâcher les paradis artificiels au nom de sa carrière.

Mais le jour où il le ferait avec le plus de tristesse, en le suppliant même, ce serait le lendemain, vingt-quatre heures après l'échec qui avait consterné tout le monde. Ouellet, ses parents et quelques proches se trouveraient dans l'appartement de la rue des Écores. À un moment donné, les yeux du gars en question se poseraient sur un cendrier rempli à ras bord, et il s'adresserait à Ouellet, de sa voix rocailleuse qui collait parfaitement à son personnage de dur et qui donnait encore plus de poids à ses paroles :

— Ne cherche pas plus longtemps la raison de ta défaite, Stéphane : tu n'as qu'à regarder le cendrier, elle est là-dedans et nulle part ailleurs! Le pot, le pot, et encore le pot! C'est la seule hostie de raison pour laquelle Dave Hilton a pu te battre et te défigurer comme ça hier soir. Pourtant, c'est pas d'aujourd'hui que j'te dis que tu ne devrais pas toucher à ça durant ta carrière, que c'te produit-là, c'est pas fait pour les boxeurs.

Peu importe l'identité du sermonneur, Ouellet haïssait les sermons. Il détestait que quelqu'un se substitue à son père pour lui faire la morale. Alors il agissait à la légère et répondait un peu n'importe quoi : « Le pot... le pot... crissez-moé patience avec ça, ça faisait trois mois que j'avais pas touché à ça.

— Si ce que tu dis était vrai, tu n'aurais pas manqué de poumons après six rounds. Mais tu as presque raison, le pot c'est pas si important que ça, c'est ta vie au grand complet que tu devrais changer. Et pour ça, c'est pas compliqué, tu devrais arrêter de prendre ma vie en exemple. Ça te fait peut-être tripper de vivre en marge comme un motard, mais penses-y deux minutes, Stéphane, penses-tu que c'est une belle vie que je mène? Que c'est une vie, de me cacher des policiers, d'avoir toujours peur de me faire descendre quand je mets le nez dehors? Penses-tu que c'est une vie de savoir que mon seul avenir, il est en taule? Crisse, Stéphane, peux-tu vraiment penser que je suis heureux? Je suis le gars le mieux placé pour te dire que tu seras bien plus heureux si tu te mets en tête de ne pas vivre comme moi. Le choix, au moins tu l'as encore, t'as tout pour être heureux : des parents formidables, des enfants, du talent, du charisme, l'apparence, l'amour des gens. Mais tu dois t'en rendre compte une bonne fois pour toutes et cesser de gâcher tout ça. »

***

Autant ce jour-là on avait beaucoup parlé de Hells Angels, autant on aurait pu beaucoup parler de policiers. Pour tout dire, aux alentours de 21 h 30, au son de la cloche annonçant le premier round, il y en avait même un sur le ring, entre Ouellet et Hilton! Bien sûr, il avait à ce moment troqué son uniforme du Service de police de la Ville de Montréal pour le pantalon noir et la chemise blanche classiques de l'arbitre de boxe. Pour être tout à fait certain d'être bien reposé à l'heure assez tardive du match, il avait demandé et obtenu congé de son employeur, pour ce 27 novembre 1998.

En théorie, il n'était pourtant même pas certain de se voir confier la grande responsabilité de ce premier choc entre Stéphane Ouellet et Davey Hilton. Ce n'est en effet qu'à la petite réunion qui précède d'une heure ou deux les galas que le superviseur de la RACJ, Mario Latraverse, confirme à ses officiels les combats pour lesquels ils seront en service. Ça s'était passé comme ça lors des deux programmes précédents où on l'avait nommé pour les deux finales, celle impliquant Ouellet en septembre (victoire aux points en huit rounds sur l'Américain Edward Allen Hall), et celle impliquant Hilton en octobre.

La seule incorrection à laquelle il s'attendait de la part de Dave Hilton, c'était de le voir accrocher plus que de raison. Il savait Ouellet de sept ans le cadet de l'autre et il le croyait en grande forme; à ses yeux Hilton semblait en être au deuxième, sinon au troisième déclin de sa carrière; il anticipait un combat facile pour Ouellet, au cours duquel Hilton serait si débordé qu'il allait devoir beaucoup retenir pour survivre un tant soit peu longtemps. D'un autre côté, il savait aussi que la mâchoire de Ouellet était faible, et il se rappelait bien la mise en garde qu'avait faite en 1997 le docteur Meunier à tous les officiels, après la victoire du Jonquiérois sur l'Américain Maurice Adams (arrêt, cinquième round) qui avait vu Guy Jutras le renvoyer au combat malgré deux terribles knock-down dans la troisième reprise : ne jamais laisser continuer un boxeur présentant des signes d'ataxie comme en avait alors montré Ouellet en se redressant de sa première chute, le corps sans plus aucune coordination.

Comme il prenait ses fonctions au sérieux, il avait fait tous ses devoirs et, sur le ring ce soir-là, il n'était certainement pas le moins préparé des trois hommes. Il n'était pas nerveux. Il avait juste très hâte de prendre part à l'un des très grands moments de l'histoire de la boxe, autant québécoise que canadienne.

L'excellent speaker de la réunion, Michel Lacroix, l'avait présenté, dans l'indifférence générale, juste avant les deux protagonistes : «L'arbitre, *the referee*, Denis Langlois... » Dans 12 rounds, ce nom serait sur toutes les lèvres.

PREMIER ROUND

À cause de la clameur hystérique qui s'élevait déjà des tribunes dans l'attente du grand moment, peu de gens avaient entendu le ding de la première cloche. Stéphane Ouellet et Dave Hilton s'étaient alors avancés vers le centre du ring et ils avaient commencé à échanger les premiers coups de poing d'une longue série qui se terminerait en fait deux ans et trois combats plus tard. Plus exactement, les deux protagonistes avaient commencé la guerre du jab que le clan Ouellet s'attendait presque de livrer seul, de là une double surprise. D'abord qu'ils allaient la faire à deux au moins pour quelques rounds. Ensuite, qu'ils allaient la perdre le temps de quelques batailles. Aussitôt le round engagé, Dave Hilton avait effectivement fait reculer le temps jusqu'au milieu des années 1980, offrant une performance digne de ses plus beaux jours. Il avait sa grâce d'antan, ses gestes, ses feintes, sa vitesse, et surtout son direct du gauche, sec et puissant, qu'il plantait à tout coup sur le nez de Ouellet.

À cette allure, les trois premières minutes, Ouellet ne semblait pas parti vers une victoire. Une nouvelle fois trop émotif et contracté à l'amorce d'un match, il avait en plus été désagréablement surpris par la vitesse du jab de Hilton. Vraiment surpris. Mais quoique avec moins de puissance, il avait aussi réussi à toucher Hilton avec le sien, suffisamment pour qu'au réseau ESPN l'analyste Teddy Atlas lui confère le gain du round. Pour le reste, s'il fallait chercher un indice dans ce premier assaut qui annonçait le grand combat que Ouellet allait faire, on devait regarder du côté de sa posture. Au contraire de ce qu'il montrerait six mois plus tard pour la revanche, il boxait effectivement juste assez penché, les épaules bien tournées vers l'avant et les mains gardées hautes pour bien protéger son menton.

DEUXIÈME ROUND

Le clan Ouellet avait choisi Abe Pervin pour travailler à l'intérieur du ring; Larouche (qui prendrait du galon pour la revanche), Michel et Miller le seconderaient de l'extérieur des cordes. Bien sûr, c'était une hiérarchie que les importantes blessures de Ouellet viendraient mettre à mal et, tantôt, Bob Miller changerait de place avec Pervin pour commencer à soigner le premier aspirant mondial. Pour l'instant, l'heure était encore aux directives et, pour ce round-ci, on avait conseillé à Ouellet de se méfier des coups de puissance de Hilton, tout en s'efforçant de reprendre l'avantage du jab. Trois minutes plus tard, après avoir encore encaissé de nombreux directs du gauche sur le nez, Ouellet serait tenté de croire que l'impact ne pourrait pas être pire avec des coups de puissance.

Après deux rounds, Stéphane Ouellet semblait entrer difficilement dans le combat, et sa nervosité ne s'était toujours pas dissipée. Ses problèmes découlaient du fait qu'il était jusqu'à maintenant incapable de comprendre le jab de Hilton, ce qui revenait à dire qu'il avait choisi une guerre où il n'avait peut-être même pas la meilleure arme, perspective pour le moins déconcertante quand on s'en rendait compte seulement une fois sur le champ de bataille.

Malgré tout, Ouellet avait connu un meilleur round que le précédent. À défaut de faire mal à Hilton autant qu'il avait eu mal, il l'avait atteint plus régulièrement avec son jab, puis il avait commencé à utiliser ses deux mains pour frapper en séries comme il en avait seul le secret. Mais sa détente n'avait encore rien de comparable avec celle, exceptionnelle, de Hilton, lequel donnait l'impression de s'amuser sur le ring. Regarder Hilton danser, crâner un peu, se donner en spectacle sur le ring, renvoyait inévitablement à ses commentaires d'avant-match, quand il avait confié se sentir nettement plus à l'aise dans le rôle du négligé, comme aujourd'hui.

TROISIÈME ROUND

Un bon signe, en dépit des apparences : par deux fois, l'arbitre

Denis Langlois allait devoir avertir Ouellet pour des coups jugés trop bas, ce qui témoignait de la volonté du champion en titre d'intensifier le travail au corps de Hilton. Dans les deux cas, les fautes de Ouellet n'étaient pas majeures, mais Langlois explique-rait ses décisions par l'importance de bien montrer aux deux boxeurs, au début d'un combat, que l'arbitre est le seul maître à bord. Au nom de cette logique, dans la première reprise, il avait aussi réprimandé Hilton pour usage du coude, un peu trop sévèrement au goût de ce dernier.

De sa position privilégiée sur le ring, en voyant Hilton connaî-tre un début de round spectaculaire où il continuait d'écraser son gros gant noir sur le nez de Ouellet, Denis Langlois se disait que le combat ne ressemblait en rien à ce qu'il avait prévu dans la journée. Certes, pour quiconque verrait le visage méconnaissable de Ouellet à la fin du douzième round, il faudrait convenir que ce combat avait été tout, sauf celui des ressemblances. Mais à ce point-là? Hilton à ce point dominant et Ouellet à ce point dominé? À ce moment-là du combat, Langlois ne parvenait simplement pas à comprendre pourquoi Ouellet n'appliquait pas plus de pression sur le vieillissant Hilton. Alors il avait mis la faute sur un très mauvais plan de match des entraîneurs d'InterBox. À la toute fin, il ne pourrait d'ailleurs s'empêcher de penser que, si Ouellet avait démarré plus rapidement, Hilton n'aurait jamais eu l'énergie pour tenir la distance.

Ouellet, à son grand soulagement, commençait justement à se sentir plus à l'aise dans le ring et en preuve, sa seconde demie de troisième round serait bien meilleure. Ce n'était pas trop tôt. « Voilà presque trois rounds que je me faisais dominer et je réalisais qu'il était plus que temps de me mettre en marche, de me déniaiser. Mais j'avais un peu perdu confiance, et j'étais en train de m'apercevoir que j'avais vraiment un gros contrat sur les bras, que ce combat-là serait beaucoup plus difficile que je l'avais prévu. »

Et beaucoup plus dangereux : Teddy Atlas, qui avait l'avantage de poser sur le combat un regard moins émotif, répéterait sur ESPN au cours du troisième round que, face à un cogneur comme Hilton, Ouellet serait en danger jusqu'à la toute dernière seconde du match.

Et beaucoup plus excitant : s'il ne réalisait pas sa prédiction d'une victoire rapide, cela ouvrait la voie à un combat, pour le public, forcément plus excitant et dramatique. Depuis le début, les attaques remarquablement violentes des deux boxeurs étaient toutes saluées par des cris d'exclamation. Mais si les « Ouellet! Ouellet! Ouellet! » du round précédent se voulaient représentatifs de l'allégeance générale de la foule, la réplique commençait maintenant à fuser elle aussi : «Davey! Davey! Davey! »

JUGE BIDEGARÉ : 10-9 HILTON
JUGE LEBLANC : 10-9 HILTON
JUGE NADEAU : 10-9 HILTON

QUATRIÈME ROUND

Déjà, tout commençait mal. Affreusement. « Surtout depuis le troisième round, j'endurais une douleur au nez très forte, aiguë. Et je vais même confier un truc qu'il m'écœure royalement de révéler, parce qu'en le faisant, j'ai ainsi l'impression de donner des munitions à ce gars-là (Dave Hilton, que Ouellet n'avait pas encore réussi à battre alors): aux quatrième et cinquième rounds, en continuant de prendre ses jabs directement sur le nez, il m'est arrivé de verser une larme ou deux, tellement la douleur était vive. Je me suis demandé comment j'allais tenir plus longtemps dans ces conditions-là. »

Il avait commencé à souffrir d'une importante hémorragie nasale. Au vu de la tournure que prenait soudain le combat, on aurait dit que, plus il saignait, plus il se transformait. Comme si, à partir de ce moment, sa boxe avait retrouvé son vrai visage, qu'elle eût retrouvé ses traits en même temps que les siens s'effaçaient peu à peu. En fait, selon Langlois, c'était le combat dans son ensemble qui semblait avoir retrouvé son vrai visage au cours du quatrième round. Hilton, certes, continuait occasionnellement à atteindre Ouellet avec de bons directs du gauche, mais il était évident que son énergie n'était déjà plus la même et que c'était lui, maintenant, qui encaissait le plus. Après trois rounds au ralenti, Ouellet s'était enfin dégelé et ses combinaisons de coups des deux mains touchaient la cible de plus en plus souvent. Il serait même le premier à utiliser pour la peine son excellent crochet du gauche, alors que tout le monde continuait d'attendre celui de Hilton.

JUGE BIDEGARÉ : 10-9 OUELLET
JUGE LEBLANC : 10-9 OUELLET
JUGE NADEAU : 10-9 OUELLET

CINQUIÈME ROUND

Désormais, à toutes les pauses, Langlois jetait un œil sur le travail qui s'effectuait dans le coin de Ouellet, s'assurant que ce dernier était toujours en état de repartir au combat à la fin de sa minute de répit. Le Jonquiérois avait beau avoir repris du poil de la bête, cela n'empêchait ni son visage de se boursoufler ni ses blessures de recommencer à saigner dès que Hilton se remettait à le frapper. Ouellet montrait bien sûr un nez amoché, mais il déplorait aussi une coupure à l'intérieur de la bouche qui avait la bien désagréable conséquence de lui inonder la gorge de sang. Aussi n'avait-il pas été étonnant de voir, à la fin du quatrième round, ce que l'on verrait maintenant à toutes les pauses, le *cutman* Bob Miller prendre place à l'intérieur des cordes pour tenter d'endiguer les épanchements sanguins de son boxeur. Ce n'était une situation nouvelle pour ni l'un ni l'autre des deux hommes, mais jamais Ouellet n'avait saigné à ce point, et Miller aurait finalement grand mérite de ne pas contribuer à ce qui aurait été une première dans son cas au Canada : voir un de ses boxeurs arrêté pour cause de coupure.

Personne n'avait pensé à rappeler à Ouellet sa prédiction d'en finir avant la fin du cinquième assaut, prédiction qui n'aurait eu aucune espèce d'importance... sauf pour qui ne s'était entraîné que pour le nombre de rounds prédits! « Ma prédiction? Pour être bien honnête, je n'y ai pas repensé une seule fois durant le combat, confierait Ouellet. J'étais concentré et je l'avais complètement oubliée, d'autant plus que j'étais loin d'avoir eu un début susceptible de me rappeler que je pouvais arrêter Hilton avant la fin du cinquième round. »

Autant Ouellet allait être distrait par une foule de facteurs lors de la revanche six mois plus tard, autant sa concentration, ce soir, était totale. Au cours de ce round-ci, ses bras semblaient enfin lui obéir sur commande. Les commentateurs d'ESPN évoqueraient d'ailleurs sa grande discipline sur le ring. Il y avait donc eu dans cette cinquième reprise un moment où Hilton s'était laissé aller à quelques simagrées sans gravité, mais Ouellet n'en avait fait aucun cas. L'arbitre Denis Langlois non plus. « Cela faisait partie du spectacle et tant que Hilton ne se montrait pas disgracieux, je n'avais pas à intervenir. Mais sur un ring, Hilton est brillant et je savais qu'il agissait ainsi dans un seul but : ralentir l'action et briser le rythme de Ouellet, qui était en train de revenir dans le combat alors que lui commençait à accuser la fatigue. »

JUGE BIDEGARÉ : 10-9 OUELLET
JUGE LEBLANC : 10-9 OUELLET
JUGE NADEAU : 10-9 OUELLET

SIXIÈME ROUND

Son nez : douleur. Sa bouche : douleur. Son arcade sourcilière gauche désormais ouverte : douleur. Et à partir de maintenant, pour toute la durée du combat, ses poumons : douleur.

Son baume : « Ouellet! Ouellet! Ouellet! » Cela faisait plusieurs rounds que la foule attendait une telle attitude dominatrice de sa part et elle profiterait du round le plus spectaculaire du combat pour éructer une nouvelle fois ses cris d'encouragement. Son protecteur buccal pour la première fois tomberait, dans ses gants, et il le replacerait tout de suite sans avoir à le ramasser au sol, mais le mal était déjà fait. *« J'étais en train de faire une attaque et je me rappelle avoir réalisé que mon protège-dents glissait à cause du filet de sang que j'avais dans la bouche »*, expliquerait-il plus tard à RDS lors de la rediffusion du combat.

Un superbe round. Selon le scénario qui prévalait depuis le quatrième assaut, les deux boxeurs avaient chacun connu de bons moments, mais ceux de Ouellet avaient été plus nombreux. On aurait dit que plus sa condition physique se détériorait, plus il touchait à la perfection dans l'exécution de son art. Non seulement sa régularité en défensive lui permettait-elle de bloquer les charges les plus furieuses de Hilton, mais, en offensive, il venait de se rappeler l'une de ses combinaisons préférées, l'enchaînement de la main gauche jab-crochet-uppercut, qu'il réussissait à passer presque à volonté à travers la garde de son adversaire.

Plus il détestait son état physique qui se dégradait de round en round, plus il appréciait l'état qu'il avait désormais atteint à ce stade, cette sorte de bien-être tant souhaité par les boxeurs dans leurs moments les plus importants, quand ils ont l'impression de s'en remettre à une boxe automatique. « C'était le round où je me sentais enfin dans le combat, expliquerait-il encore à RDS. Mes bras étaient rapides, mes coups partaient tout seuls, à ce moment-là on était vraiment embarqués, plus question d'étude, c'était rien d'autre que *fight*. »

Ouellet avait raison, sauf quand il disait que ce n'était « rien d'autre que *fight* ». Il oubliait un truc important : le fair-play. Dans ce combat où lui-même confierait plus tard : « J'y allais pour lui faire mal », dans ce combat où Hilton avouerait avoir été prêt à mourir pour en sortir gagnant, la beauté de la chose, c'était qu'il y avait eu place pour quelques exemples de correction sportive. Ouellet avait donné le premier au cours de ce round, laissant Hilton récupérer après une perte d'équilibre provoquée par le gros logo rouge de Budweiser, peint sur le tapis pour les besoins du Friday Night Fights d'ESPN. « Rien dans les règles n'interdisait à Ouellet de frapper Hilton hors d'équilibre, expliquait l'arbitre Langlois. Mais connaissant son esprit sportif, je savais très bien qu'il ne le ferait pas, tellement que je n'avais même pas cherché à m'avancer pour surveiller l'action de plus près... »

JUGE BIDEGARÉ : 10-9 OUELLET
JUGE LEBLANC : 10-9 OUELLET
JUGE NADEAU : 10-9 OUELLET

SEPTIÈME ROUND

Il pouvait maintenant avoir une bonne idée de ce à quoi il ressemblait s'il se fiait à quelques indices. Dans son coin, la serviette que Bob Miller utilisait pour le soigner était plus rouge que blanche. Au fait, est-ce que tout le monde s'était passé le mot? Son coin utilisait du blanc, l'arbitre était en blanc, et même Hilton portait une culotte blanche. Bien sûr, elle était elle aussi maculée, et c'était l'autre indice qui lui en disait le plus sur sa condition : le short de Hilton tout rougi, puis le visage de Hilton tout propre. Facile de déduire d'où venait tout ce sang.

Le pire, ce n'était pas son sang qui giclait, mais son sang qui lui encombrait le nez, la gorge, la bouche, et l'empêchait de respirer. Il boxait donc la bouche ouverte, continuellement en appel d'air, offrant un spectacle de plus en plus difficile à soutenir. Certains commençaient maintenant à craindre une fracture du nez.

Au cours de ce round, Hilton n'avait rien fait pour améliorer les choses; il avait semblé tout recouvrer en même temps, son souffle, son direct du gauche, et même ses jambes, se permettant une nouvelle danse autour de Ouellet, cependant si laborieuse que sa seule utilité avait été de confirmer qu'il souffrait bel et bien de sa jambe gauche. Dans les circonstances, Ouellet n'avait donc eu aucun mal à lui couper l'espace et à freiner ses déplacements avec une attaque au corps; il connaissait au moins la manière de battre un Dave Hilton, blessé ou non : lui laisser le moins d'espace possible sur le ring, afin de l'empêcher de déployer toute sa ruse, toute sa science de boxe.

JUGE BIDEGARÉ : 10-9 HILTON
JUGE LEBLANC : 10-9 HILTON
JUGE NADEAU : 10-9 OUELLET

HUITIÈME ROUND

Yvon Michel, expliquant plus tard à RDS ce qui préoccupait les seconds de Ouellet à cette étape du combat : « C'est sûr que, dans le coin, nous sommes maintenant inquiets du nez de Stéphane car il perd beaucoup de sang. Et nous craignons qu'éventuellement, il manque d'énergie en raison du sang perdu. » Pour être exact, le huitième round était celui, selon Larouche, où on s'attendait dans l'équipe à voir Ouellet crouler sous le poids de la fatigue –

Larouche avait dit exactement « Où on s'attendait à voir Ouellet casser » – en raison de sa mauvaise préparation, quel que soit l'état de ses blessures reçues depuis le début du combat.

À partir d'ici, non seulement Stéphane Ouellet avait-il poursuivi le combat en descendant au fond de lui-même comme il n'avait encore jamais eu à le faire dans sa carrière, mais il avait subjugué les centaines de milliers de témoins qui suivaient le combat, à commencer par ses propres entraîneurs, en dominant complètement les trois, sinon les quatre rounds suivants.

Hilton, c'est vrai, pas très loin d'être exténué lui aussi, allait quelque peu lui simplifier la tâche en choisissant maintenant de faire un combat d'attente, un combat très tactique qui ferait la part belle à l'opportunisme, où il pourrait à la fois s'économiser et rester dangereux en explosant à quelques moments précis. Le mérite de Ouellet, immense, était celui d'avoir alors pris le spectacle à sa charge, en continuant de se livrer comme s'il avait suivi un entraînement de spartiate et comme s'il n'était diminué par aucune blessure. Il viendrait même à l'esprit de ses seconds – qui pensaient que Hilton était un boxeur « mentalement faible » – de se dire que l'unique raison pour laquelle Hilton n'abandonnait pas le combat, c'était le pur orgueil, un orgueil exceptionnel, parce qu'il affrontait Ouellet, son ennemi juré.

Chose certaine, c'est bien dans ce huitième round que les accrochages de Hilton étaient devenus un peu plus fréquents, Ouellet y perdant chaque fois de précieuses énergies en tentatives pour se dégager. Quand Yvon Michel critiquerait, après le combat, le travail de Denis Langlois, il insisterait beaucoup sur cet aspect de sa performance. « De mon point de vue d'arbitre, expliquerait Langlois, Hilton n'accrochait pas de manière assez évidente pour justifier une intervention. Le combat donnait lieu à plus de corps à corps, c'est vrai, mais je jugeais dans l'ensemble qu'il n'y avait pas de faute. En admettant qu'il y en ait eu, il faut aussi savoir que les accrochages font souvent l'affaire des deux boxeurs, qui en profitent pour se reposer un peu. Dans un combat important qui se prolonge le moindrement, ce n'est rien d'anormal, et un arbitre s'attend même à ça avant de monter sur le ring. »

JUGE BIDEGARÉ : 10-9 OUELLET
JUGE LEBLANC : 10-9 OUELLET
JUGE NADEAU : 10-9 OUELLET

NEUVIÈME ROUND

Mais il y avait aussi des choses auxquelles un arbitre comme Denis Langlois ne se serait jamais attendu.

« Quand Ouellet, pour la première fois du combat, avait échappé son protecteur buccal, il m'avait réellement pris par surprise en le ramassant lui-même. J'étais complètement décontenancé! Je ne me serais jamais attendu à le voir réagir de cette façon, et Hilton non plus, car il aurait bien pu frapper Stéphane au moment où il se penchait. Peut-être était-ce un geste de fair-play, mais je pense plutôt que Dave ne croyait pas en avoir le droit. De mon côté, selon la procédure, j'aurais dû essuyer les gants de Stéphane après qu'ils avaient touché le tapis, mais tout s'est passé tellement vite! Faire stopper le chronomètre, reconduire Hilton dans un coin neutre... Quand je m'étais retourné pour ramasser le protège-dents de Stéphane et le faire rincer par ses hommes de coin, ce diable-là l'avait déjà dans la bouche, se tenant à deux pouces de moi pour que je relance l'action le plus vite possible! Je n'en revenais pas. Quel garçon à part des autres, quel être folklorique, personne d'autre que lui ne réagirait ainsi dans la même situation. »

Ce soir-là, Denis Langlois était loin d'être au bout de ses surprises.

« La vérité crue, témoigne-t-il, c'est que Dave Hilton a battu Stéphane Ouellet. Mais pas simplement au sens sportif, au sens très violent du terme, au sens de brutaliser, maltraiter, tabasser. Battu du verbe battre. Battu comme un homme peut l'être dans la rue à coups de poing, à coups de pied, à coups de bâton même... Battu, tiens, comme je me rappelle que Fernand Marcotte avait un jour battu Lawrence Hafey (en 1976, au Centre Paul-Sauvé), qu'il avait détruit physiquement, et détruit est le mot exact, il l'avait défiguré, lui avait cassé des côtes, quelque chose de vraiment pas joli. Peu importe l'avance que Ouellet pouvait avoir sur les cartes des juges, je sais, moi, pour y avoir assisté de près, que c'est une véritable volée qu'il a encaissée aux mains de Dave. Normal, les Hilton ont été entraînés pour en arriver à ça, pour se battre autant que pour manger, ils se sont battus toute leur vie, et partout... Alors j'ai vu la douleur dans les yeux de Stéphane, j'ai vu la torture, j'ai vu pendant 12 rounds dans quel mauvais état il était, comment il avait mal, et je peux imaginer comment longtemps il a pu ensuite souffrir, traîner des séquelles de ce combat. Et j'ai surtout vu comment le remettre tout de suite, six mois plus tard, devant Hilton équivalait à l'envoyer se faire exécuter en public... »

Stéphane Ouellet : « J'avais réussi dans ce premier combat contre Dave Hilton à prendre tous ses meilleurs coups, et même à en éviter beaucoup parce que ma concentration était parfaite. Mais il m'avait réellement fait souffrir avec son jab, trop rapide pour que je puisse le bloquer. J'avais donc mal au nez, c'en était effrayant, et surtout je devinais à quoi je ressemblais, parce que ce sont des choses auxquelles un boxeur pense sur le ring. Et quand on y pense, on ressent ça comme un affront, une humiliation. Alors dans les circonstances, qu'on domine le combat comme je le dominais aux points ne change que peu de chose : on a l'impression d'une défaite, l'impression de perdre le combat. Et en plus on sait très bien quelle douleur on endure...

« Je savais donc que j'étais en avant, parce qu'on me le disait dans mon coin, mais je n'ai pas boxé comme un gars qui l'était, surtout pas vers la fin, même si mes entraîneurs me l'avaient demandé. Le sentiment de ressembler à un sac de sable était pour moi simplement plus fort, surpassait celui d'être en avance aux points. Et quand tu sais le plaisir et l'acharnement que peut mettre un boxeur à frapper sur un visage défait et à le détériorer davantage, ce n'est rien pour te faire mieux sentir. »

JUGE BIDEGARÉ : 10-9 OUELLET
JUGE LEBLANC : 10-9 OUELLET
JUGE NADEAU : 10-9 OUELLET

DIXIÈME ROUND
Pour la seconde fois, l'analyste du réseau ESPN, Teddy Atlas, venait de critiquer indirectement le travail du coin de Hilton en déplorant qu'on ne lui ait pas encore servi de savon, alors qu'il semblait pourtant clair que sa situation était de plus en plus compromise. Atlas, qui restait un boxeur et un entraîneur dans l'âme même s'il faisait maintenant de la télévision, se fichait bien du fait que la performance de Hilton, à 34 ans, dépasse les attentes des Québécois : pour lui, être compétitif sur un ring ne suffisait pas et il fallait toujours être prêt à le rappeler à son boxeur. L'une de ses façons de procéder était déjà entrée dans la légende de la boxe, comme le témoigne Frédéric N. Roux dans sa biographie sur Mike Tyson.

C'était au temps où Atlas s'occupait du lourd Michael Moorer qui, un soir, avait affronté Evander Holyfield en Championnat du monde. Atlas s'était montré si peu fier de l'effort de son boxeur qu'il s'était assis à sa place à la fin d'un round! « Puisque tu ne veux pas le faire, je vais le faire moi-même! Tu veux pas boxer? Je vais boxer à ta place, minable! Passe-moi les gants! » avait-il jeté à la face de Moorer pour secouer sa fierté. Avec succès, puisque ce dernier avait réussi à revenir pour gagner son combat.

Atlas le dur pouvait bien être le premier à s'en désoler, il avait tout de même pris soin de préciser, au début de ce dixième round, que Hilton était un boxeur suffisamment expérimenté pour comprendre seul l'urgence de réagir. L'analyste américain avait vu juste. Dave Hilton avait connu son meilleur début de round depuis longtemps, touchant entre autres Ouellet avec une droite si percutante que le Jonquiérois se demanderait comment il avait pu prendre les meilleurs coups de ce premier combat, mais pas ceux de la revanche.

Ce qui était certain – et qui rendait encore plus extraordinaire sa performance à prendre les coups –, c'est que son corps approchait désormais du seuil au-delà duquel il ne voudrait plus, ne pourrait plus continuer. À tout ce qui le handicapait déjà venaient par exemple de s'ajouter d'inquiétants troubles de vision qui le forçaient à boxer autant que possible la tête inclinée du côté droit, puisque c'était la seule façon pour lui de ne pas voir trouble.

Un direct du gauche encaissé de plein fouet au visage venait de lui faire perdre encore une fois son protecteur. Mais Hilton se tenant visiblement trop près de lui, Stéphane avait laissé Langlois s'occuper de l'objet. Une infime partie de la foule avait alors hué, probablement pour signifier que Ouellet était avantagé par cette interruption, ce qui avait incité le principal intéressé, d'abord à courir pour reprendre l'action une fois son protecteur remis en bouche, ensuite à se dire qu'il avait bien eu raison de vouloir faire ça lui-même, pour éviter toutes ces pertes de temps.

Il ne voulait tellement pas de temps mort, il semblait avoir si hâte à son rendez-vous avec le destin que courir sur le ring ne lui suffisait pas : toutes les fois où Hilton l'accrochait et le retenait, toujours à la limite du tolérable pour empêcher Langlois d'intervenir, il se débattait pour reprendre le combat le plus vite possible. Et c'est ainsi que, plus il perdait de forces à se débattre, moins il lui en restait pour se battre.

Pour l'instant, cela allait encore. Il était franchement ahurissant de le voir continuer à produire une boxe de grande qualité, de le voir réussir à être encore bien en garde, et bien vivant sur ses jambes.

JUGE BIDEGARÉ : *10-9 OUELLET*
JUGE LEBLANC : *10-9 OUELLET*
JUGE NADEAU : *10-9 OUELLET*

ONZIÈME ROUND

Pour des individus dont on disait qu'ils avaient très peu de chose en commun, voilà que c'est ensemble qu'ils dépassaient pour la première fois les dix rounds d'un match régulier et entraient dans ce que le milieu de la boxe appelait « les rounds de Championnat ». Le scénario de ce onzième round allait justement consister à mettre en évidence cette idée de rapprochement, dans la mesure où Hilton et Ouellet multiplieraient les corps à corps. À l'évidence, ils partageaient maintenant une immense fatigue, mais c'était comme si Ouellet cherchait à pousser la sienne à un extrême que l'autre ne pourrait pas atteindre. Dès qu'ils se retrouvaient en corps à corps, Ouellet se dépêchait de lutter pour en sortir. Quiconque n'aurait pas su que c'était pour ne pas priver le public de spectacle, aurait cru que c'était pour la hâte de s'éloigner de Hilton. En dépit de sa vue troublée, c'était au cours de ces moments de grande proximité qu'il avait pu vraiment radiographier son adversaire : « Quand on se bat pendant 12 rounds contre un homme, on finit par voir son âme dans ses yeux. J'ai eu le sentiment de voir l'âme de Dave Hilton. Je ne veux juger personne, mais ce que j'ai vu, je n'ai pas aimé ça. »

Là où Ouellet semblait cependant le moins près de Dave Hilton dans ce onzième round, c'était sur les bulletins des juges. Deux de ceux-là le donnaient effectivement en avant par 4 points après 10 rounds, alors qu'un autre coupait sa priorité de moitié, avec 2 points d'écart. Si ces marges ne comptaient pas parmi les plus fortes octroyées autour du ring par les experts – pour certains, Ouellet comptait déjà cinq ou six points d'avance –, elles étaient suffisantes pour ne pas laisser de doute sur son éventuel succès aux points. Sur ESPN, Teddy Atlas allait d'ailleurs passer tout le round à affirmer que Hilton avait absolument besoin d'un knock-out pour l'emporter, et que Ouellet, « *way ahead on points* », devait en conséquence se montrer prudent jusqu'à la fin.

Longtemps Langlois avait eu droit à un combat facile de la part des deux boxeurs – « du vrai bonbon pour un arbitre » –, sauf que sa somme de travail et d'inquiétude avait maintenant beaucoup augmenté. Certes, le doc Meunier le rassurant chaque fois du regard sur la condition du blessé, il n'avait pas pensé une seule fois à arrêter Ouellet, qui semblait toujours capable de se régénérer au cours des pauses. Avant la cloche annonçant le début du onzième assaut, Ouellet avait été le premier à se lever de son tabouret, sautillant sur place et trouvant même la force de lancer des coups dans le vide. « La capacité de Ouellet à récupérer entre les rounds, ajoutait Denis Langlois, me faisait dire que ce gars-là devait être aussi génétiquement doué que des athlètes comme Guy Lafleur ou Pierre Harvey, qui possédaient eux aussi un formidable VO2 max. »

Jamais non plus il n'était venu à l'esprit de Langlois que les très graves ennuis de Stéphane à respirer pouvaient cacher des abus de mari et une mauvaise préparation physique, comme les entraîneurs d'InterBox le laisseraient croire après le combat. « Quand je voyais l'état lamentable de sa bouche et de son nez; que je voyais ses efforts surhumains pour parvenir à respirer; que je le voyais cracher le sang et à cause de ça son protecteur buccal, je n'avais pas à chercher d'autres causes que celles que j'avais sous les yeux... »

Pour le reste, si Langlois se reprochait encore de ne pas avoir essuyé les gants de Ouellet lorsqu'ils étaient entrés en contact avec le tapis – « C'est simple, Ouellet m'avait de nouveau dérouté en agissant aussi vite, et une fois qu'il avait recommencé à échanger des coups avec Hilton, c'était comme si je n'avais pas voulu briser le rythme du combat » – il réfutait toujours dans ce onzième round les blâmes d'Yvon Michel selon lesquels il avait continué d'être trop permissif envers les accrochages de Dave Hilton. « Encore aujourd'hui, dit-il en revoyant la vidéo du match, je persiste à croire que les accrochages n'étaient pas suffisamment nuisibles à l'un ou l'autre des boxeurs pour que je me permette de les séparer. Je suis tout à fait certain que Michel n'aurait jamais soulevé ces points si son boxeur n'avait pas laissé s'échapper la victoire à la toute fin du match. » Il reste qu'au vu du onzième round, Hilton accrochait Ouellet, jamais de manière excessive, mais cela paraissait pire du fait que le second, plutôt que d'en profiter pour se reposer aussi, continuait de lutter pour se défaire des prises.

JUGE BIDEGARÉ : 10-9 OUELLET
JUGE LEBLANC : 10-9 HILTON
JUGE NADEAU : 10-9 OUELLET

DOUZIÈME ROUND

Sur le coup, personne ne s'était douté que la douzième reprise commençait de la même manière qu'elle se terminerait dans presque trois minutes, c'est-à-dire par une intervention de l'arbitre. Au son de la cloche, Denis Langlois avait en effet convoqué les deux boxeurs au centre du ring pour qu'ils se frappent sportivement les gants, selon la tradition, mais c'est lui qui avait pratiquement dû le faire à la place des deux hommes, en leur prenant chacun un bras. Voilà, il était dit que le dernier round de ce Championnat canadien des moyens serait autant l'affaire de Denis Langlois que des deux boxeurs...

Déjà, à la fin du round précédent, Langlois, comme s'il avait pressenti les événements, s'était rendu dans le coin d'InterBox pour qu'on avise Ouellet de ne plus ramasser lui-même son protecteur buccal. Quand Ouellet l'avait vu parler à Yvon Michel, cela lui avait fourni un autre indice sur sa condition : Langlois portait une chemise blanche si souillée, qu'on aurait pu la confondre avec celle d'un truand descendu dans une fusillade.

— Si tu perds encore ton protecteur, laisse l'arbitre s'en occuper... Mais tu ne le perdras pas, tu vas voir, ça va bien aller.

Malheureusement, Ouellet n'écoutait déjà plus rien que le bruit assourdissant de ses artères. Les autres sons, il les entendait vaguement comme s'il se trouvait plongé dans un coma sur un lit d'hôpital et des voix familières cherchaient à entrer en contact avec lui.

Michel lui demandait maintenant :

— Qu'est-ce que tu vas faire? Vas-tu être concentré? Vraiment concentré? Jusqu'au bout?

Michel avait judicieusement insisté jusqu'à ce que Ouellet sorte enfin de son monde et lui fasse un signe affirmatif de la tête.

— Il est dangereux tout le temps, lui. Alors boxe autour de ton jab tout le temps!

Stéphane n'entendait encore que les coups de marteau de ses artères dans sa tête, si bien que, le lendemain, c'est la première raison que l'on invoquerait pour expliquer sa défaite : il était resté sourd à toutes les recommandations de son coin.

Ce que l'on savait moins, et ce qui expliquait autant sinon plus son échec, c'est qu'il s'était produit exactement la même chose dans le coin adverse : Dave Hilton n'avait absolument rien écouté des consignes de Chuck Talhami, mais dans son cas, c'était volontaire! Entre les onzième et douzième rounds, alors que le vétéran boxeur tirait pourtant de l'arrière par trois points pour deux juges et par cinq pour un autre, il avait entendu son entraîneur lui conseiller, pour le dernier round, d'attaquer... au corps! « *That's the last round, baby* », avait commencé par lui dire Talhami en essuyant son visage, avant d'ajouter ses précieuses directives : « *Now, right hand to the body, body shots and jabs, starting off with that jab!* » Si, plus tard, les entraîneurs d'InterBox allaient se gausser de cette « stratégie » en revoyant le match, sur le coup, c'est Teddy Atlas qui n'en était pas revenu (ESPN faisait entendre les commentaires des coins entre les rounds). Au début du douzième round, l'analyste américain avait en effet affirmé qu'il ne comprenait pas Talhami, qu'il était bien trop tard dans le combat pour conseiller à Hilton de travailler au corps, et que la seule chose que Talhami aurait dû dire à Hilton à ce moment-là, c'était : « *Go knock him out!* » Atlas passait peut-être pour un type extrémiste, mais il n'était assurément pas le seul dans ce milieu, et on pouvait être certain que c'était aussi le genre de discours qu'aurait servi le père Hilton à son fils, s'il avait à ce moment-là été dans son coin plutôt qu'au parterre.

Sans surprise, Dave Hilton n'avait donc pas attaqué les trois dernières minutes du combat en désespéré, fouetté par son entraîneur. Il avait bien tenté un puissant crochet du gauche à l'ouverture du round, mais, pour le reste, il ressemblait au Dave Hilton de tous les rounds précédents, qui frappait seulement par intermittence. Seul changement notable, il affichait de plus en plus de fatigue et, dans ce round-ci, c'est dès la vingtième seconde qu'il avait commencé à s'accrocher, d'une façon qui n'était pas sans rappeler celle d'Ali à la même période de sa carrière. Mais cela payait. À chaque nouveau corps à corps, Hilton se refaisait des forces, alors que Ouellet continuait de se débattre. Le problème, pour Hilton, c'était que la foule s'attendait à un douzième round à l'image du combat épique que les deux hommes s'étaient jusqu'à maintenant livré. Après seulement 45 secondes d'action, à l'occasion d'un nouvel accrochage, quelques amateurs commençaient d'ailleurs à faire entendre des huées quand Ouellet avait détourné leur attention en échappant une cinquième fois son protecteur buccal. Certes, les huées s'étaient accentuées, mais on aurait dit qu'elles avaient changé de destinataire, les quelques mécontents ne semblant plus reprocher à Hilton d'accrocher, mais à Ouellet d'exagérer avec les interruptions.

Celle-là avait peut-être duré une dizaine de secondes, le temps que Denis Langlois ramasse, fasse rincer, et replace l'objet. Mais loin d'aider le Jonquiérois, ce nouveau délai avait plutôt contribué à sa déroute. Il signifiait qu'il aurait à passer 10 secondes de plus sur le ring avec une souffrance qu'il pensait à tout bout de champ ne pas pouvoir supporter un instant de plus.

En fait, si quelqu'un avait été sauvé par cette interruption, c'était Hilton. Comme le mentionnerait Stéphan Larouche après le combat, Hilton pouvait reprocher autant qu'il le voulait à Ouellet ses problèmes de protecteur buccal, il avait souvent été le premier à en bénéficier pour reprendre son souffle. Et le meilleur exemple, c'était peut-être encore celui-ci : à la reprise de l'action, Dave Hilton s'était en effet jeté sur Stéphane Ouellet avec une énergie nouvelle, l'attaquant avec une combinaison de coups typiques des deux mains au corps et à la tête. Le champion canadien s'était cette fois adéquatement protégé, mais il n'empêche que cela montrait toute la dangerosité encore contenue chez Dave Hilton, en dépit de son extrême fatigue.

Si la première minute du round avait été assez partagée, la deuxième allait toutefois appartenir à Ouellet. Le premier aspirant mondial continuait à repousser ses limites à chaque nouvel effort, mais sa boxe parvenait encore à démentir la précarité de sa condition. À mi-chemin dans le round, son adversaire avait ainsi encaissé une explosion de coups d'une rare violence, qui ne laissait aucun doute sur la suite des événements : « *This might be a minute left in a Hilton's career* », irait même jusqu'à dire Teddy Atlas au micro d'ESPN.

Dix secondes plus tard, pourtant, toute l'histoire allait changer, et comme le disait Russ Anber, pas n'importe quelle histoire : celle de la boxe professionnelle québécoise!

Dix secondes plus tard, sur ESPN, des cris, les cris d'hystérie d'Atlas : « Oh! He's hurt! He's hurt! Ouellet is hurt! »

Dave Hilton venait de passer un court direct du droit à travers la garde pourtant haute de Stéphane Ouellet. Le coup avait produit sur la mâchoire du champion un impact inouï, mais il avait fallu attendre une ou deux secondes pour en voir l'effet, peut-être parce que Ouellet avait poussé tellement loin son seuil de tolérance qu'il lui fallait maintenant plusieurs secondes avant de ressentir un choc.

L'impact encaissé, on l'avait vu chanceler d'une bien curieuse façon, en esquissant quelques bonds de côté. Mais plus curieuse encore était sa réaction lorsqu'il avait recouvré ses sens, presque immédiatement. Il avait en effet continué à marcher vers un coin du ring, en tournant légèrement le dos à Hilton, donnant à cet instant l'impression de renoncer au combat, un peu comme Roberto Duran contre Ray Leonard, au huitième round de leur deuxième match en Nouvelle-Orléans (en 1980), quand le Panaméen avait signifié son abandon à l'arbitre par le désormais célèbre « No Mas! No Mas! »

Mais cette fois, avec 45 secondes à faire au dernier round de son combat contre Dave Hilton, personne n'avait su ce que Stéphane Ouellet avait dit à Denis Langlois. Personne – sauf peut-être un commentateur de la radio – n'avait même remarqué qu'il s'était adressé à l'arbitre en marchant, dos tourné à l'action. Le bruit de la salle, son protecteur buccal, même son fort accent avaient dû rendre ses paroles inaudibles. Mais Denis Langlois était catégorique : Stéphane Ouellet lui avait parlé et il avait très bien entendu ce qu'il avait dit. « Il venait de se faire ébranler, je le surveillais attentivement en me tenant à sa gauche, suffisamment près de lui pour bien saisir ses paroles... Mais je vais respecter Stéphane et ne pas révéler ce qu'il m'a dit à ce moment. J'aime autant garder ça pour moi. Mais quand j'ai arrêté Stéphane, quelques secondes plus tard, et que tout le monde s'est mis à critiquer, il reste que je savais, moi, ce qu'il venait de me dire. »

Peu importe ce que Ouellet avait dit ou demandé à Denis Langlois, ce dernier ne l'avait pas écouté immédiatement. « Même en étant sûr des paroles de Stéphane, je ne pouvais pas mettre fin au combat tout de suite, prétendait Langlois. C'était logiquement impossible. Imaginez que Stéphane m'ait dit sur le ring qu'il abandonnait, qu'il n'en pouvait plus. Si je stoppais le combat à cet instant même, mais qu'il soutienne ensuite n'avoir jamais dit ça, que j'avais dû mal comprendre ou qu'il se parlait à lui-même... eh bien, vous voyez le chaos provoqué par une décision comme celle-là, dans un pareil contexte? Voilà pourquoi je n'avais pas le choix de laisser le combat se continuer et d'attendre un peu avant d'intervenir. »

La réaction de Ouellet, après qu'il eut été mis au courant des révélations de Denis Langlois, confirmait que l'arbitre avait eu raison de laisser le combat se poursuivre... « Denis Langlois affirme que je lui ai dit quelque chose sur le ring? J'ai beaucoup de respect pour lui, mais je m'excuse, dans ce cas-ci il a menti dans le seul but de se disculper, de justifier sa décision. Jamais, mais alors là jamais, je n'ai demandé grâce à un arbitre sur un ring de boxe, ni ce soir-là contre Dave Hilton ni contre aucun autre adversaire dans ma carrière », avait répliqué Ouellet avec fermeté.

Alors soit Ouellet n'avait rien dit, soit Langlois avait décidé d'ignorer ses propos. Dans l'un ou l'autre cas, on comprenait mieux pourquoi Ouellet avait été obligé de repartir au combat. Sa survie en dépendait, à plus forte raison parce qu'il voyait Hilton arriver sur lui tel un dément pour tenter de l'achever. Il avait dû continuer de se défendre et on l'avait vu se remettre à échanger des coups, mais cette fois sans pouvoir cacher qu'il souffrait comme un damné.

Les quelques pas qu'il avait faits après avoir été ébranlé par Hilton l'avaient conduit près d'un coin du ring duquel il ne parviendrait malheureusement plus à s'échapper. Acculé aux cordes, il avait vu Hilton se placer devant lui et l'accabler de coups tout en cherchant astucieusement à l'empêcher de se tirer du coin. Il était en détresse, traqué comme une bête, et pour s'en sortir il avait jeté ses derniers feux dans une ultime riposte de coups. En vain. Après cela, si quelqu'un avait encore le pouvoir de le sauver, c'était Dieu, c'était l'arbitre, le chronométreur, n'importe qui au Centre Molson, mais ce n'était plus lui.

Yvon Michel aurait souhaité que ce soit l'arbitre. En tout cas, c'est ce que disait Denis Langlois en repensant aux critiques dont il avait été l'objet après le combat. « La vérité, c'est que, ce soir-là, Yvon Michel aurait voulu que je sauve son boxeur de la défaite. Or, mon rôle dans ce combat n'était pas de sauver Ouellet d'une défaite inattendue, mais de le protéger tout en prenant garde de ne pas être injuste envers Dave Hilton. »

Quand Ouellet avait lancé sa dernière riposte et qu'il s'était arraché le cœur au point de perdre son protecteur buccal une sixième fois, Yvon Michel avait justement déploré qu'au nom de la sécurité du boxeur, Langlois n'ait pas utilisé un temps mort dans les échanges pour stopper momentanément le combat et redonner l'objet à Ouellet. Ce répit de quelques secondes aurait alors certainement permis au Jonquiérois de recouvrer un tant soit peu ses esprits, encore que cela aurait pu aussi faire grand bien à Hilton. Mais en visionnant les derniers instants du match, Langlois était formel : selon lui, aucune pause significative dans l'action ne lui permettait d'intervenir en faveur de Ouellet. « Je ne comprends pas comment Yvon Michel ait pu dire en pleine télé (RDS) que j'avais bénéficié d'une ou de deux occasions pour agir. Pendant tout ce temps où Ouellet, adossé aux câbles, se défendait sans protecteur buccal, Dave Hilton, selon mon jugement, ne cessait jamais d'être en attaque. Si j'étais intervenu pour le protège-dents de Ouellet, c'est clair, j'aurais commis une faute et pénalisé injustement Dave Hilton en lui faisant perdre l'avantage qu'il venait de se procurer. Dans une telle situation, au contraire des gens d'InterBox, c'est lui qui aurait été en droit de m'en vouloir. »

Pour tirer profit de son avantage et jouer son va-tout, Hilton ne disposait plus maintenant que de 30 secondes. C'est bien court quand on dispute le douzième et dernier round du combat de sa vie, que son retard aux points est insurmontable, qu'on vient de sonner son adversaire et qu'il reste encore à lui passer un vrai K.-O...

Hilton le savait, sa seule façon de réussir était de faire en sorte que Ouellet ne quitte plus le coin du ring où il s'était échoué. En même temps qu'il lui balançait des crochets du gauche sur le visage, il se collait à Ouellet et s'appliquait à lui couper toute issue. Une fois, Stéphane était venu près de s'extirper de cette oppressante position, mais Hilton avait immédiatement redoublé d'efforts pour le garder prisonnier. Dès après, du point de vue de celui qui voyait le temps passer trop lentement comme de celui qui le voyait passer trop vite, les choses s'étaient précipitées.

Faisant face à ses seconds, qu'il apercevait même s'ils étaient partiellement cachés par Hilton, Ouellet donnait l'impression de vouloir leur dire quelque chose, leur lancer un appel à l'aide. Mais son intention avait été brutalement interrompue par un terrible crochet du gauche de Hilton. Tout son visage s'était transformé en un rictus si horrible, qu'il l'avait spontanément épargné, de ses deux gants, aux regards des spectateurs. Puis il s'était accroupi dans le coin, la tête à l'extérieur des cordes.

Denis Langlois, qui connaissait tout de la boxe depuis plus de 30 ans, se rappelait que le 20 juin 1980, au stade Olympique de Montréal, dans un match de Championnat canadien des légers contre Gaétan Hart, Cleveland Denny était mort sous les projecteurs dans une position similaire.

Il s'était approché des deux boxeurs.

Pour lui, il ne faisait aucun doute que Stéphane Ouellet ne reposait pas dans les cordes en état de knock-down, c'est-à-dire commotionné par un coup au point de n'être empêché de tomber au tapis ou hors de l'arène que par les seuls câbles. Sur Indigo, l'analyste Alain Bonnamie avait la même opinion que Langlois. Il avait dit : « Stéphane n'a pas l'air ébranlé, il semble plutôt en douleur. » Langlois précisait : « Contrairement à ce que certaines personnes s'étaient plu à raconter après le combat, Ouellet n'avait pas l'un des deux genoux au sol (autant les photos que les images du combat lui donneraient raison). Dans un cas comme dans l'autre, la situation ne justifiait donc pas le fameux compte de huit dont on avait tant parlé. »

Après la réaction de Ouellet qui s'était passé la tête entre la troisième et la quatrième cordes, il y avait eu une ou deux secondes de surprise pour les deux autres hommes sur le ring. Celui qui, des deux, était le plus près de Ouellet, avait réagi le premier : Dave Hilton s'était en effet élancé pour deux terrifiants punchs de la droite, qui auraient bien pu faire éclater le visage de Ouellet en mille morceaux s'il n'avait pas encore été protégé par ses deux gants. Puis Denis Langlois était intervenu : il s'était interposé entre les deux boxeurs, repoussant Hilton, pour qu'il cesse de cogner sur son adversaire inerte, puis il avait agité ses deux grands bras pour signifier sa décision de mettre fin en même temps au combat et au calvaire de Stéphane Ouellet.

Avec 18 secondes à faire au douzième et dernier round!

« *It's stop! It's stop! It's stop!* » avait-on alors entendu hurler à

ESPN, pendant que Hilton célébrait son nouveau Championnat et que Ouellet quittait enfin le coin maudit en marchant, péniblement mais sans tituber. « À ce moment, dira-t-il en revivant le match par la vidéo, j'étais bien trop souffrant pour avoir véritablement conscience de ma défaite. »

Denis Langlois : « En ayant à l'esprit ce que Stéphane venait tout juste de me dire quelques secondes plus tôt, je n'avais pas d'autre choix que de voir, dans sa réaction de se placer la tête entre les câbles, un refus de combat. Alors j'ai arrêté le match. Non pas sur un sentiment de panique, mais bien parce que la situation l'imposait, sans égard au temps qu'il restait à écouler dans le douzième round. »

De toute façon, Ouellet était bien trop honnête et transparent pour faire éternellement porter l'odieux de sa défaite à Denis Langlois. Certes, dans les moments qui avaient suivi le match, il avait ajusté son discours à celui de son entourage et déploré ce qu'il disait être un arrêt prématuré. Mais il ne pourra pas s'empêcher de laisser couler, une fois, une partie de la vérité. Lors de la rediffusion du combat à RDS, il commentera ainsi les derniers instants du match : « À ce moment-là, j'ai comme lâché prise en me disant : "J'ai lutté fort." C'est sûr qu'avoir su qu'il restait seulement 18 secondes dans le combat, j'aurais probablement tenté une riposte, mais j'étais tellement fatigué que je me suis dit : "J'ai joué, j'ai perdu, bravo, champion." » À la même occasion, on lui demandera pourquoi il n'avait pas posé un genou au sol (ce qui lui aurait permis de récupérer tout en écoulant du temps). Il aura cette réplique savoureuse : « Moi, quand je vais au tapis, c'est avec les deux genoux, pas juste avec un. »

Au terme du combat, un seul membre des médias avait cru avoir vu Stéphane Ouellet s'adresser à l'arbitre avant le dénouement final. C'était Ron Fournier, de la radio de CKAC. « En tout cas, Fournier avait été le seul à m'interroger là-dessus, rappelait Langlois. De sa position, il avait cru remarquer Stéphane en train de me dire quelque chose et m'avait demandé si c'était effectivement le cas. Sans nier les faits, j'avais un peu patiné. Je lui avais répondu que tout s'était passé tellement vite, que Ouellet avait peut-être, oui, laissé échapper quelque chose, mais qu'à cause du bruit je n'avais pas pu bien entendre. »

Une chose était certaine, Denis Langlois s'était retrouvé sur la sellette. C'est que Ouellet étant alors, et de loin, le favori avoué du public et inavoué des journalistes, on avait été plutôt prompt à mettre au banc des accusés l'arbitre qui paraissait avoir causé sa défaite. Du moins jusqu'à l'ébruitement des premières rumeurs concernant son indiscipline à l'entraînement. À part peut-être l'ex-boxeur Reggie Chartrand, qui ne s'était pas gêné pour lui reprocher d'avoir arrêté ce combat bien trop rapidement, Langlois confiait que les critiques directes du public ou du milieu avaient été rares. Ce qui était quand même surprenant, compte tenu qu'on avait beaucoup fait état, après le combat, des conséquences d'une telle décision sur l'humeur de tous ceux qui avaient parié sur le résultat du match. « Aucune couleur, par exemple, n'était venue me voir après le combat pour vociférer contre ma décision d'arrêter Ouellet (en tant que policier, Langlois avait ses expressions et « aucune couleur » voulait bien sûr dire « aucun motard »). Le contraire m'aurait d'ailleurs surpris, car ces gars-là sont plus des fans que des connaisseurs de boxe et ils assistent aux combats avant tout pour passer une belle soirée. Et puis, malgré les amitiés de Ouellet, il y avait dans ce groupe-là un bon pourcentage qui appuyait Dave Hilton... »

Langlois avait trouvé difficile cette expérience sous les feux de la rampe alors qu'une certaine partie de l'opinion publique l'avait pris comme bouc émissaire de la défaite de Ouellet. Deux ans et demi plus tard, croisant dans une salle de boxe les parents du Jonquiérois, il ne leur avait rien caché. « Je sais que le soir du combat, les choses ont été très difficiles pour vous. Mais je peux vous assurer qu'elles l'ont été pour moi aussi. Et je tiens surtout à vous dire que ma décision ne visait qu'un seul but : protéger votre fils. »

Il est permis de penser que Denis Langlois n'a pas été le seul membre de la RACJ à trouver difficile toute cette controverse. « Je n'ai jamais senti, au cours de ces moments, le soutien de la part de Mario Latraverse (son supérieur à la Régie). Oh! bien sûr, il avait pris ma défense une fois ou deux dans les journaux, mais quand les journalistes l'avaient presque obligé à le faire. Mais de lui-même? Non, j'avais eu le sentiment qu'il ne m'avait pas suffisamment appuyé. Si bien que je n'ai pas du tout été surpris de ne pas être retenu, six mois plus tard, pour la revanche (à l'époque, Latraverse avait quand même évoqué jusqu'au jour du combat la possibilité que Langlois soit de nouveau choisi). Avec la fin controversée du premier match, je savais qu'on ne voudrait pas me replacer dans une situation aussi délicate, où la pression allait être très forte.

« D'ailleurs, il faut bien admettre que c'était une bonne décision. Imaginez ce que j'aurais subi comme traitement si, à la revanche, c'était encore moi qui avais arrêté Ouellet dans les conditions où Tony Crivello l'a alors fait? Loin de moi l'idée de remettre en cause sa décision, mais il faut se rappeler que Tony a arrêté Ouellet alors que ce dernier était parvenu à se remettre sur ses jambes au compte de neuf (Ouellet le premier avait toutefois avoué qu'il n'aurait pas été en état de continuer). Et pourtant, personne n'a contesté la décision... Alors que six mois plus tôt on m'avait reproché d'avoir arrêté un Ouellet recroquevillé sur lui-même dans les câbles! Cela dit, même si je compatissais avec Ouellet, j'étais, en un certain sens, soulagé du résultat de la revanche parce qu'il confirmait celui si controversé du combat précédent.

« Est-ce que cela suffira à me faire oublier toute la merde du premier match? Non. Aussi, quand on me critiquera encore, quelques mois plus tard, pour avoir prétendument arrêté trop tôt l'ex-champion du monde Iran Barkley – surtout que le docteur m'avait averti de ne pas le laisser prendre trop de coups – alors qu'il était presque K.-O., je me dirai que, pour même pas 150 dollars par combat, je n'ai plus à endurer ça. Et je mettrai fin à ma carrière d'arbitre. »

***

Finalement, on n'aura jamais eu la certitude que Stéphane Ouellet avait bel et bien souffert d'une fracture du nez pendant son combat contre Dave Hilton : il avait refusé de se présenter à l'hôpital! Tout ce à quoi il avait médicalement consenti, au terme du douloureux affrontement, c'est à une pose de tiges métalliques à l'intérieur du nez, effectuée dans ses vestiaires par le médecin d'InterBox, Danièle Daoust, pour qui le diagnostic semblait ne faire aucun doute : « Après avoir soigné Stéphane ce soir-là (les tiges visaient à stopper l'hémorragie nasale), mon opinion était qu'il présentait tous les signes d'une fracture du nez. Mais, bon, nous ne le saurons jamais, puisqu'il n'est pas allé à l'hôpital. » Elle avait dit cela sur le ton réprobateur des médecins qui ne peuvent admettre pareille insouciance chez un patient, mais elle ne savait pas le pire : Ouellet avait lui-même retiré les mèches de son nez un peu plus tard dans la nuit, quand il avait failli s'étouffer à cause d'elles!

Pour être exact, c'était moitié la faute de la fumée du premier pétard qu'il s'était dépêché de fumer après le combat, moitié la faute des mèches. Pour pouvoir continuer à fumer, il les avait donc simplement enlevées. Évidemment, les saignements avaient recommencé.

L'endroit où il avait préféré se rendre plutôt qu'à l'hôpital était pas mal moins indiqué pour un type qui pissait de nouveau le sang sur sa table, et un peu partout quand il se levait, justement pour aller pisser : c'était le Pub Rosemont, pas très loin de son domicile de la rue des Écores. Puisqu'il avait boxé à 21 h 30, il était arrivé relativement tôt dans l'établissement, sans se douter qu'on venait d'y présenter son match sur écran géant! Une commotion? Quand il était entré en compagnie de Monia Tremblay, la place était encore pleine d'amateurs de boxe, qui se félicitaient de ne pas s'être rendus au Centre Molson, où ils n'auraient jamais eu la chance de voir leur héros d'aussi près!

« Dans un sens, j'étais fier après ce combat contre Hilton. J'avais perdu, mais plein de gens venaient me dire qu'ils avaient eu droit à une grande bataille, et c'était pour moi le compliment le plus important. Le plus drôle, c'est qu'autant mon visage magané m'avait dérangé durant le combat, autant il était à ce moment-là une petite source de fierté. J'avais vraiment, mais alors vraiment un look de guerrier, et la sensation de m'être bien battu pendant 12 rounds ne m'était pas désagréable du tout. J'étais fier. Donc les gens étaient fiers de moi et venaient à ma table souligner mon courage. Et pourtant, plus ils venaient me complimenter d'avoir été aussi loin dans le courage, plus je me disais que, sans s'en rendre compte, ils rendaient ainsi hommage au type qui m'avait autant abîmé le portrait. »

***

Après l'une de ses premières victoires chez les pros,
Stéphane est interviewé à RDS par... Yvon Michel.

Chapitre 9

Un pied chez les motards

Août 1999. Rue Saint-Hubert à Jonquière, je roule dans une grosse Parisienne qui doit avoir avec la plupart des voitures croisées la même différence d'âge que moi avec tous ces étudiants dans la rue. C'est une belle journée et on dirait qu'aujourd'hui je suis capable de l'apprécier sans que refasse continuellement surface le souvenir de mes deux dernières défaites contre Dave Hilton. Ma mère a eu le génie de me faire cadeau d'une cassette de Patrick Norman et, comme pour bien d'autres choses, elle ne me durera pas longtemps, je suis en train de l'user à force de la faire rejouer. Mais je soupçonne ma mère de savoir ce qu'elle faisait, je n'arrête pas de penser à elle quand j'écoute Perce les nuages, *j'ai même l'impression d'entendre exactement ce que j'aimerais lui dire en ces temps où elle s'inquiète beaucoup pour moi.*

Perce les nuages
D'ici jusqu'au large
Oh grand soleil
Tu m'émerveilles

Depuis l'horizon
Porte tes rayons
Réchauffe-moi
J'en ai besoin

Toi le vent de la mer
Va dire à ma mère combien je l'aime
Et comme elle est belle

Va vers l'horizon
Porte ma chanson
Chante-la-lui à son oreille

Comme j'ai aussi l'impression d'entendre, dans L'hirondelle, *les mots que j'aimerais dire aujourd'hui à cette fille que j'ai laissée à Repentigny...*

*J'ai pensé longtemps vivre seul dans mon univers
Et pour moi la vie n'était qu'un passage sur terre
Je croyais bien que l'amour m'avait oublié
Mais tu m'as souri
Et depuis mon cœur te chante sa mélodie*

*Je chante : tu es plus belle que l'hirondelle
Je t'aimerai pour la vie
J'ai trouvé le bonheur dans la paix de ton cœur
J'ai trouvé la joie dans la paix de ton cœur*

À l'instant même, je suis probablement trop heureux pour le chemin de croix qu'on semble m'avoir tracé pour cet été. Soudain, la musique que j'entends n'est plus celle de Patrick Norman mais celle de la tôle qui s'entrechoque avec fracas : la voiture d'un aîné vient d'emboutir ma grosse Parisienne, juste au moment où je passais devant le cégep de Jonquière! S'il fallait choisir le pire temps pour avoir un accident au coin des rues Saint-Hubert et Monseigneur-Bégin, c'est sûrement aujourd'hui, jour de rentrée scolaire. Gênant pour n'importe qui, et encore plus quand tous les étudiants s'aperçoivent que Stéphane Ouellet est impliqué.

*Ils me regardent et je les regarde aussi, pendant que j'attends dans la rue qu'on remorque ma voiture et que quelqu'un passe me chercher. Je pense à leur rentrée scolaire, je repense soudainement à ce qui fut ma sortie contre Hilton, et il me semble que l'endroit et les circonstances le font exprès pour me rappeler cette grande question :
Et mon avenir, lui?*

***

C'est bien pour dire, même cet été-là on avait continué à beaucoup parler des Hells Angels. En fait, pour être tout à fait exact, on avait parlé d'eux et d'à peu près n'importe quoi, l'été 1999 ayant été celui de tous les ragots et de toutes les rumeurs. Stéphane Ouellet venait vraisemblablement d'être poussé à la retraite par deux échecs successifs contre Dave Hilton et chez lui, là où on avait l'habitude de romancer les histoires, son quotidien faisait ni plus ni moins l'objet d'un feuilleton régional. Tous les jours ou presque, il était ou bien porté disparu, ou bien retrouvé sans vie quelque part, ou bien encore aperçu aux urgences d'un hôpital, toujours vivant mais ensanglanté, poignardé par un parieur furieux d'avoir perdu 25 000 dollars lors de ses défaites contre Hilton. Le pire, c'était encore sa prétendue admission chez les motards. Si on écoutait tous les ragots, on s'imaginait en effet que Ouellet avait bel et bien joint le milieu; qu'il avait déjà reçu les *patches* (les écussons, sur les vestes, qui confirment un statut à l'intérieur du gang); qu'il avait été promu au rang de *striker* (membre en règle, le premier échelon de la hiérarchie); et même que le *Québec Run* des Hells Angels effectué cet été-là au Saguenay visait un seul but : souligner en grande pompe son incorporation officielle dans la grande famille des HA.

La réalité, pourtant, était très différente. Il est vrai que Stéphane Ouellet s'était payé une incursion de quelques mois dans cet univers fascinant auquel il avait rêvé dans sa jeunesse, lui, le groupie des rebelles et des marginaux. En fait, il était un peu comme le maire de Toronto qui, sans être un sympathisant formel, avait accueilli les Hells dans sa ville. Une chronique de Pierre Foglia, dans *La Presse* du 17 janvier 2002, s'applique bien à ce que ressentait Stéphane : « *On est tous des groupies. Je reviens sur l'histoire du maire de Toronto. C'est sûr que c'est un joyeux toto. Le maire de la plus grande ville du Canada serrant la main d'un Hells... Mais oubliez un instant la fonction. Considérez seulement le geste. C'est le geste d'un groupie, comme je le suis, et vous aussi. On est tous des groupies. Quand ce n'est pas des bandits, on est groupie des artistes, et quand ce n'est pas des artistes, c'est des sportifs, et quand c'est pas des sportifs, c'est des astronautes, des Prix Nobel, des explorateurs, il y a même des groupies de journalistes, imaginez-vous donc. Sans doute est-il plus exemplaire d'être groupie d'un Prix Nobel que d'un Hells. Mais la distorsion, la distance entre la réalité et la représentation qu'on s'en fait est la même. Les gens qui s'imaginent que les Hells sont des chevaliers modernes régis par un code qui en fait des délinquants d'honneur, et les gens qui voient les clochards comme des anarchistes qui ont dit merde à la société pour aller vivre dans des cabanes sous les ponts participent du même mythe.* »

Pierre Foglia avait raison. Comme tous les groupies, Ouellet avait donc, un jour, été mis en face du grand dilemme : sous peine d'être déçu, devait-il ou non entrer dans l'univers de ses idoles? À l'été 1999, voilà longtemps qu'il se posait la question, mais il avait eu à trancher une fois pour toutes lorsque l'occasion s'était véritablement présentée, après le cauchemar de la revanche du 28 mai contre Hilton. Il avait alors dit oui aux motards, mais pour une si courte période, qu'on ne peut que comprendre qu'il avait finalement regretté, sinon sa réponse, du moins son expérience.

Qui sait, d'ailleurs, si le plus grand enseignement de cette aventure n'avait pas été de lui montrer que, dans la vie, il valait peut-être mieux rêver de réaliser un truc que de réaliser le truc en question?

Du milieu de l'été 1999 jusqu'à ce que la boxe le rappelle à la fin de l'automne, Stéphane Ouellet avait mis un pied dans l'univers des motards, avec un club-école des Hells Angels, les Satans Guards Saguenay. Le temps qu'elle avait duré, son implication avait été très loin de celle que lui prêtaient les rumeurs les plus farfelues. Dans les faits, le seul statut que Ouellet avait obtenu chez les Satans Guards, c'était celui de *hangaround* — les motards ont une préférence pour les termes anglais —, que les policiers traduisaient par le mot « parasite », avec les caractéristiques suivantes : doit être parrainé par un membre à part entière; joue le rôle de domestique; est exclu de toutes les affaires du club; sert de structure de soutien pour le club dans la communauté; doit obtenir un vote majoritaire pour pouvoir passer au rang de *striker* (ou *prospect*). Surtout, avait d'autre part confirmé le motard Stéphane Gagné au second procès de Maurice Boucher, un *hangaround* n'a pas de *patch* et il doit commettre des crimes s'il veut être promu *striker* et avoir droit à la première preuve qui en témoignera à l'endos de sa veste : un bas de *patch*, appelé « banane » par les motards, où figure le nom du territoire auquel il appartient.

Le seul cadeau emblématique qu'avait reçu Ouellet des Satans Guards, c'était sa belle veste en denim qui lui donnait fière allure. Mais, signe de son peu d'activité au sein du groupe, elle était restée complètement vierge jusqu'à son départ. Il avait même pu la porter telle quelle pour monter sur le ring lors de son troisième combat contre Hilton.

Pour le reste, si son nom lui avait souvent permis de bénéficier de passe-droits dans l'univers d'où il venait, ce n'avait pas été le cas dans la société « un-pourcentiste ». Surtout, comme il le disait, que sa cote avait baissé : « Je n'avais plus une très grande valeur sportive aux yeux des motards, puisque je venais de perdre deux fois de suite contre Hilton... » Chez les Satans Guards, il avait donc été un *hangaround* parmi tant d'autres, tenu comme tous les autres d'acheter sa Harley-Davidson et de remplir les tâches que lui confiaient ceux que l'on appelait les *patchés*. Dans ce milieu, pour quiconque vise à gagner du galon, il n'existe en effet qu'une seule voie : être prêt en tout temps à répondre aux besoins des membres, et surtout à ceux des parrains. Pour ce faire, un *hangaround* a d'ordinaire accès au repaire du club où on peut lui demander de remplir servilement de petites besognes, et même de participer, sans hésiter, à un crime ou deux.

Les Satans Guards Saguenay avaient pignon sur rue au 3649 du rang Saint-Paul, à Chicoutimi. Pour l'essentiel, c'était là que Stéphane Ouellet s'était rendu le plus utile à ses « frères ». Le peu de temps qu'il avait partagé leur vie, il avait rempli là plus de tâches domestiques que dans tous les appartements qu'il avait déjà occupés! Quand il était en service, il ramassait, rangeait, nettoyait, bref voyait à ce que les lieux soient toujours nickel, ce qui, si on excluait la très forte barbe qu'il s'était fait pousser, constituait sûrement la plus grande métamorphose de sa personnalité! Lui qui faisait confiance à tout le monde et ne verrouillait jamais sa case à Claude-Robillard, jamais ses portières de voiture, jamais la porte d'entrée de ses logis, il avait eu à effectuer pour le compte des Satans Guards de nombreuses veilles de surveillance, ce que le milieu appelait la *watch*!

Son environnement devait ressembler à celui de tous les clubs de motards et même Yvon Michel pouvait en avoir une bonne idée s'il se référait à un document que lui avait un jour remis Bruno Lavoie, un actionnaire de Boxart qui bossait comme sergent à la GRC : «*Certaines de ces propriétés sont de vastes domaines aux abords soigneusement gardés, s'étendant derrière des portes électriques et de hauts murs garnis au sommet de tessons de verre, sous la surveillance constante de chiens et de caméras de télévision. D'autres ressemblent plutôt aux résidences de millionnaires, où la sécurité se fait aussi discrète que possible. Le repaire des bandes fortunées est maintenant un lieu de réunion, beaucoup plus qu'une résidence. Il comprend habituellement un garage ou un atelier, ainsi que des aires de rangement, où l'on peut réparer ou modifier les Harley. La consommation d'alcool est une affaire sérieuse. On s'y adonne surtout maintenant dans un décor évoquant celui d'une taverne, avec un long comptoir, des machines à sous et des jeux électroniques payants. Les repaires les mieux équipés comprennent une salle d'haltérophilie, un sauna et même une piscine. À l'étage il y a les chambres, où les motards peuvent trouver un peu d'intimité. La salle de la console de sécurité vient compléter le tableau. C'est là que sont entassés les écrans et les panneaux de contrôle des dispositifs de surveillance électronique, des systèmes d'alarme anti-intrusion et de la télévision en circuit fermé. Il peut aussi y avoir dehors une enceinte pour les chiens, des remises et d'autres installations.* »

Repaire pour repaire, autant celui des Satans Guards pouvait être sophistiqué, autant celui que Ouellet occupait seul à Jonquière pouvait être simple. En quittant Montréal après le match revanche contre Hilton, Ouellet s'était isolé pour quelques jours dans une pourvoirie de la Baie des Ha! Ha! Il avait ensuite passé un peu de temps dans la maison de Monia Tremblay à Saint-Ambroise, pour finir par se fixer dans un immeuble à logements qui avait dès lors fait l'objet d'une autre sorte de surveillance, de *watch* : à cause des rumeurs circulant sur son compte, Ouellet était convaincu d'avoir été non seulement épié par la police, mais même pris en filature à quelques reprises!

L'appartement qu'il avait choisi, au 2669, rue Saint-Dominique, se trouvait à moins d'une dizaine de rues de la résidence de ses parents, ce qui représentait un avantage quand il était pressé de les voir, mais un désavantage quand il voulait avoir plus de temps pour réfléchir une dernière fois dans sa voiture à la meilleure façon de leur annoncer une importante nouvelle...

C'était justement le cas ce jour-là. Lorsque ses parents l'avaient vu entrer dans la maison vêtu de sa robuste veste noire sans manches, ils n'avaient rien pressenti. Ils n'avaient vu qu'un Stéphane soucieux de son élégance. La seule chose qu'Olivette et Angémil Ouellet pouvaient imaginer, c'est que leur fils soit venu leur confirmer son retour aux études. Il en avait parlé dans les minutes suivant son K.-O. contre Hilton : il compléterait sa cinquième secondaire. Maintenant, on approchait de la fin du mois d'août, c'était la rentrée scolaire. Mme Ouellet était soulagée à la perspective de ne plus le voir remonter entre les cordes.

— Tu n'étais pas censé commencer l'école aujourd'hui, toi?

— Mes plans ont maintenant changé, m'man. Pour l'école, j'y ai pensé, mais on va oublier ça. Je ne serais pas capable de m'habituer à vivre à 50 milles à l'heure après avoir vécu à 150 avec la boxe. J'ai besoin d'autre chose.

Stéphane n'était pas particulièrement nerveux, mais on aurait dit que la chaise berçante sur laquelle il prenait place l'était pour lui. Elle allait et venait sans arrêt.

— Ça veut dire que tu ne finiras pas ton secondaire cinq...

— C'est ça.

— Et pourquoi?

— Parce que j'ai décidé de devenir motard. Bon, je voulais vous le dire avant que vous l'appreniez par un peu tout le monde, comme d'habitude. Je sais que pour vous c'est difficile à accepter, mais mon choix est définitif et s'il ne vous convient pas, on ne se reverra plus et je respecterai votre décision.

Olivette et Angémil Ouellet ne s'attendaient pas à cette tuile. Mais dire qu'ils ne l'avaient jamais appréhendée serait mentir. Voilà trop longtemps que leur fils partageait des amitiés avec des individus du milieu et qu'ils avaient, ensemble, des mots sur cette question-là, pour tomber complètement des nues. Surtout, ils savaient à quel point cette terrible déconvenue du 28 mai contre Hilton l'avait changé, révolté, et lui avait fait perdre toute estime de lui-même. Au cours de l'été, leur fille Lisa en avait eu une démonstration éloquente. Un jour qu'elle discutait avec Stéphane, elle avait tenté de lui faire comprendre que les gens l'aimaient encore, et que défaite ou pas défaite, ils restaient fiers de lui. Assis devant sa sœur, Stéphane avait bondi sur sa chaise : « Ben voyons donc, c'est complètement impossible, j'suis rien qu'un hostie de trou de cul! »

C'est dans ce contexte que Ouellet avait eu impérativement besoin de se rattacher à quelque chose, de recommencer à se respecter, de « redorer son blason » comme il le disait, de se sentir à nouveau fier de lui, et qu'il avait pensé pouvoir y arriver en réussissant à s'incorporer aux motards. C'était peut-être inadmissible, c'était sûrement dommage, mais c'était surtout très logique comme raisonnement quand on avait une petite idée de la fierté ressentie par un motard lors de l'obtention de ses couleurs.

Certains diront que Stéphane Ouellet aurait eu mille et une façons de retrouver fierté et dignité, autrement qu'en s'engageant auprès de la bande restreinte (neuf membres en règle) des Satans Guards. La vérité, c'est que son état, après le deuxième match contre Hilton, ne pouvait que le mener dans le monde des « unpourcentistes », des motards qui vivaient en marge de la société.

Coïncidence troublante, il disait avoir éprouvé dans cette période les mêmes sentiments que les vétérans pilotes de l'Armée de l'air américaine qui, à leur retour de la Seconde Guerre mondiale, avaient fondé un groupe devenu célèbre par la suite : les Hells Angels. Ces hommes voulaient renouer avec les sensations fortes qui leur faisaient défaut depuis la fin du conflit. Ainsi, la carrière de boxeur de Stéphane Ouellet était peut-être terminé, mais il n'avait, comme les GI's américains 50 ans plus tôt, aucune envie de se ranger, de retourner à une petite existence dénuée d'action, d'autant plus que cela l'aurait obligé à se mêler encore à cette société dont il se sentait exclu.

Bref, il était alors, après 15 années de boxe, si désaxé socialement et il trouvait si pénible de continuer de vivre au Québec dans la peau d'un *looser* qu'il n'avait qu'une façon de pouvoir encore le faire : changer de peau et joindre les rangs de l'un de ces petits univers qui formaient le grand tout. En fait, ou bien c'étaient les motards, ou bien c'était carrément l'exil. Ouellet avait retenu cet ultime moyen, à la veille de sa troisième rencontre contre Hilton, comme remède aux raclées, très possibles, de son adversaire : « S'il m'arrive encore quelque chose de grave dans ce combat-là; si je me fais encore *knocker* rapidement, je crisse mon camp et je vais me refaire une autre vie ailleurs. »

Stéphane Ouellet avait autant de raisons inconscientes que conscientes de vouloir être admis chez les motards. Il débarquait en territoire connu, dans un monde qui semblait avoir recours aux mêmes recettes que celui qu'il venait de quitter; un monde de surnoms, d'aspirants, de classements hiérarchisés, de stress, de bravade, d'intimidation. Mais surtout, il abandonnait un univers où il avait joui d'un formidable pouvoir, pour un autre où il se faisait justement les plus gros trips de pouvoir.

À leur tour, deux jours après avoir appris les plans d'avenir de Stéphane, Olivette et Angémil Ouellet rendaient visite à leur fils. Il n'y avait qu'une dizaine de rues entre les deux domiciles, il leur fallait deux minutes en voiture, mais pourtant, ils sentaient que, désormais, il y avait tout un monde entre leur fils et eux.

— Nous sommes venus te dire, Stéphane, que peu importe ce que tu entends faire de ta vie, tu seras toujours notre fils et nous serons toujours fiers de toi.

Pour quelqu'un qui estimait ne plus avoir sa place dans la société, c'était un message réconfortant : il lui restait à tout le moins deux familles.

***

Il y avait d'autant moins matière à s'étonner du mariage entre Ouellet et les motards que le flirt durait depuis longtemps. Oui, ils représentaient un rêve de jeunesse pour Stéphane. Mais c'étaient les motards du Saguenay qui avaient fait les véritables premiers pas dans cette relation. Ouellet étant devenu une célébrité précoce au temps de la boxe amateur, c'est très tôt que le milieu avait commencé à s'intéresser à lui et à lui faire de l'œil. C'était à l'époque de son expulsion du Club de boxe de Jonquière, quand il s'était fait remettre 100 dollars par un type outré du traitement qu'on venait de lui faire subir... Bien sûr, on ne parlerait pas de grande histoire d'amour avant son passage chez les pros en 1991, mais n'empêche, c'étaient bien les motards qui s'étaient présentés les premiers sur son terrain. Les motards avaient certainement compté parmi les plus fidèles groupies du Jonquiérois au temps où il portait seul le flambeau de la boxe professionnelle québécoise.

Les premiers temps, quand on lui rapportait que les motards

achetaient des tonnes de billets pour ses combats, qu'ils aimaient sa personnalité, ses tatouages, sa façon de boxer, bref, que ces gens-là s'intéressaient grandement à ses exploits, cela lui faisait beaucoup d'effet. « On pouvait difficilement lui faire plus plaisir qu'en lui disant ça », confirme Karine Turcotte, sa copine de l'époque.

Ce qui s'explique facilement. Autant par sa nature que par sa profession, Stéphane Ouellet était un artiste qui gagnait sa vie en s'exécutant devant des foules. Or, comment toucher davantage un artiste qu'en lui apprenant qu'il avait réussi à gagner l'affection du un pour cent de la population qui avait l'habitude de se faire tirer l'oreille pour tout, de ne s'intéresser à rien de commun, de se foutre de tout le monde et de ne déclarer son amour qu'en de très exceptionnelles circonstances? Pour Ouellet, il n'existait pas de meilleure récompense pour son travail. Il tirait une immense fierté de cet intérêt que lui portaient les motards, peu importe l'endroit où il se battait au Québec.

La fierté n'était pas tout. Ouellet tirait également une immense force de son statut de boxeur préféré des motards. Au début de sa carrière, lorsqu'il se produisait dans des enceintes de moindres dimensions, il n'était pas rare de voir des Hells Angels ou des Satans Guards lui faire une haie d'honneur à sa sortie des vestiaires. Quand on connaît le caractère intimidant de ces individus-là, le geste valait certainement mieux pour l'ego d'un boxeur qu'une haie d'honneur formée de comptables ou de coiffeurs! Comme la plupart du temps Ouellet avait la fâcheuse habitude de quitter son vestiaire la tête remplie de doutes et de pensées négatives, cela tombait bien. Il avait l'impression, en passant devant les motards, de subir un lavage de cerveau, de recevoir l'équivalent de 10 discours de motivation, et de s'imprégner à la fois de leur puissance et de leur réputation.

Une fois, les choses s'étaient produites dans un contexte assez particulier. Ce soir-là, à Chicoutimi, Stéphane Ouellet affrontait l'Américain James Hughes, sous les yeux de l'une des plus impres-sionnantes délégations de *hangarounds,* de *strikers,* et de membres en règle des Satans Guards et des Hells Angels jamais vues à une soirée de boxe. La particularité du combat? Appuyé par ses partisans motards, Ouellet faisait face à... un ancien flic qui, après avoir servi d'agent double dans la police, avait défroqué et fait 18 mois de prison pour s'être emparé d'une somme d'argent provenant des fruits de la drogue! Tous au courant du passé de Hughes, les motards lui avaient réservé, à son entrée sur le ring, un accueil pour le moins hostile, le couvrant d'injures et le menaçant, signes à l'appui, de lui trancher la gorge! Mais loin d'être effrayé – Hughes en avait vu d'autres, il avait été champion de compétitions de Tough Men aux États-Unis –, l'Américain s'en était amusé au cours des présentations, choisissant même d'aggraver son cas aux yeux des motards en les narguant avec des gestes obscènes! Dans les circonstances, c'était comme si Ouellet avait été investi de la mission de faire payer Hughes, ce qu'il avait par ailleurs réussi pendant 10 rounds, même s'il avait visité le tapis, à la toute fin du combat. Pour autant, la correction que Hughes venait de prendre ne l'avait pas rendu moins frondeur : avant de quitter le ring, il avait toisé les membres des motards placés au parterre, s'était retourné, avait baissé son short en se penchant et exhibé son cul à ceux qui l'insultaient! « Mais il est complètement fêlé, ce type, avaient alors pensé les témoins de la scène, il tient absolument à se faire descendre avant de quitter Chicoutimi! »

Ils n'avaient pas tort : James Hughes était peut-être venu bien près de subir ce soir-là le sort qui serait d'ailleurs le sien quelques années plus tard, alors qu'on le retrouverait assassiné dans un fossé, en bordure d'une route aux États-Unis. Après le combat, Ouellet et quelques motards s'étaient retrouvés dans un bar de strip-teaseuses, et les seconds avaient alors parlé de se rendre à l'hôtel de Hughes pour lui servir une autre correction. Mais ils n'avaient pas donné suite à leur projet.

***

Pour exprimer à quel point Stéphane Ouellet était dégoûté de la boxe dans la période suivant son deuxième K.-O. contre Hilton, qu'il suffise de dire qu'il avait été plus de cinq mois sans faire ce que tous les boxeurs du monde font pourtant aux cinq minutes : esquisser des mouvements de boxe imaginaire! Quiconque a déjà fréquenté les salles de boxe ou les entraînements publics a pu constater que les pugilistes, jeunes ou vieux, sont absolument incapables de s'empêcher de lancer des coups de poing, et sait quelle sorte d'exploit cela représente d'aller contre nature pendant aussi longtemps. À la vérité, il s'agit moins d'un exploit que d'une mission impossible! Et comme tous les autres, Ouellet avait été incapable de résister à la manie compulsive de boxer le vide. La différence, c'est qu'il le faisait la nuit... en dormant!

Après en avoir longtemps rêvé, il avait à ce moment commencé à partager son lit avec cette grande fille de Repentigny qu'il trouvait plus belle que l'hirondelle. « C'était une période où Stéphane était réellement agressif », affirme la grande fille en question, Mélissa Cloutier, qui avait eu l'infortune d'entrer dans sa vie à un bien mauvais moment et la fortune d'en sortir rapidement. « Son agressivité était particulièrement évidente quand il s'endormait! Son sommeil était à ce point agité qu'il parlait en dormant. Je n'arrivais jamais à comprendre ce qu'il disait, mais ça ressemblait toujours à des paroles haineuses. Surtout, il n'arrêtait pas, dans son sommeil, de donner des coups de poing, dans son lit ou sur les murs. J'en étais rendue à craindre de dormir dans le même lit que lui. J'allais souvent finir mes nuits sur le divan... »

En quittant Repentigny pour aller retrouver Ouellet à Jonquière, elle avait avoué à son ex et à ses amies être poussée à le faire malgré elle : « Ce gars-là me fatigue trop, c'est plus fort que moi, il faut que j'en aie le cœur net une fois pour toutes. »

Mélissa Cloutier et Stéphane Ouellet s'étaient connus quelques années plus tôt, dans un bel établissement de la rue Notre-Dame à Repentigny, le bar du Pont. Elle y travaillait pour donner un coup de main à sa mère qui en était propriétaire, lui s'y arrêtait de temps à autre quand il venait voir ses deux fils, qui habitaient dans le coin.

L'histoire classique, avec une petite différence : Ouellet avait éprouvé une sorte de coup de foudre pour cette barmaid, mais comme il ne faisait jamais les choses à moitié, il en avait éprouvé en même temps un deuxième... pour le bar lui-même! C'était ce commerce qu'il avait tenté d'acheter dans les mois suivant sa victoire de septembre 2000 contre Dave Hilton, dans une période euphorique où il avait été incapable de garder les pieds sur terre et où il avait consommé beaucoup de mescaline. La transaction de plus de 300 000 dollars avait échoué, et c'est toujours avec l'affiche « À vendre » placardée sur un mur que cette institution (l'un des plus vieux bars de Repentigny), pourtant très bien tenue, allait être la proie des flammes, en janvier 2002.

Mélissa Cloutier était une grande fille, mince comme souvent elles le sont à l'aube de la vingtaine, avec de très longs cheveux qui coulaient dans son dos en épousant parfaitement sa silhouette. Ouellet disait d'elle que c'était une beauté « racée » et il n'était certainement pas le seul à le penser, puisqu'elle se faisait régulièrement offrir de jouer les mannequins pour des photos de mode. On ne pouvait s'empêcher de noter qu'elle faisait beaucoup penser à Lydie Larouche, la mère des deux fils de Ouellet. Et pas seulement parce qu'elle habitait la même banlieue de la Rive-Nord de Montréal.

Comme Lydie Larouche après le match contre Darren Morris, Mélissa Cloutier allait en effet être la grande responsable de la poursuite de la carrière de Stéphane Ouellet. Qu'on le veuille ou non, tout ce qui surviendrait ensuite dans la carrière du Jonquiérois, de sa providentielle victoire contre Dave Hilton jusqu'à son échec contre Omar Sheika, en passant par ses trois petits combats de retour, c'est à cette fille-là qu'on le devrait!

La période d'influence de Mélissa Cloutier s'était amorcée le jour où elle avait communiqué avec Stéphane à Jonquière pour lui annoncer qu'elle était maintenant libre et disposée à passer un peu de temps en sa compagnie. Une nouvelle formidable pour lui. Mais la suite des événements allait démentir cette joie et faire réfléchir Mélissa sur le véritable effet de son appel. C'est qu'après lui avoir pourtant dit qu'il irait bientôt la chercher, Stéphane avait été longtemps sans lui redonner de ses nouvelles, ce qui l'avait un peu inquiétée. Était-ce seulement une tactique masculine visant à démontrer de l'indépendance? C'était plutôt et simplement une réalité de sa nouvelle vie : pris par ses obligations de motard, il avait dû attendre d'avoir affaire à Trois-Rivières (chez les Hells Angels, les Satans Guards relevaient directement du chapitre de Trois-Rivières) pour venir la chercher et l'emmener au Saguenay.

La vie dans laquelle elle avait été plongée était celle d'un garçon, *hangaround* d'un gang de motards, qui ne semblait plus avoir un seul lien avec la boxe sinon celui de vouer encore et toujours une haine viscérale à Dave Hilton. Les mois avaient eu beau passer, on aurait dit que Stéphane Ouellet était encore incapable de dissocier son bourreau du 28 mai du bourreau de deux jeunes filles que la police avait arrêté. Dans toutes les conversations que l'on avait alors dans l'entourage de Ouellet, il n'y avait jamais de présomption d'innocence à l'égard de Dave Hilton. Celui qui avait appris à presque tout le monde l'arrestation de Hilton, Yvon Michel, était suffisamment bien branché avec la famille des deux jeunes victimes et avec la police pour connaître toute la vérité du dossier. (La RACJ, qui avait supervisé le combat, comptait beaucoup de flics qui avaient travaillé ou travaillaient toujours à la police de Montréal, chargée de l'enquête.) Stéphane Ouellet voyait donc sa défaite contre Hilton comme une profonde injustice, une aberration de la vie qui avait somme toute récompensé un méchant et puni une bien meilleure personne.

Tout ce temps qu'ils avaient donc passé ensemble à Jonquière, Mélissa avait écouté Stéphane lui parler de Dave Hilton. Elle l'avait vu se lever le matin et rouler minutieusement la vingtaine de joints qu'il allait griller dans la journée sans jamais se cacher – s'il y avait une seule retombée positive à faire partie des motards, c'est qu'ils ne tolèrent pas la consommation de drogues fortes, et que cela obligeait Stéphane à s'en tenir loin. Elle l'avait accompagné pour certaines de ses tâches de *hangaround*. Elle avait compris le stress auquel ses fonctions le soumettaient. Et elle avait cru deviner ce qu'il était exactement en train de devenir. Un jour, après avoir volontairement laissé passer un peu de temps pour aborder, plus à l'aise, ce sujet délicat, elle s'était décidée à lui parler de ce style de vie qu'elle ne voulait absolument pas partager. Il fallait qu'il le sache une fois pour toutes.

— Tu sais, Stéphane, à peu près tout ce que tu reproches à Hilton, c'est-à-dire d'être un *bum*, de voler, de faire de la prison, de ne foutre strictement rien de sa vie? Eh bien, tu te prépares à le faire aussi. T'en rends-tu compte? Sais-tu qu'en continuant de vivre comme tu le fais maintenant, tu ne seras pas très différent de ce gars-là? Bientôt les gens vont se mettre à affirmer que tu ne vaux pas mieux que lui, même sur le plan humain?

— Veux-tu m'insulter? Crisse, je ne ressemble pas du tout à Dave Hilton!

— Ce que je te dis, c'est que tu es en train de t'arranger pour que, dans l'esprit des gens, il n'y ait aucune différence entre toi et lui. Mais penses-y deux petites secondes : Stéphane Ouellet chez les motards! Voyons donc, t'es beaucoup trop connu et aimé pour faire ça!

En fait, c'était plus ou moins vrai qu'elle avait attendu de se sentir plus à l'aise pour afficher sa dissidence. Elle l'avait déjà fait une fois avant de partager sa vie. C'était le jour où Stéphane, radieux, s'était présenté au bar du Pont pour lui montrer sa nouvelle veste.

— As-tu vu ma veste, elle est belle, hein?

Mélissa avait répondu oui, un peu naïvement, en considérant le vêtement seulement sous un angle esthétique. Elle n'avait pas réalisé qu'il s'agissait d'un fort, d'un très fort symbole. Comme elle ne le félicitait pas, Stéphane avait ajouté :

— Tu ne remarques rien? C'est ma veste des Satans Guards.

Autant le gang ne lui disait rien du tout, autant la sonorité du nom anglais ne lui permettait pas de douter de ce dont il était question. Dans une région où on entendait souvent parler des Rowdy Crew, un autre club-école des Hells Angels, qui avaient un local à Lavaltrie, à quelques minutes de Repentigny, ce genre de dénomination avait un sens.

— Une veste et une vie de motard, as-tu réellement besoin de ça pour être heureux, Stéphane?

« J'étais certaine, allait plus tard expliquer Mélissa Cloutier, que ce gars-là n'était pas fait pour les motards et qu'il choisissait cette voie surtout parce qu'il était malheureux. D'ailleurs, quelques semaines plus tard, au cours d'une autre discussion, je lui avais posé un peu le même genre de question : "Au fait, Stéphane, qu'est-ce qui te rendrait heureux dans la vie?" Sa réponse m'avait confirmé que je n'avais pas tort de l'imaginer dans un autre milieu, car il ne m'avait pas parlé des motards : "Finir ma cinquième secondaire, travailler dans le domaine funéraire... et reboxer. Oui, j'veux encore boxer", m'avait-il répondu. "Et alors, comment peux-tu penser pouvoir faire tout ça chez les motards? Et surtout, puisque tu dis que tu veux reboxer, comment penses-tu que ton public réagirait en te sachant dans ce monde-là? Si tu ne le sais pas, je peux te le dire, moi, comment il réagirait, ton public : jamais il n'accepterait ça. Jamais il ne laisserait faire ça. Alors, à mon avis, ton idée de boxer tout en continuant ta vie de motard, tu peux l'oublier." »

Mélissa était si réfractaire à le voir passer sa vie parmi ces gens, elle avait mis tant de conviction à le dissuader de poursuivre son rêve de jeunesse, qu'elle n'avait pas réalisé qu'elle venait en fait d'apprendre une très grande nouvelle! Car, pour la première fois depuis sa défaite contre Hilton, Stéphane Ouellet avait exprimé l'envie de reprendre sa carrière et de remonter entre les câbles! Il ne l'avait pas confié à des proches, il n'avait pas convoqué de conférence de presse pour l'annoncer aux journalistes, il l'avait dit comme ça, presque normalement, à la fille qu'il tenait à impressionner le plus au monde. Ce n'était certainement pas une coïncidence.

On pouvait croire que Ouellet, comme par enchantement, s'était remis à penser à la boxe le jour où Mélissa Cloutier lui avait fait comprendre qu'elle ne voudrait jamais être la compagne d'un type qui pouvait sauter à tout moment en démarrant sa voiture. Toutefois, en l'écoutant, il lui avait été facile de remarquer que, si elle n'avait pas une grande opinion des motards, elle semblait en revanche en avoir une bien meilleure de la boxe. À ce moment-là, Stéphane Ouellet avait le choix entre un rêve de longue date, les motards, et un rêve tout récent, Mélissa Cloutier. Et il avait du même coup été obligé de réhabiliter la boxe dans son esprit.

Là ne s'arrêtait pas l'influence de cette fille sur l'avenir pugilistique de Ouellet. Quelque temps plus tard, cette fois sans même le vouloir, elle allait faire bien davantage que réhabiliter la boxe aux yeux de son amoureux, elle allait carrément provoquer en lui le déclic qui le ramènerait aux cordes pour encore quelques années. Cela s'était produit au moment où ils se rendaient voir la petite maison blanche de Chicoutimi, célèbre pour avoir résisté au déluge de juillet 1996. Dans la voiture, comme si ce symbole de résistance la ramenait au combat où Stéphane n'avait pas résisté trois rounds, Mélissa Cloutier avait revu dans sa tête les images du deuxième match contre Hilton. Bien sûr, elle n'était pas une experte de la boxe comme pouvait l'être Alexandra Croft, la compagne d'Yvon Michel et la manager de Jean-François Bergeron, mais elle en connaissait un très grand bout sur la peur. Assise aux côtés de Stéphane, elle éprouvait justement une sorte de crainte à l'idée de le provoquer ou de le blesser avec la question qui lui brûlait les lèvres. Aussi s'était-elle tourné la langue sept fois avant de se décider à la lui poser, de la manière qu'elle voulait le moins offensante possible :

— J'ai quelque chose à te demander, Stéphane. Je ne voudrais pas que tu penses que je te demande ça pour te faire reprendre la boxe, pour t'influencer, pour t'humilier, ou pour quoi que ce soit d'autre. C'est vraiment juste pour savoir. Aurais-tu peur, Stéphane, de te battre de nouveau contre Dave Hilton?

Il avait menti. Sans hésiter une seconde, il avait répondu non. Son mensonge n'était pas de cacher qu'il pourrait avoir peur de Dave Hilton, ce n'était pas le cas, mais plutôt qu'il aurait certainement peur de l'événement, après deux très mauvaises expériences. En fait, il avait répondu comme si la question de Mélissa avait été « As-tu peur de Dave Hilton? », et en ce sens-là il avait dit la vérité : c'était non, la nuance étant qu'on pouvait être intimidé par un homme sans avoir essentiellement peur de lui.

Ils étaient arrivés quelques minutes plus tard sur le site, dans le quartier du Bassin, quand soudain des idées, des plans, des scénarios ont inondé l'esprit de Stéphane. Tous relatifs à son come-back! Il allait le mettre en branle à l'instant, il venait de le décider en une fraction de seconde!

Il pensait : puisque c'est Mélissa elle-même qui s'est intéressée à la question, cette idée du troisième combat contre Hilton est vraiment susceptible de l'impressionner et, qui sait, de m'ouvrir à jamais ses bras. Il se disait qu'il devait aussi répondre à sa question par des actes et lui montrer qu'il n'était pas une lavette, un mou, un faible; qu'il avait les couilles qu'il fallait et que malgré deux défaites et au moins une bonne volée, il était encore capable de se présenter la face devant cet enfoiré de Hilton!

Il pensait à la façon de mettre sur pied son retour. À toutes les conséquences que ça allait impliquer. À la fin de son association avec les Satans Guards et à leur possible mécontentement de le voir les quitter quelques mois seulement après avoir accepté de lui faire confiance. À son départ du Saguenay et à son retour à Montréal. À la manière dont il s'y prendrait pour annoncer la nouvelle aux gens d'InterBox, voire au fait qu'ils n'allaient peut-être même pas vouloir le reprendre et croire à son sérieux.

Il pensait même à cette chanson de Laurence Jalbert – *Chanson pour Nathan* – à laquelle il s'était identifié dans les semaines suivant le match contre Hilton et qui lui avait servi de bouée. Les paroles étaient en train de lui revenir en tête pendant qu'il regardait la petite maison blanche en se rappelant les torrents qui l'assiégeaient de toutes parts pendant le déluge :

Ce que je te chante
C'est l'hymne à la vie
L'hymne au courage
À tout ce que ça t'a pris
Pour rester debout
Au milieu d'un grand remous

Ce que je te chante
C'est l'hymne à l'amour
Le seul, le vrai, celui qui dure toujours
À donner des haut-le-cœur
Comme dans un grand remous

Ouellet dit avoir éprouvé cet été-là la sensation d'être vraiment devenu un objet de curiosité. Dans tous les lieux publics où il se rendait, il avait l'impression d'être regardé comme « le perdant de l'année ». C'était un genre de regard vaguement hébété qui semblait toujours vouloir dire : « Quoi, ce gars-là ne s'est pas encore suicidé après ce que lui a fait subir Hilton? » Il avait donc fallu qu'un homme se décide à venir lui parler pour l'arracher un peu à ses pensées. Oh! brièvement, le type ne tenait pas à s'attarder, mais il était réellement content de rencontrer Stéphane Ouellet et d'avoir la chance de lui témoigner son appui. Il n'avait pas idée du bien qu'il ferait à son boxeur favori : Stéphane Ouellet, qui croyait beaucoup aux signes, allait voir dans ce petit message de soutien une sorte de confirmation à sa décision de revenir à la boxe. « En fait, dit Mélissa Cloutier, c'était comme si les mots d'encouragement de cet amateur avaient servi de déclic final au retour de Stéphane. Il ne lui avait pas parlé longtemps, il lui avait parlé au bon moment. Essentiellement, il lui avait dit que Dave Hilton, l'être humain, ne méritait pas de gagner un tel combat; que la vie se chargerait bien un jour ou l'autre de rétablir une forme de justice; qu'il avait été plus malchanceux que mauvais durant ce deuxième combat et que, de toute façon, il battrait assurément Hilton s'ils venaient un jour à s'affronter de nouveau. »

Stéphane et Mélissa étaient ensuite repartis. Promptement. Ils s'étaient mis à la recherche d'une cabine téléphonique comme on cherche de l'eau dans un désert! C'était urgent, c'était maintenant ou jamais! Si Ouellet n'orchestrait pas son retour à l'instant même, il ne le ferait jamais!

Il avait tenté de joindre Yvon Michel. Presque désespérément. Mélissa Cloutier ne se rappelle plus à combien de reprises, tout ce qu'elle se rappelle, c'est que Stéphane, dans la voiture, avait presque l'air possédé et qu'il semblait ne pas pouvoir attendre au lendemain pour parler à son gérant. En fait, il aurait voulu qu'on organise le combat ce jour-là et qu'on lui amène Dave Hilton tout de suite!

Une fois Michel au bout du fil, Stéphane avait encore fait les choses en vitesse. C'était compréhensible : moins de temps il perdrait à s'expliquer, plus vite il se donnerait la chance d'arriver à Montréal : « Salut, Yvon, j't'e dérangerai pas longtemps, j'voulais juste te dire que j'ai décidé de recommencer. J'viens juste d'aller visiter la petite maison blanche de Chicoutimi, pis on dirait que c'est le déclic dont j'avais besoin, j'ai compris plein d'affaires en regardant c'te p'tite maison-là encore debout, j'me suis dit que moi aussi j'avais le choix de m'écraser ou de me relever. Pis j'ai décidé que j'allais pas laisser à Dave Hilton le plaisir de mettre fin à ma carrière. J'retourne à Montréal dans les prochaines heures, Yvon, pis j't'e demande juste une chose, un service : fais tout c'que tu peux pour me redonner c'te gars-là. »

Des discours aussi impulsifs, aussi emportés, passionnés, Yvon Michel s'est sûrement demandé combien il avait pu en entendre depuis le début de son association avec Ouellet! Chose certaine, c'était tellement excessif, qu'il ne pouvait pas sincèrement s'enthousiasmer d'un tel appel. Aussi avait-il affiché une certaine réserve et tout au plus promis qu'ils pourraient parler de tout ça en se revoyant à Montréal. C'était la fin du mois de septembre. Dans les faits, ils n'allaient pas se rencontrer avant la mi-octobre.

Dans l'intervalle, Ouellet avait dû organiser en catastrophe son départ du Saguenay, encore que cela ne concernât pas tous les aspects de sa vie, puisqu'il affirmait que sa rupture avec les Satans Guards, quoique rapide, n'avait posé aucun problème. « Ça s'est fait en douceur, affirme-t-il. Je n'ai même pas eu besoin d'avertir les gars de mon départ, parce qu'ils savaient ce que j'allais faire, que je retournais à la boxe. Alors après ma dernière *watch,* je me suis contenté de ne pas renouveler pour le mois suivant, et je suis parti. » Si Ouellet avait été un membre en règle des Satans Guards, on aurait dit que son départ s'était fait en *good standing* (bons termes) plutôt qu'en *bad standing* (mauvais termes), les deux seules façons de sortir d'un gang de motards.

Mais qu'il soit motard ou boxeur, à Jonquière ou à Montréal, une chose ne changeait pas dans la vie de Stéphane à cette époque : en quatre mois, il avait réussi à dilapider les quelque 40 000 dollars qui lui étaient revenus de sa bourse de 200 000 dollars de la revanche contre Hilton, et il était maintenant plus désargenté que jamais. Certes, si quelqu'un n'avait pas besoin de raisons pour flamber autant de pognon en aussi peu de temps, c'était bien lui. À sa décharge, il justifiait ce gaspillage en expliquant qu'il avait été si honteux à l'issue de ce combat que c'était la moindre des choses qu'il ait aussi eu honte de recevoir 40 000 dollars pour sa performance! « Normal qu'il les dépense, c'est pour lui de l'argent sale, de l'argent dont il n'est pas fier », disait d'ailleurs son père. Et Stéphane voulait s'en débarrasser le plus vite possible.

Le plus drôle, c'est qu'il avait sagement placé son argent... dans un coffret de sûreté à la caisse populaire. Populaire : le mot s'appliquait parfaitement à lui, il était toujours rendu là! Il ne s'en cachait d'ailleurs pas, fier pas fier de cet argent-là, il avait éprouvé tout au cours de l'été une sorte de jouissance à avoir accès à autant de fric. Seul dans la chambre forte, il pouvait contempler ses billets, les sentir, les manipuler et choisir de partir avec une, ou deux, ou trois liasses selon ce qu'il prévoyait donner, acheter ou consommer.

Ses problèmes financiers de l'automne 1999, Ouellet avait choisi de ne pas les révéler aux journalistes de Montréal lorsque, le 13 octobre, il avait procédé à sa première apparition publique depuis sa défaite du 28 mai. Cela se passait au soir du combat entre Éric Lucas et Alex Hilton où, comme d'habitude, il était devenu le centre d'intérêt dès que les journalistes avaient été avertis de sa présence et de celle de sa nouvelle copine. *« Stéphane a un charisme d'enfer,* écrirait le lendemain Réjean Tremblay, dans *La Presse. Hier, il a vite été entouré par une bonne bande de journalistes. [...] Beau garçon, élégant dans son complet noir, il était accompagné de son nouvel amour, Mélissa, une belle fille de Repentigny [...].* »

Ouellet avait à cœur ce soir-là de soutenir Lucas. Mais pour un gars qui ne raffolait normalement pas du spectacle d'un combat de boxe, c'était surtout l'occasion de rendre public son projet de retour, et de voir comment la colonie journalistique recevrait la nouvelle. « *Je veux revenir* », allait-on encore lire dans *La Presse*. « *Je veux affronter Dave Hilton pour la troisième fois. Je veux qu'on me paye mes dépenses d'entraînement, qu'on me loue une automobile et pour le reste, je veux me battre pour rien. Je veux que la décision de revenir pour battre Dave Hilton reste pure. Après, s'il y a lieu, j'en ferai, de l'argent.* »

Dans un sens, l'avenir allait montrer que Ouellet ne racontait pas n'importe quoi en réclamant Hilton pour à peu près rien, car il accepterait un an plus tard de l'affronter pour une bourse vraiment peu élevée. D'un autre côté, il était intéressant de noter que sa volonté de ne pas évoquer sa situation financière marquait également le début d'une longue période au cours de laquelle il s'appliquerait à brouiller les pistes avec un peu tout le monde, à commencer par Yvon Michel et le personnel d'InterBox. Lui qui, dans le passé, avait toujours été préoccupé par le sentiment de dépendance que Michel entretenait chez lui, il souhaitait ne pas donner l'impression qu'il revenait à la boxe pour l'argent ou parce qu'il ne savait rien faire d'autre de sa vie. « L'important pour moi, explique-t-il, c'était de faire comme si je n'avais absolument pas besoin d'InterBox, et que j'avais un autre moyen de gagner de l'argent qu'en me battant. »

Sa plus belle réussite, dans sa quête d'indépendance face au milieu de la boxe, Ouellet l'obtiendrait plusieurs semaines après son arrivée à Montréal, alors qu'il mettrait pour la première fois de sa vie le pied dans la porte de l'industrie funéraire. Réussite qui déboucherait sur une formation de deux ans dans ce domaine particulier.

Après avoir passé un peu de temps chez Mélissa Cloutier et s'être ensuite déniché un appartement tout à côté – dans Pointe-aux-Trembles –, il s'était retrouvé à... Rigaud, l'ancien fief des Hilton, où un contact lui avait fait miroiter de l'emploi dans l'une des deux maisons funéraires de la ville. Il s'était tellement enthousiasmé que, sans faire ni une ni deux, il avait déménagé à proximité du salon funéraire pour bien montrer son intérêt et être tout proche quand on aurait besoin de lui. Mais il y avait eu un problème : l'« opportunité » n'en avait jamais été une. Pendant les quelques mois passés à Rigaud, il avait certes été engagé comme préposé, mais on avait fait appel à ses services... une seule fois! Pendant tout ce temps, l'argent continuait donc de le fuir. Et il se morfondait dans une ville dont il n'aurait eu rien à cirer normalement, attendant du travail qui ne venait pas. Cela représentait assurément l'une des périodes les plus déprimantes de sa vie. Plus tard, quand il se rappellera le burlesque de la situation et peut-être le ridicule dont il aura été l'objet, il tentera d'imaginer la réaction moqueuse des propriétaires du salon en le voyant s'établir en ville pour... une journée de travail!

À défaut d'être très occupé, Ouellet avait été condamné à faire semblant de l'être pour garder son indépendance face à son gérant. Le moyen qu'il avait trouvé faisait particulièrement sourire. Considéré encore hier par ses seconds comme le type le plus désorganisé que la terre ait porté, il avait en effet pris la surprenante habitude de se promener partout (y compris au gymnase) avec un agenda, lequel servait essentiellement à lui donner un petit air affairé. C'était devenu sa bible et tout y figurait, sauf bien sûr ce qu'il aurait le plus souhaité, à savoir des affectations de travail. Toutes les fois qu'Yvon Michel, par exemple, évoquait avec lui un quelconque scénario, Ouellet ouvrait son agenda pour bien « vérifier » s'il était libre à ce moment-là. Bien entendu, s'il était question d'entraînement, il y avait de grandes chances qu'il ne le soit pas, « c'est malheureux, Yvon, mais pour l'entraînement public, on va oublier ça, je travaille la même journée »!

Le plus drôle, c'est encore que ce scénario, comme tous les autres qu'il inventait pour se tirer d'un mauvais pas, était destiné à se produire plus tard. Ouellet allait véritablement se retrouver avec un agenda chargé... pour son retour à la boxe! Tel un jeune boxeur débarquant chez les pros, il disputerait en effet 3 combats en moins de 3 mois, ce qui n'impressionnerait pas tout le monde, il est vrai, certaines personnes prétendant, par exemple, qu'en se fondant sur la qualité de ses adversaires, il aurait tout aussi bien pu en livrer 12. C'était oublier bien vite tout ce par quoi il avait dû passer pour seulement remettre un pied sur un ring.

Officiellement, le retour à la boxe de Stéphane Ouellet s'était effectué à la mi-octobre avec la rencontre qu'il avait eue avec Larouche et Yvon Michel. On pourrait même parler de rencontre « au sommet »... puisqu'ils s'étaient réunis tous les trois à l'étage supérieur du Complexe Claude-Robillard, autour des tables de jardin placées près de la cafétéria. Le seul qui avait démontré un réel enthousiasme, c'était Ouellet, les deux autres ayant entendu trop de promesses dans leur vie pour s'emballer sans réfléchir.

Pourtant, ce jour-là, c'était comme si Ouellet avait prévu le coup. Il leur avait épargné le sempiternel discours, privilégiant une toute nouvelle méthode de persuasion mettant en valeur sa fable de la petite maison blanche.

L'histoire permettait aussi à Stéphane Ouellet d'éviter d'expliquer que sa principale motivation, c'était de prouver à une fille qu'il n'avait pas peur de Dave Hilton. Hélas, quand il en ferait enfin la preuve, un an plus tard dans le ring du Centre Molson, il y aurait déjà longtemps que sa relation avec Mélissa Cloutier serait terminée. Il fréquenterait alors une autre très jolie fille... qu'il épouserait huit mois plus tard!

La relation entre Ouellet et Mélissa Cloutier sera courte. Ils ne seront déjà plus ensemble au début de décembre, quand le Jonquiérois effectuera son retour entre les cordes et son premier pas vers le troisième combat contre Hilton. Ils se laisseront en novembre, quelque temps après les funérailles de l'une des plus belles plumes du sport, le journaliste de *La Presse* Robert Duguay, où on les aura vus ensemble pour la dernière fois. Ouellet avait toujours eu un faible pour la personnalité un peu libertine de ce poète à la barbe grise, et ce dernier le lui rendait bien, en tout cas il ne s'était jamais caché pour lui montrer son parti pris lors du deuxième combat contre Hilton.

Ouellet venant donc de quitter le Saguenay, les motards et la fille pour qui il avait changé de vie et cherchant en plus à paraître indépendant face à la boxe, c'est dire à quel point il s'était senti seul dans cette période où il n'avait même pas pu compter sur le travail pour se changer les idées.

On peut résumer l'échec de sa relation avec Mélissa Cloutier en disant qu'il avait eu le malheur de la fréquenter dans l'une des pires périodes de sa vie, ce qui avait eu pour conséquence de faire reposer leur union sur des bases chancelantes. « Le perdant de l'année » avait alors une très piètre opinion de lui-même. Il était donc plus jaloux que la normale, plus agressif, plus tourmenté, plus instable. Plus pauvre aussi. Il était revenu à Montréal sans un cent en poche et ce n'était pas la meilleure situation pour se sentir à l'aise devant une fille. Mais surtout, jusqu'à son retour au gymnase à la fin d'octobre, il se givrait jour après jour du matin au soir. Même si c'était juste avec de la mari, dont il avait l'habitude depuis 10 ans, c'était suffisant pour qu'une fille ne se droguant pas trouve cela très pénible. Bien sûr, il avait cessé de fumer au moment de reprendre l'entraînement, mais comme cela le rendait deux fois plus irritable, c'était loin d'arranger les choses.

À quel point s'était-il drogué durant l'été et une partie de l'automne? Il en avait eu une bonne idée dès sa première journée d'entraînement. C'était très précisément le 25 octobre 1999, presque cinq mois jour pour jour après la défaite qu'il avait pensé faire rimer avec retraite. Ce jour-là, il avait fait un jogging léger de 30 minutes, levé des fontes comme il avait pris plaisir à le faire au fil des ans, boxé son ombre pour la première fois depuis une éternité et redonné ses premiers vrais coups de poing dans les grosses mitaines d'entraîneur de Larouche. Résultat, il avait beaucoup souffert et il avait transpiré suffisamment pour remarquer que sa sueur dégageait une forte odeur de... pot! Pas de doute, avait-il pensé, son organisme avait impérativement besoin de se purifier.

De toutes les souffrances qu'il avait endurées ce jour-là, les plus grandes étaient sûrement psychologiques. En effet, à partir du moment où il s'était décidé à revenir, il n'avait pu s'empêcher de penser au cauchemar que représenterait pour lui cette première journée au gymnase. Et le moins que l'on puisse dire, c'est que, pour le cauchemar, il était servi. À son entrée dans la salle, qui avait le désavantage d'être l'une des mieux éclairées de la planète, il avait eu l'impression que les boxeurs et les entraîneurs qui le dévisageaient voulaient lui faire sentir qu'il n'était qu'un pathétique *has been*. Il avait eu l'impression de ne pas être à sa place, de n'être qu'un *looser* qui s'accrochait à la boxe. Bref, c'était une situation bizarre. Il était arrivé avec le rêve d'un troisième combat contre Dave Hilton, mais toutes ses sensations et ses réactions n'avaient pas cessé de le ramener aux deux premiers affrontements.

Cela ne se limiterait pas à cette première journée. Tout au cours de cette période sombre qui le verra signer trois modestes victoires dans l'indifférence quasi générale, il ne pensait plus à sa motivation première et à ce qu'il pourrait faire contre Hilton, il pensait toujours au passé et à ce qu'il avait fait contre lui! Il se disait que des occasions d'atteindre les sommets de la boxe, il en avait eu deux, et qu'il était deux fois passé à côté. Qu'il aurait toujours, surtout à cause de la deuxième défaite, le sentiment d'être un blessé de guerre vivant sur une jambe plutôt que sur deux. Il s'avouait ouvertement avoir l'impression d'être fini et ne croyait plus ceux qui tentaient de le persuader du contraire. Son principal argument était qu'avec un menton aussi faible que le sien, il ne pouvait plus rêver de rien.

Là où ses deux défaites par K.-O. technique contre Hilton lui avaient fait le plus de dommages, ce n'était pas au cerveau, au nez, aux côtes ou au foie, mais bien au menton. Pour s'en convaincre, il lui avait suffi de ses trois combats de retour, livrés à ce qu'il appelait « des nouilles », où il était chaque fois passé assez près de la mise hors de combat. Bien sûr, tout ça était psychologique, et en temps normal des cogneurs aussi peu réputés que Tyler Emmett Hughes, Wayne Harris et Thomas Cameron ne l'auraient pas mis en difficulté, même s'il n'était pas doté de la mâchoire la plus solide du monde.

Le 10 décembre 1999, à l'issue de son combat de rentrée (arrêt septième round sur l'Américain Emmett Hughes) qui précédait le premier match Lucas-Catley, il n'avait ainsi pas fait mystère des séquelles psychologiques de ses défaites contre Hilton. « Crisse que j'avais perdu confiance en ma mâchoire! » Cela voulait dire qu'il en était au point où il craignait que chaque coup reçu soit susceptible de lui faire visiter le tapis, sensation épouvantable pour un boxeur. « Mon problème, c'est que c'est instantanément la grosse panique dans ma tête quand je me fais ébranler. Il faut absolument que je règle ça. » En revanche, il avait considéré que c'était malgré tout un bel accomplissement d'être remonté sur un ring avant Hilton (celui-ci le ferait deux mois et demi plus tard), alors que la logique aurait voulu que ce soit le contraire. Il ne venait peut-être pas d'offrir une performance mémorable, mais il se disait qu'il avait fait preuve d'une certaine force de caractère.

Ce combat contre Tyler Emmett Hughes, où il avait à ce jour accusé le poids le plus lourd de toute sa carrière – 166 livres –, avait par ailleurs marqué son passage officiel des moyens aux super-moyens, la catégorie dans laquelle évoluait Lucas depuis long-temps. D'ailleurs, en vue de leur combat respectif du 10 décembre, Lucas et lui avaient recommencé à croiser les gants; c'est au cours de l'une de ces séances que Lucas avait aggravé la fameuse blessure à la main droite qui lui causerait tant d'ennuis dans l'avenir. Sauf pour son rendez-vous suivant où, à 169 livres, il se payerait même une incursion en mi-lourds, Stéphane Ouellet ferait tous ses autres matches entre 160 et 168 livres, dans une division créée en 1984 qui, il faut bien le dire, souffrait d'un grave défaut de crédibilité.

La vitesse étant l'atout principal de Ouellet, ils avaient été nombreux à ne pas comprendre le significatif gain de poids qu'il avait affiché dans ses trois combats de relance. Ses dénigreurs avaient été prompts à sauter aux conclusions : c'était de la paresse pure et simple, comme Ouellet en avait si souvent montré dans sa carrière!

La vérité, pourtant, était tout autre. « En réalité, quand je repense aux trois petites victoires que j'ai remportées à mon retour à la boxe, je me demande encore comment j'ai fait. Je n'arrive tout simplement pas à m'expliquer comment j'ai réussi à gagner trois combats de boxe dans l'état mental où je me trouvais alors. Si quelqu'un me demandait aujourd'hui de reproduire ces trois combats par un dessin, je sais très bien ce que cela donnerait. Je me dessinerais sur un ring, en train de me battre contre un adversaire, et portant sur mes épaules un type de 160 livres du nom de Dave Hilton. »

***

Photo : Herby Whyne Sportzframe

Yvon Michel. Pendant plusieurs années, un nom indissociable
de la carrière de Stéphane Ouellet.

Il aura fallu à Stéphane Ouellet trois combats
contre Dave Hilton pour en venir enfin à bout, le 8 septembre 2000.

Chapitre 10

Enfin, une victoire sur Dave Hilton

Au téléphone, il m'avait semblé que ma mère n'allait pas très bien, et je m'étais demandé si c'était à cause de ses problèmes ou à cause des miens. C'est drôle, elle avait eu la même impression à l'autre bout du fil, je veux dire que la première chose qu'elle m'avait dite, c'était : « Tu n'as pas l'air d'aller très fort, Stéphane. Toutes les fois que j'appelle, tu as l'air endormi. »
  – C'est parce que je fume, m'man, tu le sais.
  – Ah! tu fumes encore...
  – Je vais fumer toute ma vie, m'man, tu le sais!
  – Ben des fois, on peut pas s'empêcher d'espérer que tu vas arrêter un jour.
  – On a tous nos béquilles, m'man. Moi, c'est le fumage.

Je sais que ma mère s'inquiétait beaucoup pour mes poumons, puisque ça a toujours été le talon d'Achille de notre famille. Son père en est mort et elle-même avait grand-peine à respirer au moment de notre conversation, toussant comme jamais elle ne l'avait fait jusqu'à maintenant. Je sais aussi que ma mère est une femme fatiguée, qui mériterait de ne plus avoir à travailler aussi fort à la galerie d'art, et que, peut-être, si j'avais fait plus attention à mon argent au cours de l'été dernier, j'aurais pu lui permettre de mieux se reposer, mais bon.
  Pour l'instant, j'ai dit à ma mère de cesser de s'inquiéter, de cesser de prendre sur elle mes problèmes, que toutes mes affaires étaient en train de se tasser. Elle s'en faisait entre autres pour mes ennuis financiers; je lui ai dit que la boxe allait me permettre d'effacer les quelque 15 000 dollars de dettes que j'avais présentement. C'était d'ailleurs particulier, car je suis sûr qu'elle m'appelait pour cette raison-là, parce qu'elle avait entendu parler du troisième combat contre Hilton et que cela la dérangeait. Elle n'a pas évoqué le combat clairement, elle a juste passé un commentaire, genre : « Tu vas encore boxer » J'ai répondu oui, puis quand on a un peu parlé de ma bourse, elle a dit : « Tu ne seras donc pas obligé de déclarer faillite? Alors je suis fière de toi, mon gars. » J'ai juré à ma mère qu'à l'avenir, j'essayerais de faire attention à mon argent, mais je lui ai aussi

dit que les chiens n'ont pas de chats et que c'est une chance qu'elle ait toujours été là pour s'occuper des affaires de mon père, parce qu'elles auraient pu être aussi catastrophiques que les miennes. Et j'ai ajouté que j'espérais que cela soit aussi mon cas, que ma prochaine blonde puisse m'aider à mieux budgéter.

***

Jusqu'à ce que ses yeux se posent sur l'en-tête du *Journal de Montréal*, il ne savait pas pourquoi il se sentait si mal. Depuis quelques jours, il était aux prises avec un mal-être intérieur différent, mais pas vraiment pire, de tout ce qu'il avait pu éprouver de désagréable à ce jour. Mais soudain, en lisant la date, il venait de comprendre ce qui se passait. On était samedi, 28 mai 2000.

Un an plus tôt, jour pour jour, il essuyait une seconde défaite contre Hilton. Voilà pourquoi il se sentait si mal. Il se serait bien passé de cet anniversaire.

Comme l'année précédente, il avait aujourd'hui aussi l'impression d'un échec. Puisqu'il se préparait à partir pour Jonquière plutôt que pour le Centre Molson, cela signifiait que le rêve un peu fou qu'il entretenait depuis son retour à la boxe avait échoué.

S'il dressait un portrait fidèle de la situation, il devait admettre qu'il n'avait pas seulement échoué à forcer un troisième combat contre Hilton. Il s'en éloignait petit à petit! Le groupe InterBox prévoyait impliquer Dave Hilton dans un autre mégacombat, mais le boxeur qu'il destinait désormais à l'aîné des *Fighting Hiltons* ne s'appelait plus Ouellet, mais Lucas! Le 16 juin 2000, souhaitant mettre sur pied un événement assez prestigieux pour cadrer dans les festivités de la semaine de la formule 1 à Montréal, on avait planifié le premier Lucas-Hilton de l'histoire. Au début de mai, Lucas s'était brisé un os du petit doigt de la main droite dans une rencontre préparatoire, mais cela ne mettait pas le combat en péril et on l'avait tout juste reporté au 8 septembre.

Ce n'était pas une grande nouvelle pour Ouellet. Déjà qu'il prévoyait un gain sans équivoque de Lucas – ce qui voulait dire qu'il pourrait toujours se venger de Hilton, mais cela n'aurait plus la même saveur, du fait que son coéquipier l'aurait battu le premier –, voilà, en plus, que ça le contraignait à attendre encore cet hypothétique troisième match auquel il rêvait tant.

Pourtant, ce n'était pas forcément une mauvaise chose que les circonstances ne le placent pas tout de suite devant Hilton. À constater la piètre qualité de ses séances de *sparring* dans la période suivant ses trois courtes victoires, il était le premier à douter de ses aptitudes à battre Hilton, et à donner raison à ceux qui se moquaient de lui, comme ce type qui avait réagi, dans Internet, quand Stéphane avait affirmé : « Ça s'en vient, mon affaire, ça s'en vient » en rétorquant : « S'cusez, mais son affaire, ça s'en vient pas, ça s'en va! » C'est Larouche qui lui avait rapporté l'anecdote. Ouellet ne s'en était pas offusqué : « On ne se racontera pas d'histoires, c'est exactement ça qui se passe avec ma carrière. »

Le plus ironique, ce printemps 2000, c'était qu'il déplorait, à l'instar de Lucas, une fracture à la main droite. Le 7 mars, au cours du cinquième round de son troisième combat de retour (victoire aux points en huit rounds sur l'Américain Thomas Cameron), il avait en effet souffert d'une fracture au pouce droit, bel et bien révélée par des radiographies, pour laquelle il avait toutefois refusé de se faire opérer pour ne pas nuire à sa carrière de... récupérateur de cadavres!

Travaillant sans protection syndicale pour Voitures professionnelles Bertrand Perron de Longueuil – lui qui depuis tellement d'années était en quelque sorte travailleur autonome, il n'avait pas en estime les principes syndicaux qui offrent une sécurité d'emploi trop facile –, il ne voulait rien entendre d'une convalescence le privant de travail et de salaire! Il avait donc laissé le temps agir sur sa fracture, avec les conséquences que l'on devine : sa main avait pris un peu de mieux au fil des semaines, mais elle n'avait pas complètement guéri, demeurant tout ce temps une source de douleur et d'inquiétude.

Au début de mai, quelques jours après avoir dû annoncer son forfait pour un combat à Maniwaki, il avait reçu une nouvelle qui, l'espace d'un instant, avait eu plus d'effets bénéfiques sur sa blessure que s'il avait subi une opération. Alors qu'il se trouvait en Europe pour le Championnat du monde entre l'Anglais Catley et l'Allemand Beyer – Catley avait détrôné le champion – avec l'intention de négocier un deuxième Lucas-Catley, Yvon Michel avait déclaré, en entrevue à la radio de CKAC, que le clan Catley semblait plus intéressé par une défense de titre contre Ouellet que par un nouveau match contre Lucas! Si de prime abord la chose semblait étonnante, elle pouvait, à la réflexion, s'expliquer assez facilement. Aspirant numéro 10 au titre des super-moyens de la WBC et battu 2 fois par knock-out technique à ses 5 derniers combats, Ouellet apparaissait comme un adversaire bien plus vulnérable que Lucas, deuxième aspirant au titre et doté d'un palmarès international bien plus étoffé.

Ouellet, qui n'avait pas plus l'habitude d'écouter les émissions de sport que de lire *La Presse* ou *Le Devoir,* n'avait évidemment pas entendu les propos de son gérant à la radio. Mais dès l'instant où on les lui avait rapportés, il avait réagi avec son impulsivité et son émotivité coutumières.

La perspective d'un combat de Championnat du monde avait donc soulagé la main et le moral du Jonquiérois pendant un certain temps. Le 11 mai, cinq jours après les propos de Michel à CKAC et deux jours après le gala où Lucas avait été blessé, Stéphane Ouellet avait donné une stupéfiante démonstration de boxe dans les mitaines de Hector Rocha, l'entraîneur d'Arturo Gatti engagé à mi-temps par InterBox. Stupéfiante, d'abord parce que Rocha n'avait jamais vu de toute sa vie une telle vitesse d'exécution, ensuite et surtout parce que Ouellet effectuait ce jour-là un retour et qu'il aurait normalement dû ne pas être très en forme. En fait, pour dire à quel point les deux individus s'étaient mutuellement impressionnés au cours de cet entraînement, il avait ensuite été décidé qu'ils travailleraient désormais ensemble, Hector Rocha devant ni plus ni moins remplacer Stéphan Larouche à titre de principal second de Stéphane Ouellet. Cela tombait bien, la relation professionnelle entre Ouellet et Larouche s'étant détériorée petit à petit depuis le retour du premier à la boxe. Il y avait même une petite secousse encore toute fraîche; elle avait eu lieu quand Larouche s'était dit non intéressé à entraîner Ouellet pour un éventuel Championnat du monde avec Catley, ne croyant plus à sa volonté de s'imposer les sacrifices requis pour un affrontement à ce niveau.

Ouellet avec Hector Rocha, c'était tellement sérieux qu'il avait été question de dénicher un emploi au Jonquiérois en Pennsylvanie. Comme l'entente entre InterBox et Rocha prévoyait seulement pour ce dernier des stages occasionnels à Montréal, Ouellet avait demandé à Rocha de l'aider à se placer dans l'industrie funéraire de cette région des États-Unis pour la durée de leur association. « Il faut oublier ça, lui avait répondu Yvon Michel. Là-bas, des emplois, c'est ce que tout le monde a l'habitude de demander à Rocha et il a déjà fait le maximum de ce côté. » En fait, ces deux-là étaient moins faits pour s'entendre que ce que leur premier entraînement avait fait croire. À preuve, la soirée du 16 juin 2000.

Ce soir-là, en arrivant à Longueuil en provenance de Jonquière, Ouellet avait décidé de faire un petit détour par le Centre Molson, où Dale Brown affrontait l'Albertain Willard Lewis dans un combat qui remplaçait le Lucas-Hilton initialement prévu à cette date. Comme cela se serait toujours produit si on ne l'avait pas rapidement congédié, Rocha, débarqué à Montréal quelques jours plus tôt, assistait Larouche dans le coin des boxeurs, mais il le faisait avec tellement de suffisance que les deux hommes n'avaient pu s'entendre, se disputant même au lieu de s'aider! Quand Ouellet avait voulu féliciter Dorin et Missaoui pour leur victoire dans les préliminaires, dans un vestiaire éclairé comme un studio de télé, Rocha lui a avait servi un discours de motivation. À grands renforts de « *I will kick your ass in the gym, man* », il avait voulu montrer à son boxeur les méthodes d'entraînement qu'il lui réservait pour leur nouvelle association devant débuter trois jours plus tard, le lundi 19 juin.

Rocha avait beau jouer les durs, il n'avait jamais fait allusion aux yeux rouges de Ouellet et à sa consommation d'herbe. Du moins pas devant le principal intéressé. Menteur – c'est d'ailleurs l'une des raisons qui expliqueraient son renvoi –, Rocha s'était empressé de dire à Yvon Michel qu'il venait de savonner Ouellet; qu'à son regard, il l'avait su givré; qu'il n'était pas question de tolérer une telle situation; que Ouellet, bref, n'était rien d'autre que « *a piece of shit* », et qu'il le lui avait dit en pleine face.

C'était complètement faux, il n'avait jamais utilisé cette expression dans le vestiaire.

— Ouais, tu étais encore magané vendredi soir, Stéphane.

— Comment ça, magané, Yvon?

— Ben t'es allé dans le vestiaire, vendredi, et Rocha a remarqué que tu avais les yeux très rouges. Il ne veut plus t'entraîner à cause de ça, il t'a même traité de « *piece of shit* »...

— T'es sérieux?

— Il dit même qu'il te l'a dit en pleine face.

— S'il t'a raconté ça, c'est un crisse de menteur. Il a essayé de jouer au *tough* en me parlant, et c'était correct pour annoncer ses couleurs, mais il n'a jamais eu les couilles pour me traiter de « *piece of shit* ».

— Avais-tu fumé?

— Yvon, sacrament, je t'le dirais si j'avais fumé, mais vendredi c'était pas le cas (c'était faux). J'avais peut-être les yeux rouges, mais j'étais hyper fatigué, j'avais travaillé 12 heures dans la journée (c'était faux), tellement que ça ne me tentait même pas d'aller au gala. Yvon, le fumage, vous allez en revenir, un moment donné. Que ça vous plaise ou non, je fume, une fois par semaine, avec des chums de l'ouvrage, c'est même mon activité préférée.

461

Au cours de la même fin de semaine, Rocha avait trouvé le moyen de haranguer Ouellet, d'avoir des mots avec Larouche, de harceler une employée dans les bureaux d'InterBox, et de prétendre qu'Yvon Michel ne connaissait rien à la boxe, commentaire fait à Larouche et que ce dernier s'était empressé de rapporter à Michel pour semer encore plus de bisbille dans la compagnie. Ce qui n'avait pas manqué : « Quoi? Rocha dit que je ne connais pas la boxe? Mais qu'est-ce qu'il veut, ce trou de cul là? » avait répliqué Michel. S'il fallait toujours en croire le directeur général d'InterBox, Rocha l'avait aussi averti « de lui crisser patience avec les morts de Ouellet », qu'à partir de maintenant il ne voulait plus entendre parler de cette passion stupide qui entrait en conflit avec une carrière dans la boxe. La réaction de Ouellet? Il avait douté non pas des propos, mais de celui qui les avait tenus : « Je suis pas mal certain que c'est sa propre pensée qu'Yvon essaie de faire passer sur le dos de Rocha. Mais que ce soit l'un ou l'autre qui ait dit ça, il y a une chose de sûr : mes morts, ils sont bien mieux de les laisser tranquilles. » C'est donc ainsi, avant même qu'elle ne commence, qu'avait pris fin l'association Rocha-Ouellet et que ce dernier avait dû travailler de nouveau avec Larouche, non sans un certain bonheur. Il lui avait suffi de peu de temps pour s'apercevoir que la confrérie des entraîneurs comptait de bien pires membres que celui-là.

Quand Ouellet affirmait ne pas tolérer un mot de travers contre sa passion funéraire, il était très sérieux. Dans cette période où sa carrière de boxeur ne lui apportait que désenchantement et déceptions, où il doutait de retrouver un jour son haut niveau, où il souffrait de la main droite, où il voyait chaque jour se profiler l'ombre du combat Lucas-Hilton qui allait réveiller en lui tant de mauvais souvenirs, où surtout il lui semblait qu'on lui mentait de plus en plus au sujet d'un Championnat du monde, son travail dans l'industrie de la mort était son seul rayon de soleil! Son moyen à lui de se prémunir contre toutes ces promesses qui ne se concrétisaient jamais et qui le désespéraient toujours. En fait, récupérer des cadavres et porter des cercueils entre les deux séances d'entraînement quotidien qu'on lui imposait chez InterBox le rendaient heureux... à mort! « J'aime tellement ma vie en ce moment, avait-il confié à un ami, je suis tellement fier de mes efforts et de mon nouvel emploi que, si quelqu'un, aujourd'hui, m'annonçait ma mort, je partirais heureux. »

Même si ses premiers pas à la maison Aubry de Rigaud ne l'avaient pas comblé, il avait su tout de suite qu'il était dans le bon créneau. En quittant la ville, il avait d'ailleurs remercié les proprié-taires d'une jolie phrase de son cru : « D'avoir si peu travaillé me montre à quel point je souhaitais le faire... » Revenu s'installer à Repentigny, il avait continué de frapper aux portes. Une dame de Pointe-aux-Trembles, Hélène Maurice, qui faisait de la sous-traitance pour les salons Alfred Dallaire de la région de Montréal, lui avait donné une chance. Puis, alors qu'il était assigné à des funérailles au magnifique cimetière de Notre-Dame-des-Neiges, sur le mont Royal, il s'était vu offrir de plus grandes responsabilités par le patron d'une autre entreprise de Longueuil, Bertrand Perron, et il avait accepté de se joindre à son équipe. (Il allait plus tard revenir aux Gestions Hélène Maurice.)

Foncièrement, ce Bertrand Perron était un bon patron. Si, plus tard, Ouellet et lui en arriveront à se brouiller, ce serait unique-ment à cause de la mescaline, qui changerait la personnalité de Stéphane au point de lui faire prendre un tas de mauvaises décisions et de le rendre mille fois plus chicanier que de nature. La preuve que Perron était un bon patron : il n'avait pas rechigné une seconde à libérer son employé quand ce dernier lui avait demandé les cinq mois de congé nécessaires à la préparation du combat « assuré » contre le champion du monde Catley. Yvon Michel devait même rencontrer Perron pour fixer les échéanciers, répondre à ses questions, bref s'assurer que les deux employeurs marchent main dans la main dans ce dossier. Mais cela ne s'était jamais produit. Sans surprise, le job de Ouellet avait été à l'origine d'une nouvelle friction. Un matin, vers 8 h 30, voyant Ouellet mettre fin prématu-rément à sa première période d'entraînement – généralement, les funérailles auxquelles il était assigné avaient lieu aux alentours de 9 h –, Larouche avait demandé ce que son boxeur avait à tant se presser. Quand on le lui avait dit, il avait bafouillé : « Comment ça, le travail? C'est pas censé être réglé, cette question-là? Il n'est pas censé avoir obtenu cinq mois de congé pour se consacrer à son entraînement? » Plus tard, Ouellet avait réagi :

— Réglé... réglé... Comment veut-il que ce soit réglé, quand depuis un mois Yvon n'a pas encore rencontré mon boss? Y veut quoi, Larouche? Que je perde ma job en plus de me faire niaiser pour le combat de Catley?

Ce combat de Championnat du monde contre Glenn Catley : un conte de fées qui se transformera rapidement en cauchemar. Du début mai, où le Britannique s'était montré intéressé à l'affron-ter, jusqu'au mois d'août, où il n'avait pas eu le choix de s'enlever ce type de la tête pour penser à Hilton, le dossier Catley s'était révélé pour Stéphane Ouellet une succession de déceptions ayant eu pour effet, selon ses propres dires, « de scraper son été ». Voici d'ailleurs le récit chronologique des péripéties du dossier :

5 mai. Yvon Michel évoque pour la première fois l'intérêt du clan Catley pour Ouellet.

8 mai. Ouellet se rend à l'hôtel Maritime où a lieu la pesée du combat Lucas-Lewis. Il tient à annoncer aux journalistes que l'intérêt pour un tel combat est réciproque et que pas une blessure ne lui ferait rater ce rendez-vous. Rentré d'Allemagne, Yvon Michel confirme que les pourparlers sont très sérieux.

9 mai. Après avoir discuté la veille avec Yvon Michel, le *Journal de Montréal* pose la question : « *Et si Catley affrontait Ouellet?* »

11 mai. Survolté par la perspective du combat contre Catley, Ouellet éblouit l'Américain Hector Rocha, entraîneur de plusieurs champions mondiaux.

16 mai. Rencontre avec Yvon Michel dans les bureaux d'InterBox. Ouellet apporte avec lui des coupures de presse qui font toutes mention du deuxième métier de plusieurs boxeurs internationaux : il veut montrer que son besoin de travailler avec les morts est moins stupide qu'il n'y paraît. Il imagine le combat contre Catley à Londres plutôt qu'à Montréal.

17 mai. Considérant le niveau actuel de Ouellet, Stéphan Larouche affirme ne pas souhaiter l'affrontement contre Catley.

31 mai. Ouellet est euphorique. Yvon Michel vient tout juste de lui annoncer, au téléphone, que les négociations avec Catley avançaient rapidement. Dans la liste des 10 premiers aspirants au titre des super-moyens de la WBC, c'est lui que les Britanniques ont choisi car, dit-il, « ma fiche est bonne, elle est vendable, et ils sont convaincus que j'ai une mâchoire de vitre. Yvon m'a assuré que le combat était presque fait, qu'il restait seulement à trouver un réseau de télé pour le présenter. Yvon a beau dire que c'est presque fait, c'est comme si j'avais toujours des doutes. Avant de raccrocher, je lui ai dit : cette fois, tu es sûr que ce que tu me dis, ce ne sont pas des affabulations? Parce que je n'ai vraiment pas le goût de me faire niaiser... »

2 juin. Bien qu'il entretienne encore quelques doutes quant à la tenue du combat, Ouellet n'est toujours pas descendu de son nuage.

4 juin. Il confie attendre avec énormément d'impatience le coup de téléphone qui lui confirmera que tout est enfin réglé avec Catley. Ce n'est pas courant chez lui, mais sa conviction de la victoire est déjà très forte. Il fait un parallèle avec ses combats

contre Hilton : « Contre Dave, tout le monde s'attendait à ce que je gagne et j'ai perdu. Contre Catley, ce sera le contraire : je vais causer une grosse surprise en gagnant, en boxant comme je ne l'ai pas fait depuis longtemps. Catley, je l'ai vu se battre en décembre dernier, il est bon, mais Éric a quand même fait 12 rounds avec lui. Et les gens auront beau dire ce qu'ils veulent, Éric, je l'ai toujours dominé à l'entraînement.

8 juin. Yvon Michel lui téléphone : « Es-tu prêt à embarquer dans le bateau, Stéphane? Alors passe au bureau demain, nous allons signer les contrats. Catley, je t'annonce que c'est fait. » Ouellet raccroche, saute sur son lit en laissant échapper un gros « Yessssssssssss... » libérateur. Il reprend l'appareil et appelle son père à Chambord pour lui apprendre la nouvelle. Son père dira ne l'avoir jamais senti plus excité que cette fois-là.

9 juin. Dans les bureaux d'InterBox, ils sont tous là : Muhlegg, Michel, Larouche, et même Rocha qui n'est pas encore viré. Le grand jour? Enfin presque. Ouellet signe quelque chose, une entente monétaire lui accordant des paies hebdomadaires durant cinq mois (déduites plus tard de sa bourse), pour lui permettre de se préparer en toute quiétude. Le combat est prévu pour le 3 ou le 17 novembre et il est question d'une rémunération de 75 000 dollars. Pourtant, quand il sort de là, il ne peut réprimer un nouveau doute : « Et si tout ça n'était qu'un piège destiné à me motiver pour leur carte du 16 août? Dans le genre, ils m'avertissent après ce gala-là que le combat contre Catley est à l'eau et hop, ça n'a pas paru, voilà que je me suis très bien entraîné pour leur show. Enfin, j'espère que je me trompe. »

14 juin. Un nom circule pour ce combat préparatoire du 16 août : Alex Hilton, que Ouellet affronterait pour la troisième fois... pour 10 000 dollars. L'idée ne lui déplaît pas, il dit que ce sera une sorte de test lui permettant de bien s'évaluer avant Catley.

18 juin. En rapport avec le combat contre Catley, Stéphane dit être heureux d'avoir enfin démontré de l'indépendance. « Pour ce combat, je n'ai couru après personne. Et même quand je mourais d'envie d'avoir des nouvelles, je me suis forcé pour ne pas appeler, pour montrer que, grâce à mon travail, j'arrivais quand même à m'arranger tout seul. Je suis fier de ça. Avant, j'aurais réagi différemment. Si une telle situation s'était produite dans le temps où j'étais au motel Métropole, j'aurais passé mes journées enfermé dans ma chambre, à ne penser qu'à ça. »

20 juin. Ouellet utilisait un truc quand il devenait las des promesses et qu'il voulait presser Yvon Michel. Il s'organisait pour

que les informations tombent dans les mains d'un journaliste qui publiait l'histoire, plaçant alors Yvon Michel devant le fait accompli! Il refait le coup aujourd'hui : un de ses proches communique avec le journaliste Stéphane Bégin du *Quotidien* de Chicoutimi pour lui donner une importante primeur que résumera le titre du lendemain : « *Stéphane Ouellet vivra un Championnat mondial.* »

29 juin. Ouellet commence vraiment à appréhender le pire. Yvon Michel n'a toujours pas donné signe de vie à son patron Bertrand Perron et il interprète comme un mauvais signe le fait que les médias – autres que celui qu'il a lui-même décidé d'informer – n'aient pas encore été avertis de la tenue du combat. À la lumière des discussions qu'il a d'ailleurs avec Yvon Michel, il comprend que la situation a changé et qu'on lui dit maintenant : « Montre-nous, à ton combat du 16 août, ce que tu peux faire, et on verra ensuite pour Catley. »

21 juillet. Rue André-Grasset, près du centre Claude-Robillard à Montréal. Un petit restaurant. Ouellet et Yvon Michel déjeunent ensemble après l'entraînement pour débroussailler le dossier Catley. En fait, quand Ouellet quitte le restaurant, il est plus embrouillé que jamais. « Leurs affaires ont tellement l'air mêlées que j'ai même de la misère à les expliquer. Ce que je comprends, c'est que le Championnat du monde n'est plus sûr, qu'il dépend de mes efforts à l'entraînement. Je n'ai encore rien signé d'officiel, même pas de contrat pour le 16 août! Don Majesky s'était, paraît-il, rendu en Angleterre pour négocier avec le clan Catley, j'attendais des nouvelles, je n'en ai pas eu. Je suis tellement écœuré que ça ne me tente même plus de m'informer. Je venais ici pour enfin me faire dire que Catley, c'était sûr à 200 %. Yvon me parle d'une offre de 40 000 dollars pour affronter Dana Rosenblatt, évidemment conditionnelle à ce que je gagne le 16 août, si je suis sur la carte! Vois-tu comment le Championnat du monde est rendu loin? Ah! pis, dans le fond, je me dis qu'ils sont encore corrects de me trouver des combats. »

24 juillet. La conviction de Stéphane est de plus en plus forte : toute cette histoire de Championnat du monde contre Glenn Catley est une invention d'Yvon Michel. Voyant le combat Lucas-Hilton se mettre en branle et prévoyant la peine de son boxeur, Michel veut le consoler en lui faisant miroiter ce grand événement, allant jusqu'à mettre Lucas dans le coup. Dernièrement, Michel a fait savoir à Ouellet que Lucas le croyait capable de battre Catley, au point de craindre les conséquences pour sa propre carrière.

Reconnu depuis le début de juin comme aspirant numéro 1 au titre qu'obtiendrait Ouellet, Lucas verrait s'envoler sa chance de se battre pour le titre, s'il n'admettait pas l'idée de le faire contre son coéquipier. « Je suis maintenant presque sûr que c'est ce scénario-là qu'on a monté, affirme Stéphane. Et plus j'y pense, plus je trouve ça chien en crisse qu'on ait pris la peine de m'appeler pour me mettre ça dans la tête, alors que je n'avais rien demandé. »

25 juillet. Ouellet a échoué un test antidopage effectué par InterBox. À l'entraînement, cela fait une grosse histoire. Une très grosse histoire, du fait qu'Yvon Michel l'associe au combat de Championnat du monde : « Pourras-tu au moins cesser de fumer à temps pour te battre contre Catley? » Car Ouellet se fait redire aujourd'hui que le combat est sûr. Ce n'est même plus le 3 OU le 17 novembre, mais le 3, définitivement. En même temps, il apprend pourtant que Catley s'est déjà engagé pour une première défense, le 1er septembre en Afrique du Sud, contre un aspirant du nom de Dingaan Thobela! « Ça ne remet rien en cause, tente de le rassurer Larouche. Ce combat, c'est un cadeau de Catley à un ancien champion en fin de carrière; il n'y a pas de risques, il est sûr de gagner. »

7 août. Coup de théâtre. Il est maintenant question d'un Hilton-Ouellet III. Larouche n'est pas d'accord. « De la manière qu'il s'est entraîné cet été, il ne méritait pas de se battre contre Catley. Le combat n'aurait pas eu lieu. »

1er septembre. Glenn Catley est battu par K.-O. technique à la toute fin du douzième round par Dingaan Thobela. C'est la fin en même temps du rêve et du cauchemar.

***

Aucun doute possible, la compagnie vit assurément ses heures les plus difficiles. Elle a connu un beau petit succès inaugural au début de 1998, mais depuis, on aurait dit que les deux échecs de Ouellet contre Hilton ont donné le coup d'envoi d'une série de déboires sportifs et relationnels. Sportifs : la défaite de Lucas contre Catley; celles de Brown contre Jirov en Championnat du monde et contre Braithwaite en Championnat nord-américain; les blessures importantes de Bergeron et Bonnamie. Relationnels : les critiques de Larouche envers Yvon Michel à qui il reproche de mentir et de préférer le golf à la boxe, comme lors de la défaite de Brown à Las Vegas, où le jeune entraîneur avait été déçu de voir son mentor passer plus de temps sur les verts qu'à l'aider à prévoir le match contre Jirov; les critiques d'Yvon Michel envers Larouche, qu'il envisage de virer s'il ne cesse pas d'empiéter sur ses fonctions; l'insatisfaction du coach portoricain Felix Pintor, engagé avant Rocha, qui s'était senti mal utilisé dans le gymnase; la venue de Rocha, que Larouche avait apprise dans les journaux, et qui avait relevé davantage du fiasco que du coup de maître; les récriminations de Régis Lévesque, qui estimait ses talents de publiciste mal utilisés; le spleen de Dorin, qui broyait du noir, qui déplorait les excès de promesses d'Yvon Michel, qui accusait Larouche de ne pas lui porter assez d'attention au gymnase et qu'il menaçait même, comme il en avait l'habitude en Roumanie, de faire sauter les entraîneurs avec lesquels il ne s'entendait plus. Bref, ça ne pouvait pas aller plus mal chez InterBox.

Et pourtant. Le combat Lucas-Hilton sur lequel InterBox pariait si fort dans l'espoir de faire tourner le vent (d'autant plus qu'on était certain de la victoire de Lucas), venait d'être ajourné. Un véritable coup de massue pour la firme montréalaise. Cela se passait le 10 mai 2000. Deux jours plus tard, Stéphane Ouellet faisait les premières approches pour remplacer Lucas devant Hilton.

Le premier à qui il en avait parlé, c'était Larouche. Les deux hommes travaillaient ensemble à la salle Claude-Robillard. C'était dans cette période où Ouellet ne se tenait déjà plus à la seule pensée de pouvoir se mesurer à Glenn Catley. C'est dire le niveau d'exaltation qu'il avait atteint quand il avait en plus commencé à croire en ses chances d'obtenir enfin son troisième match contre Hilton. En fait, Ouellet était ce jour-là si allumé en frappant dans les mitaines, que Larouche avait dû lui dire à deux ou trois reprises de se calmer : « Wow, Stéphane, relaxe, ça n'a pas d'allure, t'es trop *speedé* et tu forces tes coups sans raison. » Mais ce dont ils discutaient, dans les 30 secondes d'accalmie avant que la minuterie passe au vert, n'était pas de nature à calmer le boxeur. Ils parlaient de la blessure de Lucas, des inquiétudes quant à la carrière de celui qui venait encore de passer à côté d'un gros combat local, du tort considérable que ce report causait à la compagnie et de la guigne qui semblait s'acharner sur elle.

Ouellet s'était encore emporté! Profitant plus tard d'un autre repos de 30 secondes, il avait bondi hors du ring, couru jusqu'au téléphone et composé le numéro d'Yvon Michel. Il était tombé sur le répondeur téléphonique. C'était mieux ainsi; Larouche attendait toujours après lui sur le ring : « Yvon, c'est Stéphane. J'espère que ça va bien, moi, ça va l'enfer. J'voulais juste te dire que si tu voulais ne pas annuler ton show du 16 juin, ça pourrait se faire. J'aurais juste à remplacer Éric, et tout le monde serait content. Votre show ne tomberait pas à l'eau, et moi j'aurais enfin mon troisième combat contre Hilton. » Larouche avait réagi :

— Je te comprends de rêver de ce moment, Ouel, mais si on veut être logique, il faut voir que le temps de te battre encore contre Hilton n'est pas arrivé. Et quand ce temps-là sera venu, ce n'est pas pour 50 000 ou 100 000 dollars que tu vas te battre. C'est pour un demi-million.

— Pourquoi ce ne serait pas le temps de me battre contre Hilton ? Au contraire, c'est le temps plus que jamais. Crisse, c'est moé qui ai perdu deux fois contre lui, qui ai fait mal à la compagnie. C'est à moi de régler ça, pis de le battre, Dave Hilton.

Stéphane s'était mis à travailler sur l'un des sacs du gymnase, Larouche toujours à ses côtés, et il avait poursuivi sa réflexion en frappant le vieux cuir avec une force qui aurait pu faire oublier sa fracture au pouce si Larouche ne s'en était pas souvenu :

— Voyons, Stéphane, t'es blessé à une main, tu frappes comme un malade sur le sac, et tu ne portes même pas tes bandages. Au moins, montre un peu de bon sens, bande seulement ta main qui est blessée, non ?

« Ce serait le temps ou jamais de me battre de nouveau contre lui, se disait Ouellet. D'une certaine façon, les deux premiers combats étaient plus pour eux autres, mais celui-là, c'est moi qui le demande. Ma confiance m'est déjà revenue. Ce qui m'aiderait le plus, c'est que le contexte d'un troisième combat serait totalement différent. C'est Hilton, cette fois, qui subirait toute la pression. Mais le plus gros changement, ce serait ma job, parce que j'ai aujourd'hui une chose à laquelle me raccrocher en cas de défaite. Rien que ça, c'est une différence énorme. L'idéal, pour ce combat contre Hilton, ce serait de m'entraîner quatre jours par semaine, tout en me gardant deux jours de disponibilité pour des funérailles et la fin de la semaine pour la récupération de cadavres. Oui, je le battrais, Hilton. Mais même en admettant que je perde, je serais cette fois en mesure de vivre avec ça. J'ai déjà subi deux échecs contre lui, un troisième ne pourrait pas être pire. Je pourrais au moins dire que j'ai tout essayé. La bourse ? Je ne demanderais pas plus que 50 000 dollars. »

Le lendemain, alors qu'il était en train de boxer son ombre sur le ring avec le même enthousiasme que la veille, il en avait eu assez d'attendre. Entre deux rounds, il s'était précipité sur le téléphone pour demander à Yvon Michel ce qu'il pensait du plan de rechange qu'il lui avait laissé 24 heures plus tôt sur son répondeur. Déjà, au son de la voix éteinte de Michel, Ouellet avait compris. Aussi la conversation s'était-elle limitée à la réponse de Michel :

— Oui, j'ai vu ton message hier, mais c'est non. Un autre combat Hilton-Ouellet, les gens ne veulent pas voir ça dans le moment. Oublie ça et pense à autre chose.

Il y avait peut-être moins de 20 pas entre le téléphone et le ring, mais ça avait été suffisant pour que Ouellet y perde son enthousiasme. Dans l'arène, son humeur avait déjà changé. Larouche savait ce qui se passait :

— Tu n'as pas entendu ce que tu voulais entendre, n'est-ce pas? Tu es frustré?

— J'suis pas frustré du tout, juste déçu.

— Faut pas prendre les choses de cette façon. Yvon t'a dit ça aujourd'hui, mais demain ce peut être une tout autre histoire. Sois patient...

« Sois patient. » C'était comme de dire au gars qui sort de 10 ans de prison : « Sois raisonnable avec les filles! » Un vœu pieu. La première impatience de Ouellet, c'était de lever les pieds, et il avait quitté le gymnase une dizaine de minutes après sa conversation avec Yvon Michel.

La seconde impatience de Ouellet, c'était en quelque sorte un plan pour que son... plan d'affronter Hilton réussisse. Il avait pensé que faire appel à Régis Lévesque serait une excellente idée. L'un de ses proches avait communiqué avec le publiciste d'InterBox : voulait-il donner un coup de main, durant les meetings de la compagnie, en vendant le scénario d'un troisième combat entre les deux vedettes de la boxe montréalaise? Lévesque étant le plus fidèle apôtre des affrontements Hilton-Ouellet au Québec, il n'avait pas été difficile à convaincre de la faisabilité d'un troisième combat, à la différence d'Yvon Michel. « Mais il n'y a rien de surprenant à ce qu'Yvon refuse le plan de Stéphane, avait affirmé Lévesque. Il dit toujours non à tout. Mais c'est parce qu'il ne connaît rien de la promotion et qu'il ne sait pas comment faire lever les idées! » Pour réaliser un troisième combat Hilton-Ouellet, Lévesque posait toutefois une condition, qui pouvait en un certain sens cautionner le refus immédiat de son patron : « Pour être certain que le monde embarque dans ce projet, il faut obliga-toirement que Ouellet se batte d'abord contre Alex Hilton et lui passe le knock-out. Ça ne sera pas difficile, Alex est archifini, il a livré le pire combat de sa vie samedi dernier à Maniwaki. »

Si, en définitive, Yvon Michel ne s'était pas rendu au souhait de Ouellet en décidant tout simplement de reporter le combat Lucas-

Hilton au 8 septembre, c'était tout de même à partir de ce moment-là que des amateurs avaient commencé à aborder Ouellet en demandant si les rumeurs d'un troisième match contre Hilton étaient fondées. Ouellet s'était alors demandé s'il ne devait pas ce regain d'intérêt au travail en sourdine de Régis Lévesque.

Écarté des plans de la grande soirée du 8 septembre 2000, Ouellet allait donc figurer sur ceux du modeste gala du 16 août, où on lui prévoyait une préliminaire avant la finale Fathi Missaoui-Edward Allen Hall. Pour ce combat qui devait servir à l'évaluer en vue de son match avec Catley, il avait été tour à tour question de l'opposer à Alex Hilton, à l'Américain Kevin Pompey, au Colombien Juan Carlos Viloria et enfin à... personne! À la fin juillet, l'entraînement qu'il poursuivait au milieu des promesses et des préparatifs pour le combat Lucas-Hilton donnait en effet si peu satisfaction à ses seconds, que ces derniers avaient bien failli le retirer de la carte et le priver d'une petite bourse dont il avait pourtant bien besoin. Pressenti pour 10 000 dollars s'il avait affronté Alex, on avait finalement décidé de le payer 6 000 dollars, avec lesquels il devait rembourser quelque 2 000 dollars aux deux gouvernements pour des arrérages de pension alimentaire. Ce qui voulait dire que lui, Stéphane Ouellet, payé respectivement 110 000 et 200 000 dollars pour ses deux matches contre Dave Hilton, s'apprêtait à se battre pour un chèque net de moins de 4 000 dollars. Ce n'était pas la grande motivation... Encore que les choses allaient si mal, financièrement, qu'il avait vraiment eu peur que ses entraîneurs annulent son combat en guise de punition.

« J'en suis au point où je me demande si ça vaut la peine de continuer à boxer après le 16 août. Si j'arrête, je n'ai aucune chance de guérir ma blessure morale. Si je continue, je me donne un certain pourcentage de chances de la guérir — 1%, 5% ou 10% —, mais je peux aussi m'enfoncer davantage. Je peux surtout abîmer ma santé, qui est encore bonne même si j'ai un peu de difficulté à parler. D'une façon ou d'une autre, ça fait longtemps que je joue au rebelle, ça va maintenant être le temps de le montrer. »

Le 31 juillet, dans le cadre d'une conférence de presse à laquelle il participait avec réticence, Ouellet avait donc confirmé sa présence au gala du 16 août. « *Exit le fidèle et sensible Stéphane Ouellet qui s'est sacrifié pour la cause*, écrirait *La Presse* le lendemain, *on a décidé que c'est au tour de Fathi Missaoui de faire vibrer les amateurs. [...] Fathi a 26 ans, et son grand ami qui semble le prendre sous son aile, Stéphane, semble bien vieux et démissionnaire, à 29 ans. Il ajoute d'ailleurs : "Mon temps est un peu passé..." C'est probablement le plus sincère de tous!* » À la même occasion, les dirigeants d'InterBox en avaient aussi profité pour faire connaître les détails d'une tournée provinciale qui s'ébranlait le lendemain à Jonquière et qui visait à promouvoir conjointement les galas du 16 août et du 8 septembre. Alors qu'en vue de son mégacombat on avait prévu pour Lucas des apparitions à Jonquière mais aussi à Québec, Sherbrooke, Ottawa et Victoriaville, on avait seulement exigé de Ouellet qu'il soit présent à l'entraînement public tenu dans sa ville natale.

Il était parti pour Jonquière sitôt la conférence de presse terminée, par ses propres moyens, n'attendant pas le reste de la délégation d'InterBox, qui partait le lendemain matin. Pendant la journée et demie qu'il avait passée parmi les siens, il avait encore fait beaucoup parler de lui. D'abord, selon un scénario auquel il était devenu habitué, une poignée de menteurs l'avaient aperçu le matin de l'entraînement à la terrasse d'un bar et l'avaient revu au même endroit en fin de soirée avec Dorin, Misssaoui et compagnie. Ils avaient plus tard fait savoir à ses entraîneurs que, sauf la durée de l'entraînement, c'était la journée entière qu'il avait passée à l'intérieur de l'établissement!

Cela dit, c'est du journal *Le Quotidien* qu'était venue l'histoire qui avait le plus alimenté les discussions au cours de son passage à Jonquière. Après que le journaliste Stéphane Bégin eut réalisé, lors de l'entraînement public, une entrevue portant essentiellement sur sa passion funéraire, le journal de Chicoutimi avait mis à sa une du lendemain une énorme photo couleur de Ouellet torse nu accompagnée d'un titre choc : « *Stéphane Ouellet parle aux morts!* » C'était vrai, il le disait lui-même dans les pages intérieures où il était question de son travail : « *Ce n'est pas toujours facile. La senteur nous monte au nez. Pour éviter que ça arrive, il faut parler. Moi, je parle aux morts. Je leur dis que je viens les délivrer, que je vais les amener dans un endroit où ils seront tranquilles. Il faut tout de même avoir du respect pour ces personnes, même si elles se retrouvent dans un autre monde.* » De toutes les entrevues que Ouellet avait accordées à la fin de l'entraînement public, celle-là lui avait donné le plus de plaisir. Mais ce n'était rien pour le faire paraître moins étrange aux yeux des Jonquiérois.

Chose certaine, il avait choisi, à Jonquière, de parler surtout avec Lucas de son combat contre Hilton et des moments difficiles qu'il voyait se profiler à l'horizon. Ouellet en avait déjà discuté avec Yvon Michel. Il lui avait dit vivre difficilement l'approche du combat Lucas-Hilton, mais Michel avait affirmé ne pas comprendre, expliquant que la situation serait aussi difficile pour Éric quand il verrait arriver le combat Ouellet-Catley. Le jour de l'entraînement public, Ouellet avait pris Lucas à l'écart. « Au cours des prochaines semaines, tu entendras peut-être dire que ton combat contre Hilton me dérange, et ce sera vrai, lui avait-il expliqué. Il n'y a pas de cachettes à se faire : voir tout ce qui se prépare ne me rappelle pas de très beaux souvenirs. Mais je tenais à te dire, Éric, que ça n'a rien à voir avec une quelconque jalousie envers toi. Car je suis de tout cœur derrière toi, et je veux que tu lui crisses une volée, que tu me venges de belle façon. » Lucas avait apprécié le message : « Je vais gagner, je vais gagner c'est sûr, Ouel, et ça va être pour nous deux. » Lucas y croyait d'ailleurs tellement qu'il allait plus tard assurer la même chose au micro du Centre Price, soulevant de nombreux cris de joie parmi les amateurs.

C'était avant l'entraînement.

Lui qui avait déjà déclaré forfait une première fois en mai, il venait de ressentir au cours de sa mise de gants une nouvelle douleur à la main droite qui ne faisait que confirmer l'opinion de Larouche : la date du 8 septembre choisie par Yvon Michel était bien trop hâtive pour refaire un match de l'importance de Lucas-Hilton. *« J'ai frappé le front de mon partenaire d'entraînement, et là, j'ai senti comme un courant électrique me traverser la main et tout le bras droit »*, racontera plus tard Lucas au *Journal de Montréal*. *« J'étais découragé. J'ai su dès ce moment-là que ma main venait de céder une fois de plus. »* Il n'en était alors qu'à son deuxième véritable entraînement après sa convalescence du mois de mai. « Rien d'étonnant, avait confié Larouche. Pour bien guérir, Éric aurait eu besoin au moins d'un mois de plus. Mais Yvon a décidé que le combat se ferait le 8 septembre sans nous avoir consultés. »

« J'ai su dès ce moment-là que ma main venait de céder », dit Lucas. Il n'était pas le seul. Ouellet avait appris qu'InterBox annulait l'entraînement public prévu pour le lendemain au gymnase de Fernand Marcotte à Québec et il avait su lui aussi que c'était du sérieux et qu'il pouvait recommencer à nourrir le fol espoir de se mesurer à Hilton.

Les jours suivants n'avaient servi qu'à attendre la confirmation médicale de ce que les deux boxeurs savaient. Le jeudi 3 août, de retour à Montréal, Lucas s'était plié à une batterie de tests dont les résultats avaient été rendus publics le lundi suivant : il souffrait de deux contusions osseuses à la main et d'une tendinite au poignet, nécessitant un minimum de huit semaines de repos! Pour InterBox, qui avait déjà investi beaucoup d'énergie et d'argent dans le combat, cela avait l'allure d'une nouvelle catastrophe. Pourtant, en raison de l'extraordinaire labeur d'Yvon Michel, on pouvait se demander si ce n'avait pas plutôt été un heureux coup du sort.

Officiellement, le forfait de Lucas pour le gala du 8 septembre avait été annoncé aux médias le 7 août. Le même jour, le *Journal de Montréal* avait appris en primeur ce qu'il titrerait à la une le lendemain : « *Lucas encore K.-O., Gatti prend la relève!* » C'était évident, cela voulait dire qu'une fois Lucas sorti du cabinet du médecin, Yvon Michel était déjà si convaincu du forfait de son boxeur qu'il n'avait même pas attendu les résultats des examens pour se lancer à la recherche d'une solution de rechange. Entre le 3 et le 7 août, le mérite de Michel avait d'ailleurs consisté à se retourner rapidement et avec discrétion, dans une situation qui le commandait impérativement.

En mettant sur pied une finale de remplacement Arturo Gatti-Joe Hutchinson qui satisferait autant ESPN que le match de 12 rounds, titre NABF des super-moyens en jeu, que devaient se livrer Lucas et Hilton, Yvon Michel avait fait le plus difficile. Mais il lui restait à faire l'autre moitié du chemin : trouver un deuxième combat d'importance qui obtiendrait à nouveau l'aval d'ESPN, mais, surtout, qui enflammerait assez les amateurs de boxe du Québec pour assurer un très grand succès aux guichets du Centre Molson.

Ouellet-Hilton III? Comment pouvait-il ne pas y penser alors que Ouellet le lui avait demandé à son retour à la boxe, puis en mai au premier forfait de Lucas, puis encore dès qu'il avait su son coéquipier blessé une nouvelle fois?

Michel avait commencé par se montrer évasif devant la proposition, car il lui fallait d'abord se trouver une finale avant de penser au reste de sa soirée. Mais l'idée de Ouellet avait fait tranquillement son chemin parmi le personnel de la compagnie. Mais Larouche craignait toutefois que son boxeur ne soit pas encore à la hauteur, et qu'il puisse stupidement être envoyé à la retraite à cause d'une erreur de *matchmaking*. « Je ne suis pas d'accord de le remettre devant Hilton, parce que c'est encore une hostie de question d'argent. Je suis sûr que, s'il n'était pas cassé, Stéphane ne serait pas si pressé de se battre contre Hilton. Il a déjà perdu deux fois contre lui, pourquoi je le retournerais là quand il n'a pas changé et qu'il en fait encore si peu à l'entraînement? »

La réponse, le journaliste du *Journal de Montréal*, Martin Leclerc, la donnerait un peu plus tard à Larouche : pour faire à Ouellet un cadeau qu'il ne méritait absolument pas! Dans l'une de ses chroniques du lundi, « Dans mon livre à moi... », Leclerc avait en effet écrit que le Jonquiérois ne se retrouverait pas sur le ring *« parce qu'il a sué sang et eau à l'entraînement ou parce qu'il a failli vaincre Hilton à leur combat précédent. Il y sera uniquement parce qu'il a de très bons amis chez InterBox. Et ça, c'est vachement poche... »* Ces propos en avaient surpris plus d'un. Pas par leur contenu, car tout le monde savait que, si Ouellet méritait une troisième chance contre Hilton, ce n'était pas au nom de son exemplarité dans un gymnase, ni parce que son deuxième match contre Dave avait été serré. Mais par ce qu'ils ne disaient pas : que s'il y avait un sport où l'on ne faisait JAMAIS de cadeaux, c'était bien en boxe, là où pullulaient un tas de promoteurs véreux tous prêts à vendre leur mère pour faire une piastre, ou à offrir des cadeaux dont ils seraient toujours les premiers bénéficiaires.

Les premières discussions entre Hilton et Yvon Michel n'avaient pas soulevé un grand enthousiasme chez le premier. Déjà deux fois vainqueur de Ouellet, Hilton pouvait soit ne plus être motivé par cet éternel rival, soit le redouter dans un engagement où le Jonquiérois n'aurait plus rien à perdre, d'autant plus que Hilton le considérait bien supérieur à Lucas. Mais comme l'aîné des *Fighting Hiltons* allait plus tard l'avouer aux journalistes qui s'expliquaient mal sa décision, avait-il vraiment le choix? Il venait de perdre beaucoup, financièrement, à la suite du forfait de Lucas, et voilà qu'il risquait maintenant d'être privé de bourse s'il n'acceptait pas la proposition de Michel. Or, il lui fallait expressément cet argent pour faire face à ses frais juridiques. Il y avait aussi une autre raison, qu'il ne pouvait guère dévoiler cependant : la crainte que son beau-frère Arturo Gatti, avec lequel il était à couteaux tirés depuis l'affaire des agressions sexuelles, prenne tout le plancher et lui vole la vedette lors de sa venue à Montréal. En somme, la vérité, c'est que Hilton avait alors ni plus ni moins un fusil sur la tempe.

Cela n'empêchait pas Yvon Michel d'user de ruse dans les négociations qu'ils poursuivaient tous les deux. Pour montrer à quel point il y avait peu de risques pour Hilton, Michel avait joué la carte du dénigrement, racontant que Ouellet lui apparaissait plus usé que jamais, presque fini, et qu'il commettait encore tous les excès imaginables. Ce qui était faux, sauf pour la mari dont Ouellet avait toutes les misères du monde à se défaire. « Si ça se signe, j'arrête le potager, c'est sûr, et ma forme va être tout simplement l'enfer. Mais as-tu dit à Hilton que je fumais? » s'était informé Ouellet, quand Michel l'avait mis au courant de sa tactique de négociation. « Non? Alors si tu ne lui en as pas parlé, garde ça pour toi. Quoiqu'il doit bien être au courant, une fois je l'ai entendu à la télévision dire que Ouellet continuait à fumer ses petits joints tranquille et qu'il ne s'occupait pas du reste... J'avais failli m'étouffer. »

Le 8 août, Michel annonçait à Ouellet que Hilton avait enfin accepté de se battre à nouveau contre lui. Le travail pour lequel Stéphane louangerait plus tard Yvon avait porté ses fruits... « À partir d'aujourd'hui, agis comme si c'était fait, Stéphane. D'ailleurs, je viens de te retirer officiellement de la carte du 16 août. Et tu ne seras pas déçu : les chiffres aussi ont changé : je t'offre 50 000 dollars et j'offre 75 000 dollars à Hilton. En fait, il me demande 110 000 dollars. Sauf qu'on lui a déjà donné 25 000 dollars en avance pour le combat contre Lucas. Il nous a dit : *"Just to bad,* c'est pas mon problème si Lucas s'est blessé." On est bien prêts à les oublier, ces 25 000 dollars-là, ce qui lui ferait en tout une bourse de 100 000 dollars. Mais là où ça se complique, c'est que Spitzer, l'agent de Hilton, me demande une commission de 30 000 dollars, juste pour lui. C'est ça qu'il reste maintenant à négocier. Mais pas question de réduire ta bourse pour Spitzer, tu auras bel et bien 50 000 dollars. Ils ont beau dire ce qu'ils veulent, tu rends service à Hilton en l'affrontant et tu lui permets de faire de l'argent. Parce qu'avec nos offres, il est assuré d'en faire, qu'il gagne ou qu'il perde : s'il te bat encore, je lui garantis 300 000 dollars pour affronter Catley, et s'il perd je lui garantis 275 000 dollars pour une revanche où toi, tu toucherais 500 000 dollars. Personne ne se souvient du premier combat entre vous deux, mais lui ne l'a pas oublié, même s'il est encore très confiant de te battre. »

Le lendemain, Yvon Michel rappelait Ouellet. Il voulait le voir pour reparler d'argent. Le sort du combat, disait-il, reposait maintenant entre ses mains. Ce coup de téléphone avait beaucoup inquiété Stéphane, qui s'était bien douté que sa bourse, malgré ce qu'en avait dit Yvon, serait réduite pour rencontrer les demandes de Spitzer et Hilton. Tout de suite il s'était mis à penser au pire, à une bourse de 15 000 dollars, voire de 10 000 dollars, qui ne lui permettrait même pas d'effacer toutes ses dettes. Mais chez lui, évoquer le pire le préparait toujours à accepter le moindre mal... Aussi, quand Yvon Michel lui avait annoncé qu'il ne lui offrait plus 50 000 dollars mais 35 000 dollars, il avait poussé un ouf! de soulagement et accepté sur-le-champ ce match en 10 rounds, à 166 livres.

De toute façon, il était dit que, côté finances, ce combat-là ne réserverait que d'heureuses surprises à Ouellet. À la toute fin du mois d'août, à moins de deux semaines de l'affrontement et alors que ses absences à l'entraînement avaient semé la panique parmi le personnel d'InterBox, Yvon Michel lui avait fait part d'une offre destinée à raviver sa motivation : en cas de victoire, la compagnie s'engageait à doubler sa bourse, de 35 000 à 70 000 dollars!

(Si Yvon Michel s'accordait le mérite de cette idée, elle venait en réalité de Larouche. Le 28 août, découragé par le laisser-aller de Ouellet, le coach avait imaginé que doubler l'offre pécuniaire pourrait motiver son boxeur. Au cours de la soirée, il en avait parlé avec Yvon Michel, qui avait réagi favorablement : « Ouais, c'est pas complètement fou comme idée, ça! »)

Mais cela n'avait pas eu l'effet escompté. Ouellet était au fond déjà satisfait de la première entente, l'argent n'étant pas ce qui l'aiguillonnait le plus dans ce combat contre Hilton. La proposition de Michel lui avait fait plaisir, mais sa réaction au téléphone avait été contenue. Et il avait affirmé à son gérant qu'une fois sur le ring, il aurait à cœur de faire le même combat, de fournir les mêmes efforts, que ce soit pour 35 000 ou pour 70 000 dollars.

Ouellet avait contacté ses parents et aussi Stéphane Bégin du *Quotidien,* non pas pour leur apprendre que le combat était désormais certain, mais seulement pour leur dire que les négociations avançaient. « *Ça fait deux nuits que je ne dors pas et je ne fais que penser à Hilton* », avait-il confié en appliquant toujours le même raisonnement : plus il parlerait ouvertement d'un combat, moins Yvon Michel oserait lui réserver une tuile de dernière minute.

Il y avait alors deux filles à qui Ouellet aimait penser. La première était une barmaid de Jonquière avec qui il avait entretenu un petit flirt. Vraisemblablement, il affronterait Dave Hilton pour une troisième fois dans un combat qui passionnerait encore le peuple québécois; voilà qui offrait un contexte certainement plus positif pour séduire une fille que si on sortait à peine du deuxième affrontement vaincu par K.-O. technique au troisième round. La seconde était justement celle qu'il avait rencontrée dans cette triste période de l'été 1999 : Mélissa Cloutier. Celle qui lui avait demandé, en route vers la petite maison blanche : « Aurais-tu peur de te battre encore contre Dave Hilton? » Il se souvenait que tout avait recommencé à partir de là. Et il se demandait quelle réaction elle aurait, dans quelques jours, en apprenant par les journaux que le combat était officiel. « Elle se dira sûrement que j'étais sincère en lui répondant que je n'avais pas peur. »

Le 17 août, au lendemain de la soirée de boxe à laquelle Stéphane devait participer, les journaux avaient enfin publié la nouvelle. InterBox avait invité les journalistes à une conférence de presse le lendemain, pour annoncer « *la conclusion d'une entente pour la présentation d'un combat qui suscitera les passions des amateurs de boxe du Québec* ». Présent au gala à titre de spectateur, Ouellet n'avait, selon *La Presse*, « *rien voulu dire, sinon qu'on lui avait demandé de se tenir coi. [Mais] à voir le sourire de gamin qu'il affichait hier soir, vous pouvez parier votre plus belle chemise de soie [...] qu'il sera là aujourd'hui [à la conférence de presse] comme un seul homme, avec Hilton à ses côtés* ».

Il était heureux, oui. Et c'était un contraste frappant avec l'état dans lequel il se trouvait à l'aube de ses deux premiers matches avec Hilton. Surtout le deuxième, dont il avait tout détesté, alors qu'il n'avait pas encore récupéré du premier. Depuis son retour à la boxe, il s'était promis que, si l'occasion lui était donnée de se battre une troisième fois contre Hilton, il allait en savourer chaque seconde.

Il était heureux, oui. D'autant plus que la semaine précédente, il s'était libéré d'un poids en s'expliquant avec Lucas à Claude-Robillard : « Ça me fait du bien d'avoir parlé à Éric, ça me trottait dans la tête depuis plusieurs jours et j'avais hâte de pouvoir le faire. Je suis content, ça s'est bien déroulé, je peux maintenant passer à autre chose. »

Il était heureux, oui. Et les gens d'InterBox l'étaient aussi. La veille de la conférence de presse, au gala du 16 août, ils étaient presque tous venus le féliciter, du responsable des communications, Jacques Thériault, au comptable, Michel Lecompte, qui s'était fait le porte-parole de l'équipe en le priant de les débarrasser une fois pour toutes de Dave Hilton...

Tout le personnel d'InterBox était heureux. Sauf Larouche.

À trois semaines du combat, au moment où le boxeur, censé avoir atteint le sommet de sa forme, peut commencer à réduire graduellement l'entraînement, Larouche se voyait plutôt dans l'obligation d'augmenter la charge de Ouellet. « Il arrivera au combat fatigué », jugeait-il. Et pas aussi riche qu'il aurait dû. « Je pense que ce combat-là valait beaucoup plus que ce qu'il a obtenu. Pour dire la vérité, ça me désole qu'il donne ainsi son argent à Hilton. »

Mais qui donnait l'argent de Ouellet à Hilton? Était-ce Ouellet lui-même ou InterBox?

***

Avant son troisième combat contre Hilton, Ouellet devait guérir sa fracture à la main droite, soulager cette douleur lancinante dont il n'arrivait pas à se départir, même s'il restait capable de s'entraîner.

Jusque-là, il avait refusé de se faire opérer, pour ne pas avoir à subir une longue convalescence. Il avait reçu des injections de cortisone du docteur Marc Bissonnette, qui avait soigné la plupart de ses précédentes fractures, et il s'était fait à l'idée que sa main était finie et qu'elle ne lui permettrait plus que deux ou trois combats.

Or, dès l'entraînement, sa douleur avait complètement disparu. Il avait pu se remettre à frapper sur les sacs avec la même autorité qu'autrefois, et cela jusqu'au moment de son combat contre Hilton, où il allait remplacer un autre type blessé à la main droite. « C'est un vrai miracle, je ne vois pas autre chose », avait-il confié au cours de cet entraînement mémorable. (Il l'avait aussitôt attribué à sainte Thérèse de Lisieux, à laquelle il avait demandé sa guérison sur les conseils d'un inconnu, rencontré à des funérailles.)

Des miracles, Ouellet allait en compter quatre entre la fin de juin et le 8 septembre 2000 : premièrement, sa main droite avait guéri du jour au lendemain ; deuxièmement, celle de Lucas, au contraire, n'avait pas guéri et c'est à elle qu'il devait sa chance d'affronter Hilton ; troisièmement, sa victoire contre Hilton après deux échecs par K.-O.T. ; et quatrièmement, une bourse de 70 000 dollars, alors qu'il aurait normalement dû ne recevoir que 6 000 dollars pour un combat préliminaire dans la réunion du 16 août !

***

Sa main avait été guérie et tout son corps était maintenant apte à affronter les dangers de la bagarre sportive. Enfin, c'est ce qu'il croyait, jusqu'à ce qu'on lui apprenne que la Régie des alcools, des courses et des jeux rendait conditionnel le renouvellement de sa licence de boxe à la réussite d'une évaluation neuropsychologique très poussée.

C'était le 21 août, à peine plus de deux semaines avant son combat. Ce n'était qu'aujourd'hui qu'on se décidait à l'en informer, alors que sa licence était échue depuis le 31 mars. Cinq mois, pendant lesquels on avait parlé de lui dans les journaux presque toutes les semaines, tantôt pour un combat contre Catley, tantôt pour des affrontements contre Alex ou Dave. Tout le monde impliqué dans ce dossier avait donc eu amplement le temps de se manifester et de régler la question ! Or, on avait attendu pour le faire le moment où un stress additionnel était bien la dernière chose dont il avait besoin...

« Ce n'était pas notre faute, allait plaider Mario Latraverse, le superviseur des sports de combat pour la RACJ. Voir à ce que le permis du boxeur soit en règle ne relève pas de la responsabilité de la Régie, mais de celle du manager. Or, si ce dernier ne demande qu'à la dernière minute le renouvellement du permis de son boxeur, il n'apprendra qu'à la dernière minute la nature des tests médicaux que nous exigeons pour lui donner satisfaction. » Soit. Mais dans un monde tissé aussi serré, où chaque intervenant est dépendant de l'autre, n'eût-il pas été très simple pour la Régie de rappeler au gérant de Ouellet, dès les premières rumeurs du combat contre Hilton, que sa licence ne lui était toujours pas accordée? Surtout que, deux mois plus tôt, on ne s'était pas gêné, à la Régie, pour émettre de très lourds jugements sur la santé mentale du Jonquiérois.

À la fin juin, en effet, certains membres de la Régie avaient fait savoir à Yvon Michel que Ouellet les inquiétait, qu'il leur donnait l'impression d'être *punchy* à la suite de toutes ces petites et grandes commotions subies au cours de ses derniers combats. Évidemment, les commotions cérébrales subies par Ouellet servaient avant tout de prétexte à exiger des tests neurologiques, et ce qui faisait douter de sa santé mentale ne concernait pas la boxe.

Le véritable motif n'aurait-il pas été la rumeur qui voulait que Ouellet consomme de la mescaline? Mario Latraverse nierait cela énergiquement, en mai 2002, affirmant avoir appris la chose en même temps que tout le monde à la radio de CKAC, quand l'intéressé avait fait des aveux publics. En revanche, Latraverse laisse-rait échapper quelques indices qui en diraient beaucoup sur l'idée qu'il se faisait du Jonquiérois et sur ce qui avait probablement motivé les agissements de la Régie. L'ex-policier dirait avoir enten-du, au fil des ans, toutes sortes d'histoires au sujet de Ouellet, qui l'autorisaient à conclure que l'homme présentait de graves troubles de comportement. « Je vais seulement donner un exemple. Des gars qui sont déjà allés en camp d'entraînement avec lui disent qu'il ne se lave pas! Et c'est vrai. Moi-même je l'ai vu sortir d'un entraîne-ment sans avoir pris sa douche! » Sauf que le jour où Latraverse s'était forgé cette opinion de Ouellet, ce dernier était rentré chez lui et, selon sa bonne vieille habitude, s'était fait couler un bain chaud, s'était allongé dans sa baignoire et avait ouvert la douche, le pommeau dirigé sur sa tête! C'était là la façon originale de se laver, laquelle était difficilement réalisable dans un vestiaire sportif!

La première fois où il avait appris qu'on commençait à douter de ses facultés mentales, il ne l'oublierait jamais, c'était à l'occasion du quarante-septième anniversaire de naissance d'Yvon Michel. Ouellet lui avait dit qu'il ne faisait pas son âge, et ce dernier avait répliqué : « Merci! On ne peut malheureusement pas en dire autant de toi. Même que des gens à la Régie te trouvent *punchy* et veulent t'imposer le test psychométrique, à 800 dollars. Pour le moment, j'ai réussi à te l'éviter... » La nouvelle avait tellement étonné et affecté Ouellet, qu'il s'était demandé si Yvon Michel ne l'avait pas inventée.

Le 21 août, quand il avait appris que son comportement inquiétait davantage la Régie que celui de Hilton dont on connaissait pourtant en détail les agressions sexuelles, au point même que ce soit à lui plutôt qu'à Dave qu'on impose une évaluation neuropsychologique, il avait été stupéfait.

Son test avait été fixé au vendredi 25 août, au 831, avenue Rockland, à Outremont, bureau 110, cabinet de la neuropsychologue Josette Giroux, choisie par la Régie. Il avait commencé à s'inquiéter tout de suite après l'entraînement de la journée, et il avait demandé à Larouche à quel genre de test il devait s'attendre. « Cesse de t'inquiéter, c'est tellement simple, que même Sutcliffe (Shane, le poids lourd qu'InterBox avait managé pendant un bout de temps) a réussi à le passer! Il y a des trucs là-dedans dans lesquels tu excelles, qui ont rapport à l'imagination, aux connaissances. J'ai parlé à Bob Miller aujourd'hui, il nous a rappelé de ne pas te faire *sparrer* avant ton rendez-vous, pour que tu aies les idées totalement claires. Tu vas voir, ça va bien se passer. »

Quatre jours plus tard, à 14 h 45 exactement, quand il était enfin sorti de ce bureau dans lequel il s'était engouffré six heures plus tôt, il avait eu, en effet, l'impression que ça s'était bien passé. Bien sûr, il avait laissé libre cours à son amertume de se voir ainsi traité par des individus qui lui faisaient subir ça sous le prétexte de « vouloir son bien ». « Mais ce sont au contraire des gens méchants, avait-il dit à la neuropsychologue. J'aimerais que vous réfléchissiez bien à ce que vous allez inscrire dans votre rapport, car ils n'attendent qu'une petite ouverture pour ne pas me remettre ma licence. Pourtant, je tiens à vous le dire, il me reste une seule année à boxer. Et cette année-là, j'en ai vraiment besoin. Je ne comprends pas qu'on s'acharne sur moi, quand les seuls K.-O. que j'ai subis ont été des K.-O. debout, sans perte de conscience. J'ai peut-être un peu plus de difficulté à parler qu'avant, et je dois faire attention à ça, mais la raison première, tout le monde la connaît, c'est que je pense à trop de choses en même temps, j'ai souvent trop d'idées qui se bousculent à la sortie. »

Oui, Stéphane croyait avoir bien réagi aux 22 épreuves différentes du test. Des épreuves dont certaines ne lui disaient rien, comme le Wisconsin, le Stroop, le SDMT, le EIHM, le Hooper, ou le Test de l'horloge, mais d'autres qui lui étaient connues, comme celles des Quinze mots ou des Quinze dessins. Sa principale inquiétude avait trait à sa mémoire, et il avait logiquement pensé que sa consommation de pot pouvait l'avoir beaucoup réduite. Il avait avoué ses habitudes à Josette Giroux, mais celle-ci, n'en connaissant probablement pas la véritable ampleur, avait répliqué qu'il fallait vraiment beaucoup fumer pour affecter une mémoire.

Il avait l'impression que son évaluation avait été plutôt bonne. C'était le contraire. Le lundi 28 août, trois jours après avoir vu Ouellet, Josette Giroux allait signer un rapport essentiellement préjudiciable au Jonquiérois, au point de compromettre sérieusement l'émission de sa licence, et par le fait même la tenue du combat contre Hilton. En voici le sommaire, tiré d'un deuxième rapport qu'elle avait fait sur Ouellet en mai 2002 :

Légère réduction de la capacité attentionnelle simple et partagée, une altération essentiellement qualitative de la mémoire verbale, une mémoire visuelle déficitaire, une mémoire tactile déficitaire, des déficits visuo-perceptifs, des troubles du langage expressif, une discrète dystéréognosie, une altération modérée du jugement, de l'impulsivité occasionnelle, des stratégies peu élaborées dans le travail à deux mains ainsi qu'une exécution parfois ralentie, une anxiété de performance proportionnelle au contexte d'évaluation sans impact sur le rendement. Ce tableau neuropsychologique [est] compatible avec la présence d'organicité cérébrale légère à modérée aux régions fronto-temporales bilatéralement avec effet de latéralisation à D, consécutive, à notre avis, aux états post-commotionnels subis pendant sa carrière de boxeur.

Sur la base de ce sommaire – pris dans son ensemble, le rapport ne paraissait pourtant pas aussi négatif –, Josette Giroux en était arrivée à la conclusion suivante : la Régie des alcools, des courses et des jeux ne devait plus autoriser Stéphane Ouellet à poursuivre sa carrière, les risques pour sa santé étant désormais trop importants!

Le premier du groupe InterBox à recevoir le rapport, dans la soirée du 30 août et à seulement neuf jours du combat, avait été Yvon Michel. Il avait aussitôt convoqué Larouche pour le lendemain matin, afin de lui en faire lecture. Première réaction de Larouche, dont il ferait part plus tard à Ouellet : la conclusion et le reste du rapport avaient l'air de ne pas avoir été rédigés par la même personne tellement ils ne concordaient pas. Et surtout, autant l'un que l'autre ne reflétait en rien l'I.R.M. (imagerie par résonance magnétique) à laquelle Ouellet venait de se soumettre avec succès, et qui révélait qu'il ne présentait aucune lésion cérébrale. « Pourtant, s'étonnait Larouche, l'I.R.M. est habituellement considérée comme un test important et très révélateur. Je ne m'explique pas qu'on en fasse abstraction cette fois. »

Il fallait maintenant mettre Ouellet au courant. Le jeudi 31 août, peu avant midi, le Jonquiérois s'était vu infliger exactement ce qu'on disait vouloir éviter dans le fameux rapport, un choc d'une grande violence. « Je sais que c'est difficile à encaisser, Stéphane, lui avait alors dit Yvon Michel, mais je te demande de ne pas perdre espoir, le combat peut encore avoir lieu si ce rapport-là est invalidé par un second expert. Pour l'instant, passe au gymnase pour lire le rapport au complet, Larouche en a une copie. On va ensuite t'envoyer dans une autre clinique de Montréal pour procéder à une deuxième évaluation. Reste confiant. »

C'était beaucoup lui demander. L'ami qui était passé le prendre pour l'emmener au gymnase l'avait trouvé avachi sur son divan, complètement démoli, sonné par cette nouvelle. « Si le combat n'a pas lieu, c'est bien simple, je suis fait comme un rat, financièrement et professionnellement. »

L'idéal, comme l'expliquerait plus tard Larouche, aurait été que Stéphane n'ait pas eu à lire le rapport. Mais les avocats de la Régie avaient été formels : légalement, l'intéressé devait être mis au courant de sa condition, au cas où il lui arriverait quelque chose. Autrement, il aurait été en droit de poursuivre la Régie.

Au gymnase, Stéphane avait retrouvé un Larouche aussi sombre que lui. Le coach, qui soupçonnait le docteur de la boxe Pierre Meunier d'être à l'origine de cette désolante histoire (on disait que Meunier n'aimait pas la personnalité de Ouellet), voulait croire que le corps médical associé à la Régie était maintenant embarrassé par la tournure des événements, à commencer par Meunier lui-même qui, disait Larouche, « ne s'attendait sûrement pas à ce que les choses aillent si loin ». Mais elles étaient rendues très loin... : « Quel scoop cela représenterait pour un journaliste d'apprendre aujourd'hui que le combat contre Hilton est compromis parce que Stéphane Ouellet est menacé de ne pas obtenir sa licence! avait ajouté Larouche. La nouvelle causerait une commotion incroyable, surtout quand on sait ce que représente Ouellet pour tout le monde au Québec.

Yvon Michel avait demandé au coach d'accompagner Ouellet à sa seconde évaluation, au terme de l'entraînement. Mais il n'y avait pas eu d'entraînement ce jour-là. La dernière chose que Ouellet avait en tête, c'était de s'entraîner. D'ailleurs toute sa semaine avait été bouleversée. Il n'avait vraiment pas besoin de toute cette merde à une semaine du combat, lui qui avait déjà deux défaites à surmonter moralement. Le clan Hilton aurait beau clamer, après le combat, que Dave avait été très perturbé par la visite d'un huissier à son hôtel quelques heures avant le match (les avocats de sa femme Anna-Maria Gatti avaient obtenu la saisie d'une bonne partie de sa bourse), il était difficile de l'être plus que Ouellet pendant toute cette semaine.

Il portait une tenue chic. Pantalon noir, chandail crème. Quand Michel l'avait appelé pour lui dire qu'il verrait aujourd'hui un deuxième médecin, il s'était dit qu'il avait avantage à ne pas négliger cet aspect. Qui sait, les médecins avaient peut-être le même réflexe que Latraverse et jugeaient les personnes sur leur apparence? Chose certaine, avec Josette Giroux, cela semblait assez important pour être noté dans une évaluation neuropsycho-logique : « *Monsieur a bien collaboré à l'évaluation malgré une allure négligée et un air abattu.* »

Il avait aussi pensé qu'il devait soigner son langage. Dans l'auto qui l'emmenait au 1030, rue Berri, où se trouvait le cabinet du réputé neuropsychologue chargé par InterBox de valider ou invalider les conclusions de Josette Giroux, il s'était dit : « Je vais me forcer à bien parler. »

Il était fatigué. Au point de changer d'idée et de faire plaisir à ceux qui souhaitaient le voir raccrocher. « Advienne que pourra, ce sera assurément mon dernier combat. Je ne passerai pas le reste de ma carrière à me battre contre des autorités décidées à me mettre des bâtons dans les roues. »

Il n'avait pourtant que 29 ans. Enfin, c'était une manière de voir les choses. Ce ne serait pas celle du médecin! À peine Stéphane était-il entré dans son bureau, que le neuropsychologue lui avait lancé : « Toi, là, comment se fait-il qu'à ton âge, ce ne soit pas encore fini, la boxe? À 29 ans, voyons donc, c'est bien trop vieux pour continuer à boxer. Ne sais-tu pas à quel point la boxe est dangereuse pour le cerveau? » Sa seconde évaluation était bien mal partie, le vieux spécialiste outrepassant son mandat en portant d'entrée un jugement; mais il lui fallait conserver son calme. On tentait probablement de vérifier son degré d'impulsivité.

Il avait eu le temps, dans la salle d'attente, de repenser à ce qu'il devrait dire et faire devant l'expert. Larouche avait cherché à lui changer les idées en ressassant des souvenirs de voyage du temps de la boxe amateur, puis il s'était appliqué à le rassurer. Il lui avait demandé de se mettre les bras en croix, et de toucher le bout de son nez un doigt après l'autre. Il lui avait aussi fait exécuter une figure destinée à vérifier l'équilibre, comme doivent le faire les automobilistes soupçonnés d'ivresse au volant. Pour vérifier l'équilibre, ça devait vérifier l'équilibre, c'était même difficile de réussir la figure sobre!

Enfin, la secrétaire l'avait appelé. C'était à la fin de l'après-midi, mais cette fois il ne ferait pas six heures de test. Yvon Michel lui avait parlé d'une rencontre d'une quinzaine de minutes. Elle en avait duré une quarantaine.

Il se faisait tard. Pas tant dans le contexte de la journée que dans celui du combat. On était à une semaine et un jour du 8 septembre! Dans la voiture, à l'aller, il avait dit à Larouche avoir encore assez de moral pour supporter l'incertitude une journée de plus. Mais il voulait une réponse le lendemain, vendredi. Surtout que les journaux annonçaient sa présence à l'entraînement public le dimanche! Aussi avait-il poliment posé la question – ce serait la seule – au neuropsychologue : « Et pour les résultats, dites, ce sera pour quand?

— Je ne sais pas. Je vais analyser notre rencontre et surtout lire attentivement ce que Josette Giroux a consigné dans son rapport. J'aviserai ensuite. »

En sortant du cabinet du médecin, Stéphane s'était spontanément ouvert à Larouche : « Ça sent pas bon, ça sent vraiment pas bon.

— Pourquoi dis-tu ça, ça ne s'est pas bien passé? » Au contraire, il s'était montré capable de faire tous les exercices proposés, mais le préjugé du neuropsychologue lui faisait très peur. Il avait quitté Larouche en demandant d'être averti aussitôt que les nouvelles allaient entrer. Dans la soirée, quand Yvon Michel l'avait appelé, il avait pensé qu'il allait enfin être fixé sur son sort. Mais Michel, qui venait tout juste de parler à Larouche et de convenir avec lui que cette histoire sentait le complot, tenait simplement à prendre de ses nouvelles : « Salut! Que fais-tu? Avec ce qui se passe, tu dois être en train de boire, c'est ça? » En temps normal, ce genre d'insinuation l'aurait vexé, mais il était resté très calme : « Pas du tout, tu te trompes, Yvon. Je ne suis pas en train de me soûler et je n'ai pas envie de le faire non plus. Mais si tu veux savoir s'il y aurait matière à le faire, la réponse, c'est oui. Parce que c'est humiliant en crisse d'être obligé de prouver que tu es sain d'esprit. »

Cette soirée du jeudi 31 août méritait une place de choix parmi les pires de sa vie. L'image qu'il avait donnée, dans le restaurant de la Rive-Sud où il s'était rendu après son évaluation, avait été celle d'un homme anéanti, livide, complètement vidé par le combat avant le combat auquel on venait de le contraindre. Au cours de ce souper dans une salle à manger bondée, il avait d'ailleurs trouvé paradoxal de voir les gens se réjouir autant de sa présence, chuchotant « Oui, c'est bien lui! » sur son passage, et lui lançant des « Bonne chance pour vendredi », alors qu'il se trouvait en réalité plus menacé que jamais de ne pas être là, vendredi!

Ce soir-là, peut-être n'aurait-il pas réussi à tenir le coup, si la fille qu'il avait rencontrée un mois plus tôt et qu'il épouserait huit mois plus tard n'était pas passée à son petit appartement de Longueuil. En fait, la visite de cette fille lui avait fait tant de bien, l'avait tant réconforté que, le lendemain matin, quand Larouche s'était informé du genre de soirée qu'il avait passée, c'est d'elle et de ses nombreux bienfaits dont il avait été surtout question... Car Larouche n'avait toujours pas de nouvelles.

Ce qui n'empêchait évidemment pas la machine publicitaire de fonctionner comme si de rien n'était. Cela encourageait d'ailleurs Ouellet à croire en un dénouement positif. Il se disait que, plus loin on irait dans la promotion du combat, plus la Régie serait réticente à lui retirer son droit de boxer. Il se faisait même prendre au jeu : aujourd'hui, vendredi 1er septembre, il avait vu au déjeuner sa photo dans *Le Journal de Montréal*, il avait relu ses commentaires, selon lesquels il trouvait logique qu'un peu tout le monde ne le croie plus capable de battre Hilton, et il avait oublié, l'espace d'un instant, la menace d'annulation du combat!

La matinée achevait quand le téléphone avait enfin sonné. C'était Larouche. Une nouvelle. Une délivrance.

Un combat.

Le second expert, lui avait dit Larouche, avait mis un peu plus de 30 minutes à voir ce que Josette Giroux avait mis toute une journée à ne pas voir : qu'il était en très bonne santé mentale. Conséquemment, plus rien ne faisait obstacle à l'émission de sa licence de boxe. « Mais même si la décision avait été négative, avait ajouté Larouche, nos avocats étaient fin prêts à la faire casser. Ce n'aurait pas été difficile, à lui tout seul le test d'imagerie par résonance magnétique constituait une défense en béton! »

Mario Latraverse s'exprimera à ce sujet 20 mois plus tard : « Son neuropsychologue à lui (Latraverse nommait ainsi l'expert médical retenu par InterBox, que Ouellet n'avait jamais vu de sa vie avant son rendez-vous!) avait peut-être conclu qu'il était toujours en état de boxer et qu'il pouvait affronter Dave Hilton, mais je m'excuse, il n'avait pas dit, pour autant, qu'il n'était pas affecté par les coups et que son comportement n'était pas sujet à inquiétude. La preuve, c'est que, s'il avait consenti à le laisser participer au combat du 8 septembre, il l'avait aussi obligé, pour l'avenir, à se soumettre au fameux test psychométrique à chaque renouvellement de permis. Autrement dit, une fois par année, pour le restant de sa carrière. »

Sa carrière? Quand il avait appris qu'on lui permettait de la poursuivre, elle était à une défaite près de prendre fin. Et ce qu'il venait d'endurer était de nature à le préparer bien plus à un échec qu'à une victoire. Il était conscient du tort considérable qu'on venait de lui faire. C'est pourquoi il ne s'était réjoui que brièvement de la décision, et qu'il avait fait part de sa volonté de ne plus en parler, de la mettre immédiatement derrière lui pour ne plus penser qu'au combat.

Et d'en savourer enfin les préparatifs.

***

Il lui serait difficile d'apprécier davantage une conférence de presse que celle du 17 août, qui avait définitivement lancé le combat. Certes, elle donnerait aussi lieu à une situation dont il aurait aimé se passer, mais pour l'ensemble elle avait répondu à ses meilleures attentes et il l'avait goûtée du début à la fin. Longtemps affecté par le déroulement de la conférence de presse du deuxième combat où il s'était montré trop émotif, il s'était cette fois juré d'en garder un beau souvenir, vu que ce serait peut-être la dernière de sa carrière.

Il s'y était préparé quelques jours auparavant, en rédigeant le texte de son allocution, qu'il retravaillait maintenant en faisant route vers le Casino de Montréal et qu'il peaufinerait sur place, dans la loge du Cabaret qui allait lui être attribuée. Il réfléchissait tout haut : « Si je termine en lançant "Et maintenant, que le spectacle commence!", est-ce que c'est une bonne idée? Ou bien je vais faire un emprunt à Larouche et finir par son "Vive la boxe". Tiens, ça devrait donner ceci... »

Avant tout, je désire apporter toute mon amitié à Éric dans sa malchance de s'être blessé à une main, et en même temps, connaissant bien Éric, je sais pertinemment que son retour en sera un avec plus d'éclat et de rage. Bon courage et à bientôt, mon ami.

Un troisième affrontement : seuls les mots pouvaient parler à ma place; quelques mots pour vous exprimer ma joie et ma fierté. Sentiments qui ont pris naissance grâce à la chance qui m'est donnée de faire un peu oublier mon cuisant échec du 28 mai de l'an 1999.

Jamais je n'oserais pousser la stupidité en m'amusant à prédire une quelconque victoire de ma part. La chose que je peux vous dire par contre, c'est que, de tout mon être, je m'efforcerai de vous offrir un spectacle digne de ce nom; essayer de m'élever au niveau pugilistique de Dave Hilton sera ma stratégie, et j'ai foi en ce que le troisième combat ressemble davantage au premier combat qu'au deuxième. Ceux qui ont affirmé que la peur habitait mon âme le soir du dernier combat devront réintégrer la vérité en sachant qu'une mauvaise concentration peut avoir des allures de panique, mais sachez que la peur est un sentiment qui m'a délaissé, il y a de cela bien longtemps.

La boxe est une confrontation d'habileté entre deux individus, où les fautes se paient chèrement.

Vive la boxe!

Aujourd'hui, il donnait effectivement l'impression d'avoir envie de célébrer ce sport et cet adversaire avec lesquels il entretenait depuis tant d'années une relation d'amour-haine.

Ce sport : après l'avoir fait mourir deux fois, il appréciait que la boxe lui accorde le 8 septembre prochain « *une nouvelle chance de renaître* », comme il dirait aux journalistes. Cette renaissance allait s'opérer à partir de la conférence de presse d'aujourd'hui. Tout à l'heure, à son arrivée au Casino, il aurait de nouveau l'impression d'être quelqu'un, de compter pour les gens, notamment pour ces employés du Casino qui seraient aux petits soins pour lui : « Vous ne manquez de rien, M. Ouellet? Prendriez-vous un petit café en attendant? Non? Ça va comme ça? Si vous avez besoin de quoi que ce soit, n'hésitez surtout pas, demandez-le. »

Cet adversaire : il avait beau s'attendre à ce que Dave Hilton le nargue, le ridiculise et tente une nouvelle fois de l'intimider devant les journalistes, il ne parvenait pas à se mettre en rogne tellement il était simplement reconnaissant que son ennemi lui accorde une autre chance. Il le confierait une fois la conférence terminée : « Dans l'avenir, si l'occasion venait à se présenter, j'aimerais ça m'asseoir avec Hilton et lui parler. Je ne veux plus ressentir de haine envers lui, je l'ai fait trop longtemps et ça m'a miné. Vivre la haine au cœur est terriblement éprouvant et je suis persuadé que c'est même plus dommageable pour celui qui hait que pour celui qui est haï. »

Mais un incident avait bien failli lui faire retrouver ses vieux ressentiments... C'était peu de temps après le premier événement de la journée, un point de presse entre Arturo Gatti et les journalistes de Montréal. Apparaissant sur écran géant (il se trouvait dans un studio de New York), le beau-frère de Hilton avait répondu avec patience et entrain à toutes les questions, non sans avoir préalablement avisé qu'aucune ne devait concerner Dave, qu'il vomissait depuis l'affaire des agressions sexuelles. (Selon des sources fiables, la rumeur voulant que les deux hommes en soient venus aux coups dans la maison familiale des Gatti à Montréal était vraie.)

Pendant ce temps, chacun de son côté, Ouellet et Hilton attendaient de faire leur entrée à la conférence de presse, séparés seulement par un couloir d'une dizaine de loges. En fait, les deux hommes se trouvaient si près l'un de l'autre, et la sécurité à l'étage semblait si peu présente, qu'on pouvait se demander si les dirigeants d'InterBox n'avaient pas concocté exprès un scénario pour provoquer une rixe de couloir entre les deux boxeurs, dans le but de faire prendre conscience à Ouellet qu'une fois en rage, il était bel et bien supérieur à son adversaire.

Hilton s'était pointé le premier à l'étage et il chantonnait, en français, un tube country, quand Ouellet était passé devant sa loge, avec deux de ses amis. Et il avait entendu Hilton déclarer à son entraîneur, Chuck Talhami : « Cette fois, Ouellet n'a pas pris de risque, il a amené du monde avec lui, ha! ha! »

Ouellet n'avait pas réagi. Il était allé dans sa loge attendre qu'on l'appelle pour la conférence. Il y avait bavardé avec des employés du Casino et avec les *ring-card girls* d'InterBox qui, tout à l'heure, au son de sa pièce mythique, *Conquest Of Paradise,* l'escorteraient jusqu'à la salle; il avait regardé la télévision; et retouché le petit discours qu'il allait livrer debout, au micro, les jambes tremblotantes.

Hilton, accompagné quant à lui de Talhami, d'Henri Spitzer, son gérant, et du même nombre de proches que Ouellet, avait quitté sa loge à quelques reprises. Dans le couloir, il y avait, suspendu au plafond, un téléviseur qui retransmettait en circuit fermé les images de la conférence de presse. Le boxeur n'avait pas été très attentif à la ronde des discours protocolaires; il n'avait pas été frappé par l'aisance au micro d'Yvon Michel qui, sans avoir la grandiloquence d'un Don King, n'en maîtrisait pas moins bien l'art de s'exprimer; il ne s'était pas non plus montré agacé par les compliments de Mario Latraverse à l'adresse d'InterBox « qui avait su relancer une boxe moribonde ». En revanche, son intérêt avait paru grandir au moment où il avait aperçu, en gros plan, la belle gueule de Gatti. Spitzer à ses côtés, Hilton était resté debout dans le couloir, fixant l'image de Gatti avec autant d'intensité que s'il l'avait eu devant lui, au centre d'un ring. Puis, tout en ne lâchant pas l'écran des yeux, mimant une injection dans son bras gauche, il avait lancé à Spitzer : « As-tu vu le *cuck sucker*? Regarde comment il est maintenant gonflé aux stéroïdes! »

Dans sa loge dont la porte était ouverte, Ouellet, qui regardait la télé conventionnelle, savait que Hilton, à seulement quelques pieds de lui, s'intéressait plutôt à la diffusion en circuit fermé dans le couloir. Il s'était longtemps demandé comment il réagirait en le revoyant. Les fois, par exemple, où il avait été assigné à des funérailles à Verdun ou Lasalle (où habitait Hilton), il avait pensé qu'il le croiserait peut-être et il s'y était préparé. Comme il l'avait fait aujourd'hui. Mais il n'avait pas prévu le voir survenir dans sa propre loge!

Peu après midi, Stéphane et son entourage étaient en train de regarder les nouvelles à TVA, quand ils entendirent : « Après la pause, un reportage en direct du Casino de Montréal sur le troisième combat Hilton-Ouellet. » Spontanément, quelqu'un avait monté le volume. Dans le couloir, Spitzer avait été le premier à entendre qu'on parlait des deux boxeurs à la télé. Sa réaction avait été immédiate : il était entré en coup de vent dans la loge de Ouellet, s'était assuré qu'on parlait bien de la conférence de presse du Casino, était aussitôt ressorti pour crier à Hilton de se ramener, qu'il était question de lui à la télé.

Deux secondes plus tard, il faisait son entrée comme sur un ring! Suivi de Spitzer et Talhami, il envahissait de toute son arrogance la loge de son adversaire, où il venait savourer sur l'écran les images du fameux knock-out qu'il lui avait fait subir lors du deuxième combat!

Occupé à se préparer un café dans un recoin de la pièce, Stéphane avait été soufflé par la surprise quand, se retournant, il avait aperçu dans le grand miroir de sa loge Henri Spitzer, Chuck Talhami et Dave Hilton agglutinés autour de sa télé comme s'ils étaient en train de décortiquer son style dans une séance vidéo!

Talhami l'avait salué d'un sourire et d'une poignée de main. Le reportage en arrivait maintenant à la terrible séquence du troisième round. Toutes les personnes présentes gardaient les yeux sur l'écran comme pour s'empêcher d'observer les réactions des deux boxeurs, comme si, sur les lieux d'un règlement de compte, ils ne tenaient pas à jouer les voyeurs.

Ouellet avait été admirable de maîtrise, et même d'esprit sportif. Comme les autres, il avait suivi les étapes de sa mise hors de combat. Et il l'avait commentée, ponctuant même d'un retentissant « Bang! » le terrible crochet du gauche de Hilton atterrissant sur sa mâchoire! Plus encore, il avait complimenté Hilton et murmuré : « Belles *shots*, très belles *shots* » quand il s'était revu s'écroulant au tapis.

Hilton n'en avait pas rajouté. Il n'avait fait aucun commentaire. À la fin du reportage, il n'avait pas fanfaronné comme on le craignait. Il avait préféré se taire et laisser les images parler à sa place, faisant là la démonstration qu'il focalisait sa haine sur Gatti.

Dès la fin du reportage, Hilton et ses seconds étaient repartis. Autour de Ouellet, certains fulminaient contre cette flagrante marque d'irrespect du clan adverse, d'autres en voulaient plutôt au sort d'avoir fait coïncider l'incursion de Hilton avec des images humiliantes pour Ouellet. En fait, le plus calme de tous était encore Stéphane, dont rien, ce jour-là, ne pouvait entacher le bonheur d'être du coup d'envoi d'un événement qu'il avait tant attendu. Deux ans plus tard, il dirait bien de Hilton « qu'il avait été baveux en hostie » d'envahir sa loge, mais sur le coup, il s'était plutôt employé à réduire l'importance de l'affront dont il venait d'être l'objet : « Que voulez-vous, le respect, ces gens-là, ils ne connaissent pas ça! »

Yvon Michel ne s'était pas non plus dressé sur ses ergots en apprenant l'incident. Plus tard dans la journée, il s'était même dit que cela devait expliquer l'assurance de Ouellet lors de la conférence de presse, et qu'à ce titre il fallait voir comme une bonne chose l'intrusion de Hilton! « C'est fameux de vous être retrouvés face à face, soulignera-t-il alors à Ouellet, sinon tu aurais peut-être encore cherché à le fuir comme la dernière fois... » Comme quoi le choix des loges n'avait peut-être pas été du tout innocent.

Bernard Barré, l'employé d'InterBox de qui relevait justement le volet sécurité de la conférence de presse, avait cherché à savoir si Hilton, dans la loge de Ouellet, avait tenté de l'intimider. Il disait avoir vu très souvent les Hilton faire de l'intimidation depuis leurs débuts dans la boxe. « Je sais, moi, que c'est sur cette tactique-là que les frères Hilton ont fondé toute leur carrière. »

Mais cette fois-ci, Hilton, pourtant en situation de prendre un avantage psychologique, avait fait preuve de retenue. Et pas seulement dans la loge. Au cours de la conférence de presse, il avait déjoué les prévisions d'un peu tout le monde en ne répétant pas son habituel et excellent numéro de destruction mentale. Bien sûr, il avait annoncé, pour la galerie, que Ouellet allait payer pour l'annulation du combat contre Lucas : « Et s'il veut être encore knock-out, ce sera mon plaisir! » Mais il l'avait dit sans véritable intention belliqueuse. Au moment de poser côte à côte pour les photographes, coutume où la tension est habituellement extrême, Ouellet et lui avaient échangé poignées de mains, tapes dans le dos et amabilités! Ouellet l'avait remercié pour ce troisième combat, Hilton avait répondu : « Ah, ce n'est vraiment rien », puis ils s'étaient séparés en se souhaitant mutuellement une bonne période d'entraînement.

Quand Stéphane Ouellet avait ce jour-là quitté le Casino, il était à la fois heureux et soulagé du déroulement de la conférence de presse. Il se demandait même si le résultat n'avait pas été supérieur à ses attentes. Il s'était vraiment attendu à ce que Hilton le nargue, d'autant plus que, deux fois perdant, il lui en accordait le privilège. Or, si Hilton s'était bel et bien prévalu de ce privilège, il l'avait fait en coulisse plutôt que devant tout le monde, les micros et les caméras!

***

L'événement de la pesée officielle était prévu pour le 7 septembre, à la veille du combat bien entendu, et encore au Casino de Montréal qu'il avait quitté 21 jours plus tôt, le cœur léger. Mais aujourd'hui, il n'avait même pas cela de léger : à 13 h 15, au moment de vérifier une dernière fois son poids à Claude-Robillard, il avait eu la vilaine surprise de voir la balance s'arrêter à 171 livres, 5 livres au-dessus de la limite de 166 qu'il devait obligatoirement respecter à 16 h! Perdre cinq livres en moins de trois heures? Mission pour le moins difficile! « Quelqu'un peut-il m'expliquer pourquoi Ouellet ne s'est pas présenté ici à midi pile, comme je le lui avais demandé? tempêtait évidemment Larouche dans le gym- nase pendant que son boxeur entamait un sauna de 45 minutes. Crisse, depuis le matin que j'essaie de l'appeler et que ça ne répond pas chez lui. Il doit ben s'être passé quelque chose... »

Si aller bouffer la veille une salade aux asperges dans un bar topless, faire danser quelques filles pour les 50 derniers dollars traînant dans ses poches, quitter la place en donnant son numéro de téléphone à la plus « speedée » du groupe; si attendre qu'elle appelle, se préparer à sa venue, l'accueillir, la baiser, jaser avec elle, apprendre qu'elle sortait tout juste d'une cure de désintox pour le *free base*, qu'elle prenait encore de la coke, qu'elle était folle du sexe, qu'elle avait été dépucelée par trois femmes en même temps, qu'elle avait taillé une pipe à son frère à l'âge de 12 ans « pour connaître ce que c'était »; si l'écouter raconter sa triste vie sans pouvoir dormir de presque toute la nuit, avoir pitié d'elle, regretter de l'avoir invitée et s'être rappelé que ce genre de fille à problèmes n'était pas pour tout le monde et que rien ne valait l'affection et une blonde sérieuse; si être heureux de la voir partir le matin pour pouvoir au moins dormir quelques heures avant la pesée, bref, si tout ça menait à conclure qu'il avait dû « s'être passé quelque chose », alors oui, Larouche avait raison!

À l'origine, Ouellet avait pourtant prévu cesser tous rapports sexuels le lundi 4 septembre. Mais il n'était même pas venu près de respecter son plan, voué d'avance à l'échec, il est vrai, vu le nombre de filles qui le sollicitaient dans cette période où il renouait plus que jamais avec son statut de star. Stéphane soutenait d'ailleurs, au contraire des partisans de l'abstinence en boxe, que les relations sexuelles lui faisaient grand bien, leur principal avantage étant certainement de le soulager de beaucoup de stress. Pour dire d'autre part à quel point son programme d'abstinence avait échoué : il allait même recevoir les caresses de sa future épouse le jour du match!

Malheureusement, son remède sexuel n'avait pas d'effet sur ses reins. Et en dépit des diurétiques qu'il avait absorbés, il n'avait toujours pas commencé à éliminer comme il aurait dû pour abaisser son poids.

Aussi regrettait-il sérieusement d'avoir mis, pour la première fois de sa carrière, la responsabilité de son poids entre les mains d'une tierce personne. Une semaine avant le combat, la diététiste attachée au groupe InterBox, Mélanie Olivier, lui avait en effet concocté un programme destiné à le garder fort et lourd le plus longtemps possible, et dans les dernières heures à le faire descendre spectaculairement sous la barre des 166 livres. Elle avait proposé un mélange alimentaire et médicamenteux assez complexe. Ainsi, pesé à 174 livres le mercredi 6 septembre, Ouellet aurait normalement dû ne pas s'inquiéter. Ce programme, d'ailleurs, avait déjà fait ses preuves pour Lucas. (Il deviendrait plus tard de règle dans la fabrique à champions du monde d'InterBox.) Pourtant, quelque chose lui disait que son corps ne réagirait pas comme prévu. Qu'il lui faudrait davantage qu'un jeûne complet de 6 à 8 heures avant la pesée pour atteindre les 166 livres, et qu'il s'éloignait tranquillement du principe du poids de forme voulant que l'on obtienne le poids idéal au jour idéal, dans l'aisance psychologique. Bref, il voyait réapparaître le scénario du deuxième combat contre Hilton...

en pire! « J'ai fait beaucoup de blagues, avait-il dit en contrôlant son poids le jeudi midi, en disant que mon corps était une véritable pharmacie. Mais je me rends compte que j'avais raison de me méfier de ces pilules qui étaient censées me faire pisser. »

Il avait d'abord pensé – même en prenant en considération la demi-heure de trajet qu'il fallait compter entre Claude-Robillard et le Casino – qu'entre 13 h 15 et 16 h, il bénéficiait malgré tout de suffisamment de temps pour se faire suer et se faire maigrir. Mais pendant qu'il se trouvait dans le bain sauna, Larouche avait communiqué avec Yvon Michel pour le mettre au courant de cette nouvelle tuile. Et il avait du même coup appris que ce n'était pas à 16 h que son boxeur devait se présenter au Casino, mais à 14 h, pour enregistrer des interviews avec les gens du réseau ESPN! « Et si Stéphane n'est pas là à 14 h, avait maugréé Yvon Michel, ESPN nous inflige une pénalité de 5 000 dollars. Alors arrangez-vous comme vous voulez, mais il faut obligatoirement respecter notre engagement. » Michel n'avait pas semblé réaliser l'ampleur des problèmes pondéraux de Ouellet. Et Larouche, avant de raccrocher, avait dû le ramener à une autre réalité que celle de l'argent.

— Yvon, tu ne sembles pas comprendre : Stéphane est à 171 livres, il lui reste encore 5 livres à perdre! Ça ne donne absolument rien de se présenter au Casino à 14 h, on ne fera pas le poids! Au mieux, ne nous attends pas avant 15 h 30 - 15 h 45.

Ouellet avait finalement réussi à se pointer au Casino aux alentours de 14 h 45. Pesé cette fois à 168 livres au sortir de son bain de vapeur, ce qui n'avait guère suffi à le relaxer, ce qui n'était pas une mauvaise chose si on considérait qu'une importante source de stress pouvait aussi faire chuter le poids.

À son arrivée, Ouellet avait été immédiatement conduit à la petite salle mise à la disposition d'ESPN. Heureusement, son retard n'allait rien coûter à InterBox, puisque les gens du réseau américain n'étaient même pas encore prêts à le recevoir. Mais il restait toujours à sauver les 20 % de sa bourse qu'il aurait à remettre à Hilton s'il se montrait incapable d'atteindre 166 livres d'ici une heure.

Il avait emporté son sac d'équipement, mais pour l'instant il portait encore la chemise et la cravate enfilées en vue de son interview à ESPN. Et comme il devait absolument, à l'abri des regards indiscrets, entreprendre son cycle de sudation (par de la boxe imaginaire), les gens de la sécurité l'avaient emmené dans un tout petit placard, où il s'était mis à boxer le vide entre les cintres!

En dépit de sa nuit blanche, du stress, de ce petit effort auquel il était en train de se soumettre, et surtout du jeûne complet qu'il observait depuis plusieurs heures, il n'avait encore ni ressenti ni affiché de signes de défaillance.

Il faisait pourtant de plus en plus chaud dans son recoin, et il suait pourtant de plus en plus. Yvon Michel était venu le voir pour s'enquérir de sa condition et se faire expliquer comment il avait pu être aussi négligent au sujet de son poids. « C'est pas de la négligence, Yvon, c'est de la stupidité. La stupidité de vous avoir écoutés et de m'être fié à quelqu'un d'autre pour mon poids! » Il avait jugé qu'il en avait trop peu épais sur le corps et il lui avait fait revêtir le gilet en molleton qui traînait dans son sac, tout en tentant de l'encourager dans son malheur : « Tu n'es probablement pas le seul à être obligé de faire ce que tu fais là, lui avait-il dit. À l'heure actuelle, il y a de grandes chances que Gatti fasse pareil, en tout cas il n'est toujours pas dans le Casino et il n'est pas non plus à sa chambre. Tout le monde le cherche. » Pour un peu, on aurait imaginé que d'avoir obligé par son long retard la RACJ à déplacer la pesée de 16 h à 16 h 45 avait été le meilleur et le plus subtil moyen imaginé par Gatti pour aider Ouellet à battre Hilton.

À 15 h 15, Michel était réapparu avec les ordres d'ESPN de sortir Ouellet de son placard et de l'emmener à la salle d'interviews, où il aurait un échange assez intéressant avec le commentateur de *Friday Night Fights*, Bob Papa. Enfin, pas directement avec Papa, puisque Yvon Michel agirait comme interprète. En respectant toujours le sens des réponses de Ouellet (après la première question, un type d'ESPN avait d'ailleurs vérifié auprès des personnes présentes si la traduction de Michel était fidèle à la réponse de Ouellet), mais en ajoutant à l'occasion un ou deux détails auxquels il aurait aimé que son boxeur pense.

PAPA : Pourquoi est-ce si important pour toi d'affronter à nouveau Dave Hilton?

OUELLET : Pour me prouver que je suis un meilleur boxeur que ce que j'ai montré au cours du deuxième combat, où j'ai « choké ». Pour offrir aux gens un meilleur spectacle.

PAPA : À quoi dois-tu attacher le plus d'importance contre Dave Hilton?

OUELLET : La concentration. Je dois être concentré autant sur son talent que sur le mien. Car lorsque je suis parfaitement concentré, j'arrive à de grandes choses.

PAPA : Au moment de disputer ta revanche à Hilton, étais-tu toujours affecté par la fin du premier combat?

OUELLET : Non. J'avais confiance en moi et j'avais confiance de gagner, parce que je m'étais davantage entraîné. Mais pour une multitude de raisons, je n'ai pas été capable de me mettre en marche. Cette fois, je ne dis pas que je vais gagner, mais je dis que je vais tout faire pour y arriver.

PAPA : Hais-tu Dave Hilton?

OUELLET : Non, tout cela est terminé. Et sans aller jusqu'à l'aimer, j'ai même maintenant de bons sentiments à son égard depuis qu'il a accepté de me donner une troisième chance. C'est un très bon boxeur, et il a mieux « dealé » que moi avec la pression du deuxième combat. D'ailleurs, sa performance dans ce combat-là me sert d'exemple car, même hué, il a su oublier ça pour faire un bon combat. Je dois donc demain m'élever à son niveau.

PAPA : Ce combat-là, est-ce une guerre de drapeaux? Une guerre politique? Une guerre entre un francophone et un anglophone?

OUELLET : Pour moi, tout ça c'est de la *bullshit.* Dans ma conception de la vie, il n'y a qu'un *flag, and that's the human flag* (malgré le fait que Ouellet s'exprimait convenablement en anglais, c'était la seule réponse qu'il avait fournie dans cette langue seconde; mais Yvon Michel avait senti le besoin de reformuler la question, en insistant sur la rivalité entre francophones et anglophones, comme s'il présumait qu'elle n'avait pas été bien comprise). Je sais, Yvon, j'ai compris le sens de la question et c'est exactement pour ça que j'ai répondu qu'à mes yeux, c'était juste de la *bullshit.*

Dans l'état où il commençait à se trouver, répondre à cinq questions avait exigé de Stéphane un effort anormalement important. Au cours de l'entrevue, il avait ainsi eu l'impression de parler avec beaucoup de peine. « Avait-on de la difficulté à m'entendre? » demandait-il maintenant en marchant vers le salon Baccara, où se tiendrait plus tard la pesée, mais où il lui serait permis de contrôler immédiatement son poids sur la balance officielle de l'événement. « Ça peut avoir l'air de rien, mais ce n'est pas si évident que ça de se prêter à un tel exercice le ventre complètement vide. »

Il dépassait un peu 15 h 30 quand il était monté sur la bascule de la Régie, dans son habit de naissance, le sexe caché aux regards par une veste d'InterBox que Larouche tenait à bonne hauteur. Il avait perdu une autre livre dans son placard. Il lui fallait encore en perdre une autre.

Aussi l'entraînement avait-il repris, cette fois dans un réduit de l'arrière-cuisine, encombré d'objets mais muni d'une fenêtre par laquelle le soleil, en ce milieu d'après-midi de septembre, jetait des rayons encore puissants. Larouche avait eu la présence d'esprit de suggérer à Ouellet de s'en approcher; il n'en fondrait que plus rapidement.

De la manière dont il était accoutré, ça ne pouvait tarder. Comme pour couvrir un enfant qui aurait froid, Larouche s'était emparé, autour de lui, de tout ce qui était susceptible d'être porté et l'avait mis sur le dos de Ouellet. Il avait sorti du sac de Stéphane une paire de baskets, des chaussettes de laine, un short gris et un gros chandail noir, et il avait même réussi à lui faire porter sa veste InterBox – Ouellet, qui n'aimait pas l'uniformité, trouvait, comme l'avait écrit Foglia dans *La Presse*, que les boxeurs d'InterBox, dans leurs vestes toutes pareilles, avaient l'air « *d'une équipe féminine de volleyball universitaire* ». Larouche avait aussi réquisitionné l'épaisse chemise en coton d'un copain de Ouellet pour la déposer comme une couverture sur les épaules du boxeur et, autour de sa tête, il avait enroulé l'une des nappes qui se trouvaient à sa portée.

Plus Ouellet suait, plus il pâlissait et plus les traits de son visage se creusaient. Larouche lui offrait maintenant ses mains dans lesquelles Stéphane assénait des coups encore de bonne qualité. « Ça doit être quoi demain ta seule préoccupation, Stéphane? » demandait le coach. « Garder mes mains hautes », répondait l'élève. « Tes mains hautes, tu as raison, mais surtout protéger ton menton. Je reparlais aujourd'hui avec Bob (Miller) et il avait la même opinion que moi : demain, si tu fais attention à la seule chose importante, ton menton, Hilton va recevoir une volée dont il va longtemps se souvenir. »

Pour peu que Ouellet réussisse à faire le poids. Mais une fois que cet énième combat avant le combat allait être gagné, il était vrai qu'il serait susceptible d'offrir une bonne, sinon une grande performance. Soit, il avait reçu tard la confirmation du combat; il avait été perturbé par toutes sortes d'histoires; il avait sauté quelques séances d'entraînement, ce qui avait fait paniquer Kulesza et fait dire à Larouche que, comme d'habitude, il avait perdu sa motivation une fois son contrat signé; il n'avait pu cesser totalement de fumer et avait continué à griller un demi-joint le soir pour se relaxer; et il n'avait pas pratiqué l'abstinence sexuelle. Bref une collection de détails qui justifiait amplement la réponse d'un membre d'InterBox à la question du cinéaste Pierre Falardeau, qui s'informait de la préparation du Jonquiérois : « Ouellet? C'est pas compliqué : il s'est entraîné à la Ouellet, point à la ligne! »

En dépit de ça, Stéphane avait connu, de l'avis d'un peu tout le monde, y compris ses entraîneurs qu'il avait habitués à pire, une bonne préparation. Quand Yvon Michel, qui ne fréquentait pas le gymnase, avait reçu les rapports négatifs de Kulesza sur l'entraînement de Ouellet, Larouche avait été le premier à remettre les choses dans une plus juste perspective en disant à son patron d'en prendre et d'en laisser, que Ouellet s'entraînait de manière satisfaisante. « De toute façon, avait alors répondu Michel, Stéphane a beau avoir raté quelques entraînements, je sais, moi, que Hilton ne s'entraîne pas plus fort que lui. Comme athlète, Hilton n'est pas le genre à faire des sprints comme les gars le font ici, et ça m'étonnerait même qu'il puisse courir 10 kilomètres. »

Ce que Ouellet avait fait de plus spécifique dans sa période d'entraînement, et ce qui demain allait probablement lui venir le plus en aide quand Hilton lui balancerait ses coups les plus puissants, c'était cet exercice infernal destiné à renforcer les muscles de son cou et, conséquemment, à rendre sa mâchoire plus solide. À chacune de ses présences en gymnase, on l'avait vu répéter le même manège en fin de séance : s'asseoir sur un banc, se mettre sur la tête une espèce de casque relié par des chaînes à un poids de 25 livres, et alterner ensuite pendant longtemps les oui et les non de la tête, oui pour soulever le poids, non pour le remettre au sol.

Pour le reste, la meilleure preuve de la qualité de son travail physique, c'était encore ce corps sculpté dont on avait déjà parlé aux entraînements publics et dont on reparlerait autant à la pesée, tout à l'heure, que demain à son entrée sur le ring. Même Hilton avouait le trouver plus baraqué qu'aux deux premiers matches, ce qui ne s'expliquait certainement pas par le seul fait qu'il était plus lourd. Cela s'était vérifié 3 semaines auparavant : Ouellet affichait alors un poids de 177 livres pour un taux d'adiposité de seulement 11 %.

Maintenant, avec la masse vestimentaire qu'il avait sur le dos, le soleil qui lui plombait dessus et la chaleur qui se dégageait des cuisines toutes proches, il était certainement de retour à ce poids : « Excellent, Ouel, n'arrête pas de travailler, tu transpires déjà beaucoup, l'encourageait Larouche. Pour suer plus, tu mettras même ton pantalon par-dessus ton short; mais avant, je veux que tu essaies de pisser une dernière fois. »

Ouellet s'était exécuté comme s'il avait eu à satisfaire à un test antidopage, comme si les verres qui traînaient là étaient des fioles de laboratoire. Il avait réussi à en emplir un à moitié.

Et puis on était venu par deux fois l'avertir qu'il était appelé à la pesée. « On n'a pas à se presser, avait un peu rouspété Larouche, ils nous ont dit 16 h 45, on sera là à 16 h 45. » Le coach en était peut-être arrivé à faire sortir toutes les gouttes d'eau du corps de son boxeur, mais il devait maintenant les sécher. Il utilisait pour ça les nappes de l'arrière-cuisine. « N'oublie pas de lui éponger aussi les aisselles, était venu lui rappeler le vieux routier Abe Pervin, il peut encore s'y cacher de la sueur. »

Se rhabiller avec des vêtements secs, marcher du réduit jusqu'au salon Baccara en se frayant un chemin à travers la foule, se déshabiller une autre fois au milieu d'une cohue indescriptible, et monter finalement sur la balance avait fini par lui coûter le peu de forces qui lui restait.

« Stéphane Ouellet... 164,9 livres! » venait de hurler l'officiel de la Régie, Jean-Guy Prescott, au grand, au très grand soulagement de Mélanie Olivier. La diététiste d'InterBox commençait à être aussi blanche et mal en point que son illustre client, elle avait même fait mine de s'évanouir en réalisant que Ouellet avait réussi à faire le poids. « Je n'arrive toujours pas à comprendre pourquoi les diurétiques ont fait si peu d'effet à Stéphane », avait-elle commenté en préparant les boissons à fortes concentrations de sucre qu'il devrait prendre ponctuellement d'ici au combat, afin de refaire ses forces.

Si cela était encore possible.

Car pour l'instant, rien n'était moins sûr. En descendant de la bascule, il n'avait pas eu à faire semblant de s'évanouir, il s'évanouissait! Ses jambes le lâchaient, il avait des bouffées de chaleur, et il commençait de voir double. Il priait pour ne pas tomber ici, devant tous ces gens, et surtout sous les yeux de son adversaire. Son seul désir était de quitter les lieux, mais il devait encore répondre aux dernières questions des journalistes, poser avec Hilton pour les photographes, et même avec l'ex-boxeur Paul Dubé à la demande de... Paul Dubé!

En attendant sa voiture, à l'extérieur, il avait pensé ne plus avoir à cacher son état et il était allé s'échouer sur un banc. Mais Spitzer, Talhami et Hilton étaient sortis dehors en même temps que lui, et il avait dû se redresser pour ne pas avoir l'air malade. Pour la même raison il avait décidé de quitter le Casino derrière le volant, mais au bout de deux ou trois kilomètres, il s'était rendu compte qu'il ne pourrait pas conduire dans cette condition. Alors il s'était mis à prier, tout le long du trajet entre l'île Notre-Dame et son appartement de Longueuil : « Merci, mon Dieu, de m'avoir aidé à ne pas m'évanouir. J'ai vraiment cru que ça y était, mais tu t'es arrangé pour ne pas que ça m'arrive devant Hilton. »

***

Ses jambes viennent de céder. Il est tombé. Mais cette fois, c'est d'incrédulité : il sait qu'il vient enfin de réussir à battre Dave Hilton et il n'arrive tout simplement pas à le croire! Au son de la cloche annonçant la fin du combat, il a levé les bras au ciel, et chuté au tapis. À l'intérieur du Centre Molson, pour les quelque 18 000 personnes présentes, c'est la liesse. *« Quand, à la fin de son combat contre un Dave Hilton débordé, véritablement pas dans son assiette, une clameur s'est élevée, on se serait cru en finale de la coupe Stanley quand le Canadien, il y a de cela bien des années, avait l'habitude de l'emporter »*, lira-t-on dans *La Presse* du lendemain. Yvon Michel est d'abord venu se jeter sur lui, et maintenant c'est Stéphan Larouche qui l'aide à se remettre sur ses pieds. Enfin, façon de parler. Dans les faits, après cette victoire, il faudra attendre très longtemps avant de le voir vraiment retomber sur ses pattes.

Il fait le tour du ring pour saluer et remercier son public en délire, d'abord seul, puis ensuite avec son fils Jim dans les bras, comme pour présenter à tout le monde celui qui, dans les derniers jours, a servi d'inspiration pour cette magistrale performance. Il va le serrer fort contre lui, lui dire : « Jim, papa a gagné, es-tu content? », et ils vont longtemps se regarder. Le fils ne fixe que l'œil droit de son père, celui qui porte une coupure depuis le troisième round et qui saigne encore un peu.

Il va embrasser les grands-parents de cet enfant-là, d'abord Olivette, qui s'est occupée de l'amuser pendant tout le combat au vestiaire, puis Angémil, qui aurait fini ses jours bien malheureux si les deux échecs contre Dave Hilton n'avaient pas été vengés.

Il va refaire un autre tour d'honneur sur le ring, cette fois avec Hilton, qui lui lève déjà le bras droit comme pour confirmer une victoire aussi évidente.

Il va écouter l'annonceur maison Christian Gauthier donner les scores des juges et annoncer la décision, sur la musique de *Conquest of Paradise* : « Le juge Nadeau remet une carte de *pointage* 99-90; le juge Procopio, 100-89; et le juge Woodburn, 99-90. Le gagnant par décision unanime : Stéphaaaaaane Ouellet... »

Il va refouler ses larmes, se prendre la tête à deux mains comme s'il arrivait encore moins à croire d'avoir battu Dave Hilton par des marges aussi fortes, et recevoir une nouvelle fois les félicitations de son adversaire : « Ce soir, tu as très bien boxé, Stéphane. »

Il va finir par descendre du ring, mais pas encore de son nuage, et entreprendre, entre ses gardes du corps, un laborieux retour vers son vestiaire, entre deux haies d'humains si déchaînés que l'on pensera à la sortie d'une rock star.

Il va pouvoir retrouver un peu de calme dans son vestiaire. Dans la salle, c'est la finale de la soirée entre Gatti et Hutchinson qui commence. La plupart des spectateurs sont restés rivés à leur siège, laissant seul l'auteur de l'une des plus grandes surprises de la boxe québécoise. Ses seconds passent le féliciter en coup de vent et retournent au cœur de l'action. Des personnalités ayant toujours eu de l'affection pour lui, comme Franco Nuovo et Pierre Falardeau, se croisent devant sa porte et viennent lui témoigner leur admiration. Falardeau s'attarde un peu : « J'étais malheureux pour toi, parce que je sais toute la marde que t'as mangée après le deuxième combat. Je sais quelle année 1999 de cul t'as eue, et c'est pour ça que je suis si heureux de ta victoire. C'est d'ailleurs à cause de toute cette marde que le résultat est aujourd'hui si bon. » Ses intimes, les membres de sa famille sont les témoins les plus privilégiés, les plus fidèles de ces moments mémorables. Ils ne le quitteront que le temps qu'il se rende en conférence de presse.

« Excusez ma voix défaillante, commencera par dire aux journalistes Jacques Thériault d'InterBox, mais aujourd'hui, après tant d'obstacles sur notre route, le partisan a pris le dessus sur le responsable des communications. » Il ne pouvait mieux dire. Au terme d'un huitième round d'anthologie, où Ouellet avait malmené Hilton au point de faire rêver à un arrêt de l'arbitre, le petit homme à la barbe blanche était entré en transe et on l'avait vu, lui d'un naturel bourru, servir une touchante étreinte à un proche de Ouellet. « Mais rien n'est encore joué, il reste encore deux gros rounds à passer », s'était-il fait dire. « Je le sais, je ne le sais que trop, mais il va trop bien, ça n'a pas de sens, il ne peut plus perdre! » Puis il était réapparu à mi-chemin du dixième et dernier round, en courant comme un fou, et cette fois il avait passé la dernière minute et demie du combat sa main soudée à celle du même type, comme si leur foi combinée pouvait suffire à empêcher un malheur de dernière seconde. Un comportement qui lui ferait ensuite dire, dans le vestiaire : « Ce soir, j'ai peut-être 47 ans, mais ce que j'avais l'air durant les derniers rounds, c'est d'un adolescent de 15 ans. »

« Non, je ne raccroche pas, allait ensuite annoncer Ouellet aux journalistes. Ma vie est changée maintenant. J'ai réussi à enlever ce cauchemar-là, réussi à enlever cette clôture-là de mon horizon. » Tellement marqué par son épisode du test psychométrique, qu'il aurait le réflexe de se soucier de son élocution, même après une bataille aussi longue et exténuante. « Je me forçais pour bien parler devant les journalistes, racontera-t-il, mais est-ce que j'ai dit "clôture" ou bien "clâture"? » « Quand même pas si mal comme performance pour un gars *punchy* », ne manquerait d'ailleurs pas de lancer Larouche à Mario Latraverse, lorsqu'ils se croiseraient après le combat. Ce Latraverse qui avait poussé le cynisme jusqu'à se présenter dans le vestiaire de Ouellet avant le match, pour lui dire, en lui prenant la tête à deux mains comme on le fait avec un enfant que l'on veut gronder : « Je veux voir ce soir le Ouellet que je voyais il y a deux ans, le Ouellet que j'avais l'habitude de voir dans des occasions comme celle-là. » Drôle de demande de la part de quelqu'un dont les agissements avaient failli contribuer à tuer ce Ouellet-là.

Stéphane est revenu au vestiaire, où l'attendent ses familiers et le docteur d'InterBox, Danièle Daoust, qui referme son entaille à l'œil droit de quatre points de suture. Il est étendu sur un banc, dans une partie retirée de la pièce, et pendant qu'il se fait soigner, il revoit dans sa tête les images du match. Il n'a pas été incommodé par sa coupure au cours du combat, sauf au moment où le sang a coulé dans son œil. Puis il louange le travail de son *cutman*, Bob Miller, qui a su contrôler les saignements.

Il a pris sa douche. Sur son torse il a passé la veste noire en denim qu'il portait à son entrée sur le ring, et qui contrastait avec sa culotte blanche. Il voulait faire plaisir aux motards qui la lui avaient laissée lorsqu'il avait quitté le milieu. « Tu ne fais plus partie des motards, aujourd'hui? » s'est informée la docteure Daoust. « Non. Je n'étais pas assez méchant pour cette vie-là. »

À le regarder, on dirait pourtant le contraire. Son œil commence à montrer des couleurs et cela le rend fier. Il aime afficher les traces de la dure lutte dans laquelle il vient d'être impliqué. « La guerre des regards au centre du ring, cette fois j'ai senti que je l'ai gagnée. Hilton a d'abord mis du temps à affronter mon regard, il gardait les yeux baissés. Il les a ensuite levés vers moi, et il a vu mon regard beaucoup plus décidé que le sien. C'est lui qui s'est mis à regarder ailleurs le premier. J'ai eu l'impression d'exercer la même domination durant le combat, je le regardais continuellement lorsqu'il me frappait, parfois avec un petit sourire aux lèvres, pour bien lui faire comprendre que, ce soir, il n'arriverait jamais à m'ébranler. »

Pour ce combat, il avait commencé à afficher de la résolution avant même de monter sur le ring. À sa sortie du vestiaire, son parcours sous les combles du Centre Molson l'avait obligé à passer devant le vestiaire de son adversaire, où il n'avait pu échapper aux petites menaces : « Tu t'en vas te faire knocker une troisième fois,

Ouellet. Attends-nous sur le ring, on va aller te satisfaire dans une couple de minutes!» avait ainsi lancé un des subtils seconds de Hilton. Mais loin d'être perturbé, Ouellet avait envoyé valser le vestiaire au grand complet d'un bras d'honneur bien senti.

La vérité, malgré ses sourires, c'était toutefois qu'avec sa force de frappe exceptionnelle, Hilton avait réussi à l'ébranler au cours du combat. «Il m'a bel et bien fait mal à deux reprises», confirme-t-il alors qu'il quitte les soins de Danièle Daoust pour retrouver la pièce principale du vestiaire. «La première fois, c'était au quatrième round; la deuxième, au septième.» Il reparle surtout du quatrième round, comme s'il tenait à donner raison aux propos de Lucas selon qui le premier bon coup reçu allait montrer s'il voulait continuer ou non le combat. «Hilton m'a atteint avec un crochet de gauche qui m'a étourdi, mais cette fois, et je suis content de ma réaction, je me suis calmé et ça a passé. J'ai évité de paniquer comme je le faisais avant, j'ai fait semblant de rien pendant un instant, et j'ai recouvré mes esprits en quelques secondes.»

Le quatrième round. On aurait dit que Hilton l'avait choisi exprès pour tenter de le descendre, comme pour faire suite à la controverse qu'avait suscitée Yvon Michel dans les médias quand il avait affirmé dans *Le Journal de Montréal* du 29 août : «*Ce sera un plus pour Ouellet... s'il atteint le quatrième round!*» À TQS, Yvan Martineau s'était demandé si cette déclaration ne montrait pas que Michel n'avait plus confiance en son boxeur. «J'ai dit ça à Daniel Cloutier pour mettre encore plus de pression sur les épaules de Hilton, car c'est un boxeur qui a tendance à moins bien réagir lorsqu'il se retrouve dans la position du favori, se défendra ensuite Michel. Je veux que Hilton panique s'il voit encore Stéphane debout devant lui après le quatrième round.» Cette explication avait plus ou moins convaincu le principal intéressé. «Il y a peut-être un peu de vrai dans ce que dit Yvon, mais n'oublions pas qu'il est aussi un businessman, disait Ouellet. Si je gagne, il prétendra que sa stratégie a fonctionné et il paraîtra bien devant notre clan; si je perds, il paraîtra encore bien devant Hilton et les amateurs de boxe en disant qu'il n'est pas surpris, qu'il l'avait un peu prédit dans les journaux. Il n'est pas fou, il se protège, il sait qu'il va devoir continuer de faire affaire avec Hilton si ce dernier me plante une autre fois.»

Stéphane continue de parler du quatrième round, il continue de parler du combat comme si jamais plus il n'allait s'écœurer de parler de boxe. Il est sur le point de partir, de quitter le Centre Molson sans même attendre la fin du match entre Gatti et

Hutchinson, mais cette fois ce n'est pas parce que l'endroit le dégoûte comme après le deuxième combat contre Hilton. Il veut changer de décor pour pouvoir réaliser plus vite ce qui lui arrive. Ici, cela lui semble impossible. « À partir du quatrième round, je commençais déjà à ressentir de la fatigue, ce qui était normal puisque je n'ai pas dépassé une seule fois six rounds en *sparring*. » Aux abords du ring, sa condition n'avait pas échappé à l'œil averti et impitoyable du préparateur physique, qui s'était opposé à le voir combattre avec cet entraînement imparfait. « Ah! voilà, Stéphane est fatigué, avait dit Andre Kulesza à la fin de cette quatrième reprise. C'est dommage, mais le manque de travail à l'entraînement, c'est maintenant qu'il paraît. » L'ancien entraîneur d'haltérophilie avait aussi regretté les deux premiers rounds plutôt timides du Jonquiérois – une entame pourtant normale pour quelqu'un qui avait besoin de se rassurer –, où il n'avait pas assez mis sa force physique à contribution. En revanche, il avait noté avec justesse, lors du troisième round, que sa concentration semblait « parfaite ».

Elle était très bonne, pas parfaite. « Je suis fier, parce que, cette fois, je suis parvenu à surmonter mes idées noires autant avant que pendant le combat, même si elles ont été beaucoup moins nombreuses que lors de notre deuxième affrontement. Dans ce temps-là, c'était hallucinant, chaque fois que j'essayais d'imaginer quelque chose en rapport avec le combat, c'était négatif et je me voyais toujours perdre. Ce soir, j'ai bien songé quelquefois au pire, mais les pensées positives ont toujours prévalu sur les négatives. En fait, on aurait dit durant le combat que je me battais avec mes pensées à tous les moments charnières. Par exemple au troisième round, je me suis dit que Hilton allait tenter de me descendre au cours de ces trois minutes-là, comme il l'avait fait la fois d'avant. Puis après le cinquième round, j'ai encore pensé au knock-out, sauf que j'avais déjà l'impression, à ce stade, de m'être prouvé quelque chose. Je me disais : "S'il me met maintenant knock-out, j'aurai au moins fait mieux que la dernière fois et je pourrai me consoler avec le fait d'avoir pris tous les premiers rounds." Mais le festival des pensées noires, je l'ai vécu au dernier round : j'ai passé les trois minutes à avoir continuellement des flashs des deux premiers combats. Peu importe où je me trouvais sur le ring, on aurait dit que mes yeux se portaient toujours sur une horloge (le Centre Molson en comptait plusieurs), et je voyais les secondes s'écouler. À la toute fin, je me souviens même qu'il restait seulement 16 secondes. Là, j'ai vraiment revu dans ma tête les images de notre premier combat et je me suis demandé si je n'allais pas perdre de la même façon. »

Comment Ouellet peut-il donc réaliser qu'il a réussi à vaincre Dave Hilton malgré tous les obstacles, tous les stigmates qui l'en auraient normalement empêché? Il lui faut prendre du recul. Impossible, ici, où tout le ramène à sa stupéfiante victoire. Dans une cage d'escalier, tout juste avant de sortir de l'amphithéâtre, il tombe sur le journaliste Ronald King, de *La Presse*. Affecté ce soir à la soirée de boxe, King, qui avait déjà composé, avec ses collègues Réjean Tremblay, Philippe Cantin, Michel Blanchard, Gilles Bourcier et surtout feu Robert Duguay l'une des sections sportives les plus intéressantes du journalisme québécois, est heureux. Les combats Hilton-Ouellet ont eu beau mettre chaque fois en scène deux authentiques boxeurs locaux, le cœur de King, comme celui de ses collègues de *La Presse,* n'a à l'évidence jamais balancé. « En tout cas, ce soir, tu m'as fait plaisir en hostie, Stéphane », lui lance-t-il en le croisant.

Le champion est maintenant dehors, marchant dans la nuit vers sa voiture. « Si je reste ici plus longtemps, a-t-il dit plus tôt dans le vestiaire, tout le monde va vouloir m'inviter un peu partout et je tiens à être le plus seul possible pour savourer ce moment. » Pour l'instant, il plane encore. La preuve : il marche sur les pare-chocs des autos stationnées pour se rendre à la sienne. Il est dans un autre monde.

Il a hâte d'arriver à Longueuil. Il roule sur le pont Champlain à basse vitesse. Il est reconnu et félicité par des partisans en motos qui viennent comme lui de quitter le Centre Molson. Il pense à la suite de sa carrière, à son classement de dixième aspirant mondial qui devrait encore s'améliorer avec ce résultat, au calendrier sportif qu'il souhaiterait être le sien, d'abord Thobela en Championnat du monde, suivi par des défenses contre Catley et peut-être même Lucas, si l'argent est là, « puisque ça fait déjà si longtemps qu'on met les gants ensemble ». Il ouvre la radio, zappe un peu, et tombe sur un poste où on parle déjà de sa victoire. Enfin pas exactement de sa victoire, mais c'est tout comme : les mots de Laurence Jalbert sont de ceux qui l'ont rendue possible en lui donnant le courage de s'accrocher après sa deuxième défaite contre Hilton :

Ce que je te chante
C'est l'hymne à la vie
L'hymne au courage
À tout ce que ça t'a pris
Pour rester debout
Au milieu d'un grand remous

Ce que je te chante
C'est l'hymne à l'amour
Le seul, le vrai celui qui dure toujours
À donner des haut-le-cœur
Comme dans un grand remous

« Comme c'est bon, cette chanson-là, se dit-il en atteignant la Rive-Sud. Tiens, j'y pense, des haut-le-cœur, j'en ai eu qu'une seule fois durant le combat. Une seule fois j'ai senti la bile me monter en gorge et craint de perdre mon protecteur buccal. »

***

Chapitre 11

Un dernier combat et la descente aux enfers

À mon retour de Las Vegas, c'est Larouche qui avait peut-être le mieux décrit la situation quand il avait dit, un peu pour excuser ma défaite face à Sheika : « Je sais, moi, à quel point Stéphane a gamblé fort en claquant la porte d'InterBox et en voulant faire cavalier seul. » Cette décision représentait en effet un très gros pari et, à l'évidence, on ne peut pas dire aujourd'hui que je suis passé près de le gagner. « C'est jamais une bonne idée d'envoyer promener un millionnaire », allait d'ailleurs dire plus tard Réjean Tremblay à la télévision de TQS, et il serait bien difficile de lui donner tort. La seule chose, c'est qu'une fois qu'on avait malheureusement envoyé promener le millionnaire (et en plus en pleine radio), on pouvait quand même se regarder dans le miroir et se dire qu'on avait au moins eu le courage de ses opinions, quitte à être pris pour manger de la misère le reste de sa carrière. C'est bien cette question que posait mon divorce avec InterBox : valait-il mieux dans la vie tenir à ses convictions et se retrouver à l'ombre ou bien avoir enfin sa place au soleil tout en ayant l'impression de la devoir à un manque d'affirmation? En tout cas, moi, à l'aube de mes 30 ans, c'était comme si j'avais choisi de ne plus laisser Yvon Michel décider de mon destin, et qu'avec cette prise de position (en partie provoquée il est vrai par ma consommation de drogue d'alors), j'avais enfin pris un peu confiance en moi. Certes, on dira des deux années qui ont suivi cette chicane qu'elles ont ressemblé à une longue et tranquille descente aux enfers, et je suis assez mal placé pour être en désaccord avec ça. Mais il ne faudra jamais oublier aussi que, sans tous ces événements, je n'aurais pas connu des gens exceptionnels comme ceux de K-Management, ni eu l'occasion de travailler avec d'aussi bonnes personnes que Dave Hilton père, Deano Clavet et Russ Anber. S'il faut trouver un beau côté à cette période difficile, il faut que ce soit celui-là.

***

C'était une sensation étrange : ils étaient assis tous les trois dans le même avion, ils avaient tous les trois un billet confirmant

507

leur départ du 3 avril pour Las Vegas, et pourtant Ouellet savait qu'ils n'allaient pas tous au même endroit, et que de tous les passagers il était le seul à voler non pas vers Las Vegas mais vers l'abattoir. Il se sentait comme un pirate de l'air, tout seul à savoir que la destination finale du voyage ne serait pas celle qui était inscrite sur les cartes d'embarquement.

Las Vegas. En voyant ce nom sur son billet, il avait pensé, puisqu'il partait affronter l'Américain Omar Sheika dans une condition physique et mentale inadéquate, que c'était peut-être justement dans la ville du jeu qu'il ferait la preuve que son *gamble* de quitter InterBox n'était pas le bon.

Ils étaient assis tous les trois dans le même avion, mais pas ensemble; Deano Clavet était perdu au milieu des autres passagers, tandis que Ouellet et Linda Niquette occupaient des places côte à côte, comme ils partageraient la même chambre à l'hôtel MGM. *« Une chambre avec deux lits »,* préciserait toutefois Clavet au journaliste Ronald King, de *La Presse,* qui s'étonnerait de voir Ouellet se présenter à Las Vegas au bras de cette fille si belle qu'elle *« ferait tourner la tête du pape s'il passait par Las Vegas ».* Clavet aussi avait été étonné par la décision de Ouellet de voyager avec sa conjointe, et encore plus par les confessions qu'il lui ferait, là-bas, d'avoir souvent eu des rapports sexuels le jour de ses combats, y compris le plus récent et le plus mémorable, celui, victorieux, contre Dave Hilton. À Las Vegas, cela vaudrait d'ailleurs « cent piastres » de voir la tête que ferait chaque fois Clavet quand il réussirait à percer un nouveau mystère de son boxeur et qu'il découvrirait sa façon étonnamment artisanale de se préparer à un combat. *« Stéphane et moi avons eu une longue conversation à ce sujet,* expliquerait plus longuement Clavet à Ronald King. *Je lui ai dit que je ne voulais pas diriger sa vie, que c'était correct d'amener sa blonde s'il est confortable avec elle, mais que moi, je faisais un mois d'abstinence avant un combat.*

« J'ai lu quelque part qu'une goutte de sperme équivalait à 16 gouttes de sang. J'ai lu aussi la biographie de Sugar Ray Robinson et il croyait en l'abstinence sexuelle.

« J'ai dit à Stéphane qu'il devait avoir les jambes fortes, qu'il devait être agressif. Je sais qu'il y a plusieurs théories là-dessus mais ce n'est pas pour rien qu'un homme qui n'a pas eu de relations sexuelles depuis longtemps est plus agressif qu'un autre. »

Clavet avait cependant su, au cours du vol vers Las Vegas – comme du reste beaucoup d'autres passagers –, que Ouellet avait une théorie différente quant aux conséquences de s'envoyer en l'air pour un pugiliste. Il avait vu à deux reprises son boxeur se lever, se rendre à la seule toilette de l'appareil, et en ressortir après y avoir été rejoint par sa compagne! Quiconque parmi les passagers s'amusait à compter les allers et retours de Ouellet aurait par ailleurs bien du mal à croire, trois jours plus tard, les accusations portées contre lui d'avoir uriné en public.

Ce n'est toutefois pas au cours de ce vol que les amoureux avaient conçu la petite fille qui arriverait dans leur vie un an plus tard. Peut-être son joli prénom, Marie-Soleil, leur aura-t-il été inspiré par le temps qui les attendait à leur arrivée au Nevada, mais pour le moment, ils avaient tout de même parlé de profiter de ce voyage pour se marier. Naturellement, les médias québécois s'étaient interrogés sur le degré de concentration de Ouellet à l'approche d'un combat d'une telle importance! « *(Mais) j'y ai (seulement) pensé pendant cinq minutes* », expliquerait encore Ouellet à *La Presse,* en se sentant obligé d'ajouter que, face à Sheika, ce ne serait surtout pas « *le temps des amourettes...* » Mais il allait là-bas être tellement question du difficile divorce de Ouellet avec InterBox – sur place, le feuilleton finirait par exaspérer un journaliste comme Ronald King, qui tenterait de faire comprendre aux nouveaux gérants de Ouellet que laisser certains médias casser les oreilles de leur boxeur avec cette « vieille » histoire ne l'aiderait certainement pas à se concentrer – qu'on voit mal comment parler de mariage aurait pu être plus néfaste.

Bien plus que les relations sexuelles que Stéphane s'était permises entre ciel et terre, bien plus que celles qu'il s'autorisera à Las Vegas entre le mardi de son arrivée et son combat du samedi, ce qui lui avait vraiment coupé les jambes, ça avait été, juste comme il arrivait à l'hôtel MGM, de tomber face à face avec Jacques Thériault, le chargé de communications du groupe InterBox. Ça, Ouellet ne s'y attendait pas. Il avait encaissé le choc, le premier d'une série qui se poursuivrait le lendemain après-midi à la conférence de presse, quand, à l'intérieur du Hollywood Theater du MGM, il verrait cette fois Yvon Michel accompagné de tout ce que la boxe internationale comptait de gratin. Ce jour-là, il trouvera indécent le spectacle grotesque des fausses effusions de joie entre les tout-puissants de la boxe qui, de banquets en banquets, de congrès en congrès, de galas en galas, menaient grande vie dans le noble art en oubliant qu'ils en étaient là parce qu'il y avait ou qu'il y avait eu des boxeurs derrière eux. « L'affaire, expliquera plus tard Ouellet, c'est que je ne comprenais pas ce que la gang d'InterBox venait faire à Las Vegas, pour MON combat, alors qu'on venait juste de... divorcer! On n'était quand même pas au Centre Molson, à côté de la maison, on était à Las Vegas, à cinq heures de vol de Montréal! Mais ce que je m'expliquais encore moins, et ça n'avait aucun rapport, c'était le fait que Jacques Thériault, jour après jour, avec sa petite feuille blanche, dirige la circulation pour des activités médiatiques qui, encore là, concernaient MON combat! Non vraiment, je n'arrivais pas à comprendre la logique de la situation. »

Il n'y avait pas de logique. Il y avait juste une situation un peu floue qui pouvait faire encore d'InterBox le promoteur de Ouellet, et elle montrait bien à quel point ce dernier pouvait être étranger aux dessous de la boxe. Et naïf : comment pouvait-il en effet ne pas s'attendre à voir Yvon Michel sur place, quand c'était lui, le directeur général d'InterBox, qui avait déniché ce combat, payant mais piégé, et lui qui allait sans doute tirer le plus de satisfaction à voir Stéphane se casser la gueule sur cette grande scène?

De toute manière, si le Jonquiérois pouvait en vouloir à Thériault et Michel de leur présence à Las Vegas, il n'avait qu'à se blâmer lui-même d'avoir ouvert son vestiaire le jour du match et même fait une place dans son équipe de seconds à... un membre d'InterBox!

Un mois avant le combat, Stéphan Larouche avait fait savoir que, malgré toute la dissension, son *cutman* de toujours, Bob Miller, tenait encore à offrir ses services à Ouellet. Larouche avait suggéré que le clan plutôt vert de Ouellet aurait avantage à compter sur un homme aussi expérimenté que Miller, qui savait tout des secrets du Jonquiérois et de Las Vegas. Cela paraissait être une proposition de cœur, et à ce titre Ouellet l'avait acceptée. Sur le coup, comme ses proches, il n'avait vu que la bonté de l'offre et n'avait pas pensé que ce pouvait être un moyen, pour InterBox, de lui refiler un « espion ». Miller ayant été mis au courant par InterBox de la bourse de 77 000 dollars de Ouellet, son intérêt à être dans son coin pouvait tout aussi bien être motivé par les 3 000 dollars que lui vaudrait son pourcentage de 4%. « Mais le soir du match, dans mon vestiaire, j'avais éprouvé une sensation curieuse, se rappellera Ouellet. Il m'avait semblé que la présence de Bob au milieu de mon personnel avait quelque chose d'anormal. Je me sentais presque étranger dans mon propre repaire, autant devant les gens de ma nouvelle équipe, avec qui je travaillais depuis seulement quelques mois, que devant Miller, que je connaissais depuis très longtemps... »

Voilà un aperçu de l'absurdité du combat du 7 avril 2001 contre Sheika, à Las Vegas. Les personnes que Ouellet connaissait le mieux représentaient InterBox, elles n'étaient plus celles qu'il désirait voir et encore moins celles avec qui il voulait travailler! À son retour à Montréal, d'ailleurs, il dirait s'être senti bien seul pour faire la guerre à Las Vegas, impression renforcée par le fait que son adversaire, Sheika, qui appartenait à la société Duva Boxing de la légendaire famille du même nom, paraissait quant à lui soutenu par l'une des armées les plus solides du monde de la boxe.

De tous ces gens nouveaux qui entouraient Ouellet à Las Vegas, c'est son entraîneur Deano Clavet qu'il connaissait depuis le plus longtemps. À la fin des années 1980, au temps où la carrière professionnelle de Clavet déclinait et que celle de Ouellet s'amorçait, il était déjà arrivé aux deux boxeurs d'être réunis dans un même gala de boxe, de faire partie d'un même spectacle. On saurait bien vite que Ouellet aimait surtout les mots, et Clavet, la comédie.

Ils s'appelaient donc Clavet et Ouellet, et ils avaient l'air d'être un peu faits l'un pour l'autre.

Ils avaient pu le vérifier au début des années 1990, alors que Ouellet entamait cette carrière chaotique qui déplacerait de plus en plus de membres de la colonie artistique comme de simples amateurs de boxe. À l'époque, on voyait donc souvent Clavet et Roy Dupuis se rendre en province suivre les premiers exploits pugilistiques de Ouellet, un naturel pour Clavet en raison de son passé, bien sûr, mais aussi parce que la boxe servait alors de cadre au travail des deux comédiens, sur le plateau de la série *Scoop*. Aux côtés de Dupuis qui incarnait le journaliste Michel Gagné, Clavet personnifiait en effet le boxeur Jimmy Fontaine, son premier grand rôle à la télévision (on l'avait tout de même vu auparavant dans des téléromans comme *L'Âme sœur*, *Semi-détaché* et *L'Or du temps*).

Une fois seulement – c'était à Trois-Rivières – il était arrivé à Dupuis, Clavet et Ouellet de se côtoyer. C'était au cours d'une méchante fête après un combat. Mais par la suite, question de circonstances, ils ne s'étaient plus revus, même si Clavet et Ouellet gravitaient toujours dans le même univers. En parallèle à sa carrière d'acteur, Deano Clavet s'était attaché à conserver un lien avec la boxe en ouvrant un gymnase dans un centre sportif de Laval, où il dispensait son enseignement à quelques célébrités et à de simples quidams plus désireux de garder la forme que de faire carrière dans le dur métier des coups.

Le jour de novembre 2000 où Ouellet avait cherché à joindre Clavet pour lui offrir de devenir son entraîneur, c'était là qu'il avait

511

pensé le trouver. Dans une période où tout lui semblait confus, où en dépit de son statut de boxeur le plus populaire du Québec il semblait incapable de se dégoter un entraîneur moyennement crédible, le coup de téléphone au gymnase de Clavet était le seul qu'il avait passé. Certes, il avait jonglé avec plein d'autres idées et revu les (rares) autres possibilités, comme se faire entraîner par Russ Anber, par George Cherry, et même encore par Larouche, si jamais ce dernier décidait aussi de quitter InterBox pour ouvrir son propre gymnase; il avait aussi failli approcher Dave Hilton père, avant de se raviser et de se dire que ses combats avec les frères Hilton avaient sûrement laissé trop de traces pour qu'ils songent à s'associer. Bref, il avait évoqué tous les scénarios imaginables sans se convaincre pour aucun d'entre eux.

Restait celui auquel il avait pensé presque en désespoir de cause, alors qu'il commençait à être véritablement inquiet.

Il avait téléphoné au gymnase de Clavet, à Laval, le 24 novembre. Mais comme c'était un vendredi, les portes s'étaient fermées plus tôt et Clavet avait déjà quitté les lieux. Sur le répondeur, sa voix invitait à laisser un message. Stéphane avait été clair : « Salut, Deano, ici Stéphane Ouellet, t'as sûrement vu dans les journaux ce qui se passe présentement avec ma carrière. Je suis en train de former une nouvelle équipe, je pense avoir trouvé mes nouveaux gérants, des gars ben cools, mais j'ai encore besoin d'un entraîneur. Sincèrement, t'es à peu près le seul avec qui je pourrais avoir le goût de travailler. Si ça te tente de me donner un coup de main, rappelle-moi, je suis sûr qu'on pourrait faire une bonne job pis avoir ben du fun ensemble. »

Clavet avait entendu le message le lendemain matin, et cela lui avait fait un drôle d'effet, comme si ce qu'il entendait était la suite du rêve qu'il venait de faire. « *C'est drôle parce que je venais de rêver à Mario Cusson* », avait-il expliqué par après à *La Presse*, en parlant de cet ami exceptionnel qu'il avait tragiquement perdu au bout d'une corde à sauter, devenue, un jour de novembre 1996, une corde à sauter dans le vide. « *Dans mon rêve, on se parlait au téléphone, Mario et moi, sa voix était claire. Puis la ligne a coupé.* » Ce cauchemar le hantait depuis l'instant où il avait vu le corps inanimé de son ami qu'on venait à peine de décrocher de son désespoir et d'étendre au sol. « *Mario aimait bien Stéphane, qui était un jeune boxeur à l'époque. Il m'avait dit : "Tu verras, c'est un futur champion du monde."* » Mario Cusson avait d'ailleurs lui-même fait l'éloge, à la télévision, de Stéphane, dont il appréciait la transparence : « Non mais c'est vrai, nous autres, les boxeurs, nous sommes toujours là à cacher la vérité, à nier le fait qu'on s'est fait sonner par le gars d'en face, et lui il arrive et il fait tout le contraire de ça, il fait ses combats et il ne craint pas de dire que son adversaire lui a fait mal, qu'il s'est fait ébranler, qu'il n'a pas la mâchoire la plus solide de la boxe, à la limite c'est le genre de gars qui pourrait même avouer ressentir la peur, ce que nous autres on est bien trop orgueilleux pour avouer. »

S'occuper de Stéphane Ouellet, chercher à comprendre ce garçon de son point de vue d'artiste, était une idée qui avait déjà traversé l'esprit de cet homme exceptionnellement confiant, plein d'assurance, qui n'avait jamais connu ni le trac de boxer devant 20 000 personnes ni celui de monter sur scène, et qui ne le connaîtrait pas plus à entraîner un septième aspirant mondial, même s'ils étaient nombreux à le juger insuffisamment qualifié pour cette tâche. Deano Clavet ne ferait jamais croire qu'il était un grand entraîneur. Il acceptait simplement de donner un coup de main à un boxeur qui le réclamait, comme Cusson l'avait fait pour lui à un mois de son second match contre Alex Hilton, quand il s'était retrouvé sans entraîneur après une brouille avec Georges Drouin.

Clavet avait rappelé Ouellet à peine quelques heures après avoir entendu son message. Au téléphone, il avait laissé voir un certain intérêt, et les deux hommes avaient décidé de se voir dans la journée, pour refaire connaissance. « *Sans autre façon*, relatait *La Presse, Clavet a demandé à Ouellet s'il avait son équipement. "Oui? Alors amène-toi!"* » Le résultat de cette journée de retrouvailles, selon Clavet? « *C'est comme si on avait mis nos costumes de bain pour aller à la plage* », raconterait-il, levant un peu le voile sur ses méthodes personnelles d'entraînement, lui qui conseillerait à Ouellet, en janvier, d'abandonner la musculation au profit de la nage! « *On a joué. Je l'ai testé un peu, juste pour voir. J'ai même corrigé quelques points. Ça lui a plu.* »

Le lundi suivant, 27 novembre, au terme d'une séance d'entraînement qui avait pris l'allure des débuts officiels de leur relation – du moins pour les caméras de télé venues sur place –, Clavet et Ouellet s'étaient assis au bord du ring en présence des types de K-Management – on avait profité de l'occasion pour réunir ce qui formait désormais le « nouveau clan Ouellet » – et le coach avait tenté d'être le plus clair possible sur le genre de relation qu'il désirait avoir avec son boxeur. Il avait déjà remarqué, au cours de cette journée, que Ouellet était son antithèse à au moins deux endroits : sur le ring, où il boxait trop tendu, et devant le micro, où il parlait trop vite. « Moi, Stéphane, dans la vie, je m'arrange pour avoir du fun, pour ne faire que des choses qui me tentent et qui me font plaisir. Je voulais boxer? J'ai boxé. Je rêvais de devenir acteur? Je le suis. J'ai voulu avoir mon propre gymnase? Nous sommes assis en ce moment sur mon ring, dans le Gymnase de boxe Deano Clavet. Donc dans tout ce que je fais, je tiens à avoir du fun, pour moi c'est essentiel. Tu veux qu'on fasse équipe ensemble? L'idée me tente aussi. Mais il y a une chose sur laquelle je veux être bien clair : je ne veux pas de conflits, je ne veux pas de chicane. Et surtout – encore là, j'aime mieux t'avertir d'avance –, je ne veux pas devoir t'appeler chaque jour pour te forcer à venir au gym. Si tu décides de ne pas venir, ce sera ton affaire, je ne veux pas que tu comptes sur moi pour te traîner ici. J'ai vraiment beaucoup trop de choses à faire pour prendre le temps de m'occuper de ça. »

Pour Ouellet, qui sortait à peine d'un épouvantable conflit public avec InterBox, c'était un discours rassurant et qui arrivait à point : la dernière chose dont il aurait eu envie, c'est de se chicaner une nouvelle fois avec un entraîneur. « Moi, Deano, ce que je souhaite, c'est qu'à la fin de notre aventure, on puisse se serrer la main et se dire que, peu importe ce qui sera arrivé, nous aurons vécu un méchant beau trip. »

Sur le coup, les témoins de cette entente verbale entre Clavet et Ouellet avaient approuvé. Les types du groupe K-Management avaient beau être tous nouveaux dans l'univers de Ouellet et de la boxe, il leur paraissait plein de bon sens que Clavet n'ait pas à courir après son boxeur pour le forcer à venir au gymnase. Hélas, en cours de route, les gérants de Ouellet oublieraient, comme un peu tout le monde, à quel point Clavet avait été clair, et se diraient déçus, après la défaite contre Sheika, que l'entraîneur ne se soit pas montré plus sévère, n'ait pas davantage serré la vis à leur boxeur. Cette insatisfaction s'ajoutant aux voix qui regretteraient que Clavet n'ait pas honnêtement refusé d'entraîner Ouellet parce qu'il n'avait ni la compétence, ni le temps, ni l'ambition d'entraîner un septième aspirant mondial, il avait fallu entendre l'opinion de Ouellet lui-même sur le degré de responsabilité de Deano Clavet dans l'échec de Las Vegas.

« La responsabilité de Deano en rapport avec ma défaite contre Sheika? Elle a été nulle, absolument nulle. On peut dire tant que l'on veut que les outils professionnels que l'on m'a donnés pour me préparer à affronter un adversaire de la trempe de Sheika ont été ridicules, en bout de ligne il faut se souvenir que c'est moi qui avais demandé à Deano de m'entraîner. Il m'a laissé de la corde, il m'a concocté un programme d'entraînement qui ne correspondait évidemment pas au défi que j'avais à affronter, mais il faut croire que ça faisait aussi mon affaire, parce que ça m'a permis de me complaire là-dedans. »

***

Les associés de K-Management n'avaient pas pris le même avion que Deano Clavet et ils avaient tous fait leur entrée à Las Vegas un peu plus tard au cours de la semaine.

Mais dans la vie de Ouellet, ils étaient arrivés un peu avant.

Ouellet s'était en effet entendu avec les quatre jeunes associés de K-Management quelques heures à peine avant d'approcher Clavet et d'achever la composition de son nouveau clan. Le vendredi 24 novembre, c'est-à-dire 10 jours seulement après sa fameuse charge contre InterBox à la radio de CKAC, le réseau RDS avait été le premier média à confirmer cette étonnante association entre un boxeur de niveau mondial archiconnu, et une jeune firme de gérance qui ne l'était pas du tout, même à Montréal.

L'auteur du scoop, Martin Dion, était précisément celui à qui les deux parties devaient de s'être rencontrées! Quelques jours avant l'aboutissement des négociations, c'est en effet ce jeune journaliste affecté à la couverture de la boxe à RDS qui avait contribué à mettre en contact Stéphane Ouellet et les gars de K-Management.

Comme il arrive souvent dans ce métier, Dion avait dû à un petit coup de chance d'apprendre l'intérêt des quatre associés envers Ouellet. Lui à qui le divorce entre Ouellet et InterBox venait de faire vivre l'une des décades les plus trépidantes de l'histoire de la boxe montréalaise, lui qui avait dû s'employer depuis le début des événements à faire la navette entre les deux clans pour recueillir déclarations et réactions, il bénéficiait ce soir-là d'un petit répit à son pupitre de la salle des nouvelles, quand le téléphone avait sonné. À l'autre bout du fil, un type avait demandé : « Pourrais-je parler à Luc Gélinas, s'il vous plaît? »

— Luc Gélinas ne travaille pas ce soir. Il faudra rappeler.

Luc Gélinas couvrait pour RDS le hockey du Canadien et le gars qui appelait, un des membres de K-Management, s'était souvenu qu'il le connaissait, quand on avait cherché un moyen d'entrer en contact avec Ouellet, après l'annonce de son divorce d'avec InterBox.

— En fait, pour être précis, j'avais autant besoin de parler à Luc Gélinas qu'à Martin Dion. Est-il là, lui?

— C'est moi.

Le type s'était présenté. Il s'appelait Marco Romani, il était avocat, il faisait des affaires avec trois amis d'enfance qui s'étaient associés pour fonder une entreprise de gérance nommée K-Management (en droit, le « K » fait figure de symbole pour le mot « contrat »). Le destin les amenait aujourd'hui à tenter leur pari le plus fou, celui de mettre la main sur le boxeur le plus illustre de la boxe québécoise. Certes, ils manageaient à ce moment des joueurs de hockey et au moins un joueur de football (Bruno Heppel, des Alouettes de Montréal), mais ils ne comptaient personne dans leur écurie pouvant être lié de près ou de loin à la boxe. En fait, ce qui les rendait peut-être le plus aptes à s'occuper de Stéphane Ouellet, c'était qu'ils manageaient aussi des artistes!

Romani avait réussi sa mission. À la fin de sa conversation avec Martin Dion, il était parvenu à le convaincre de lui refiler le numéro de téléphone de Ouellet. En échange, tout ce que cela lui avait coûté, c'était la permission consentie à Dion de pouvoir rapporter dans une nouvelle l'intérêt d'un nouveau groupe pour Ouellet, tout en gardant pour l'instant secret le nom de K-Management.

À ce moment, Ouellet avait eu des contacts peu significatifs avec un seul individu, l'ancien promoteur de Québec Angelo Nittolo, qui s'était dit capable de le faire boxer pour la Top Rank, la firme du prestigieux promoteur américain Bob Arum. En un sens, K-Management devenait la première firme à l'approcher concrètement, à lui manifester un réel intérêt, à l'appeler, à lui fixer des rendez-vous, bref à se montrer tout à fait sérieuse, et on peut penser que cela avait contribué à faire réagir d'autres entreprises de la même envergure. Aussi la firme Paraphe de Trois-Rivières était-elle alors entrée dans la danse en modifiant légèrement le scénario : pour s'attacher les services de Ouellet, elle lui offrait son expertise mais également un bonus de signature de 10 000 dollars!

Dire que Ouellet était intéressé par cette somme relèverait de l'euphémisme. Depuis sa victoire du 8 septembre contre Hilton, soit en deux mois et demi de voyage dans l'enfer de la mescaline, il venait de passer au travers de sa dernière bourse (50 000 dollars nets) et de sa dernière avance (8 000 dollars consentis par InterBox quelques jours avant le divorce). Il voyait donc dans cette offre-là la providentielle occasion d'avoir ce qu'il n'espérait presque plus, c'est-à-dire de l'argent pour éteindre quelques feux et passer un temps des Fêtes un peu plus réjouissant.

Mais ultimement, ce n'est pas pour une question d'argent qu'il allait décider de s'engager avec K-Management. Cette jeune compagnie n'avait en effet que peu de moyens financiers, et si l'offre de sa concurrente allait la forcer à réagir et à trouver elle aussi 10 000 dollars pour plaire à Ouellet, il ne s'agirait que d'un prêt, que Stéphane devrait rembourser avec une partie de sa bourse de Las Vegas. Non. Au-delà des considérations financières, et du fait que les contacts seraient plus faciles avec une compagnie sise à Montréal, Ouellet se trouvait dans une période semblable à celle d'un vrai divorce où, touché émotionnellement, il avait besoin de ressentir le plus d'intérêt possible pour sa personne, mais où il était aussi le plus susceptible de céder à la première flatterie. Ce sentiment-là, c'était K-Management qui le lui avait donné. Il avait aussi aimé l'alchimie qui s'était dégagée de ses premières rencontres avec le quatuor d'associés, mais jamais autant que sa hâte à signer le contrat le laissait croire. « La première rencontre, dans un restaurant de Longueuil, s'était si bien passée, disait Marco Romani, que Stéphane avait été prêt à signer sur-le-champ son entente avec K-Management. Mais obtenir rapidement une signature n'était pas le souhait des associés de K-Management. Au contraire, en hommes honnêtes, nous voulions plutôt que Stéphane soit également sûr de son choix, et nous lui avons conseillé de prendre son temps, de bien analyser le contrat, et même de continuer à étudier les autres offres qu'il avait sur la table. Car ce que K-Management voulait par-dessus tout, c'était une association solide, durable, qui ferait le bonheur des deux parties. Il n'était pas question de cacher que l'un des buts de l'association avec Stéphane était de faire de l'argent, mais il y avait bien davantage que ce motif-là. L'objectif, c'était surtout de bien s'en occuper, le protéger, le défendre. Le groupe était conscient de ses lacunes sur le plan de la boxe, mais en revanche il pouvait faire valoir de très grands atouts sur le plan légal. Ainsi était-il, par exemple, parfaitement habilité à étudier la validité du contrat qui, selon InterBox, liait encore Stéphane pour six combats. » En entrevue à RDS, on avait aussi fait valoir, du côté de K-Management, qu'on servirait mieux Ouellet du simple fait qu'on ne porterait pas, comme InterBox, le double chapeau de gérant et de promoteur. Mais la firme ne manquerait pas elle aussi de tomber dans le piège quand elle s'essayerait plus tard à la promotion.

Une fois rassuré quant au prêt de 10 000 dollars qu'on pouvait lui consentir et quant à l'intérêt qu'on lui portait personnellement, Stéphane Ouellet avait finalement signé un contrat le liant pour

2 ans avec K-Management (qui sera renouvelé pour la même durée en 2002), à qui il acceptait de consentir 15 % de toutes ses bourses. Pour le premier événement soulignant leur association, le combat de Las Vegas contre Sheika, Ouellet payerait exactement 11 526 dollars à ses gérants, somme plutôt importante si on considérait que ce n'était pas K-Management qui avait trouvé le combat – à la limite, c'était peut-être une erreur que de l'accepter quand Yvon Michel l'avait proposé – et qu'à cette époque les 4 associés étaient, malgré leur dévouement, encore néophytes dans le domaine.

Le plus connu des 4 partenaires, celui du moins dont la notoriété allait le plus bénéficier de l'entente avec Ouellet, était Éric Lamontagne, un jeune avocat de 37 ans qu'un enchaînement de circonstances allait régulièrement propulser à l'avant-scène de l'actualité. Ce grand garçon costaud commencerait en effet par être responsable, chez K-Management, de tout ce qui se rapportait à la boxe, sport hautement médiatique s'il en est un. Il deviendrait ensuite, par la force des choses, le principal conseiller de Ouellet ou du moins son principal porte-parole. Et, le plus saugrenu, il aurait à défendre devant la justice non seulement Ouellet, mais aussi... Dave Hilton, quand ce dernier lui demanderait de faire appel de sa sentence de sept ans de prison pour agressions sexuelles!

Éric Lamontagne et Marco Romani étaient les seuls des quatre associés à pratiquer le droit. Les deux autres, Stéphane Therrien et Éric Cliche, la jeune trentaine aussi, évoluaient dans des univers professionnels complètement différents. Chez K-Management, ils s'occupaient surtout respectivement de la gérance du monde du hockey et de celui du spectacle.

C'est ce qui explique que Ouellet n'ait pas eu de véritables rapports avec Cliche et Therrien. Mais avec Lamontagne, le hasard avait bien fait les choses. C'était celui des quatre associés avec lequel Ouellet avait le plus de chances de bien s'entendre et de développer une relation intime.

Lamontagne était si bon qu'il lui était difficile, voire impossible, d'être dur en affaires. Professionnellement – du moins en ce qui concernait ses fonctions de gérant de Ouellet –, on peut même avancer que cette bonté-là lui nuisait. Il était facile d'imaginer que, dans un bras de fer avec Yvon Michel, il ne pourrait être ni coriace ni intransigeant. Ce qui était regrettable, dans la mesure où Ouellet lui-même ne négociait jamais et acceptait toujours trop facilement les bourses proposées.

L'une des premières tâches à laquelle avaient dû s'employer Lamontagne et ses associés lors de la signature de leur entente avec

Ouellet avait été de prendre connaissance de ce fameux contrat qui accordait prétendument les droits des six prochains combats de Ouellet à InterBox. Droits qu'Yvon Michel avait commencé par jurer de faire respecter, jusqu'à ce qu'il soit cependant contraint de lâcher un peu de lest pour éviter d'être perçu comme un Don King québécois enchaînant ses boxeurs au moyen d'ententes à petits caractères. Le genre d'ententes d'exclusivité, fréquentes au temps des ex-commissions athlétiques, que les régies avaient ensuite abolies. De là ce que confierait Mario Latraverse en mai 2002 : dans le dossier du divorce entre Ouellet et InterBox, la position de la RACJ avait été de ne pas priver Ouellet de son autonomie et de ne pas l'empêcher de boxer pour d'autres promoteurs, pour la simple et bonne raison que l'organisme gouvernemental invalidait désormais toutes les ententes en ce sens.

Après la première rencontre entre les anciens et les nouveaux conseillers de Ouellet, il avait malgré tout été décidé, chez K-Management, de ne pas se battre inutilement avec InterBox, et de lui laisser le droit d'organiser les prochains combats de Ouellet. À première vue, ce n'était pas bête : K-Management s'y connaissant trop peu en boxe et n'ayant pas l'ombre d'un contact dans cette industrie, c'était comme si elle demandait à InterBox de travailler sous ses yeux pendant encore quelque temps et de lui dispenser une formation. De cette façon, le seul aspect dont on avait à se préoccuper chez K-Management, c'était de bien évaluer la nature des dangers qui guettaient Ouellet.

Durant les quatre mois de transition entre le divorce et le combat de Las Vegas, on aurait dit qu'InterBox s'était amusé à tendre des pièges, à lancer à la face de K-Management le nom de plusieurs boxeurs internationaux de renom, comme pour vérifier chaque fois son degré d'ignorance, d'incompétence, comme pour voir jusqu'où elle pourrait se couvrir de ridicule dans la sélection des adversaires de Ouellet. Après Dingaan Thobela que tout le monde connaissait depuis sa défaite contre Dave Hilton et qu'on avait eu le culot d'offrir à Ouellet en janvier 2001, on avait ensuite entendu InterBox citer les noms d'au moins deux champions mondiaux, le Français Girard en super-moyens et l'Américain Hopkins en moyens, puis d'une série d'aspirants américains comme Aaron Davis, Dana Rosenblatt et... Omar Sheika!

Les noms des trois derniers avaient tous été évoqués en marge des longs pourparlers qui avaient mené à ce combat de Las Vegas que l'on attribuait avec raison à InterBox mais pour lequel K-Management méritait quand même un peu de crédit. Dans les premiers mois de 2001, alors qu'InterBox se targuait de détenir les droits sur Ouellet tout en tardant pourtant à lui présenter des offres intéressantes, K-Management lui avait lancé un ultimatum : « Ou bien vous faites preuve de sérieux et vous dénichez pour notre client des combats dignes de son statut, ou bien on s'organise pour faire résilier votre contrat avec lui, sous prétexte que vous ne remplissez pas efficacement vos engagements de promoteur. » Cela avait donné de bons résultats. L'offre pour se battre à Las Vegas en demi-finale du match Hamed-Barrera était arrivée peu de temps après.

Ce qui s'était ensuite produit pour aboutir à ce que Ouellet se retrouve dans le même ring qu'Omar Sheika était assez flou. À l'origine, l'adversaire que l'on avait accepté pour Ouellet était Dana Rosenblatt, un populaire boxeur gaucher de la région de Boston qui présentait mille différences avec Omar Sheika, mais dont la plus importante était certainement d'être aussi surévalué que son compatriote pouvait être sous-estimé. Toutefois, on avait appris un mois avant le combat le « malheureux » forfait de Rosenblatt : « À ma connaissance, se souvenait Lou Duva, le gérant de Sheika, Dana Rosenblatt ne s'était pas désisté parce qu'il était blessé, mais parce qu'il ne voyait tout simplement pas l'utilité de faire ce combat. Nous, au contraire, on cherchait à ce moment une occasion, un adversaire réputé contre lequel on pouvait faire une grosse impression et améliorer notre position au niveau mondial. Ouellet remplissait exactement ces conditions-là. Pas qu'il n'était pas bon, au contraire, à son combat précédent il avait facilement dominé Dave Hilton, qui était ensuite devenu champion du monde. Seulement, en analysant les styles, en tenant compte de ses faiblesses et des forces de notre gars, on croyait avoir de très bonnes chances de gagner. »

Là où Ouellet s'était fait flouer une nouvelle fois dans l'affaire du combat de Las Vegas, c'est que dans une période où il recommençait à avoir besoin d'argent, il avait été appâté avec une intéressante offre financière qui, initialement, ne faisait pas part d'un duel contre un cogneur comme Sheika, mais d'un match contre Dana Rosenblatt, un boxeur besogneux mais somme toute assez peu doué. En boxe, le truc de la substitution est vieux comme le monde et il continue de fonctionner, parce que les promoteurs savent très bien que plus un combat approche, moins il y a de chances de voir un boxeur désargenté refuser un « changement » d'adversaire, puisqu'il craindrait alors de voir sa bourse compromise.

En fait, le combat de Las Vegas avait failli être annulé, comme celui contre Dave Hilton! Il avait encore été question du renou-vellement de la licence de boxe de Ouellet, qui venait à échéance le 31 mars 2001... une semaine avant la rencontre contre Sheika! Pour une deuxième fois en moins d'un an, Stéphane Ouellet avait dû se soumettre à une évaluation neuropsychologique. « Condamné à subir ça pour le reste de sa carrière », avait dit Mario Latraverse qui, cette fois, aurait la surprise de recevoir des résultats bien supérieurs à ce qu'il s'attendait.

Cette affaire du renouvellement de permis de Ouellet avait commencé à faire publiquement jaser dès la fin de son association avec InterBox, quand le journaliste Stéphane Bégin du *Quotidien* de Chicoutimi s'était mystérieusement retrouvé en possession du rapport médical de Ouellet rédigé avant le combat contre Dave Hilton, et qu'il avait choisi de révéler les informations les plus per-cutantes, celles qui faisaient état de certains troubles neurologiques. « Mystérieusement »? Ouellet lui-même avait eu tôt fait de découvrir qu'Yvon Michel était l'auteur de la fuite. Le jour où ses parents lui avaient téléphoné de Jonquière pour exprimer leur peine après la lecture du journal local, Ouellet avait fait une colère noire et communiqué avec Bégin pour se faire confirmer ce dont il était déjà certain. « Envoye, crisse, dis-moé-lé que c'est Yvon Michel qui t'a envoyé mon dossier médical », avait-il martelé sans arrêt à Bégin, jusqu'à ce que ce dernier, excédé, lâche : « O.K., tu viens de nom-mer le gars qui m'a envoyé ça, mais ce n'est pas moi qui te le dis, c'est-tu correct, ça? » Dans *La Presse* du 29 novembre 2000, quelques jours après l'article de Bégin, Yvon Michel n'avait pas nié : « *Si c'est vraiment moi qui ai envoyé le rapport médical de Stéphane au* Quotidien *de Chicoutimi, on aurait dû lire dans ce journal qu'il était en parfaite santé parce que c'est ce que disait le rapport* », avait-il tenté de se défendre.

Mais c'était faux. D'ailleurs, le rapport médical qui aurait pu laver la réputation de Ouellet est bien plus celui du docteur Nathan Kuperstok du Centre hospitalier de St. Mary (affilié à l'Université McGill), envoyé à Mario Latraverse le 21 mars 2001, deux semaines avant le combat contre Omar Sheika. Ce rapport avait beau suivre la période où Ouellet avait consommé beaucoup de mescaline, il émettait des conclusions qui ne laissaient aucun doute sur sa bonne santé mentale. *(voir annexe 2)*

À défaut d'être reprises dans un journal, les conclusions du psy-chologue Kuperstok, cette fois largement favorables au boxeur de Jonquière, avaient au moins pu être communiquées au grand public par la télévision de RDS. À la réception des résultats de ce nouveau test psychométrique, et sous les encouragements de Ouellet lui-même qui en avait plus que marre de voir sa santé mentale mise en doute, Éric Lamontagne s'était fait un plaisir d'apprendre au journaliste Martin Dion que les autorités de la Régie venaient non seulement de renouveler le permis de son boxeur, mais de découvrir aussi que son quotient intellectuel n'était certainement pas moins élevé que le leur. Pour Ouellet, qui en plus avait chaque fois à débourser près de 1 000 dollars de sa poche pour prouver qu'il était sain d'esprit, la revanche n'était toutefois pas totale. Voilà pourquoi, une semaine avant le combat contre Sheika, il avait ajouté à son dossier médical une petite enveloppe dans laquelle se trouvait un court message adressé à Mario Latraverse : « *Voilà, tous vos hosties de tests sont maintenant finis. Un gros merci pour m'avoir fait perdre tout cet argent.* »

En réalité il restait encore un test, c'était celui qu'il passerait contre Sheika. Il ne promettait pas d'être plus agréable que les autres.

✳✳✳

Quand il n'écrivait pas pour Mario Latraverse, il le faisait pour elles, et c'était bien plus beau.

LINDA
« *Tiamo me Amore* »

J'ai visité son âme,
Et j'en suis revenu transformé.
Illuminé par sa grâce,
Je l'embrasse, l'enlace.
Suspendu à son regard,
J'ai tant d'amour à son égard.
Je l'aime et la désire,
Sa présence attire mes sourires.
Tel un rêve qu'on caresse,
Je la touche, elle se redresse,
C'est bien elle, magnifique princesse.
En elle, je suis venu,
En moi, le mal j'ai vaincu.
Je l'admire, l'entoure,
De pierre, mon cœur devient velours.
Son corps me fait durcir,

Sa bouche, belle, invite au plaisir.
Pour la vie, je l'aimerai,
Pour la mort, j'attendrai.
Linda, tu es mon plus grand trésor d'amour. Je t'aime énormément, à
la folie, éternellement. Un jour une maison nous aurons!

MARIE-SUN

Toi, petit bébé
Qui croupit, bien entourée
As-tu hâte de me voir?
Moé qui crie, qui ris, qui broie du noir.

J't'ai jamais vue
Pis j't'aime déjà
Je m'ennuie de toé
Toé, mon soleil caché, ma Marie adorée

Ça doit pas être facile de t'en venir
Moé qui viens si souvent
Comment tu dois te sentir?

Ç'a pas dû être facile
De nous sentir torturés, hostiles
Toé, ma chérie, mon amour docile
Viens-t'en, je t'attends, ma fille du paradis,
T'inquiète pas, j'suis un peu fou, pas sénile.

Je te construis un beau chemin
T'en fais pas, il sera plus beau que le mien
Ta mère c'est mon amie,
On s'est battus, mais on a bien ri.

À bientôt, chérie.

Les deux femmes de sa vie. Il avait épousé la première dans une
église du Vieux-Longueuil le 12 mai 2001, à son retour de Las Vegas,
et vu naître la seconde un an plus tard.

Linda et Marie-Soleil. Sa vie désormais résumée à deux femmes,
alors qu'il n'y avait pas si longtemps encore, dans la période précédant le troisième combat contre Hilton, on le regardait collectionner
les conquêtes en se demandant s'il était vraiment sincère quand il

disait rêver d'un amour véritable et exclusif, d'une seule fille qui pourrait être à la fois une conjointe, une amie, une amante, une mère.

Au départ, quand il l'avait connue, il ne s'attendait pas à ce que Linda Niquette soit autre chose qu'une conquête de plus sur une très longue liste. Il enfilait alors les aventures faciles, comme un boxeur débutant enfile les combats faciles, dans le seul but de se donner confiance et d'améliorer sa propre estime.

Il l'avait rencontrée la première fois le 4 août 2000, et ça avait été de loin le meilleur souvenir d'une journée qui, pour le reste, n'avait vraiment rien eu de mémorable. Ce jour-là, participant à un lave-auto extérieur destiné à amasser des fonds pour un enfant handicapé, il avait eu des démêlés avec un automobiliste qui l'accusait d'avoir frappé sa voiture avec une pancarte de sollicitation (il le poursuivrait finalement pour la somme de... 50 dollars!).

Linda Niquette ne savait pas qui était Stéphane Ouellet. Elle ne connaissait rien de son métier. Lui non plus ne connaissait pas le sien : elle avait dit être hygiéniste dentaire, ce qui n'était pas faux, mais elle lui avait caché qu'elle dansait aussi nue depuis quelques mois pour tenter de se sortir d'une situation difficile.

Il avait mis quelque temps à s'attacher à elle. Un bon mois, pendant lequel elle n'avait pas cessé de le couvrir d'attentions et de petits cadeaux. Ce n'avait pas été en vain, c'est avec elle qu'il avait voulu se rendre aux entraînements publics du combat contre Hilton et surtout se détendre dans l'après-midi du match. La formule avait tellement bien marché qu'il avait décidé de la reprendre pour le combat suivant de Las Vegas où il avait voulu que tout soit pareil : qu'elle soit à ses côtés, qu'elle l'accompagne à la conférence de presse du mercredi, à la pesée du vendredi et qu'elle lui accorde quelques faveurs le samedi, jour du match!

À travers tout ça, il rêvait d'une fille capable, comme sa mère, de s'occuper des questions d'argent. Avec Linda il était bien tombé, sa richesse était la première chose qu'elle avait su reconnaître en lui. Elle lui avait dit un jour, en pointant son cœur : « Toi, mon gars, t'as un trésor enfoui là et tu le caches. Mais moi, je le sais. » Elle s'était présentée chez lui à l'improviste, elle l'avait trouvé dans la salle de bain plus drogué et groggy que jamais, elle l'avait serré dans ses bras et lui avait dit : « Mais voyons, Stéphane, se droguer comme ça, ce n'est pas toi, ça », et elle l'avait vu fondre en larmes parce qu'il y avait vraiment des fois où ses trips de dope l'épuisaient.

Quand on connaît le milieu des bars topless, on peut douter que Linda ait pu danser sans s'être droguée. C'était pourtant le cas. Bien avant qu'elle connaisse Stéphane Ouellet, la vie avait fait détester à cette fille la boisson, et encore plus la drogue. Rien ne pouvait parvenir à les lui faire adopter, même pour oublier l'humiliation de se trémousser à poil devant des gars saouls.

Le 3 novembre 2000, une dizaine de jours avant la rupture d'avec InterBox, Linda Niquette avait en effet fait un pacte avec son nouvel amoureux. Il avait beau aimer les danseuses, il trouvait moins drôle de voir sa propre blonde aller danser le soir. Il cessait toute consommation de drogues fortes, et elle mettait immédiatement fin à sa courte, mais lucrative carrière de six mois de danseuse nue. Hélas, le pacte avait échoué. Linda n'avait pas brisé sa promesse, mais Ouellet avait repris sa consommation de mescaline, augmentant même les doses après la chicane avec InterBox.

C'est encore ce qui était arrivé un an après leur pacte. À l'Halloween 2001, Ouellet avait tenu à célébrer comme l'année précédente, c'est-à-dire sous l'effet de la mescaline, tout en promettant encore une autre fois qu'il s'agissait de son dernier trip. Il s'était vraiment arrangé pour que ce le soit : il avait failli mourir d'une surdose.

Une fois de plus.

Pendant un moment qu'il avait jugé très long, il s'était vu « de l'autre côté », tentant en vain d'entrer en communication avec Linda qui ne faisait déjà plus partie de son monde, et réalisant surtout que jamais plus il ne lui reparlerait. Linda avait choisi de se retirer au sous-sol, lui laissant le rez-de-chaussée de la maison qu'ils louaient, à Longueuil. Dans ces occasions-là, elle avait coutume de dire qu'elle n'aimait pas le « perdre ». Cette fois, elle ne se doutait pas à quel point son expression avait failli prendre tout son sens.

Elle avait laissé Stéphane seul avec Jackson, le gros chien noir qu'ils venaient d'acheter et qui les faisait rire par la façon un peu tristounette et mélancolique qu'il avait de pousser de longs soupirs. Au moment où Stéphane s'était senti sur le point de basculer de la vie vers la mort, il disait avoir entendu le souffle haletant de son chien couché à ses côtés et que ce bruit lui avait servi d'alarme, le poussant à tenter un ultime effort pour s'accrocher au monde des vivants.

Aussi, dans les jours suivants, s'était-il mis à repenser à cette histoire de fantôme qui venait le hanter toutes les fois qu'il venait près de mourir : il avait failli crever une autre fois parce que ce satané fantôme, par lequel il était certain d'avoir été envoûté à l'âge de cinq ans, avait enfin quitté son corps pour retourner chez les morts, et qu'il l'avait fait en tentant de l'emmener avec lui. Or, le fantôme avait échoué. À partir de ce moment, Stéphane avait été convaincu qu'enfin libéré de cette emprise, il venait aussi de se libérer de ses problèmes de drogue qu'il pensait causés par cet envoûtement. Hélas, il se tromperait encore. « Sauf qu'avec le recul, je sais pourquoi je me trompais : le fantôme passait chaque fois près de me quitter, parce qu'il ESSAYAIT de sortir de mon corps. »

Le désenvoûtement aurait lieu seulement quatre mois plus tard, en février 2002, à la Saint-Valentin! Ce jour-là, il renoncerait définitivement à la mescaline.

Salut, Bébé,

Je tenais à t'écrire ces quelques mots à défaut de ces mots pas gentils que je t'adresse quelquefois. Je veux que tu saches que l'amour que je ressens pour toi, chérie, est unique, en ce sens que je n'ai jamais pris autant de plaisir à regarder une femme vivre sa vie aussi gracieusement que tu le fais.

Je t'aime à vouloir tout détruire.

En ce moment, je sais pertinemment que ce n'est ni facile pour toi ni pour moi, bouleversés que nous sommes par toutes ces choses bouleversantes qui arrivent. La joie et le bonheur habitent malgré tout mon âme, tu me donnes beaucoup d'amour, et je suis un homme comblé. Nous réagissons quand même relativement bien à toute cette pression et bientôt nous en serons récompensés, je nous le promets.

Aussi belle qu'elle [sic]*, ton cœur de rose me fait rêver à l'éternel.*

Je t'aime et je désire t'aimer encore longtemps, encore toujours.

Stéphane Ouellet aimait cette fille. Pourtant, c'était paradoxal, mais il lui arrivait de penser qu'elle lui avait porté malchance, que depuis qu'il la connaissait sa vie s'était vraiment mise à mal tourner, qu'il avait rompu avec InterBox, perdu à Las Vegas, bifurqué vers les combats et les disgrâces extrêmes, qu'il s'était mis à fréquenter un peu trop souvent les palais de justice, et même, dans un cas, qu'il avait été filmé en train de se quereller avec le type qui avait empoisonné la vie de Linda pendant 13 ans et trouvé le moyen d'empoisonner aussi celle du boxeur connu qui avait pris sa place.

En vérité, il ne savait que trop bien que c'était juste la dope, la responsable de sa descente aux enfers, et que, sans Linda, justement, ça aurait été dix fois pire! « De la façon dont je gérais ma vie depuis tant d'années, dirait-il une fois terminée sa longue traversée du désert, comment aurais-je pu m'attendre à un scénario positif? »

Chose certaine, après sa victoire sur Hilton, il aurait difficilement pu s'attendre à ce que ça aille bien avec InterBox. À cause de lui. À cause d'eux.

***

Ouellet avait remporté sa grande victoire sur Hilton deux mois plus tôt, il avait ensuite manqué à toutes ses promesses de retourner très vite en gymnase, à peu près tout le monde chez InterBox lui courait après pour tenter de planifier la suite de sa carrière, et il passait essentiellement ses jours et ses nuits à se droguer. La bonne vieille routine, quoi!

Mais ce jeudi 2 novembre 2000, exactement deux semaines avant que *La Presse* se demande : « *Au fait, depuis septembre, qu'a fait Ouellet autre que de célébrer sa victoire sur Hilton et de dire non au match revanche convenu?* », le scénario avait changé. Les acteurs aussi. Naturellement poussé par son grand cœur vers les déshérités de la société, fasciné par le mode de vie des marginaux, Ouellet s'était maintenant lié d'amitié avec les punks de Montréal qui l'approvisionnaient en mescaline. Il les avait invités à une grande fête au bar de Repentigny qu'il tentait encore d'acheter à ce moment-là, même s'il ne lui restait déjà plus rien des 50 000 dollars qu'il avait touché en battant Hilton. Au milieu de quelques clients et connaissances, de certains membres de sa parenté, de la plupart de ses copains, de quelques personnalités du monde de la boxe comme George Cherry et Robert Hétu, et surtout des gens d'InterBox comme Stéphan Larouche, Bernard Barré et Yvon Michel, s'étaient donc glissés, bien visiblement, les nouveaux amis de Ouellet. Les punks affichaient leur look hard et provocant habituel, et leurs gros chiens rottweillers, dans la cour arrière, faisaient peur aux clients qui avaient la mauvaise idée de choisir d'entrer par la porte secondaire.

Un an plus tôt, pour célébrer son retour à la boxe, Ouellet avait organisé une première fête à ce bar de la rue Notre-Dame. Ses invités étaient alors les Peter MacLeod, Patrick Norman, Boom Desjardins, Éric Lapointe et Éric Lucas. Mais aujourd'hui il était vrai, comme le laissait entendre *La Presse,* que l'essentiel des activités de Ouellet consistait à fêter son triomphe. La preuve : une semaine auparavant, il s'était fait la main en organisant à son appartement de Longueuil un party qui avait laissé l'un des invités, Stéphan Larouche, complètement baba. « Je n'en reviens pas, avait dit Larouche quelques jours après, de voir à quel point ce gars-là peut se maganer. Je pensais connaître le genre de vie qu'il menait, mais je me rends compte que c'est encore pire. Je suis d'autant plus impressionné par sa performance du 8 septembre contre Hilton! Il faut se rendre à l'évidence, il y a de grands athlètes qui s'entraînent excessivement dur pour réaliser une performance comme celle-là, et ils n'y parviennent même pas. »

Dans cette période-là, Larouche n'avait pas fini d'être ébahi par Ouellet. Ainsi, une semaine après la soirée avec les punks, au terme d'une séance d'entraînement qu'Yvon Michel avait fait filmer par RDS et qui avait servi à envoyer à Dave Hilton le message que, s'il n'acceptait pas d'affronter Dingaan Thobela en Championnat du monde, Ouellet était prêt à le faire (une astuce qui avait fait dire à Larouche qu'Yvon Michel avait bêtement utilisé Ouellet), à l'issue de cet entraînement, donc, Larouche avait dit du Jonquiérois qu'il n'était rien de moins que la Cadillac des boxeurs. Mais ce que le coach ignorait, c'est que Ouellet avait réalisé cette démonstration en n'ayant à peu près rien ingéré depuis des semaines, sinon les deux seules poudres blanches qui constituaient son régime : mescaline et protéines!

Le soir de la fête avec les punks, il y avait d'ailleurs si longtemps que Ouellet ne mangeait plus que cela commençait à se voir. Étonnamment – pour quelqu'un qui n'avait à peu près pas visité le gymnase depuis deux mois –, il était presque encore à son poids de forme, et son corps paraissait même toujours affûté. Il faut dire que la mescaline, qui produit une anesthésie générale et réduit la perception de la douleur, permet d'accomplir des exploits aussi invraisemblables que des pompes, non pas sur une seule main, mais sur un seul... doigt! Rien de moins qu'une cinquantaine par jour! D'un autre côté, les traits de son visage ne suivaient pas la même évolution et ses joues commençaient à se creuser.

La fête donnerait peut-être enfin à Ouellet l'occasion de se mettre un peu de nourriture dans le ventre. Pas n'importe laquelle, celle de son coin de pays. Car, dans sa folie, il avait fait préparer par un traiteur de Jonquière un buffet de mets typiquement régionaux pour une facture salée de 1 000 dollars. (Qui s'était ajoutée à une autre de 700 dollars de boissons pour ses punks, et une troisième, de 350 dollars, pour des roses. Une fille était entrée dans le bar pour vendre ses roses à l'unité et Ouellet lui avait dit d'en offrir une à chaque invitée!) Malheureusement, ni la soupe aux gourganes, ni la tourtière, ni la tarte aux bleuets n'avaient su réveiller son appétit. Il avait toujours le ventre vide quand il avait quitté le bar en compagnie de ses amis punks, bien avant le reste des autres invités. Il venait ainsi de descendre encore un peu plus bas dans les ennuis financiers. Mais il avait le sentiment d'avoir acquitté une dette envers les punks, de leur avoir rendu la politesse en les recevant chez lui, à « son » bar, au moment où il était question qu'ils l'acceptent parmi eux et lui offrent une chambre à 100 dollars par mois dans le squat qu'ils habitaient, angle Préfontaine et Sainte-Catherine, à Montréal. Déjà, ils lui avaient accordé le rare privilège de lui faire visiter l'immeuble de trois étages; il avait pu voir quelques chambres, celle pleine de commodités du chef, à l'étage du haut, celle complètement dénudée qu'on lui destinait à un étage inférieur; il avait vu les rats et les chiens au milieu de tout ça. Mais ce seraient les « poulets » qu'il n'avait pas vus qui allaient le préoccuper le plus! Au moment de prendre enfin ses distances avec les punks, on l'entendrait dire qu'il était temps, qu'il avait la conviction que les policiers exerçaient une surveillance de l'immeuble et de ses locataires.

Le soir où il avait invité Michel à la même fête que les punks, Ouellet venait en quelque sorte de signer son arrêt de mort avec InterBox, à tout le moins de déclencher la cascade d'événements qui, deux semaines plus tard, allait mener au divorce des deux parties. Dans cette période où Michel avait toutes les raisons du monde de croire que Ouellet allait vraiment mal, l'occasion était parfaite de juger sur place de la situation, d'enquêter sans en avoir l'air. Michel était arrivé en compagnie de Bernard Barré, l'un comme l'autre en costume-cravate. On aurait dit deux flics en civil.

À un certain moment, Yvon Michel s'était retiré à l'écart pour converser avec Ouellet, et il avait enfin vu de près, malgré la pénombre, ses yeux de plus en plus vides dans son visage de plus en plus creux. Ouellet s'était ouvert à son gérant et lui avait parlé de sa nouvelle aventure avec les punks, de ses problèmes d'argent, de sa consommation de mescaline, avec le mélange d'inconscience et d'innocence des intoxiqués.

Il restait à ce moment-là six semaines avant l'important programme de boxe du 15 décembre qu'entendait organiser InterBox pour clore en beauté l'année 2000. Six petites semaines. Yvon Michel, après tous ces jours à souhaiter que Ouellet redescende enfin de son nuage, avait compris qu'il ne pouvait logiquement l'attendre et se fier à lui comme tête d'affiche d'un gros gala de fin d'année.

Il devait être près de 20 heures quand Yvon Michel avait décidé que Stéphane Ouellet n'affronterait ni Dave Hilton pour une quatrième fois, ni le Sud-Africain Dingaan Thobela pour le titre mondial des super-moyens de la WBC.

À la lumière de ce qu'il venait de voir, il valait maintenant mieux s'en remettre à l'aspirant numéro 1 au titre de Dingaan Thobela,

Éric Lucas. S'il faisait de Lucas son boxeur le plus important et s'il organisait à la place d'un combat Ouellet-Thobela un affrontement Hilton-Thobela, cela avait aussi l'avantage d'arranger toutes les affaires, à commencer par celles de Lucas qui rêvait d'affronter le champion mondial.

Michel pensa aussi à renier ses principes moraux et à offrir un combat de Championnat du monde à un agresseur sexuel dont il savait tout des crimes pour lesquels on le trouverait coupable quatre mois plus tard; il pensa que cet agresseur-là méritait non seulement un combat de Championnat du monde, mais aussi la bourse de 150 000 dollars qui l'accompagnait.

Il commençait à se faire vraiment tard quand Yvon Michel, qui hésitait encore entre Ouellet et Hilton pour affronter Dingaan Thobela, jugea qu'il était désormais temps de faire le grand saut et de troquer une fois pour toutes son rôle de grand frère de Ouellet pour celui de businessman d'InterBox. Il décida qu'à compter de tout de suite, c'était au revoir les sentiments et bonjour les affaires. Il décida que, pour l'avenir financier de son organisation, il ne devait absolument pas rater cette occasion de Championnat du monde...

À partir de ce jour-là, cependant, Michel avait dû déguiser la vérité. À Ouellet, il avait longtemps tenté de faire croire qu'il était toujours sur les rangs pour le combat de Championnat du monde, qu'il continuait ses discussions avec son bon ami Cédric Kushner (promoteur de Thobela, il avait été impliqué dans quelques scandales, y compris celui des pots-de-vin de l'IBF) pour le convaincre de mettre la ceinture en jeu contre lui plutôt que contre Hilton. « Affronter Ouellet pour notre première défense de titre? Non mais, ça ne va pas, autant me demander de vous envoyer la ceinture de champion du monde par la poste », aurait lancé, au début des négociations, Kushner qui était aussi promoteur des Heavyweight Explosion, et qui à quelque 300 livres était lui-même assez *heavyweight explosion* merci. Pourtant, si Michel avait vraiment eu à cœur de convaincre Kushner de prendre Ouellet plutôt que Hilton, il aurait simplement eu à débourser plus d'argent, comme il l'avait lui-même admis à Las Vegas au combat Ouellet-Sheika : « Ultimement, bien sûr que j'aurais pu arriver à faire changer d'idée le clan Thobela, à faire accepter une défense de titre contre Stéphane au lieu de Hilton. Sauf que, ça m'aurait coûté beaucoup plus cher, beaucoup trop cher. » Yvon Michel avait raison, dans ce sport-là où tout se négocie et où l'argent achète tout, il aurait peut-être dû offrir 50 000 dollars, ou même 100 000 dollars de plus à

Dingaan Thobela pour lui faire accepter un plus grand risque en se mesurant à Ouellet. Pourtant, un peu après le procès de Dave Hilton, quand on entendrait le même Yvon Michel se plaindre de ce que la condamnation du boxeur ait fait perdre des revenus de 250 000 dollars à InterBox (des commanditaires ne voulaient plus être associés au monde de la boxe), on ne pourrait s'empêcher de penser qu'il l'avait bien cherché en accordant à Hilton un combat de Championnat du monde en sachant tout des ignominies qu'il avait commises. Il n'avait vraiment à se plaindre de rien, sinon de ne pas avoir compris qu'il aurait peut-être mieux fait d'ajouter 100 000 dollars pour convaincre Thobela d'affronter Ouellet, que de perdre 250 000 dollars en revenus de publicité. L'air de rien, il aurait ainsi économisé 150 000 dollars.

Yvon Michel s'était embourbé dans ses efforts pour cacher à Ouellet qu'il ne disputerait pas de combat de Championnat du monde, pour la simple raison qu'il le croyait trop malade, trop englué dans sa toxicomanie pour être apte à se battre au niveau mondial dans un délai de six semaines. Ainsi le directeur général d'InterBox avait-il laborieusement tenté de faire avaler à un peu tout le monde que c'était d'abord pour une question de contrat qu'il ne pouvait opposer Ouellet à Dingaan Thobela. « *Ouellet a signé un contrat stipulant qu'il se mesurerait à Davey Hilton une quatrième fois, le 15 décembre; puis il a changé d'idée,* avait raconté Michel au *Journal de Montréal,* le 16 novembre 2000. *Si je n'avais pas proposé Thobela à Hilton, Davey aurait pu obtenir une injonction de la Cour pour forcer Ouellet à l'affronter, le 15 décembre.* » Le seul problème, c'est que Michel avait uniquement commencé à évoquer l'excuse du contrat et de la menace d'injonction à partir de la soirée avec les punks, quand il s'était mis à la recherche d'une raison pour justifier sa décision, pourtant compréhensible. Avant, il n'en avait jamais fait mention : le 3 septembre, il avait dit (au *Journal de Montréal*) que le vainqueur du troisième combat Hilton-Ouellet affronterait Thobela. Le 9 septembre, il avait dit (à RDS) « Dingaan Thobela, le nouveau champion du monde, personne ne s'en cache, il est très vulnérable. Si jamais Stéphane Ouellet voulait se battre avec lui, on tenterait d'aller chercher ce combat-là. » Le 1er novembre, il avait dit (encore au *Journal de Montréal*) ne pas dramatiser la décision de Ouellet de refuser un quatrième combat avec Hilton, que c'était sa prérogative et qu'il la respectait. « *Toutefois, s'il est disposé à s'entraîner sérieusement, je ferai mon possible pour l'impliquer dans un combat de Championnat du monde avant l'été prochain.* » Pour tout dire, le jour où Michel avait été le plus près de révéler la vérité, c'était le 12 novembre, quand il avait expliqué au *Journal de Montréal* la décision d'InterBox d'avoir choisi Hilton, plutôt que Ouellet, pour affronter Thobela : « *Comme le vainqueur du combat doit s'engager à affronter Éric Lucas, il était logique d'offrir cette chance à Hilton. Pensez-vous que Ouellet, après avoir battu Thobela, aurait accepté d'affronter son ami Éric? Le WBC lui en aurait pourtant donné l'ordre. Nous aurions fait face à un drôle de dilemme.* »

Les problèmes de drogue de Ouellet servaient bien la cause d'InterBox, qui avait ainsi une raison toute trouvée pour continuer d'appliquer les scénarios concernant Thobela, Hilton et Lucas qui semblaient avoir été écrits en tenant pour acquise la défaite de Ouellet face à Hilton. En attendant que Ouellet s'extirpe de son trou et se refasse une condition mentale et physique, il fallait continuer à jouer sans lui comme on avait déjà prévu le faire en imaginant sa défaite face à Hilton, et à l'entretenir dans la douce illusion que l'on aurait aussi pour lui, éventuellement, une chance mondiale, contre le Français Girard.

Le jeudi 9 novembre, Ouellet s'était rendu aux bureaux d'InterBox pour tenter d'obtenir une avance sur sa bourse du 15 décembre. Il avait fini par obtenir 8 000 dollars, mais en échange de sa promesse de partir en camp d'entraînement. Or, la véritable raison pour laquelle Ouellet devait abandonner pour quelques semaines la salle d'InterBox de Claude-Robillard, on allait la connaître à la conférence de presse du 14 novembre, quand Yvon Michel annoncerait qu'il avait « invité tous les membres de son organisation à tout mettre en œuvre pour aider Dave Hilton à devenir champion du monde », qu'il lui ouvrait grandes les portes de son gymnase, et qu'il mettait même à son service les Dorin, Brown et Missaoui comme partenaires d'entraînement. Il était devenu évident qu'il voulait éloigner Ouellet de son gymnase... que l'on cédait ni plus ni moins à son meilleur ennemi! Ainsi, dans une période où le climat promettait d'être particulièrement tendu, on empêchait les frictions entre les deux boxeurs, mais on évitait surtout à Ouellet de se faire mal et de baigner jour après jour dans l'effervescence d'un combat de Championnat du monde qu'il estimait lui revenir.

Le plus drôle de l'affaire, c'est que, lors de la rupture entre Ouellet et InterBox, Yvon Michel avait voulu dire que Ouellet s'était simplement fendu d'une sortie maquillée : il avait tenté de faire croire aux médias qu'il était devenu hors de lui en apprenant être mis de côté pour le Championnat du monde, alors qu'en réalité ça n'avait rien à voir, il était juste furieux de devoir partir en camp d'entraînement! Pourtant, un commentaire de Ouellet livré dans les jours suivants à la télévision de TQS nous avait fait croire que, malgré la mescaline, il avait quand même vu clair dans le jeu d'Yvon Michel : « On aurait dit que sa proposition de camp d'entraînement, ça voulait dire "Crisse ton camp dans le bois, pis écœure-nous pus..." » Ouellet allait le dire plus tard, le plus grand tort d'Yvon Michel dans cette histoire avait été de penser qu'à cause de la mescaline, il avait perdu toute lucidité. « Sous l'effet de cette drogue-là, dira Ouellet, et c'est ça qui est particulier, on a beau être complètement givré, on a quand même toujours un soupçon de lucidité. C'est probablement ça qu'Yvon avait sous-estimé. »

Mais ce « soupçon de lucidité » n'avait pas été suffisant pour faire accepter à Ouellet les blâmes qui lui revenaient dans toute cette affaire. Si d'autres avaient aussi eu des choses à se reprocher, c'était encore lui qui avait travaillé le plus fort à tout bousiller ce qu'il venait de construire avec sa victoire sur Hilton. « En gros, dit aujourd'hui Stéphane, Yvon Michel a beau m'avoir trahi et menti, s'être servi de moi dans sa négociation avec Hilton, tout ce qui est arrivé était quand même de ma faute. Il avait donné un combat de Championnat du monde au gars que j'avais dominé trois mois plus tôt, au gars pour lequel, lui et moi, on se préparait depuis que j'étais jeune et que j'avais enfin réussi à rayer de notre route? Et puis après? Je venais de le battre, Hilton, c'était d'autant plus une raison de prendre mon trou et attendre les développements. Mon tour, c'est sûr, serait venu tôt ou tard, parce que la pression populaire aurait fini par être trop forte sur Hilton. Malheureusement, si la mescaline n'enlève pas toute lucidité, elle accentue le sentiment de paranoïa, ce qui explique la force de ma réaction quand j'ai appris que ce n'était pas moi qui aurais droit au combat de Championnat du monde. D'ailleurs, à cette époque, je me suis chicané avec InterBox, mais aussi avec pas mal de monde. Sous l'effet de la mescaline, j'avais vraiment l'impression que tout le monde me crossait. »

Mais dans le même temps, il avait l'impression que la mescaline lui faisait du bien : « Quand j'en prenais, c'était comme si je vivais à l'intérieur de ma propre bulle, et cela me permettait enfin de vivre comme j'aurais toujours aimé le faire : sans avoir besoin d'entrer en relation avec les autres... »

***

Frédéric N. Roux, cité plus haut, ancien boxeur français devenu écrivain, avait déjà dit de Las Vegas que c'était un « *Disneyland conçu par des architectes et des décorateurs ayant forcé sur le LSD* ». Est-ce ce décor hallucinant, cette orgie de néons qu'il vit par la grande fenêtre de la chambre de Clavet? Mais bientôt, entre ces murs, on parlerait encore une fois de mescaline.

Il semblait que, dans cette ville où on tentait d'être original en manquant d'originalité, dans cet hôtel-casino où on avait tenté de « faire différent » en construisant 5 005 chambres à peu près toutes... identiques, s'il y avait une seule chose d'unique, il fallait que ce soit la chambre de Deano Clavet. Cela avait été très perceptible, il avait semblé que, dès son arrivée à Las Vegas, Clavet avait voulu faire de sa chambre la seule enclave capable de résister au rush de cette ville qui ne dormait pas, le seul endroit où son clan pourrait s'arrêter pour souffler et prendre un peu de recul.

Il avait été le premier à en prendre en repensant à son chum disparu, Mario Cusson. Cela s'était fait presque instantanément. On aurait dit que, dès l'instant où Clavet avait posé le pied dans la chambre d'hôtel de cette ville chaude, les images s'étaient mises à se bousculer dans sa tête et il s'était aussitôt revu 20 ans en arrière, débarquant avec Cusson dans un hôtel du quartier cubain de Miami pour un exil de quelques mois. Bien sûr, ici au MGM Grand Hotel and Casino de Las Vegas, il ne risquait pas de partager sa chambre avec des coquerelles comme lui et Cusson avaient dû le faire – entre autres – au Ritz Plaza de la célèbre rue Collins de Miami, mais la situation ne pouvait pas manquer de lui rappeler les rêves de gloire et de conquête internationale qu'ils faisaient alors à cette époque. Des deux, parce qu'il était le plus sérieux et le plus talentueux, c'était Cusson qui rêvait le plus fort de conquérir les rings du monde. Aujourd'hui, l'ironie du destin n'échappait pas à Clavet : il était celui qui avait le moins rêvé de se retrouver au cœur d'un grand événement dans la capitale mondiale de la boxe et c'était lui qui avait la chance de vivre pareille occasion.

Le jour de son arrivée à Las Vegas, il avait fallu quelques minutes pour que sa chambre d'hôtel cesse de lui rappeler Miami. Puis elle s'était mise à lui rappeler Montréal, toujours en association avec Cusson. Petit à petit, elle lui faisait ainsi oublier Mario le boxeur pour lui rappeler Mario l'entraîneur, qui l'avait pris en charge pour son second match contre Alex Hilton, au Forum. C'était en 1984, mais Clavet, en voyant les deux lits de sa chambre, se rappelait encore très bien leur dernière soirée avant le combat. Cusson avait suggéré qu'ils dorment dans la même pièce, pour pouvoir passer une partie de la soirée à rire et à déconner, pour parler de stratégie, de la vie en général, bref pour établir le climat de complicité propice au combat du lendemain. « Je vais faire pareil avec Stéphane », avait pensé Clavet en oubliant que Ouellet était descendu à l'hôtel avec sa compagne.

Le mercredi 4 avril, à trois jours du combat contre Sheika, Stéphane Therrien, Éric Cliche, Marco Romani et Éric Lamontagne s'étaient réunis autour de Clavet pour une discussion qui, commencée banalement, avait vite pris les airs d'un forum portant sur l'une des grandes interrogations de leur vie : qui était vraiment Stéphane Ouellet? Tout au long d'une soirée qui s'éternisait, cinq hommes pouvant prétendre être des proches de Stéphane Ouellet avaient dû admettre que depuis quatre mois qu'ils côtoyaient le garçon, il restait toujours un mystère aussi entier.

Assis devant Clavet, Lamontagne venait de prendre la parole pour apprendre à ses collègues que l'acharnement de Mario Latraverse à imposer des tests neurologiques à Ouellet avait été motivé par les rumeurs voulant qu'il consomme de la mescaline. « Quand Latraverse m'a parlé de ces rumeurs, je lui ai répondu que j'ignorais si elles étaient vraies ou non, avait commencé Lamontagne, mais que, si j'étais sûr d'une chose, c'est que la condition physique de Stéphane laissait voir et croire le contraire. Il semblait en belle forme, il n'affichait pas de perte de poids, il était capable de s'entraîner, de travailler, bref de fonctionner normalement. Et habituellement, quand on a des doutes sur quelqu'un, ce sont là des signes qui ne mentent pas. »

À Latraverse, Lamontagne n'avait pas menti : il ne savait alors rien du flirt entre Ouellet et la mescaline. C'est beaucoup plus tard qu'il serait confronté à l'ampleur du problème, si grave qu'il ne pourrait s'empêcher de dire qu'InterBox avait eu raison de le larguer. En revanche, Lamontagne n'ignorait pas à quel point la mescaline pouvait être dangereuse : comme avocat, il avait eu à s'occuper d'un client qui, après avoir consommé de la mescaline pure, était devenu si fou qu'il ne s'était pas contenté de tuer son ami, il avait ensuite découpé son corps en morceaux, tracé des étoiles de David sur à peu près toutes les parties, et les avait mangées, avec la tête qui reposait sur la table! Une boucherie qui donnait froid dans le dos, quand on apprenait que le boucher en question avait acheté cette mescaline pure des mêmes punks qui approvisionnaient Ouellet.

Dos à la fenêtre, Deano Clavet avait écouté avec attention l'intervention de Lamontagne. Son « repaire » servait, comme il l'avait espéré, à des conversations importantes. Il avait ensuite parlé des Hells Angels, s'interrogeant devant le reste du groupe sur la nature des liens qu'entretenait encore Ouellet avec la célèbre bande de motards. Cela faisait suite à un événement en particulier : dans la semaine précédente, il y avait eu au Québec une rafle policière contre les Hells, et Clavet s'était étonné de voir Ouellet éprouver de la sympathie envers certains des membres arrêtés.

En vérité, les liens entre Ouellet et les motards étaient alors à peu près inexistants. Depuis qu'il avait quitté les Satans Guards, Ouellet n'avait jamais véritablement rétabli le contact, et la chicane avec InterBox avait encore élargi le fossé entre les deux parties. Les motards avaient reproché à Ouellet de s'être montré trop dur à l'égard de Lucas, avec qui ils entretenaient d'excellentes relations. Au Saguenay, peu après la rupture de Ouellet avec InterBox, les motards avaient même tenté d'organiser une rencontre entre les deux boxeurs pour apaiser les tensions, mais Ouellet avait refusé d'y participer. Clavet ne savait rien de tout ça.

En somme, il était dans le même flou que tout le monde : lui non plus n'avait aucune idée de qui pouvait vraiment être l'énigmatique Stéphane Ouellet. Le 22 mars, deux semaines avant le combat, voulant montrer qu'il se rappelait que Stéphane était un artiste et qu'il aimait les mots, il lui avait écrit une lettre. Peut-être après tout Clavet connaissait-il mieux Ouellet qu'il le croyait?

> *Mon cher Stéphane!*
> *Toi le porteur d'émotions...*
> *Comment te cracher tout ce que j'ai dans la gorge, ou plutôt te souffler tout ce que j'ai sur les lèvres!*
> *J'ai compris depuis un certain temps qu'une seule personne pouvait à elle-même provoquer bien des choses... Tu n'as qu'à penser à César et son empire, à Napoléon et son armée... Mais je préfère plutôt le choix optimiste, Abraham Lincoln pour l'abolition de l'esclavage, ou encore Gandhi pour la liberté de son peuple...*
> *Et toi, tout ce que tu peux accomplir...*
> *Déplacer les gens, animer la foule...*
> *Plaire aux gens qui t'admirent... et non seulement sur le ring, mais dans la vie de tous les jours...*
> *Imagine le scénario!!! Se faire transporter dans son dernier repos par le champion mondial de boxe...*
> *Si jamais je meurs avant toé... sois mon dernier garde du corps!*

Si Clavet pouvait éprouver, comme les autres, certaines difficultés à cerner son boxeur, en revanche il ne doutait pas un seul instant de ce qu'il souhaitait le voir devenir. « J'aimerais en faire un vrai monsieur, un gentleman », avait-il dit à l'adresse de ses collègues, laissant deviner un peu de cette affection qu'il avait développée pour Ouellet, au fil des mois. « En douce, sans vouloir le changer radicalement, j'essaie de le rendre conscient de son image, de son statut. Par exemple, je lui parle de l'importance de soigner sa personne, de bien s'habiller quand il a à se présenter en public, et de porter attention à sa façon de s'exprimer. D'ailleurs, si l'occasion se présente, j'aimerais lui faire travailler sa diction, avec la technique du crayon entre les dents. »

Deux jours plus tard, à la pesée du vendredi, lorsque Ouellet créerait le scandale parmi le personnel du MGM, Clavet allait toutefois trouver que c'était assez mal parti.

Cela avait été une drôle de journée. Drôle au sens où ce vendredi-là avait encore une fois mis en lumière la propension de Ouellet à côtoyer les extrêmes : il avait fait scandale à l'événement de la pesée, certes, mais pas avant d'avoir fait sensation au briefing du midi organisé par le réseau HBO, qui diffusait le lendemain sur sa chaîne cryptée les combats Ouellet-Sheika et Hamed-Barrera. Ces deux événements dans la même journée auraient sans doute pu servir d'exemples à Yvon Michel pour expliquer la déclaration qu'il avait faite lors de son point de presse suivant le divorce avec Ouellet : « Stéphane, c'est un maudit bon gars qui possède toutefois deux personnalités : l'une, terriblement attachante, qui le rend agréable à côtoyer; et une autre beaucoup plus cachée, que l'on a vue davantage dernièrement. »

Autour de midi, dans la salle 101 du Convention Center de l'hôtel, il avait montré aux gens d'HBO la plus belle de ses deux personnalités. Sur le coup, on lui avait trouvé un considérable mérite à se montrer si naturel devant un trio de commentateurs aussi renommés et intimidants que Jim Lampley, Larry Merchant et George Foreman, mais il ne les connaissait à peu près pas, puisqu'il ne regardait jamais la boxe à la télévision! Le seul des trois que Ouellet connaissait, c'était Foreman, mais cela n'avait rien à voir avec la télé; il était quand même un peu au courant de ses classiques et savait que Big George avait déjà été le roi des lourds, avant de tomber face à Ali au Zaïre, dans le désormais célèbre *Rumble in the Jungle* que les lions du MGM avaient au moins l'utilité de ramener dans l'actualité. Dans un geste-surprise, pendant qu'il attendait le signal d'entrer dans la salle, il avait d'ailleurs demandé son autographe à Foreman, et le géant s'était exécuté avec plaisir. De son énorme main droite, il avait couché sa signature sur le revers d'une feuille, la même qu'on voyait sur les grils à hamburgers dont il faisait la promotion, en ajoutant le message suivant : « *Best wishes Stéphane, my champ.* » Entre Ouellet et Foreman, il avait vraiment semblé se passer quelque chose, une sorte de chimie qui s'était installée instantanément entre les deux et les avait rendus mutuellement sympathiques. Ainsi, lors de la réunion avec le personnel d'HBO, alors que ses confrères s'amusaient de l'étrange passion funéraire du Jonquiérois, Foreman avait été le seul à garder son sérieux. Quand Ouellet avait réagi en affirmant qu'on ne blaguait pas avec la mort, il l'avait approuvé en formant un O avec son pouce et son index : « *Perfect, that's the case, no laugh with this...* » Foreman était sensible à la façon de Ouellet de considérer la mort : n'était-il pas pasteur dans son Texas natal? Le lendemain, Foreman avait encore montré son intérêt envers Ouellet, d'abord durant les deux rounds du match contre Sheika où, au micro d'HBO, il avait complimenté son direct du gauche et sa façon de boxer, ensuite dans les vestiaires où il était passé le réconforter d'une tape sur l'épaule et un *« Let's go champ »* d'encouragement. Après la défaite, aux proches de Ouellet affalés dans un angle de la pièce avec des mines d'enterrement, Big George avait adressé des reproches : « *Get up,* avait-il dit d'un ton austère, *don't feel him more badly, that's the time this guy need support and not see some faces of undertakers.* »

En tout et partout, Ouellet avait passé 45 minutes en compagnie de Foreman, Lampley, Merchant et le reste des employés d'HBO. Son débit avait été si rapide au cours de l'entretien, que l'interprète prévu par HBO s'était révélé presque inutile : une fois sur deux il ne comprenait pas Ouellet et c'était Clavet qui devait faire la traduction à Merchant!

Merchant l'intervieweur avait été fidèle à lui-même : vrai quant à la forme mais pas quant au fond. Lui qui avait l'habitude de réaliser de petits bijoux d'entrevues d'après-combat au micro d'HBO, il n'avait cette fois pas réussi à éviter la panoplie de questions clichés qu'un Américain était susceptible d'avoir préparées pour un indigène comme Ouellet. Outre le temps que le Québécois avait dû passer à expliquer sa passion pour l'industrie funéraire – « *That's my destiny* », avait-il fini par lâcher en anglais pour que tout le monde comprenne mieux –, il avait eu à revenir souvent sur la raison pour laquelle il n'avait pas choisi de jouer au hockey – « Because je préfère un sport où tu es le seul responsable de ta victoire ou de ta défaite ». Le vieil analyste ne s'était pas rendu jusqu'à lui demander avec quoi il mangeait son sirop d'érable, mais il avait enchaîné avec une série de questions qui portaient sur un thème guère plus original dans la vie de Ouellet : son dégoût de l'entraînement. « Qu'est-ce qui fait que des fois tu es inspiré et que d'autres fois tu ne l'es pas du tout? » avait demandé Merchant, qui parvenait de moins en moins à cacher que sa source s'appelait Yvon Michel. « *Just the time,* avait répondu un Ouellet agacé, il n'y a pas de véritable raison; à certains moments je ressens beaucoup d'inspiration, et à d'autres pas du tout, c'est comme ça. J'imagine que je dois tenir ça de mon père, qui est artiste peintre. » La réponse avait inspiré Merchant, et il avait dévié sur le sujet des arts. Au moment où Ouellet expliquait pourquoi son corps ressemblait à une surface livrée au talent pictural de quelques punks, Merchant avait voulu savoir quels étaient ses poètes favoris. Stéphane avait tiré sur la manche de son chandail pour en étirer l'encolure et faire voir le tatouage de Jim Morrison sur son torse. Mais Merchant avait fait une tête qui semblait dire qu'il voulait parler de vrais poètes. Ouellet s'était senti obligé de faire plaisir à Merchant et plutôt que de répliquer que Morrison était surtout ça, un vrai poète, il avait nommé Rimbaud.

Là où Ouellet avait le plus captivé, charmé et fait rire son auditoire, c'est quand on lui avait demandé de parler de ses débuts dans la boxe. Avec sa candeur et son bagout caractéristiques, en passant du français à l'anglais, il avait ainsi raconté l'histoire de sa sœur qui avait un œil sur un des boxeurs du Club de Jonquière et qui se cherchait une raison pour le rencontrer : « *So, I became the reason!* » Tout le personnel d'HBO s'était esclaffé.

Quand il était sorti du briefing, le sentiment qui prévalait chez les membres de son clan était que sa personnalité avait à ce point conquis les gens d'HBO que ceux-ci n'attendaient que sa victoire le lendemain contre Sheika pour en faire une nouvelle vedette, peut-être une sorte d'Arturo Gatti auprès des téléspectateurs américains, toujours sensibles aux fameux « espoirs blancs » de la boxe.

Hélas, trois heures plus tard ce sentiment allait avoir changé autant que la personnalité de Ouellet, qui montrerait maintenant au personnel du MGM ce côté caché dont avait parlé Yvon Michel.

Ouellet avait été convié pour 15 heures au EFX Theater du MGM, là où se tenait la pesée officielle de tous les boxeurs participant au gala du lendemain. Comme tout, à l'intérieur de l'hôtel-casino, le EFX Theater était une salle immense, un peu démesurée. Comme la réaction des autorités de l'hôtel à ce que le chroniqueur de *La Presse*, Réjean Tremblay avait appelé « *la petite pisse d'urgence* » de Ouellet.

À cette heure, donc, la salle était déjà remplie depuis longtemps par les supporters de Prince Naseem Hamed et de Marco Antonio Barrera, qui attendaient de voir apparaître leur homme sur la bascule en s'échangeant les cris d'encouragement, « Nasy, Nasy, Nasy » pour l'Anglais Hamed, et « Me-rico, Me-ri-co, Me-ri-co » pour le Mexicain Barrera.

Depuis sa position, à l'extrême gauche de la grande scène du EFX Theater, tout près des coulisses délimitées par un épais rideau noir, c'était aussi ce que faisait Ouellet : attendre la pesée des deux grandes stars de la catégorie plume. Il s'était présenté à la salle avec de l'avance, mais avec aussi un bon lot d'inquiétudes quant à son poids. En matinée, il s'était en effet pesé à 171 livres, ce qui l'avait forcé à prendre un bain de vapeur pour faire fondre les trois livres qu'il avait encore en trop. Cela avait fonctionné : la bascule des vestiaires avait indiqué 168 livres. Mais les pesées pouvant être différentes, il angoissait à l'idée de prendre place sur celle du EFX Theater et d'avoir la gêne de ne pas faire le poids devant tout le gratin de la boxe mondiale. Il n'avait rien mangé depuis la veille et, après son bain de vapeur, c'est totalement à sec, avec le ventre vide, qu'il attendait son tour. Mais il avait une furieuse envie d'uriner. Plus le temps passait, plus son envie et son angoisse augmentaient.

À 15 h 15, la pesée officielle de Hamed et de Barrera avait enfin commencé. Mais en raison de l'imposant cirque médiatique qui entourait l'événement, elle avait été si longue que ce n'était pas avant 15 h 45 qu'on avait été prêts à accueillir Ouellet et Sheika sur le pèse-personne. Malheureusement, cela avait été trop long pour que la vessie et les nerfs du premier tiennent le coup. Bien trop loin des toilettes pour s'y rendre sans risquer de manquer son tour à la pesée, Ouellet était allé se soulager en coulisses, sur des décors de scène. « J'étais convaincu que j'étais à l'extérieur, avait-il plus tard expliqué au *Journal de Montréal*. Il y avait des arbres et des portes ouvertes qui donnaient dehors, il y avait aussi un bac à gravier, et les toilettes étaient loin, alors... C'était peut-être une erreur, mais je ne pense pas qu'il ait fallu en faire une montagne. »

Il n'avait uriné que quelques gouttes, d'ailleurs c'était la première chose qui avait frappé son entraîneur quand il avait vu l'ampleur de la réaction de la sécurité du MGM. Clavet s'était dit : « Un gars qui n'a ni bu ni mangé depuis longtemps ne doit pas avoir pissé tant que ça! »

En définitive, personne à l'intérieur du EFX Theater n'avait surpris Ouellet en train de se vider la vessie. Mais il y avait des caméras... et qui ne filmaient pas l'événement de la pesée : celles du dispositif de sécurité du MGM.

Ouellet avait mis plusieurs minutes avant de se rendre compte que quelque chose n'allait pas. Après s'être soulagé, il était revenu sur le devant de la scène, aux côtés de Clavet, en attendant qu'on vienne enfin le chercher. Comme il portait son regard vers l'autre extrémité de la scène, il avait vu à travers la foule deux hommes qui semblaient venir vers lui. L'un était blanc, les traits sévères. L'autre était noir, un colosse! C'est ce dernier qui avait apostrophé Stéphane : « Sais-tu, *man*, qu'ici à Las Vegas je peux te faire mettre en tôle pour ce que tu viens de faire derrière le rideau? » Clavet était intervenu : « Écoutez, je comprends, mais je vous demande aussi de comprendre mon gars, il boxe dans la demi-finale de demain, il est nerveux, il a peur de ne pas faire le poids... » Le Blanc avait répliqué, les yeux vissés sur Clavet : « Je me crisse de qui il est, ton gars, je vais le mettre en prison, tout de suite, dans le temps de le dire. Combat ou non, il va s'en aller directement en dedans. » Clavet avait bien tenté d'argumenter, mais le gars avait coupé court : « Je me crisse de sa raison, ce gars-là va pas venir uriner chez nous, dans mon jardin. D'ailleurs, je sais vraiment pas pourquoi je me retiens de l'amener. Mais je vais te dire une dernière chose et que ce soit bien clair : si ton gars ne se tient pas tranquille pour les 24 prochaines heures, si j'entends encore parler de lui, je le fous *in jail*... »

***

Le policier avait averti Ouellet de se tenir tranquille pour les 24 prochaines heures, et la menace avait eu de l'effet sur tout le clan : bon Dieu que c'était tranquille dans ce vestiaire-là! Il y avait Ouellet, sa compagne, ses trois seconds, les quatre gars de son équipe de gérance, et pourtant c'était comme si le vestiaire était désert.

Cette atmosphère ne déplaisait pas trop à Clavet. Ces dernières semaines, le coach de Ouellet avait en effet redouté que la présence des quatre membres de K-Management puisse être source de distraction pour son boxeur. Bien sûr, pour s'être déjà retrouvé dans une telle situation, Clavet savait qu'un homme avait besoin, avant un combat, d'être entouré de quelques familiers. Mais quatre gérants dans la même pièce? Aussi la scène qu'il avait maintenant sous les yeux le rassurait-elle : Romani, Cliche, Therrien et Lamontagne se tenaient à l'écart, tentant de se faire le plus petits possible. Et s'ils parlaient, c'était en chuchotant.

Mais la pièce était plongée dans un tel silence que ce chuchotement parvenait aux oreilles de Ouellet. En temps normal, ce détail ne l'aurait pas dérangé. Mais les événements de la veille avaient laissé des traces. Sa concentration était affectée par la présence des gens d'InterBox à Las Vegas, et elle l'était aussi par son histoire de pipi qu'il ne croyait pas encore classée. Il était sûr que Linda et ses gérants lui cachaient les derniers développements, peut-être une sanction ou une retenue sur sa bourse. On allait se dire tout à l'heure, en le voyant boxer, qu'il n'avait vraiment pas l'air concentré. Ce ne serait pas une fausse idée.

En fait, Stéphane Ouellet était un homme vidé. Par sa carrière, sa vie, ses émotions, par cette chicane avec InterBox, par son séjour à Las Vegas, vidé par cet incident stupide qu'il craignait voir déjà publié à Montréal. Il se sentait écrasé. Par la résignation! Une résignation réelle. Il se souviendra, un peu plus tard : « Quand Sheika m'a envoyé à terre au deuxième round, j'ai pensé à tout ce qui était arrivé avec InterBox et je me suis dit : " Tiens, c'est ça le résultat que vous souhaitiez, c'est ça le résultat que vous étiez venus voir à Las Vegas, eh bien! le voilà. Maintenant, tout le monde est heureux." »

Un homme vidé, sans étincelle, ni pendant ni avant le combat. Bob Miller, son *cutman* de toujours, révélera : « Dans le vestiaire, je regardais Stéphane, j'essayais de voir un peu de feu dans ses yeux, mais je n'ai jamais rien aperçu. Il n'avait rien de cette flamme qu'il avait avant sa victoire sur Dave Hilton. » Ce que Ouellet ne contestera pas : « Avant le combat, je ne ressentais rien en moi, rien autour de moi, on aurait dit que j'avais le genre d'excitation d'un gars qui s'en va faire du *sparring* : O.K., à quelle heure on se bat? 19 heures? bon ben, c'est beau, avertissez-moé quand ça sera le temps. »

Un homme sans vitalité, sans autre hargne qu'envers Yvon Michel, et surtout, comme d'habitude, sans confiance.

Ouellet savait, bien avant son arrivée à Las Vegas, à quel résultat il se préparait contre Sheika. Il le savait depuis Laval, depuis Longueuil, depuis toutes ces salles où, à l'entraînement, il avait dû croiser les gants avec des boxeurs indignes de son rang.

Cette idée qu'il n'était pas mauvais de croiser les gants avec des gars de club qui s'entraînaient à la boxe comme d'autres jouaient au tennis dans des ligues de double, c'était celle de Clavet. Dans les premières années de sa carrière, Clavet disait en effet que Cusson et lui avaient l'habitude de faire une vingtaine de rounds par soir avec tout ce qui pouvait traîner dans le gymnase de Georges Drouin, et qu'il n'y avait probablement pas meilleure manière pour travailler à ses lacunes dans un contexte dénué de stress mais tout de même compétitif. L'idée se défendait. La question, c'était de savoir si cela s'appliquait pareillement à un boxeur de niveau national, comme Clavet, qu'à un boxeur de niveau international, comme Ouellet. Et surtout, dans quelle mesure cela pouvait être utile, quand ce *sparring*-là était pratiquement le seul dont bénéficiait un boxeur qui se préparait à aller se mesurer à Omar Sheika, aspirant mondial numéro 9...

À part Clavet lui-même avec qui Ouellet avait fait quelques sessions, les deux seuls boxeurs un peu crédibles à avoir servi de partenaires d'entraînement pour Sheika avaient été le Montréalais Alain Boismenu – ancien champion canadien en mi-moyens, il ne lui restait toutefois que son exceptionnel courage – et le Français Jean-François Fahrasmane, qui possédait quant à lui une intéressante carte de visite : tout fraîchement débarqué à Montréal, il avait été quatre mois plus tôt le *sparring-partner* de Dave Hilton dans sa préparation pour son Championnat du monde contre Thobela. Dans son cas, même si Ouellet le dominait (Fahrasmane disait qu'il n'y avait pas de comparaison possible entre les deux boxeurs, Ouellet lui apparaissant bien plus complet que Hilton), le problème n'était donc pas qu'il ne savait pas boxer, mais qu'il était à des années-lumière de le faire dans le même style qu'Omar Sheika.

Tout ceci montrait à quel point la préparation technique et physique de Ouellet avait été ridicule. À qui la faute? Ce n'était ni celle de Clavet, ni celle de K-Management, à la limite ni même celle de Ouellet, aucun d'eux n'ayant eu les contacts appropriés pour dénicher autre chose que des *sparring-partners* de fortune.

Il avait malgré tout décidé, au cours de la semaine à Las Vegas, de défendre son équipe, d'aller au bâton pour elle. En entrevue à la radio de CKAC, il avait touché Clavet et compagnie en répondant aux critiques qui mettaient en doute leurs compétences : « Ceux qui pensent ça, qu'ils aillent tous au diable. Si jamais je subis une défaite samedi soir, je ne veux entendre personne venir me dire que c'est la faute de ces gens-là, qu'ils n'avaient pas la compétence ou l'expérience pour me permettre de battre Omar Sheika. Ils ont fait tout ce qu'ils pouvaient faire pour m'aider, et si je perds ce sera de ma faute et uniquement de ma faute. »

D'un autre côté, quand Ouellet regardait maintenant autour de lui, juste avant de quitter son vestiaire pour aller se mesurer aux poings de Sheika, la réalité avait de quoi le frapper : il voyait Clavet, coiffé d'une casquette d'époque, qui lui rappelait que son coach avait quitté depuis longtemps la boxe de haut niveau; il voyait les quatre gars de K-Management qui venaient à peine, eux, de la découvrir; il voyait l'un de ses seconds, Robert Beaulne, qui n'avait, lui non plus, aucune expérience de ces grands moments; et il voyait enfin Bob Miller, envers qui il entretenait à présent une grande méfiance.

Il voyait tout ça, C'est donc peu de dire qu'il ne se voyait pas gagner. Il ne se sentait pas assez fort, pas assez confiant pour porter les espoirs de tout le Québec, et il avait ordonné à ses seconds de ne pas sortir le fleurdelisé. Selon le plan, Robert Beaulne devait l'agiter à la face du monde durant la marche vers le ring.

Ouellet avait pris aussi une autre étonnante décision : il avait refusé à ses seconds le droit de lui bander les mains, officiellement parce qu'il avait tenu à répéter le scénario qui lui avait permis de battre Hilton, et l'avait fait lui-même. Tâche importante qui permet au boxeur autant d'éviter les blessures aux mains qu'en causer au visage de l'adversaire, la pose des gazes thérapeutiques est habituellement laissée aux hommes de coin, plus en mesure que le boxeur lui-même de faire des bandages durs et solides. « Les bandages de Stéphane étaient bien trop mous pour pouvoir faire mal à Sheika, confiera Clavet après le combat. Si Stéphane nous avait laissés les faire, c'est bien plus profondément que l'œil de Sheika aurait été ouvert au cours du premier round. »

Quand Ouellet, une fois les mains gantées, s'était mis à frapper dans les mitaines de Clavet pour s'échauffer, ce dernier n'avait pas eu un très bon feeling : « J'avais trouvé qu'il n'était pas rapide, mais je m'étais dit qu'il se ménageait peut-être, qu'il voulait conserver ses forces pour le combat. » Malheureusement, si Ouellet allait bel et bien retrouver sa rapidité, ce serait seulement pour se dépêcher de démontrer à son entraîneur que sa première impression était la bonne : tout à l'heure, le premier round n'aurait en effet pas encore eu le temps de s'achever que, dans le coin, Clavet se tournerait vers Beaulne et lui dirait : « C'est vraiment bizarre, on dirait qu'ils boxent tous les deux au ralenti. »

Il était apparu évident aux yeux de la plupart des observateurs – mais surtout à ceux de Clavet – que Sheika, à son entrée sur le ring, avait dégagé beaucoup plus de confiance que Ouellet. Ronald King écrirait, dans *La Presse* : « *Quant à Deano Clavet, le dévoué entraîneur qui travaille pour Ouellet comme le ferait un ami, il a amené dans l'arène un boxeur intimidé et mal à l'aise qui a baissé les yeux et tourné le dos à un Sheika tout à fait sûr de lui. L'espace était à ce moment occupé presque en entier par le clan Sheika alors que Ouellet était seul entre les câbles, entouré d'ennemis.* »

La scène était un peu cruelle. Sous les yeux de 16 000 spectateurs et d'environ 5 millions de téléspectateurs à travers le monde, Stéphane Ouellet éprouvait, comme jamais auparavant dans sa carrière, non seulement la désagréable sensation de devoir affronter un adversaire redoutable dans un milieu rendu encore plus hostile par la présence de quelques compatriotes lui souhaitant malheur; il éprouvait surtout la désagréable sensation de devoir le faire tout seul, alors que les liens avec ses hommes de coin étaient ou brisés ou trop récents pour le soutenir face à un défi aussi colossal.

Omar Sheika, allait nous apprendre dans sa présentation le célèbre annonceur Michael Buffer, vivait à Paterson, au New Jersey. C'était un Américain authentique, d'ascendance palestinienne, comme son nom et ses traits le révélaient, et qui tenait tellement à ce qu'on le sache, qu'il montait toujours sur le ring avec à la tête un bandeau noir et blanc, les couleurs de son pays d'origine.

C'était un garçon qui aimait la guerre. Sur le ring. Il avait 24 ans, la fougue de son âge, une grande puissance qui le rendait particulièrement dangereux dans les premiers rounds, un style spectaculaire porté presque exclusivement sur l'attaque, ce qui lui avait jusqu'à maintenant valu le palmarès suivant : 23 combats, 21 victoires dont 14 avant la limite, 2 défaites.

Mais c'était aussi et surtout un garçon qui détestait la guerre ailleurs que sur un ring. « *Ce n'est pas uniquement par solidarité pour mes frères de sang que je prie pour que le conflit se règle au Moyen-Orient*, avait-il confié au *Journal de Montréal*, à quelques heures de sa bagarre contre Ouellet. *Je ne suis pas capable de voir des enfants se faire tirer en pleine rue là-bas, ou encore de voir des bambins perdre la vie dans des actes terroristes. Qu'ils soient palestiniens ou juifs, ces enfants méritent de vivre et d'être protégés. J'espère que les leaders politiques des deux factions finiront un jour par penser comme moi.* »

Un garçon qui, en dehors du ring, dégageait la douceur d'un porte-parole pour la paix quand il se décidait à porter ses petites lunettes rondes, mais qui, dès qu'il montait entre les cordes, se muait en bête féroce. Et intimidante : toutes les fois qu'il avait été appelé à prédire le résultat de sa rencontre contre Ouellet, il donnait la même réponse : il gagnerait par mise hors de combat avant la fin du troisième round!

Au soir du 7 avril 2001, Omar Sheika était à ce point confiant et convaincu de réaliser sa prédiction qu'il l'avait reformulée à ses hommes de coin entre le premier et le deuxième round; il leur avait dit, après avoir mis trois minutes à chasser la nervosité : « Maintenant, je descends ce gars-là avant la fin du round! » Moins de deux minutes plus tard, il y était parvenu, en même pas deux rounds en tout, et pourtant, comme il l'expliquerait ensuite au *Journal de Montréal*, son sentiment serait celui d'avoir réussi à vaincre rien de moins qu'un champion du monde. « *Le Canadien Davey Hilton a détrôné Dingaan Thobela à titre de champion mondial des super-poids moyens du WBC, le 15 décembre, à Montréal, deux mois après avoir subi une raclée aux mains de Ouellet. J'ai vu le film de cette victoire de Ouellet contre Hilton. Ouellet n'a pas perdu un seul round. Il a donc l'étoffe d'un champion du monde.* »

Peut-être qu'ici, à Las Vegas, cela avait au moins eu le temps de paraître un peu dans le premier round. En tout cas, Ouellet l'avait gagné en boxant plutôt bien, en imposant son direct du gauche supérieur, en ouvrant même une plaie à l'œil gauche de Sheika. Mais en dépit du gain de ce premier engagement, il était manifeste qu'il avait l'esprit ailleurs, qu'il serait incapable de réagir correctement à la tempête de coups qui ne manquerait pas de s'abattre sur lui, tôt ou tard.

Tous ceux qui connaissaient la nature explosive de Sheika et les talents motivants de Lou Duva savaient que ce serait plus tôt que tard. Clavet, qui avait regardé quelques combats de l'Américain avant de partir pour Las Vegas, le savait aussi. Mais son inexpérience comme entraîneur l'avait empêché de le rappeler à Ouellet au cours du repos qui précédait la deuxième reprise. Comme si, dans l'esprit de Clavet, la menace pour son boxeur venait plus du gigantisme de l'événement que des poings de Sheika, il avait pensé la solution du moment était de calmer Ouellet, de le rassurer : « C'est parfait, Stéphane, la glace est cassée de belle façon. Maintenant, on continue comme ça. » Clavet serait le premier à s'en blâmer plus tard dans la soirée, en revenant sur les causes de la défaite.

À Jonquière, Angémil Ouellet, qui regardait le combat de son fils à la télévision, savait comme tout le monde que Clavet faisait son grand possible dans cette aventure. N'empêche, quand le réseau HBO avait montré le travail des coins après le premier assaut et qu'il avait entendu Clavet s'adresser à son fils sans lui donner de véritables directives, il avait vraiment craint que la fin soit proche. La mauvaise impression qu'il avait eue se confirmait. Avant le départ de Stéphane pour Las Vegas, il s'était rendu à Longueuil assister à l'un des derniers entraînements de son fils, et il avait trouvé que sa préparation n'était pas adéquate pour un combat de cette envergure.

En dépit de la prédiction faite à ses hommes de coin, ce n'était pas en se lançant comme un fou sur Ouellet que Sheika avait entamé la deuxième reprise. Il avait plutôt agi méthodiquement, intensifiant la pression de manière graduelle, usant de son agressivité en crescendo, jusqu'à ce qu'il se sente suffisamment prêt, à la mi-round, pour passer le K.-O. à son adversaire. Il avait été d'une extrême brutalité : trois coups puissants à la tête, dont le dernier, un crochet du droit directement sur la tempe, avait fait chuter Stéphane avec fracas.

Dans le vestiaire, après le match, et même un peu plus tard dans sa chambre d'hôtel, Ouellet accuserait encore une fois la faiblesse de sa « maudite mâchoire », alors qu'elle n'était aucunement en cause dans cette mise hors de combat. Quiconque aurait en effet été pareillement atteint par la même salve de coups se serait aussi retrouvé au plancher pour le compte, cela ne faisait aucun doute. Non, ce qui était arrivé à Ouellet à Las Vegas était probablement plus une question de nature que de mâchoire, comme Russ Anber essaiera plus tard de l'expliquer, à la radio de CKAC, quand il sera devenu l'entraîneur du Jonquiérois : « Lorsqu'il s'est fait pincer par Sheika, Stéphane aurait dû savoir qu'il devait alors se protéger et accrocher pour laisser passer la tempête et avoir ensuite la chance de revenir prendre le contrôle du combat. À la place, parce qu'il boxe beaucoup trop sur l'émotion, c'est encore son adrénaline qui a *kické* et il a voulu se mettre à échanger coup pour coup avec Sheika. Mais le problème, c'est qu'il y a un prix à payer quand un boxeur fait ça, et ce soir-là Stéphane l'a payé cher. »

Comme à l'habitude, Ouellet avait eu beau visiter le sol, il avait quand même encore réussi à battre le compte. Sérieusement commotionné, le regard hagard, les jambes flageolantes, il s'était cette fois relevé au compte de neuf, mais l'arbitre Tony Weeks avait judicieusement décidé de ne pas le laisser repartir au combat. Clavet était d'accord, il n'aurait de toute façon pas permis que son boxeur encaisse de nouveaux coups.

Tout était maintenant terminé. L'aventure à Las Vegas de Stéphane Ouellet et de Deano Clavet s'achevait, leur association aussi. D'ici quelques minutes, ils allaient quitter le ring et l'enceinte du MGM Grand ensemble, sous les insultes d'une partie du public. Demain, à l'aube, ils allaient quitter la ville, encore à bord du même avion et encore vers des destinations différentes. Parce que, là où s'en retournait Ouellet, personne n'aurait vraiment eu envie d'y aller.

***

Jour de la pesée du troisième combat contre Dave Hilton.
Ouellet, pour faire le poids, est complètement déshydraté.

Épilogue

Un pas vers la sérénité

*Après toutes ces années à mener une telle vie d'excès, je vois mainte-
nant dans quel trou profond je me suis enfoncé. Que les gens se rassurent,
je n'ai envie de blâmer personne, je sais très bien que je suis le seul et
unique responsable de ma situation actuelle. La pression de tous mes gros
combats ne m'a pas aidé, c'est sûr, dans mon cas je peux même dire qu'elle
m'a tué à petit feu, mais même ça ne suffit probablement pas à excuser la
manière négligente dont j'ai conduit ma carrière. Mais à 32 ans, je suis
encore relativement jeune et si la boxe veut bien m'accorder une autre
faveur, je lui demande aujourd'hui de me donner une dernière chance. Si
jamais je la rate, ou pire si je ne l'ai même pas, cette dernière chance, ce
ne sera pas catastrophique, mon histoire restera quand même exemplaire,
en tout cas il n'y en aura pas de meilleure pour montrer aux jeunes tout
ce qu'il faut éviter si on veut devenir un champion de boxe. C'est évident,
je serais déçu de laisser les gens uniquement sur les souvenirs malheureux
de ma carrière, mais je tiens à dire que j'arriverais quand même à
l'accepter, à fonctionner dans ce qui me reste de vie. J'ai toujours cultivé
mon humilité et, dans un pareil cas, c'est là un atout qui me servirait.
Parce qu'au-delà de tout, je ne tiendrais vraiment pas à ce que les gens
disent que Ouellet s'en va en étant amer envers le monde de la boxe, envers
Yvon Michel, envers InterBox. Des regrets? Bien sûr que je vais en avoir,
des regrets, si je ne réussis pas ma sortie. Même que je vais en avoir une
jolie collection. Mais je tiens encore à le dire, ils ne concerneront que mes
seuls actes, et non ceux de tous les gens qui m'ont entouré dans cette
aventure difficile mais fascinante.*

***

*À mon avis, il était vraiment prévu que je meure au cours de ce
fameux week-end de la Saint-Valentin 2002. Avec toute la mescaline que
j'ai consommée à ce moment-là, j'ai tout fait pour que ça arrive, mais
pour une raison que je n'explique toujours pas, j'ai réussi une nouvelle
fois à m'en tirer. « Ne cherche pas à comprendre, ont dit des gens, c'est un*

cadeau du ciel, c'est la vie qui t'offre une autre chance. » *Aujourd'hui, cela me fait un peu rire : je regarde en effet tout ce qui m'est ensuite tombé dessus, toute la série de déboires, de mésaventures, de malchances que j'ai dû subir, toute la marde que j'ai dû manger, et je me demande sincèrement en quoi la mort aurait pu être pire que ça. De toute façon, il y a des signes qui ne mentent pas et toute la suite de ce week-end de folie a trop servi à me faire la preuve que je n'avais plus de place nulle part pour que je ne saisisse pas le message que j'avais eu tort d'échapper à la mort. À cette époque, je me rappelle, j'avais alors parlé à la radio d'une véritable « traversée du désert », j'avais dans la tête qu'elle venait de se terminer avec cette fin de semaine, c'était fou comme j'étais dans le champ : elle ne faisait en fait que commencer! Il y a d'ailleurs des jours où je n'en reviens pas encore que cette traversée ait commencé en même temps que ma désaccoutumance à la mescaline, c'est à la fois un mystère et une fierté, je me dis : « Non mais, comment j'ai fait pour passer au travers de tout ça sans retomber là-dedans? »*

***

Le combat de Las Vegas était maintenant vieux de plusieurs mois. Depuis, la vie de Ouellet ressemblait effectivement à cette lente mais régulière descente aux enfers dont parlaient de plus en plus de gens.

Il y avait eu ces démêlés en justice avec l'ex de sa femme.

Il y avait eu la désolante aventure des combats extrêmes, qui avait servi à lui couper les derniers ponts avec un public qui n'admettait pas de le voir, lui le boxeur le plus gracieux des années 1990, joindre le sport que certains considéraient comme le plus dépourvu de grâce de toute l'activité sportive humaine. « Les combats extrêmes, ce fut une mauvaise stratégie, point à la ligne. Au moment de me lancer dans cette affaire-là, je faisais le pari que cela allait me permettre de rester dans l'actualité, de ne pas me faire oublier en attendant mon retour à la boxe. Disons que c'est un peu ça qui est arrivé, mais pas de la manière dont je l'avais prévu. »

Il y avait eu son travail de porteur et de directeur funéraire qu'il aimait plus que tout, et qu'à sa grande détresse il avait perdu pour avoir trop forcé sur les *speeds* dans une période où le stress l'empêchait de dormir.

Il y avait eu, encore et toujours, tous ces allers et retours chez les punks de Montréal.

Il y avait eu toutes les réussites d'InterBox, les Championnats du monde de Lucas et de Dorin envers qui il avait beau être incapable de jalousie, cela avait quand même la conséquence de le renvoyer à ses regrets.

Il y avait eu tout ça depuis Las Vegas, et même un peu plus, mais ce n'était même pas encore assez, il manquait un week-end comme il s'apprêtait à en vivre un pour que la descente aux enfers soit complète. Pour qu'il puisse, au bout de cette interminable pente, enfin toucher le fond et se mettre ensuite à remonter la longue, longue côte qu'il aurait alors devant lui.

Il avait donc trouvé comme théâtre à sa dernière aventure avec la mescaline un petit coin de campagne situé à la limite du Centre du Québec et des Cantons-de-l'Est qui, pour la circonstance, ne pouvait pas être mieux choisi : le village s'appelait l'Avenir! À deux jours d'un départ prévu pour Kuujjuak, où il devait aller enseigner la boxe aux Inuits, c'est là qu'il avait choisi d'emmener sa femme célébrer la Saint-Valentin, dans un établissement, l'Auberge aux 3 Lucarnes, qui verrait en un temps record son ambiance passer de romantique à apocalyptique.

Il était arrivé sur place le vendredi midi, en limousine, déjà gravement intoxiqué, avec dans sa valise une réserve de mescaline qui pouvait faire penser qu'il en avait pour six mois, mais il en manquerait bien avant la fin du week-end. Si bien qu'il se verrait forcé de retourner à Montréal en acheter de nouveau. Il serait à ce moment dans un tel délire qu'il en viendrait au cours du trajet à se croire dans un avion plutôt que dans une limousine. D'ailleurs, voler apparaîtrait durant cette période comme une véritable fixation; et il se retrouverait quelques jours plus tard à l'aéroport de Belœil, en train de se renseigner sur le prix des hélicoptères.

Son aller-retour à Montréal avait représenté, pour les propriétaires de l'auberge, le seul moment de répit de la fin de semaine. Pour le reste, jusqu'à son départ le dimanche soir, sa présence avait fait vivre à tout le monde un véritable cauchemar, avait transformé ce havre de paix en lieu de grande tension dont seuls des gens ayant déjà été en contact avec des consommateurs de mescaline peuvent avoir une idée. Quand, en proie à ses hallucinations les plus fortes, il s'était mis à chercher aux alentours, boussole à la main, le corps de la petite Julie Surprenant qu'il avait soudainement cru possible de retrouver dans le coin (Julie Surprenant était disparue à Terrebonne en novembre 1999), les propriétaires avaient pensé à communiquer avec les policiers, mais par pitié pour son état, pour ne pas lui attirer de plus graves ennuis, ils avaient renoncé à le faire. Ce n'était pourtant que partie remise; le lendemain soir, alors que l'on avait enfin réussi à le ramener en ville, c'est son épouse et son agent Éric Lamontagne qui le remettraient aux policiers de Saint-Hubert, parce qu'ils craignaient ses réactions.

Trois jours de consommation effrénée, qui en suivaient d'autres plus ou moins réguliers, avaient fini par complètement le changer, le détruire. Il n'était plus le Stéphane Ouellet à l'intelligence vive qu'il faisait bon côtoyer dans ses moments de sobriété; il était désormais une loque humaine qui faisait vraiment craindre pour sa santé mentale, au point de se demander en le voyant s'il n'était pas déjà trop tard.

Dans les heures suivant la fin de son trip à l'auberge, il était quand même arrivé à avoir une lueur de lucidité et à réaliser la gravité de son état mental, en tout cas il avait pris conscience de sa folle obsession à vouloir retrouver Julie Surprenant et il avait dit à ses proches : « O.K., rendez-moi juste le service d'aller voir à tel endroit; si ce n'est pas là qu'elle repose, cela voudra dire que vous avez raison et que je suis fou. Alors vous me rentrerez à Philippe-Pinel. »

L'entendre prononcer ces paroles avait fait mal, cela montrait bien ce que la foutue drogue avait réussi à faire de lui, mais ça avait aussi fait un bien énorme et apporté les premiers signes d'espoir, ceux qui laissaient croire qu'il avait enfin touché le fond et qu'il acceptait de se faire soigner, de se faire désintoxiquer. Quelques heures plus tard, dans un état qui ne pouvait que donner envie de fusiller tous ceux qui mettent en circulation ces merdes hallucinogènes, il demandait lui-même à être conduit dans un endroit où il allait pouvoir être traité. C'est finalement dans un centre de réadaptation en alcoolisme et en toxicomanie, le Centre Dollard-Cormier de Montréal, qu'on l'avait accueilli en urgence. À son arrivée, quoique encore très affecté par les effets de la substance, il avait été bien clair avec le personnel : il savait qu'il avait besoin d'aide, qu'il avait besoin d'une sérieuse désintoxication, sauf qu'il renonçait à suivre de nouvelles thérapies. « Écouter le récit de la misère des gens, c'est juste que je n'en ai plus envie, avait-il dit en faisant référence à ses anciennes cures. Alors soignez-moi, mais je vous demande seulement de le faire sans thérapie. »

Les thérapeutes auraient aimé le garder une bonne dizaine de jours à l'intérieur du centre, mais il s'était déjà montré prêt à partir au bout d'une trentaine d'heures. Il était alors loin d'avoir recouvré toutes ses facultés, mais on aurait quand même dit que chaque nouvelle seconde qui le séparait de sa dernière prise de mescaline apportait son lot de changements positifs, que les effets de la drogue s'estompaient grain à grain, au fur et à mesure que le temps passait. On avait beau trouver à l'occasion que cela se faisait trop lentement, on avait beau trépigner d'impatience à renouer enfin avec le vrai Stéphane Ouellet, on pouvait au moins s'encourager avec le fait que, même si les changements s'opéraient lentement, c'était au moins le signe que ce dernier trip de mescaline n'avait pas causé de dommages irréversibles à son cerveau, comme il avait pu lui-même le craindre à un certain moment.

En définitive, il mettrait plusieurs mois à se remettre psychiquement de cet épisode, à recouvrer sa pleine lucidité, ce qui expliquerait très bien pourquoi ce serait ensuite si long et si ardu de remonter la côte, de remettre sa vie sur les bons rails, d'entamer ce dernier come-back qu'il espérait si purificateur et dans lequel il plaçait tellement d'espoir. Des mois et des mois à s'analyser, à tenter de se comprendre autant par lui-même que par les autres. Un jour c'est d'ailleurs en relisant Paulo Coelho qu'il s'était rappelé qu'il n'y avait pas de mal à avoir un côté sombre comme il en avait un, il suffisait seulement d'être capable de le dompter. « C'est vrai, disait-il, je n'ai qu'à regarder mon chien Jackson, pour moi c'est le meilleur exemple; il a beau être un croisement de labrador et de rottweiller, c'est quand même un chien doux et gentil. » Des mois et des mois à se refaire moralement et physiquement tout en prenant régulièrement connaissance des petites perfidies des journalistes; à lire des titres comme « *Pauvre Stéphane* » ou « *Stéphane rides again* »; à voir son nom dans les mentions les moins honorables de la semaine parce qu'on croyait qu'il avait fait avorter un combat en exigeant trop d'argent ou, encore pire, parce qu'il avait eu le malheur de s'être fait taillader une lèvre à l'entraînement; des mois et des mois à s'interroger sur cette facette-là de sa carrière de boxeur; à tenter de comprendre pourquoi tout ce qu'il disait et faisait au temps où il gagnait était correct, et que maintenant c'était tout le contraire; à se demander s'il n'y aurait pas eu lieu de trouver un certain milieu entre les écrits qui jadis le faisaient passer pour un héros et ceux d'aujourd'hui qui le présentaient comme un gros zéro. Bref des mois et des mois à réaliser que, s'il voulait passer à travers et remonter la pente, il lui fallait coûte que coûte oublier ce qu'on disait de lui et se rattacher à ce qu'il était vraiment. « Moi, confiait-il, ce qui fait que le matin je n'ai aucun problème à me regarder dans le miroir malgré ce que les journalistes peuvent penser de moi, c'est que je connais ma vraie nature, c'est que je sais qu'en dépit de mes problèmes, je suis quelqu'un avec de grandes et belles qualités. »

Le plus triste de cette période qui avait coïncidé avec la consécration d'un parfait gentleman comme Lucas, c'était de voir à quel point on semblait avoir oublié qu'il pouvait lui aussi avoir des qualités, qu'il pouvait en fait avoir à la fois des problèmes ET des qualités, que la presse aurait très bien pu (et avec raison) se prendre d'affection pour Lucas sans pour autant le faire passer pour un moins que rien.

On a beaucoup insisté lors des triomphes de Lucas sur l'exemplarité de la leçon d'un moins doué qui avait travaillé davantage qu'un surdoué et qui, puisqu'il y avait une justice, venait plus tard à le surpasser et à enfin sortir de l'ombre. C'était correct, Ouellet était le premier à dire au lendemain de chaque défense de titre de Lucas que c'était cette morale-là qu'on pouvait tirer de leurs deux histoires et que son ex-coéquipier faisait un champion bien plus honorable que lui. Le problème, c'était cependant ce qu'on oubliait chaque fois d'ajouter : que loin d'avoir été l'injustice du siècle, l'ombre qu'avait faite Ouellet à Lucas pendant tant d'années n'avait pas été que normale, elle avait surtout été la plus grande bénédiction de la carrière de celui qui allait devenir champion mondial des super-moyens. « D'avoir évolué dans l'ombre de Stéphane m'a permis, avait déjà avoué Lucas, d'apprendre mon métier tout en restant loin des réflecteurs, tout en restant loin de la pression qui accompagne les feux de la rampe. »

Pression. Dans toute cette histoire, c'était vraiment le mot clé. Comment pouvait-on en effet ne plus se souvenir, au moment de discourir sur les échecs de Ouellet et les réussites de Lucas, que la pression à laquelle avaient été soumis les deux boxeurs n'avait rien, mais alors là absolument rien de comparable? Que des deux c'était Ouellet qui avait dû vivre dès ses années en amateurs avec l'étiquette de « sauveur de la boxe » et qui avait été condamné à ne jamais pouvoir perdre? Que, puisque son émotivité était si grande, c'était tout naturellement vers lui que l'on s'était tourné pour tous les fameux combats émotifs du Québec de ces années-là, celui contre Bonnamie, les deux contre Alex Hilton, et les trois, oui les TROIS contre un monstre de férocité comme Dave Hilton? Que pendant les 10 premières années de leur carrière où Lucas ne représentait, de l'avis même d'Yvon Michel, que le « trailer » derrière Ouellet, c'était uniquement sur ce dernier qu'avait reposé toute la pression de la boxe au Québec, avec toute l'usure que cela impliquait? « Lucas a accédé au Championnat du monde en pleine possession de ses moyens, se comportant comme un homme serein, mature, et équilibré? demandait Angémil Ouellet. Mais mon Dieu, j'espère qu'on n'est pas surpris, pendant 10 ans c'est mon fils seul qui a dû défricher le terrain, qui a dû prendre les branches dans la face et subir les intempéries pendant que l'autre se protégeait en arrière. Et demandez-le à tous les gars de bois, ils vous diront à quel point c'est plus traumatisant d'être le premier en avant à défricher, à quel point c'est plus exténuant, à quel point c'est plus épeurant parce que tu ne sais jamais sur quoi tu vas tomber. Alors oui, ça se peut que le gars qui doive ouvrir le chemin pour tout le monde ait plus tendance à vouloir fuir sa réalité par toutes sortes de moyens. » Comment pouvait-on donc aussi ne pas se rappeler, en rapport avec cette question-là, que c'est Yvon Michel lui-même qui avait dit que jamais plus il n'imposerait à un autre jeune boxeur la pression qu'il avait imposée à Ouellet, c'est-à-dire celle de 18 finales à ses 24 premiers combats en carrière, car cela avait eu pour conséquence « d'en faire un alcoolique, alors que Lucas, lui, est devenu un être parfaitement équilibré »? Comment, toujours sur le même sujet, pouvait-on ne pas se souvenir que, si Ouellet n'avait justement pas été là pendant 10 ans pour faire toutes ces finales et permettre la présentation de soirées de boxe, Lucas n'aurait jamais eu les occasions pour faire ses gammes et s'améliorer dans les combats d'encadrement? Plus important encore, comment oublier que, si Ouellet, au temps de la compagnie Boxart, n'avait pas accepté d'engager pendant plusieurs années Lucas comme *sparring-partner* et de lui verser quelques centaines de dollars par semaine, celui-ci ne serait jamais passé chez les professionnels, faute de revenus? Enfin, comment oublier que, si Ouellet, avec toute la générosité qui le caractérise, n'avait pas répondu affirmativement à la demande d'Yvon Michel d'effacer la dette que son coéquipier avait à l'endroit de Boxart en 1995, Lucas n'aurait à peu près rien pu toucher de la bourse de 100 000 dollars obtenue en janvier 1996 pour son combat contre le Français Fabrice Tiozzo?

Bref, tant de questions qui pouvaient rappeler que, si un jour il était venu à l'idée de l'ex-champion WBC d'accorder un combat à Ouellet (des amis capables de s'affronter sur un ring de boxe au nom du sport, dans le seul but de démontrer lequel est vraiment le meilleur, on a vu ça souvent, notamment avec Mosley et De La Hoya), Lucas aurait eu une excellente raison : Ouellet avait été très bon pour lui.

En revanche, il serait cependant tout aussi malheureux de ne pas relever que Lucas avait également été très bon pour la carrière de Ouellet. En se hissant au sommet du monde à force de travail et de persévérance, en acquérant une renommée et une popularité supérieures à celles qu'avait eues le Jonquiérois au temps de sa splendeur, il est indéniable que Lucas, peut-être pour la première fois de sa carrière, avait enfin servi de moteur et d'inspiration à Ouellet. Chose certaine, ses succès avaient eu pour effet d'ouvrir les yeux à Ouellet, de lui montrer ce qu'il pourrait accomplir dans ce sport-là s'il se décidait enfin, comme il le disait, « à employer la méthode Lucas » (autrement dit à ajouter à sa carrière une bonne dose de professionnalisme), et donc de l'encourager à réclamer de la Providence cette dernière chance qui allait lui permettre, l'espérait-il, de faire oublier ses mauvais moments et de faire des adieux bien plus réussis à la boxe.

C'est avec ce rêve-là en tête qu'il avait toujours réussi à s'encourager dans les moments creux qui avaient suivi sa sortie du Centre Dollard-Cormier. Cela avait d'ailleurs fait partie de toutes nouvelles résolutions, il 'avait pensé au cours de ses longues périodes de réflexion que le temps était maintenant venu de cesser de rêver à des trucs un peu plus matériels comme un gymnase, un chalet, un bar, un restaurant, une piste de karting ou un complexe funéraire, et d'avoir à la place deux ou trois vrais rêves susceptibles de lui apporter davantage. C'était aussi varié qu'extrême, un jour il pouvait rêver de toutes ses forces à quelque chose d'apaisant comme marcher Saint-Jacques-de-Compostelle, et le lendemain à quelque chose d'aussi stressant que d'avoir une seconde chance contre Omar Sheika.

Dans cette période post-mescaline qui faisait pour lui office de renaissance, la boxe restait continuellement au cœur de ses préoccupations. Avec des efforts en gymnase comme il n'en avait jamais consenti avant et qui lui faisaient réaliser à quel point il avait pu abîmer son exceptionnelle machine physique d'autrefois, il essayerait à de nombreuses reprises de mettre sur pied son fameux come-back. Mais on aurait dit que pendant un certain temps il arrivait toujours un pépin pour le différer, une blessure ou des erreurs d'organisation, comme si quelque part l'un de ses anges gardiens cherchait à lui faire comprendre que ce n'était pas encore le bon temps de revenir, qu'il n'avait pas encore suffisamment récupéré de ses excès pour relever le défi de sa dernière chance. Pendant tout ce temps où son corps refaisait ses forces à l'abri des coups et de la drogue, c'était cependant son esprit qui en subissait les inconvénients. Car durant cette longue inactivité propice à la cristallisation du souvenir de sa retentissante défaite contre Sheika, il allait en effet en arriver à développer ce qu'il avait appelé « l'obsession d'échouer », sachant que sa prochaine présence sur un ring, mineure ou non, serait la plus importante de toute sa carrière. « J'ai la chienne, je ne sais pas ce qui se passe, c'est vraiment la première fois de ma carrière que je me sens comme ça, que je suis aussi angoissé à l'idée de monter sur un ring », confiait-il en décembre 2002, à quelques jours d'un gala finalement annulé à la toute dernière minute par ses promoteurs, où il était censé effectuer sa rentrée.

Jamais plus qu'à ce moment ne lui avait-on pourtant souhaité de pouvoir enfin faire sa sortie. Jamais plus qu'à ce moment n'avait-on rêvé, pour lui, de ce jour où il serait enfin serein et prêt à rompre avec ce sport avec lequel il entretenait une véritable relation d'amour-haine. Il faut bien se rendre à l'évidence : la boxe exige décidément trop de cet homme. Si facile pour son corps, elle est en revanche bien trop difficile pour sa tête, bien trop difficile pour toutes les émotions avec lesquelles il est aux prises.

Peut-être cela a-t-il à voir avec le fait que certains jours il peut avoir l'impression d'avoir été piégé par la boxe, d'avoir été piégé par un sport qui n'en est pas un, d'avoir été condamné par son extraordinaire talent à passer bientôt 20 ans dans un univers un peu ridicule où deux seuls scénarios peuvent arriver : tu cognes sur la tête d'un type ou c'est un type qui te cogne sur la tête.

Peut-être cela a-t-il plutôt à voir avec le fait que son extraordinaire talent l'a condamné à passer presque 20 ans dans un sport qu'il n'aimait pas.

À la veille de terminer cet ouvrage, nous sommes désormais en mesure de nuancer : ce qu'aimait finalement ce garçon, ce n'était pas la boxe en elle-même (il ne la regardait jamais), ce n'était pas non plus de s'adonner à l'activité de boxer (se battre n'était pas dans sa nature), c'était plutôt et seulement « d'avoir boxé », exactement comme on trouve des écrivains pour dire que l'unique plaisir n'est pas dans le fait d'écrire, mais « d'avoir écrit ». « Sauf qu'encore là, s'expliquait Ouellet sur cette question, j'ai réalisé très vite dans ma carrière que même ce plaisir-là "d'avoir boxé", d'avoir obtenu une grande victoire, d'avoir fait une grande performance ne suffisait peut-être même pas à me rendre heureux, dans la mesure où je n'avais seulement que quelques jours pour le savourer. Au bout de ces quelques jours, au bout du plaisir "d'avoir boxé", ce n'était jamais très long, j'étais tout de suite placé en face d'un nouveau défi, d'une nouvelle mission, d'un nouveau stress. »

Voilà pourquoi nous rêvons autant pour lui du jour où il aura accompli sa dernière mission sur un ring et où il pourra enfin quitter la boxe, en n'emportant que ses plus beaux souvenirs. Ce garçon a besoin de repos. Vivre avec son exceptionnel talent lui aura finalement trop demandé. Cela n'est pas étonnant, on ne compte plus les exemples du sport, de la chanson, de la littérature qui permettent de vérifier à quel point il est plus difficile de vivre avec beaucoup de talent que peu de talent. « En tout cas, seulement dans le sport, il me semble que ce sont les histoires comme la mienne qui sont les plus répandues, que c'est beaucoup plus fréquent de voir un surdoué ne pas arriver à combler les attentes que le contraire. »

Il disait ça et il avait surtout un cas en tête : celui du hockeyeur Jacques Richard. Il n'avait jamais entendu parler de l'ex-vedette des Remparts et des Nordiques avant l'annonce de sa mort en octobre 2002, mais quand il avait pris connaissance par le truchement des journaux et de la télé de l'histoire de ce gars décrit comme un compliqué, un torturé, un rebelle, un ultra-talentueux pour qui tout, sauf vivre, avait toujours été trop facile, il n'avait pu faire autrement que d'être touché : c'était comme si, pour la première fois dans le monde du sport, il se reconnaissait enfin en un autre individu. Certes, ce modèle-là venait de trouver la mort dans un accident de voiture, cela le chagrinait, mais dans une période comme celle qu'il vivait alors et où tous les petits commentaires assassins lui faisaient sentir qu'il était bien seul et bien isolé dans son univers marginal, il avait aussi éprouvé un certain soulagement à découvrir une histoire qui ressemblait autant à la sienne. Le jour où il avait confié ces sentiments, on lui avait seulement souhaité de trouver plus vite cette paix qui fuyait toujours Jacques Richard à 50 ans.

Il disait que son rêve à lui, c'était de la trouver d'ici l'âge de 35 ans. En fait, il en faisait presque son principal objectif, il rêvait pour cet âge-là d'une paix d'esprit suffisante pour lui permettre de reproduire l'image qu'il se faisait de son bonheur futur : se bercer à la brunante sur le perron d'une maison de campagne, pour une fois serein, pour une fois débarrassé de ces sempiternels soucis que ne pouvait manquer de causer une vie entière passée dans la boxe, peut-être l'univers le plus instable et insécurisant où poursuivre une carrière.

Il aurait alors réussi ses adieux, et qui sait réussi aussi à se venger de Sheika et à mettre la main sur ce fameux titre mondial avec lequel on lui avait tant cassé les oreilles au cours de sa carrière.

Il continuerait de montrer qu'avec la dope aussi il avait réussi ses adieux.

Il aurait retrouvé la confiance des gens.

Il aurait retrouvé le respect des gens.

Il aurait trouvé ce que trop peu de grands boxeurs arrivent à trouver : un boulot intéressant.

Il aurait fait la paix avec son passé.
Il écouterait peut-être une chanson de Kevin Parent.

Seigneur, Seigneur
Je l'sais tu m'l'avais dit
Respecte ton prochain, réfléchis à demain
Car la patience t'apportera de belles récompenses

Travaille avec entrain pour soulager la faim
De la femme qui t'aime elle en a de besoin
Elle a besoin d'un homme fidèle qui sait en prendre soin

Lucifer, Lucifer
T'as profité d'ma faiblesse
Pour m'faire visiter l'enfer
Mais je t'en veux pas c'est moi
Qu'a pensé que j'pourrais être chum avec toi
Mais j'm'ai ben faite avoir mon chien de Lucifer

Le sexe, l'alcool, les bars et la drogue
C'est le genre d'illusion que j'consomme
Si on est ce que l'on mange Seigneur
Tu sais ben que trop que j'serai jamais un ange

Mais j'veux changer de branche
Filtrer mon passé pis sortir mes vidanges
J'aimerais prendre le temps
De faire la paix avec quelques souffrances

Oui j'aimerais prendre le temps
De faire la paix avec quelques souffrances

Et il se dirait ce qu'il s'était souvent dit en écoutant ces mots :
« Y a pas à dire, mon histoire, c'est exactement ça. »

***

Annexe 1

CONFIDENTIEL
OFFRE D'EMPLOI
NOM : *Monsieur Stéphan Larouche*
POSTE : *Assistant Entraîneur*
Se rapportant à l'Entraîneur en Chef d'InterBox

DATE D'ENTRÉE EN FONCTION : *Le 1ᵉʳ décembre 1997*

SALAIRE : *Salaire annuel de 50 000 dollars, payable en versements mensuels égaux le 15 de chaque mois. Les déductions usuelles seront prélevées de votre chèque de paie.*

PÉRIODE DE PROBATION : *Trois mois*

AVANTAGES SOCIAUX : *Après la période de probation, vous serez éligible au régime d'assurance-groupe actuellement en vigueur chez InterBox. Ce régime comprend entre autres : assurance-salaire à courte et longue échéance; assurance pour frais médicaux; assurance pour soins dentaires; assurance-vie collective; assurance pour soins oculaires et paramédicaux.*

FONDS DE PENSION : *InterBox contribuera en votre nom au fonds de pension collectif jusqu'à concurrence du moindre de 10 % de votre salaire annuel brut ou le maximum permis par la loi.*

R.É.E.R. : *Vous serez autorisé à participer au R.É.E.R. collectif de InterBox lorsque celui-ci sera en vigueur.*

ASSOCIATION PROFESSIONNELLE : *InterBox paiera les frais d'adhésion et de cotisation à une association professionnelle de votre choix reliée à votre poste.*

FRAIS D'ÉDUCATION : *InterBox procédera au remboursement de vos dépenses d'Éducation jusqu'à concurrence de 5 000 dollars par année en autant que ces cours soient d'une part en Éducation Physique ou en Entraînement et, d'autre part, qu'ils soient réussis.*

REMBOURSEMENT DES DÉPENSES : *InterBox procédera au remboursement de vos dépenses d'affaires sur présentation de relevés de dépenses dûment complétés avec reçus à l'appui et dûment approuvés.*

CONFIDENTIALITÉ : *Avant votre entrée en fonction, il vous faudra compléter un formulaire de demande d'emploi et signer un formulaire d'entente de confidentialité à laquelle vous serez lié pendant la durée de votre emploi et pour une période de trois ans suivant la fin de votre emploi.*

VACANCES : *Pour l'année de référence 1997-1998, trois semaines de vacances payées vous seront allouées, au prorata du nombre de mois travaillés durant cette période. Après un an de service à notre emploi, trois semaines de vacances vous seront payées. Ces dernières seront sujettes à l'approbation de votre supérieur immédiat.*

DATE D'ACCEPTATION : *La présente offre d'emploi est soumise à votre considération pour une période de deux jours soit jusqu'au 1ᵉʳ décembre 1997, à 17 h 00. Lorsque ce délai aura expiré, cette offre deviendra nulle et ne présentera plus aucune valeur.*

Annexe 2

OBSERVATION

Mr. Ouellet is a white 29 year old male boxer who presented himself for testing about 45 minutes before his appointment time. He was dressed in casual attire, showed normal alertness and made good eye contact. He was not visibly anxious, and his motor movements were intact. Good posture and a muscular physique lent an aura of confidence to his presence.

His attention and concentration appeared normal. There were no disturbances in thinking, orientation and memory. His affect showed no impairment. Nor were there any deficits in perception or content of thinking. Insight seemed modest, judgment good. He was cooperative with normal energy level, although somewhat tired at the end of the day.

TEST RESULT

MMPI

The MMPI profile is valid and falls within normal range with no pathology evident.

He seems to be a tough-minded individual who views life with an average mixture of optimism and pessimism. In general, he appears to be easy-going and adventurous, a person of simple tastes and narrow interests. He tends to see himself as well-adjusted and self-reliant, making an effort to look good. He has the capacity to maintain adequate social relationships but may find himself somewhat socially isolated. Although open to the opinion of others he tends to be independent and perhaps mildly non-conformist or unconventional. He has suffcient capacity for organising his work and personal life and displays adequate energy and enthusiasm.

WAIS III

The Verbal I.Q. of 97 is in the average range of intellectual functioning. The Performance I.Q. of 119 is in the high average range. The Full Scale I.Q. of 107 is in the average range of cognitive functioning.

Although the Performance I.Q. is significantly above the Verbal I.Q. (22 points), this may well reflect poor academic achievement. He may be a « doer » rather than « thinker ». In fact, if attention, working memory and processing speed are eliminated there is no significant difference between verbal comprehension I.Q. (91) and perceptual organization I.Q. (93). Processing speed accounts for the higher Performance I.Q. He has the ability to process visual information quickly. The significant difference between perceptual organization and processing speed reveals the effects of time demands on visual-spatial reasoning and problem solving. His processing speed is the major factor in explaining the discrepancy between his Verbal I.Q. and Performance I.Q.

His lowest subtest score on the Verbal I.Q. was Vocabulary a measure of abstract, conceptual function and related to learning ability and early education environment. His highest subtest score was on Information, generally considered the second best subtest (after Vocabulary) for measuring intelligence. It reflects good comprehension, judgment and reasoning. This is bolstered by his score on Comprehension indicating good practical judgment. Concept formation as measure by Similarities was adequate. Concentration as measured by Arithmetic was adequate, although attention as measured by Digit Span was relatively poor.

Of the nonverbal parts of the I.Q., the highest score was on Picture Arrangement suggesting an ability to plan, anticipate and interpret social situations and reflecting a high social intelligence. His perceptual-organization ability as measured by Object Assembly, is above average. His lowest score on Picture Completion can best be explained by it being the first task he was faced with at the beginning of testing, and any increase in anxiety may have adversely affected optimal performance.

SUMMARY

Mr. Ouellet shows no signs of psychological disturbance as measured by the MMPI. His profile falls within the normal range.

His Full Scale I.Q. of 107 in the average range of intellectual functioning. He shows a combination of cognitive strengths and weaknesses.

Annexe 3

STÉPHANE OUELLET
29-4-0, 17 KO

	Date	Adversaire/Opponent	Endroit/ Location	Poids/ Weight	Résultats/ Results		Titre/ Title
1	17-12-91	Robert Rockwell	Can.	158	TKO	4	Pro Deb
2	07-02-92	Gary Carriero	NJ	161	W	4	
3	30-03-92	Cliff Liknes	Can.	156	W	8	
4	22-04-92	Ashton Wilson	Can.	156	TKO	3	
5	19-05-92	Tyrone Haywood	Can.	158	KO	3	
6	19-06-92	Terry Collier	Can.	157	TKO	5	
7	30-10-92	Kevin Tillman	Can.	157	W	8	
8	19-03-93	L.C. Robinson	Can.	158	KO	4	
9	11-09-93	Kelvin Prather	NY	157	W	6	
10	16-11-93	Roddy Batson	Can.	153	TKO	6	Canada
11	07-02-94	Daniel Garcia	Can.	158	W	10	
12	08-04-94	James Hughes	Can.	155	W	10	
13	07-06-94	James Stokes	Can.	158	TKO	5	
14	13-07-94	Darrin Morris	Can.	153	TKOBY	6	
15	20-12-94	Kenneth Kidd	Can.	157	TKO	2	
16	24-02-95	Alain Bonnamie	Can.	153	KO	5	Canada
17	27-06-95	Dan Connolly	Can.	153	TKO	4	CA
18	02-12-95	Roosevelt Walker	Can.	157	TKO	5	
18	29-06-96	Alex Hilton	Can.	157	TKO	7	CA
20	08-11-96	Stanley Cunningham	Can.	159	KO	4	
21	06-12-96	Wayne Powell	Can.	157	TKO	5	NABF
22	17-12-96	Edward Hall	Can.	157	W	10	
23	14-05-97	Maurice Adams	Can.	162	KO	5	
24	30-07-97	Joe Stevenson	Can.	159	W	10	
25	03-04-98	Alex Hilton	Can.	159	TKO	3	Canada
26	24-09-98	Edward Hall	Can.	159	W	8	
27	27-11-98	Davey Hilton	Can.	159	TKOBY	12	Canada
28	28-05-99	Davey Hilton	Can.	159	TKOBY	3	Canada
29	10-12-99	Tyler Emmett Hughes	Can.	166	TKO	7	
30	15-02-00	Wayne Harris	Can.	169,7	TKO	6	
31	07-03-00	Thomas Cameron	Can.	167,2	W	8	
32	08-09-00	Davey Hilton	Can.	164,9	W	10	
33	07-04-01	Omar Sheika	NV	167	TKOBY	2	

DISTRIBUTEURS EXCLUSIFS

Distributeur pour le Canada et les États-Unis
LES MESSAGERIES ADP
MONTRÉAL (Canada)
Téléphone : (514) 939-3767 ou 1 800 933-3770
Télécopieur : (514) 939-0406 ou 1 800 465-1237
www. messageries-adp.com

Distributeur pour le Benelux
S.D.L. CARAVELLE
BRUXELLES (Belgique)
Téléphone : 0032 2 240 93 00
Télécopieur : 0032 2 216 35 98
info@sdlcaravelle.com

Distributeur pour la Suisse
TRANSAT S.A.
GENÈVE
Téléphone : 022/342 77 40
Télécopieur : 022/343 46 46

Distributeur pour la France et autres pays européens
HISTOIRE ET DOCUMENTS
CHENNEVIÈRES-SUR-MARNE (France)
Téléphone : 01 45 76 77 41
Télécopieur : 01 45 93 34 70
www.histoire-et-documents.fr

Dépôts légaux
2ᵉ trimestre 2004
Bibliothèque nationale du Canada
Bibliothèque nationale du Québec
Imprimé au Canada